edition suhrkamp

Redaktion Günther Busch

Der literaturwissenschaftliche Strukturalismus findet allmählich auch in Deutschland breiteres Interesse. Im Anschluß an die Rezeption der Arbeiten der tschechischen Strukturalisten (Mukařovský, *es* 230 und 428) traten Fragen der Wirkungsgeschichte literarischer Texte sowie der literarischen Evolution in den Blickpunkt. Ein anderes Konzept der Forschung geht der Struktur der Texte selbst auf den Grund. Den Rahmen für derartige Untersuchungen bildet die Kommunikationstheorie: Kunst wird als eines der kommunikativen Medien begriffen, als eine Art Sprache mit einer bestimmten Organisation. Dieser Ansatz nähert die Kunstwissenschaft der Theorie des sprachlichen Zeichens an, wie sie heute von der Linguistik vertreten wird. Kunstwissenschaft und Linguistik bilden somit Teilgebiete einer allgemeinen Semiotik.

Jurij Michailovič Lotman, * 28. 2. 1922 in Petrograd, Studium an der Leningrader Staatsuniversität, 1950 Diplom, 1951 Promotion mit Dissertation über *Radiščevs Kampf gegen die gesellschaftspolitischen Ansichten und die Adelsästhetik Karamzins.* 1961 Habilitation an der Universität Tartu (Estnische SSR) über die *Entwicklung der russischen Literatur in der Periode vor den Dekabristen.* Seit 1963 Professur als Literaturwissenschaftler in Tartu. 1966-67 Gastprofessur an der Karls-Universität Prag. Wichtigste Publikation vor der *Struktura...: Vorlesungen zur strukturalen Poetik,* Tartu 1964. Jüngste Buchpublikation: *Analiz poètičeskogo teksta (Die Analyse des poetischen Textes.* Moskau 1972).

Jurij M. Lotman
Die Struktur des künstlerischen Textes

Herausgegeben mit einem Nachwort und einem Register
von Rainer Grübel

Suhrkamp Verlag

Titel der Originalausgabe: Struktura chudožestvennogo teksta, Moskau 1970.
Vollständige, autorisierte, um ein neues Vorwort des Autors vermehrte Über-
setzung aus dem Russischen von Rainer Grübel, Walter Kroll und Hans-
Eberhard Seidel.

edition suhrkamp 582
Erste Auflage 1973
© by Jurij M. Lotman 1970. © der deutschen Ausgabe: Suhrkamp Verlag,
Frankfurt am Main 1973 Erstausgabe. Printed in Germany. Alle Rechte
vorbehalten, insbesondere das des öffentlichen Vortrags und der Übertragung durch Rundfunk und Fernsehen, auch einzelner Teile. Satz, in Lino-
type Garamond, Druck und Bindung bei Georg Wagner, Nördlingen. Ge-
samtausstattung Willy Fleckhaus.

Inhalt

Vorwort zur deutschen Ausgabe

Das vorliegende Buch ist im Jahre 1968 geschrieben worden und im Jahre 1970 im Verlag »Iskusstvo« [»Kunst«] erschienen. Dem Buch liegt der Gedanke zugrunde, daß der künstlerische Text eine der komplexesten und gleichzeitig vollendetsten Konstruktionen darstellt, die vom Menschen geschaffen worden sind. Um zu »funktionieren« – die mannigfaltigen Funktionen zu realisieren, die ihm von der Gesellschaft und vom gesellschaftlichen Individuum auferlegt werden – muß der Text über ein gewisses Minimum an inneren Strukturmerkmalen verfügen, wobei er in dieser Hinsicht einer Maschine, einem Organ oder einem Organismus ähnelt. Wenigstens eine ungefähre Skizze dieser minimalen strukturellen Charakteristik des künstlerischen Textes zu geben ist die Aufgabe, die der Verfasser sich gestellt hat.

Natürlich hat diese Art der Fragestellung den Verfasser dazu genötigt, sich stets auf Arbeiten und Erfolge seiner Vorläufer zu stützen. Der Verfasser gedenkt mit Dankbarkeit seiner unmittelbaren Lehrer – der Professoren der Leningrader Universität, der schon verstorbenen Boris V. Vladimir Ja. Propp, Boris M. Éjchenbaum, Grigorij A. Gukovskij, Viktor M. Žirmunskij, Nikolaj I. Mordovčenko.

Der Verfasser hatte nicht das Glück, bei zwei der größten sowjetischen Gelehrten zu studieren, deren Bedeutung bis auf den heutigen Tag noch nicht voll anerkannt worden ist und deren Ideen noch für lange Zeit der modernen Wissenschaft vorauseilen werden: Ju. N. Tynjanov und Michail M. Bachtin; allein, den Einfluß ihrer Konzeptionen wird der Leser ohne Zweifel wahrnehmen.

Ich möchte die wichtige Rolle des Prager linguistischen Kreises hervorheben: die Arbeiten von Jan Mukařovský, Roman O. Jakobson, Petr G. Bogatyrev und anderer Mitglieder dieser hervorragenden wissenschaftlichen Vereinigung haben die gegenwärtigen Erfolge in der Analyse des künstlerischen Textes möglich gemacht.

Diejenige Richtung der Erforschung des künstlerischen Textes, die gewöhnlich als Strukturalismus bezeichnet wird, zerfällt in voneinander so sehr verschiedene Erscheinungen, daß die Verwendung dieses allgemeinen Terminus am ehesten geeignet erscheint, den Leser zu desorientieren. Ohne mir die Aufgabe zu stellen, den sowjetischen Strukturalismus zu charakterisieren – er ist gleichfalls keineswegs einheitlich – möchte ich doch einen für das Verständnis dieses Buches wichtigen Gedanken hervorheben: dem Charakter seiner Problemstellung entsprechend ist das Buch der inneren Struktur des Textes gewidmet. Einer der Grundgedanken des sowjetischen Strukturalismus ist jedoch die Überzeugung, daß diese Seite der Frage ihre natürliche Ergänzung in der Erforschung des Funktionierens des Textes in verschiedenen gesellschaftlich-kulturellen Kontexten erfahren muß. Auch nicht eines der komplex organisierten Zeichensysteme kann funktionieren, ohne sich auf andere zu stützen. Die menschliche Kultur ist vielkanalig und vielcodig und kann anders offensichtlich nicht sein. Deshalb ist die allgemeine Richtung, zumindest eines gewissen Teils der sowjetischen Wissenschaftler dieser Richtung, die Bewegung hin zu einer ganzheitlichen Erforschung der Kultur als eines komplexen und widersprüchlichen Ganzen hierarchisch organisierter Zeichensysteme. Damit hängen auch die Orientierung auf den Historismus einerseits und der ethnische Umfang des Materials andererseits zusammen.

Der Verfasser kann sein Buch weder als »bevollmächtigten Vertreter« noch als höchste Errungenschaft der sowjetischen Forschungen in diesem Bereich halten und wird sein Ziel als erreicht ansehen, wenn die Bekanntschaft mit diesem Buch bei den deutschen Lesern den Wunsch hervorruft, weitere, wahrscheinlich gelungenere Arbeiten sowjetischer Gelehrter auf diesem Gebiet kennenzulernen.

Ju. M. Lotman   Tartu, Dezember 1972

Einleitung

Im gesamten Zeitraum ihrer historisch dokumentierten Existenz wird die Menschheit begleitet von der Kunst. Mit der Produktion beschäftigt, um die Erhaltung seines Lebens kämpfend, fast immer des Allernötigsten entbehrend, findet der Mensch doch ständig Zeit für künstlerische Tätigkeit, spürt er ihre Notwendigkeit. Auf den verschiedenen Entwicklungsstufen der Geschichte erhoben sich regelmäßig Stimmen, die von der Nutzlosigkeit, ja sogar der Schädlichkeit der Kunst sprachen. Sie kamen sowohl aus der frühmittelalterlichen Kirche, die gegen die heidnische Folklore, gegen die Traditionen der antiken Kunst kämpfte, als auch von den Bilderstürmern, die sich gegen die Kirche erhoben, als auch aus den Reihen vieler anderer gesellschaftlicher Bewegungen verschiedener Epochen. Bisweilen wurde der Kampf gegen die eine oder andere Erscheinungsform künstlerischen Schaffens oder gegen die Kunst überhaupt auf breiter Front geführt und stützte sich auf einflußreiche politische Institutionen. Alle Siege in diesem Kampf erwiesen sich jedoch als Chimären: die Kunst ist stets wieder auferstanden und überlebte ihre Verfolger. Diese ungewöhnliche Widerstandsfähigkeit ist, wenn man sie recht bedenkt, geeignet, Erstaunen hervorzurufen, da ja die jeweiligen ästhetischen Konzeptionen auf unterschiedliche Weise erklären, worin denn die Notwendigkeit der Kunst bestehe. Sie ist kein Bestandteil der Produktion und ihr Vorhandensein ist nicht durch das Bedürfnis des Menschen nach ununterbrochener Reproduktion der Mittel, die zur Befriedigung seiner materiellen Bedürfnisse dienen, bedingt.

Im Laufe ihrer historischen Entwicklung bildet jede Gesellschaft bestimmte Formen der ihr eigentümlichen gesellschaftspolitischen Organisation heraus. Während uns deren historische Unvermeidlichkeit völlig einsichtig ist, während wir erklären können, warum eine Gesellschaft, die die Null-Form innerer Organisation aufweist, nicht bestehen könnte, ist die Unmöglichkeit der Existenz einer Gesellschaft ohne Kunst bedeutend schwieriger zu erklären. Die Erklärung wird an dieser Stelle gewöhnlich durch den Verweis auf die Tatsache ersetzt, daß der Menschheitsgeschichte Gesellschaften nicht bekannt sind (oder allenfalls als seltene Anomalien, als Material einer Teratologie sui generis, die durch ihre Ungewöhnlichkeit nur die allgemeine Norm bestätigt), die nicht ihre eigene Kunst haben. Dabei ist auch zu berücksichtigen, was die Künste in dieser Hinsicht von anderen Arten ideologischer Strukturen unterscheidet. Wenn die einen oder anderen Strukturen eine Gesellschaft organisieren, erfassen sie dabei zwangsläufig alle ihre Mitglieder: jeder Mensch ist als einzelner allein schon durch das Faktum seiner Zugehörigkeit zu einem historischen Kollektiv vor die zwingende Notwendigkeit gestellt, ein Teil dieser oder jener Gruppierung zu sein, indem er in eine der vorhandenen Untermengen der betreffenden sozialen Menge eingeht. So konnte zum Beispiel ein Mensch im vorrevolutionären Frankreich des 18. Jahrhunderts, um eine politische Persönlichkeit zu sein, einem der drei Stände angehören, keinem konnte er hingegen nicht angehören. Die Gesellschaft legt zwar der Kunst zuweilen sehr harte Beschränkungen auf, niemals stellt sie jedoch ihren Mitgliedern die ultimative Forderung, sich künstlerisch zu betätigen. Das Ritual ist Pflicht, der Reigentanz freiwillig. Diese oder jene Religion zu bekennen, Atheist zu sein, in irgendeine politische Organisation einzutreten, einer bestimmten juristischen Gruppe anzugehören – jede Gesellschaft legt ihren Mitgliedern eine obligatorische Liste derartiger Merkmale vor.

Künstlerische Werte zu produzieren oder zu konsumieren ist immer ein fakultatives Merkmal. »Dieser Mensch glaubt an nichts« und »dieser Mensch geht nicht gern ins Kino (mag keine Lyrik, kein Ballett)« – diese Beispiele zeigen ganz deutlich, daß wir es dabei mit der Zerstörung gesellschaftlicher Normen eines durchaus unterschiedlichen Grades an Verbindlichkeit zu tun haben. Wenn im nazistischen Deutschland Gleichgültigkeit gegenüber der offiziellen Kunst als Merkmal von Illoyalität gewertet wurde, so handelte es sich offensichtlich keineswegs um die Normen der Beziehung des Menschen zur Kunst.

Wenn die Kunst sich auch weder unter dem Aspekt der unmittelbaren Bedürfnisse des Lebens noch unter dem Aspekt der obligatorischen gesellschaftlichen Beziehungen als notwendig darstellt, so beweist sie mit ihrer gesamten Geschichte gleichwohl ihre unbedingte Notwendigkeit.

Schon vor langer Zeit ist darauf hingewiesen worden, daß die Notwendigkeit der Kunst der Notwendigkeit des Wissens verwandt ist und die Kunst selbst eine der Formen der Erkenntnis des Lebens, des Kampfes der Menschheit für die ihr notwendige Wahrheit darstellt. Bei geradliniger Auslegung verursacht diese These allerdings eine Reihe von Schwierigkeiten. Wenn man unter der gesuchten Erkenntnis logische Thesen versteht, die dem gleichen Typus angehören wie die Resultate wissenschaftlicher Forschungen, so kann man nicht leugnen, daß der Menschheit auch unmittelbarere Wege, sie zu erlangen, zur Verfügung stehen als die Kunst. Wenn man diesen Standpunkt vertritt, so muß man auch der Behauptung zustimmen, die Kunst biete ein Wissen von niederem Typus. Das hat bekanntlich Hegel mit aller Bestimmtheit ausgedrückt: »Denn eben ihrer Form wegen ist die Kunst auch auf einen bestimmten Inhalt beschränkt. Nur ein gewisser Kreis und Stufe der Wahrheit ist fähig, im Elemente des Kunstwerks dargestellt zu werden; [...]« Aus dieser These folgte notwendig der Schluß, der Geist der gegenwärtigen Kultur erscheine »[...] als über die Stufe hinaus, auf welcher die Kunst die höchste Weise ausmacht, sich des Absoluten bewußt zu sein. Die eigentümliche Art der Kunstproduktion und ihrer Werke füllt unser höchstes Bedürfnis nicht mehr aus; [...]«.[1]

Ungeachtet dessen, daß diese These Hegels des öfteren der Kritik unterzogen worden ist, beispielsweise von Visarion G. Belinskij*, ist sie so organisch mit der oben charakterisierten Auffassung von den Aufgaben der Kunst verbunden, daß sie in der Geschichte der Kultur immer wieder aufkommt. Ihre Erscheinungsformen sind vielgestaltig – von den periodisch auflebenden Meinungen, die Kunst sei überflüssig oder veraltet,

---

[1] G. W. F. Hegel, *Vorlesungen über Ästhetik, Einleitung. Werke,* Bd. 13, Frankfurt 1970, S. 23 f.

* Der bedeutende russische Literaturkritiker Belinskij war, selbst der deutschen Sprache nicht mächtig, durch den Kreis um Stankevič gegen Ende der 30er Jahre des vorigen Jahrhunderts mit der neueren deutschen Philosophie, besonders aber mit Hegel in Berührung gekommen. Die affirmative Haltung der anfänglichen Begeisterung geht Anfang der 40er Jahre in eine kritischere Position gegen Hegel über; die Hegel widersprechende Beurteilung des Verhältnisses von Kunst und Philosophie findet ihren Ausdruck vor allem in dem Aufsatz *Ideja iskusstva (Die Idee der Kunst)* (Belinskij, *Polnoe sobranie sočinenij,* Bd. IV, M. 1954, S. 585-601).

bis zu der Überzeugung, daß ein Kritiker, ein Wissenschaftler oder irgendein anderer Mensch, der als Träger einer logisch-theoretischen Idee auftritt oder darauf Anspruch erhebt, schon allein dadurch das Recht hat, den Schriftsteller zu belehren und anzuleiten.

Eben diese Überzeugung tritt an den schwachen Stellen der Methodik der Literaturbetrachtung in der Schule auf, wo sie den Schülern hartnäckig weismachen will, einige Zeilen logischer Schlüsse (wir setzen voraus, sie seien durchdacht und ernstzunehmen) machten schon den Kern des Kunstwerkes aus und das übrige sei den zweitrangigen »künstlerischen Besonderheiten« zuzurechnen.

Die vorhandenen Konzeptionen von der Kultur erklären also durchaus die Notwendigkeit der Produktion und ihrer Organisationsformen und die Notwendigkeit der Wissenschaft. Die Kunst könnte dann jedoch als fakultatives Element der Kultur erscheinen. Wir können bestimmen, welchen Einfluß die nichtkünstlerische Struktur der Wirklichkeit auf sie ausübt. Wenn allerdings die Frage »Warum ist eine Gesellschaft ohne Kunst unmöglich?« offenbleibt und die Realität der historischen Fakten dazu zwingt, sie immer wieder zu stellen, so drängt sich unausweichlich die Schlußfolgerung auf, unsere Konzeptionen von der Kultur der Menschheit seien unzulänglich.

Wir wissen, daß die Geschichte der Menschheit sich nicht ohne Produktion, soziale Konflikte, den Kampf politischer Meinungen, ohne Mythologie, Religion, Atheismus und die Erfolge der Wissenschaft entfalten konnte. Konnte sie sich ohne Kunst entfalten? Ist der Kunst die zweitrangige Rolle eines Hilfsmittels zugewiesen, zu dem die substanzielleren Bedürfnisse des menschlichen Geistes Zuflucht nehmen (oder auch nicht zu nehmen brauchen)? Bei Puškin gibt es die Bemerkung: »In einer der shakespeareschen Komödien fragt die Bäuerin Audrey: Was ist Poesie? Ist das ein richtiges Ding?«[2] Wie ist auf diese Frage zu antworten? Ist die Kunst wirklich ein »richtiges Ding« oder ist sie, wie Deržavin es ausgedrückt hat

2 A. S. Puškin, *Polnoe sobranie sočinenij*. Bd. 12, M.-L. 1949, S. 178. Bei Shakespeare heißt die Stelle: I do not know what »poetical« is. / Is it honest in dead and word? / Is it a true thing? (W. Shakespeare, *The Complete Works*. Ed. P. Alexander, London and Glasgow (1959) III, 1 Vers 14-16, S. 271.

                        ljubézna,
Prijátna, sládostna, polézna,
Kak létom vkúsnyj limonád.

                        [lieblich,
Angenehm, süß, nützlich,
Wie im Sommer wohlschmeckende Limonade.]

Leider wird eine rein emotionale Antwort, gegründet auf die
Liebe zur Kunst, auf die Gewöhnung an tägliche ästhetische
Eindrücke über letztgültige Überzeugungskraft nicht verfügen.
Allzu oft muß die Wissenschaft Überzeugungen verwerfen, de-
ren Konventionalität und alltägliche Evidenz das Wesen unse-
rer Lebenserfahrung ausmachen. Wie leicht fiele es einem Wissenschaftler, dessen gesamte Erfahrung auf den europäischen
Kulturkreis beschränkt wäre, nachzuweisen, daß die Musik des
fernöstlichen Typus entweder nicht existieren oder nicht als
Musik gelten könne. Möglich ist freilich auch die umgekehrte
Überlegung. Die Gewöhnung an eine Idee oder ihre »Natürlichkeit« sind kein Beweis für ihre Gültigkeit.
Die Frage der Notwendigkeit von Kunst ist nicht Gegenstand
dieses Buches und kann hier nicht umfassend betrachtet werden. Es wird daher angebracht sein, auf sie nur in dem Maße
einzugehen, wie sie mit der inneren Organisation des künstlerischen Textes und mit seinem gesellschaftlichen Funktionieren
zusammenhängt.
Das Leben jedes Wesens stellt eine komplexe Interaktion mit
seiner Umwelt dar. Wäre der Organismus nicht imstande, auf
äußere Einwirkungen zu reagieren, und sich an sie anzupassen,
ginge er unweigerlich zugrunde. Interaktion mit der Außen-
welt kann man sich als Empfang und Dechiffrierung einer bestimmten Information vorstellen. Der Mensch ist also unweigerlich in einen intensiven Prozeß einbezogen: er ist von In-
formationsströmen umgeben, das Leben sendet ihm seine
Signale. Diese Signale bleiben jedoch ungehört, die Information unverstanden und wichtige Chancen im Kampf um das
Überleben werden versäumt, wenn es der Menschheit nicht gelingt, der ständig steigenden Notwendigkeit folgend, diese
Ströme von Signalen zu dechiffrieren und in Zeichen umzu-
wandeln, die zur Kommunikation in der menschlichen Gesell-

schaft geeignet sind. Dabei erweist es sich als notwendig, nicht nur die Menge der verschiedenartigen Informationen in schon vorhandenen Sprachen (in den natürlichen Sprachen und in denen der verschiedenen Wissenschaften), sondern auch die Menge der Sprachen ständig zu erhöhen, in die man die Ströme der Umweltinformation übersetzen kann, wodurch sie zum Gemeingut aller werden. Die Menschheit bedarf eines besonderen Mechanismus – eines Generators immer neuer »Sprachen«, die ihren Bedarf an Wissen decken können. Dabei handelt es sich, wie sich herausstellt, nicht nur darum, daß die Schaffung einer Hierarchie von Sprachen sich als kompakteres Mittel zur Speicherung von Information erweist als die Vermehrung der Nachrichten in der einen Sprache bis zur Unendlichkeit.

Bestimmte Informationsarten können nur mit Hilfe von besonders organisierten Sprachen gespeichert und übermittelt werden – so verlangen chemische oder algebraische Informationen ihre eigenen Sprachen, die besonders für den betreffenden Typus von Modellierung* und Kommunikation geeignet sein müssen.

Die Kunst ist ein großartig organisierter Generator von Sprachen eines besonderen Typus, die der Menschheit einen unersetzbaren Dienst erweisen indem sie einen äußerst komplexen und in seinem Mechanismus noch nicht endgültig geklärten Teilbereich des menschlichen Wissens bedienen.

Die Vorstellung, die den Menschen umgebende Welt spreche viele Sprachen und ein Charakteristikum der Weisheit bestehe darin, sie verstehen zu lernen, ist nicht neu. So hat Evgenij A. Baratynskij das Verstehen der Natur ständig mit der Beherrschung ihrer besonderen Sprache verbunden, indem er zur Charakterisierung der Erkenntnis Verben der sprachlichen Kommunikation verwendete (»sagte«, »las«):

S priródoj odnóju on žížn'ju dyšál:
  Ruč'já *razumél lepetán'e*,
I *góvor* drevésnych listóv *ponimál*,
  I čúvstvoval tráv prozjabán'e;

---

* *Modellierung, modellieren* bedeuten hier, dem Gebrauch des Wortes in der Kybernetik entsprechend, *Konstruktion, konstruieren von Modellen.* Vgl.: *Wörterbuch der Kybernetik.* Ed. G. Klaus, Berlin 1968, S. 418 f.

Bylá emu zvězdnaja *kníga* jasná,
I s ním *govoríla* morskája volná.

[Mit der Natur zusammen atmete er das Leben:
    Des Baches *Lallen hat er verstanden,*
Und das *Gemurmel* der Blätter an den Bäumen *begriff* er,
    Und fühlte der Gräser Sprießen;
Es war ihm das *Buch* der Sterne klar
Und mit ihm *sprach* die Woge des Meeres.]

Nicht verstehen bedeutet eine Sprache vergessen haben oder
nicht kennen:

[...] Chrám upál,	[[...] Der Tempel ist gefallen,
A ruín egó potómok	Und der Nachfahre hat seiner
Jazyká ne razgadál.	Ruinen Sprache nicht enträtselt.]

Noch interessanter ist der Fall der Puškinschen *Verse, verfaßt
in schlafloser Nacht.* Darin spricht Puškin über das auf ihn
eindrängende dunkle und unruhige Leben, das verlange, ent-
rätselt zu werden:

Ja ponját' tebjá chočú,	[Ich will dich verstehen
Smýsla ja v tebé iščú [...]	Sinn suche ich in dir [...]]

Dieses Gedicht ist zu Lebzeiten des Dichters nicht veröffent-
licht worden. Žukovskij publizierte es in der postumen Ausgabe der Gesammelten Werke Puškins im Jahre 1841 und ersetzte dabei den letzten Vers durch:

Tëmnyj tvoj jazýk učú [...]

[Deine dunkle Sprache lerne ich [...]]

Was ihn zu diesem Schritt bewogen hat, ist uns nicht bekannt
und in modernen Ausgaben wird dieser Vers, da er in Puškins
Autographen nicht vorkommt, weggelassen. Allerdings fällt es
schwer, die These gelten zu lassen, Žukovskij habe hier, obgleich offenbar keine äußeren, mit der Zensur in Zusammenhang stehenden Gründe vorlagen »offensichtlich zur Verbesse-
rung des Reims« (Meinung der Kommentatoren der Akade-
mie-Ausgabe) durch seine zu ersetzen unternommen. Es ist
durchaus möglich, daß Žukovskij – der in den 30er Jahren des

18. Jahrhunderts ständiger Gesprächspartner Puškins war – hinreichend schwerwiegende, wenn auch uns unbekannte Ursachen hatte, diesen Vers ohne Rücksicht auf das ihm wohlbekannte Autograph zu ändern. Für uns ist etwas anderes wichtig: wer auch immer diese Änderung vorgenommen hat – sei es Puškin und Žukovskij – für den waren die Verse

Smýsla ja v tebé iščú [...]   [Sinn suche ich in dir [...]]
                                    und
Tëmnyj tvoj *jazýk učú*   [Deine dunkle *Sprache lerne ich*]

semantisch äquivalent: Das Leben verstehen bedeutet, seine dunkle Sprache zu erlernen. In allen diesen und in vielen anderen Fällen ist jedoch nicht etwa von poetischen Metaphern die Rede, sondern von einem tiefen Verständnis des Erfassens der Wahrheit und, weiter gefaßt, des Lebens.

Für den Klassizismus ist die Poesie* die Sprache der Götter, für die Romantik ist sie die Sprache des Herzens. Die Epoche des Realismus ändert den Inhalt dieser Metapher, aber sie bewahrt deren Charakter: die Kunst ist die Sprache des Lebens, mit ihrer Hilfe erzählt die Wirklichkeit von sich selbst.

Der Gedanke der sprachlosen Welt, die in der Poesie ihre Sprache findet, begegnet bei vielen Dichtern in verschiedenen Formen. Ohne Poesie

úlica kórčitsja bez-jazýkaja –
ej néčem kričát' i razgovárivat'

[windet die Straße sich sprachlos in Schmerzen –
sie hat nichts, womit sie schreien und Gespräche führen kann]

(Majakovskij)**

---

* Die Wörter *poézija (Poesie)*, *poétičeski (poetisch)* und *poétika (Poetik)* haben im Russischen nicht die pejorative Bedeutung angenommen, wie zumindest die ersten beiden im Deutschen. Wir haben sie, da für sie sonst Äquivalente kaum zu finden sind, zumal sich auch im Deutschen die nicht-pejorisierende Verwendung wieder durchzusetzen beginnt, mit den oben aufgeführten Entsprechungen übersetzt. *Poét (Poet)* haben wir allerdings mit dem Wort *Dichter* wiedergegeben.

** Zitat aus *Oblako v štanach* (Wolke in Hosen), V. V. Majakovskij, *Polnoe sobranie sočinenij*. Bd. 1, M. 1955, S. 181. Vgl. auch : W. Majakowski, *Werke*. Ed. L. Kossuth, dt. von H. Huppert, Bd. 2, Berlin-Frankfurt/Main 1969, S. 14.

Die Stetigkeit der Gleichsetzung von Kunst und Sprache, Stimme, Rede zeugt davon, daß ihr Zusammenhang mit dem Prozeß gesellschaftlicher Kommunikationen – verdeckt oder bewußt – als Grundprinzip in den Begriff von künstlerischer Tätigkeit eingeht.

Wenn aber die Kunst ein besonderes Kommunikationsmittel, eine auf besondere Weise organisierte Sprache ist, (wobei in den Begriff »Sprache« der umfassende Inhalt einbegriffen ist, wie er sich in der Semiotik durchgesetzt hat – »jedes wohlgeordnete System, das als Kommunikationsmittel dient und Zeichen verwendet«), dann kann man Kunstwerke, d. h. Nachrichten in dieser Sprache als Texte betrachten. Von dieser Position her kann man auch die Aufgabe des vorliegenden Buches formulieren.

Bei der Produktion und Rezeption eines Kunstwerks übermittelt, empfängt und speichert der Mensch eine besondere, eine *künstlerische* Information, die von den strukturellen Besonderheiten der künstlerischen Texte genau so wenig zu trennen ist wie der Gedanke von der materiellen Struktur des Gehirns. Einen allgemeinen Entwurf der Struktur der künstlerischen Sprache und ihres Verhältnisses zur Struktur des künstlerischen Textes, ihrer Ähnlichkeit und ihres Unterschiedes im Verhältnis zu analogen linguistischen Kategorien vorzulegen, das heißt zu erklären, wie der künstlerische Text zum Träger eines bestimmten Gedankens wird – einer Idee, wie die Struktur des Textes sich zur Struktur dieser Idee verhält – dies ist das allgemeine Ziel, in dessen Richtung der Verfasser wenigstens einige Schritte zu tun hofft.

1. Die Kunst als Sprache

Die Kunst ist ein Kommunikationsmittel. Sie realisiert ganz offenkundig eine Verbindung zwischen einem Sender und einem Empfänger (die Tatsache, daß beide in bestimmten Fällen durch eine Person vertreten sein können, ändert den Sachverhalt nicht, wie ein Mensch, der mit sich selbst spricht, ähnlich Sprecher und Hörer in sich vereinigt)[1]. Verleiht uns dies das Recht, die Kunst als eine auf besondere Weise organisierte Sprache zu definieren?

Jedes System, das zu Kommunikationszwecken zwischen zwei oder mehr Individuen dient, kann als Sprache definiert werden (wie wir bereits bemerkten, impliziert der Fall der Autokommunikation, daß ein Individuum in der Rolle von zweien auftritt). Der oft begegnende Hinweis, Sprache impliziere Kommunikation *in der menschlichen Gesellschaft,* erscheint, strenggenommen, nicht als notwendig, da einerseits sprachlicher Verkehr zwischen Mensch und Maschine und der von Maschinen unter sich gegenwärtig schon kein theoretisches Problem mehr, sondern bereits technische Realität darstellen[2], andererseits das Vorhandensein eines bestimmten sprachlichen Verkehrs in der Tierwelt nicht mehr bezweifelt wird. Im Gegensatz dazu stellen die Kommunikationssysteme *innerhalb* eines Individuums (zum Beispiel die Mechanismen biochemischer Regelung oder von Signalen, die über das Nervennetz des Organismus übertragen werden) keine Sprachen dar[3].

1 Zur Klassifikation verschiedener Texttypen je nachdem, ob sie auf den Sender oder den Empfänger bezogen sind, s. den Artikel *Nekotorye obščie zamečanija otnositel'no rassmotrenija teksta kak raznovidnosti signala* von A. M. Pjatigorskij in dem Sammelband: *Strukturno-tipologičeskie issledovanija,* M. 1962.
2 Werner Buchholz zeigt in dem Artikel *Vybor jazyka kommand* in dem Sammelband: *Kibernetičeskij sbornik,* Bd. 2, *Sbornik perevodov,* M. 1961, S. 235, daß »das System der Kommandos das Zwischenstadium zwischen der Sprache des Programmierers und der Sprache der elementaren Steuerungstakte innerhalb der Maschine« ist.
3 Damit kann man wohl auch den Sachverhalt in Zusammenhang bringen, daß bei niederen Lebewesen mit einer deutlich ausgeprägten kollektiven Individualität der biologischen Art außersprachlicher, die Einzelwesen verbindender Signalverkehr vom Typus der Impulse innerhalb des Organismus

In diesem Sinne können wir nicht nur vom Russischen als Sprache sprechen, vom Französischen oder Hindi und anderen, nicht nur von durch verschiedene Wissenschaften künstlich geschaffenen Systemen, die zur Beschreibung bestimmter Gruppen von Erscheinungen verwendet werden (die letztgenannten nennt man »künstliche« Sprachen oder Metasprachen der betreffenden Wissenschaften), sondern auch von Bräuchen, Ritualen, Handel, religiösen Vorstellungen. In demselben Sinne kann man von der »Sprache« des Theaters, des Kinos, der Malerei, der Musik und von der Kunst insgesamt als von einer auf besondere Weise organisierten Sprache sprechen.

Wir geben jedoch, indem wir die Kunst als Sprache definieren, eben dadurch bestimmte Urteile hinsichtlich ihres Aufbaus ab. Jede Sprache verwendet Zeichen, die ihr »Lexikon« ausmachen (bisweilen sagt man »Alphabet«; für die allgemeine Theorie der Zeichensysteme sind beide Begriffe synonym), jede Sprache verfügt über Regeln zur Verknüpfung dieser Zeichen, jede Sprache stellt eine bestimmte Struktur dar, und dieser Struktur eignet ein hierarchischer Charakter.

Diese Art der Fragestellung gestattet es, sich der Kunst von zwei verschiedenen Standpunkten aus zu nähern.

Erstens kann man in der Kunst das isolieren, was sie mit jeglicher Sprache gemein hat, und versuchen, diese Aspekte der Kunst in den allgemeinen Termini der Theorie der Zeichensysteme zu beschreiben.

Zweitens kann man – vor dem Hintergrund der unter »erstens« angeführten Beschreibung – in der Kunst dasjenige isolieren, was ihr als einer *besonderen* Sprache eigentümlich ist und sie von anderen Systemen dieses Typus unterscheidet.

Da wir im weiteren Verlauf den Begriff »Sprache« in der spezifischen Bedeutung verwenden werden, die ihm in den Arbeiten zur Semiotik verliehen wird und sich von der üblichen Verwendung des Wortes wesentlich unterscheidet, werden wir den Begriff dieses Terminus definieren. Unter »Sprache« werden wir jedes Kommunikationssystem verstehen, das auf besondere

einen wichtigen Platz einnimmt. Je mehr sich die Individualität mit jedem einzelnen Organismus deckt, desto mehr nimmt die Relevanz der Zeichen zu, wenn auch offenbar die untersten Kommunikationen nicht vollständig unterdrückt zu bleiben brauchen, z. B. in der Form der Parapsychologie beim Menschen.

Weise geordnete Zeichen verwendet. So betrachtete Sprachen unterscheiden sich:

erstens von Systemen, die nicht als Kommunikationsmittel dienen;

zweitens von Systemen, die als Kommunikationsmittel dienen, aber keine Zeichen verwenden;

drittens von Systemen, die als Kommunikationsmittel dienen und gar nicht oder fast gar nicht geordnete Zeichen verwenden.

Der erste Gegensatz ermöglicht es, Sprachen von denjenigen Formen menschlicher Aktivität zu trennen, die nicht unmittelbar und ihrer Zielsetzung nach mit der Speicherung und Übertragung von Information zusammenhängen. Der zweite Gegensatz ermöglicht es, folgende Differenzierung vorzunehmen: Zeichenverkehr vollzieht sich im wesentlichen zwischen Individuen, zeichenloser Verkehr zwischen Systemen innerhalb eines Organismus. Offenbar wäre es jedoch richtiger, diesen Gegensatz als Antithese zwischen Kommunikationen auf der Ebene eines primären und eines sekundären Signalsystems zu interpretieren, zumal einerseits außersprachliche Beziehungen zwischen den Organismen möglich sind (besonders relevant bei den niederen Lebewesen, aber auch beim Menschen in der Art der Phänomene erhalten, die im Rahmen der Telepathie von der Parapsychologie erforscht werden), andererseits auch Zeichenverkehr innerhalb eines Organismus möglich ist. Hierbei ist nicht nur daran gedacht, daß der Mensch seinen Intellekt mit Hilfe dieser oder jener Zeichensysteme selbst organisiert, sondern auch an die Fälle, da die Zeichen in die Sphäre primärer Signalisation eindringen (der Mensch »bespricht« mit Worten Zahnschmerzen; indem er mit Hilfe von Wörtern auf sich selbst einwirkt, erträgt er Qualen oder physische Marter).

Wenn man, diese Vorbehalte vorausgesetzt, die These akzeptiert, daß Sprache eine Form der Kommunikation zwischen zwei Individuen ist, so sind noch einige Präzisierungen vorzunehmen. Es ist adäquater, den Begriff »Individuum« durch »Sender einer Nachricht« (Adressant) zu ersetzen und »Empfänger einer Nachricht« (Adressat). Das ermöglicht es, diejenigen Fälle in das Schema einzubeziehen, in denen die Sprache nicht zwei Individuen verbindet, sondern zwei andere Sende-

(Empfangs-) Anlagen, zum Beispiel einen Telegraphen und eine an ihn angeschlossene automatische Aufzeichnungsanlage. Wichtiger jedoch ist etwas anderes: die Fälle sind nicht selten, daß ein und dasselbe Individuum sowohl als Adressant als auch als Adressat der Nachricht auftritt (Notizen als Gedächtnisstütze, Tagebücher, Notizbücher). Die Information wird dann nicht im Raum übertragen, sondern in der Zeit und dient als Mittel zur Selbstorganisation der Persönlichkeit. Man sollte meinen, dieser Fall stelle nur eine unwichtige Einzelerscheinung in der allgemeinen Masse sozialer Kommunikationen dar, wäre nicht eine Überlegung zu berücksichtigen: man kann den einzelnen Menschen als Individuum betrachten, und dann wird das Schema der Kommunikation A → B (vom Adressanten zum Adressaten) deutlich gegenüber A → A' (Adressant tritt auch als Adressat auf, aber zu einem anderen Zeitpunkt) vorherrschen. Man braucht jedoch nur unter »A« beispielsweise den Begriff »Nationalkultur« einzusetzen, und das Kommunikationsschema A → A' erlangt neben A → B eine gleichberechtigte Bedeutung (in einer Reihe von Kulturtypen wird es vorherrschen). Tun wir jedoch den folgenden Schritt – setzen wir unter »A« die Menschheit insgesamt ein. Dann wird die Autokommunikation (zumindest im Bereich der realen historischen Erfahrung) zum einzigen Kommunikationsschema.

Der dritte Gegensatz trennt die Sprachen von denjenigen Zwischensystemen, mit denen sich die Paralinguistik befaßt, den Mimiken, Gestiken u. a. m.

Wenn Sprache in der oben vorgeschlagenen Weise verstanden wird, so vereinigt dieser Begriff:

a) die natürlichen Sprachen (zum Beispiel die russische, französische, estnische, čechische);

b) die künstlichen Sprachen: Wissenschaftssprachen (Metasprachen wissenschaftlicher Beschreibungen), Sprachen mit vereinbarten Signalen (zum Beispiel Verkehrszeichen) u. a. m.;

c) die sekundären Sprachen (sekundäre modellierende Systeme), Kommunikationsstrukturen also, die über der natursprachlichen Ebene aufgebaut werden (Mythos, Religion). *Die Kunst ist ein sekundäres modellierendes System.* »Sekundär im Verhältnis zur Sprache« bedeutet nicht nur »verwendet eine natürliche Sprache als Material«. Wenn der Terminus diese Bedeutung hätte, wäre die Einbeziehung nichtsprachlicher Künste

(Malerei, Musik und andere) ungerechtfertigt. Das Verhältnis ist hier jedoch komplexer: die natürliche Sprache ist nicht nur eines der frühesten, sondern auch das mächtigste Kommunikationssystem im menschlichen Kollektiv. Durch ihre Struktur übt sie einen machtvollen Einfluß auf die Psyche des Menschen und auf viele Bereiche des sozialen Lebens aus. Sekundäre modellierende Systeme sind (wie auch alle semiotischen Systeme) *nach dem Typus der Sprache* aufgebaut. Das heißt nicht, daß sie *alle* Aspekte natürlicher Sprachen reproduzieren. So unterscheidet sich die Musik beispielsweise durch das Fehlen obligatorischer semantischer Bezüge deutlich von natürlichen Sprachen, doch ist heutzutage die völlige Gesetzmäßigkeit der Beschreibung eines musikalischen Textes als einer Form von syntagmatischer Konstruktion evident (Arbeiten von M. M. Langleben und B. M. Gasparov). Die Herausarbeitung syntagmatischer und paradigmatischer Beziehungen in der Malerei (Arbeiten von L. F. Žegin und B. A. Uspenskij), in der Kinematographie (Aufsätze von S. Éjzenštejn, J. N. Tynjanov, B. M. Éjchenbaum, C. Metz) gestattet es, diese Künste als *Objekte der Semiotik* zu betrachten, als Systeme, die nach dem Typus von Sprachen aufgebaut sind. Da das Bewußtsein des Menschen ein sprachliches Bewußtsein ist, können alle auf dem Bewußtsein aufgebauten Arten von Modellen – auch die Kunst zählt dazu – als sekundäre modellierende Systeme definiert werden.

Die Kunst kann also als eine Art sekundärer Sprache beschrieben werden und das Kunstwerk als ein Text in dieser Sprache.

Dem Beweis und der Erklärung dieser These wird ein beträchtlicher Teil des der Aufmerksamkeit des Lesers empfohlenen Buches gewidmet sein. Einstweilen beschränken wir uns auf einige Zitate; sie heben die Untrennbarkeit der poetischen Idee von der besonderen ihr entsprechenden Textstruktur, von der besonderen Sprache der Kunst, hervor. Hier eine Notiz von Aleksandr Blok (Juli 1917):

«Es ist eine Lüge, daß Gedanken sich wiederholen. Jeder Gedanke ist neu, weil Neues ihn umgibt und formt. ›Daß er, auferstanden, nicht aufstehen konnte‹ [Čtob on, voskresnuv, vstat' ne mog] – von mir – und ›Daß er aus dem Grab nicht aufstehen konnte‹ [Čtob on iz groba vstat' ne mog] (Lermontov – gerade ist es mir eingefallen) – sind vollkommen verschiedene Gedanken. Das Gemeinsame an ihnen ist der ›Inhalt‹, was nur überflüssigerweise noch einmal beweist, daß formloser Inhalt an und für sich nicht existiert, kein Gewicht hat.«4

Betrachtet man die Natur der semiotischen Strukturen, so kann man folgende Beobachtung machen: die Komplexität der Struktur befindet sich in direkt proportionaler Abhängigkeit von der Komplexität der Information, die übermittelt wird. Eine Zunahme der Komplexität des Informationscharakters führt unausweichlich auch zu einer Zunahme der Komplexität des zu ihrer Übertragung verwendeten semiotischen Systems. Dabei kann es in einem korrekt aufgebauten semiotischen System (d. h. in einem, das die Aufgabe, für die es geschaffen worden ist, erfüllt) keine überflüssige, ungerechtfertigte Komplexität geben.

Wenn es zwei Systeme A und B gibt und sie beide denselben Informationsumfang bei gleichem Aufwand zur Unterdrükkung des Rauschens im Übertragungskanal vollständig übertragen, das System A jedoch bedeutend einfacher als das System B, so wird das System B zweifellos aufgegeben und vergessen[5].

Die poetische Sprache stellt eine Struktur von großer Komplexität dar. Sie ist im Verhältnis zur natürlichen Sprache beträchtlich erschwert und dadurch komplexer. Und wenn der Informationsumfang, der in der poetischen Rede (ob in Versen oder in Prosa abgefaßt, ist in diesem Fall ohne Belang) und in der gewöhnlichen Rede enthalten ist, gleich wäre[6], verlöre die künstlerische Rede ihre Existenzberechtigung und stürbe zweifellos aus. Der Sachverhalt ist jedoch anders: die erschwerte, aus dem Sprachmaterial geschaffene künstlerische Struktur ermöglicht es, einen Informationsumfang zu übertragen, wie er bei einer Übertragung mit den Mitteln der elementaren eigentlich sprachlichen Struktur gar nicht zu erreichen wäre. Daraus folgt, daß die betreffende Information (der Inhalt) außerhalb der betreffenden Struktur weder vorhanden sein noch übertra-

---

4 A. Blok, *Zapisnye knižki*. M. 1965, S. 378.
5 Bei dieser Aussage abstrahieren wir vom Problem der Redundanz, das in künstlerischen Systemen auf eine durchaus spezifische Weise gelöst wird.
6 Nehmen wir an, es werden zwei Texte in ein und derselben Sprache verglichen, die aus den gleichen Lexemen und den gleichen syntaktischen Konstruktionen bestehen, einer der beiden ist Teil einer künstlerischen Struktur, der andere jedoch nicht.

gen werden kann. Beim Nacherzählen eines Gedichtes in der gewöhnlichen Rede zerstören wir die Struktur und übermitteln dem Empfänger folglich nicht den Informationsumfang, der darin enthalten war. Die Methodik isolierter Betrachtung des »gedanklichen Gehaltes« und der »künstlerischen Besonderheiten«, wie sie sich in der Schulpraxis fest eingebürgert hat, beruht dabei auf mangelndem Verständnis für die Grundlagen der Kunst und ist schädlich, da sie breiten Leserkreisen eine falsche Vorstellung von der Literatur anerzieht, als stelle sie nämlich ein Verfahren dar, lang und ausgeschmückt dieselben Gedanken darzulegen, die man schlicht und knapp sagen kann. Wenn man den gedanklichen Gehalt von *Krieg und Frieden* oder *Evgenij Onegin* auf zwei knappen Seiten darlegen könnte, so lautete die natürliche Schlußfolgerung: man sollte nicht lange Werke, sondern kurze Lehrbücher lesen. Dies ist eine Schlußfolgerung, zu der nicht etwa schlechte Lehrer faule Schüler drängen, sondern das ganze System des Literaturunterrichts in der Schule, der seinerseits nur vereinfacht und daher äußerst scharf die Tendenzen widerspiegelt, die sich in der Literaturwissenschaft deutlich wahrnehmen lassen.

Der Gedanke des Schriftstellers realisiert sich in einer bestimmten künstlerischen Struktur und ist von ihr nicht zu trennen. Lev N. Tolstoj schrieb über den Hauptgedanken der *Anna Karenina*:

»Wenn ich aber all das in Worten sagen wollte, was ich durch den Roman auszudrücken beabsichtige, so müßte ich denselben Roman niederschreiben, den ich zuvor geschrieben habe. Und wenn die Kritiker schon jetzt verstehen, was ich sagen will und es im Feuilleton ausdrücken können, so beglückwünsche ich sie [...]. Und wenn kurzsichtige Kritiker glauben, ich wollte nur das beschreiben, was mir gefällt, wie Oblonskij zu Mittag ißt, was für Schultern die Karenina hat, so irren sie. Bei allem, bei fast allem, was ich schrieb, leitete mich die Erfordernis, Gedanken zu sammeln, die um ihres Ausdrucks willen miteinander verkettet sind; jeder Gedanke aber verliert, für sich allein durch Worte ausgedrückt, seine Bedeutung, wird furchtbar seicht, wenn er für sich und ohne die Verkettung genommen wird, in der er sich befindet.«

Tolstoj hat ungewöhnlich klar ausgesprochen, daß der künstlerische Gedanke sich durch »Verkettung« realisiert – durch eine

Struktur – und außerhalb von ihr nicht existiert, daß die Idee des Künstlers sich in seinem Modell realisiert. Und weiter schreibt Tolstoj:

»[...] sind Menschen vonnöten, die zeigten, wie sinnlos es ist, isolierte Gedanken aus dem Kunstwerk herauszuklauben und die Leser ständig in dem endlosen Labyrinth von Verkettungen leiteten, auf dem das Wesen der Kunst beruht, und zwar nach denjenigen Gesetzen, die diesen Verkettungen als Grundlage dienen.«[7]

Die Formulierung »die Form entspricht dem Inhalt«, ist zwar in philosophischem Sinne richtig, spiegelt die Relation von Struktur und Idee gleichwohl unzureichend exakt wider. Schon Jurij N. Tynjanov hat auf ihre (in bezug auf die Kunst) inadäquate Metaphorik hingewiesen: »Form + Inhalt = Gefäß + Wein. Aber alle räumlichen Analogien zum Formbegriff sind eben dadurch wichtig, daß sie sich nur als Analogien ausgeben; in Wirklichkeit wird dem Begriff der Form dabei ständig ein statisches Merkmal untergeschoben, das eng mit Räumlichkeit zusammenhängt.«[8] Will man eine anschauliche Vorstellung von der Relation von Idee und Struktur erhalten, ist es angemessener, sich den Zusammenhang zwischen dem Leben und dem komplexen biologischen Mechanismus des lebendigen Zellgewebes zu vergegenwärtigen. Das Leben bildet die Haupteigenschaft des lebenden Organismus und ist außerhalb dessen physikalischer Struktur undenkbar, es ist Funktion dieses arbeitenden Systems. Der Literaturwissenschaftler, der hofft, die Idee isoliert vom System der Modellierung der Welt durch den Autor und der Struktur des Werkes zu erfassen, erinnert an den idealistischen Gelehrten, der versucht, das Leben von der konkreten biologischen Struktur zu isolieren, als deren Funktion es doch gerade erscheint. Die Idee ist nicht in irgendwelchen Zitaten enthalten, wie gelungen sie auch immer ausgewählt sein mögen, sondern findet in der ganzen künstlerischen Struktur ihren Ausdruck. Der Wissenschaftler, der das nicht versteht und die Idee in einzelnen Zitaten sucht, ähnelt einem Menschen, der erfahren hat, daß ein Haus einen Grundriß hat und begänne, die Wände auf der Suche nach der Stelle, an der

7 L. N. Tolstoj, *Polnoe sobranie sočinenij v 90 tomach.* Bd. 62, M. 1953, S. 268 f.
8 Ju. Tynjanov, *Problema stichotvornogo jazyka.* L. 1924, S. 9.

dieser Grundriß eingemauert ist, niederzureißen. Der Grundriß ist nicht in eine Wand eingemauert, sondern in den Proportionen des Gebäudes realisiert. Der Grundriß ist die Idee des Architekten, die Struktur des Gebäudes ihre Realisation. Der gedankliche Gehalt des Kunstwerkes ist eine Struktur. Die Idee ist in der Kunst immer ein Modell, denn sie reproduziert ein Bild von der Wirklichkeit. Folglich ist die künstlerische Idee außerhalb dieser Struktur undenkbar. Der Dualismus von Form und Inhalt muß ersetzt werden durch den Begriff der sich in einer adäquaten Struktur realisierenden und außerhalb dieser Struktur nicht existenten Idee.

Eine veränderte Struktur vermittelt dem Leser oder Zuschauer eine andere Idee. Daraus folgt, daß es im Gedicht keine »formalen Elemente« in dem Sinne gibt, den dieser Begriff gewöhnlich impliziert. Der künstlerische Text ist ein komplex aufgebauter Gedanke. Alle seine Elemente sind semantische Elemente.

1.1. Die Kunst in ihrem Verhältnis zu anderen Zeichensystemen

Die Betrachtung der Kunst in den Kategorien eines Kommunikationssystems ermöglicht es, eine Reihe von Fragen, die außerhalb des Blickfeldes der traditionellen Ästhetik und Literaturtheorie geblieben sind, zu stellen und teilweise auch zu lösen.

Die moderne Theorie der Zeichensysteme verfügt über eine gut ausgearbeitete Konzeption, die es gestattet, allgemeine Charakteristika künstlerischer Kommunikation zu skizzieren.

Jeder Kommunikationsakt impliziert einen Sender und einen Empfänger von Information. Dies reicht jedoch nicht aus: das uns vertraute Phänomen des Nichtverstehens zeugt davon, daß nicht jede Nachricht empfangen wird. Damit der Empfänger den Sender der Nachricht versteht, bedürfen sie eines gemeinsamen Vermittlers – der Sprache. Nimmt man die Summe möglicher Nachrichten in einer Sprache, so wird man leicht feststellen können, daß einige Elemente dieser Nachrichten als in den einen oder anderen Beziehungen einander äquivalent auftreten (so besteht beispielsweise zwischen den Phonemvarianten einerseits und zwischen Phonem und Graphem anderseits die Relation der Äquivalenz). Es ist unschwer zu bemerken, daß die Unterschiede hierbei vermittels der Eigenart der Materialisierung des einen oder anderen Zeichens oder seines Elementes und Ähnlichkeit als Folge der Gleichartigkeit ihrer Stelle im System entstehen wird. Das den verschiedenen einander äquivalenten Varianten Gemeinsame tritt als ihre Invariante auf. Dadurch ergeben sich zwei verschiedene Aspekte des Kommunikationssystems: der Strom der einzelnen Nachrichten, die durch die eine oder andere materielle Substanz verkörpert werden (durch graphische, lautliche, elektromagnetische beim Telefongespräch, durch telegraphische Zeichen u. a. m.) und ein abstraktes System invarianter Beziehungen. Die Differenzierung dieser beiden Prinzipien und die Bestimmung des ersten als »Rede« (parole) und des zweiten als »Sprache« (langue) ist das Verdienst Ferdinand de Saussures. Weil als Träger bestimmter Bedeutungen die Einheiten der Sprache auftreten, besteht der Prozeß des Verstehens offensichtlich darin, daß verbale Nachrichten im Bewußtsein des Rezipierenden mit ihrer sprachlichen Invariante identifiziert werden. Dabei treten die einen Merkmale des Redetextes (nämlich diejenigen, die mit den ihnen invarianten Merkmalen im System der Sprache zusammenfallen) als bedeutungstragende hervor, während die übrigen vom Bewußtsein des Rezipierenden als unwesentlich aufgehoben werden. Die Sprache tritt so als eine Art von Code auf, mit Hilfe dessen er die Bedeutung der ihn interessierenden Nachricht dechiffriert. Gestattet man sich einen bestimmten Grad von Ungenauigkeit, so kann man in diesem Sinne die Differenzierung des Systems in »Rede« und »Sprache« in der strukturalen Linguistik und die in »Nachricht« und »Code« in der Informationstheorie einander gleichsetzen[9]. Wenn wir uns aber die Sprache als ein bestimmtes System invarianter Elemente und Regeln zu ihrer Verknüpfung[10] vorstellen, so wird die Richtigkeit der von Roman

9 Vgl.: V. V. Ivanov, *Kod i soobščenie*. In: *Bjulleten' ob-edinenija po problemam mašinnogo perevoda*, Nr. 5, M. 1957 und St. Goldman, *Information Theory*. [2]New York 1954.
10 Vgl.: »Da das Sprachgebilde aus Regeln oder Normen besteht, so ist es im Gegensatz zum Sprechakt ein System oder, besser gesagt, mehrere Teilsysteme.« N. S. Trubetzkoy [Trubeckoj], *Grundzüge der Phonologie*. [3]Göttingen 1962, S. 6.

Jakobson und anderen Gelehrten ausgesprochenen These evident, wonach im Prozeß der Nachrichtenübermittlung in Wirklichkeit nicht ein, sondern zwei Codes verwendet werden: der eine zur Chiffrierung und der andere zur Dechiffrierung der Nachricht. In diesem Sinn spricht man von Regeln für den Sprecher und Regeln für den Hörer. Der Unterschied zwischen ihnen trat deutlich zutage, als sich die Aufgabe stellte, mit Hilfe von elektronischen Rechenanlagen einen Text in einer beliebigen natürlichen Sprache künstlich zu generieren (Synthese) und zu dechiffrieren (Analyse).

Alle diese Fragen stehen in unmittelbarem Zusammenhang mit der Definition der Kunst als eines Kommunikationssystems.

Erste Folge aus der allgemeinen These, die Kunst stelle eines der Mittel der Massenkommunikation dar, ist die Feststellung: Um eine mit den Mitteln der Kunst übertragene Information zu empfangen, muß man die Sprache beherrschen. Hier müssen wir einen Exkurs einfügen. Stellen wir uns irgendeine Sprache vor. Nehmen wir zum Beispiel die Sprache der chemischen Zeichen. Wenn wir alle in ihr verwendeten graphischen Zeichen herausschreiben, können wir uns leicht davon überzeugen, daß sie sich in zwei Gruppen gliedern: die einen – die Buchstaben des lateinischen Alphabets – bezeichnen die chemischen Elemente, die anderen (Gleichheitszeichen, Pluszeichen, numerische Indices) bezeichnen dann die Arten ihrer Verbindung. Wenn wir alle durch Buchstaben ausgedrückten Zeichen herausschreiben, so erhalten wir eine bestimmte Menge von Benennungen der chemischen Sprache, die in ihrer Gesamtheit die ganze Summe der bis zu diesem Zeitpunkt bekannten chemischen Elemente bezeichnen.

Wir wollen nun annehmen, daß wir den ganzen bezeichneten Bereich in bestimmte Gruppen gliedern. Wir beschreiben beispielsweise die ganze Inhaltsmenge mit Hilfe einer Sprache, die nur über zwei nomina verfügt: Metalle und Nichtmetalle, oder wir führen irgendwelche anderen Notationssysteme ein, bis wir zur Aufgliederung in Elemente und deren Bezeichnung durch Buchstaben gelangen. Es ist klar, daß jedes der Notationssysteme eine bestimmte wissenschaftliche Konzeption der Klassifikation des Bezeichneten widerspiegelt. So ist jedes System der chemischen Sprache gleichzeitig auch ein Modell einer bestimmten chemischen Realität. Wir sind zu einem wesentlichen Schluß gekommen: jede Sprache ist nicht nur ein kommunikatives, sondern auch ein modellierendes System, genauer: diese beiden Funktionen sind untrennbar miteinander verbunden.

Das gilt natürlich auch für natürliche Sprachen. Wenn sich in der altrussischen Sprache (12. Jahrhundert) »Ehre« [»čest'«] und »Ruhm« [»slava«] als Antonyme und in der russischen Sprache der Gegenwart dagegen als Synonyme erweisen[11], wenn im Altrussischen »tiefblau« [»sinij«] bisweilen ein Synonym für »schwarz« [»černyj«], bisweilen für »purpurrot« [»bagrovo-krasnyj«] ist, wenn damals »grau [seryj«] (in der Bedeutung der Augenfarbe) unser »hellblau« [»goluboj«] bezeichnet[12], dagegen »hellblau« [»goluboj«] unser »grau« [»seryj«] (in der Bedeutung der Färbung des Fells bei Tieren und des Gefieders bei Vögeln) bezeichnet, wenn der Himmel in den Texten des 12. Jahrhunderts niemals hellblau oder dunkelblau genannt wird und die goldene Farbe des Hintergrunds auf der Ikone für den damaligen Betrachter die Farbe des Himmels offensichtlich völlig glaubwürdig wiedergibt, wenn das altslawische »Komu sini oči, ne prebyvajuščim li v vine, ne razirajuščim li k-de pirove byvajut'«[13] folgendermaßen zu übersetzen ist: »Wer aber purpurrote (blutunterlaufene) Augen hat, wie sie nicht einmal ein Trinker hat, wie sie der nicht hat, der Ausschau hält, wo denn Gelage stattfinden«, – so wird deutlich, daß wir es mit völlig verschiedenen Modellen des ethischen oder chromatischen Raums zu tun haben.

Gleichzeitig ist jedoch evident, daß nicht nur die »Nominalzeichen«, sondern auch die »Verknüpfungszeichen« eine modellierende Funktion haben – sie reproduzieren die Konzeption der Zusammenhänge in dem bezeichneten Objekt.

So kann also jedes Kommunikationssystem eine modellierende Funktion erfüllen und umgekehrt jedes modellierende System eine kommunikative Rolle spielen. Freilich kann die eine oder

11 Ju. Lotman, *Oppozicija »čest' – slava« v svetskich tekstach kievskogo perioda*. In: *Trudy po znakovym sistemam*, III, Tartu, 1967, S. 100-112.
12 B. O. Unbegaun, *Les anciens russes vus par eux-mêmes*. In: *Annali dell' Instituto Universitario Orientale, Sezione slava*, VI, Neapel 1963, S. 1-16.
13 Das Zitat stammt aus der Handschrift der Pandekten des Antioch in der Fassung des 11. Jh., angeführt von I. I. Sreznevskij in: *Materialy dlja slovarja drevnerusskogo jazyka*. Bd. III, SPb. 1903, S. 356.

andere Funktion in der jeweiligen konkreten sozialen Verwendung stärker ausgedrückt oder aber fast gar nicht wahrgenommen werden. Potentiell sind jedoch beide Funktionen gegenwärtig.[14]

Dies ist außerordentlich wichtig für die Kunst.

Wenn ein Kunstwerk mir irgend etwas mitteilt, wenn es zu Kommunikationszwecken zwischen einem Sender und einem Empfänger dient, so kann man in ihm unterscheiden:

1. die Nachricht – das, was übermittelt wird;
2. die Sprache – ein bestimmtes, für Sender und Empfänger gemeinsames, abstraktes System, das den Kommunikationsakt selbst erst ermöglicht. Wenn auch das Abstrahieren jedes der beiden genannten Aspekte, wie wir noch sehen werden, nur im Rahmen forschungsbedingter Abstraktionen möglich ist, so ist die Gegenüberstellung dieser beiden Momente im Kunstwerk in einem bestimmten Stadium der Untersuchung durchaus notwendig.

Die Sprache des Kunstwerks ist eine bestimmte Größe, die vor der Schaffung des konkreten Textes vorhanden und für beide Pole der Kommunikation gleichartig ist (im folgenden wird diese These durch einige Korrektive präzisiert werden). Die Nachricht ist diejenige Information, die in dem jeweiligen Text hervortritt. Nehmen wir eine große Gruppe funktional homogener Texte und bewerten wir sie als Varianten ein und desselben invarianten Textes, wobei wir alles von diesem Standpunkt aus »Systemexterne« zuvor eliminiert haben, so erhalten wir eine strukturale Beschreibung der betreffenden Gruppe von Texten. So ist beispielsweise die schon klassische *Morphologie des Zaubermärchens* von Vladimir Ja. Propp* aufgebaut, die ein Modell dieser Gattung der Folklore vorlegt. Wir können alle überhaupt möglichen Ballette als einen Text betrachten (so nämlich, wie wir gewöhnlich alle Inszenierungen eines bestimmten Balletts als Varianten eines Textes be-

14 Detailliert behandeln diese Frage A. A. Zaliznjak, Vjač. Vs. Ivanov, V. N. Toporov, *O vozmožnosti strukturno-tipologičeskogo izučenija nekotorych modelirujuščich semiotičeskich sistem*. In: *Strukturno-tipologičeskie issledovanija*. M. 1962.
* Vl. Ja. Propp, *Morfologija skazki*. L. 1928. ²M. 1969 Englische Übersetzung: *Morphology of Folktale*. Bloomington und Den Haag 1958. Deutsche Übersetzung: *Morphologie des Märchens*. Ed. K. Eimermacher, München 1972. [A. d. Ü.]

trachten) und wir erhalten, haben wir diesen Text beschrieben, die Sprache des Balletts, usw.

Die Kunst ist untrennbar verbunden mit der Suche nach Wahrheit. Es ist jedoch unbedingt hervorzuheben, daß »Wahrheitscharakter von Sprache« und »Wahrheitscharakter von Nachricht« zwei grundsätzlich verschiedene Begriffe sind. Um uns ihren Unterschied vor Augen zu führen, vergegenwärtigen wir uns die Aussagen über Wahrheit oder Falschheit der Lösung dieser oder jener Aufgabe, der logischen Richtigkeit dieser oder jener Behauptung auf der einen Seite und Urteile über die Richtigkeit der Geometrie von Lobačevskij oder die vierwertige Logik auf der anderen Seite. Über jede Nachricht in der russischen oder irgendeiner anderen natürlichen Sprache kann man die Frage stellen: ist sie wahr oder falsch. Auf irgendeine Sprache insgesamt angewandt, verliert diese Frage jedoch völlig ihren Sinn. Deshalb enthalten die oft begegnenden Urteile über die künstlerische Untauglichkeit, Minderwertigkeit oder gar »Verdorbenheit« irgendwelcher künstlerischen Sprachen (z. B. der Sprache des Balletts, der Sprache der fernöstlichen Musik, der Sprache der abstrakten Malerei) einen logischen Fehler – nämlich das Resultat einer Verwechslung von Begriffen. Indessen muß ganz offensichtlich, ehe ein Urteil über den Wahrheitscharakter oder über den der Falschheit einer Aussage gefällt werden kann, Klarheit in die Fragestellung gebracht werden, was denn der Beurteilung unterliegt: die Sprache oder die Nachricht. Dementsprechend werden auch verschiedene Bewertungskriterien gelten. Die Kultur ist an einem spezifischen Polyglottismus interessiert. Nicht zufällig scheidet die Kunst im Laufe ihrer Entwicklung veraltete Nachrichten aus, bewahrt jedoch mit auffälliger Hartnäckigkeit die Erinnerung an künstlerische Sprachen vergangener Epochen in sich. Die Geschichte der Kunst ist reich an »Renaissancen« – der Wiedergeburt künstlerischer Sprachen der Vergangenheit, die als innovatorisch aufgefaßt werden.

Die Differenzierung dieser Aspekte ist auch für den Literaturwissenschaftler von grundsätzlicher Bedeutung (wie überhaupt für den Kunstwissenschaftler). Hier liegt nicht nur die ständige Verwechslung der Eigenart der Sprache des künstlerischen Textes mit seinem ästhetischen Wert vor (gleichzeitig wird ständig behauptet: »Unverständliches ist schlecht«), sondern es fehlt auch an bewußter Aufgliederung des Forschungsvorhabens, es wird darauf verzichtet, die Frage zu stellen, was denn eigentlich Gegenstand der Untersuchung ist: die allgemeine künstlerische Sprache einer Epoche (einer Richtung, eines Schriftstellers) oder eine bestimmte Nachricht, die in dieser Sprache übermittelt wird.

Im letzten Fall ist es offensichtlich zweckmäßiger, massenhafte »mittlere« hochstandardisierte Texte zu beschreiben, in denen die allgemeine Norm der künstlerischen Sprache am deutlichsten hervortritt. Fehlende Differenzierung zwischen diesen beiden Aspekten führt zu eben der Verwechslung, auf die schon die traditionelle Literaturwissenschaft hingewiesen hat, der sie auf der Ebene der Intuition auszuweichen sich bemühte, indem sie »Massenhaftes« und »Individuelles« in der Literatur zu unterscheiden forderte. Unter den frühen und von Vollkommenheit weit entfernten Versuchen, die Normen von Massenkunst zu untersuchen, kann man beispielsweise die bekannte Monographie von V. V. Sipovskij über die Geschichte des russischen Romans nennen*. Anfang der 20er Jahre wurde diese Frage bereits als völlig klare Aufgabe formuliert. So schrieb Viktor M. Žirmunskij, daß es bei der Untersuchung von Massenliteratur »dem Wesen der gestellten Aufgabe entsprechend notwendig ist, bei Abstraktion vom Individuellen die Ausbreitung einer gewissen allgemeinen Tendenz zu erfassen«[15]. Diese Frage wurde mit aller Deutlichkeit auch in Arbeiten von Šklovskij und Vinogradov gestellt.

Ist jedoch der Unterschied zwischen diesen beiden Aspekten erst einmal erkannt, so ist nicht zu übersehen, daß das Verhältnis zwischen ihnen in künstlerischen und nichtkünstlerischen Kommunikationen äußerst verschieden ist, und allein schon das Faktum, daß die Probleme der Spezifik der Sprache der einen oder anderen Art von Kunst mit dem Wert der in ihr übermittelten Information so hartnäckig gleichgesetzt wird, ist derart weit verbreitet, daß es nicht als zufällig angesehen werden kann.

Jede natürliche Sprache besteht aus Zeichen, die durch das Vorhandensein eines bestimmten außersprachlichen Inhalts ge-

* V. V. Sipovskij, *Očerki po istorii russkogo romana.* Bd. 1, SPb. 1909-1910. [A. d. Ü.]
15 V. Žirmunskij, *Bajron i Puškin.* L. 1924, S. 9.

kennzeichnet werden, und aus syntagmatischen Elementen, deren Inhalt nicht nur außersprachliche Beziehungen reproduziert, sondern auch in beträchtlichem Maße einen immanenten, formalen Charakter aufweist. Zwischen diesen Gruppen sprachlicher Fakten findet freilich ständig eine wechselseitige Durchdringung statt: einerseits werden die bedeutungtragenden Elemente zu Hilfselementen, andererseits werden die Hilfselemente ständig semantisiert (Interpretation des grammatischen Geschlechts als einer inhaltlich-sexuellen Charakteristik, die Kategorie der Belebtheit usw.). Der Prozeß der Diffusion ist hier jedoch so unauffällig, daß beide Aspekte ganz klar herausgegliedert werden.

Anders verhält es sich in der Kunst. Hier besteht auf der einen Seite die ständige Tendenz zur Formalisierung inhaltlicher Elemente, zu ihrer Erstarrung, ihrer Verkehrung in Schablonen, zum vollständigen Übergang aus der Sphäre des Inhalts in den konventionalen Bereich des Codes. Führen wir nur ein Beispiel an. Boris A. Turaev teilt in seiner Studie zur Geschichte der ägyptischen Literatur mit, daß die Wandbemalungen der ägyptischen Tempel ein besonderes Sujet kennen: die Geburt der Pharaonen in Form von streng sich wiederholenden Episoden und Szenen. Dies ist »eine Galerie künstlerischer Darstellungen, die von einem Text begleitet werden und eine alte, wahrscheinlich für die Herrscher der V. Dynastie zusammengestellte und dann in stereotyper Form offiziell von Geschlecht zu Geschlecht überlieferte Komposition darstellen«. Der Autor weist weiter darauf hin, daß »sich dieses offiziellen dramatischen Poems in einer Reihe von Bildern besonders gern diejenigen bedienten, deren Rechte auf den Thron umstritten waren«[16] wie beispielsweise bei der Königin Hatschepsut und teilt folgende bemerkenswerte Tatsache mit: aus dem Wunsch heraus, ihre Rechte zu stärken, ordnete Hatschepsut an, auf den Wänden von Der el-bahari eine Darstellung ihrer Geburt anzubringen. Dabei wurde aber die das Geschlecht der Kaiserin betreffende Änderung nur in den Begleittext aufgenommen. Die Darstellung selbst blieb streng traditionell und stellte die Geburt eines *Knaben* dar. Sie war vollständig formalisiert worden, und nicht in der Beziehung der Darstellung des Kin-

16 A. B. Turaev, *Egipetskaja literatura*. Bd. I (mehr nicht erschienen) M. 1920, S. 43 f.

des zum realen Vorbild, sondern nur im Faktum der Anbringung oder Nichtanbringung des künstlerischen Textes im Tempel bestand die Information, wobei die Verbindung zwischen dem künstlerischen Text und der Kaiserin nur vermittels der Unterschrift hergestellt wurde.

Auf der anderen Seite ist das Streben, im künstlerischen Text *alles* als bedeutsam zu verstehen, so groß, daß wir mit Grund annehmen, im Kunstwerk gebe es nichts Zufälliges. Und wir werden uns noch mehrfach der von Roman Jakobson[17] stringent begründeten These von der künstlerischen Bedeutung grammatischer Formen im poetischen Text wie auch anderen Beispielen der Semantisierung formaler Textelemente zuwenden.

Natürlich wird die Korrelation dieser beiden Grundelemente in verschiedenen historischen und nationalen Formen der Kunst unterschiedlich sein. Ihr Vorhandensein und ihre wechselseitige Beziehung sind jedoch beständig. Mehr noch, wenn wir zwei Aussagen zulassen, nämlich: »Im Kunstwerk gehört alles zur künstlerischen Sprache« und: »Im Kunstwerk erscheint alles als Nachricht«, wird der Widerspruch, in den wir geraten, nur ein Scheinwiderspruch sein.

Dabei ergibt sich natürlich die Frage: Kann man nicht Sprache und Form des Kunstwerks gleichsetzen und die Nachricht mit dem Inhalt, und wird dann nicht die These hinfällig, die strukturale Analyse hebe den Dualismus auf, der darin besteht, künstlerische Texte vom Aspekt der Form und des Inhalts aus zu betrachten? Offensichtlich darf man eine solche Gleichsetzung nicht vornehmen; vor allem deshalb nicht, weil die Sprache des Kunstwerks durchaus nicht »Form« ist, wenn man in diesen Begriff die Vorstellung einbezieht, Form sei im Verhältnis zum Inhalt, der die Informationsbelastung trage, etwas Äußeres. Die Sprache des künstlerischen Textes ist ihrem Wesen nach ein bestimmtes künstlerisches Modell von der Welt und gehört in diesem Sinne durch ihre ganze Struktur zum »Inhalt« – sie trägt Information. Wir haben bereits bemerkt, daß ein mit der Sprache geschaffenes Modell der Welt allgemeiner ist als das im Moment seiner Entstehung von Grund auf individuelle Modell bei der Nachricht. An dieser Stelle ist noch

17 R. Jakobson, *Grammatik der Poesie und Poesie der Grammatik.* In: *Alternative* 65, 1969, S. 53-61.

von etwas anderem zu handeln: die künstlerische Nachricht schafft ein künstlerisches Modell irgendeiner konkreten Erscheinung – die künstlerische Sprache modelliert das Universum in seinen allgemeinsten Kategorien, die, da sie den allgemeinsten Inhalt der Welt bilden, die Form der Existenz für die konkreten Dinge und Erscheinungen darstellen. Dergestalt liefert die Erforschung der künstlerischen Sprache von Kunstwerken nicht nur eine gewisse individuelle Norm von ästhetischer Kommunikation, sondern sie reproduziert auch ein Modell der Welt in seinen allgemeinsten Konturen. Deshalb stellt unter bestimmten Gesichtspunkten diejenige Information, die angibt, welcher Typus von künstlerischer Sprache gewählt worden ist, die wesentlichste dar.

Die Wahl einer bestimmten Gattung, eines Stils oder einer künstlerischen Richtung durch den Schriftsteller ist auch die Wahl der Sprache, in der er mit dem Leser zu sprechen sich anschickt. Diese Sprache geht ein in die komplexe Hierarchie der künstlerischen Sprachen der jeweiligen Epoche, der jeweiligen Kultur, des betreffenden Volkes oder der betreffenden Menschheit (letzten Endes ergibt sich unausweichlich auch diese Fragestellung). Dabei ist eine wesentliche Besonderheit hervorzuheben, auf die wir noch zurückkommen werden: Für jede Wissenschaft gibt es eine und nur eine Sprache, die dem besonderen, dieser Wissenschaft eigenen Gegenstand und ihrer Betrachtungsweise verpflichtet ist. Die in den meisten Fällen außerordentlich fruchtbare Umcodierung aus einer Sprache in eine andere im Zusammenhang mit interdisziplinären Forschungsproblemen enthüllt entweder in dem, was zuvor als ein einziges Objekt erschien, die Objekte zweier Wissenschaften oder führt zur Schaffung eines neuen Erkenntnisbereiches mit einer neuen, ihm eigenen Metasprache.

Die natürliche Sprache läßt die Übersetzung im Prinzip zu; sie ist nicht am Objekt, sondern am Kollektiv festgemacht. In sich selbst verfügt sie jedoch schon über eine bestimmte Hierarchie von Stilen, die es ermöglicht, den Inhalt ein und derselben Nachricht von verschiedenen pragmatischen Standpunkten aus darzulegen. Eine in dieser Weise aufgebaute Sprache modelliert nicht nur eine bestimmte Struktur der Welt, sondern auch den Standpunkt des Beobachters.

In der Sprache der Kunst mit ihrer doppelten Funktion der

gleichzeitigen Modellierung von Objekt und Subjekt wird ein permanenter Kampf zwischen der Einzigartigkeit der Sprache und der Möglichkeit ausgefochten, zwischen einander in gewissem Maße entsprechenden künstlerischen Kommunikationssystemen auszuwählen. An dem einen Pol steht die schon den Autor des *Igorliedes* bewegende Überlegung: das Lied »nach den Bylinen unserer Zeit« zu singen oder »nach den Erfindungen Bojans«*, an dem anderen die Feststellung Dostoevskijs: »Ich glaube sogar, daß für verschiedene Formen der Kunst auch ihnen entsprechende Reihen poetischer Gedanken existieren, so daß ein Gedanke niemals in einer anderen, ihm nicht entsprechenden Form ausgedrückt werden kann.«[18]

Auch bei diesen Aussagen besteht der Widerspruch im Grunde genommen nur scheinbar: dort, wo nur eine mögliche Sprache vorhanden ist, entsteht das Problem der Übereinstimmung bzw. Nichtübereinstimmung ihres modellierenden Prinzips mit dem Weltmodell des Autors nicht. Das modellierende System der Sprache ist in diesem Fall nicht bloßgelegt. Je größer die potentielle Wahlmöglichkeit ist, desto mehr Information trägt die Sprachstruktur in sich selbst, und umso deutlicher wird ihre Übereinstimmung mit dem einen oder anderen Weltmodell bloßgelegt.

Und eben dadurch, daß die Sprache der Kunst die allgemeinsten Aspekte des Weltbildes modelliert – die Prinzipien seiner Struktur –, wird in einer ganzen Reihe von Fällen gerade sie auch zum grundlegenden Inhalt des Werkes, kann sie zu seiner Nachricht werden – der Text schließt sich in sich selbst. So ist es in allen Fällen literarischer Parodien und Polemiken, das heißt, in den Fällen, da der Künstler gerade den Typus des Verhältnisses zur Wirklichkeit und die grundlegenden Prinzipien seiner künstlerischen Reproduktion kennzeichnet.

So aufgefaßt, kann die Sprache der Kunst nicht mit dem traditionellen Formbegriff gleichgesetzt werden. Darüber hinaus verwendet die Sprache der Kunst diese oder jene natürliche Sprache, läßt sie dadurch deren formale Seiten zu inhaltlichen werden.

---

* *Das Igorlied. Eine Heldendichtung.* Der altrussische Text mit einer Übertragung von Rainer Maria Rilke und der Prosafassung von D. S. Lichatschow [Lichačev]. Leipzig 1960, S. 33. [A. d. Ü.]

18 F. M. Dostoevskij, *Pisma.* Bd. III, M.-L. 1934, S. 20.

Schließlich ist noch ein Aspekt des Verhältnisses von Sprache und Nachricht in der Kunst zu untersuchen. Stellen wir uns zwei Portraits der Zarin Ekatarina II vor: das offizielle Gala-Portrait von der Hand Levickijs und das aus dem Alltag von Borovikovskij gemalte, welches die Herrscherin im Park von Carskoe selo* darstellt. Für die zeitgenössische Hofgesellschaft war die Ähnlichkeit zwischen dem Portrait und dem ihnen bekannten Äußeren der Herrscherin äußerst wesentlich. Daß auf beiden Portraits ein und dieselbe Person abgebildet war, stellte für sie die grundlegende Nachricht dar, der Unterschied in der Auffassung, die Spezifik der künstlerischen Sprache bewegte nur diejenigen, die in die Geheimnisse der Kunst eingeweiht waren. Für uns ist ein für allemal das Interesse verschwunden, das diese Portraits in den Augen der Menschen hatte, die Katharina II. noch selbst gesehen haben, dafür tritt der Unterschied der künstlerischen Auffassung in den Vordergrund. Der Informationswert der Sprache und der Nachricht, die in ein und demselben Text dargeboten werden, ändert sich in Abhängigkeit von der Struktur des Codes des Lesers, von seinen Forderungen und Erwartungen.

Die Mobilität und Verbindung dieser beiden Prinzipien untereinander tritt jedoch in anderem Zusammenhang besonders deutlich hervor. Verfolgen wir den Prozeß des Funktionierens des Kunstwerks, so können wir eine Besonderheit nicht übersehen: im Moment der Rezeption des künstlerischen Textes tendieren wir dazu, auch viele Aspekte seiner Sprache als Nachrichten aufzufassen – formale Elemente werden semantisiert, dasjenige, was dem allgemeinen Kommunikationssystem eignet, wird, geht es in die spezifische strukturelle Totalität des Textes ein, als Individuelles rezipiert. In einem mit Talent gemachten Kunstwerk wird alles so aufgefaßt, als wäre es ad hoc geschaffen. Später aber geht das Kunstwerk in den Erfahrungshorizont der Menschheit ein und wird dadurch für künftige ästhetische Kommunikation ganz zu Sprache, und dasjenige, was in dem jeweiligen Text Zufälligkeit des Inhalts bildete, wird für die folgenden zum Code. Nikolaj I. Novikov hat schon um die Mitte des 18. Jahrhunderts geschrieben: »Mir glaubt auch niemand, daß Molières Harpagon auf das allge-

---

* *Carskoe selo* (Zarendorf), seit 1917 *Detskoe selo*, seit 1937 *Puškin*, ehemals Sommerresidenz der Zaren bei St. Petersburg. [A. d. Ü.].

meine Laster geschrieben sei. Jede Kritik, die auf eine Person geschrieben ist, verwandelt sich nach vielen Jahren in eine Kritik am allgemeinen Laster; der zu Recht verlachte Kaščej wird mit der Zeit zum allgemeinen Urbild aller Bestechlichen.«[19]

1.2. Der Begriff Sprache der Wortkunst

Wenn wir den Begriff »Sprache der Kunst« in der Bedeutung verwenden, die ihm zu verleihen wir oben schon vereinbart haben, so muß die künstlerische Literatur als eine der Arten der Massenkommunikation über ihre eigene Sprache verfügen. »Über eine eigene Sprache verfügen« bedeutet, ein bestimmtes begrenztes Inventar bedeutungtragender Einheiten und Regeln zu ihrer Verknüpfung zu haben, die es ermöglichen, einige Nachrichten zu übertragen.
Die Literatur hat es jedoch bereits mit einem Sprachtypus zu tun – mit der natürlichen Sprache[20], in der das Werk verfaßt worden ist (die russische, englische, italienische oder irgendeine beliebige andere Sprache). Gibt es diese »Sprache« der Literatur überhaupt, oder genügt es, den Inhalt des Werks (die »Nachricht«; vgl. die naive Leserfrage »Worum geht es dabei?«) und die Sprache der künstlerischen Literatur als einer funktionalstilistischen Schicht der natürlichen Nationalsprachen voneinander zu unterscheiden?
Um diese Frage zu klären, stellen wir uns folgende, durchaus triviale Aufgabe. Wir nehmen folgende Texte:
Gruppe I – ein Bild von Delacroix, ein Poem Byrons, eine Symphonie von Berlioz
Gruppe II – ein Poem von Mickiewicz, Klavierstücke von Chopin

19 *Satiričeskie žurnaly* N. I. Novikova. M.-L. 1951, S. 137. Kaščej ist A. I. Buturlin, der Schwager Sumarokovs; über ihn macht sich der Dichter in der Komödie *Lichoimec* lustig. [Kaščej ist außerdem eine negative Gestalt des russischen Märchens.]
20 Aus den oben aufgeführten Definitionen wird bereits deutlich, daß es sich bei der Verwendung des Terminus »Sprache der Literatur« nicht um die Bedeutung handelt, die dem Terminus »Literatursprache« bei der Untersuchung der Schriftsprache der einen oder anderen Epoche verliehen wird, sondern um jene Bedeutung, die den Begriffen »Sprache der Malerei«, »Sprache der Bildhauerei«, »Sprache des Tanzes« parallel ist.

Gruppe III – poetische Texte von Deržavin, architektonische Ensembles von Baženov.

Jetzt setzen wir es uns zum Ziel, wie es in verschiedenen Studien zur Kulturgeschichte schon mehrfach unternommen worden ist, die Texte innerhalb jeder dieser Gruppen als einen einzigen Text darzustellen, indem wir sie auf Varianten irgendeines invarianten Typus zurückführen. Ein solcher invarianter Typus wird für die erste Gruppe »westeuropäische Romantik«, für die zweite »polnische Romantik«, für die dritte »russische Vorromantik« sein. Selbstverständlich kann man sich auch die Aufgabe stellen, alle drei Gruppen zusammen als einen einheitlichen Text zu beschreiben, indem man das abstrakte Modell einer Invariante zweiten Grades einführt.

Wenn wir uns eine derartige Aufgabe stellen, müssen wir natürlich irgendein Kommunikationssystem – eine Sprache –, anfangs für jede dieser Gruppen und danach für alle drei zusammen, aufzeigen. Nehmen wir an, die Beschreibung dieser Systeme werde in deutscher Sprache durchgeführt. Es ist klar, daß in diesem Fall diese als Metasprache der Beschreibung auftreten wird (wir stellen die Frage der Inkorrektheit einer derartigen Beschreibung beiseite, da ja die modellierende Einwirkung der Metasprache auf das Objekt nicht zu vermeiden ist), aber die »Sprache der Romantik«, die selbst Gegenstand der Beschreibung ist (oder irgendeine ihrer besonderen Untersprachen, den drei dargelegten Gruppen entsprechend), kann nicht mit einer der natürlichen Sprachen identifiziert werden, da sie ja auch zur Beschreibung nichtsprachlicher Texte geeignet sein wird. Außerdem wird ein auf diese Weise gewonnenes Modell der Sprache der Romantik auf literarische Werke anwendbar sein und auf einer besonderen Ebene (auf einer für verbale und nichtverbale Texte gemeinsamen Ebene) das System des Aufbaus dieser Werke beschreiben können.

Es muß allerdings untersucht werden, wie sich zur natürlichen Sprache diejenigen Strukturen verhalten, die innerhalb verbaler künstlerischer Konstruktionen geschaffen werden und nicht in die Sprachen nichtverbaler Künste umcodiert werden können.

Die künstlerische Literatur spricht eine besondere Sprache, die als sekundäres System über der natürlichen Sprache aufgebaut wird. Deshalb wird sie als sekundäres modellierendes System

definiert. Freilich ist die Literatur nicht das einzige modellierende System, aber sie innerhalb dieser Ordnung zu untersuchen,
führte uns zu weit von unserer unmittelbaren Aufgabe ab.

Die Aussage, die Literatur habe ihre eigene Sprache, die nicht
mit ihrer natürlichen Sprache kongruent sei, sondern sich auf
dieser aufbaut, bedeutet, daß die Literatur ihr eigenes und nur
ihr selbst eigenes System von Zeichen und Regeln zu ihrer Verknüpfung hat, die zur Übermittlung besonderer, mit anderen
Mitteln nicht übertragbarer Nachrichten dienen. Versuchen wir,
das zu beweisen.

In natürlichen Sprachen sind die Zeichen – stabile invariante
Texteinheiten – und die Regeln der Syntagmatik verhältnismäßig leicht voneinander zu trennen. Die Zeichen lassen sich
deutlich in die Ebenen des Inhalts und des Ausdrucks zerlegen,
zwischen denen das Verhältnis wechselseitiger Nichtbedingtheit, historischer Konventionalität besteht. Im verbalen künstlerischen Text sind nicht nur die Zeichengrenzen andersartig,
sondern auch der Zeichenbegriff selbst ist von anderer Art.

Wir hatten schon Gelegenheit, darzulegen, daß Zeichen in der
Kunst nicht wie in der Sprache einen durch Konvention gegebenen, sondern einen ikonischen, abbildenden Charakter haben[21]. Diese für die bildenden Künste geradezu auf der Hand
liegende These zieht, auf verbale Künste angewandt, eine Reihe
wichtiger Schlußfolgerungen nach sich. Ikonische Zeichen sind
nach dem Prinzip des bedingten Zusammenhanges zwischen
Ausdruck und Inhalt aufgebaut. Deshalb ist die Abgrenzung
der Ebenen des Inhalts und des Ausdrucks gegeneinander in
dem in der strukturalen Linguistik üblichen Sinn nur sehr
schwer durchführbar. Das Zeichen modelliert seinen Inhalt. Es
ist daher verständlich, daß sich im künstlerischen Text unter
diesen Bedingungen eine Semantisierung außersemantischer
(syntaktischer) Elemente der natürlichen Sprache vollzieht.
Anstelle einer scharfen Abgrenzung der semantischen Elemente
vollzieht sich eine komplexe Verflechtung: was auf der einen
Ebene der Hierarchie des Kunstwerks syntagmatisch ist, erweist sich auf der anderen als semantisch.

An dieser Stelle ist daran zu erinnern, daß in der natürlichen

---

21 Ju. Lotman, *Vorlesungen zur strukturalen Poetik.* München 1972, S. 44
bis 50.

Sprache gerade die syntagmatischen Elemente die Zeichengrenzen markieren und den Text in semantische Einheiten
gliedern. Die Aufhebung der Opposition »Semantik – Syntaktik« führt zu einer Aufweichung der Zeichengrenzen. Die Aussage: alle Textelemente sind semantische Elemente, bedeutet:
der Begriff des Textes ist in diesem Fall identisch mit dem Begriff des Zeichens.

In bestimmter Hinsicht verhält es sich tatsächlich so: der Text
ist ein Gesamtzeichen, und alle einzelnen Zeichen des allgemeinsprachlichen Textes sind in ihm auf die Ebene von Elementen dieses Zeichens reduziert.

Jeder künstlerische Text wird daher als einmaliges, ad hoc
konstruiertes Zeichen eines besonderen Inhalts geschaffen. Das
widerspricht auf den ersten Blick der bekannten These, daß
nur wiederholbare, eine abgeschlossene Menge bildende Elemente zur Übertragung von Information dienen können. Ein
Widerspruch besteht hier jedoch nur scheinbar. Erstens wird,
wie wir bereits bemerkt haben, die vom Schriftsteller geschaffene okkasionelle Struktur des Modells dem Leser schon als Sprache seines Denkens aufgezwungen. Okkasionalität wird ersetzt durch Universalität. Es handelt sich jedoch nicht nur darum. Vielmehr zeigt sich auch, daß das »einmalige« Zeichen
aus typisierten Elementen »gesammelt« ist und auf einer bestimmten Ebene nach traditionellen Regeln »gelesen« wird. Jedes innovatorische Kunstwerk ist aus traditionellem Material
gebaut. Wenn der Text die Erinnerung an den traditionellen
Aufbau nicht wachhält, wird nicht mehr wahrgenommen, daß
er innovatorisch ist.

Obgleich der Text ein *einziges Zeichen* bildet, bleibt er dennoch gleichzeitig *Text* (Zeichenfolge) in irgendeiner natürlichen
Sprache und bewahrt schon deshalb die Aufgliederung in Wörter, nämlich Zeichen des allgemeinsprachlichen Systems. So entsteht jenes für die Kunst charakteristische Phänomen, daß ein
und derselbe Text bei der Anwendung verschiedener Codes sich
in jeweils verschiedener Weise in Zeichen zerlegt.

Gleichzeitig mit der Umwandlung allgemeinsprachlicher Zeichen in Elemente eines künstlerischen Zeichens läuft auch der
umgekehrte Prozeß ab. Elemente des Zeichens im System der
natürlichen Sprache: Phoneme, Morpheme, werden, wenn sie
in Reihen einiger wohlgeordneter Wiederholungen treten, se-

mantisiert, und sie werden selbst zu Zeichen. Ein und derselbe Text kann also als eine Kette von Zeichen, die nach den Regeln der natürlichen Sprache gebildet ist, als eine Folge von Zeichen, die aus größeren Teilen, als sie sich bei der Aufgliederung des Textes in Wörter ergeben, besteht – bis hin zur Verwandlung des Textes in ein einziges Zeichen – und als auf besondere Weise organisierte Kette von Zeichen, die kleiner sind als das Wort – bis hin zum Phonem – gelesen werden.

Die Regeln der Syntagmatik des Textes stehen ebenfalls mit diesem Sachverhalt im Zusammenhang. Es handelt sich nicht nur darum, daß sich die semantischen und syntagmatischen Elemente als beiderseits reversibel erweisen, sondern auch um folgendes: der künstlerische Text tritt gleichzeitig sowohl als ein Kollektiv von Phrasen, wie auch als eine Phrase, wie auch als ein Wort hervor. In jedem dieser Fälle ist der Charakter der syntagmatischen Beziehungen verschieden. Die ersten beiden Fälle bedürfen keines Kommentars, auf den letzten ist hingegen näher einzugehen.

Es wäre falsch anzunehmen, die Kongruenz der Grenzen des Zeichens mit den Grenzen des Textes höbe das Problem der Syntagmatik auf. Auch so gesehen kann der Text sich in Zeichen gliedern und sich dementsprechend syntagmatisch organisieren. Doch wird dies nicht die Syntagmatik der Kette, sondern die Syntagmatik einer Hierarchie sein – die Zeichen werden untereinander verbunden sein wie die ineinandergesetzten Matreška-Puppen.

In bezug auf den Aufbau des künstlerischen Textes ist eine derartige Syntagmatik durchaus real, und wenn sie dem Linguisten auch als ungewöhnlich erscheinen mag, so findet der Kulturhistoriker doch unschwer Parallelen zu ihr, zum Beispiel in der Struktur der Welt, gesehen mit den Augen des Mittelalters.

Für den mittelalterlichen Denker ist die Welt nicht ein Kollektiv von Entitäten, sondern eine Entität, nicht eine Phrase, sondern ein Wort. Aber dieses Wort ist hierarchisch in einzelne, gleichsam ineinandergesetzte Wörter gegliedert. Die Wahrheit liegt nicht in der quantitativen Anhäufung, sondern in der Vertiefung (man soll nicht viele Bücher – viele Wörter – lesen, sondern durch Lesen in ein Wort eindringen, nicht neues Wissen anhäufen, sondern das alte interpretieren).

Daraus folgt, daß die Wortkunst sich zwar auf der natürlichen Sprache aufbaut, aber nur, um sie in ihre eigene – sekundäre – Sprache umzubilden, eine Sprache der Kunst. Und diese »Sprache der Kunst« selbst ist eine komplexe Hierarchie von Sprachen, die zwar in Korrelation zueinander stehen, aber nicht gleichartig sind. Damit hängt die prinzipielle Pluralität möglicher Lektüren eines künstlerischen Textes zusammen. Damit steht wiederum offenbar die keiner anderen – nichtkünstlerischen – Sprache erreichbare gedankliche Sättigung der Kunst im Zusammenhang. Die Kunst ist das ökonomischste und kompakteste Verfahren der Speicherung und Übermittlung von Information. Aber die Kunst verfügt auch über andere Eigenschaften, die es durchaus wert sind, die Aufmerksamkeit des Kybernetikers und mit der Zeit vielleicht auch des Konstrukteurs auf sich zu ziehen.

Neben der Fähigkeit, eine immense Information auf der »Fläche« eines sehr kleinen Textes zu konzentrieren (vgl. den Umfang einer Erzählung Čechovs mit dem eines Lehrbuches der Psychologie), weist der künstlerische Text eine weitere Besonderheit auf: er gibt verschiedenen Lesern unterschiedliche Information aus – jedem seinem Verständnis angemessen, er vermittelt dem Leser jedoch auch die Sprache, in der er sich bei erneuter Lektüre das nächste Informationsquantum aneignen kann. Er verhält sich wie eine Art lebendiger Organismus, der sich mit dem Leser in Rückkopplung befindet und diesen Leser unterrichtet.

Die Frage, mit welchen Mitteln das erreicht wird, sollte nicht nur den Geisteswissenschaftler bewegen. Es genügt, sich irgendeine Anlage vorzustellen, die analog aufgebaut ist und wissenschaftliche Informationen ausgibt, um zu verstehen, daß die Aufdeckung der Eigenart der Kunst als eines Kommunikationssystems eine Wende in den Methoden der Speicherung und Übermittlung von Information herbeiführen kann.

1.3. Von der Pluralität der künstlerischen Codes

Die künstlerische Kommunikation verfügt über eine interessante Besonderheit: gewöhnliche Übermittlungsformen kennen nur zwei Fälle von Relationen zwischen der Nachricht am Eingang und am Ausgang des Übertragungskanals – Kongruenz und Inkongruenz. Das letztere wird einem Fehler gleichgesetzt und entsteht infolge des »Rauschens im Übertragungskanal« – verschiedenartiger Umstände, die die Übertragung behindern. Natürliche Sprachen sichern sich gegen Entstellungen durch den Mechanismus der Redundanz, einer spezifischen Reserve semantischer Konstanz[22].

Die Frage, wie es sich mit der Redundanz im künstlerischen Text verhält, ist einstweilen noch nicht Gegenstand unserer Untersuchung. In diesem Zusammenhang interessiert uns etwas anderes: zwischen dem Verstehen und dem Nichtverstehen eines künstlerischen Textes zeigt sich ein recht ausgedehnter Zwischenstreifen. Unterschiede in der Interpretation von Kunstwerken sind eine alltägliche Erscheinung und einer oft zu hörenden Meinung zum Trotz keineswegs Folge akzessorischer und ohne weiteres zu beseitigender Ursachen, sondern eine organische Besonderheit der Kunst. Zumindest hängt offenbar gerade mit dieser Eigenschaft die oben erwähnte Fähigkeit der Kunst zusammen, mit dem Leser zu korrelieren und ihm gerade diejenige Information auszugeben, derer er bedarf und die aufzunehmen er bereit ist.

Hier haben wir uns vor allem mit einem prinzipiellen Unterschied zwischen natürlichen Sprachen und sekundären modellierenden Systemen vom künstlerischen Typus etwas ausführlicher zu befassen. In der linguistischen Literatur hat die These Roman Jakobsons, man müsse zwischen den Regeln der grammatischen Synthese (Sprechergrammatik) und der Grammatik der Analyse (Hörergrammatik) differenzieren, die ihr gebührende Anerkennung gefunden. Eine analoge Untersuchung der künstlerischen Kommunikation enthüllt deren große Komplexität.

Es handelt sich darum, daß der Rezipient des Textes in einer ganzen Reihe von Fällen nicht nur die Nachricht mit Hilfe eines bestimmten Codes zu dechiffrieren hat, sondern auch feststellen muß, in welcher »Sprache« der Text codiert worden ist.

---

22 Eine Darstellung der Redundanz gibt H. A. Gleason, *An Introduction to Descriptive Linguistics*. ²New York 1961, S. 379-390. Eine populärwissenschaftliche Behandlung des Redundanzproblems vom Standpunkt der Informationstheorie s.: U. R. Ashby, *An Introduction to Cybernetics*. London 1959, §§ 9-16.

Dabei sind folgende Fälle zu unterscheiden:

I. a) Empfänger und Sender bedienen sich eines gemeinsamen Codes – die Gemeinsamkeit der künstlerischen Sprache ist unbedingt impliziert, neu ist lediglich die Nachricht. Von dieser Art sind alle künstlerischen Systeme der »Ästhetik der Identität«. Die Situation der Realisierung, Thematik und andere textexterne Bedingungen geben dem Leser jedesmal die einzig mögliche künstlerische Sprache irrtumsfrei ein.

b) Eine Variante dieses Falles ist die Rezeption heutzutage massenhaft nach Schablonen gefertigter Texte. Hier gilt ebenfalls ein gemeinsamer Code für Sender und Empfänger des Textes. Während dies jedoch im ersten Fall die Bedingung für die künstlerische Kommunikation war und auch als solche mit allen Mitteln hervorgehoben wurde, bemüht sich der Autor im zweiten Fall, dieses Faktum zu kaschieren – er gibt dem Text irreführende Kennzeichen einer anderen Schablone oder tauscht eine Schablone gegen eine andere aus. In diesem Fall steht der Leser, ehe er die Nachricht empfängt, vor der Aufgabe, aus den ihm zur Verfügung stehenden künstlerischen Sprachen diejenige auszuwählen, in welcher der Text oder ein Teil davon codiert ist. Allein schon die Selektion dieses einen der bekannten Codes bildet eine zusätzliche Information. Ihre Größe ist allerdings unbeträchtlich, da das Inventar, aus dem die Auswahl getroffen wird, immer verhältnismäßig klein ist.

II. Ein anderer Fall liegt vor, wenn der Hörer versucht, den Text zu dechiffrieren und dabei einen anderen Code benutzt als der Produzent des Textes. Hier sind ebenfalls zwei Typen von Relationen möglich.

a) Der Empfänger zwingt dem Text seine eigene künstlerische Sprache auf. Dabei wird der Text einer Umcodierung unterzogen (bisweilen sogar einer Zerstörung der vom Sender produzierten Struktur). Die Information, die der Empfänger zu erhalten sich bemüht, ist lediglich eine weitere Nachricht in einer ihm bereits bekannten Sprache. In diesem Fall wird der künstlerische Text als ein nichtkünstlerischer behandelt.

b) Der Empfänger versucht, den Text nach ihm schon bekannten Regeln zu empfangen, wird aber durch die Anwendung der Methode von Versuch und Irrtum von der Notwendigkeit überzeugt, einen neuen, ihm noch unbekannten Code zu generieren. Dabei vollzieht sich eine Reihe interessanter Prozesse.

Der Empfänger beginnt einen Kampf mit der Sprache des Senders und kann in diesem Kampf besiegt werden: der Schriftsteller zwingt seine Sprache dem Leser auf, der sie sich aneignet, sie zu seinem Mittel der Modellierung des Lebens macht. In der Praxis wird jedoch die Sprache des Schriftstellers im Prozeß der Aneignung öfter deformiert, einer Kreolisierung mit Sprachen, die bereits im Arsenal des Leserbewußtseins vorhanden sind, unterzogen. Hier erhebt sich eine wichtige Frage: diese Kreolisierung hat offensichtlich ihre eigenen Selektionsregeln. Überhaupt muß die in der Linguistik außerordentlich wichtige Theorie der Sprachmischung* bei der Erforschung der Rezeption beim Leser eine wichtige Rolle spielen.

Interessant ist auch ein weiterer Fall: die Relation zwischen Zufälligem und Systemhaftem bedeutet im künstlerischen Text für Sender und Empfänger etwas jeweils Verschiedenes. Beim Empfang irgendeiner künstlerischen Nachricht, zu deren Text noch der Dechiffrier-Code ausgearbeitet werden muß, konstruiert der Empfänger ein bestimmtes Modell. Dabei können Systeme entstehen, die zufällige Textteile organisieren und ihnen dabei Bedeutung verleihen. So kann beim Übergang vom Sender zum Empfänger die Zahl der bedeutungshaltigen Strukturelemente wachsen. Dies ist ein Aspekt dieses hochkomplexen und bislang kaum erforschten Phänomens, nämlich die Fähigkeit des künstlerischen Textes, Information zu speichern.

1.4. Von der Größe der Entropie künstlerischer Sprachen von Autor und Leser

Das Problem der Korrelation des synthetischen künstlerischen Codes des Autors und des analytischen Codes des Lesers weist noch einen weiteren Aspekt auf. Sowohl der eine als auch der

---

* Die Theorie der Sprachmischung geht auf den polnischen Linguisten Baudoin de Coutenay zurück. Vgl.: Boduén de Kurtené, *O smešannom charaktere vsech jazykov.* In: Boduén de Kurtené, Izbrannye trudy po jazykoznaniju, Bd. 1, M. 1963, S. 362-373. In diesem 1901 erstmals veröffentlichten Aufsatz wird betont, keine Sprache, sei es die eines Individuums, die eines Stammes oder die einer Nation, sei homogen, jede sei vielmehr aus Elementen der Sprachen verschiedener Individuen, Stämme bzw. Nationen zusammengesetzt. Damit richtet sich der Artikel gegen Purismus und Chauvinismus im Bereich der Sprache. [A. d. Ü.]

andere Code stellen eine hierarchische Konstruktion von großer Komplexität dar.

Der Sachverhalt wird dadurch noch komplexer, daß ein und derselbe reale Text auf seinen verschiedenen Ebenen unterschiedlichen Codes unterworfen werden kann (diesen recht häufig auftretenden Fall werden wir der Einfachheit halber überhaupt nicht betrachten).

Damit der Akt der künstlerischen Kommunikation sich überhaupt vollzieht, müssen der Code des Autors und der des Lesers sich überschneidende Mengen von Strukturelementen bilden, muß beispielsweise die natürliche Sprache, in der dieser Text geschrieben ist, vom Leser verstanden werden. Die sich nicht überschneidenden Teile des Codes bilden dann auch das Gebiet, das kreolisiert wird, deformiert wird oder durch irgendein anderes Verfahren beim Übergang vom Schriftsteller zum Leser umgestaltet wird.

Auf einen Umstand sollte hingewiesen werden: in letzter Zeit werden Versuche unternommen, die Entropie des künstlerischen Textes zu berechnen und folglich die Größe der Information zu bestimmen. Dabei ist auf folgendes hinzuweisen: in popularisierenden Arbeiten wird bisweilen der quantitative Begriff der Informationsgröße mit einem qualitativen – dem seines Wertes – verwechselt. Dabei handelt es sich jedoch um grundsätzlich verschiedene Dinge. Die Frage »Gibt es Gott?« bietet die Möglichkeit, eines von zweien auszuwählen. Der Vorschlag, ein Menü nach der Speisekarte eines guten Restaurants auszuwählen, bietet die Möglichkeit, eine bedeutend größere Entropie auszuschöpfen. Zeugt das aber von einem größeren Wert der durch das zweite Verfahren erhaltenen Information?

Offensichtlich organisiert sich die gesamte, ins Bewußtsein des Menschen dringende Information zu einer bestimmten Hierarchie, und die Berechnung ihrer numerischen Größe hat nur innerhalb von Ebenen Sinn, denn nur unter diesen Bedingungen bleibt die Gleichartigkeit der vergleichend nebeneinandergestellten Faktoren erhalten. Die Frage aber, auf welche Weise diese Werthierarchien gebildet und klassifiziert werden, gehört zur Kulturtypologie und muß aus der vorliegenden Untersuchung ausgeklammert werden.*

* Dazu: Lotman, *Stat'i po tipologii kul'tury*. Tartu 1970. [A. d. Ü.]

Geht man an die Berechnung der Entropie des künstlerischen Textes, so sind also folgende Verwechslungen zu vermeiden:
a) der Entropie des Autoren- und des Lesercodes,
b) der Entropie verschiedener Ebenen des Codes.

Das uns hier interessierende Problem ist zuerst von dem Akademiemitglied A. N. Kolmogorov aufgeworfen worden, dessen Verdienste um die Schaffung einer modernen Poetik überhaupt außerordentlich groß sind. Eine Reihe der von Kolmogorov ausgesprochenen Ideen lag auch den Arbeiten seiner Schüler zugrunde und rief letztlich die moderne Richtung sprachstatistischer Forschungen in der sowjetischen Poetologie unserer Tage hervor[23].

Die Schule Kolmogorovs stellte und löste zunächst die Aufgabe, eine Reihe von Grundbegriffen der Verswissenschaft streng formal zu definieren. Danach wurden auf der Grundlage eines umfangreichen statistischen Materials die Wahrscheinlichkeiten des Auftretens bestimmter rhythmischer Figuren im nichtpoetischen (nichtkünstlerischen) Text und ebenso die Wahrscheinlichkeit verschiedener Variationen innerhalb der Grundtypen der russischen Metrik erforscht. Da diese metrischen Berechnungen ständig eine doppelte Charakteristik ergaben: die Phänomene des Hintergrundes, der die Basis bildet und die Abweichungen davon (der Hintergrund der allgemeinsprachlichen Norm und die poetische Rede als Einzelfall; den statistischen Mittelwert bildende Normen des russischen Jambus und die Wahrscheinlichkeit des Auftretens einzelner Varianten usw.) ergab sich die Möglichkeit, die Informationspotentiale der einen oder anderen Variante der Verssprache zu bewerten. Dadurch stellte sich im Unterschied zur Verswissenschaft der 20er

23 A. N. Kolmogorov, A. M. Kondratov, *Ritmika poėm Majakovskogo.* In: *Voprosy jazykoznanija,* 1962, 3, S. 62-74; A. N. Kolmogorov, A. V. Prochorov, *O dol'nike sovremennoj russkoj poezii.* In: *Vorprosy jazykoznanija,* 1963, 6, S. 84-95; dies., *O dol'nike sovremennoj russkoj poėzii* (statisticeskaja charakteristika dol'nika Majakovskogo, Bagrickogo, Achmatovoj). In: *Voprosy jazykoznanija,* 1964, 1, S. 75-94; Darstellung der allgemeinen Prinzipien des methodischen Ansatzes A. N. Kolmogorovs bei der Erforschung der poetischen Sprache findet man in den Berichten: V. V. Ivanov, *Lingvistika matematičeskaja.* In: *Avtomatizacija proizvodstva i promyšlennaja elektronika,* Bd. 2, M. 1963; I. I. Revzin, *Soveščanie v g. Gor'kom, posvjaščennoe primeneniju matematičeskich metodov k izučeniju jazyka chudožestvennoj literatury.* In: *Strukturno-tipologičeskie issledovanija,* M. 1962.

Jahre das Problem der Inhaltlichkeit metrischer Formen, und es wurden gleichzeitig Schritte zur Messung dieser Inhaltlichkeit mit den Methoden der Informationstheorie unternommen.

Das führte natürlich zu der Aufgabe, die Entropie der poetischen Sprache zu untersuchen. Kolmogorov gelangte zu dem Schluß, daß die Entropie der Sprache (H) sich aus zwei Größen zusammensetzt: aus einem bestimmten Fassungsvermögen an Bedeutung (h_1) – der Fähigkeit der Sprache, in einem Text von einer bestimmten Länge eine bedeutungshaltige Information zu übertragen und der Flexibilität der Sprache (h_2) – der Möglichkeit, ein und denselben Inhalt mit mehreren gleichwertigen Verfahren zu übertragen. Dabei bildet h_2 die Quelle der poetischen Information. Die Sprachen mit $h_2 = O$, künstliche Sprachen der Wissenschaft beispielsweise, die prinzipiell die Möglichkeit der Synonymie ausschließen, können für die Poesie nicht als Material dienen. Die poetische Rede zwingt dem Text eine Reihe von Restriktionen in Gestalt des vorgegebenen Rhythmus, des Reims, lexikalischer und stilistischer Normen auf. Nachdem Kolmogorov gemessen hatte, welcher Anteil an der Fähigkeit, Information zu tragen, für diese Restriktionen verbraucht wird (er wird mit dem Buchstaben β bezeichnet), formulierte er das Gesetz, daß poetisches Schaffen nur so lange möglich ist, wie die für Restriktionen verbrauchte Informationsgröße nicht den Wert $\beta < h_2$ – die Flexibilität des Textes – überschreitet. In einer Sprache mit $\beta > h_2$ ist poetisches Schaffen unmöglich.

Die Anwendung informationstheoretischer Methoden auf den Text eröffnete Kolmogorov die Möglichkeit, künstlerische Information exakt zu messen. Dabei ist die außergewöhnliche Zurückhaltung des Forschers hervorzuheben, der oftmals vor übermäßiger Begeisterung über die einstweilen noch bescheidenen Resultate der mathematisch-statistischen, informationstheoretischen und letzten Endes kybernetischen Erforschung der Poesie gewarnt hat. »Die meisten in den kybernetischen Arbeiten angeführten Beispiele der Modellierung von Prozessen des künstlerischen Schaffens auf Maschinen überraschen durch ihre Primitivität (Kompilation von Melodien aus Bruchstücken von vier-fünf Noten, die aus einigen Dutzend in die Maschine eingegebenen bekannten Melodien entnommen sind u. dgl.). In der nichtkybernetischen Sekundärliteratur hat die formale Analyse des Kunstwerks schon lange ein hohes Niveau erreicht. Die Einbeziehung von Ideen der Informatik und Kybernetik in diese Untersuchungen kann großen Nutzen mit sich bringen. Aber eine wirkliche Weiterentwicklung in dieser Richtung erfordert eine wesentliche Erhöhung des Niveaus der geisteswissenschaftlichen Interessen und Kenntnisse bei denen, die auf dem Gebiet der Kybernetik arbeiten.«[24]

Die von Kolmogorov geleistete Differenzierung der drei Basiskomponenten der Entropie des künstlerischen Textes – der Vielfalt des im Rahmen der betreffenden Textlänge möglichen Inhalts (ihre Ausschöpfung produziert allgemein-sprachliche Information), der Vielfalt der verschiedenen Ausdrucksformen für ein und denselben Inhalt (ihre Ausschöpfung produziert die eigentlich künstlerische Information) und der formalen Restriktionen, die der Flexibilität der Sprache auferlegt werden, und die Entropie des zweiten Typus verringern, hat äußerst fundamentale Bedeutung.

Der gegenwärtige Stand der strukturalen Poetik läßt jedoch annehmen, daß die Relationen zwischen diesen drei Komponenten in ihrer Dialektik bedeutend komplexer sind. Erstens ist zu bemerken, daß die Vorstellung vom poetischen Schaffen als der Selektion einer von mehreren möglichen Varianten der Darlegung eines vorgegebenen Inhalts unter Berücksichtigung bestimmter restringierender formaler Regeln (und gerade diese Vorstellung wird zumeist den kybernetischen Modellen vom Schaffensprozeß zugrunde gelegt) an einer bestimmten Vereinfachung leidet.

Nehmen wir an, der dichterische Schaffensprozeß vollziehe sich tatsächlich auf diese Weise; bekanntlich ist es bei weitem nicht immer so.[25] Aber auch dann, wenn für den Produzenten des Textes die Entropie der Flexibilität der Sprache (h_2) ausgeschöpft wird, kann dies sich dem Empfänger ganz anders dar-

---

24 A. N. Kolmogorov, *Žizn' i myšlenie kak osobye formy suščestvovanija materii*. In: *O suščnosti žizni*. M. 1962, S. 54.
25 Die Untersuchung der handschriftlichen Entwürfe verschiedener Dichter überzeugt uns davon, daß die Zusammenstellung eines zusammenhängenden und ausgedehnten Prosatextes, der den Inhalt eines Gedichtes bestimmt, mit der nachfolgenden »Umsetzung in Verse«, wenn dies auch in einzelnen Fällen vorkommt (vgl. die Arbeit Puškins und Schillers an Plänen zu Gedichten), so doch ziemlich selten ist.

stellen. Der Ausdruck wird für ihn zu Inhalt – er rezipiert den poetischen Text nicht als einen von mehreren möglichen, sondern als einen einzigartigen, unwiederholbaren. Der Dichter *weiß*, daß er anders hätte schreiben können – für den Leser gibt es in einem Text, der von ihm als künstlerisch vollendet aufgefaßt wird, nichts Zufälliges. Es ist eine Eigentümlichkeit des Lesers, *anzunehmen*, daß anders nicht geschrieben werden konnte. Die Entropie h_2 wird als h_1 aufgefaßt, als Erweiterung des Umfangs dessen, was innerhalb der Grenzen der betreffenden Textlänge ausgesagt werden kann. Der Leser, der die Notwendigkeit der Poesie spürt, sieht in ihr keineswegs ein Mittel, in Versen zu sagen, was man auch in Prosa mitteilen kann, sondern ein Verfahren, eine besondere Wahrheit darzulegen, die außerhalb des poetischen Textes nicht konstruiert werden kann. Die Entropie der Flexibilität der Sprache geht über in die Entropie der Mannigfaltigkeit des besonderen poetischen Inhalts. Und die Formel $H = h_1 + h_2$ erhält die Form $H = h_1 + h'_1$ (Mannigfaltigkeit des allgemeinsprachlichen Inhalts plus spezifisch poetischer Inhalt). Versuchen wir zu erklären, was das bedeutet.

Aus dem Verständnis heraus, daß das Modell Kolmogorovs nicht das Ziel hat, den individuellen Schaffensprozeß zu reproduzieren, der sich selbstverständlich intuitiv und auf vielen, schwer zu bestimmenden Wegen vollzieht, sondern nur ein allgemeines Schema derjenigen Sprachreserven vermittelt, die zur Produktion poetischer Information verwertet werden, versuchen wir, sein Modell in Anbetracht der unbestreitbaren Tatsache zu interpretieren, daß die Textstruktur sich vom Standpunkt des Adressanten aus ihrem Typus nach unterscheidet von der Art und Weise, wie der Adressat der künstlerischen Nachricht an diese Frage herangeht.

Nehmen wir also an, der Schriftsteller stellt, indem er das semantische Fassungsvermögen der Sprache ausschöpft, irgendeinen Gedanken auf und wählt, die Flexibilität der Sprache ausschöpfend, Synonyme aus, um ihn auszudrücken. Dabei verfügt der Schriftsteller tatsächlich über die Freiheit, Worte oder Textteile durch andere, ihnen semantisch entsprechende, zu ersetzen. Ein Blick auf die handschriftlichen Entwürfe vieler Schriftsteller genügt, um diesen Prozeß der Ersetzung von Wörtern durch ihre Synonyme zu beobachten. Vom Standpunkt des Lesers aus stellt sich das Bild jedoch anders dar: der Leser nimmt an, daß der ihm vorgelegte Text (wenn es sich um ein vollendetes Kunstwerk handelt) der einzig mögliche sei – »aus einem Lied wirfst du kein Wort hinaus«*. Für ihn ergibt die Ersetzung des einen oder anderen Wortes im Text nicht eine Variante des Inhalts, sondern einen neuen Inhalt. Führt man diese Tendenz bis zum idealen Extremfall, so kann man sagen, daß es für den Leser keine Synonyme gibt. Dafür erweitert sich das Fassungsvermögen der Sprache an Bedeutung für ihn beträchtlich. In Versen kann von etwas gesprochen werden, wofür Nicht-Versen die Ausdrucksmittel fehlen. Schon die bloße mehrfache Wiederholung macht ein Wort sich selbst ungleich. Die Flexibilität der Sprache (h_2) geht so über in zusätzliches Fassungsvermögen an Bedeutung und bewirkt die besondere Entropie des »poetischen Inhalts«. Der Dichter ist jedoch auch selbst Hörer seiner Verse und kann sie, vom Bewußtsein des Hörers geleitet, schreiben. Dann entsprechen für ihn die möglichen Textvarianten einander vom Standpunkt des Inhalts her nicht mehr: er semantisiert die Phonologie, den Reim; klangliche Übereinstimmungen der Wörter geben ihm die Textvariante ein, die er dann auswählt, die Entwicklung des Sujets erlangt eine, wie es dem Autor scheint, von seinem Willen unabhängige Selbständigkeit. Dabei obsiegt der Leserstandpunkt, der alle Details des Textes inhaltlich auffaßt. Der Leser kann sich seinerseits auf den Standpunkt des »Autors« stellen (in der Geschichte pflegt dies oft in Kulturen mit massenhafter Verbreitung der Poesie zu geschehn, wo auch der Leser Dichter ist). Er beginnt, Virtuosität zu schätzen und tendiert zu $h_1 \rightarrow h'_2$ (auch den allgemeinsprachlichen Textinhalt lediglich als Vorwand für die Bewältigung poetischer Schwierigkeiten wahrzunehmen).

Man kann sagen, daß im Grenzfall in der poetischen Sprache jedes Wort zum Synonym für jedes werden kann. Während bei Marina Cvetaeva in dem Vers

Tam nét tebjá – i nét tebjá
[Bist du nicht dort – so bist du nicht]

---

* Diese Redensart ist aufgeführt in: *Poslovicy, pogovorki, zagadki v rukopisnych sbornikach XVIII-XX vekov.* (= *Pamjatniki russkogo fol'klora*) AN SSSR M.-L. 1961, S. 155. [A. d. Ü.]

»bist du nicht« [»net tebja«] nicht Synonym sondern Antonym seiner Wiederholung ist, erweisen sich bei Voznesenskij »danke« [»spasibo«] und »rettet« [»spasite«] als Synonyme*. Der Dichter (wie überhaupt jeder Künstler) »beschreibt« nicht nur irgendeine Episode, die eines von vielen möglichen Sujets darstellt, die in ihrer Gesamtheit die ganze Welt, die ganze Universalmenge von Themen und Aspekten konstituieren. Diese Episode wird zum Modell für das ganze Universum, erfüllt es durch seine Einzigartigkeit, und dann sind alle anderen möglichen, vom Autor nicht gewählten Sujets nicht Erzählungen über andere Flecken der Welt, sondern andere Modelle desselben Weltalls, das heißt, Sujet-Synonyme der im Text realisierten Episode. Die Formel erlangt folgende Form: $H = h_2 + h'_2$. Ebenso aber wie die ihrem Wesen nach unterschiedenen »Sprechergrammatik« und »Hörergrammatik« real im Bewußtsein jedes nativ speakers koexistieren, dringt der Standpunkt des Dichters in die Leserschaft und der Leserstandpunkt ins Bewußtsein des Autors ein. Es wäre sogar möglich, ein approximatives typologisches Schema von Einstellungen zur Poesie zu skizzieren, in denen die eine oder andere Modifikation der Ausgangsformel obsiegt.

Für den Autor gibt es prinzipiell nur zwei mögliche Positionen (»seine« und die des »Lesers« oder »Zuschauers«). Das gleiche kann man vom Auditorium sagen, das auch nur eine der beiden Positionen einnehmen kann – »seine« oder die des »Autors«. Folglich lassen sich alle hierbei möglichen Situationen auf eine aus vier Elementen bestehende Matrix reduzieren.

Situation 1. Der Schriftsteller hat die Position: $H = h_2 + h'_2$; der Leser: $H = h_1 + h'_1$. Der Adressat (Leser oder Kritiker) trennt im Werk »Inhalt« und »künstlerische Verfahren« [»priëmy].** Am höchsten bewertet er die im künstlerischen

---

* *Spasibo* (danke) ist etymologisch zu *spasi bog* (bewahre dich Gott) und als Imperativ, 1. Person Singular mit *spasite* (rettet!), Imperativ, 2. Person Plural zum Infinitiv spasit' (älter: *s-pasiti*) zu stellen. [A. d. Ü.]
** *Priëm* ist einer der Grundbegriffe der russischen Formalen Schule; er bezeichnet die Auffassung vom Kunstwerk als von etwas Gemachtem – in einer frühen Phase wurde das Kunstwerk als Summe seiner priëmy (seiner Verfahren) aufgefaßt – und ging als Bestandteil in den Titel von Šklovskijs programmatischem Aufsatz *Iskusstvo kak priëm (Die Kunst als Verfahren)* ein, der erstmals erschienen ist in: *Poètika. Sbornik po teorii poetičeskogo jazyka.* Pg. 1919, S. 101-114, Nachdruck: München 1971.

Text enthaltene nichtkünstlerische Information. Der Schriftsteller bewertet seine Aufgabe als künstlerische, der Leser sieht in ihm in erster Linie den Publizisten und bewertet sein Werk nach der »Richtung«, nach der Zeitschrift, in der es publiziert worden ist (vgl. die Rezeption von Turgenevs Roman *Väter und Söhne* im Zusammenhang mit ihrer Publikation im *Russkij vestnik*), oder nach der außerhalb des jeweiligen Textes hervortretenden gesellschaftspolitischen Position des Schriftstellers (vgl. die Einstellung der progressiven Jugend der 60er Jahre des 18. Jahrhunderts zur Poesie von Fet* nach dem Erscheinen seiner reaktionären publizistischen Artikel). Prägnant tritt die Situation 1 in der »realen Kritik« von Dobroljubov** hervor.

Situation 2. Der Schriftsteller hat die Position $H = h_2 + h'_2$; der Leser: $H = h_2 + h'_2$. Sie entwickelt sich in der Epoche verfeinerter künstlerischer Kultur (z. B. europäische Renaissance, bestimmte Epochen der Kultur des Orients). Die Poesie ist massenhaft verbreitet: fast jeder Leser ist ein Dichter. Es finden poetische Wettbewerbe und Wettkämpfe statt, wie sie die Antike und viele mittelalterliche europäische und orientalische Kulturen kannten. Beim Leser entwickelt sich Ästhetizismus.

Situation 3. Der Schriftsteller hat die Position: $H = h_1 + h'_1$; der Leser: $H = h_1 + h'_1$. Der Schriftsteller betrachtet sich als Naturforscher, der dem Leser in einer wahrheitsgetreuen Beschreibung Fakten liefert. Es entwickelt sich die »Literatur des Faktums«***, der »biographischen Dokumente«. Der Schrift-

Russischen Text und deutsche Übersetzung bietet die zweisprachige Ausgabe *Texte der russischen Formalisten.* Bd. 1, *Texte zur allgemeinen Literaturtheorie und zur Theorie der Prosa,* ed. J. Striedter, München 1969, S. 2-35. Zum Begriff priëm vgl. dort auch S. XXII.

* *Afanasij Afanas'evič Fet* (Šenššin) (1820-1892), (neo-)romantischer russischer Lyriker [A. d. Ü.]

** *Literatura fakta* (Literatur des Faktums, Faktographie), Tendenz in der russischen Literatur der 20er Jahre, getragen vor allem von Mitgliedern der weitgehend auf den Futurismus zurückgehenden Gruppe LEF (Levyj front iskusstv – Linke Front der Künste) zur Dokumentarliteratur, in der die Basis für eine neue Prosa gesehen wurde. Dazu: N. F. Čužak, (ed.), *Literatura fakta. Pervyj sbornik materialov rabotnikov Lefa.* M. 1929. Nachdruck mit einer Einleitung von H. Günther: München 1972. [A. d. Ü.]

*** *Nikolai Aleksandrovič Dobroljubov* (1836-1861) ist vor allem als Literaturkritiker hervorgetreten. Er beurteilte die Literatur sozialkritisch

steller tendiert zur Skizze*. »Künstlerisch« ist ein vernichtendes Epitheton, gleichbedeutend mit »manieristisch« und »ästhetizistisch«.

Situation 4. Der Schriftsteller hat die Position $H = h_1 + h'_1$; der Leser: $H = h_2 + h'_2$. Schriftsteller und Leser haben paradoxerweise die Plätze gewechselt. Der Schriftsteller betrachtet sein Werk als biographisches Dokument, als Darstellung von authentischen Fakten, der Leser aber ist auf Ästhetik eingestellt. Der Grenzfall: Normen der Kunst werden auf Lebenssituationen aufgelegt – Kampf der Gladiatoren im römischen Zirkus; Nero, der den Brand von Rom nach den Gesetzen der Theatertragödie bewertet; Deržavin**, der nach den Worten Puškins aus »poetischer Neugier« einen Anhänger von Pugačév erhängt hat. (Vgl. die Situation im *Bajazzo* von Leoncavallo – eine Lebenstragödie wird vom Zuschauer als Theatertragödie aufgefaßt.) Bei Puškin heißt es:

Cholódnaja tolpá vziráet na poéta
Kak na zaéžžego figljára: esli ón
Glubóko vyražít serdéčnyj, tjážkij stón,
I výstradannyj stích, pronzítelno-unýlyj,
Udárit po serdcám s nevédomoju síloj, –
Ona v ladóni b'ët i chválit, il' porój
Neblagosklónnoju kiváet golovój.

[Die kalte Menge schaut den Dichter an
wie einen fahrenden Gaukler: wenn er
tief des Herzens schweres Stöhnen ausdrückt,
und leiderrungener Vers, durchdringend-trauervoll

nach den Kriterien ihres Verhältnisses zur gesellschaftlichen Wirklichkeit und ihrer propagandistischen Wirkung. Er setzte Traditionen von Belinskij und Černyčevskij fort und bezeichnete seine Artikel und Rezensionen, die vor allem in der Zeitschrift »Sovremennik« (Der Zeitgenosse) erschienen, selbst als »real'naja kritika« (reale Kritik). [A. d. Ü.]

* *Očerk* bezeichnet eine zwischen den Polen von Dokumentarischem und Fiktionalem stehende, einzelne Szenen oder Details (nicht notwendig in folgerichtiger Sequenz) beschreibende Skizze, zu deren organisatorischem Prinzip oft die Position des Erzählers wird. [A. d. Ü.]

** *Gavriel Romanovič Deržavin* (1743-1816), nahm als Offizier an der Niederschlagung des Pugačev-Aufstandes teil, bekleidete verschiedene Staatsämter. Als Lyriker ahmte er anfangs Lomonosov nach, später reformierte er die klassizistische Ode. [A. d. Ü.]

mit geheimnisvoller Macht an die Herzen schlägt, –
klatscht sie in die Hände und lobt oder
schüttelt bisweilen ungnädig den Kopf.]

Alle oben charakterisierten Situationen stellen Extremfälle dar
und werden als Vergewaltigung einer intuitiv gegebenen Norm
der Einstellung des Lesers zur Literatur aufgefaßt. Uns interessieren sie insofern, als sie der Dialektik der Betrachtungsweise des literarischen Textes vom »Schriftsteller« auf der einen
und vom »Leser« auf der anderen Seite zugrunde liegen und in
ihren Extremen das konstruktive Prinzip dieser Betrachtungsweise erhellen. Die Norm aber sieht anders aus: die Systeme
des »Schriftstellers« und des »Lesers« sind verschieden, aber
jeder, der Literatur als einheitlichen kuturellen Code beherrscht, vereinigt in seinem Bewußtsein diese beiden Einstellungen, ähnlich wie jeder, der die eine oder andere Sprache
beherrscht, in seinem Bewußtsein analysierende und syntheti-
sierende Sprachstrukturen vermischt.
Ein und derselbe künstlerische Text tritt aber, von der Position
des Adressanten oder des Adressaten betrachtet, jeweils als
Resultat der Ausschöpfung einer anderen Entropie auf und
folglich als Träger unterschiedlicher Information. Wenn man
die interessanten Änderungen in der Entropie der natürlichen
Sprachen, die mit der Größe verbunden sind und über die
noch gehandelt werden wird, außer Betracht läßt, kann man
die Formel der Entropie des künstlerischen Textes folgendermaßen ausdrücken:

$$H = H_1 + H_2, \text{ wobei } H_1 = h_1 + h'_1 \text{ und } H_2 = h_2 + h'_2.$$

Da aber H_1 und H_2 im Extremfall, grob gesagt, die gesamte
Lexik der jeweiligen natürlichen Sprache erfassen, wird das
Faktum der beträchtlich größeren Informativität des künstlerischen Textes im Vergleich mit dem nichtkünstlerischen er-
klärbar.

2. Das Problem der Bedeutung im künstlerischen Text

Es gibt ein überaus weit verbreitetes Vorurteil, demzufolge die strukturale Analyse dazu tendiert, die Aufmerksamkeit vom Inhalt der Kunst, ihrer gesellschaftlich-moralischen Problematik zugunsten rein formaler Studien, statistischen Registrierens der »priëmy« u. dgl. abzulenken. Beim unvorbereiteten Leser, der flüchtig in eine auf einem hinreichend hohen Niveau der Formalisierung ausgeführte Arbeit hineinsieht, wird der Eindruck hervorgerufen, der lebendige Organismus des Kunstwerks werde nur einer Zergliederung zugunsten der Unterordnung der einen oder anderen seiner Aspekte unter abstrakte Kategorien unterzogen. Und da diese Kategorien selbst zudem durch befremdliche und unbekannte Termini definiert werden, entsteht unwillkürlich ein Gefühl der Unruhe. Einem jeden erscheint sein gewohntes Schreckgespenst: dem einen die Ermordung der Kunst, dem anderen die Verkündigung der »reinen Kunst«, die bösartige Ideenlosigkeit. Das Erheiterndste ist, daß diese beiden Beschuldigungen häufig gleichzeitig vorgebracht werden.

Dabei beruft man sich – manchmal mit rechtschaffenem Unverstand, aber manchmal auch in der Hitze einer Polemik, die die Grenzen korrekter Verfahren wissenschaftlichen Streites überschreitet – auf Aussagen der Anhänger der Formalen Schule der zwanziger Jahre wie auch der zeitgenössischen Strukturalisten über die Notwendigkeit, die Kunst als ein vollständig in sich geschlossenes, immanentes System zu erforschen.

Die Behauptung, die strukturalsemiotische Erforschung der Literatur führe von der Frage des Inhalts, der Bedeutung, des gesellschaftlich-ethischen Werts der Kunst und ihres Zusammenhanges mit der Wirklichkeit ab, beruht auf einem Mißverständnis.

Gerade der Begriff des Zeichens und des Zeichensystems ist untrennbar mit dem Problem der Bedeutung verbunden. Das Zeichen erfüllt in der Kultur der Menschheit die Funktion eines Mittlers, Ziel der Zeichenaktivität ist die Übermittlung eines bestimmten Inhaltes.

Die Abkehr von der Bedeutung kann nicht Resultat derjenigen Methode sein, welche die Untersuchung gerade des Problems der Semiosis in den Mittelpunkt rückt. Gerade das Studium dessen, was denn »*Bedeutung haben*« bedeutet, was der Kommunikationsakt und welcherart seine gesellschaftliche Rolle sind, macht das Wesen des semiotischen Ansatzes aus. Um den Inhalt von Kunst, ihre Rolle in der Gesellschaft, ihren Zusammenhang mit den nichtkünstlerischen Seiten menschlicher Aktivität zu verstehen, reicht guter Wille allerdings nicht aus und reicht auch endloses Wiederholen allbekannter und zu allgemeiner Wahrheiten nicht aus. Kaum jemand wird heutzutage bestreiten, daß das gesellschaftliche Leben das Erscheinungsbild der Kunst bestimmt. Aber können wir denn durch nochmaliges Wiederholen dieser von niemandem bezweifelten These das Unvermögen, zu erklären, wodurch ein Text Dostoevskijs sich von einem Text Tolstojs unterscheidet, kompensieren? Und warum erzeugen gleichartige Bedingungen verschiedene Kunstwerke?

Warum aber sprechen die Anhänger der strukturalen Methode eigentlich von der Notwendigkeit der Untersuchung eines Werkes als synchron abgeschlossener Struktur, von der Berechtigung des Interesses an der immanenten Analyse des Textes? Ist das denn nicht die Abkehr vom Problem der außerästhetischen Bedeutung des Werkes?

Erlauben wir uns, zu einem Beispiel zu greifen. Vor Ihnen liegt ein Buch. Dieses Buch enthält für Sie sehr wichtige Wahrheiten, ist aber in einer unbekannten Sprache geschrieben. Sie sind kein Linguist und interessieren sich nicht speziell für Fragen der Sprachwissenschaft, das Studium der Sprache als Selbstzweck interessiert Sie auch nicht. Was zieht Sie zu dem Buch hin? Der Wunsch, seinen Inhalt kennenzulernen. Sie haben natürlich recht, wenn Sie sagen, daß Sie außerdem mit überhaupt nichts in diesem Buch zu tun haben wollen. Das ist die natürliche Einstellung eines jeden, der sich irgendeinem Zeichensystem zuwendet.

Stellen wir uns jedoch einen Menschen vor, der sagt: Ich möchte den Inhalt dieses Buches kennenlernen, will aber die Sprache, in der es geschrieben ist, nicht verstehen. Man würde ihn natürlich davon in Kenntnis setzen, daß das nicht möglich ist. Um eine Nachricht zu bekommen, muß man die Sprache beherrschen, in der sie verfaßt ist. Und wenn jemand schon den Entschluß gefaßt hat, sich eine Sprache anzueignen, muß er notwendig vom Inhalt dieser oder jener Sätze absehen und ihre Form studieren. Bekanntlich zeichnen sich Fremdsprachenlehrbücher nicht durch besondere Tiefe der in ihnen entwickelten Ideen aus – sie haben eine andere Aufgabe: die Beherrschung einer Sprache als eines bestimmten Systems zu lehren, das als Mittel zur Übertragung eines beliebigen Inhaltes zu dienen vermag. Wenn man das für Formalismus hält, dann muß man als Vorbild für den Kampf mit dieser heimtückischen Methode auch die Behauptung Mitrofans anerkennen, die Tür sei ein Beiwort, »weil sie ihrem Platz beigefügt ist. Draußen bei der Vorratskammer steht die Tür die sechste Woche noch nicht eingehängt: so ist sie einstweilen hauptwörtlich.« Wir meinen häufig, das sei Blödsinn, während die Worte Mitrofans etwas ganz anderes ausdrücken, nämlich gesunden Menschenverstand, der Abstraktionen nicht akzeptiert und Fragen unter dem Gesichtspunkt des Wesens, nicht aber unter dem Gesichtspunkt der Methode lösen möchte. Noch klarer erscheint dies in der bekannten Bemerkung der Prostakova, wie man die gefundenen »dreihundert Rubels« in drei gleiche Teile teilen soll: »Der lügt ja, mein Herzensfreund! Hast du Geld gefunden, teils mit keinem. Nimm dir alles selber, Mitrofanuška. Lern' doch diese dämliche Wissenschaft nicht.« Wir werden die Prostakova nicht belächeln, sondern ihre Worte analysieren. Hat sie recht? Unbestreitbar, wenn wir die Aufgabe vom Standpunkt des gesunden Menschenverstandes und nicht der Bemühung ansehen, sich die formalen Regeln der Arithmetik anzueignen (wir übergehen den moralischen Aspekt der Aussage der Prostakova: Aus der Sicht eines Mathematikers, d. h. eines perversen Menschen, der gewohnt ist, nicht auf das »Wesen« einer Erscheinung, sondern auf die Korrektheit der durchgeführten Operationen zu achten, ist die »altruistische« Antwort: »Gib alles weg, Mitrofanuška, lern' doch diese egoistische Wissenschaft nicht!« nicht weniger absurd). Aber Cyfirkin lehrt Mitrofan ja gar nicht, wie man anständig, nützlich oder vorteilhaft handelt, sondern, wie man die Teilung ganzer Zahlen zuwege bringt.* Man kann sich zum Unterricht in

* Mitrofan (griech., etwa »Muttersöhnchen«), Prostakova (»Frau Einfältig«), Cyfirkin (»Ziffernmann«) sind Personen der Komödie *Der Landjun-*

Arithmetik oder Grammatik verschieden stellen, aber man kann nicht bestreiten, daß zur Erlernung dieser Wissenschaften man sie – in einem bestimmten Stadium – als immanente, in sich geschlossene Wissensstrukturen darstellen muß.

Daraus folgt nicht, daß wir nach dem Studium einer Sprache als eines immanenten Systems sie etwa weiterhin nicht dazu benutzen, bestimmte – schon inhaltsreiche – Mitteilungen zu erhalten. Unser Interesse an der inhaltlichen Seite wird so groß und die Beherrschung des formalen Mechanismus der Sprache so automatisiert sein, daß wir ihn völlig vergessen können, und uns nur im Umgang mit Ausländern und Kindern, d. h. dann, wenn dieser Apparat gestört wird, daran erinnern, daß wir einen bestimmten Mechanismus benutzen.

Und so ist das immanente Studium einer Sprache ein Weg (und zwar ein wesentlicher) *zum Inhalt* dessen, was in ihr niedergeschrieben ist.

Nun aber treten sogleich zwei Seiten einer allgemeinen Frage ins Blickfeld: Wie ist der künstlerische Text seiner inneren, immanenten (syntagmatischen) Konstruktion nach aufgebaut und was für eine Bedeutung hat er, d. h. welcherart sind seine semantischen Verbindungen mit den außerhalb von ihm gelegenen Erscheinungen?

Bevor jedoch davon zu handeln ist, muß die Frage gestellt werden: Was heißt denn »künstlerische Bedeutung haben«? Darauf zu antworten ist schwieriger, als es zunächst erscheinen mag. Was heißt überhaupt »Bedeutung haben«? Boris A. Uspenskij definiert im Anschluß an Claude E. Shannon Bedeutung »als Invariante bei umkehrbaren Übersetzungsoperationen«.[1] Diese Definition drückt den Begriff der Bedeutung offenbar am exaktesten aus. Betrachten wir einige besondere Aspekte des Begriffs der Bedeutung in sekundären modellierenden Systemen.

Das Problem der Bedeutungen ist für alle Wissenschaften des semiotischen Zyklus eines der Grundprobleme. Letztlich hat die Erforschung jedes beliebigen Zeichensystems die Bestimmung seines Inhalts zum Ziel. Mit besonderer Schärfe nimmt

---

ker (Nedorosl', 1782) von Denis I. Fonvizin, in der der Autor die Borniertheit und Unbildung des Landadels satirisch geißelt. [A. d. Ü.]

1 B. A. Uspenskij, *O semiotike iskusstva*. In: Simpozium po strukturnomu izučeniju znakovych sistem. M. 1962, S. 125.

dies der Erforscher sekundärer modellierender Systeme wahr: Das Studium von Kultur, Kunst und Literatur als Zeichensystemen verliert, losgerissen vom Problem des Inhalts, jeglichen Sinn. Freilich darf nicht übersehen werden, daß gerade der Inhalt von Zeichensystemen, wenn man sich nicht nur mit rein intuitiven Vorstellungen von den Bedeutungen zufriedengeben will, für die Analyse den kompliziertesten Gegenstand darstellt. In diesem Zusammenhang erscheint es nützlich, die Vorstellung von der Natur des Zeichens und seiner Bedeutung ganz allgemein zu präzisieren.

Ungeachtet der Tatsache, daß dem strukturalen Verständnis dieser Frage gerade der Begriff der Systemhaftigkeit der Zeichen zugrunde liegt, ist eine bedeutend vereinfachte Erklärung praktisch weit verbreitet. Allzu häufig begegnet man einem atomistischen Verständnis der Natur des Zeichens. Die Einheit von Bezeichnetem und Bezeichnendem wird bedeutend häufiger hervorgehoben als die Notwendigkeit der Integration des Zeichens in komplexere Systeme – während doch die erste Eigenschaft sich lediglich als Erscheinungsform der zweiten darstellt. Häufiger wird die Systemhaftigkeit bei der Betrachtung derjenigen Seite des Zeichens herausgestellt, die man mit der Ebene des Ausdrucks verbindet. Die Möglichkeit der Umcodierung eines Ausdruckssystems in ein anderes (z. B. eines lautlichen in ein graphisches) ist ein evidentes Faktum, das keinen Streit über den Gedanken aufkommen läßt, die Materialität des Zeichens realisiere sich vor allem durch die Schaffung eines bestimmten Systems von Relationen. Daraus folgt, daß in der Ausdrucksebene die Existenz eines isolierten, atomartigen, systemexternen Zeichens schlicht unmöglich ist.

Man muß jedoch zugeben, daß auch die Zeicheninhalte nur als vermittels bestimmter Relationen verknüpfte strukturelle Ketten gedacht werden können. Das Wesen keines der Elemente einer Inhaltsreihe kann außerhalb der Relation zu den anderen Elementen aufgedeckt werden. Ein Faktum, das mit nichts verglichen werden kann und keiner Klasse zuzuordnen ist, kann nicht den Inhalt von Sprache bilden. Daraus folgt, daß Bedeutung in den Fällen entsteht, wo wenigstens zwei verschiedene Strukturketten vorliegen. In herkömmlichen Termini kann man die eine von ihnen als Ebene des Ausdrucks, die andere als Ebene des Inhalts definieren. Bei der Umcodierung zwischen bestimmten Elementpaaren, die ihrer Natur nach verschieden sind, stellen sich Entsprechungen her, wobei ein Element in seinem System als einem anderen in dessen System äquivalent aufzufassen ist. Einen derartigen Schnitt zweier Strukturketten in irgendeinem gemeinsamen zweieinigen Punkt werden wir Zeichen nennen, wobei die zweite Kette – diejenige, mit der die Entsprechung hergestellt wird – als Inhalt auftritt, und die erste als Ausdruck. Das Problem des Inhalts ist folglich stets ein Problem der Umcodierung.[2] Freilich weist schon die Differenzierung der beiden Ebenen – des Inhalts und des Ausdrucks – eine bestimmte Bedingtheit auf (einen analogen Gedanken äußerte Louis Hjelmslev), insofern die Herstellung von Äquivalenz zwischen den Elementen zweier verschiedener Systeme wohl der häufigste, aber nicht der einzige Fall der Bildung von Bedeutung ist. Man kann auf Universalität beanspruchende semiotische Systeme verweisen, die die Substitution von Bedeutungen aus Strukturen einer anderen Reihe prinzipiell nicht zulassen. Es handelt sich hierbei um relationale Bedeutungen, die dadurch entstehen, daß ein Element durch andere Elemente innerhalb ein und desselben Systems ausgedrückt wird. Diesen Fall kann man als innere Umcodierung definieren.

Nebenbei ist zu bemerken, daß ein derartiger Ansatz die Absolutheit der Gegenüberstellung von Inhaltsebene und Ausdrucksebene abschwächt, indem er ihre Umkehrbarkeit prinzipiell zuläßt. Natürlich stellt der Kommunikationszweck an jede dieser Ebenen besondere Anforderungen und macht ihre Verbindung praktisch eindirektional. Im Bereich der Theorie existieren solche Restriktionen jedoch nicht. So zeigt im Sprachunterricht der Lehrer, wenn er mit Schülern spricht, die die deutsche Sprache nicht beherrschen, auf einen Tisch und sagt

2 Über die Beziehung von Bedeutungsproblem und Umcodierung vgl.: V. N. Toporov, O transformacionnom metode. In: Transformacionnyj metod v strukturnoj lingvistike. M. 1964; V. Ju. Rozencvejg, Perevod i transformacija. ebda.; Ju. A. Šrejder, M. V. Arapov, Semantika i mašinnyj perevod. In: Problemy formalizacii semantiki jazyka. Tezisy dokladov I MGPII. M. 1964; R. Jakobson, On Linguistic Aspects of Translation. In: On Translation. Cambridge. (Mass.) 1959. [Abgedruckt in: Roman Jakobson, Selected Writings II. The Hague, Paris 1971, S. 260 ff.]

»Tisch«. In diesem Fall treten die Dinge als metasprachliche Zeichen auf, deren Inhalt die Wörter bilden.

Sekundäre modellierende Systeme stellen Strukturen dar, denen die natürliche Sprache zugrunde liegt. Im weiteren jedoch erhält das System eine ergänzende, sekundäre Struktur des ideologischen, ethischen, künstlerischen oder irgendeines anderen Typus. Die Bedeutungen dieses sekundären Systems können sowohl nach den Verfahren, die den natürlichen Sprachen eigen sind, als auch nach den Verfahren anderer semiotischer Systeme gebildet werden. So scheint es zweckmäßig, auf einige theoretisch mögliche Verfahren der Bedeutungsbildung hinzuweisen und dann zu verfolgen, welche von ihnen und auf welche Art im konkreten literaturgeschichtlichen Material realisiert werden können.

Bedeutung wird mittels innerer Umcodierung gebildet. Es sind semiotische Systeme möglich, in denen Bedeutung nicht vermittels der Annäherung zweier Strukturketten gebildet wird, sondern immanent, innerhalb des Systems. Nehmen wir das Beispiel des einfachen algebraischen Ausdrucks $a = b + c$. Das Zeichen »a« hat hier offensichtlich einen bestimmten Inhalt. Dieser Inhalt ergibt sich jedoch nicht aus irgendwelchen Beziehungen zu außerhalb dieser Gleichung gelegenen Systemen. Wir können ihm eine äußere Bedeutung zuschreiben, wenn wir für »a« z. B. einen bestimmten Zahlenwert einsetzen, doch folgt hieraus keineswegs, daß bei Verzicht auf derartige Substitutionen diese Zeichen keine Bedeutung haben. Ihre Bedeutung hat dann relationalen Charakter – sie drückt die Beziehung der einen Elemente des Systems zu den anderen aus. Inhalt von »a« ist in unserem Beispiel »b + c«. In allgemeinsemiotischem Sinn ist es durchaus möglich, sich Systeme vorzustellen, in denen der Zeicheninhalt von eben dieser Art ist. Zu ihnen kann man offensichtlich mathematische Ausdrücke rechnen, sowie Musik, die nicht mit einem Text verbunden und keine Programmusik ist. Die Frage der Bedeutung des musikalischen Zeichens ist natürlich komplex und schließt offenbar immer Beziehungen zu außermusikalischen realen und ideell-emotionalen Reihen ein, doch tragen diese Beziehungen unzweifelhaft einen bedeutend stärker fakultativen Charakter als z. B. in der Sprache, und wir können uns, wenigstens bedingt, eine rein musikalische Bedeutung vorstellen, gebildet durch die

Beziehungen der Klangfolgen, außerhalb irgendwelcher extra-musikalischer Zusammenhänge.[3] In dem Fall, wenn vor uns, wie das in der Musik geschieht, Bedeutung durch die Korrelativität einer Reihe von Elementen (oder Elementketten) innerhalb der Struktur gebildet wird, kann man von *multipler innerer Umcodierung* sprechen.

Bedeutungen werden mittels äußerer Umcodierung gebildet. Dieser Fall erscheint uns vertrauter, denn er ist in den natürlichen Sprachen vertreten. Es wird Äquivalenz zwischen zwei Strukturketten verschiedenen Typs und ihren einzelnen Elementen hergestellt. Die äquivalenten Elemente bilden zu Zeichen vereinigte Paare. Es muß betont werden, daß sich als äquivalent Strukturen von verschiedenem Typus erweisen. Wenn es auch schwierig ist, einen prinzipiellen Unterschied zwischen solchen Arten der Umcodierung wie der Übersetzung von lautlicher in graphische Form oder aus einer Sprache in eine andere einerseits und der Dechiffrierung des Inhalts andererseits festzustellen, so wird doch, je weiter die im Prozeß der Umcodierung einander gleichwertig gemachten Strukturen voneinander entfernt sind, je unterschiedlicher ihre Natur ist, eben der Akt der Umschaltung aus einem System in das andere offensichtlich umso inhaltsreicher sein.

Die Annäherung zweier Reihen ist der verbreitetste Fall der Bedeutungsbildung in den natürlichen Sprachen. Man kann ihn als *paarweise äußere Umcodierung* definieren.

In sekundären modellierenden Systemen stoßen wir jedoch auch auf *multiple äußere Umcodierungen* – die Annäherung nicht zweier, sondern vieler selbständiger Strukturen, wobei das Zeichen nicht mehr ein äquivalentes Paar, sondern ein

---

3 In diesem Zusammenhang ist anzumerken, daß die von M. Wallis in seinem inhaltsreichen Aufsatz *Świat sztuk i świat znaków* (in: *Estetyka*, 2. Jg., Warszawa 1961) vorgeschlagene Klassifikation der Künste bestritten werden kann. Der Autor teilt die Künste in semantische und nichtsemantische und zählt zu den letzteren Musik und abstrakte Künste einschließlich der zeitgenössischen Architektur. Der Autor behauptet zwar zu Recht, daß Zeichen, Vorstellungen von »Dingen, die anders sind als sie selbst« tragen müssen, meint jedoch, ein Bauwerk von Le Corbusier oder ein Prélude von Chopin seien keine Zeichen (S. 39), d. h. hätten keine Bedeutungen. Richtiger wäre wohl, nicht vom Fehlen von Bedeutungen in künstlerischen Strukturen dieses Typs, sondern von der relationalen Natur dieser Bedeutungen zu sprechen.

Bündel von wechselseitig äquivalenten Elementen verschiedener Systeme bildet.

Es ist zu bemerken, daß die Ebenen des Ausdrucks und des Inhalts (wenn wir die Frage ihrer Umkehrbarkeit nicht berühren) mehr oder weniger natürlich bei Umcodierungen des dritten Typus hervortreten. Die übrigen Fälle (innere und multiple äußere Umcodierungen) lassen sich im Grunde genommen nicht in dieser Weise interpretieren.

Alle oben aufgezählten Arten der Bedeutungsbildung sind in den sekundären modellierenden Systemen vorhanden und treten in verschiedenem Grade der Vollständigkeit auf. Immanent-relationale Bedeutungen treten besonders deutlich in denjenigen sekundären semiotischen Systemen hervor, die Allgemeinheit, monopolmäßige Erfassung der gesamten Weltanschauung und Systematisierung der ganzen dem Menschen vorliegenden Wirklichkeit für sich in Anspruch nehmen. Ein treffendes Beispiel für ein System mit dominierender innerer Umcodierung in den sekundären modellierenden Systemen vom künstlerischen Typus ist die literarische Romantik.

Wenn wir die Bedeutung eines Begriffs wie »Genie«, »großer Geist« im System der Romantik nehmen, dann können wir seinen Inhalt leicht erhalten, indem wir das Verhältnis dieses Begriffs zu anderen Begriffen des Systems bestimmen. Geben wir einige der Oppositionen an, die es gestatten, den Inhalt des Begriffs

Genie – Menge

freizulegen. Diese Antithese ist auf die Oppositionen »Größe – Nichtigkeit«, »Ungewöhnlichkeit, Ausschließlichkeit – Gemeinheit, Mittelmäßigkeit«, »Geistigkeit – Materialität«, »Schöpfertum – Animalität«, »Aufmüpfigkeit – Gefügigkeit« u. ä. aufgelegt. Alle ersten Begriffe dieser zweigliedrigen Oppositionen einerseits und alle zweiten andererseits treten als Varianten einer gewissen Archibedeutung auf, die uns eben dadurch mit bestimmter Approximativität den Inhalt dieses Begriffs im Rahmen der Struktur des romantischen Bewußtseins angibt. Wir können seine Bedeutung jedoch noch weiter präzisieren, wenn wir uns daran erinnern, daß »Genie« im System des romantischen Denkens auch in andere Antithesen einbezogen wird. Solcherart sind z. B. die Gegenüberstellung von »Genie« und freiem, herrlichem, patriarchalischem Volk (hier wird der Begriff einbezogen in die Oppositionen: Egoismus – Altruismus; Eigenwille – Glaube an Überlieferungen und Vermächtnis der Väter; tote Seele – Gefühlsstärke; Rationalismus – Leben des Herzens; Unglaube – Religiosität) oder die Kontrastierung mit dem idealen Bild des Weiblichen (es entstehen die Oppositionen: tragische Zerrissenheit – harmonische Geschlossenheit; Mißgestalt als Ausdruck von Disharmonie – Schönheit; Zugehörigkeit zur Welt des tragisch Bösen – das Gute u. a.). Wie wir sehen, ist der Archetyp[4] des Begriffs »Genie« in allen diesen Fällen durchaus verschieden. Und trotzdem gehören sie in ein und dasselbe System, und folglich werden alle diese Archetypen als Varianten eines Archetyps der zweiten Reihe aufgefaßt, wird zwischen den Unterschieden die Relation der Äquivalenz hergestellt. So bildet sich die Bedeutung. Demnach können wir eine hinreichend klare Vorstellung vom Begriff »Genie« erhalten, wenn wir seine Beziehung zu anderen Begriffen des Systems und zum System insgesamt untersucht haben. Ein Überschreiten der Grenzen dieses Systems jedoch ist aus der Sicht des Romantikers nicht erforderlich. Die Frage nach der objektiven Bedeutung, danach, was diese oder andere Begriffe in der Sprache eines anderen Denkens bedeuten, erhebt sich in den Grenzen romantischen Bewußtseins grundsätzlich nicht. Dafür nimmt die Frage nach der Korrelation der Bedeutung eines Begriffs in der Struktur (der Ideen oder des Stils) mit der Bedeutung außerhalb des Systems im realistischen künstlerischen System sogleich einen erstrangigen Platz ein. Als Mittel, diese Bedeutung sichtbar zu machen, tritt die äußere Umcodierung auf, das demonstrative Bloßlegen der Möglichkeit, von einem System (der Ideen oder des Stils) in ein anderes umzuschalten. So war Puškin, der die romantische Struktur schon mit den Augen des Realisten betrachtete, bestrebt, die Bedeutung des romantischen Stilsystems aufzudecken, indem er sie in ein anderes stilistisches Register umcodierte:

4 Der Terminus »Archetyp« und ihm ähnliche (»Archisem«, »Archistruktur«) sind in Analogie zum »Archiphonem« N. S. Trubeckojs gebildet und werden in der Bedeutung der Gesamtheit der distinktiven Merkmale gebraucht, die den beiden Elementen einer gegebenen Ebene einer sich neutralisierenden binären Opposition gemeinsam sind.

On mýslit: »Búdu ej spasítel'.
Ne poterpljú, čtob razvratítel'
Ognëm i vzdóchov i pochvál
Mladóe sérdce iskušál;
Čtob čérv' prezrénnyj, jadovítyj
Točíl liléi stebelëk;
Čtoby dvuchútrennij cvetók
Uvjál eščë poluraskrýtyj«.
Vsë éto znáčilo, druz'já:
S prijátelem streljájus' ja.

[Er denkt: »Ich werde ihr der Retter.
Nicht dulde ich's, daß der Verführer
Mit Glut der Seufzer und des Lobs
Das junge Herz ihr versucht;
Daß das Gewürm, verachtet, giftig,
Zernagt der Lilie zarten Halm;
Daß zweier Morgen Blütenkranz,
Erst halberöffnet, schon dahinwelkt«.
All dieses, liebe Freunde, hieß:
Mit dem Gefährten schieß' ich mich.]   [*Evgenij Onegin* 6,17]

Bezeichnenderweise tritt die romantische Phraseologie Lenskijs
als Ausdruck auf, und die Rede des Autors als ihr objektiver
Inhalt. Die Struktur des nichtromantischen Erzählens wird hier
nicht als eines der vielen möglichen Ausdrucksverfahren aufgefaßt,[5] sondern als Inhalt, als Struktur der Wirklichkeit selbst.
Komplizierter ist der Fall, wenn der Autor nicht zwei Stile
vergleichend einander gegenüberstellt, wobei impliziert ist,
daß einer von ihnen verlogen, unnatürlich und schwülstig, der

5 In dieser Weise läßt sich das folgende Zitat interpretieren [4, 51]:

Pokóitsja v serdéčnoj nége,
Kak p'jányj pútnik na nočlége,
Ili, nežnéj, kak motylëk,
V vesénnij vpívšijsja cvetók.

[Beruhigt sich in Herzenswonne,
Wie trunkner Wandrer auf dem Lager,
Oder, wie, zarter, Schmetterling,
In Frühlingsblüten tief versenkt.]

[vpívšijsja »der sich vertieft, versenkt, hineingebohrt hat« kann auch bedeuten »der zum Trinker geworden ist«.]

andere aber wahrhaftig ist und die reinste Wahrheit verkörpert, sondern wenn er in das Wesen der Wirklichkeit einzudringen trachtet, nachdem er verstanden hat, daß jedes beliebige codierende System begrenzt ist. Hier treffen wir auf multiple äußere Umcodierung. Die Bedeutung entsteht aus der Gleichstellung von Verschiedenartigem, aus der Herstellung von Äquivalenz zwischen mehreren einander sehr unähnlichen semantischen Systemen der ersten Reihe. Die Multiplizität der Umcodierung erlaubt es, einen für die verschiedenen Systeme gemeinsamen semantischen Kern aufzubauen, der als Bedeutung aufgefaßt wird, als Überschreiten der Grenzen der Zeichenstruktur in die Objektwelt hinein.

Dabei muß betont werden, daß die Multiplizität der äußeren Umcodierung in verschiedenen Strukturen unterschiedlichen Sinn erhält. In den einen kann sie dem Ziel dienen, aus einer Reihe subjektiver Systeme deren objektive Invariante aufzubauen – die Wirklichkeit. So ist [Lermontovs Roman] *Ein Held unserer Zeit* aufgebaut. Der Autor bietet eine Vielfalt subjektiver Standpunkte, die, aufeinander projiziert, ihren gemeinsamen Inhalt entdecken – die Wirklichkeit. Doch auch das Gegenteil ist möglich, beispielsweise in den Komödien Tiecks oder einigen Dramen von Pirandello: die multiplen Umcodierungen bekräftigen das Fehlen objektiver Wirklichkeit. Die Realität, die in einem solchen System in eine Mehrzahl von Interpretationen zerfällt, ist imaginär. Aus der Sicht des Autors ist die Wirklichkeit lediglich ein Zeichen, dessen Inhalt unendliche Interpretationen bilden.[6] Im ersten Fall ist die Interpretation Zeichen und die Wirklichkeit Inhalt: im zweiten die Wirklichkeit Zeichen und die Interpretation Wesen, Inhalt.

Man darf nicht vergessen, daß theoretisch unterschiedliche Systeme der Bedeutungsbildung in realen sekundären modellierenden Systemen häufig koexistieren. Wir können z. B. in ein und demselben System Bedeutungen, die als Resultat innerer und solche, die als Resultat äußerer Umcodierung entstehen, unterscheiden. So können wir bei der Analyse der Ideen Rous-

6 Vgl. die Bühnenanweisung Aleksandr Bloks im Drama *Balagančik:* »Er springt aus dem Fenster. Die Ferne, im Fenster sichtbar, erweist sich als auf Papier gemalt. Das Papier ist zerrissen. Harlekin ist kopfüber ins Leere geflogen.«

seaus auf dem Wege vorgehen, den Inhalt einzelner Begriffe oder des Systems im ganzen aufzudecken, und dabei ihre Zusammenhänge mit bestimmten Reihen der Wirklichkeit enthüllen, indem wir beispielsweise die objektive ökonomische Bedeutung der Ideale Rousseaus, den Zusammenhang seiner Vorstellungen mit der sozialen Praxis dieser oder jener gesellschaftlichen Kräfte seiner Epoche untersuchen. Wir können so vorgehen, daß wir die Bedeutung der Ideen Rousseaus bestimmen (ich erinnere daran, daß wir im vorliegenden Fall nicht die Bedeutung von Wörtern bestimmen, sondern die Bedeutung von Ideen, die durch Wörter ausgedrückt sind), indem wir sie den Ideen anderer Strukturreihen zum Vergleich gegenüberstellen und den Begriff »Volk« bei Rousseau beispielsweise mit den entsprechenden Vorstellungen von Voltaire, Mably, Radiščev, Hobbes und anderen vergleichen. Man kann jedoch auch auf dem anderen Wege vorgehen und die Bedeutung eines Elements durch Klärung seiner Beziehung zu anderen Elementen desselben Systems zu bestimmen versuchen. Solch eine immanente Bedeutung erhalten wir z. B., wenn wir die Beziehung des Begriffes »Volk« zu den Begriffen »Mensch«, »Verstand«, »Sittlichkeit«, »Macht«, »Souveränität« u. a. bei Rousseau untersuchen. Allerdings wird die Immanenz der Bedeutungen hier natürlich nicht in dem Maße unbedingt sein wie z. B. in einem mathematischen Ausdruck, denn wir können auch bei der Klärung des relationalen semantischen Inhalts nicht von den vielfältigen aus der Sicht der Weltanschauung Rousseaus systemexternen Bedeutungen dieser Termini abstrahieren. Freilich machen die notwendig vorhandenen systemexternen Bedeutungen in diesem Fall nicht die Hauptsache aus, doch können sie gelegentlich sogar zur Quelle von Irrtümern werden[7].

7 Solcherart sind die Fälle, in denen der Leser das Gefühl für das System des Autors verliert und den Text dann unwillkürlich auf eine andere, ihm verständlichere Struktur umschaltet. So gründet der verbreitete Irrtum, Puškin habe mit den Versen »Erhebt Euch, Ihr gefallenen Sklaven« [»Vosstan'te, padšie raby«] in der Ode *Freiheit [Vol'nost']* die Bauern zum Aufstand aufgerufen, auf der Umschaltung der Wörter »Erhebung« [»vosstanie«], »sich erheben« [»vosstat'«] aus der strukturellen Opposition: »feierliche Ausdrücke – niedere Umgangssprache« (das Oppositionsglied zu dem Wort »Erhebt Euch« [»vosstan'te«], das dessen Bedeutung hervorhebt, ist: »steht auf« [»podnimites'«] in die strukturelle Opposition: »Revolution

All diese Überlegungen sind für die Lösung der Frage nach der Natur des Inhalts sekundärer modellierender Systeme außerordentlich wichtig. Versuchen wir sie am Beispiel der Analyse einiger Aspekte des Stils von Lermontov zu illustrieren.

Die romantische Lyrik Lermontovs weist eine überaus folgerichtige monostilistische Struktur auf. Dies erscheint als Folge des allumfassenden Charakters des romantischen Subjektivismus. Die Welt des Autor-»Ich« ist einzigartig. Sie korreliert weder mit der Welt der Realität noch mit der Welt irgendeiner anderen Persönlichkeit. Daher ist aus der Sicht des Romantikers die Möglichkeit der Äquivalenz seiner poetischen Welt und der Realität oder der Welt, wie sie von einem anderen, z. B. prosaischeren Menschen betrachtet wird, ausgeschlossen. Das romantische System als ganzes wird (aus der Sicht der Romantik) der Umcodierung grundsätzlich nicht unterzogen. Als ganzes ist es einzigartig, bildet das Universum des jeweiligen Dichters und hat folglich keine semantische Bedeutung (keinen Ausdruck in einem anderen System). Am Anbruch der russischen Frühromantik zitierte Aleksej M. Kutuzov im Gleichklang des Gefühls zustimmend die Worte Jakob Böhmes: »Engel und Teufel befinden sich unweit voneinander; doch der Engel befindet sich im Paradies, und wäre er auch in der Hölle, und sieht die Hölle nicht; also befindet auch der Teufel sich in der Hölle, und wäre er auch inmitten des Paradieses, und sieht das Paradies nicht.«[8]

In einem System, das sich auf solchen Prinzipien aufbaut, werden die Bedeutungen nicht durch Herstellung von Äquivalenz zwischen seinen Elementen und den Elementen eines anderen Systems entstehen, sondern in ihrer internen Relation zueinander. So ist die harmonische psychische Welt der Heldin des romantischen Poems Antithese zur tragischen Zerrissenheit des Helden, ist ihre Güte seiner Dämonie gegenübergestellt, ihr Glaube dem Abgrund seines Unglaubens, ihre Liebe seinem Haß, und ihre Schönheit – oft – seiner Mißgestalt. Auf diese

– Reform« oder »Revolution – Bewahrung des Bestehenden« (die Gegenglieder sind dann: »handelt im Rahmen des Gesetzes« bzw. »seid duldsam«). Es ist klar, daß die Ersetzung des puškinschen Systems durch irgendein anderes zur Verfälschung der Bedeutung führt.

8 *Trudy po russkoj i slavjanskoj filologii*, Bd. 6, Tartu 1963, S. 319. [vgl. auch: Jakob Böhme, *Mysterium Magnum*, Kap. 8, 28, in: *Sämtliche Schriften* Bd. 7 (ed. W. E. Peuckert). Stuttgart 1958.]

Weise hat die Heldin weder einen eigenständigen Charakter, noch eigenständige Bedeutung. Sie ist im Verhältnis zum Bild des Helden komplementäre Größe, sein Ideal, sein ideales Anderssein (daher ist der Unterschied im Geschlecht hier manchmal durchaus nicht obligatorisch, und Lermontov hob bei der Übersetzung von Heines *Fichtenbaum* dieses differenzierende Merkmal auf: Fichtenbaum und Palme sind bei ihm beide weiblichen Geschlechts [sosna-pal'ma])[9]. Die Bedeutung der Elemente bildet sich in ihrer Relation.

Dasselbe kann man von der Semantik der romantischen Landschaft sagen. Damit hängt auch die stilistische Einheit des romantischen Schaffens bei Lermontov zusammen.[10]

Das Überschreiten der Grenzen des romantischen Bewußtseins durch den Schriftsteller hat eine neue Einstellung zum Problem der Bedeutungen bestimmt. Es erhebt sich die Frage nach der objektiven Bedeutung der Zeichen und Strukturen. Lermontov beginnt die Möglichkeit zuzulassen, ein und dasselbe Phänomen von zwei Standpunkten aus zu sehen. Das führt zum Erscheinen von Werken, in denen ein und derselbe Inhalt demonstrativ in verschiedenen semantischen Schlüsseln und verschiedenen stilistischen Tonarten wiedererzählt wird. Solch eine Zweiwertigkeit ist charakteristisch für das Poem *Saška*:

Luná katítsja v zímnich oblakách,
Kak ščít varjážskij ili sýr gollándskoj.

[Der Mond rollt in den winterlichen Wolken
Wie ein warägischer Schild oder ein holländischer Käse.]

»Ščit varjažskij [warägischer Schild]« und »syr gollandskoj [holländischer Käse]« (es kann nicht nur auf eine lexikalische, sondern auch auf eine grammatisch-stilistische Antithese hingewiesen werden – das feierliche »-ij« und das umgangssprach-

9 Eine andere Lösung liegt in den Übersetzungen von Apollon N. Majkov und Fëdor I. Tjutčev vor: »Zeder – Palme« [»Zeder« ist im Russischen maskulin: »kedr«]. Vgl. L. V. Ščerba, *Izbrannye raboty po russkomu jazyku*. M. 1957, S. 97-100.
10 Wir abstrahieren bewußt davon, daß jedes sekundäre modellierende System die Sprache verwendet (folglich liegen ihm zweieinige Zeichen zugrunde), und betrachten hier bloß die Bedeutungen, die auf einer Ebene oberhalb der Sprache entstehen und den im eigentlichen Sinne sekundären Systemen angehören.

liche »-oj«)* sind einander äquivalent, da sie in der Ebene der Realität eine gemeinsame Bedeutung haben (Mond). Die Relation zwischen ihnen ist dabei der Herabsetzung des romantischen Stils in dem oben von uns angeführten Beispiel aus *Evgenij Onegin* nicht gleichwertig. Dort tritt der romantische Stil als verlogene Künstelei auf (nicht zufällig lautet die Definition der Romantik durch Belinskij »Zeitalter der Phraseologie«, oder die lermontovsche Antithese »verlogener Flitter« – »Wahrheit einer erhabenen Stimme«), die der schlichten Wahrheit gegenübergestellt ist. Die Korrelation war demnach ein--gerichtet und erinnerte an die Relation von Inhalt und Ausdruck in der Sprache. In *Saška* ist das System ein anderes: Vor uns stehen zwei gleichberechtigte Standpunkte, als Bedeutung aber erscheint nicht eine von ihnen, sondern ihre Relation. Der Zusammenhang der Strukturketten ist hier nicht ein-gerichtet, sondern aufeinander-gerichtet. Dies wird durch einen ständig auftretenden priëm hervorgehoben: durch die Einführung dem Inhalt nach paralleler, dem Stil nach aber schroff einander gegenübergestellter Strophen:

On byl moj drúg. S nim ja ne znál chlopót,
S nim čúvstvami i dén'gami delílsja;
On brál na mésjac, otdavál črez gód,
No ja za tó ni málo ne serdílsja
I postupál ne lúčše v svój čerëd;
Pečálen li, byválo, tótčas skážet,
Kogdá že vésel, sčástliv – gláz ne kážet.
Ne ráz ot skúki on svoí mečtý
Mne poverjál i govoríl mne *tý;*
Chvalíl vo mne, čto próčie chvalíli,
I byl moj véčnyj vizaví v kadríli.

On býl moj drúg. Už nét takích druzéj ...
Mir sérdcu tvoemú, moj mílyj Sáša!
Pust' spít ono v zemlé čužích poléj,
Ne trónuto nikém, kak drúžba náša,

* Die Adjektivendung »-ij« in »varjažskij« stammt aus dem Altkirchen-slavischen und gehört somit (nach Lomonosovs Lehre von den drei Stilen, formuliert im *Traktat vom Nutzen der kirchlichen Bücher (Rassuždenie o pol'ze knig cerkovnych,* 1757)) zum hohen Stil, der z. B. in feierlichen Oden anzuwenden war, während »-oj« in »gollandskoj« russischen Ursprungs ist und als zum mittleren oder unteren Stil gehörig z. B. in der unterhaltenden Prosa und Poesie gebraucht werden konnte. [A. d. Ü.]

V nemóm kladbíšče pámjati moéj.
Ty úmer, kak i mnógie, bez šúma,
No s tvërdost'ju. Taínstvennaja dúma
Eščë bluždála na čelé tvoëm,
Kogdá glazá somknúlis' véčnym snóm;
I tó, čto ty skazál pered končínoj,
Iz slúšavšich ne pónjal ni edínyj.

[Er war mein Freund. Mit ihm gab's keine Müh',
Gefühle teilte ich mit ihm und Gelder;
Für'n Monat lieh er, zahlte übers Jahr,
Doch ich war ihm deshalb kein bißchen böse
Und handelte nicht besser meinerseits;
Ob traurig er, 's kam vor, er sagt es gleich,
Wenn froh er, glücklich – läßt er sich nicht sehen.
Gar oft hat Träume er aus Langeweile
Mir anvertraut und sagte zu mir *Du;*
Gelobt hat er an mir, was andre lobten,
War ewig vis-á-vis mir zur Quadrille.

Er war mein Freund. Wie's Freunde nicht mehr gibt . . .
Fried' deinem Herzen, mein geliebter Saša!
Mag ruhn es in der Erde fremden Felds,
Von niemandem berührt, wie unsre Freundschaft,
Im stummen Kirchhof meiner Andachten.
Du starbest, wie so viele, ohne Lärmen,
Jedoch mit Festigkeit. Geheimes Denken
Noch irrte über deine Stirne hin,
Als deine Augen schloß der ew'ge Schlaf;
Und das, was du gesagt vor deinem Scheiden,
Der Hörenden verstand doch nicht ein einz'ger.]

[*Saška* vv. 12-33]

Noch ein Beispiel:

Moskvá – ne tó: pokúda ja živú,
Kljanús', druz'já, ne razljubít' Moskvú.
Tam ja vpervýe v dní nadéžd i sčást'ja
Byl bólen ot ljubví i ljubostrást'ja.

Moskvá, Moskvá! . . ljubljú tebjá kak sýn,
Kak rússkij, – síl'no, plámenno i néžno!
Ljubljú svjaščénnyj blésk tvoích sedín [. . .]

[Doch Moskau – ist nicht das: Solang ich leb',
Schwör', Freunde, ew'ge Liebe Moskau ich.

Dort war in Hoffnungs- und in Glückestagen
Ich erstmals krank vor Lieb' und Liebeslüsten.

Moskva, Moskva! . . Ich liebe dich als Sohn,
Als Russe, – stark, entflammt und zärtlich!
Ich lieb' die heil'ge Pracht, dein weißes Haar [. . .]

[ebda, vv. 63-69]

Die angeführten Beispiele zeigen, daß die Schicht des »romantischen« Stils (»warägischer Schild«) nicht nur Gegenstand von Herabsetzung und Parodierung ist. Weder die eine noch die andere Schicht stellen Bedeutung in reiner Form dar: sie entsteht als Ergebnis ihrer wechselseitigen Projektion.

Eine derartige Konstruktion spiegelte ein erschwertes Bild der Wirklichkeit wieder. Aus der Vorstellung, derzufolge die Wirklichkeit das ist, was dem alltäglichen, einfachen Blick vorliegt, wird eine andere herausgearbeitet: Wirklichkeit ist die wechselseitige Überschneidung unterschiedlicher Standpunkte, die es erlaubt, die Grenzen der Beschränktheit eines jeden von ihnen zu überschreiten. Zum Träger der Bedeutung wird nicht irgendeine stilistische Schicht, sondern der Schnitt vieler kontrastierender Stile (Standpunkte), der eine gewisse »objektive« (suprastilistische) Bedeutung ergibt. Ein glänzendes Beispiel für eine solche Konstruktion ist der Stil des *Helden unserer Zeit*. Lermontov verwendet ständig den priëm der Umcodierung und zeigt, wie das von dem einen Standpunkt aus Betrachtete von einem anderen aussieht. Die Wirklichkeit enthüllt sich als Aufeinanderlegen von Aspekten. So wird uns der Charakter Pečorins aus der Sicht des Autors, des Maksim Maksimovič, Pečorins selbst und der anderen Helden dargeboten. Die Urteile eines jeden von ihnen, angefangen bei Maksim Maksimovič, der meint, die Engländer hätten »die Mode sich zu langweilen eingeführt«, weil »sie schon immer berüchtigte Säufer waren«, sind begrenzt. Aber jedes Urteil enthält auch denjenigen Teil der Wahrheit, der dann in ihrer Überschneidung zum Vorschein kommt.

Dem Stil des *Helden unserer Zeit* liegt ein komplexes System von Umcodierungen zugrunde, das die Verwandtschaft äußerlich verschiedener und die Unterschiedlichkeit ähnlicher Standpunkte enthüllt. So wird die romantische Antithese von kaukasischem (»exotischem«) und russischem (»alltäglichem«) Ethnos durch die Behauptung der Einheit der volkstümlichen (naiven) Betrachtungsweise aufgehoben. Strukturell tritt dies in der Leichtigkeit und Natürlichkeit zutage, mit welcher die unübersetzbaren Idiome von Sprache und Bräuchen der kaukasischen Völker in Formen russischen volkstümlichen Bewußtseins umcodiert werden: »He, Azamat, es kostet dich noch mal den Kopf, pflegte ich ihm zu sagen, deine Birne geht futsch!« – »Wie wird denn bei ihnen Hochzeit gefeiert?« – in dieser Frage des Autors an Maksim Maksimovič klingt die Erwartung von Exotischem durch, aber die Antwort übersetzt die ethnographische Ungewöhnlichkeit in einen Stil gewohnter Alltäglichkeit und betonter Russismen:

»Ganz *gewöhnlich*. Zuerst liest ihnen der Mullah etwas aus dem Koran vor, dann werden die jungen Leute beschenkt.« Dieses »gewöhnlich« und »die jungen Leute« geben den stilistischen Schlüssel für das ganze Bild ab, das die vollständige Umkehrbarkeit [Austauschbarkeit A. d. Ü.] der Begriffe zeichnet. Die zechenden Tscherkessen sind eine »saubere Gesellschaft«, der Akyn, ein Sänger, ist ein »armes Alterchen«, er »klimpert auf einer dreisaitigen ... hab' vergessen, wie's in denen ihrer Sprache heißt ... na, ungefähr so was wie unsre Balalajka«. Die tscherkessischen Tänze sind in Formen des russischen dörflichen Volkstanzes umcodiert: »Die Mädchen und die jungen Burschen stellen sich in zwei Reihen auf, eine gegenüber der anderen, klatschen in die Hände und singen«.[11] Maksim Maksimovičs volles Verständnis für die Welt der Bergbewohner (»Wenn er auch ein Räuber war, so war er doch mein Gastfreund.« Oder über Kazbič, als er Bellas Vater umgebracht hatte: »Natürlich, nach denen ihren Gewohnheiten [...] war er vollkommen im Recht«) und sein vollständiges Unverständnis für Pečorin sind sehr bezeichnend. Pečorins Begriffe werden im System des Maksim Maksimovič nicht umcodiert. Er ist für ihn jemand »mit recht sonderbaren Eigenheiten«.

»Nachdem ich so meine Pflicht erfüllt hatte, setzte ich mich zu ihm aufs Bett und sagte:
›Hör zu, Grigorij Aleksandrovič, gib zu, daß das nicht recht ist.‹

11 M. Ju. Lermontov, *Polnoe sobranie sočinenij v 6-ti tomach*, Bd. 6. M.-L. 1957, S. 210. Hervorhebung von mir. – Ju. L. [Vgl. die deutsche Übersetzung: Michail Lermontov, *Ein Held unserer Zeit*. Stuttgart 1969 (Reclams Universal-Bibliothek Nr. 968-70) S. 15 f.]

›Was ist nicht recht?‹
›Na, daß du Bella entführt hast . . . [. . .].
›Aber wenn sie mir doch gefällt? . . .‹
Nun sagen Sie mal, was soll man darauf antworten? Ich war wie vor
den Kopf geschlagen.«[12]

Sehr komplex ist die Wechselbeziehung zwischen Pečorin und
den ihn umgebenden Personen in der *Prinzessin Mary*. Mit
verschiedenen Seiten seines Charakters wird er auf verschiedene Personen projiziert. Lermontov läßt dem Charakter nach
entgegengesetzte Personen demonstrativ ein und dieselbe Phraseologie verwenden:

Pečorin: »Die Frauen der örtlichen Autoritäten . . . hatten sich bereits daran gewöhnt, daß man im Kaukasus unter einer Kokarde mit
der gewöhnlichen Regimentsnummer ein glühendes Herz und unter
der weißen Schirmmütze einen gebildeten Verstand finden kann.«[13]
Grušnickij: »Was geht es sie auch an, ob unter einer Schirmmütze
mit Regimentsnummer Verstand lebt und ein Herz unter dem dicken
Soldatenmantel.«[14]
Pečorin (den Redestil eines »russischen Fräuleins« parodierend): »So
nach zwei Jahren wird sie irgendein Scheusal heiraten, aus Gehorsam
gegen ihre Mama, und beginnt sich selbst glauben zu machen, daß sie
todunglücklich sei und daß sie nur einen Mann geliebt habe . . ., daß
jedoch der Himmel sie nicht mit ihm vereinen wollte, weil er einen
Soldatenmantel trug, obwohl unter diesem dicken grauen Mantel ein
Herz schlug, leidenschaftlich und edel.«[15]

Zwischen Pečorin und Grušnickij wird ein besonderes System
von Relationen hergestellt: gleiche Redensarten machen den
Unterschied der Charaktere sichtbar. Doch der Unterschied
vermag nicht aufzuheben, daß sie gleichwohl ein und dasselbe
reden und folglich in einer bestimmten Beziehung äquivalent
sind. Wir bekommen die Möglichkeit, Pečorin mit den Augen
Grušnickijs und Grušnickij mit den Augen Pečorins zu sehen.
Um Pečorin herum ist ein ganzes System von Helden, die sein
Wesen in die Sprache eines anderen Systems gleichsam übersetzen und eben dadurch dieses Wesen hervortreten lassen; wobei hier eine ganze Skala der Bewußtseinstypen gegeben wird,
von äußerst divergenten bis zu identischen. Die Formel: »An-

12 Ebda. S. 219 [Ebda. S. 27].
13 Ebda. S. 261 [Ebda. S. 92].
14 Ebda, S. 265 [Ebda. S. 97].
15 Ebda. S. 277 [Ebda. S. 113].

ders, aber identisch« kann ebenfalls als Sonderfall der Umcodierung betrachtet werden (mit nullwertiger Veränderung) – als Mittel, das System sich selbst transparent zu machen. Eine solche Funktion haben das Tagebuch Pečorins – das andere Sein seiner Persönlichkeit – und die Gestalt des Doktor Verner. Während dabei Pečorin und Grušnickij derart divergieren, daß der Autor sie ähnliche Reden äußern lassen kann, sind Pečorin und Verner derart identisch, daß jeglicher sprachlicher Verkehr zwischen ihnen nutzlos wird: Die sinnlosen Repliken, die sie austauschen, sind nur Zeichen der vollständigen Identität der unausgesprochenen Gedanken: »Wir kamen häufig zusammen und unterhielten uns zu zweit sehr ernsthaft über die abstraktesten Gegenstände, bis wir beide bemerkten, daß wir einander nur zum besten hielten. Dann blickten wir einander bedeutungsvoll in die Augen, wie es nach den Worten Ciceros die römischen Auguren taten, brachen in Gelächter aus, und nachdem wir genug gelacht hatten, schieden wir voneinander, zufrieden mit dem gemeinsamen Abend.« Oder: »[...] Verner trat ein in mein Zimmer. Er setzte sich in einen Sessel, stellte seinen Stock in die Ecke, gähnte und teilte mit, daß es draußen immer heißer werde. Ich entgegnete, daß mich die Fliegen störten – und wir verstummten beide.«[16] Wir erhalten eine Reihe von Urteilen über Pečorin: »Ein Prachtkerl war er«, »ein klein wenig sonderbar«, ein Mensch, mit dem man »unbedingt übereinstimmen mußte«, »bin ich ein Dummkopf oder ein Bösewicht?«, »man sieht, als Kind ist er von seiner Mama verwöhnt worden«, »ein sonderbarer Mensch«, »ein gefährlicher Mensch«, »es gibt Augenblicke, in denen ich einen Vampir verstehe! [...] Und gelte dennoch als Prachtkerl«, »die einen sagen: Er war ein Prachtkerl, die anderen – ein Schurke«, ein reisender Offizier »noch dazu mit Reiseorder in Dienstangelegenheiten«, »ein Held unserer Zeit«. Aber gleichzeitig erhalten wir auch Angaben über die Systeme, in deren Termini der Held so beschrieben wird, und über den Charakter der Beziehung dieser Systeme zum beschriebenen Objekt (Pečorin).

Wir sehen, daß eine Struktur, deren Bedeutung als Ergebnis wechselseitiger Umcodierung von vielen Kettensystemen gebildet wird, es am ehesten gestattet, die Grenzen jeder konkre-

16 Ebda. S. 270 [Ebda. S. 103 f.].

ten Systemhaftigkeit überhaupt zu überschreiten. Das entspricht der Natur der Bedeutungen in einigen Typen der realistischen Kunst.

Die Umcodierung steht in organischem Zusammenhang mit dem Problem der Äquivalenz. Diese Frage erlangt besondere Bedeutung im Zusammenhang damit, daß die Äquivalenz von Elementen auf verschiedenen Ebenen eines der grundlegenden Organisationsprinzipien der Poesie und, umfassender, der künstlerischen Struktur überhaupt ist. Man kann sie auf allen Ebenen verfolgen, von den untersten (Tropen, Rhythmik) bis zu den höchsten (kompositorische Organisation des Textes). Die Komplexität der Frage jedoch besteht in beträchtlichem Maße darin, daß schon der Begriff der Äquivalenz in den sekundären modellierenden Systemen vom künstlerischen Typus eine andere Natur hat als in den Strukturen des primären (linguistischen) Typus. In diesem Fall gelten als äquivalent (auf der semantischen Ebene) diejenigen Elemente, die im Verhältnis zum gemeinsamen Denotat, zum semantischen System insgesamt und zu jedem beliebigen seiner Elemente monosemantisch sind, sich in gleichartiger Umgebung gleichartig verhalten und sich infolgedessen miteinander vertauschen lassen. Dabei muß berücksichtigt werden, daß bedeutend häufiger als die vollständige semantische Äquivalenz, mit der im Grunde nur der Übersetzer zu tun hat, kaum aber jemand, der semantische Transformationen in den Grenzen einer Sprache durchführt, semantische Äquivalenz auf einer bestimmten Ebene begegnet. Betrachten wir die Wörter: »essen« – »fressen« und »schlafen« – »pennen«. Auf der Ebene der Kommunikation genommen, die hinsichtlich der stilistischen Färbung indifferent ist, sind die beiden ersten (ebenso wie die beiden zweiten) Wörter äquivalent. Für eine Nachricht aber, die beispielsweise eine Information über das Verhältnis des Sprechers zu den Handlungen des Objektes einschließt, sind sie nicht äquivalent. Und endlich können wir uns eine Nachricht mit dominierender stilistischer Belastung vorstellen, in der erstes und drittes sowie zweites und viertes Wort paarweise äquivalent sind.

Die Äquivalenz semantischer Einheiten des künstlerischen Textes wird auf anderem Wege realisiert: Zu Grunde liegt eine Zusammenstellung lexikalischer (und anderer semantischer) Einheiten, die auf der Ebene der primären (linguistischen)

Struktur bewußt nichtäquivalent sein können. Mehr noch, häufig bemüht sich der Schriftsteller, dem künstlerischen Parallelismus äußerst divergente und ganz offenbar auf Denotate verschiedenen Typus sich beziehende Bedeutungen zugrundezulegen. Danach wird die sekundäre (künstlerische) Struktur aufgebaut, in der diese Einheiten sich in der Position gegenseitiger Parallelität befinden, und dies wird zum Signal dafür, daß man sie in *diesem* System als äquivalent zu betrachten hat. Es vollzieht sich etwas, das dem Phänomen der semantischen Äquivalenz in der Sprache direkt entgegengesetzt ist, aber nur auf der Grundlage der beständigen Erfahrung sprachlicher Kommunikation möglich ist.

Die Äquivalenz semantischer Elemente einer künstlerischen Struktur impliziert weder eine gleichartige Beziehung zum Denotat noch Identität der Beziehungen zu den übrigen Elementen des semantischen Systems der natürlichen Sprache, noch eine gleichartige Beziehung zur gemeinsamen Umgebung. Im Gegenteil, alle diese Beziehungen können auf der sprachlichen Ebene verschieden sein. Insofern jedoch die künstlerische Struktur zwischen diesen *verschiedenen* Elementen den Zustand der Äquivalenz *herstellt,* beginnt der Rezipient die Existenz eines anderen, vom allgemein sprachlichen unterschiedenen semantischen System anzunehmen, in dessen Zusammenhang diese Elemente sich in gleichartiger Beziehung zur semantischen Umgebung befinden. So wird die besondere semantische Struktur des jeweiligen künstlerischen Textes geschaffen. Doch damit hat es noch nicht sein Bewenden: Die Äquivalenz nichtäquivalenter Elemente läßt annehmen, daß Zeichen, die auf der sprachlichen Ebene verschiedene Denotate haben, auf der Ebene des sekundären Systems über ein gemeinsames Denotat verfügen. So erhielten »Käse« und »Schild«, die auf der sprachlichen Ebene verschiedene Denotate haben, im poetischen Text Lermontovs ein gemeinsames – »Mond«. Dabei ist klar, daß »Mond« als allgemeinsprachliches Denotat nicht durch die Zeichen »Käse« und »Schild«, geschweige denn durch beide gleichzeitig, bezeichnet werden kann. Der Mond kann nur als Element des besonderen von Lermontov geschaffenen Weltbildes so bezeichnet werden. Folglich muß man sich von der traditionellen Vorstellung lossagen, wonach die Welt der Denotate des sekundären Systems mit der Welt der Denotate des primären Systems identisch ist. Das sekundäre modellierende System des künstlerischen Typus konstruiert *sein eigenes* System von Denotaten, das keine Kopie, sondern ein Modell der Welt der Denotate in allgemeinsprachlicher Bedeutung darstellt.

Bei der Klassifikation der verschiedenen Bedeutungstypen sind zwei Fälle der Äquivalenz bei Kettenreihen innerhalb von Zeichensystemen zu unterscheiden: Umcodierung im Bereich der Semantik und Umcodierung im Bereich der Pragmatik. »Warägischer Schild oder holländischer Käse« ist als semantische Umcodierung anzusehen, da hier semantisch verschiedene Elemente äquivalent werden.[17] Pragmatische Umcodierung entsteht dann, wenn die Möglichkeit stilistisch verschiedenen Erzählens von ein und demselben Objekt realisiert wird. Nicht das Modell des Objektes verändert sich, sondern die Beziehung zu ihm, d. h. es wird ein neues Subjekt modelliert.

Geben wir ein Beispiel einer pragmatischen Umcodierung:

Nasméškoj gór'koju obmánutogo sýna
Nad promotávšimsja otcóm.

[Mit dem bitteren Hohn des betrogenen Sohnes
Über den Vater, der sich durch Verschwendung zugrundegerichtet
hat.]
(M. Ju. Lermontov: *Duma* [*Sinngedicht*])

Mý – prodúkty átomnych raspádov.
Za otcóv prodúvšichsja – raspláta.

[Wir sind Produkte von Atomzerfällen.
Für die Väter, die ihr Geld auf den Kopf gehauen haben –
die Abrechnung.]
(A. Voznesenskij: *Otstuplenie v ritme rok-n-rolla*
[*Exkurs im Rock'n-Roll-Rhythmus*])

17 Wenn man dieses Beispiel allerdings als Erscheinungsform eines bestimmten Stils nimmt, der nicht zwei verschiedene Abbilder der Wirklichkeit als Mittel zum Eindringen in die »eigentliche«, zeichenexterne Realität modelliert, sondern zwei mögliche Beziehungen des Autors zu ein und derselben realen Welt, dann wird es möglich, die Umcodierung als eine pragmatische anzusehen.

Der »Vater, der sich durch Verschwendung zugrundegerichtet hat« und die »Väter, die ihr Geld auf den Kopf gehauen haben« fallen – das Objekt als Begriff ebenso wie das Objekt als Denotat – demonstrativ zusammen. Es verändert sich die Pragmatik. Wird dabei im Gedicht Voznesenskijs die künstlerische Bedeutung vom semantischen Typus durch eine Reihe vielfältiger lautlicher Oppositionen innerhalb des Textes gebildet (»rasplata« – »raspadov«, »produkty« – »produvšichsja« u. a.), so wird die pragmatische Bedeutung in bestimmtem Maße durch die textexterne Zusammenstellung mit den Versen Lermontovs deutlich.[18]

In diesem Sinne kann als frühestes Beispiel im Bereich der russischen Literatur für die Bildung neuer Bedeutungen auf der pragmatischen Ebene die Überlegung des Autors des *Igorliedes* dienen, wie die Schilderung aufzubauen sei: »nach den Bylinen dieser Zeit« oder »nach dem Plan des Bojan«. Bezeichnend sind die Muster, wie Bojan den Zug des Igor Svjatoslavič besänge, und der dem gegenübergestellte eigene Stil.

Es muß jedoch betont werden, daß die Einteilung der Umcodierungen in semantische und pragmatische im künstlerischen Text zumeist nur im Rahmen forschungsbedingter Abstraktion möglich ist. In Wirklichkeit haben wir in der Regel komplexe Zuordnungen beider Systeme vor uns. Mehr noch: Ein und dieselben Annäherungen können in den einen strukturellen Zusammenhängen als semantische und in den anderen als pragmatische auftreten.

Das Gesagte erhärtet, daß wir, betrachten wir den Inhalt des künstlerischen Textes nur auf der Ebene der sprachlichen Kommunikation, an dem komplexen System von Bedeutungen vorbeigehen, die von der eigentlich künstlerischen Struktur geschaffen werden.

18 Es ist anzumerken, daß die Äquivalenz der in Korrelation zueinander gebrachten Verse Lermontovs und Voznesenskijs nicht nur durch ihre gemeinsame Bedeutung auf der Ebene der Semantik, sondern auch durch die funktional ähnliche Position im System zweier unterschiedlicher Stile erreicht wird. Die »Väter« bei Voznesenskij sind als Begriff den »Vätern« Lermontovs nicht bedeutungsgleich, doch haben wir es in beiden Fällen mit der Bezeichnung von etwas Hohem, blutsmäßig Nahem und traditionell Geachtetem zu tun. »Der sich durch Verschwendung zugrundegerichtet hat« und »die ihr Geld auf den Kopf gehauen haben« sind funktional gleichbedeutend, da sie die Idee des Bankrotts in der innerhalb des *jeweiligen* stilistischen Systems maximal beleidigenden Form zum Ausdruck bringen.

Man kann die Vermutung äußern, daß die Klassifikation der Bedeutungen sekundärer modellierender Systeme des künstlerischen Typus nach dem Verfahren der Herstellung von Äquivalenz zwischen gedanklichen Elementen sich beim Aufbau einer strukturalen Theorie der Tropen und, umfassender, der künstlerischen Bedeutungen überhaupt als nützlich erweisen kann, die Einteilung in einen semantischen und pragmatischen Umcodierungstypus dagegen bei der Darlegung der Probleme der Stilistik vom Standpunkt semiotischer Vorstellungen.

Bedeutungen, die als Ergebnis äußerer Umcodierungen gebildet werden, kann man als paradigmatische definieren, die als Ergebnis innerer gebildeten als syntagmatische. Wir werden im folgenden noch auf diese äußerst wichtigen Prinzipien der Bildung künstlerischer Bedeutungen rekurrieren. Im Augenblick sei lediglich eine Seite ihrer Korrelativität erwähnt. Systeme, die *nur* auf der Grundlage syntagmatischer oder *nur* auf der Grundlage paradigmatischer Bedeutungen aufgebaut sind, sind in realen künstlerischen Texten, wie wir sehen, unmöglich. Am häufigsten begegnet uns das *Dominieren* des einen Bedeutungstypus über den anderen. Dabei kann auf eine Gesetzmäßigkeit hingewiesen werden: Je strenger das eine der Systeme organisiert ist, desto freier ist im Rahmen der gegebenen Struktur der Aufbau des anderen. So baut Musik, sofern sie nicht zur Programmusik (und Vokalmusik) gehört, sich auf der Basis einer sehr strengen Syntagmatik auf – Hauptelement der Bedeutung ist die Relation der Textsegmente zu ihrem Kontext. Dafür stellt die Semantik eines jeden Elementes – seine Relation zu beliebigen extramusikalischen Ordnungen – jene freie strukturelle Reserve dar, die von jedem Hörer im Prozeß seiner Rezeption geordnet wird. Je strenger die Relation für die Anordnung der Textsegmente vorgegeben ist, desto freier ist die semantische Beziehbarkeit der Elemente des musikalischen Textes auf außermusikalische Vorstellungen.

In der entgegengesetzten Struktur – dem psychologischen Roman des 19. Jahrhunderts – werden die grundlegenden Bedeutungen durch Ausnutzung der äußeren Umcodierungen gebildet (paradigmatisches System). Eine Sequenz von Episoden und beliebigen anderen Textsegmenten bildet zwar besondere Bedeutungen, doch brauchen wir nur zur Nacherzählung zu greifen, um uns sofort zu überzeugen, daß es uns erheblich leichter fällt, die Syntagmatik der Textsegmente zu ändern als ihre Paradigmatik. Es fällt uns erheblich leichter, die Reihenfolge der Kapitel in *Krieg und Frieden* durcheinanderzubringen als das Verhältnis des Charakters von Pierre zum Charakter Andrej Bolkonskijs.

Bezeichnenderweise braucht man sich nur den Gattungen mit strengerer syntagmatischer Struktur zuzuwenden – beispielsweise dem Abenteuer- oder Kriminalroman, – und schon läßt die Strenge der paradigmatischen Organisation merklich nach.

Greift man nun zu solch einem Text wie einem lyrischen Gedicht und betrachtet ihn als ein Struktursegment (unter der Bedingung, daß das Gedicht nicht Bestandteil eines Zyklus ist), dann nehmen die syntagmatischen Bedeutungen – z. B. die Bezogenheit des Textes auf andere Werke desselben Autors oder auf seine Biographie – eben den Charakter einer strukturellen Reserve an, wie ihn in der Musik die Semantik hatte.

3. Der Begriff Text

3.1. Text und textexterne Strukturen

Die Definition des Begriffes »Text« ist schwierig. Vor allem muß man sich gegen die Identifizierung des »Textes« mit der Vorstellung von der Ganzheitlichkeit des Kunstwerks wenden. Die sehr verbreitete Gegenüberstellung von Text als einer bestimmten Realität einerseits und Konzeptionen, Ideen und Ausdeutung jeder Art andererseits, in denen man etwas allzu Unklares und Subjektives sieht, ist bei aller ihrer äußeren Einfachheit wenig überzeugend.

Das Kunstwerk, das ein bestimmtes Modell der Welt, eine bestimmte Nachricht in der Sprache der Kunst ist, existiert außerhalb dieser Sprache einfach nicht und ebensowenig außerhalb aller anderen Sprachen der gesellschaftlichen Kommunikationen. Für den Leser, der sich bemüht, es mit Hilfe willkürlicher, subjektiv ausgewählter Codes zu dechiffrieren, wird die Bedeutung erheblich verfälscht, aber für denjenigen, der sich mit dem aus aller Ganzheitlichkeit textexterner Beziehungen gerissenen Text befassen wollte, könnte das Kunstwerk überhaupt nicht Träger irgendeiner Bedeutung sein. Die Totalität der im Laufe der Geschichte herausgebildeten Codes, die einen Text bedeutungshaltig macht, bezieht sich auf die Sphäre textexterner Zusammenhänge. Der Begriff »russische Sprache« ist nicht weniger real als »Text in russischer Sprache«, obwohl dies eine Realität eines anderen Typus ist, und die Methoden, sie zu erforschen, werden ebenfalls von anderer Art sein.

Die textexternen Beziehungen eines Werkes können beschrieben werden als das Verhältnis der Menge der im Text fixierten Elemente zu der Menge von Elementen, aus der die Auswahl eines bestimmten verwendeten Elements vorgenommen wurde. Es liegt auf der Hand, daß die Verwendung eines bestimmten Rhythmus in einem System, das andere Möglichkeiten nicht zuläßt, oder in einem System, das die Auswahl aus einer einzigen Alternative erlaubt, oder in einem, das fünf gleichwahrscheinliche Verfahren des Aufbaus des Verses bietet, von denen der Dichter eines benutzt, uns völlig verschiedene künstlerische

Konstruktionen geben, obwohl die materiell fixierte Seite des Kunstwerks – sein Text – unverändert bleibt.

Es ist zu unterstreichen, daß die textexterne Struktur ebenso hierarchisch ist wie die Sprache des Kunstwerks insgesamt. Dabei wird dieses oder jenes Element des Textes, indem es sich in die verschiedenen Ebenen der Hierarchie einfügt, in verschiedenartige textexterne Beziehungen eintreten (d. h. es wird eine verschiedene Größe der Entropie erhalten). So wird beispielsweise, wenn wir irgendeinen Text als Produkt der russischen Poesie definieren, die Möglichkeit, in ihm irgendeines der Versmaße zu benutzen, die gleichermaßen für den russischen Vers charakteristisch sind, gleichwahrscheinlich sein. Wenn wir die chronologischen Grenzen der textexternen Konstruktion, in die wir den gegebenen Text einfügen werden, begrenzen auf die Kategorie »Werk eines russischen Dichters des 19. Jahrhunderts« oder wenn wir das gleiche mit einer Gattung (»Ballade«) machen, werden sich die Wahrscheinlichkeiten ändern. Aber der Text gehört gleichermaßen allen diesen Strukturen an, und das muß man berücksichtigen, wenn man die Größe seiner Entropie bestimmt.

Der Umstand, daß die Zugehörigkeit eines Textes zu verschiedenen Gattungen, Stilen, einer Epoche, einem Autor und dergleichen mehr die Größe der Entropie seiner einzelnen Elemente verändert, veranlaßt nicht nur dazu, die textexternen Beziehungen als etwas völlig Reales zu betrachten, sondern zeigt auch einige Wege zur Messung dieser Realität.

Es ist zu differenzieren zwischen textexternen Zusammenhängen auf der Ebene der künstlerischen Sprache und solchen auf der Ebene der künstlerischen Nachricht. Beispiele für die ersteren haben wir oben angeführt. Die anderen treten in den Fällen auf, wenn die Nichtverwendung dieses oder jenes Elements, ein bedeutungshaltiges Fehlen, ein »Minus-priëm«, zu einem organischen Bestandteil des graphisch fixierten Textes wird. Von dieser Art sind beispielsweise die Aussparungen von Strophen, die durch Nummern im endgültigen Text des *Evgenij Onegin* markiert werden, ist der von Puškin vorgenommene Ersatz des fertigen Schlusses des Gedichts *Napoleon* durch das Versfragment *Die Welt ist verödet . . .*, ebenso wie alle Fälle der Einfügung unvollendeter Konstruktionen in den endgültigen Text, oder die Verwendung von Reimlosigkeit auf dem Hintergrund der Reimerwartung des Lesers usw. Die Korrelativität eines nicht verwendeten Elements – eines »Minus-priëm« – zur Struktur der Lesererwartung und deren Beziehung zur Größe der Wahrscheinlichkeit der Verwendung eines textlich fixierten Elements an der jeweiligen Stelle der Konstruktion, macht auch die Information, die von einem »Minus-priëm« getragen wird, zu einer durchaus realen und meßbaren Größe. Diese Frage ist Teil eines allgemeineren Problems, nämlich der konstruktiven Funktion der bedeutungshaltigen Nullstelle (das »zéro-problème«)[1], der semantischen Bedeutung der Pause und der Messung derjenigen Information, die das künstlerische Schweigen trägt.

Unerläßliche Voraussetzung dafür ist, wie wir sahen, daß sich an der Stelle, die in einem Text der einen oder anderen Ebene von einem »Minus-priëm« besetzt ist, in der ihm entsprechenden Codestruktur ein bedeutungshaltiges Element oder eine Anzahl innerhalb der jeweiligen Konstruktion synonymer bedeutungshaltiger Elemente befand. Auf diese Weise fügt sich der künstlerische Text notwendig in die komplexere textexterne Konstruktion, indem er mit ihr eine binäre Opposition bildet.

Diese Frage wird noch komplexer durch einen weiteren Umstand: die textexternen Strukturen verändern die Größe der Wahrscheinlichkeit der einen oder anderen ihrer Elemente in Abhängigkeit davon, ob sie sich auf die »Sprecherstrukturen« – auf die des Autors oder auf die »Hörerstrukturen« – auf die des Lesers beziehen, mit allen aus der Komplexität dieses Problemes in der Kunst resultierenden Folgen.

3.2. Der Begriff Text

Es ist wohl angemessen, dem Begriff Text folgende Definitionen zugrundezulegen.

1. *Ausdrücklichkeit.* Der Text ist in bestimmten Zeichen fixiert und steht in diesem Sinne den textexternen Strukturen gegenüber. Für die künstlerische Literatur ist dies in erster Linie die

---

1 Vgl.: M. Frei, *Cahiers Ferdinand des Saussure*, XI, S. 35; R. Barthes, *Le degré zéro de l'écriture*. Paris S. 151 f.; Z. Lissa, *Estetyczne funkcje ciszy i pauzy w muzyce*. In: *Estetyka*, 2. Jg., 1961.

Ausdrücklichkeit des Textes durch die Zeichen der natürlichen Sprache. Ausdrücklichkeit nötigt im Gegensatz zur Nicht-Ausdrücklichkeit dazu, den Text als Realisierung eines Systems, als dessen materielle Verkörperung zu begreifen. In der de-Saussureschen Antinomie von »Sprache« und »Rede« wird der Text stets zum Bereich der »Rede« gehören. In diesem Zusammenhang wird der Text neben systemhaften Elementen stets auch systemexterne aufweisen. Zwar führt die Verbindung der Prinzipien der Hierarchizität der Strukturen und ihre Eigenart, multiple Überschneidungen zu bilden, dazu, daß vom Standpunkt einer der besonderen Substrukturen Systemexternes vom Standpunkt einer anderen als systemhaft erscheinen kann, die Umcodierung des Textes aber in die Sprache der ästhetischen Wahrnehmung des Auditoriums kann prinzipiell jedes beliebige Element in die Klasse der systemhaften überführen. Und dennoch begleitet das Vorhandensein systemexterner Elemente – eine unvermeidliche Folge der Materialisierung, ebenso wie die Wahrnehmung, daß ein und dieselben Elemente auf der einen Ebene systemhaft und auf der anderen systemextern sein können, – den Text obligatorisch.

2. *Abgegrenztheit.* Für den Text ist die Abgegrenztheit charakteristisch. In dieser Hinsicht steht der Text einerseits allen materiell konkretisierten Zeichen gegenüber, die nicht zu seinem Bestand gehören, und zwar nach dem Prinzip der Zugehörigkeit – Nichtzugehörigkeit. Andererseits steht er allen Strukturen gegenüber, die kein besonderes Merkmal für die Grenze haben – z. B. sowohl der Struktur der natürlichen Sprachen als auch der Unbegrenztheit (»Offenheit«) ihrer Rede-Texte. Es gibt jedoch im System der natürlichen Sprachen auch Konstruktionen mit einer deutlich ausgedrückten Kategorie der Abgegrenztheit – dies sind das Wort und insbesondere der Satz. Nicht zufällig sind sie besonders wichtig für die Organisation des künstlerischen Textes. Von der Isomorphie zwischen dem künstlerischen Text und dem Wort hat seinerzeit Aleksandr A. Potebnja gesprochen.* Wie A. M. Pjatigorskij

---

* A. A. Potebnja, *Iz zapisok po teorii slovesnosti.* Char'kov 1905, z. B. S. 30, S. 583 f. Der bedeutende ukrainische Philologe veröffentlichte u. a. Arbeiten zur Wechselbeziehung von Denken und Sprache, zur Grammatik des Russischen (insbesondere zur Syntax), zur Folklore. Seine Beiträge zur Literaturtheorie, von Veselovskij fortgeführt, waren in dialektischem Sinn

gezeigt hat, verfügt der Text über eine einheitliche Textbedeutung und kann in dieser Hinsicht als ein unzergliederbares Signal aufgefaßt werden. »Roman sein«, »Dokument sein«, »Gebet sein« – bedeutet eine bestimmte kulturelle Funktion realisieren und eine Gesamtbedeutung übermitteln. Jeder dieser Texte wird vom Leser anhand einer Gruppe von Merkmalen bestimmt. Deshalb ist die Übertragung eines Merkmals auf einen *anderen* Text ein wesentliches Mittel, neue Bedeutungen zu bilden.

Der Begriff der Grenze manifestiert sich auf verschiedene Weise in Texten unterschiedlichen Typus: dies sind Anfang und Ende von Texten mit einer Struktur, die in der Zeit entfaltet wird (über die spezifische modellierende Rolle von »Anfang« und »Ende« in Texten dieses Typus siehe unten), der Rahmen in der Malerei, die Rampe im Theater. Die Abgegrenztheit des konstruktiven (künstlerischen) Raumes gegenüber dem nicht-konstruktiven wird zu einem grundlegenden Mittel der Sprache der Skulptur und Architektur.

Die Hierarchizität des Textes, daß also sein System in eine komplexe Konstruktion von Subsystemen zerfällt, führt dazu, daß eine Reihe von Elementen, die der inneren Struktur angehören, in den Subsystemen verschiedenen Typus im Grenzbereich auftreten (Grenzen von Kapiteln, Strophen, Versen und Halbversen). Da die Grenze dem Leser zeigt, daß er es mit einem Text zu tun hat, und in seinem Bewußtsein das ganze System entsprechender künstlerischer Codes hervorruft, befindet sie sich strukturell in einer starken Position. Da manche Elemente als Signale einer einzigen beliebigen Grenze erscheinen und andere als Signale von mehreren, die in einer gemeinsamen Position im Text zusammenfallen (das Ende eines Kapitels ist auch das Ende des Buches), und da die Hierarchie der Ebenen es gestattet, von der dominierenden Position einiger Grenzen zu sprechen (die Kapitelgrenzen dominieren hierarchisch über die Strophengrenzen, die Grenze des Romans über die Kapitelgrenzen), eröffnet sich die Möglichkeit einer strukturellen Kommensurabilität der Funktion einiger Grenzsignale. Parallel dazu schaffen der Grad der Sättigung des Textes

von Gewicht für die Entwicklung der Theorien der Formalen Schule. [A. d. Ü.]

mit inneren Grenzen (Vorhandensein von »Enjambement«, die Strophik oder Astrophik des Aufbaus, Einteilung in Kapitel u. a. m,) sowie die Merkmalhaltigkeit äußerer Grenzen (der Grad der Markierung kann absinken bis zur Imitation eines mechanischen Abbrechens – Sterns *Sentimental Journey*) auch die Grundlage zur Klassifizierung in Typen des Textaufbaus.
3. *Strukturalität*. Der Text stellt nicht eine einfache Aufeinanderfolge von Zeichen zwischen zwei äußeren Grenzen dar. Für einen Text ist charakteristisch die innere Organisation, die ihn auf der syntagmatischen Ebene in ein Strukturganzes verwandelt. Deshalb muß man sich, um ein gewisses Kollektiv von Phrasen der natürlichen Sprache als künstlerischen Text zu erkennen, davon überzeugen, daß sie auf der Ebene der künstlerischen Organisation eine bestimmte Struktur eines sekundären Typus bilden.
Es ist jedoch hervorzuheben, daß Strukturalität und Abgegrenztheit des Textes in Zusammenhang stehen.[2]

3.3. Die Hierarchizität des Textbegriffes

Es ist hervorzuheben, daß, wenn wir von der materiellen Ausdrücklichkeit des Textes sprechen, wir dabei an eine im höchsten Maße spezifische Eigenschaft der Zeichensysteme denken. Als materielle Substanz treten in ihnen nicht »Dinge«, sondern Relationen von Dingen hervor. In entsprechender Weise zeigt sich dies auch bei dem Problem eines künstlerischen Textes, der als eine Organisationsform konstruiert wird, d. h. als ein bestimmtes System von Relationen der ihn konstituierenden materiellen Einheiten. Damit hängt zusammen, daß sich zwischen unterschiedlichen Textebenen komplementäre strukturelle Verbindungen herausbilden können – Beziehungen zwischen Systemtypen. Der Text gliedert sich in Untertexte (die phonologische Ebene, die grammatische Ebene usw.), von denen jeder als selbständig organisiert betrachtet werden kann.

2 Detaillierter behandeln den Begriff »Text«: A. M. Pjatigorskij, *Nekotorye obščie zamečanija otnositel'no rassmotrenija teksta kak raznovidnosti signala.* In dem Sb.: *Strukturno-tipologičeskie issledovanija*, M. 1962, [S. 144 ff.]; Ju. M. Lotman, A. M. Pjatigorskij, *Tekst i funkcija.* In dem Sb.: *3-ja letnjaja škola po vtoričnym modelirujuščim sistemam. Tezisy. Doklady*, Tartu 1968.

Die strukturellen Relationen zwischen den Ebenen werden dann zu einem bestimmten Charakteristikum des Textes in seiner Gesamtheit. Gerade diese konstanten Beziehungen innerhalb der Ebenen und zwischen ihnen verleihen dem Text den Charakter einer Invarianten. Das Funktionieren des Textes im sozialen Milieu ruft eine Tendenz zur Aufteilung des Textes in Varianten hervor. Für dieses Phänomen liegen im Bereich der Folklore und der mittelalterlichen Literatur gute Untersuchungen vor. Gewöhnlich nimmt man an, daß die Drucktechnik, die ihre graphische Sprache der neuen Kultur aufgezwungen hat, zum Verschwinden der Varianten des literarischen Textes führte. Das trifft nicht ganz zu. Man braucht nur die Deklamation ein und desselben Gedichts durch verschiedene Sprecher auf Band aufzunehmen, um sich davon zu überzeugen, daß der gedruckte Text nur einen gewissen invarianten Typus des Textes bietet (z. B. auf der Ebene der Intonation), die Bandaufnahme hingegen seine Varianten. Wenn man die zeitgenössische Literatur nicht aus der Position des Schriftstellers, wie wir es gewohnt sind, sondern von der Position des Lesers her studiert, wird die Bewahrung der Variativität zu einem offensichtlichen Faktum. Schließlich ist das Problem des Textes und seiner Varianten in seinem ganzen Ausmaß ein Gegenstand für die Textologen.

Daß der Text ein invariantes System von Relationen ist, zeigt sich mit aller Deutlichkeit bei der Rekonstruktion fehlerhafter oder verlorengegangener Texte. Dabei erhebt sich dieses Problem, obwohl sich die Folkloristen[3] mit Erfolg damit befassen und obwohl diese Aufgabe, wie man meinen kann, für die Mediaevistik traditionell[4] ist, dennoch in dem einen oder an-

3 Ich verweise auf den äußerst lehrreichen Versuch der Rekonstruktion urslavischer Texte; s. V. V. Ivanov, V. N. Toporov, *K rekonstrukcii praslavjanskogo teksta*. In: *Slavjanskoe jazykoznanie*, V Meždunarodnyj s-ezd slavistov, M. 1963, S. 88-158.

4 Die exzellenten Rekonstruktionen eines handschriftlichen Textes durch A. A. Šachmatov harren noch einer sorgfältigen Analyse im Lichte der Methoden der heutigen Wissenschaft (eine Analyse der Methodik der Rekonstruktion s. D. S. Lichačev, *Russkie letopisi*, M.-L. 1947. [Diese Frage berührt auch der deutsch erschienene Aufsatz *Grundprinzipien textologischer Untersuchungen der altrussischen Literaturdenkmäler*. In dem Sb.: *Texte und Varianten. Probleme ihrer Edition und Interpretation*, edd. G. Martens und Hans Zeller, München 1971, S. 301-315.] Eine Kritik der Voraussetzungen der Rekonstruktionsmethode von Šachmatov haben I. P.

deren Maße regelmäßig vor den Erforschern der neueren Literatur. So könnte man auf die besonders in der Puškinforschung zahlreichen Versuche verweisen, Grundgedanken und Denkentwürfe des Dichters zu rekonstruieren, auf interessante Versuche, verlorengegangene Texte wiederherzustellen. Wenn der Text nicht eine gewisse in sich selbst konstante Struktur darstellte, wären derartige Aufgabenstellungen ungerechtfertigt.

Es ist jedoch klar, daß, wenn man auf diese Weise an die Frage herangeht, man eine ausgewählte Textgruppe (z. B. die russische Komödie des 18. Jahrhunderts) als einen einzigen Text auffassen kann, nachdem man das System seiner invarianten Regeln beschrieben hat und dabei alle Unterschiede auf Varianten zurückführt, die im Prozeß seines sozialen Funktionierens hervorgerufen werden. Eine derartige Abstraktion kann auf einer sehr hohen Ebene konstruiert werden. Es ist durchaus eine denkbare Aufgabe, den Begriff »die künstlerische Literatur des 20. Jahrhunderts« als einen bestimmten, beschreibbaren Text mit einer komplexen Relation varianter und invarianter, systemexterner und systemhafter Zusammenhänge zu betrachten.

Aus dem eben Gesagten folgt: wenn man eine Gruppe von Texten wählt, die in irgendeiner Beziehung isomorph sind, und sie als einen Text beschreibt, wird eine solche Deskription im Verhältnis zu den beschriebenen Texten nur systemhafte Elemente enthalten, und die Texte selbst werden im Verhältnis zu ihr als komplexe Kombination organisierter (systemhafter, relevanter) und nichtorganisierter (systemexterner, irrelevanter) Elemente erscheinen. Folglich wird ein Text der höheren Ebene in Relation zu den Texten der niederen Ebene als Sprache ihrer Beschreibung auftreten. Und die Sprache der Beschreibung künstlerischer Texte ihrerseits wird in einer bestimmten Hinsicht diesen Texten isomorph sein. Außerdem folgt daraus, daß die Beschreibung der höchsten Ebene (z. B. »der künstlerische Text«), die nur systemhafte Beziehungen enthalten wird, zwar die Sprache der Beschreibung anderer

Eremin (*Povest' vremennych let*. L. 1947) und N. S. Trubeckoj (in einer frühen, verlorengegangenen, speziell dieser Problematik gewidmeten Arbeit) vorgelegt. Wie auch immer die Methode Šachmatovs später bewertet wurde, sie wird ein leuchtendes Beispiel eines frühen Versuchs der Anwendung spontan-strukturaler Methoden auf die Rekonstruktion von Texten bleiben.

Texte darstellt, selbst aber kein Text sein wird (gemäß der Regel, daß ein Text, der ein materialisiertes System darstellt, systemexterne Elemente enthält).

Auf der Grundlage dieser Thesen kann man eine brauchbare Regel ableiten. Erstens: Die Sprache der Textbeschreibung stellt sich als eine Hierarchie dar. Eine Vermengung der Deskriptionen verschiedener Ebenen ist unzulässig. Es ist unbedingt im voraus genau festzulegen, auf welcher bzw. (welchen) Ebenen die Beschreibung durchgeführt wird. Zweitens: Innerhalb der Grenzen der angegebenen Ebene muß die Deskription struktural und vollständig sein. Drittens: Die Metasprachen der verschiedenen Deskriptionsebenen können unterschiedlich sein.

Es ist jedoch hervorzuheben, daß die Realität der wissenschaftlichen Beschreibung nicht vollständig mit der Realität der Leserrezeption übereinstimmt: für den beschreibenden Forscher ist die Hierarchie von Texten real, als wären sie gleichsam ineinandergelegt. Für den Leser ist einzig und allein ein Text real – der vom Autor verfaßte. Die Gattung kann zwar als ein einheitlicher Text aufgefaßt werden, aber es ist unmöglich, sie zum Objekt der künstlerischen Rezeption zu machen. Wenn er den vom Autor verfaßten Text als einzigen rezipiert, wertet der Empfänger der Information alles diesem Text Übergeordnete als eine Hierarchie von Codes, die die verborgene Semantik eines einzigen, ihm real gegebenen Kunstwerks enthüllen.

In Verbindung damit wird es klar, daß ohne eine ergänzende Klassifikation unter dem Aspekt »Adressant – Adressat« eine Bestimmung des künstlerischen Textes nicht vollständig sein kann. So können die verschiedenen darstellerischen Auffassungen einer Rolle, eines Musikstückes, ein und desselben Sujets in der Malerei (z. B. »die Madonna und der Jüngling«) u. dgl. von der einen Position aufgefaßt werden als Wiederholungen eines einzigen Textes (der Unterschied wird nicht fixiert – vgl. die Bemerkung eines unvorbereiteten Auditoriums, daß in der Eremitage »alles ein und dasselbe sei«, daß »alle Ikonen identisch« seien, daß man die Dichter des 18. Jahrhunderts unmöglich voneinander unterscheiden könne usf.), als die Varianten eines einzigen invarianten Textes oder aber – von der anderen – als verschiedenartige oder sogar als einander entgegengesetzte Texte.

3.4. Das verbale bildende Zeichen (Bild)

Die Eigenschaft künstlerischer Texte, sich in Codes – in modellierende Systeme – zu verwandeln, führt dazu, daß einige Merkmale, die gerade für den Text als solchen spezifisch sind, im Prozeß der künstlerischen Kommunikation in die Sphäre des Codiersystems übertragen werden. So wird z. B. die Abgegrenztheit nicht nur zu einem Merkmal des Textes, sondern auch zu einem wesentlichen Charakteristikum der künstlerischen Sprache.

Wir werden hier auf die Bedeutung der Abgegrenztheit als eines Konstruktionsprinzips der Komposition nicht näher eingehen, sondern darauf, welche Konsequenzen sie für die Sprache der Kunst hat.

Die Wortkunst beginnt mit den Versuchen, die grundlegende Eigenschaft des Wortes als eines sprachlichen Zeichens – die Nichtbedingtheit der Verbindung der Ebenen des Ausdrucks und des Inhalts – zu überwinden und ein verbales künstlerisches Modell, wie in den bildenden Künsten, nach dem ikonischen Prinzip zu konstruieren. Dies ist nicht zufällig und organisch mit dem Schicksal der Zeichen in der Geschichte der menschlichen Kultur verknüpft.

Die Zeichen der natürlichen Sprache können auf Grund ihrer Konventionalität in der Beziehung zwischen Bezeichnendem und Bezeichnetem, verständlich nur bei Zuordnung zu einem bestimmten Code, leicht unverständlich werden, und dort, wo das codierende semantische System sich als in das soziale Leben eingeflochten erweist, sogar trügerisch. Das Zeichen als Quelle der Information kann ebenso leicht zum Mittel sozialer Desinformation werden. Die Tendenz zum Kampf gegen das Wort, zum Bewußtsein dessen, daß die Möglichkeit des Betrugs im Wesen des Wortes selbst wurzelt, ist ebenso ein konstanter Faktor der menschlichen Kultur wie die Verneigung vor der Macht des Wortes. Nicht zufällig läßt sich die höchste Form des Verstehens für viele Kulturtypen in die Formel kleiden: »ohne Worte verständlich« und verbindet sich mit extraverbalen Kommunikationsmitteln – mit der Musik, der Liebe, der emotionalen Sprache der Paralinguistik.

Die bildenden Zeichen verfügen über den Vorzug, daß sie äußere, anschauliche Ähnlichkeit zwischen Bezeichnetem und

Bezeichnendem, zwischen der Struktur des Zeichens und seinem Inhalt implizierend, zum Verständnis keines komplexen Codes bedürfen (den naiven Adressaten einer solchen Nachricht deucht dann, er benutze überhaupt keinen Code). Führen wir das Beispiel des kombinierten Verkehrszeichens an, das aus zwei Elementen besteht: aus einem Verbotsbalken und einem Pferdekopf. Das erste Element hat konventionalen Charakter: um seine Bedeutung zu begreifen, muß man den spezifischen Code der Verkehrszeichen beherrschen. Das zweite ist ikonisch und wird durch die vorausgehende Lebenserfahrung codiert (ein Mensch, der noch nie ein Pferd gesehen hat, wird es nicht begreifen). Führen wir jedoch ein anderes Gedankenexperiment durch: verbinden wir ein Verbotszeichen mit einer Zahl oder einem Wort. Beide Elemente werden konventional sein, jedoch ist der Grad ihrer Konventionalität verschieden. Vor dem Hintergrund des Verkehrszeichens, das mit Hilfe eines speziellen und nur einem begrenzten Kreis bekannten Codes entziffert werden kann, werden Wort und Ziffer sich durch ihre Allgemeinverständlichkeit abheben und funktional dem Pferdekopf und jedem beliebigen ikonischen Element gleichgesetzt. Dieses Beispiel dafür, wie das konventionale Zeichen funktional dem bildenden gleichgesetzt werden kann, ist für die Literatur sehr interessant. Aus dem Material der natürlichen Sprache – einem System von Zeichen, die zwar konventional, aber dem ganzen Kollektiv soweit verständlich sind, daß diese Konventionalität vor dem Hintergrund anderer, speziellerer »Sprachen« nicht mehr wahrgenommen wird – entsteht ein sekundäres Zeichen des bildenden Typus (vielleicht ist hier eine Verbindung zu dem »Bild« der traditionellen Literaturtheorie herzustellen). Dieses sekundäre abbildende Zeichen verfügt über die Charakteristika der ikonischen Zeichen: durch unmittelbare Ähnlichkeit mit dem Objekt und durch Anschaulichkeit ruft es den Eindruck geringerer Bedingtheit des Codes hervor und garantiert deshalb – wie es scheint – größeren Wahrheitsgehalt und größere Verständlichkeit als die konventionalen Zeichen.

Für dieses Zeichen gelten zwei untrennbare Aspekte: die Ähnlichkeit mit dem von ihm bezeichneten Objekt und die Unähnlichkeit mit dem von ihm bezeichneten Objekt. Diese beiden Begriffe existieren nicht ohne einander.

4. Text und System

4.1. Das Systemhafte und das Systemexterne im künstlerischen Text

In der Art und Weise des Lesers und auch des Wissenschaftlers, an das Kunstwerk heranzugehen, manifestiert sich seit jeher der Wettstreit zweier Standpunkte: die einen Leser meinen, die Hauptsache sei es, das Werk zu verstehen, die anderen, ästhetischen Genuß zu empfinden; die einen Wissenschaftler erklären den Aufbau einer Konzeption für das Ziel ihrer Arbeit (je allgemeiner, d. h. abstrakter, desto wertvoller), wohingegen andere hervorheben, jedwede Konzeption »erschlage« gerade das Wesen des Kunstwerks und verarme und entstelle es logisierend.

Die Unvereinbarkeit der Ausgangspositionen hat die Wissenschaftler bereits mehrfach zu gegenseitigen Anschuldigungen verleitet: der abstrakten Logisierung einerseits, und der agnostizistischen Negation der Grundlage wissenschaftlicher Erkenntnis selbst, d. h. der Berechtigung abstrakter Theorie, andererseits.

Die Paradoxie der Situation besteht darin, daß jede Seite durchaus gewichtige Erwägungen zugunsten ihrer Position anführen kann. In der Tat wird kaum jemand bestreiten, daß die Rezeption eines Kunstwerks einen Akt der Erkenntnis darstellt, und daß die Rezeption eines Kunstwerks einen sinnlichen Genuß bereitet. Die Komplexität der Frage liegt jedoch darin, daß diese Behauptungen nicht nur gegensätzlich sind, sondern im Grunde auch unvereinbar.

Jede Erkenntnis kann man sich als Dechiffrierung einer bestimmten Nachricht vorstellen. Unter diesem Gesichtspunkt wird man den Prozeß der Erkenntnis in folgende Momente einteilen: Empfang der Nachricht; Selektion (oder Ausarbeitung) des Codes; Gegenüberstellung von Text und Code. Dabei werden in der Nachricht diejenigen systemhaften Elemente herausgestellt, die auch als Bedeutungsträger erscheinen. Die systemexternen werden als nicht Information tragend aufgefaßt und ausgesondert.

So impliziert der Erkenntnisprozeß zwangsläufig die Anhebung des Textes auf die Ebene einer abstrakteren Sprache.

Nachdem die Nachricht dechiffriert und der Text verstanden worden ist, kann man mit ihm nichts mehr anfangen. Dennoch sehen, hören, fühlen und empfangen wir davon weiterhin Freude und Leid, unabhängig davon, ob wir verstanden haben, was dies bedeutet, oder nicht, solange äußere Reizerreger auf unsere Sinnesorgane einwirken. Ob nun ein gegebenes Element des Textes unter dem Gesichtspunkt eines bestimmten Codes als systemhaft oder systemextern erscheint – es kann kraft seiner physischen Materialität auf unsere Sinnesorgane wirken und uns ein Gefühl der Freude oder des Leids bereiten. So entsteht der Eindruck, der Unterschied zwischen dem Genuß intellektuellen Verstehens und dem Genuß physischen Konsums sei nicht nur sehr groß, sondern gestatte es prinzipiell auch nicht, diese beiden in der Kunst real existierenden Standpunkte zu vereinen, was den Kunstwissenschaftler bekanntlich zur Zwiespältigkeit bei der Betrachtung des Forschungsobjektes verdamme.

Doch betrachten wir das Problem ein wenig von einer anderen Seite. Man kann nicht umhin zuzugeben, daß man sich jeden Prozeß sensitiver Aneignung auch als Empfang von Informationen vorstellen kann. Wahrscheinlich könnte man den sensitiven Genuß von einer bestimmten Stufe der Vergröberung an als den Empfang von Informationen aus dem systemexternen Material definieren (im Unterschied zum intellektuellen, d. h. zum Empfang von Informationen aus dem Systemhaften).

Aber der »Empfang von Informationen aus systemlosem Material« stellt einen terminologischen Widerspruch in sich selbst dar, da Information (per definitionem) nur in einem bestimmten System enthalten sein kann, in einem bestimmten Typus struktureller Beziehungen. Hierbei geht es darum, daß jedweder Prozeß sensitiver Aneignung eine ausgedehnte und multiple Anwendung verschiedener oft unverbundener Codes auf den Text mit dem Ziel darstellt, systemexterne Elemente in größtmöglichem Umfang in das System einzubeziehen. Der Mensch erhält Information nicht nur aus Zeichen und Zeichensystemen. Jeder beliebige Kontakt mit der äußeren Umwelt, jede beliebige biologische Aneignung stellt den Empfang von Informationen dar und kann in der Terminologie der Informationstheorie beschrieben werden. Das System der sensitiven Rezeptoren oder den biochemischen Mechanismus kann man sich als Organisationen von Codes vorstellen, die eine bestimmte Information decodieren. Dies widerspricht nicht der Behauptung (auf S. 21), daß Sprachen Kommunikation zwischen Individuen realisieren. Die Informationstheorie ist umfassender als die Semiotik – sie erforscht nicht nur einen Sonderfall wie die Verwendung sozialer Zeichen in einem bestimmten Kollektiv, sondern alle Fälle der Übertragung und Speicherung von Informationen, wobei sie Information als Organisationsgröße begreift – im Gegensatz zur Entropie. Stellen wir uns z. B. ein von uns verzehrtes Stück Nahrung als Text vor. Der gesamte Prozeß seiner Verwertung kann in Etappen von Interaktionen mit Nervenrezeptoren, Säuren, Fermenten zerlegt werden. Dabei wird auf jeder Etappe etwas von dem, was auf der vorhergehenden nicht angeeignet worden ist, d. h. keine Informationen trug, systemextern und neutral war, in den aktiven Prozeß des Austauschs mit dem menschlichen Organismus einbezogen, wird systemhaft und gibt die in ihm enthaltene Information ab.

So entsteht der intellektuelle Genuß als Ergebnis der Anwendung eines Codes oder einer geringen Zahl logisch zusammenhängender Codes auf die Nachricht (dieser Genuß besteht eben darin, die Masse bunten Materials zu einem System zusammenzufassen)[1]. Registriert man die Geschwindigkeit der Arbeit des menschlichen Gehirns, so muß man feststellen, daß die Zeit des intellektuellen Genusses – des Verstehens –, wenn man die vorausgehende Zeit des »Nichtverstehens« nicht einbezieht, verschwindend gering ist. Dem Menschen stellt sie sich als »Augenblick« dar.

Sinnlicher Genuß impliziert die Anwendung multipler und verschiedener Codes. Er ist ausgedehnt und kann fortgesetzt werden, solange es eine bestimmte Realität gibt, die den Gefühlen unterliegt, solange systemexternes Material vorhanden ist, das der Einfügung in verschiedene Systeme unterliegt.

---

[1] Erklärt man Information im weiteren Sinne als beliebige Struktur im Gegensatz zur Entropie, so läßt sich Genuß bestimmen als emotionaler Aufschwung, Spannung und Lösung, verbunden mit dem Empfang notwendiger, aber schwer zugänglicher Information.

Doch folgt aus dem eben Gesagten nicht nur die Unterscheidung zwischen intellektuellem und sinnlichem Genuß, sondern auch ihre prinzipielle Einheit vom Standpunkt der Antinomie: Information – Entropie.

Beim intellektuellen Genuß geschieht die Auswertung der materiellen Seite des Zeichens augenblicklich: den Ausdruck spaltet man wie die Schale einer Nuß, um ihn fortzuwerfen. Der physische Genuß strebt danach, lang anhaltend zu sein, da er mit zeichenexterner Information zu tun hat, in der der Ausdruck selbst (die Einwirkung auf die Sinne) inhaltlich ist. Einerseits verwandelt die Kunst zeichenloses Material in Zeichen, die die Fähigkeit haben, intellektuelle Freude zu bereiten, andererseits konstruiert sie aus Zeichen eine pseudo-physische Realität der zweiten Reihe, indem sie den Zeichentext in ein quasimaterielles Gewebe verwandelt, das geeignet ist, physischen Genuß zu bereiten.

So lassen sich diese, wie es scheinen mag, unversöhnlichen Standpunkte, von denen wir am Anfang dieses Kapitels gesprochen haben, im Kern auf die Korrelation informationeller Belastung von systemhaftem und systemlosem Material im künstlerischen Text zurückführen.

Auch hier sind unschwer zwei Betrachtungsweisen zu erkennen: »im Kunstwerk ist alles systemhaft« (alles ist nicht zufällig, hat ein Ziel) und »alles stellt eine Verletzung des Systems dar«.

Um sich von dieser Antinomie eine klare Vorstellung zu machen, ist es unerläßlich, einige vorbereitende Bemerkungen von allgemeinem Charakter zu machen.

4.2. Die Vielschichtigkeit des künstlerischen Textes

Aus den oben angeführten Überlegungen folgt, daß man den künstlerischen Text als einen multipel codierten Text betrachten kann. Gerade diese seine Eigenschaft hat man im Auge, wenn man von der Polysemie des künstlerischen Wortes spricht, von der Unmöglichkeit, Poesie durch Prosa wiederzugeben, das künstlerische Werk in nichtkünstlerischer Sprache. Um zu verstehen, daß aus dieser – vollkommen gerechtfertigten – Behauptung nicht der oft gezogene Schluß folgt, die Literaturwissenschaft sei, wenn sie allgemeine Modelle des Textes konstruiert, außerstande, seine singuläre Eigenart zu erfassen, in der doch gerade das Wesen des Kunstwerks bestehe, sind einige zusätzliche Überlegungen unumgänglich.

Das Singuläre, Konkrete im Leben und das zu seiner Modellierung dienende Singuläre, Konkrete in der Kunst sind von verschiedenartiger Natur.

In der Natur erscheint mir als singulär dasjenige, was von meinem Standpunkt aus systemextern, der jeweiligen Struktur als solcher nicht eigen ist. Die künstlerische Literatur imitiert die Realität, schafft aus ihrem zutiefst systemhaften Material ein Modell der Systemexternität. Um als »zufällig« zu erscheinen, muß das Element im künstlerischen Text mindestens zwei Systemen angehören, sich auf ihrem Schnittpunkt befinden. Das, was vom Standpunkt der einen Struktur in ihm systemhaft ist, wird bei der Betrachtung vom Standpunkt der anderen aus als »zufällig« erscheinen.

So gehen für mich die »zufälligen«, »singulären«, »konkreten« Fakten des Lebens in überhaupt kein System ein, die abstraktlogischen gehören gänzlich einem an, die sekundär-konkreten in der Kunst hingegen – nicht weniger als zwei Systemen. Diese Fähigkeit des Textelementes, in mehrere Kontextstrukturen einzugehen und dementsprechend unterschiedliche Bedeutung zu erlangen, ist eine der tiefsten Grundeigenschaften des künstlerischen Textes.

Im Zusammenhang mit dieser Besonderheit von Kunstwerken wird deren Spezifik gegenüber anderen Analoga der Wirklichkeit (Modellen) erschlossen, deren sich der Mensch im Erkenntnisprozeß bedient.

Nehmen wir an, ein Mensch, der irgendeine Tätigkeit ausführt, steht vor der Notwendigkeit, sich, um irgendwelches Wissen zu erlangen, einem Modell dieser Tätigkeit zuzuwenden. Ein Tourist z. B., der seine Reiseroute festlegt, unterbricht seine Fortbewegung im Gelände, führt eine Bewegung auf der Karte aus und setzt dann seine Reise realiter fort. Ohne das Wesen jeder dieser Verhaltensweisen zu bestimmen, vermerken wir lediglich ihre deutliche Abgegrenztheit voneinander. In dem einen Falle wird tatsächliches Verhalten realisiert, im anderen konventionales. Das erste hat die Erlangung praktischer Resultate zum Ziel, das zweite die Gewinnung bestimmter Kenntnisse, die zu ihrer Erlangung notwendig sind. Im ersten Fall befindet sich der Mensch in einer realen Situation, im zweiten in einer fiktiven.

Als Unterscheidungsmerkmal des Verhaltens, das bei der Benutzung wissenschaftlicher Erkenntnismodelle realisiert wird, erscheint seine Abgegrenztheit vom gewöhnlichen, praktischen Verhalten. Niemand, der eine geographische Karte benutzt, meint etwa, er tue eben dadurch tatsächlich eine Reise.

Zwischen diesen beiden Schichten besteht die Beziehung semantischer Korrelativität, ohne die die Erforschung von Zeichen und Modellen nicht als Mittel der Erkenntnis dienen könnte. Gleichzeitig zeigt sich das Bestreben, beide Verhaltensweisen deutlich abzugrenzen und, indem man ihre Ergebnisse in Korrelation bringt, nicht für jedes einzelne Datail die Operation der semantischen Interpretation durchzuführen. Gleb Uspenskij kann in seinem Zyklus *Živye cifry [Lebende Ziffern]* die Semantik dieser und jener statistischen Daten aufdecken (vgl. seine Skizzen *Četvert' loščadi [Ein Viertel Pferd]* oder *Nol' celych [Null Ganze]*, die zeigen, welche Realität sich hinter dem statistischen Index vom Typus 0,25 verbirgt). Doch kann man eine solche Behandlung der ökonomischen Statistik nicht als üblich anerkennen. In der Regel geschieht etwas ganz anderes: wer ein derartiges Nachschlagewerk benutzt, strebt ganz und gar nicht danach, hinter jeder Ziffer eine Erscheinung des Lebens zu sehen: er studiert das statistische Modell bestimmter ökonomischer Prozesse und interpretiert semantisch nur die Ergebnisse seines Studiums.

Kaum jemand wird von Entsetzen gepackt, wenn er einen auf der Karte aufgezeichneten Schlachtplan sieht, obgleich er durchaus weiß, daß der von ihm betrachteten Karte in der Wirklichkeit ein Feld entspricht, das mit Leichen übersät ist. Wenn Tvardovskij von Tërkin sagt, er war

[...] rasséjan on částíčno	[[...] teilweise zerstreut
I částíčno istreblën	und zum Teil vernichtet],

Tërkin selbst aber erklärt, er »habe teilweise« Läuse, dann entsteht hier Komik gerade als Ergebnis dessen, daß die relative Selbständigkeit des konventionalen, zeichenhaften Bildes der Welt (in diesem Falle des Heeresberichtes) verletzt wird durch die unvorhergesehene Gegenüberstellung mit der Welt der Realien.

Somit werden in der Verhaltenssphäre praktische Tätigkeit und »Arbeit mit dem Modell« scharf getrennt, obgleich sie miteinander korrelieren.

Es gibt jedoch eine modellierende Tätigkeit, der eine ähnliche Abgrenzung nicht eigen ist: das ist das Spiel.

Die Gegenüberstellung von Spiel und Erkenntnis entbehrt jeder Grundlage.

Das Spiel nimmt einen großen Raum im Leben nicht nur des Menschen, sondern auch der Tiere ein[2]. Das Spiel ist unbestreitbar ein ernstzunehmendes und natürliches Bedürfnis der Psyche des Menschen. Verschiedene Formen des Spiels begleiten den Menschen und die Menschheit in allen Stadien ihrer Entwicklung. Dieses Faktum unbekümmert beiseitezuschieben, dürfte der Wissenschaft kaum von Nutzen sein. Und, was besonders wichtig ist, das Spiel steht nie in Opposition zur Erkenntnis, im Gegenteil, es ist eines der wichtigsten Mittel zur Bewältigung verschiedener Lebenssituationen, zum Erlernen von Verhaltenstypen. Höhere Lebewesen lehren ihre Jungen alle Verhaltensweisen, die nicht automatisch im genetischen Programm angelegt sind, allein mit Hilfe des Spiels. Das Spiel hat eine gewaltige Bedeutung beim Erlernen von Verhaltenstypen, weil es Situationen zu modellieren erlaubt, in die unvorbereitet hineinzugeraten für das Individuum den drohenden Untergang bedeutet, oder Situationen, deren Schaffung nicht vom Willen des Lehrenden abhängig ist. Hierbei wird die nichtkonventionale (reale) Situation durch eine konventionale (spielerische) ersetzt. Das bietet große Vorteile. Erstens erhält der Lernende die Möglichkeit, die Situation in der Zeit anzuhalten (den Zug zu korrigieren, »einen neuen Zug zu machen«). Zweitens lernt er, diese Situation in seinem Bewußtsein zu modellieren, weil er ein gewisses amorphes System der Wirklichkeit in Form des Spiels darstellt, dessen Regeln bereits formuliert sein können und müssen. Hiermit hängt noch eine wichtige Eigenschaft zusammen: das Spiel verleiht dem Menschen die Möglichkeit, einen konventionalen Sieg über einen unbesiegbaren (z. B. den Tod) oder sehr starken Gegner

2 Vgl.: Karl Groos, *Die Spiele der Thiere*. Jena 1896.

(das Jagdspiel in der Urgesellschaft) davonzutragen. Dies bestimmt sowohl seine magische Bedeutung als auch eine außerordentlich wichtige psychologisch-erzieherische Eigenschaft: es hilft den Schrecken vor ähnlichen Situationen überwinden und vermittelt die für die praktische Tätigkeit notwendige Struktur der Emotionen. Die »Durchreit-Attacke« von Suvorov, eine Übung, die die Situation des Kampfes in eine spielerische (konventionale) verwandelte und darin bestand, daß zwei Formationen (bisweilen eine Kavallerie- und eine Infanterieformation) sich ungestüm einander näherten und jeweils durch die Zwischenräume der Gegenseite stürmten, hatte die Überwindung der Furcht vor einer analogen Situation in der Wirklichkeit zum Ziel und konstruierte ein emotionales Modell des Sieges. Eine analoge Bedeutung in der Bildung des Menschen hat der Sport, der im Verhältnis zur Arbeitstätigkeit als Spiel auftritt.

Das Spiel ist ein Wirklichkeitsmodell von besonderem Typus. Es reproduziert diese und andere Aspekte der Wirklichkeit, indem es sie in die Sprache seiner Regeln übersetzt. Hiermit hängt die Bedeutung des Spiels für Lehre und Training zusammen, die schon lange von Psychologie und Pädagogik erkannt worden ist. Die Furcht einer Reihe von Ästhetikern, sich mit Problemen des Spiels zu befassen (um der Beschuldigung des Kantianismus auszuweichen), und ihre tiefe Überzeugung, daß jede Gegenüberstellung von Spiel und Kunst zur Propagierung der »reinen Kunst« führe, zur Negation der Verbindung zwischen dem Schaffen und dem gesellschaftlichen Leben, spiegelt die tiefe Unkenntnis in Fragen der angrenzenden Wissenschaften (Psychologie, Pädagogik) wider.

Das Spiel impliziert die Realisierung eines besonderen, »spielerischen« Verhaltens, unterschieden sowohl vom praktischen wie von dem durch Hinwendung an wissenschaftliche Modelle bestimmten. Spiel impliziert *gleichzeitige* Realisierung (nicht aber *chronologische Alternation*!) von praktischem und konventionalem Verhalten. Dem Spielenden muß bewußt sein, daß er an einer konventionalen (nicht echten) Situation teilnimmt (das Kind ist sich darüber im klaren, daß es einen Spielzeugtiger vor sich hat, und fürchtet sich nicht), und dies gleichzeitig nicht bewußt sein (das Kind hält den Spielzeugtiger im Spiel für einen lebendigen). Vor dem lebenden Tiger hat das Kind nur Angst; vor dem Puppentiger hat es nur keine Angst; den gestreiften Morgenrock aber, der über den Stuhl geworfen ist und den Tiger im Spiel *darstellt, fürchtet es ein wenig*, d. h. es hat *gleichzeitig* Angst und keine Angst.

Die Kunst des Spiels besteht gerade im Erwerb der Fertigkeit, sich zweischichtig zu verhalten. Jedwedes Herausfallen daraus: in den einschichtigen »ernsten« oder den einschichtigen »konventionalen« Verhaltenstypus, zerstört diese Spezifik. Dies liegt z. B. vor in der im Kinderkollektiv nicht ungewöhnlichen Vermengung von spielerischem und realem Verhalten: Kinder können die zweischichtigen Emotionen des Spiels nicht von den einschichtigen des alltäglichen Lebens unterscheiden, und das Spiel verwandelt sich oft in Prügelei. Als Beispiel kann man eine Episode anführen, die von Puškin nach Krylovs Bericht aufgeschrieben wurde: Kinder, die kurz nach der Niederschlagung des Pugačëv-Aufstandes das Spiel »Pugačëv-Aufstand« erfunden hatten, »teilten sich in zwei Lager auf, Gendarmerie und Aufrührer, und die Prügeleien waren beträchtlich.« Das Spiel schlug um in echte Feindschaft. »Zum Opfer wäre beinahe ein gewisser Ančapov geworden (der bis auf den heutigen Tag lebt). Mertvago, der ihn auf einer Expedition gefaßt hatte, hängte ihn mit dem Gurt an einem Baum auf. – Ein vorbeikommender Soldat band ihn los.«[3]

Auf dieses Beispiel nun beziehen sich recht weitverbreitete Sujets, die davon handeln, wie die einem Menschen angelegte Maske zu seinem Wesen wird. Dieses Sujet (z. B. vom Typus des *Lorenzaccio* von A. de Musset), das in der Kunst des 19. Jahrhunderts recht populär war, wurde vor nicht allzu langer Zeit dem italienischen Film *Der falsche General [Il Generale delle Rovere]* [1959] von Rossellini zugrunde gelegt: ein Ausgestoßener, ein kleiner Gauner, aber kein böser Mensch und durch und durch artistisch, fällt der Gestapo in die Hände. Unter der Androhung von Gewalt befiehlt man ihm, im Gefängnis die Rolle des Aristokraten und Helden des Widerstandes, General delle Rovere, zu spielen, um die eingesperrten Mitglieder der Untergrundorganisation durch Irreführung dazu zu bringen, sich zu demaskieren. Im Verlaufe des Films verwandelt sich der Held, der mit leichtfertigem, wenn auch glänzendem Imitationsspiel beginnt, in den, den er darstellt. In

3 A. S. Puškin, *Polnoe sobranie sočinenij*, Bd. 9, 2, S. 492.

den Augen der Zuschauer und der erstaunten Gestapo wird er zum Aristokraten und Patrioten, die Maske des Generals delle Rovere wird zu seinem echten Gesicht, und er geht freiwillig zur Hinrichtung, womit er den Geist jener stärkt, die ihn für den Helden und Führer des Widerstandes halten.

In diesem Falle wird die Frage, wie sich Spiel in Realität verwandelt, Maske in Wirklichkeit, durch ein Weiteres ergänzt: der Zuschauer verharrt in der Überzeugung, daß gerade am Ende des Films der Held, nachdem er zum General delle Rovere geworden war, sich selbst und das echte Wesen seiner Natur gefunden hat, das niemals in jenem Leben des kleinen bestechlichen Betrügers hervorgetreten wäre, das ihm von der Wirklichkeit auferlegt worden war. Ohne die ganze Komplexität der künstlerischen Ideen des Films zu berühren, betonen wir nur seinen Zusammenhang mit einem realen, psychologischen Problem. Gerade das Spiel mit seiner zweischichtigen Verhaltensweise, mit der Möglichkeit konventionaler Transposition in Situationen, die dem betreffenden Menschen in der Wirklichkeit unzugänglich sind, erlaubt es ihm, sein eigenes, tiefes Wesen zu finden. Wenn wir ein wenig vorgreifen, bemerken wir, daß diese für den Menschen wesentlichste Aufgabe in noch größerem Maße die Kunst erfüllt. Indem die Kunst dem Menschen die konventionale Möglichkeit schafft, mit sich selbst in verschiedenen Sprachen zu sprechen und dabei sein eigenes »Ich« auf verschiedene Weise zu codieren, hilft sie dem Menschen, eine äußerst wesentliche psychologische Aufgabe zu lösen – die Bestimmung seines eigenen Wesens.

Der entgegengesetzte Fall der Verletzung der Zweischichtigkeit des Spielverhaltens ist die Weigerung, das Spiel ernst zu nehmen, die einseitige Hervorhebung seines konventionalen, »unechten« Charakters. Von dieser Art sind die rein utilitaristische Beziehung des Gestapoführers zum Spiel des imitierten Generals, ist die Beziehung zu »fremden« Spielen, z. B. von Erwachsenen zu Spielen der Kinder. Einem Menschen, der die Regeln des Spiels nicht anerkennt, stellt es sich als Unsinn dar, der zu der »ernsten« Realität keinerlei Beziehung hat. Als Beispiel kann man eine Episode aus Tolstojs Erzählung *Kindheit [Detstvo]* anführen:

»Die Herablassung Volodjas bereitete uns immer sehr wenig Vergnügen; im Gegenteil, sein müßiger und mißgestimmter

Anblick zerstörte den ganzen Zauber des Spieles. Wenn wir uns auf die Erde setzten und, indem wir uns einbildeten, auf Fischfang zu sein, aus ganzer Kraft zu rudern begannen, saß Volodja mit verschränkten Armen in einer Pose da, die mit der Haltung eines Fischers nichts gemein hatte. Ich gab ihm dies zu verstehen; er aber antwortete, daß dadurch, daß wir die Arme mehr oder weniger schwängen, wir weder was verlören noch gewännen und daß wir doch nicht weiter vorankämen. Unwillkürlich stimmte ich ihm zu. Als ich, mir einbildend, ich ginge auf die Jagd, mich mit einem Stock auf der Schulter in den Wald aufmachte, lag Volodja auf dem Rükken, die Arme unter den Kopf gelegt, und sagte mir, daß er vielleicht auch mitkäme. Solche Handlungen und Worte, die die Lust am Spiel verdarben, waren äußerst unangenehm, umso mehr, als man nicht umhin konnte, insgeheim zuzugeben, daß Volodja vernünftig handelte.

Ich wußte selbst, daß man mit einem Stock keinen Vogel töten, geschweige denn damit schießen kann. Das ist Spiel. Wenn man es so betrachtet, kann man auf Stühlen nicht fahren [...] Bei Lichte besehen, gibt es überhaupt kein Spiel, aber wenn es kein Spiel mehr gibt, was bleibt dann noch?«[4]

Während also bei der Verwendung eines Erkenntnismodells von normalem Typus der sich seiner bedienende Mensch in jeder Zeiteinheit irgendein und nur ein Verhalten praktiziert, so bezieht das spielerische Modell den Menschen gleichzeitig in zwei Typen des Verhaltens ein – den praktischen und den konventionalen.

Daß ein und derselbe Stimulus zu ein und derselben Zeit mehr als eine konventionale Reaktion hervorruft, ein und dasselbe Element zwei verschiedene Strukturen des Verhaltens hervorruft, wobei es bei Einbeziehung in jede von ihnen verschiedene Bedeutung erlangt und folglich sich selbst nicht gleich wird, hat einen tiefen Sinn und macht in hohem Grade die gesellschaftliche Bedeutung von spielerischen Modellen transparent. Im spielerischen Modell erscheint jedes seiner Elemente und das Modell selbst als Ganzes, indem es es selbst ist, nicht nur als es selbst. Das Spiel modelliert Zufälligkeit, unvollständige Determiniertheit, Wahrscheinlichkeit von Prozessen und Erschei-

---

4 L. N. Tolstoj, *Sobranie sočinenij v 14-ti tomach.* Bd. 1, M. 1951, S. 27-28.

nungen. Daher ist das logische Erkenntnismodell geeigneter zur Reproduktion der *Sprache* derjenigen Erscheinung, die erkannt wird, ihres abstrakten Wesens, das spielerische Modell hingegen – zur Reproduktion ihrer *Rede*, der Inkarnation des im Verhältnis zur Sprache zufälligen Materials.

So tritt z. B. der verbale Text des Theaterstückes im Verhältnis zu seiner Aufführung als Sprache des Systems hervor. Seine Konkretisierung ist damit verbunden, daß das Eindeutige mehrdeutig wird durch Einbeziehung von im Verhältnis zum verbalen Text »zufälligen« Momenten. Die Bedeutungen des verbalen Textes werden nicht verändert, doch hören sie auf, die einzigen zu sein. Die Aufführung ist der gespielte verbale Text des Stückes.

Das Spiel ist eine besondere Reproduktion der Einheit von gesetzmäßigen und zufälligen Prozessen. Infolge der betont regelmäßigen Wiederholungen (Gesetzmäßigkeit) der Situationen (Spielregeln) wird die Abweichung besonders relevant. Gleichzeitig gewähren die Ausgangsregeln nicht die Möglichkeit, alle »Züge« vorherzusagen, die im Verhältnis zu den regelmäßigen Ausgangswiederholungen als zufällig erscheinen. Auf diese Weise erhält jedes Element (Zug) eine doppelte Bedeutung, indem es auf der einen Ebene als Bestätigung der Regel und auf der anderen als Abweichung erscheint.

Die zweifache (oder vielfache) Semantizität der Elemente veranlaßt dazu, spielerische Modelle im Vergleich zu den mit ihnen korrelierenden logisch-wissenschaftlichen als semantisch reiche, als besonders bedeutsame zu begreifen:

Skól'ko nádo otvági,	[Wieviel Mut ist nötig,
Čtob igrát' na veká,	Um für Jahrhunderte zu spielen,
Kak igrájut ovrági,	Wie die Schluchten spielen,
Kak igráet reká,	Wie der Fluß spielt,
Kak igrájut almázy,	Wie die Diamanten spielen,
Kak igráet vinó,	Wie der Wein spielt,
Kak igrát' bez otkáza	Wie zu spielen ohne Unterbrechung
Inogdá suždenó,	Manchmal vom Schicksal bestimmt ist,
Kak igrálos' podróstku	Wie die Halbwüchsige spielte
Na naróde prostóm	Vor dem einfachen Volk
V belom plát'e v pólosku	In einem weißgestreiften Kleid
I s kosóju žgutóm.	Und dem verknoteten Zopf.]

(Boris Pasternak)

Das spielerische Modell wird im Verhältnis zu einem homomorphen logischen nicht als Antithese von »wahrer« und »falscher«, sondern von »reicherer« und »ärmerer« Widerspiegelung des Lebens rezipiert, beide Widerspiegelungen sind wahr (vgl.: das determinierte, ethische Modell des menschlichen Verhaltens wird als allzu richtig erlebt und dem spielerischen (artistischen) Modell gegenübergestellt, das nichteindeutige Lösungen zuläßt. Beide stehen jedoch in Opposition – als wahrhaftige – zu dem Modell des amoralischen Verhaltens).

So stellt z. B. Tolstoj im *Lebenden Leichnam [Živoj trup]* das ethische Erscheinungsbild von Liza und Karenin einerseits und von Fedja Protasov andererseits den staatlichen Einrichtungen gegenüber. Dies ist eine Antithese von Sittlichkeit und Amoralität. Aber die Sittlichkeit Lizas ist allzu richtig, zu eindeutig: »Was mich hauptsächlich quälte, ist, daß ich fühlte, ich liebte zwei. Dies bedeutet aber, daß ich eine sittenlose Frau bin« (man beachte die logische und grammatische Richtigkeit dieses erregten Monologs). Eine andere Lösung ist in der Gestalt Fedja Protasovs verkörpert: »Meine Frau war eine ideale Frau. Sie lebt noch heute. Doch was soll ich dir sagen? Es gab keine Rosinen, – du weißt doch, Rosinen im Kwaß? – es gab in unserem Leben kein Spiel. Ich aber mußte mich vergessen. Doch ohne Spiel vergißt man sich nicht.«[5]

Aus dem Kontext des Stückes ergibt sich, daß »sich vergessen« hier soviel bedeutet wie, eine konventionale, spielerische Lösung der Konflikte zu erlangen, die im praktischen Verhalten überhaupt nicht oder aber innerhalb des gegebenen gesellschaftlichen Systems nicht lösbar sind.

Die Kunst verfügt über eine Reihe von Wesenszügen, die sie den spielerischen Modellen annähern. Die Rezeption (und Produktion) des Kunstwerks erfordert ein besonderes – künstlerisches – Verhalten, das eine Reihe gemeinsamer Züge mit dem Spielverhalten aufweist.

Eine wichtige Eigenschaft künstlerischen Verhaltens ist, daß derjenige, der es praktiziert, quasi gleichzeitig zwei Verhaltensweisen realisiert: er erlebt alle Emotionen, die eine analoge praktische Situation hervorrufen würde, und ist sich zur gleichen Zeit doch klar bewußt, daß die mit dieser Situation ver

5 L. N. Tolstoj, *Sobranie sočinenij v 14-ti tomach*. Bd. 11, S. 255, 261–262.

bundenen Handlungen (z. B. dem Helden Hilfe zu erweisen) nicht ausgeführt werden dürfen. Das künstlerische Verhalten impliziert die Synthese von praktischem und konventionalem Verhalten.

Betrachten wir einen Vers Puškins:

Nad výmyslom slezámi oboljús'.

[Über dem Erdachten werde ich Tränen vergießen.]

Dies ist eine glänzende Charakterisierung der zwiefachen Natur des künstlerischen Verhaltens. Man sollte meinen, das Bewußtsein dessen, daß wir etwas Erdachtes vor uns haben, müsse Tränen ausschließen. Oder aber umgekehrt: ein Gefühl, das Tränen hervorruft, sollte uns vergessen lassen, daß wir etwas Erdachtes vor uns haben. In der Tat existieren diese beiden – entgegengesetzten – Verhaltenstypen gleichzeitig und vertiefen einander.

Diese Eigenschaft erlangt in der Kunst besondere Bedeutung: jedes Element des künstlerischen Modells und das Modell als Ganzes erweisen sich als gleichzeitig mehr denn einem Verhaltenssystem integriert, wobei sie in jedem von ihnen besondere Bedeutung erhalten. Die Bedeutungen A und A' (jedes der Elemente, der Ebenen und der Struktur als ganzer) heben einander nicht auf, sondern korrelieren miteinander. Das spielerische Prinzip wird zur Grundlage der semantischen Organisation.

Betrachten wir drei Arten von Texten: ein Beispiel in einer wissenschaftlichen Abhandlung, ein Gleichnis in einem religiösen Text und eine Fabel. Das Beispiel im wissenschaftlichen Text ist eindeutig, und darin beruht sein Wert. Es tritt als Interpretation eines allgemeinen Gesetzes hervor und erscheint in diesem Sinn als Modell einer abstrakten Idee.

Ein kirchlich-kultischer Text ist oft nach dem Prinzip mehrschichtiger Semantik konstruiert. In diesem Falle dienen ein und dieselben Zeichen auf verschiedenen strukturell-semantischen Ebenen dem Ausdruck eines unterschiedlichen Inhalts. Dabei erweisen sich Bedeutungen, die einem bestimmten Leser, seinem Niveau an Heiligkeit, Eingeweihtsein, »Belesenheit« usw. entsprechend zugänglich sind, einem anderen, der diese Stufe noch nicht erreicht hat, als unzugänglich. Wenn dem Leser eine neue semantische Ebene »sich offenbart«, wird die alte als für ihn nicht mehr wahrheitshaltig verworfen. Nach diesem Prinzip ist die Freimaurersymbolik aufgebaut und – auf ihr basierend – die Publizistik der frühen Dekabristengesellschaften. Ein und derselbe Text konnte eine geheime (konspirative) Bedeutung für den Eingeweihten haben und eine nicht verborgene für den »Profanen«. Hierbei wird jedem die Wahrheit offenbar, die er zu begreifen in der Lage ist. Ein Text, der für den »Profanen« bestimmt ist, enthält eine Wahrheit, die für den Eingeweihten keine mehr ist. In Bezug auf den jeweiligen Leser hat der Text nur eine Bedeutung.

Der künstlerische Text ist anders aufgebaut: jedes Detail und der Text als Ganzes sind in verschiedene Relationensysteme integriert, wodurch sie gleichzeitig mehr als eine Bedeutung annehmen. In der Metapher bloßgelegt, hat diese Eigenschaft doch einen viel allgemeineren Charakter. Als Beispiel analysieren wir ein Denkmal altrussischer geistlicher Beredsamkeit *Das Wort von Gesetz und Gnade [Slovo o zakone i blagodati]* als Werk der kirchlichen Publizistik und als künstlerischen Text.

Das Werk des Metropoliten Ilarion zeichnet sich durch deutliche Distinktivität der Ebenen aus. Auf der ersten Ebene werden Freiheit und Knechtschaft einander als Positives und Negatives gegenübergestellt:

Freiheit	Sara	Isaak
Knechtschaft	Hagar	Ismael

Dann wird eine neue Ebene von Oppositionen eingeführt: »Christentum – Heidentum«, worunter sowohl neue Zeichen als auch eine neue Interpretation der alten verstanden werden:

Christentum	Christus	Kreuzigung	die christlichen Länder
Heidentum	Isaak	Abrahams Mahlzeit (Verspeisung des Kalbes)	Judäa

Die dritte Ebene – die Opposition: »Altes – Neues«:

Neues	Neue Christen	Rußland (»Rus'«)
Altes	Alte Christen	Byzanz

Und alles dies zusammen fügt sich in die Antithese »Gnade – Gesetz« ein.

Auf diese Weise konnte ein Zuhörer, der in den Gleichnissen nur novellistische Sujets sah, auch hier den Bericht über die Nebenbuhlerschaft Saras und Hagaras erfassen. In diesem Falle wäre jedes Wort ein Zeichen allgemeinsprachlichen Inhalts. Doch die sich durch den Text ziehende Gegenüberstellung von Gesetz und Gnade veranlaßt dazu, nach einem verborgenen Text zu suchen, nach der Allegorie [inoslovie], von der in der *Chrestomathie des Svjatoslav [Izbornik Svjatoslava]* von 1073 gesagt wird: »Es wird das eine gesagt, aber anderer Sinn aufgewiesen.« In diesem Fall erhielt das Gesetz bei der Rezeption des Textes auf der ersten semantischen Ebene die Synonyme: Hagar, Ismael (in Antithese zu Isaak), Isaak (in Antithese zu Christus), Sara (in Antithese zur Jungfrau Maria), Judäa (in Antithese zum Christentum), das Alte Testament (in Antithese zum Neuen), Byzanz (in Antithese zu Rußland). Alle diese – und andere – Zeichen hatten die Knechtschaft zum Inhalt, einen Begriff, der für das Rußland des 11. Jahrhunderts durchaus sozialen Sinn hatte und mit der Semiotik des Verstoßenseins, der Erniedrigung, niederster sozialer Stellung verbunden wurde. Die Gnade hatte die Synonyme: Sara (in Antithese zu Hagar), Isaak (in Antithese zu Ismael), die Jungfrau Maria, Christus, das Christentum, das Neue Testament, Rußland. Alle diese Zeichen hatten einen gemeinsamen Inhalt: Freiheit, gesellschaftliche Vollwertigkeit, Recht auf soziale Aktivität und geistliche Bedeutung (»Das Bild aber für das Gesetz und die Gnade sind Hagar und Sara, Hagar die Sklavin und Sara die Freie [...] und es ward geboren Gnade und Wahrheit, nicht aber das Gesetz; der Sohn, nicht aber der Sklave«).

Auf der zweiten Ebene erlangte die aus sozialen Zeichen bestehende Gegenüberstellung von Mann und Knecht eine neue Wendung – sie wurde der Opposition »Christentum – Heidentum« gleichgesetzt. Das Christentum wurde begriffen als geistliche Befreiung, die jedem rechtgläubigen Menschen jenen sittlichen Wert verlieh, den in der sozialen Hierarchie nur der Freie hatte. Schließlich erfaßte ein Zuhörer, der in die komplizierten Beziehungen zwischen dem Fürstenhof Jaroslavs und Byzanz eingeweiht war, auch die Antithese von »neuen«

und »alten« Menschen (»Sklavin warst du vorher, *danach eine Freie*«. Hervorhebung von mir. – Ju. L.) und legte die Gnade sowie die ganze Reihe ihrer Synonyme als Symbol für Rußland aus, das Gesetz hingegen als Symbol von Byzanz.

Das *Wort von Gesetz und Gnade* ist jedoch ein Kunstwerk, und im vorliegenden Falle spiegelt sich dies darin, daß alle diese Bedeutungen einander nicht aufheben, indem sie ein *schrittweises* Sichversenken des Uneingeweihten in den geheimen Sinn reproduzieren, sondern daß sie *gleichzeitig* präsent sind und einen spielerischen Effekt hervorrufen. Der Autor läßt gleichsam den Reichtum an Bedeutungen und möglichen Textauslegungen genießen.

Der Mechanismus des spielerischen Effekts besteht nicht in immobiler Koexistenz verschiedener Bedeutungen, sondern im ständigen Bewußtsein der Möglichkeit *anderer* Bedeutungen als der, die man gerade wahrnimmt. Der »spielerische Effekt« besteht darin, daß verschiedene Bedeutungen eines Elementes nicht immobil koexistieren, sondern »oszillieren«. Jede Deutung bildet einen gesonderten, synchronen Schnitt, bewahrt dabei aber die Erinnerung an vorhergehende Bedeutungen und das Bewußtsein der Möglichkeit künftiger.

Folglich ist eine streng eindeutige Bestimmung der Bedeutung eines künstlerischen Modells nur in der Form ihrer Umcodierung in die Sprache nichtkünstlerischer modellierender Systeme möglich. Das künstlerische Modell umfaßt stets mehr und hat mehr Leben als seine Interpretation, und die Interpretation ist immer nur als Näherung möglich. Hiermit ist das bekannte Phänomen verbunden, daß bei der Umcodierung eines künstlerischen Systems in eine nichtkünstlerische Sprache immer ein »unübersetzter« Rest zurückbleibt – Surplusinformation, die nur im künstlerischen Text möglich ist.

Obwohl die Umcodierung spezifisch künstlerischer Informationen in die Sprache nichtkünstlerischer modellierender Systeme im Prinzip nicht ohne bestimmte Verluste zu verwirklichen ist und mehrfach (zuweilen durchaus begründete) Proteste hervorrief, ist sie dennoch in der Geschichte der Kultur ungezählte Male praktiziert worden und wird offenbar auch in Zukunft praktiziert werden, da das Bestreben, ästhetische Modelle mit ethischen, philosophischen, politischen, religiösen in Beziehung zu setzen, organisch aus der zutiefst gesellschaftlichen Rolle der

Kunst resultiert. Daher wird es zweckmäßig sein, einen möglichen Weg zu zeigen, dem folgend wir solche Zusammenstellungen mit geringsten Einbußen werden vornehmen können.

Die semantische Interpretation stellt immer eine Entsprechung zwischen zwei strukturellen Reihen dar. Wenn diese beiden Reihen die gleiche Dimension haben, ist diese Korrelation eindeutig. Wenn sie aber eine verschiedene Anzahl von Dimensionen haben, ist die Relation der Eineindeutigkeit nicht gegeben, und einem Punkt in der einen Reihe entspricht nicht ein Punkt, sondern eine Gruppe von Punkten, d. h. ein bestimmter Abschnitt, in der anderen.

Wie wir gesehen haben, verfügen künstlerische und nichtkünstlerische Modelle über eine verschiedene Größe der Dimensionen. Die Umcodierung der zwei- oder mehrschichtigen nichtkünstlerischen Sprache ergibt dann nicht die Relation eindeutiger Entsprechung.

Deshalb darf man offensichtlich nicht von der einen ausschließlichen (moralischen oder philosophischen) Interpretation des *Hamlet*, sondern muß von der *Gesamtheit zulässiger Interpretationen* sprechen. Wahrscheinlich werden alle Interpretationen des *Evgenij Onegin*, die im Laufe der Geschichte aufgetreten sind, wenn man diejenigen hinzufügt, die noch entstehen werden, bis das Werk aufhört, das Interesse der Leser zu wecken, den Bereich der Bedeutungen des Romans von Puškin in ihrer Übersetzung in nichtkünstlerische Sprache ausmachen. Diese Betrachtungsweise läßt uns die Geschichte der Rezeption von Texten im Leserbewußtsein mit weit größerer Aufmerksamkeit betrachten. Die immer wieder neuen Codes des Leserbewußtseins offenbaren im Text neue semantische Schichten.

Je mehr solcher Auslegungen es gibt, desto tiefer ist die spezifisch künstlerische Bedeutung des Textes, und desto länger sein Leben. Ein Text, der nur eine begrenzte Zahl von Interpretationen zuläßt, nähert sich dem nichtkünstlerischen und büßt seine spezifische, künstlerische Langlebigkeit ein (das hindert ihn natürlich nicht daran, ethische, philosophische oder politische Langlebigkeit zu haben, die jedoch schon durch ganz andere Ursachen bestimmt wird.)

Nachdem wir die Züge hervorgehoben haben, die ästhetische und spielerische Modelle verbinden, müssen wir auch den tiefen, grundsätzlichen Unterschied zwischen ihnen betonen.

Die Kunst ist nicht Spiel.

Das von der Ethnographie realiter fixierte Faktum eines genetischen Zusammenhangs von Kunst und Spiel bedeutet ebenso wie die Tatsache, daß die im Spiel herausgebildete Zwei-(Mehr-)deutigkeit zu einem grundlegenden Strukturmerkmal der Kunst wurde, nicht die Identität von Kunst und Spiel.

Das Spiel stellt Erwerb von Fähigkeit, Einüben einer konventionalen Situation dar, die Kunst – Erwerb von Welt (Modellierung von Welt) in einer konventionalen Situation. Das Spiel ist »gleichsam Tätigkeit«, und die Kunst »gleichsam Leben«. Hieraus folgt, daß Ziel des Spiels die Einhaltung von Regeln ist. Ziel der Kunst ist Wahrheit, die in der Sprache konventionaler Regeln zum Ausdruck kommt. Daher kann das Spiel nicht Mittel zur Speicherung von Information und nicht Mittel zur Ausarbeitung neuer Kenntnisse werden (es ist lediglich ein Weg zum Erwerb bereits erschlossener Fertigkeiten). Indessen macht gerade dies das Wesen der Kunst aus.

Das Spiel ist seinem Wesen nach sehr weit von der Kunst entfernt. Und wenn ihre Zusammenstellung mit dem Spiel es ermöglichte, einige Aspekte künstlerischer Modelle zu erschließen, ergibt die Gegenüberstellung nicht weniger wichtige Resultate.

Wissenschaftliche Modelle stellen ein Mittel der Erkenntnis dar, indem sie den menschlichen Intellekt auf bestimmte Weise organisieren. Spielerische Modelle dagegen erscheinen, da sie das Verhalten organisieren, als Schule des Handelns (in diesem Zusammenhang wird verständlich, wie unbegründet der Gedanke ist, die These vom Vorhandensein spielerischer Elemente in der Kunst stünde im Gegensatz zur Vorstellung von gesellschaftlicher Aktivität, – in Wirklichkeit liegt genau das Gegenteil vor: das Spiel ist einer der Wege zur Umwandlung einer abstrakten Idee in Verhalten, Aktivität).

Künstlerische Modelle stellen ihrer Art nach eine einzigartige Verbindung von wissenschaftlichem und spielerischem Modell dar, indem sie Intellekt und Verhalten gleichzeitig organisieren. Das Spiel tritt im Vergleich zur Kunst als *inhaltlos* auf, die Wissenschaft – als *wirkungslos*. Aus dem soeben Gesagten folgt nicht, daß es im Kunstwerk *nur Kunst* gäbe. Das Kunstwerk kann auch zahlreiche nichtkünstlerische Funktionen erfüllen, die zuweilen so wesentlich sein können, daß sie den Zeitgenossen das im engeren Sinne ästhetische Rezipieren des Textes verdecken. In bestimmten historischen Momenten darf ein Text, um ästhetisch rezipiert zu werden, keinesfalls nur eine ästhetische (sondern z. B. eine politische, religiöse) Funktion haben. Dieser Aspekt ist evident, aber er ist im vorliegenden Buch nicht Gegenstand der Betrachtung: wir betrachten nicht die Eigenart des Funktionierens von Texten im Kollektiv, sondern das System ihres inneren Aufbaus. Die Frage: »Wie sind künstlerische Texte aufgebaut?« kann nicht Anspruch darauf erheben, die umfassenderen Fragen: »Was ist Kunst?« oder »Welcherart ist die gesellschaftliche Rolle der Kunst?« zu ersetzen. Aber das bedeutet noch nicht, daß sie kein Recht hätte, von den Forschern beachtet zu werden.

Die Fragen nach den Elementen wissenschaftlichen Modellierens in künstlerischen Texten, nach der nichtkünstlerischen Funktion der Kunst, die interessanten Fälle künstlerischen Funktionierens nichtkünstlerischer Texte, die Gesetzmäßigkeiten der Interpretation von Kunstwerken auf abstrakteren Ebenen – der publizistischen, philosophischen – stellen durchaus eine selbständige wissenschaftliche Aufgabe dar und verdienen es, gesondert betrachtet zu werden.

4.3. Das Prinzip der strukturellen Umschaltung im Aufbau des künstlerischen Textes

Die Beobachtungen, die in den vorigen Paragraphen gemacht wurden, haben allgemeineren Charakter: Das Prinzip der Vielschichtigkeit, die sich aus der Einbeziehung ein und derselben Elemente in viele strukturelle Kontexte ergibt, ist historisch zu einem der zentralen Charakteristika der poetischen Semantik geworden.

Offenbar verbirgt sich gerade hier einer der fundamentalen Unterschiede zwischen der Struktur der Kunst und allen anderen modellierenden Systemen.

Es war schon davon die Rede, daß in allen modellierenden Systemen das systemexterne Material »aufgehoben« wird. In der Kunst fungiert es zusammen mit systemhaftem Material als Träger der Bedeutungen. Betrachten wir diese Frage jedoch auch noch von einer anderen Seite: in den nichtkünstlerischen

Kommunikationssystemen impliziert die »Grammatik« jeder Ebene der Struktur, daß für den ganzen Text einige Regeln unter achronischem Aspekt formuliert werden können, deren Verletzung nur als Fehler möglich ist. Ein Fehler ist jedoch Rauschen im Kanal, und der Text widersteht nicht nur kraft der Redundanz seiner Struktur, sondern auch durch die Systemhaftigkeit seines Aufbaus zufälligen Entstellungen. Ein und denselben Text gleichzeitig zwei Grammatiken unterzuordnen, ist in nichtkünstlerischen Systemen ein Fall, der beinahe unmöglich ist. Sobald hierbei Sender und Empfänger der Information sich die Grammatik des Kommunikationssystems aneignen, ist sie für beide nicht mehr informativ, da sie nicht zum Inhalt der Information wird, sondern zum Mittel ihrer Übertragung.

Das Verhältnis des künstlerischen Textes zu regelwidrigen »Fehlern« ist prinzipiell anders. Sogar wenn wir jenes komplexe, doch mehr als einmal betrachtete und vielfältig untersuchte Problem – den Kampf mit verfestigten Normativen in der historischen Bewegung der Kunst – unberücksichtigt lassen und nur von irgendeinem Text sprechen, der unter dem Gesichtspunkt der synchronen Konstruktion betrachtet wird, können wir gar nicht übersehen, daß, wie exakt wir auch eine Strukturregel formulieren, wir doch sogleich auf Abweichungen hinzuweisen haben. Bei jeder Charakteristik irgendeiner Ebene treten so viele Abweichungen auf, daß schon dies die Aufmerksamkeit des Forschers auf sich ziehen muß. Natürlich geht es hier jedoch keineswegs um Quantität.

Man kann widersprechen und darauf hinweisen, daß die Abweichung von den Regeln nicht nur ein Gesetz künstlerischer Strukturen sei. Auf der Ebene der materiellen Konkretisierung stellt jede Struktur nur eine Variante eines idealen Konstrukts dar, das als Abstraktion von den zufälligen Abweichungen eines jeden konkreten Zeichens oder Textes geschaffen wird. In diesem Sinne könnte sich zeigen, daß es keinen prinzipiellen Unterschied zwischen dem Phonem, das als ideales Konstrukt auf der Basis einer großen Zahl individueller Varianten entsteht, und dem poetischen Metrum, das als ideale Verallgemeinerung der im Text realiter gegebenen rhythmischen Abweichungen entsteht, gibt. Der Unterschied ist hier jedoch fundamental und essentiell. Daß das Phonem in konkreten Texten durch eine große Anzahl von Varianten repräsentiert ist, die zuweilen nur durch die Gemeinsamkeit der Relation zum idealen phonologischen Konstrukt vereinigt sind, ist durch die physischen Unterschiede in der individuellen Beschaffenheit der Sprechwerkzeuge und durch eine Reihe anderer strukturexterner Momente bedingt. Wenn wir uns darauf einigten, ein bestimmtes akustisches Muster für das lautliche Korrelat eines bestimmten Phonems zu halten, das allen native speakers bei mechanischer Aufzeichnung zugeordnet wird, und wenn wir es dann jeweils anstelle der Aussprache des betreffenden Phonems einspielten, wenn wir also künstlich die Variabilität aus dem Bereich der Artikulation ebenso eliminierten, wie wir die Polysemie aus der Terminologie eliminieren[6], litte die Sprache als Kommunikationssystem keinen Schaden.

Wenn wir jedoch rhythmische Varianten verböten (was erheblich leichter durchzuführen ist als im Fall der Phoneme), würde die Struktur des Verses sofort ihre Lebensfähigkeit einbüßen. Führen wir noch ein Beispiel an. In der klassischen Architektur der dorischen und toskanischen Säulenordnung bildet die Begrenzungslinie des Säulenschaftes bekanntlich keineswegs eine vom Kapitell zur Basis verlaufende Gerade. Eine Säule mit einem geometrisch einwandfreien Säulenschaft (zumindest in einer bestimmten Näherung) herzustellen, stellte schon in der Antike keine technisch unlösbare Aufgabe mehr dar. Eine so gemeißelte Säule hätte aber einen abstoßend toten Eindruck hervorgerufen. In der Tat gibt es an ihrem Schaft, etwa $1/3$ Säulenlänge unter dem Kapitell, eine kleine Schwellung, die, dem Auge nicht feststellbar, von uns doch untrüglich empfunden wird. Sie ist es, die dem Säulenkorpus lebendige Elastizität verleiht.

So bekommen die »Unregelmäßigkeiten« in der Kunst strukturelle Bedeutung und unterscheiden sich dadurch deutlich von den Unregelmäßigkeiten in anderen modellierenden Systemen.

Von dieser Eigenart der Kunst ausgehend, wird nun aber oft ein Schluß gezogen, dem man unmöglich zustimmen kann; auf

6 Eine Steigerung der Funktion der akustischen Kommunikation zwischen Mensch und Maschine kann zu solchen oder ähnlichen Anforderungen führen.

sie berufen sich gerade jene, die glauben, daß die Wissenschaft von der Kunst kraft der unendlichen Individualisierung ihrer Objekte nicht der Bereich der Anwendung analytischer wissenschaftlicher Methoden sein kann. Will man in dieser Frage Klarheit erlangen, ist es notwendig, die Funktion und die Entstehung systemexterner Elemente im künstlerischen Text sich klarzumachen, jenes »Bißchen« [»čut' – čut'«], von dem Tolstoj schrieb.

Wir haben schon festgestellt, daß in kommunikativen Systemen vom nichtkünstlerischen Typus die Grammatik für die Teilnehmer an Übertragung und Empfang vorgegeben und daher nicht informationshaltig ist. Deshalb schaffen Strukturen dieser Art, da sie ein mächtiges modellierendes Instrument vom gebräuchlichen Typus darstellen, das das kollektive Bewußtsein der gesamten sozialen Gruppe, der Trägerin dieses Systems, formiert, keine okkasionellen Modelle.

Da in künstlerischen Modellen anscheinend die Struktur viel schärfer hervortritt (nicht zufällig spricht man davon, daß man die Sprache der Wortkunst als eine natürliche Sprache mit zusätzlichen Restriktionen definieren kann), müßte die Vorhersagbarkeit der folgenden Elemente höher sein und die Struktur selbst folglich eine noch geringere Information tragen als in der natürlichen Sprache. Experimente jedoch haben gezeigt[7], daß wir hier auf ein Paradoxon stoßen, das auf den ersten Blick nicht zu erklären ist: ein künstlerischer Text ist schwieriger zu erraten als die kohärenten Formen des nichtkünstlerischen Textes. Es ist interessant – wir werden darauf noch zurückkommen –, daß originäre poetische Werte und epigonale Nachahmungen verschiedene Indices der Erratbarkeit aufweisen. Dabei ist noch etwas anderes von Belang: im Verlauf der Rezeption des nichtkünstlerischen Textes durch den Hörer steigt seine Vorhersagbarkeit dermaßen an, daß am Ende eines Satzes ein beträchtlicher Teil der strukturellen Mittel redundant wird. Im künstlerischen Text beobachtet man dies nicht: innerhalb der Abfolge der Elemente ist der Grad der »Überraschung« entweder annähernd gleich oder wächst zum Schluß sogar an (zumal in nichtepigonalen Texten). All dies

7 Ivan Fónagy, *Informationsgehalt von Wort und Laut in der Dichtung.* In: *Poetics, Poetyka, Poětika* I. Warszawa 1961. [S. 591-605].

ist Folge der einheitlichen strukturellen Eigenart des künstlerischen Textes.

Damit die Gesamtstruktur des Textes die Informationshaltigkeit bewahrt, muß sie ständig aus dem Zustand des Automatismus herausgeführt werden, der für nichtkünstlerische Strukturen charakteristisch ist. Gleichzeitig ist jedoch auch die entgegengesetzte Tendenz wirksam: nur Elemente, die in bestimmte vorhersagbare Sequenzen gestellt sind, können die Funktion kommunikativer Systeme wahrnehmen. In der Struktur des künstlerische Textes arbeiten also gleichzeitig zwei entgegengesetzte Mechanismen: der eine ist bestrebt, alle Elemente des Textes einem System unterzuordnen, sie in eine automatisierte Grammatik zu verwandeln, ohne die der Kommunikationsakt unmöglich ist, der andere tendiert dazu, diese Automatisierung zu zerstören und die Struktur selbst zum Träger der Information[8] zu machen.

Dabei erhält der das Systemhafte zerstörende Mechanismus im künstlerischen Text eine besondere Gestalt. Das dem jeweiligen künstlerischen System als »individuell«, »systemextern«, gegenübergestellte Faktum ist in Wirklichkeit durchaus systemhaft, gehört aber einer *anderen* Struktur an.

Ein systemexternes Faktum ist vom Standpunkt einer bestimmten Struktur schlechthin nicht wahrnehmbar, so wie wir auch einzelne Störungen, Druckfehler, Versprecher aller Art nicht bemerken (natürlich nur dann, wenn ihre Wirkung nicht so stark ist, daß die Information einfach gelöscht wird), solange wir in ihnen kein System erfassen.

Jedes »individuelle« Faktum, jedes »Bißchen« im künstlerischen Text ist das Ergebnis der Komplizierung der Grundstruktur durch zusätzliche Strukturen. Es entsteht als die Überschneidung von mindestens zwei Systemen, wobei es in jedem von ihnen einen besonderen Sinn erhält. Je mehr Gesetzmäßigkeiten sich in dem jeweiligen Punkt der Struktur schneiden,

8 Die Frage der Deautomatisierung von Strukturgesetzen des Textes in der Kunst ist in den zwanziger Jahren dieses Jahrhunderts in Arbeiten von Viktor Šklovskij *[Die Kunst als Verfahren,* vgl. A. d. Ü. S. 55] und Jurij Tynjanov *[Das literarische Faktum* und *Über literarische Evolution,* abgedruckt in: Jurij Tynjanov, *Die literarischen Kunstmittel und die Evolution in der Literatur.* Frankfurt 1967 (es 197)]* untersucht worden, die dadurch eine Reihe wesentlicher Thesen der Informationstheorie vorweggenommen haben.

desto mehr Bedeutungen wird dieses Element erhalten und desto individueller, systemexterner wird es scheinen. Im Leben Systemexternes wird in der Kunst als Polysystemes abgebildet. Kehren wir noch einmal zur Verdickung am Säulenschaft zurück: während sie zufällig ist im Verhältnis zu einer vom Kapitell zur Basis gezogenen Geraden (wir fassen diese Gerade sogleich als Strukturgesetz auf, das die Form der Säule automatisch organisiert, die Schwellung aber als systemexternes »Bißchen«), ist sie gleichzeitig völlig gesetzmäßig: sie läßt sich exakt berechnen und befindet sich in jedem Fall an derselben Stelle. Die Überschneidung dieser beiden Gesetzmäßigkeiten wird von uns als systemexterne Individualisierung rezipiert. Es ist wichtig hervorzuheben, daß ein neues strukturelles Subsystem eine deautomatisierende Funktion nur in dem Fall wird erfüllen können, wenn es das alte System nicht ablöst (zerstört, verdrängt), sondern gemeinsam mit ihm gleichzeitig so funktioniert, daß jedes von ihnen als Hintergrund für das andere auftritt. Hieraus geht hervor, daß die künstlerische Struktur, wenn sie auch im Verhältnis zur Realität und zu nichtkünstlerischen modellierenden Systemen als syntagmatisch auftritt, in sich selbst so konstruiert ist, daß sich jede der Ebenen, jede ihrer Teilstrukturen, mit Ausnahme der immanent-syntagmatischen Konstruktion, in bestimmten Relationen zu den anderen Ebenen und Substrukturen befindet. Der Effekt, den diese oder jene Ebene hervorruft, kann nicht aus ihrer isolierten Beschreibung verstanden werden und ohne Berücksichtigung dessen, was man als innere Semantik bezeichnen kann – als Umcodierung von Elementen einer Strukturebene mit den Mitteln einer andern.

Hier kann man auf zwei mögliche Fälle hinweisen:

1. die innere Umcodierung (vom Standpunkt der jeweiligen Ebene). Sie kann als Sonderfall der Konstruktion des Textes nach der syntagmatischen Achse aufgefaßt werden;

2. die äußere Umcodierung (vom Standpunkt der jeweiligen Ebene) hingegen als Sonderfall der Konstruktion des Textes nach der paradigmatischen Achse (Achse der Äquivalenz).

Der erste Fall ist, wie auch alle Konstruktionen nach der Achse der Syntagmatik, vom Standpunkt des Adressaten aus zeitlicher Folge unterworfen. Die vom Adressaten rezipierten Elemente am Anfang des Textes enthalten nicht nur Bedeutung, sondern sind auch Signale bestimmter Codes oder Gruppen von Codes (Richtungen, Gattungen, Sujettypen, Zugehörigkeit zu Gedichten oder Prosa und dgl.), die im Bewußtsein des Rezipienten bereits vorhanden sind.

Sobald aber der Informationsempfänger sich in seiner Auswahl der decodierenden Systeme[9] bestätigt sieht, wird er sofort strukturelle Zeichen empfangen, die ganz offensichtlich mit dem gewählten Schlüssel nicht zu decodieren sind. Er will sie möglicherweise von sich fernhalten, als ob sie unwesentlich seien, aber ihre Wiederholung und ihre evidente innere Systemhaftigkeit lassen ihn dies nicht tun. Dann konstruiert er ein zweites System, das von einem bestimmten Zeitpunkt an über das erste gelegt wird.

Zu diesen Fällen gehört die Relation zwischen Rhythmus und Metrum. Ihnen zuzuordnen sind ebenfalls die Pointe – ironische, zur niederen Umgangssprache gehörende satirische Wendungen in dem Augenblick, da der Leser eine lyrische Intonation wahrgenommen hat, ebenso wie alle anderen jähen Stilbrüche.

Kogdá, strojná i svetloóka,
Peredo mnój stoít oná . . .
Ja mýslju: »V dén' Il'i-proróka
Oná bylá razvedená!«

(Puškin)

[Wenn, schlank und lichten Augs
Vor mir sie steht . . .
Denk' ich: »Am Tag des Propheten Ilja
Wurde sie geschieden.«]

Die ersten beiden Verse sind ein entblößtes Code-Signal: sie sind Zitat aus dem Gedicht *Das Porträt* von Podolinskij. Puškin verweist den Leser auf einen bestimmten Stil, Typus

9 Jede Kultur enthält eine bestimmte Menge von Codes, und die Selektion daraus trägt bereits Information, während für jemand, der nur russisch spricht, die Selektion des Russischen keinen informativen Wert hat, da sie keine Selektion darstellt; während aber zwei Menschen, die nur eine gemeinsame natürliche Sprache beherrschen, ein Modell jeder sprachlichen Kommunikation darstellen, sind Schema kultureller Kommunikation zwei Polyglotten, von denen der eine wählt, in welcher Sprache am besten über den vorgesehenen Gegenstand zu sprechen ist, und der andere den Empfang damit beginnt, festzustellen, in welcher der ihm bekannten Sprachen er angesprochen wird.

von Lyrik, ein Repertoire von Schablonen. Das zweite Verspaar entspricht offensichtlich nicht dieser demonstrativ vorgewiesenen, aber falschen Adresse. Es kommt zu einer komplexen Kollision zwischen dem Code-System der Lyrik der massenhaft verbreiteten Romantik in den 20er Jahren des 19. Jahrhunderts und der populären ironischen Gelegenheitspoesie. Dabei wird jeder dieser Codes nicht für sich genommen, sondern in Relation zu dem anderen, nicht in seiner immanenten Syntagmatik, sondern in den semantischen Zusammenhängen einer wechselseitigen Umcodierung.

Im Lichte dieses komplexen Codesystems wird auch die Semantik der Nachricht schlagartig komplexer – die Bewertung der Anna P. Kern, die gleichzeitig sowohl »schlank und lichten Augs« – eine romantische »sie« ist,[10] als auch eine »geschiedene Frau« – eine Figur, die in der Puškinzeit einem Kreis von keineswegs romantisch-lyrischen Kulturvorstellungen zugeordnet wurde. Dabei funktionieren beide Codes ebenso wie beide Textinterpretationen gleichzeitig, indem sie aufeinandergelegt werden (obwohl sie dem Hörer bei der Rezeption hintereinander vermittelt werden).

Der andere Fall hängt damit zusammen, daß das deautomatisierende System auf einer anderen Ebene der Struktur liegt, jedoch dergestalt, daß in dem Augenblick, da dem Hörer die Konstruktivität der einen oder anderen grundlegenden Strukturebene eindeutig klar geworden ist, sie ihre Dominanz einbüßt, und irgendeine vorher zweitrangige Ebene des Textes in den Vordergrund tritt. Als klassisches Beispiel dafür mag die Korrelation zwischen der rhythmischen und phonologischen Ebene des Verses dienen. Nicht zufällig gilt jenes Gesetz nahe-

---

10 Im Bewußtsein der Zeitgenossen existierte ein bestimmter Typus der Intonation des romantisch-lyrischen Gedichts, das mit der Konstruktion »Wenn ich – du« [»Kogda ja – ty«] begann und durch »dann die Menge« [»to tolpa«] erweitert werden konnte: »Wenn in meine Umarmungen [...]« [»Kogda v ob-jatija moi [...]«], »Wenn deine jungen Jahre [...]« [»Kogda tvoi mladye leta [...]«], »Kogda tak nežno, tak serdečno [...]«], »Als, von Liebe und Wonne berauscht, [...]« [»Kogda, ljuboviju i negoj upoënnyj [...]«] (Puškin). Er unterschied sich von der feierlich-pathetischen Intonation vom Typus: »Als der Herrscher der Assyrer« [»Kogda vladyka assirijskij«] (Puškin), die die intonatorische Organisation des Gedichtes »Als in der Schwermut des Selbstmords [...]« [»Kogda v toske samoubijstva [...]«] von Anna A. Achmatova beeinflußt hat.

zu überall, demzufolge das rhythmisch Vorgegebene dem Leser am Anfang des Verses vermittelt wird, das Zentrum der phonologischen Organisation aber – der Reim – an das Ende gestellt ist. Diese unterschiedliche Gerichtetheit der Strukturebenen führt dazu, daß die Vorhersagbarkeit, wie wir sahen, ungeachtet der großen Zahl zusätzlicher Restriktionen, die die künstlerische Struktur dem allgemeinsprachlichen Text auferlegt, nicht steigt, sondern bisweilen sogar sinken kann. Bei der Bestimmung der allgemeinen Vorhersagbarkeit des im künstlerischen Text jeweils nachfolgenden Elements sind die Daten der einzelnen Ebenen in einer Reihe von Fällen offensichtlich nicht zu addieren, sondern zu subtrahieren, da der Automatismus der einen Ebene den Automatismus der anderen löscht.

Damit hängt auch zusammen, daß zwischen den einzelnen Strukturebenen die Relation der Komplementarität entstehen kann. So wurde z. B. schon vor langer Zeit festgestellt, daß innerhalb bestimmter poetischer Strukturen eine Abschwächung der dem Rhythmus auferlegten Restriktionen von einer Verstärkung der Forderungen an den Reim begleitet wird; daß zur Freiheit der Improvisation in der gesamten Konstruktion des Textes der Commedia dell'arte die strenge Standardisierung der Masken, des Stils ihres Verhaltens, der Situationen usw. hinzutritt.

4.4. Das »Rauschen« und die künstlerische Information

Rauschen bezeichnet vom Standpunkt der Informationstheorie das Einbrechen von Unordnung, Entropie, Desorganisation in die Sphäre von Struktur und Information. Rauschen löscht Information. Alle Arten von Zerstörung: die Stimme wird durch akustische Störungen übertönt, Bücher durch mechanische Beschädigung verdorben, die vom Autor geschaffene Textstruktur durch Einmischung seitens der Zensur deformiert – all dies ist Rauschen im Kanal. Einem bekannten Gesetz zufolge tritt in jedem Kanal (von der Telefonleitung bis hin zu dem viele Jahrhunderte umfassenden Abstand zwischen Shakespeare und uns) ein Rauschen auf, das Information frißt. Ist die Größe des Rauschens gleich der Größe der Information, so ist die Nachricht gleich Null. Die zerstörende Wirkung der

Entropie wird vom Menschen ständig verspürt. Eine der grundlegenden Funktionen der Kultur ist es, dem Angriff der Entropie zu widerstehen.

Der Kunst wurde in diesem Zusammenhang eine besondere Funktion zugewiesen. Unter dem Gesichtspunkt nichtkünstlerischer Information gibt es keinen Unterschied zwischen dem systemexternen Faktum und dem Faktum, das einem anderen System angehört. Für diejenigen, die russisch sprechen und das Französische nicht verstehen, wird eine in französischer Sprache geführte Konversation ebenso eine Störung sein, wie etwa mechanisches Rauschen.

Die Kunst – und auch darin wird ihre strukturelle Verwandtschaft mit dem Leben in der Natur sichtbar – verfügt über die Fähigkeit, Rauschen in Information zu verwandeln; sie steigert die Komplexität ihrer Struktur durch Ausnutzung der Korrelation mit der äußeren Umwelt (in allen anderen Systemen kann ein Zusammenstoß mit der äußeren Umwelt nur zur Löschung von Information führen).

Diese Besonderheit hängt, wie wir sahen, mit jenem strukturellen Prinzip zusammen, das die Polysemie der künstlerischen Elemente bestimmt; treten neue Strukturen in den Text oder in den textexternen Hintergrund des Kunstwerks ein, so ersetzen sie die alten Bedeutungen nicht, sondern bilden mit ihnen semantische Relationen. Der Unterschied zwischen der Struktur, die den Informationsgehalt des Textes vermehrt, und der fremdartigen, die ihn zerstört, besteht anscheinend in Folgendem: alles Fremdartige, das in dieser oder jener Hinsicht mit der Struktur des Autortextes korrelieren kann, hört auf, Rauschen zu sein. Eine Statue, die ins Gras geworfen wurde, kann einen neuen künstlerischen Effekt hervorrufen, da eine *Relation* zwischen dem Gras und dem Marmor entsteht.

Eine in den Mülleimer geworfene Statue ruft für den zeitgenössischen Betrachter einen solchen Effekt nicht hervor: Sein Bewußtsein kann keine Struktur erarbeiten, die diese beiden Entitäten zu einer intern korrelativen und projizierenden Einheit vereinigen könnte. Aber das bedeutet noch nicht, daß eine solche Vereinigung prinzipiell unmöglich wäre. Folglich hat die Frage, ob »Rauschen« in künstlerische Information verwandelt wird, stets die Beschreibung des Kulturtypus zur Voraussetzung, den wir als den Betrachter annehmen.

Bislang haben wir davon gesprochen, daß das fremdartige System (vom Standpunkt des betreffenden Textes aus »systemexternes System«) sich darin manifestiert, daß seine Elemente mit einer bestimmten Häufigkeit auftreten, was den Hörer[11] in ihnen eben nicht etwas Zufälliges, sondern eine andere Gesetzmäßigkeit erfassen läßt. Diese Frage wird jedoch im künstlerischen Text noch komplexer. Wir können auf eine Reihe von Fällen verweisen, wo bewußt Singuläres, Zufälliges durch das Eindringen in den Text, obwohl es partiell zu einer Zerstörung seiner Semantik führt, doch selbst eine Reihe neuer Bedeutungen erzeugt. Die abgeschlagenen Hände der Venus von Milo sind, ebenso wie alle Fälle des durch die Zeit bedingten Nachdunkelns von Gemälden, des Verfalls historischer Denkmäler, unter dem Gesichtspunkt nichtkünstlerischer Information ein trivialer Fall des Rauschens, des Angriffs der Entropie auf die Struktur. In der Kunst ist der Sachverhalt jedoch komplexer, und eine unangemessene, bedenkenlose »Restauration«, die ohne notwendige Vorsicht und Feingefühl durchgeführt wurde, die unfähig ist, jene unbekannte äußere Erscheinung des Denkmals wiederherzustellen, wie es sich den Augen des Künstlers und seiner Zeitgenossen darbot, kratzt von ihm alle nachfolgenden kulturellen Kontexte ab und tritt oft in erheblich stärkerem Maße als Entropie auf als die Wunden, die dem Denkmal von der Zeit geschlagen wurden (dies kann man selbstverständlich nicht von der vollkommen notwendigen Konservierung und einer durchdachten, feinfühligen und wissenschaftlich fundierten Restauration sagen).

Interessant ist hieran jedoch etwas anderes. Führen wir noch zwei Beispiele an. Das erste ist der Künstler Michajlov aus *Anna Karenina*, der nicht die notwendige Pose für die Figur auf seiner Zeichnung finden konnte, bis ihm ein zufälliger Stearinfleck half: »Plötzlich überzog ein Lächeln sein Antlitz, freudig warf er die Arme in die Höhe. – So, genau so! – sagte er, nahm den Bleistift und begann rasch zu zeichnen. Der Stearinfleck verlieh dem Menschen eine neue Pose«.

Das zweite Beispiel entstammt dem *Poem ohne Helden* von Anna A. Achmatova:

11 In diesem Zusammenhang sprechen wir die ganze Zeit vom Standpunkt des Informationsempfängers. Ein anderer Aspekt wird weiter unten untersucht werden.

[. . .] a tak kak mne bumági ne chvatílo,
Ja na tvoëm pišú černoviké.
I vot čužóe slóvo prostupáet [. . .]

[[. . .] und da mir das Papier nicht langte,
Schreibe ich auf deinem Manuskript.
Und da, ein fremdes Wort tritt hervor [. . .]]

Ein Stearinfleck, ein fremdes Wort – in allen Fällen haben wir
es mit einer einmaligen, systemexternen Einmischung zu tun,
die uns keine Reihe von Wiederholungen vermittelt. Und dennoch nimmt die Struktur an Komplexität zu. Die Ursache dafür liegt darin, daß wir dieses Faktum anderen in unserem Bewußtsein vorhandenen Fakten vergleichend gegenüberstellen
und es zu einem Teil einer textexternen Reihe machen, die nur
einmal mit dem Text zusammengestoßen ist (eine solche Reihe
wäre hinsichtlich der Arme der Venus von Milo: »Archaizität«,
»Authentizität«, »Nicht-zu-Ende-Sprechen« usw.). Und wieder erweist sich das einzelne Faktum, der Teil der materiellen
Konkretion des Textes, als künstlerische Realität, weil es am
Kreuzungspunkt zweier Gesetzmäßigkeiten entsteht.
Zwangsläufig ergibt sich also folgender Schluß: Die Relationenstruktur ist nicht Summe der konkreten Details, sondern
ein Inventar von Relationen, das für das Kunstwerk primär
ist und seine Grundlage, seine Realität bildet. Dieses Inventar
jedoch wird nicht als vielgeschossige Hierarchie ohne innere
Überschneidungen organisiert, sondern als komplexe Struktur
von einander überschneidenden Substrukturen mit multipler
Integration ein und desselben Elements in verschiedene Kontexte der Konstruktion. Diese Überschneidungen sind es auch,
die die »Konkretheit« des künstlerischen Textes konstituieren,
seine materielle Vielfalt, die die verwunderliche Systemlosigkeit der Umwelt mit einer solchen Wirklichkeitstreue darstellt,
daß beim unaufmerksamen Betrachter der Glaube an die Identität zwischen dieser Zufälligkeit, der unwiederholbaren Individualität des künstlerischen Textes, und den Eigenschaften der
abgebildeten Realität entsteht.
Das Gesetz des künstlerischen Textes lautet: Je mehr Gesetzmäßigkeiten sich in dem jeweiligen Punkt der Struktur überschneiden, als desto individueller erscheint der Text. Eben deshalb kann die Untersuchung des Unwiederholbaren im Kunst-

werk nur durch Aufdeckung des Gesetzmäßigen realisiert werden, wobei die Empfindung der Unerschöpflichkeit dieses Gesetzmäßigen nicht zu verdrängen ist.

Von hier ergibt sich auch die Antwort auf die Frage, ob exaktes Wissen das Kunstwerk erschlägt. Der Weg zur – immer approximativen – Erkenntnis der Vielfalt des künstlerischen Textes führt nicht über lyrische Reden von Unwiederholbarkeit, sondern über die Erforschung der Unwiederholbarkeit als Funktion bestimmter Wiederholungen, des Individuellen als Funktion des Gesetzmäßigen.

Wie immer in wahrer Wissenschaft, kann man auf diesem Wege nur einige Schritte tun. Ihn zuendezugehen ist unmöglich. Doch das ist nur in den Augen derer ein Mangel, die nicht verstehen, was das ist: Wissen.

5. Die Konstruktionsprinzipien des Textes

Oben sprachen wir von der potentiellen, für den poetischen Text geltenden Möglichkeit, jedes beliebige Wort aus der Reserve des semantischen Fassungsvermögens (h_1) in die Untermenge, welche die Flexibilität der Sprache (h_2) definiert, überzuführen und umgekehrt. In organischem Zusammenhang damit steht die Konstruktion des Textes nach paradigmatischer und syntagmatischer Achse.[1] Das Wesen dieser Differenzierung besteht in dem Hinweis darauf, daß bei der Generation einer wohlgeformten Phrase in einer beliebigen natürlichen Sprache der Sprecher zwei verschiedene Operationen ausführt:

a) er verbindet die Wörter so, daß sie in semantischer und grammatischer Hinsicht wohlgeformte (grammatikalische) Ketten bilden;

b) er wählt aus einer gewissen Menge von Elementen eines aus, das im gegebenen Satz verwendet wird.

Das Aneinanderfügen der Textsegmente, die daraus folgende Bildung zusätzlicher Inhalte nach dem Prinzip der inneren Umcodierung und die Gleichsetzung der Textsegmente, die diese in strukturelle Synonyme verwandelt und nach dem Prinzip der äußeren Umcodierung zusätzliche Inhalte bildet, konstituieren die Basis für den Mechanismus des künstlerischen Textes. Dabei hat

1. die Gleichsetzung hier einen anderen Sinn als in den natürlichen Sprachen: Als Ergebnis der Gleich- und Gegenüberstel-

---

1 Die Bedeutung dieser Differenzierung wurde zuerst von dem polnischen Linguisten Mikołaj Kruszewski [1851-1887, Schüler von Jan Baudouin de Courtenay] begründet. Auf die immens wichtige Funktion der Projektion dieser beiden Achsen in der Struktur des Verses aufeinander hat Roman O. Jakobson hingewiesen: »In der poetischen und nur in der poetischen Sprache sehen wir die Projektion der Achse der Identität auf die Achse der Kontiguität«. Und weiter: »Da es ja zu einer Projektion des Prinzips der Identifikation vom Bereich der Selektion auf den Bereich der Kombination kommt, [...] ergibt sich in bezug auf beliebige sprachliche Einheiten, auf jede beliebige Ebene der Rede notwendig die Frage der Äquivalenz.« (IV Meždunarodnyj s-ezd slavistov. Materialy i diskussii, Bd. 1. M. 1962, S. 620) Vgl.: R. Jakobson, Linguistics and Poetics. In: Style in Language. Cambridge, Mass., 1960 [S. 358].

lung der Texteinheiten wird im Verschiedenen die Ähnlichkeit, im Ähnlichen die Verschiedenheit der Bedeutungen enthüllt;

2. erweisen sich Verknüpfung und Selektion auch in den Fällen als möglich, in denen ein nichtkünstlerischer Text dies prinzipiell nicht zuläßt.

Der künstlerische Text wird also auf der Grundlage zweier Typen von Relationen aufgebaut: der Gleich- und Gegenüberstellung sich wiederholender äquivalenter Elemente und der Gleich- und Gegenüberstellung benachbarter (nichtäquivalenter) Elemente.

Die ganze Mannigfaltigkeit der konstruktiven Bauformen des Textes läßt sich auf diese beiden Prinzipien zurückführen.

Das erste Prinzip entspricht dem Übergang $h_1 \rightarrow h'_2$. Alle Textelemente werden äquivalent. Dies ist das Prinzip der Wiederholung, des Rhythmus. Es setzt gleich, was in der natürlichen Sprache nicht gleichgesetzt ist.

Das zweite Prinzip entspricht dem Übergang $h_2 \rightarrow h'_2$. Alle Elemente des Textes werden miteinander vereinbar. Dies ist das Prinzip der Metapher. Es vereinigt, was in der natürlichen Sprache nicht vereinigt werden kann. Wird im ersten Fall der Begriff »Rhythmus« weiter gefaßt und schließt er alle Fälle der Äquivalenz in einem Text ein (darunter z. B. auch phonologische), so wird im zweiten die Metapher ebenso erweitert als Möglichkeit verstanden, jegliche für die Vereinigung von »Text«-Elementen geltenden Restriktionen aufzuheben (darunter auch grammatische: »smrad'« [etwa: »Stinkicht«], »rugliv« [»schmäherisch«], »priparadjas'« [»herparadend«] oder »Zevs-oproveržec« [»Widerlegrich-Zeus«] in Gedichten Majakovskijs sind in diesem Sinne Metaphern)*.

Die Tendenz zur Wiederholbarkeit kann man als Konstruktionsprinzip des Verses, die Tendenz zur Vereinbarkeit als das der Prosa deuten. Die letzte Behauptung mag paradox erscheinen. Da ja für eine Reihe europäischer Literaturen der neueren Zeit (insbesondere für die russische) der Triumph der Prosa mit der Epoche des Kampfes gegen die Romantik zusammenfiel, begann gerade die Abkehr von der Metaphorik der Sprache als eines der grundlegenden Merkmale prosaischer Struktur auf-

---

* Vgl. hierzu etwa »prall und strammig«, »Gefühlin«, »hinhalsend«, »unbegehrend« (Rilke); »schwendet« (K. Schwitters); »aschig« (P. Huchel). [A. d. Ü.].

gefaßt zu werden. Doch muß betont werden, daß wir das Phänomen »Metapher« umfassender betrachten. Die übliche Auffassung von der als Trope verstandenen Metapher geht in unseren Metaphernbegriff ein als ein Teil neben anderen Arten der Vereinigung von außerhalb der gegebenen Textkonstruktion unvereinbaren Elementen.

Bei dieser Art der Fragestellung läßt sich die Gemeinsamkeit der üblichen Auffassung von der Metapher und der typischen Strukturprinzipien der Prosa – Prosaismus auf der Ebene des Stils, Sujethaftigkeit auf der Ebene der Komposition usw. – erfassen. Vor dem Hintergrund des Verbots der Verknüpfung von Wörtern mit verschiedener stilistischer Markiertheit scheinen Puškins Texte der 1830er Jahre eben deswegen prosaisch, weil sie diese Restriktion aufheben:

On písan vo ves' róst. Čeló, kak čérep gólyj,
Vysóko lósnitsja, i, mnítsja, zaleglá
Tam grúst' velíkaja [. . .]

[Er ist gemalt in voller Größe. Das Haupt, wie ein nackter Totenkopf,
Ist erhaben poliert, und, es deucht, hingelegt hat sich
Dort edler Mißmut [. . .]]

[*Polkovodec (Der Feldherr), 1835, vv. 26 ff.*]

Die Verknüpfung von »čelo« [»Haupt«], »vysoko« [»erhaben«], »velikij« [»edel«], »mnitsja« [»es deucht«] mit »čerep golyj« [»nackter Totenkopf«] (in bezug auf den lebenden Kopf, d. h. die Glatze), »losnitsja« [»ist poliert«], allein schon die Verknüpfung des »poetischen« Bildes eines Helden mit dem »antipoetischen« Bild eines Menschen mit spiegelnder Glatze wird als Einbeziehung der Prosa in die Poesie empfunden. Sagt man sich von der Ansicht los, der Prosatext sei »unorganisiert«, und stellt sich die Aufgabe, seine Strukturiertheit aufzudecken, dann wird offensichtlich, daß die Aufhebung der Kombinationsverbote auf der syntagmatischen Achse das leitende Konstruktionsprinzip der Prosa bildet. Nicht zufällig lag gerade die Metapher (im engeren Sinn) mit ihrer Lizenz, semantisch Unvereinbares zu vereinen, jener gigantischen Arbeit an der Prosaisierung des russischen Verses zugrunde, die von Majakovskij und Pasternak geleistet worden ist. Die Metaphorik des Stils dieser Dichter ist ebenso evident wie ihre Orientierung an der Prosa. Die Charakteristik, die Pasternak in seiner Autobiographie vom Stil der Lyrik Rilkes gibt, ist natürlich auch auf seine eigenen Verse anzuwenden: »Bei Blok bleibt die Prosa die Quelle, von der das Gedicht ausgegangen ist. Er führt sie nicht in die Ordnung seiner Ausdrucksmittel ein. Für Rilke sind die bildhaft beschreibenden und psychologischen priëmy der zeitgenössischen Romanciers (Tolstoj, Flaubert, Proust, die Skandinavier) von Sprache und Stil seiner Lyrik nicht zu trennen.«[2] Der hier ausgesprochene Gedanke ist überaus tiefsinnig und hat Anspruch auf die gespannteste Aufmerksamkeit aller derer, die über die Struktur der Prosa und des Prosaismus im Vers nachdenken.

5.1. Die paradigmatische Achse der Bedeutungen

Wiederholbarkeit ist gleichbedeutend mit Äquivalenz, die auf der Grundlage der Relation unvollständiger Gleichheit entsteht – sofern eine bzw. mehrere Ebenen vorhanden sind, in denen die Elemente gleich sind, und eine bzw. mehrere Ebenen, in denen keine Gleichheit besteht.
Äquivalenz ist keine tote Gleichheit, und eben deshalb impliziert sie auch die Unähnlichkeit. Gleichartige Ebenen organisieren ungleichartige, indem sie auch in ihnen die Relation der Gleichartigkeit herstellen. Gleichzeitig verrichten unähnliche die entgegengesetzte Arbeit, indem sie den Unterschied im Ähnlichen sichtbar machen. Da das Endziel dieses komplexen selbsteinstellenden Systems hierbei die Bildung einer neuen, auf der Ebene der natürlichen Sprache nicht existierenden Semantik ist, ist die Funktion der Elemente, die in der natürlichen Sprache Träger der semantischen und formalen Beziehungen sind, verschieden. Die phonologisch-grammatischen Elemente organisieren semantisch heterogene Einheiten zu Äquivalenzklassen und bringen dabei in die Semantik des Unterschieds ein Element der Identität hinein. Bei Koinzidenz der semantischen Elemente aktivieren die formalen Kategorien die Relation des Unterschieds, indem sie im semantisch (auf der Ebene der na-

2 B. Pasternak, *Ljudi i položenija.* In: *Novyj mir,* 1967, Nr. 1, S. 216.

türlichen Sprache) Homogenen die gedankliche Differenzierung (auf der Ebene der künstlerischen Struktur) sichtbar werden lassen. Man kann sagen, daß in bezug auf die Äquivalenz formale und semantische Elemente der natürlichen Sprache, wenn sie Eingang in die poetische Struktur finden, als Komplementmengen auftreten: Die Koinzidenz der einen zieht die Nichtkoinzidenz der anderen nach sich.

Führen wir ein Beispiel an:

Moglá by – vzjalá by	[Könnte ⟨ich⟩ – nähme ⟨ich⟩
V utróbu peščéry:	In den Schoß der Höhle:
V peščéru drakóna,	In die Höhle des Drachens,
V truščóbu pantéry.	Ins Dickicht der Pantherin.]
(Marina Cvetaeva)	

Die lexikosemantischen Einheiten dieses Textes sind, wenn wir die Ebene der natürlichen Sprache betrachten, verschieden (eine Ausnahme bildet das zweimal wiederholte Wort »peščera« [»Höhle«]). Auf den anderen Ebenen jedoch lassen sich komplexe Äquivalenzrelationen aufstellen.

Auf der metrischen Ebene zerfällt der Text in isometrische Verseinheiten (zweihebige Amphibrachien) mit Zäsur nach dem ersten Fuß. Dadurch wird eine gewisse Äquivalenz der Verse untereinander und der Halbverse untereinander hergestellt.

Syntaktisch ist der erste Vers nicht parallel zu den übrigen drei, dafür zerfällt er in zwei Halbverse, in denen ungleiche syntaktische Beziehungen (die elliptisch verkürzte syntaktische Konstruktion »esli mogla by, to vzjala by« [»wenn ⟨ich⟩ könnte, dann nähme ⟨ich⟩«]) mit Hilfe streng sich wiederholender grammatischer Elemente ausgedrückt sind. Dafür sind die folgenden drei Verse (wenn man sie als selbständige behandelt) streng parallel gebaut. Vor dem Hintergrund dieses Parallelismus wird ihr vom Autor durch die Interpunktion ausgedrückter Unterschied in der Position, die sie zueinander einnehmen, aktiviert.

Die *grammatische* Ebene weist einen strengen Parallelismus auf zwischen den beiden Halbversen des ersten Verses, zwischen den folgenden vorderen drei Halbversen untereinander und den hinteren drei Halbversen der Verse 2-4. Auf der Grundlage des grammatischen Parallelismus entsteht eine Anapher, und zwei von den drei Reimen (ebenso wie auch der gespaltene Binnenreim im ersten Vers) sind grammatischer Natur. Gleicher Herkunft ist der Binnenreim, der die drei ersten Halbverse der Verse 2-4 verbindet.

Die *phonologische* Ebene trennt den Text scharf in zwei ungleiche Teile: einer umfaßt den ersten Vers, in dem die Phonologie vollständig durch die grammatische Ebene organisiert ist, der andere ist nach Konstruktionsprinzipien gebaut, die eine völlig selbständige Ebene konstituieren. Wir wollen der Kürze halber nur den zweiten Teil betrachten, wobei wir in der Vertikalen die ganze anaphorische Gruppe der Präpositionen »v« [»in«] aus ihm ausschließen, welche in der phonologischen Ebene eine vollkommen selbständige Untermenge bilden – in allen diesen drei Versen kommt das Phonem [v] in anderen Positionen kein einziges Mal vor. Betrachten wir also den phonologischen Text, der durch kursiven Satz hervorgehoben ist:

Mogla by – vzjala by
V *utrobu peščery:*
V *peščeru drakona,*
V *truščobu pantery.*

Stellen wir uns jedes Wort als Segment des phonologischen Textes vor. Das ist berechtigt – die Wörter stellen hier Segmente nicht nur auf der semantischen, grammatisch-syntaktischen, rhythmischen, sondern auch auf der phonologischen Ebene dar, da sie ja auffallend nach der Anzahl der Phoneme (Buchstaben) gruppiert sind: 6, 6, 6, 7, 7, 7.[*] Obwohl in der Distribution »sechs oder sieben« eine gewisse zusätzliche Geordnetheit erkennbar ist, können wir, sie beiseite lassend (unter dem Gesichtspunkt einer ersten Annäherung ist das möglich), doch annehmen, daß die Wortgrenzen quantitativ gleiche Phonemgruppen angeben. Das vereinfacht die Aufgabe der vergleichenden Gegenüberstellung. Wir müssen die phonologische Geordnetheit des Textes deutlich machen. Zu diesem Zweck wollen wir uns alle Segmente als äquivalente Mengen vorstellen und die Mächtigkeit ihrer Durchschnitte herausarbeiten. Die Mengen, in denen der geschnittene Teil größer als

---

[*] In der Transliteration mit lateinischen Buchstaben wird dies undeutlich, denn die Buchstabengruppe šč gibt nur ein Phonem des Russischen wieder. [A. d. Ü.]

der nichtgeschnittene ist, nennen wir äquivalente Mengen von
großer Mächtigkeit. Bei der Betrachtung der phonologischen
Ebene sehen wir von der Reihenfolge der Phoneme ab und
richten unsere Aufmerksamkeit (zur Vereinfachung des Vor-
habens) nur auf ihr Vorhandensein. Die Mächtigkeit der
Menge bilden die gemeinsamen Phoneme, wobei der Faktor
ihrer Anordnung nicht berücksichtigt wird.

Die Gruppe des kleinsten Durchschnitts bildet das Phonem [r]
– es kommt in allen Segmenten vor. Für vier Segmentpaare
erschöpft sich die Mächtigkeit in diesem einen Phonem.

Die Gruppe mit der Mächtigkeit von einem Phonem [r] ist:

utrobu – peščery
peščeru – drakona
peščery – drakona

Wir vermerken, daß in zwei von drei Fällen der geringsten
phonologischen Organisiertheit des Textes das Wort »drakon«
vorkommt (es steht ebenso außerhalb der Bindung durch Reim
wie außerhalb der Bindung durch grammatische Kategorien:
»peščera« und »pantera« sind weiblichen, »drakon« ist männlichen Geschlechts; der zuletzt genannte Sachverhalt wird sich
als semantisch überaus gewichtig erweisen). Es ist das am wenigsten »gebundene« Wort des Textes.

Die Gruppe mit der Mächtigkeit von zwei Phonemen (zwei
Fälle [r] + *Vokal,* einer [r] + *Konsonant*) ist:

tr: *tru*šč*obu* – *pant*era
ur: *utrob*u – *peščer*u
ro: d*ra*kona – t*ru*ščobu

Auch in dieser Gruppe mit geringer Mächtigkeit kommt »drakon« vor.

Die Gruppe mit der Mächtigkeit von drei Phonemen ist:

ran: d*ra*ko*n*a – *pan*tery
ščru: peš*č*e*r*u – t*ruš*čobu
per: *pe*š*č*e*r*u – *pe*r*tery*

Die Gruppe mit der Mächtigkeit von vier Phonemen ist:

pery: *peščery* – *pantery*

Die Gruppe mit der Mächtigkeit von fünf Phonemen ist:

peščer: *peščery – peščeru*

Die Gruppe mit der Mächtigkeit von sechs Phonemen ist:

truobuз: *truščobu – utrobu*

Untersuchen wir anhand einer Tabelle, in der die beiden äußeren Ziffern die Anzahl der nichtkoinzidenten, und die mittlere
die Anzahl der koinzidenten Phoneme im Segment bezeichnet,
welche Segmentpaare Mengen großer Mächtigkeit bilden.[4]
Ordnen wir sie nach anwachsender Mächtigkeit (die linke Ziffer bezieht sich auf das linke, die rechte auf das rechte Wort).

utrobu	–	peščery	5 – 1 – 5
peščery	–	drakona	5 – 1 – 6
peščeru	–	drakona	5 – 1 – 6
utrobu	–	peščeru	4 – 2 – 4
utrobu	–	drakona	4 – 2 – 5
utrobu	–	pantery	4 – 2 – 5
peščery	–	truščobu	4 – 2 – 5
drakona	–	truščobu	5 – 2 – 5
truščobu	–	pantery	5 – 2 – 55
drakona	–	pantery	4 – 3 – 4
pantery	–	truščobu	4 – 3 – 4
peščeru	–	pantery	3 – 3 – 4
peščery	–	pantery	2 – 4 – 3
peščery	–	peščeru	1 – 5 – 1
truščobu	–	utrobu	1 – 6 – 0

3 Wenn ein und dasselbe Phonem in dem einen Segment einmal, im anderen zweimal vorkommt, zählen wir in der Durchschnittsmenge eines, wenn
es in beiden Segmenten je zweimal vorkommt, zwei Phoneme.
4 Das phonologische Häufigkeitswörterbuch dieses Textes bietet folgende
Daten: Der Text enthält 13 Phoneme, die sich, nach abnehmender Häufigkeit geordnet, in folgender Weise verteilen: r – 6mal, e – 5, u – 4, t, o, p,
šč, a – 3, y, n – 2, k – 1. Der Signifikanz halber müssen diese Mikrodaten
vor dem Hintergrund des phonologischen Häufigkeitswörterbuches der russischen Sprache betrachtet werden. Zwei »y« und zwei »n« geben natürlich
einen unterschiedlichen Grad beabsichtigter phonologischer Organisiertheit
des Textes an.
5 Quantitativ stimmen diese beiden Fälle überein, doch die Kombination
des allen Wörtern gemeinsamen Phonems »r« mit »t« ergibt offensichtlich
einen größeren Grad der Organisiertheit für den Text als »ro«, und zwar
aufgrund der größeren Seltenheit dieser Kombination in der Sprache.

In der letzten Zeile besteht das ganze zweite Segment aus Phonemen des ersten. Die letzten Zeilen bilden Mengen mit einem Durchschnitt von großer Mächtigkeit. Dennoch ist sogar intuitiv fühlbar, daß der Klang des vorletzten und des letzten Paares verschieden ist. Um den Grund dafür klären zu können, müssen analoge Tabellen der Durchschnitte auf der grammatischen und lexikalisch-semantischen Ebene aufgestellt werden (für andere Texte wären auch Intonations-, syntaktische und andere Tabellen notwendig; im vorliegenden Fall ist hier jedoch vollständige Identität zu beobachten).

Die Relation zwischen diesen Daten könnte man in einer gemeinsamen Tabelle der nächstfolgenden Ebene zusammenfassen. Dabei ergäbe sich das objektivste Bild der Gebundenheit der Elemente im Text. Offenbar schaffen maximale Gebundenheit auf den einen Ebenen und minimale auf den anderen die günstigsten Bedingungen für die Entstehung sekundärer Bedeutungen. Dadurch erhalten wir zum einen Kriterien für den Grad der Organisiertheit des Textes (was bei der Bestimmung der Äquivalenz einer Übersetzung sehr nützlich sein kann, da der Wert der Mächtigkeit der einander schneidenden Untermengen des übersetzten Textes unvermeidlich vom Original abweichen wird, und dennoch der gleiche Grad an Gebundenheit der semantischen Segmente wie im Original vermöge der Regulierung der Konstruktion anderer Ebenen erreicht werden kann); zum andern erhalten wir, wenn wir diejenigen gedanklichen Beziehungen untersuchen, die als Ergebnis der Zusammenfassung äquivalenter Elemente zu semantischen Gruppen gebildet werden, die Möglichkeit, die wichtigsten hervorzuheben.

Die semantische Gruppe »In den Schoß – In die Höhle – Ins Dickicht« und die Gruppe »In den Schoß der Höhle – Ins Dickicht der Pantherin« lassen als gemeinsamen semantischen Kern (als Vergleichsgrundlage) die Bedeutung der Gerichtetheit in einen geschlossenen, unzugänglichen und dunklen Raum erkennen. Durch Einführung der räumlich-semantischen Oppositionen »Geschlossenes – Geöffnetes«, »Nahes – Fernes«, »in – außerhalb«, »Zugängliches – Unzugängliches« und der sekundären Oppositionen »Beschütztes – Unbeschütztes«, »Dunkles – Helles«, »Warmes – Kaltes« und »Geheimes – Offenes« placiert diese Konstruktion die Gruppe auf der Überkreuzung dieser semantischen Felder. Alle linken Glieder der aufgezählten Oppositionen werden Synonyme, ebenso die rechten. Sie lassen sich auf die grundlegende Opposition »Subjekt – Objekt« (z. B. in der Variante »Eigenes – Fremdes«) und auf den Gegensatz »ich – du« zurückführen.

So wird die Semantik des Strebens nach Überwindung der Opposition »ich – du« und das invariante Schema »ich nähme dein *Du* in mein *Ich* auf« erkennbar. In diesem Sinn ist die geringe Mächtigkeit der Äquivalenz der »drakona« [»Drachen«] enthaltenden Gruppen nicht zufällig – offensichtlich verhindert die Kategorie *genus masculinum*, daß er sich als Variante in die invariante Gruppe des semantischen Textsubjektes einfügt. Die Herausarbeitung des semantischen Kerns aktiviert jedoch die Bedeutungshaltigkeit der distinktiven Elemente.

V utrobu peščery:	[In den Schoß der Höhle:
V peščeru drakona [...]	In die Höhle des Drachens [...]]

Die doppelte Verbindung – die Koinzidenz der Wortwurzel, die zu einer rigorosen Semantisierung der formalen Wortteile führt (Unterschied im Ähnlichen), und die Hervorhebung des formalen Elementes als des wesentlichen distinktiven Merkmals – erhöht die semantische Bedeutung der grammatischen Kategorie maximal (in diesem Fall die semantische Funktion der durch sie ausgedrückten räumlichen Beziehungen) und bereitet einen der Schlußverse vor (der schon außerhalb unseres Textabschnittes steht):

[...] V peščeru – utrobu.	[[...] In die Höhle – den Schoß.
Mogla by – vzjala by.	Könnte ⟨ich⟩ – nähme ⟨ich⟩.]

Die weitere Arbeit an der Untersuchung der semantischen Funktion äquivalenter Segmente könnte in zwei Richtungen vorangetrieben werden:
erstens, die semantische Funktion der varianten Elemente der ermittelten Invariante zu klären (d. h. warum die vorliegende semantische Invariante durch die vorliegenden Varianten ausgedrückt ist). Was jedes dieser Elemente von den anderen unterscheidet, entsteht als Folge der ihnen strukturell zugeordneten Äquivalenz und erlaubt es, jedes als aus einer Äquiva-

lenzmenge ausgewählt anzusehen, und infolgedessen macht die Auswahl dieses und nicht eines anderen Elementes ihre Unterschiede zu Bedeutungsträgern;

zweitens, das Verhältnis der vorliegenden semantischen Invariante zu den semantischen Invarianten anderer Teile des Textes sowie anderer Texte desselben Autors zu klären. In diesem Fall treten die semantischen Invarianten als Varianten einer Invariante zweiten Grades auf und bilden wiederum eine Äquivalenzmenge, aus der der Autor eine Auswahl trifft. Im vorliegenden Fall ist das die Beziehung des untersuchten Textes zu anderen Texten der Cvetaeva, die der Überwindung der Diskrepanz zwischen »Ich« (in allen seinen Erscheinungsformen) und »Nicht-Ich« (ebenfalls in allen seinen Erscheinungsformen) gewidmet sind.

5.2. Die syntagmatische Achse in der Struktur des künstlerischen Textes

Die andere Operation beim Aufbau eines beliebigen Textes (einer Nachricht) ist die Verknüpfung der Elemente. Dabei ist es offenbar von Nutzen, zwei Fälle zu unterscheiden: Die Verknüpfung gleichartiger (oder strukturell äquivalenter) Elemente und die Verknüpfung verschiedener Strukturelemente.

Im ersten Fall ergibt sich keine Konstruktion vom Typus der Phrase: Die Wiederholung gleichartiger Elemente, die zu einem Ganzen vereinigt werden, errichtet eine Konstruktion vom Typus des geometrischen Ornaments. Der wesentliche Unterschied zwischen den Konstruktionen der intern spezialisierten Kette (Phrase) und der intern nicht spezialisierten Kette (Typus des Ornaments) ist das Vorhandensein oder Fehlen von konstruktiv markiertem Ende und Anfang. Damit hängt zusammen, daß, während im ersten Fall die Länge einer Phrase in beträchtlichem Maße deren Konstruktion prädeterminiert, im zweiten Fall der Text offenen Charakter hat.

Die Verknüpfung gleichartiger Elemente zu Ketten wird nach anderen Gesetzen produziert als die Verknüpfung heterogener – sie wird als ein Aneinanderfügen aufgebaut und reproduziert in diesem Sinn den Grundzug des supraphrasischen

Aufbaus des Redetextes. Wesentlich ist dabei Folgendes: Die Wiederholung ein und desselben Elementes dämpft seine semantische Relevanz (vgl. den psychologischen Effekt vielfacher Wiederholung ein und desselben Wortes, das dadurch zu Unsinn pervertiert wird)[6]. In den Vordergrund tritt dafür das Verfahren der Verknüpfung dieser Elemente, die ihre Bedeutung verloren haben. So gehen gleichzeitig eine Formalisierung der Elemente als solcher und eine Semantisierung ihrer formalen Bezüge vor sich. Als Bestätigung dafür können die zahlreichen Fälle der ornamentalen Formalisierung, der Umwandlung bedeutungshaltiger Bildformen in geometrische Ornamente dienen. Gleichzeitig wird das geometrische Ornament zum Modell jeder Art von aneinanderfügender Verbindung, beispielsweise für das Schema eines narrativen Textes. Damit hängt offenbar die Tendenz erzählender Gattungen zusammen, den Text in äquivalente Segmente aufzugliedern (für den poetischen Text sind das die Strophen, für den Prosatext die Kapitel). In einer ersten Annäherung können wir sagen, daß der Text sich innerhalb des Segmentes (Vers, Strophe, Kapitel) nach dem Prinzip der Phrase (Verknüpfung verschiedener, aber nichtäquivalenter Elemente) aufbaut, zwischen den Segmenten aber die aneinanderfügende Verbindung vom Typus derjenigen vorherrscht, die zwischen Absätzen,[7] Kapiteln u. ä. entsteht.

Die hohe strukturelle Markiertheit der Segmentgrenzen (bei gleichzeitigem Fehlen der strukturell markierten Kategorien des Textanfangs und Textendes) ruft hier die Illusion einer Struktur hervor, die scheinbar einen (endlosen) Redetext reproduziert (z. B. den Redetext der Wirklichkeit) und daher unterbrochen und fortgesetzt werden kann, und zwar an jedem beliebigen Punkt, wie Ornament oder endlose Erzählung. Texte wie *Evgenij Onegin*, [Aleksandr T. Tvardovskijs

---

6 Darauf beruht der künstlerische Effekt unablässiger Wiederholungen im literarischen Text.

7 Vgl.: E. V. Padučeva, *O strukture abzaca*. In: *Trudy po znakovym sistemam II*, Tartu 1965; I. P. Sevbo, *Ob izučenii struktury svjaznogo teksta*. In: *Lingvističeskie issledovanija po obščej i slavjanskoj tipologii*, M. 1966; B. M. Gasparov, *O nekotorych lingvističeskich aspektach izučenija struktury teksta*. In: *3-ja letnjaja škola po vtoričnym modelirujuščim sistemam. Tezisy. Doklady*, Tartu 1968.

Versepos] *Vasilij Tërkin* [1941-45], [Vasilij A. Žukovskijs
Kriegsgedicht im Wechselgesang] *Der Sänger im Lager der
russischen Krieger* [1812], Couplets jeder Art, Noëls und andere Lieder dieses Typus* sind als prinzipiell offene Texte gebaut. Puškin hat mehrfach betont, die Arbeit am Roman *Evgenij Onegin* (»Sammlung bunter Kapitel«) baue sich als ein
»Ansammeln« neuer Strophen auf.

Bei genauerer Betrachtung bereitet die absolute Gegenüberstellung von phrasischer und supraphrasischer Verknüpfung
der Elemente auf der syntagmatischen Achse der Konstruktion
des künstlerischen Textes jedoch Schwierigkeiten. Wenn wir
den Begriff von Anfang und Ende des Textes als obligatorisch
vorhandener Strukturelemente einführen, schaffen wir die
Möglichkeit, den ganzen Text als eine einzige Phrase zu betrachten. Doch auch die ihn konstituierenden Segmente sind
phrasisch, da sie jeweils eigenen Anfang und Ende haben und
nach einem bestimmten syntagmatischen Schema aufgebaut
sind. Demnach kann jedes beliebige bedeutungshaltige Segment
des künstlerischen Textes sowohl als Phrase wie auch als Folge
von Phrasen interpretiert werden. Mehr noch: Auf Grund dessen, was Jurij N. Tynjanov »Dichte [tesnota]« der Wortreihe
im Vers und Roman O. Jakobson Projektion der Achse der
Selektion auf die Achse der Kombination genannt hat, bilden
die nebeneinander gestellten Wörter im künstlerischen Text innerhalb des jeweiligen Segments ein semantisch unauflösliches
Ganzes – einen »Phraseologismus«. In diesem Sinn korreliert
jedes beliebige bedeutungshaltige Segment (einschließlich des
Universalsegments – der Gesamttext eines Werkes) nicht nur
mit einer Bedeutungskette, sondern auch mit einer unteilbaren
Bedeutung, d. h. es erscheint als Wort. Diese Möglichkeit, einen
Text und jeden seiner bedeutungshaltigen Teile als ein besonderes okkasionelles Wort zu betrachten, wurde von Boris Pasternak bemerkt (und vor ihm von Potebnja):

Čtó emú počét i sláva,	[Was sind ihm Ehre und Ruhm,
Mésto v míre i molvá	Ein Platz in der Welt und Ruf
V míg, kogdá dychán'em spláva	In dem Augenblick, da im Hauch der Schmelze
V slóvo sploçený slová?	*Ins Wort Wörter gefügt sind?*]

* Vgl. z. B. die »Wirtinnen-Verse«: »Frau Wirtin hatt' *auch* einen . . .«.
[A. d. Ü.]

Die Situation wird jedoch noch komplizierter dadurch, daß
– obwohl die Trennung von phraseninternen und supraphrasischen Beziehungen sich aus der Sicht irgendeiner bestimmten
Ebene sehr genau durchführen läßt – bedacht werden muß,
daß jeder beliebige Text vom Standpunkt mehrerer Ebenen
betrachtet werden kann. Dabei werden interphrasische Beziehungen notwendig zu phraseninternen und umgekehrt.

Die Gegenüberstellung von Metapher (als semantischer Beziehung, die auf der syntagmatischen Achse entsteht) und Rhythmus (als semantischer Beziehung, die auf der Achse der Äquivalenz entsteht) ist schon allein deswegen nicht absolut, weil
die vergleichende Gegenüberstellung zweier Segmente auf der
Achse der Kontiguität notwendig impliziert, daß sie abgesondert sind. Die Gliederung eines Textes in Segmente, die in irgendeiner Beziehung äquivalent sind (andernfalls sind sie
nicht vergleichbar), bringt eben dadurch Rhythmizität auch in
die Struktur der syntagmatischen Achse. Offenbar findet folgende komplexe Verflechtung der Relationen statt: Eine gewisse Isomorphie der Elemente erlaubt es, den Text in äquivalente (abgetrennte und vergleichbare) Segmente zu gliedern.
Danach bilden ihre Bedeutungen äquivalente Mengen bestimmter Mächtigkeit und heben distinktive semantische Elemente hervor.

Derselbe Text kann freilich auch unter dem Gesichtspunkt anderer Beziehungen »gelesen« werden. Jedes Segment kann als
Teil irgendeines Satzes betrachtet werden. In diesem Fall tritt
es in bestimmte, vom Satztypus abhängige Relationen zum
syntagmatischen Ganzen und seinen Teilen. Diese Beziehungen
führen dazu, daß jedes Segment in einer bestimmten Weise das
nächstfolgende vorhersagt. »Sehr oft«, bemerkt E. V. Padučeva, »lassen die Gesetze der Kombinierbarkeit von Einheiten
sich auf die Notwendigkeit der Wiederholung irgendwelcher
Bestandteile dieser Einheiten zurückführen. So ist die formale
Struktur des Verses (unter anderem) auf der Wiederholung
ähnlich lautender Silben begründet; die Kongruenz von Substantiv und Adjektiv auf der gleichartigen Bedeutung der
Merkmale Genus, Numerus und Kasus; die Kombinierbarkeit
von Phonemen läßt sich häufig auf die Regel zurückführen,
daß in benachbarten Phonemen ein und derselbe Wert eines
distinktiven Merkmals wiederholt werden muß. Der Zusam-

menhang eines Textes im Absatz ist in beträchtlichem Maße
auf der Wiederholung gleichartiger semantischer Elemente in
benachbarten Phrasen begründet.«[8] Der künstlerische Text, der
die Verbote, die auf bestimmten Ebenen (Grammatik, Semantik, Stilistik, Intonation usw.) für das Nebeneinanderstellen
der einen oder anderen Textsegmente gelten, aufhebt, aktiviert
die strukturelle Funktion derjenigen Elemente, deren Koinzidenz notwendige Bedingung für die Kombinierbarkeit derselben Segmente im nichtkünstlerischen Text ist.

Auf diese Weise wird in der Poesie das Prinzip verletzt, das
die Beachtung der Kombinationsverbote der einen oder anderen Textelemente vorschreibt. Dies kann man wohl kaum als
Eigenart ausschließlich der poetischen Sprache des 20. Jahrhunderts ansehen. Ganz zu schweigen von der »Verknüpfung
voneinander einigermaßen entfernter Ideen«, in welcher Lomonosov einen wesentlichen rhetorischen Kunstgriff sah, ist
darauf in bedeutendem Maße die Kombination großer Sujet-
abschnitte des Textes (Episoden, »Motive«, »Bilder«, Kapitel)
aufgebaut.

Betrachten wir einen Text von Fëdor I. Tjutčev:

Véčer mglístyj i nenástnyj...
Čú, ne žávoronka l' glás?..
Tý li, útra góst' prekrásnyj,
V étot pózdnij, mërtvyj čás?..
Gíbkij, rézvyj, zvúčno-jásnyj,
V étot mërtvyj, pózdnij čás
Kak bezúm'ja sméch užásnyj
On vsju dúšu mne potrjás!..

[Nebliger und regnerischer Abend...
Horch, ist das nicht die Stimme der Lerche?..
Du, herrlicher Gast des Morgens,
Zu dieser späten, toten Stunde?..
Geschmeidig, lebhaft, klangvoll-klar,
Zu dieser toten, späten Stunde,
Wie des Wahnsinns grausiges Gelächter
Hat sie die ganze Seele mir erschüttert!..]

8 E. V. Padučeva, a.a.O., S. 285.

Das Gedicht ist deutlich so gebaut, daß es zwei semantisch unvereinbare Gruppen vereinigt: den regnerischen Abend und das Lied der Lerche. Zugleich ist es in allen sprachlichen Ebenen so organisiert, daß es bestimmte Beziehungen in Übereinstimmung mit den auf sie einwirkenden Verboten und Lizenzen realisiert. Die Unvereinbarkeit erscheint hier auf einer anderen Ebene – der der außersprachlichen Realität. Die Aufhebung eines Kombinationsverbotes erfolgt nicht innerhalb irgendeiner der sprachlichen Ebenen (einschließlich der semantischen – hier gibt es keine Metapher im engeren Sinne), sondern in der Konstruktion der Nachricht. »Nebliger und regnerischer Abend« gibt eine bestimmte reale Situation. Der Imperativ »Horch« läßt erwarten, daß im weiteren eine Nachricht über irgendwelche Laute folgen wird. Das Vorhandensein dieser beiden Nachrichten läßt ein Repertoire von Möglichkeiten aufstellen, aus denen das ihnen Folgende auszuwählen ist (z. B.: »Schrei der Eule«, »Knarren trockenen Holzes«, »Stöhnen«, »Knochenklappern«, »Glockenton«). Die Selektion jedes beliebigen dieser (oder anderer ihnen äquivalenter) Elemente gestattete ihrerseits, ein Feld des für weitere Nachrichten Möglichen/Unmöglichen aufzubauen. Tjutčev wählt nun nicht aus dem Repertoire der wahrscheinlichen, sondern aus dem Repertoire der nichtwahrscheinlichen Fortsetzungen aus. Die Erwartung wird dabei wie stets nur auf einer bestimmten Ebene nicht erfüllt. »Horch« sagt einen Laut voraus, und im weiteren ist tatsächlich von einem Laut die Rede. Wenn man den Vers »Horch, ist das nicht die Stimme der Lerche?« in »Horch, ist das nicht der Schrei eines Vogels?« transformiert, dann findet auch keinerlei Verletzung der der Mitteilung auferlegten Restriktionen statt, obwohl offensichtlich »Stimme der Lerche« und »Schrei eines Vogels« in bestimmten Kontexten einander reibungslos zu ersetzen vermögen. Von allen semantischen Merkmalen der Lerche wird also das eine aktiviert: »*Morgen*vogel« (vgl. weiter unten »herrlicher Gast des Morgens«) – das mit dem zu Anfang exponierten Bild unvereinbar ist. Im weiteren ist das ganze Gedicht auf dieser Vereinigung von Nichtvereinbarem aufgebaut: »herrlicher Gast des Morgens – späte, tote Stunde«, »geschmeidig, lebhaft, klangvoll-klar – tote, späte Stunde« (beachten wir die Umstellung der Wörter im sechsten Vers, der den vierten wiederholt – die syntagmatische

Achse dissimiliert Wiederholungen und vermindert dadurch die Vorhersagbarkeit). Die Krönung all dessen ist »des Wahnsinns grausiges Gelächter«. So entsteht die Konstruktion einer Nachricht über die Nichtvorhersagbarkeit, das Chaotische der Natur selbst, über die Unordnung als kosmisches Gesetz.

Es erhebt sich die Frage: Unterliegt die poetische Aufhebung der Kombinationsrestriktionen für die Einheiten der einen oder anderen Ebene auf der syntagmatischen Achse ihrerseits irgendwelchen Restriktionen? Diese Frage kann nur bejahend beantwortet werden: Eine Reihe mit vollständig aufgehobenen Kombinationsrestriktionen (nach jedem der Elemente ist das Auftreten jedes beliebigen der möglichen folgenden Elemente gleich wahrscheinlich) ist keine Struktur. Offenbar ist Bedingung für die Möglichkeit der Verknüpfung, daß die Mengen der distinktiven Merkmale der zu verknüpfenden Segmente einen Durchschnitt von wenigstens einem Element bilden. Im Grunde ist darauf die bis heute klassisch gebliebene Metapherndefinition des Aristoteles aufgebaut: »Metapher ist die Übertragung eines Wortes mit veränderter Bedeutung entweder von der Gattung auf die Art oder von der Art auf die Gattung oder von einer Art auf die andere oder gemäß der Analogie«. Dabei ist nach dem schon von Lomonosov formulierten Gesetz ein Zusammenhang zwischen dem poetischen Wert einer Metapher und der Minimalität der Durchschnittsmenge festzustellen (»Verknüpfung voneinander einigermaßen entfernter Ideen«).[9] Wir selbst sprachen in diesem Zusammenhang vom *ununterbrochenen* Prozeß der Aufhebung von Restriktionen, und eben dies besagt anscheinend das historische Material: Wenn wir die mittelalterliche Literatur betrachten, so ist der Kreis der lizensierten Metaphern streng begrenzt, und sie können durch eine geschlossene Liste angegeben werden – bei Pasternak und Voznesenskij hingegen kann praktisch jedes beliebige Paar nebeneinanderstehender Wörter als Metapher angesehen werden.

Der Widerspruch zwischen dem Faktum, daß die poetische Metapher ihrer Natur nach zu einer Minimalisierung der Durchschnittsmenge der distinktiven Merkmale der sie konstituieren-

9 Die moderne Hirnphysiologie untersucht den Zusammenhang zwischen emotionaler Erregung und der Reizung topographisch voneinander entfernter psychischer Zentren im Gehirn.

den Glieder strebt, und der Tendenz zur weiteren Verringerung dieser Durchschnittsmenge besteht jedoch nur zum Schein:
Der Begriff der »minimalen« Durchschnittsmenge selber hat
einen Sinn tatsächlich nur im Zusammenhang mit der ganzen
festgelegten Summe von Verboten und Lizenzen, die einer gegebenen Struktur insgesamt eignen.

Wird ein Glied der syntagmatischen Kette zerstört, so erhält
es besondere Relevanz – es tritt als distinktives Merkmal des
betreffenden Kombinationstypus auf. Es läßt sich folgende
Klassifikation der unvereinbaren Vereinigungen vorschlagen:
I. Aufhebung der Verbote, die auf der Ebene der natürlichen
Sprache für die Vereinigung von Elementen innerhalb einer
semantischen Einheit (Wort oder phraseologische Fügung) gelten. Zu diesem Fall zählen hauptsächlich die lexikalischen Neologismen in der Poesie, aber ebenso Fälle der Umdeutung ver-
einbarer Einheiten als unvereinbarer (ein in der Sprache ge-
bräuchliches Wort wird zum Neologismus)*:

Čto v máe, kogdá poezdóv raspisán'e
Kamýšinskoj vétkoj čitáeš' v putí,
Onó grandióznej svjatógo pisán'ja,
Chotjá ego sýznova vsë perečtí.

[Daß im Mai, wenn der Züge Verzeichnis (Fahrplan)
Der Kamyšin-Abzweigung du liest auf dem Wege,
Es grandioser ist als die Heilige Schrift,
Auch wenn du sie von neuem ganz durchliest.]
    (B. Pasternak [aus *Meine Schwester – das Leben*, 1922 (1957)])

In dem Wort »raspisan'e« [»Verzeichnis«] wird das Präfix
»raz« so verstanden, als verleihe es einer Handlung die
Höchststufe (vom Typus »raschvalit'« [»mit Lob überschüt-
ten«; chvalit' = loben], »raspisat'« [»ausführlich beschreiben«;
pisat' = schreiben]) [während »raz-« hier, dem lateinischen

---

* Vgl. hierzu auch:
Erschrick nicht, wenn ich jetzt begreife, ach,
da steigt es in mir auf: ich kann nicht anders,
ich muß begreifen, und wenn ich dran stürbe.
Begreifen, daß du hier bist. Ich begreife.
Ganz wie ein Blinder rings ein Ding begreift,
fühl ich dein Los und weiß ihm keinen Namen.
    (Rilke, aus *Requiem. Für eine Freundin*) [A. d. Ü.]

»dis-« ähnlich, die Vielzahl und räumliche Verteilung der Eintragungen in einer Liste, hier also dem Fahrplan, bezeichnet], und dann ist es natürlich, daß »*raspisanie*« grandioser ist als einfach »pisanie« [»Schreiben, ›Schrift‹«].[10]

Hier oben aber, wie grausamlich
Sonne und Rosen stechen sie mich!
Mich höhnt der Himmel, der bläulich und mailich –
O schöne Welt, du bist abscheulich!

(Heine, Im Mai)*

Die Phraseologismen werden in eine Stellung gebracht, die zu analog aufgebauten freien Wortverbindungen syntaktisch äquivalent ist. Der ungewöhnliche Typus der Verbindung verleiht den Bestandteilen des Phraseologismus eine ihnen gewöhnlich nicht eigene (in der Sprache schon verlorengegangene) syntaktische Selbständigkeit und gegenständliche Bedeutung. Die Vereinigung der betreffenden Wörter in dieser gegenständlichen Bedeutung ist in der natürlichen Sprache jedoch unmöglich. Der betrachtete Fall befindet sich faktisch schon auf der Grenze zur Beseitigung syntagmatischer Verbote.
II. Aufhebung der die Vereinigung bedeutungstragender Einheiten in der natürlichen Sprache regelnden Verbote (morphologische und syntaktische Verbote).

Bylo mráčno i temnó.	[Es war unklar und finster.
Bylo strášno i oknó.	Es war furchtbar und Fenster.]

(A. Vvedenskij)

»okno« [»Fenster«] wird hier in der Funktion einer Zustandskategorie verwendet. Die minimale Gemeinsamkeit, die es erlaubt, eine derartige Umdeutung vorzunehmen, ist hier die Parallelität der syntaktischen Position und die phonologische Homonymie der Morpheme.

10 Es versteht sich, daß die Wörter »Pisanie« und ›raspisanie‹ dabei ihre für die natürliche Sprache normale Bedeutung nicht verlieren, auf deren Ebene die stilistische Gegenüberstellung entsteht, die das vom Text überwundene Kombinationsverbot aufstellt.
* An dieser Stelle sind je ein Beispiel aus Gedichten von Majakovskij und Pasternak weggefallen, da das, was sie verdeutlichen sollen, für den deutschen Leser einen längeren Kommentar erforderte bzw. in der Übersetzung nicht wiederzugeben ist. [A. d. Ü.]

III. Aufhebung der für die semantische Grammatikalität sorgenden Restriktionen. Darauf sind alle traditionellen Tropen aufgebaut. Es muß bedacht werden, daß die Regeln der semantischen Grammatikalität in umgekehrtem Verhältnis zu den syntaktischen stehen. Dort, wo es keine formal ausgedrückten Bezüge gibt, wird die semantische Vereinbarkeit zum einzigen Kriterium für die Wohlgeformtheit einer Konstruktion. Deshalb stellt das poetische Prinzip von Nachbarschaft als semantischer Beziehung eine Übertragung der interphrasischen Syntagmatik ins Innere der Phrase dar.

Es ist zu bemerken, daß die Reduktion der in der Sprache zwischen den Textsegmenten obligatorischen Beziehungen auf ein Minimum durch die Einführung zusätzlicher Geordnetheiten kompensiert wird. Um in dem Sprichwort des 17. Jahrhunderts »komú smech, a u nas i v láptjach sneg« (ausgesprochen »snech«) [»der eine hat Grund zum Lachen, aber bei uns ist sogar in den Bastschuhen Schnee«] Äquivalenz zwischen »smech« [»Lachen«] und »sneg« [»Schnee«] herzustellen (nach dem Schema: »dem einen gehts gut, aber uns schlecht«) und sie zu einem semantisch parallelen Paar zu verbinden, ist es notwendig, eine zusätzliche phonetische und rhythmische Geordnetheit einzuführen.

Auf der syntagmatischen Achse sind also zwei Ordnungsprinzipien wirksam. Das eine entspricht den allgemeinsprachlichen Regeln der Kombination von Segmenten. Auf dieser Ebene ist die ganze Zeit eine Tendenz zur »Auflockerung« der Verbindungen, zu steigender Minimalisierung der Verbote wirksam. Weil dabei der poetische Text in dieser Beziehung auf den allgemeinsprachlichen projiziert wird wie die Rede auf die Sprache, wird die Aufhebung eines Verbotes zu einem hochbedeutsamen semantischen Element.

Eben diese steigende Ungeordnetheit der einen Reihe aber ist gleichzeitig zunehmende Geordnetheit einer anderen – der poetischen – Struktur. Beide Reihen erscheinen als komplementär. Damit hängt augenscheinlich auch jener interessante Umstand zusammen, daß die größte Bedeutung tragenden Elemente der poetischen Struktur an den Enden der Segmente (Vers, Strophen, Kapitel, Werke) angeordnet sind. Als allgemeinsprachliche Struktur bietet der Text eine zum Ende hin ständig zunehmende Redundanz. Die strukturelle Vorhersagbarkeit steigt stark an, proportional der Bewegung vom Anfang zum Ende des Segmentes im allgemeinsprachlichen Text. Genauso ist auch, für sich selbst genommen, die poetische Konstruktion aufgebaut. Sind die beiden Strukturen aber im realen Text ineinandergefügt, so erlaubt dies, eine Reihe der im allgemeinsprachlichen Text obligatorischen Beziehungen aufzuheben. Die poetische Konstruktion tilgt die Redundanz der sprachlichen. Da die poetische Geordnetheit aus allgemeinsprachlicher Sicht als Ungeordnetheit erscheint, entsteht hierbei (wenn wir einen Text als künstlerischen bestimmen) die Tendenz, jede beliebige Ungeordnetheit des Textes als Geordnetheit eines besonderen Typus anzusehen. In Zusammenhang damit steht offensichtlich sowohl die Tendenz, die Nachricht des Textes als Sprache zu deuten, als auch die besondere Sättigung der Poesie mit Information.

5.3. Der Mechanismus der textinternen semantischen Analyse

Aus dem Vorigen folgt, daß für die textinterne semantische Analyse (d. h. unter Vernachlässigung aller textexternen Beziehungen) folgende Operationen notwendig sind:

1. Zerteilung des Textes in Ebenen und Gruppen, den Ebenen der syntagmatischen Segmente entsprechend (für den Verstext sind das Phonem, Morphem, Wort, Vers, Strophe, Kapitel, für den Prosatext Wort, Satz, Absatz, Kapitel).

2. Zerteilung des Textes in Ebenen und Gruppen, den Ebenen der semantischen Segmente entsprechend (vom Typus »Gestalten von Helden«). Diese Operation ist besonders wichtig bei der Analyse von Prosa.

3. Herausarbeitung aller Paare von Wiederholungen (Äquivalenzen).

4. Herausarbeitung aller Paare von Kontiguität.

5. Herausarbeitung der Wiederholungen mit der größten Äquivalenzmächtigkeit.

6. Zur-Deckung-Bringen der äquivalenten semantischen Paare mit dem Ziel, die im vorliegenden Text wirksamen distinktiven semantischen Merkmale und die grundlegenden semantischen Oppositionen, allen grundlegenden Ebenen folgend, her-

auszuarbeiten. Untersuchung der Semantisierung grammatischer Konstruktionen.

7. Bewertung der vorgegebenen Struktur des syntagmatischen Aufbaus sowie der bedeutungsrelevanten Abweichungen davon in Kontiguitätspaaren. Untersuchung der Semantisierung syntaktischer Konstruktionen.

Die aufgezählten Operationen werden nur ein allgemeines und bewußt vergröbertes semantisches Gerippe ergeben, da die Beschreibung aller im Text entstehenden Bezüge und aller textexternen Relationen, die festgestellt werden können, eine ihrem Umfang nach allzu unrealistische Aufgabe darstellte. So kann gerade die Grobheit der Ergebnisse der vorgeschlagenen Analyse nicht nur Mangel, sondern auch Vorzug sein. Offenbar muß jedoch zu Beginn der Analyse die Aufgabe formuliert werden: welcher Grad an Vollständigkeit für die Beschreibung gefordert wird und welche Ebenen als dominierende betrachtet werden, was und aus welchem Grunde nicht untersucht wird, in welchen Fällen die Auswahl der dominierenden Elemente auf der Grundlage exakt formulierter Kriterien vorgenommen wird, und in welchen Fällen diese Begriffe als intuitiv gegebene betrachtet werden.

6. Elemente und Ebenen der Paradigmatik des künstlerischen Textes

6.1. Poesie und Prosa

In der Literaturtheorie hat sich die Meinung durchgesetzt, gewöhnliche menschliche Rede und Prosarede seien ein und dasselbe, und die Prosa sei im Verhältnis zur Poesie eine primäre, frühere Erscheinung. Der hervorragende Kenner der Verstheorie Boris V. Tomaševskij zog die Bilanz vieljähriger Forschungsarbeit auf diesem Gebiet als er schrieb: »Voraussetzung für ein Urteil über die [Vers-] Sprache ist das Axiom, daß die natürliche Form der organisierten menschlichen Rede die Prosa ist.«[1] Hieraus folgt auch die zweite, nicht weniger verbreitete Auffassung, die Versrede sei etwas sekundäres, ihrer Struktur nach komplexeres als die Prosa. Zygmunt Czerny beispielsweise schlägt für den Übergangsbereich von der Einfachheit zur Komplexität der Struktur folgende Stufenleiter vor: »Gebrauchsprosa (im Bereich von Wissenschaft, Verwaltung, Militär, Justiz, Handel und Industrie, Journalistik usw.) Alltagsprosa, – vers libre – freie Strophen – freier Vers – streng geregelter klassischer Vers.«[2]

Weitaus wahrscheinlicher erscheint eine andere Verteilung. In der Hierarchie des Übergangs von Einfachheit zu Komplexität sind die Genres anders angeordnet: Rede im Bereich der Umgangssprache – Lied (Text und Melodie) – »klassische Poesie« – künstlerische Prosa. Selbstverständlich hat dieses Schema lediglich den Charakter einer groben Annäherung (die Frage des vers libre wird gesondert behandelt werden). Es ist wohl kaum richtig, daß die künstlerische Prosa historisch die Ausgangsform darstellt und mit der umgangssprachlichen nichtkünstlerischen Prosa zusammenfällt.

---

1 B. V. Tomaševskij. *Stich i jazyk*. In: *IV Meždunarodnyj s-ezd slavistov*. Doklady. M. 1958, S. 4. Abgedruckt in: B. V. Tomaševskij, *Stich i jazyk*. M.-L. 1959. Denselben Standpunkt vertritt auch M. Janakiev in dem interessanten Buch *Bŭlgarsko stichoznamie*. Sofija 1960, S. 11.
2 Zygmunt Czerny, *Le vers libre français et son art structural*. Im Sb.: *Poetics, Poetyka, Poètika*, I a.a.O., S. 255.

Die Geschichte bezeugt, daß die Versrede (ebenso wie der ras-
pev [melodiöses, gedehntes, rezitativartiges Deklamieren]) anfänglich die einzig mögliche Rede verbaler Kunst war.[3] Dadurch wurde die »Dissimilation« der Sprache, eine Trennung
von der gewöhnlichen Rede erreicht. Und erst danach begann
die »Assimilation«: aus dem »dissimilierten« und schon emi-
nent »unähnlichen« Material wurde ein Bild der Wirklichkeit
geschaffen.

Die deskriptive Verswissenschaft und die deskriptive Poetik
gehen von der Vorstellung aus, der künstlerische Aufbau stelle
die mechanisch gebildete Summe einer Reihe isoliert existieren-
der künstlerischer Verfahren [priëmy] dar. Dabei wird die
künstlerische Analyse als Aufzählung und gedanklich-stilisti-
sche Bewertung derjenigen poetischen Elemente, die der Forscher im Text entdeckt, verstanden. Eine derartige Methodik
der Analyse hat auch in der schulischen Praxis Fuß gefaßt. Die
methodischen Hilfsmittel und Lehrbücher strotzen vor Ausdrücken wie: »Wir wollen Epitheta heraussuchen«, »findet Metaphern«, »was wollte der Schriftsteller mit dieser Episode sagen?« usw.

Die strukturale Methode, an ein literarisches Kunstwerk heranzugehen, impliziert, daß ein künstlerisches Verfahren [priëm]
nicht als isoliertes materielles Faktum, sondern als Funktion
mit zwei oder, öfter noch, mehr Generatrices betrachtet wird.
Der künstlerische Effekt des »priëm« [künstlerisches Verfah-
ren] ist immer eine Relation (z. B. die Relation des Textes zur
Lesererwartung, zu den ästhetischen Normen der Epoche, zu
gebräuchlichen Sujet-Schablonen und anderen, zu den Gesetzmäßigkeiten der Gattung). Außerhalb dieser Bezüge gibt es
einfach keinen künstlerischen Effekt. Eine beliebige Aufzählung von priëmy [künstlerischen Verfahren] (wie überhaupt
die Untersuchung von priëmy außerhalb des Textes als organischer Einheit) wird nichts ergeben, da ja ein und dasselbe materielle Textelement, wenn es in verschiedene Strukturen des

3 Bezeichnenderweise ist für das Kleinkind die erste Form von verbaler
Kunst immer die Poesie, das heißt die Rede, die der normalen nicht ähnlich
ist. Die reife Kunst gelangt zu dem Bestreben, die nichtkünstlerische Rede
zu imitieren, sich ihr anzunähern, aber das Anfangsstadium besteht immer
in einer Abstoßung von ihr. Die Kunst wird sich ihrer Spezifik im Bestreben zur maximalen Unähnlichkeit mit der Nicht-Kunst bewußt (poetische Rede, phantastische Sujets, »schöne« Helden).

Ganzen eingeht, notwendig verschiedene, manchmal entgegengesetzte Bedeutungen annimmt. Besonders anschaulich tritt dies bei der Verwendung von negativen priëmy, von »Minuspriëmy« zutage. Führen wir ein Beispiel an. Nehmen wir das Puškinsche Gedicht *Von neuem habe ich besucht* [...]. Vom Standpunkt der deskriptiven Poetik entzieht es sich der Analyse fast gänzlich. Während man bei einem romantischen Gedicht folgende Methode noch anwenden kann, reichlich auftretende Metaphern, Epitheta und andere Elemente der sogenannten »bildhaften Rede« herauszugreifen und auf dieser Grundlage eine Bewertung des gedanklichen Systems und des Stils zu geben, ist sie bei Werken vom Typus der Puškinschen Lyrik der dreißiger Jahre des 19. Jahrhunderts ganz und gar unanwendbar. Hier gibt es nämlich weder Epitheta noch Metaphern, weder Reim noch einen betonten Rhythmus noch irgendwelche anderen »künstlerischen priëmy«.

Vom Standpunkt der strukturalen Analyse ist ein »nomenklatorisches« Verfahren der Textbetrachtung immer ineffektiv, weil der künstlerische priëm kein materielles Element des Textes, sondern eine *Relation* ist. Es besteht zum Beispiel ein prinzipieller Unterschied zwischen dem Fehlen des Reims in einem Vers, der die Möglichkeit seines Vorhandenseins *noch* nicht impliziert (z. B. die antike Poesie, der russische Bylinenvers u. dgl.) oder *schon* endgültig auf ihn verzichtet hat, wenn also das Fehlen des Reims in den Erwartungshorizont des Lesers, in die ästhetische Norm dieser Kunstart (z. B. beim modernen vers libre) eingeht, auf der einen Seite und einem Vers, der den Reim zu den charakteristischen Merkmalen des poetischen Textes zählt, auf der anderen Seite. Im ersteren Fall erscheint das Fehlen des Reims nicht als künstlerisch relevantes Element, im zweiten ist das Fehlen des Reims das Vorhandensein von Nicht-Reim, von »Minus-Reim«. In der Epoche, da das Bewußtsein des Lesers, gebildet an der poetischen Schule Žukovskijs, Batjuškovs, des jungen Puškin, die romantische Poetik mit dem Begriff von Poesie überhaupt identifizierte, erweckte das künstlerische System des Gedichtes *Von neuem habe ich besucht* [...] nicht den Eindruck des Fehlens von priëmy, sondern ihrer maximalen Sättigung. Dies waren jedoch »Minus-priëmy«, war ein System von konsequenten und bewußten, für den Leser wahrnehmbaren, Verzichten. In diesem

Sinne ist jene These im Grunde keineswegs paradox, im Jahre 1830 hätte ein poetischer Text, verfaßt nach den bereits allgemein anerkannten Normen der romantischen Poetik, einen »nackteren« Eindruck hervorgerufen, er wäre tatsächlich in höherem Maße bar von Elementen der künstlerischen Struktur gewesen als *Von neuem habe ich besucht [. . .]*.

Die durch den Geschmack und die ästhetischen Theorien des 19. Jahrhunderts kanonisierte Vorstellung, die Ähnlichkeit mit der nichtkünstlerischen Wirklichkeit stelle den Wert oder gar die Bedingung von Kunst dar, ist in der Geschichte der Kunst eine sehr späte Erscheinung. In den Anfangsphasen veranlaßte gerade »Unähnlichkeit«, der Unterschied der Sphären von Alltäglichem und Künstlerischem dazu, den Text ästhetisch zu rezipieren. Um sie zum Material der Kunst werden zu lassen, wird die Sprache zuerst der Ähnlichkeit mit der Alltagsrede beraubt. Und erst die weitere Entwicklung der Kunst wendet sie zur Prosa zurück, aber nicht zur »Nichtkonstruiertheit« der Anfangszeit, sondern lediglich zu ihrer Imitation. So dringen Prosaismen, »poetische Freiheit« in Poesie und Prosa, in die gesamte Literatur ein. Diese sekundäre Einfachheit ist künstlerisch jedoch nur vor dem Hintergrund der großen und ständig im Bewußtsein des Lesers präsenten poetischen Kultur aktiv. Es ist wohl kaum ein Zufall, daß die Perioden der Herrschaft der Poesie und der Prosa mit einer bestimmten Gesetzmäßigkeit einander ablösen. So diente die Erarbeitung der mächtigen poetischen Tradition zum Beginn des 19. Jahrhunderts, die nach dem Puškin der 20er Jahre des 19. Jahrhunderts zur Identifizierung der Poesie mit der Literatur insgesamt geführt hat, als Ausgangspunkt für die energische Entwicklung der künstlerischen Prosa in der zweiten Hälfte des Jahrhunderts. Als die Puškin-Tradition, wie es in diesen Jahren schien, bereits Geschichte geworden war, die schon nicht mehr als lebendige historische Faktizität zu spüren war, *als die Prosa die Poesie so besiegt hatte, daß sie nicht mehr im Verhältnis zu ihr rezipiert wurde,* vollzog sich ein neuer Umschwung zur Poesie. Der Beginn des 20. Jahrhunderts stand, wie seinerzeit der Beginn des 19. Jahrhunderts, unter dem Zeichen der Poesie. Und gerade sie gab den Hintergrund ab, vor dem das Wachsen der künstlerischen Aktivität der Prosa in den 20er Jahren dieses Jahrhunderts spürbar wurde.

Der eben charakterisierte Wechsel im herrschenden Typus der künstlerischen Rede war nicht nur Ursache, sondern sogar Hauptfaktor der historischen Entwicklung der künstlerischen Formen der russischen Literatur in diesen Jahren. Dies war die Reserve an künstlerischer Information, aus der die komplexen und durch viele Faktoren bedingten Prozesse der geschichtlichen Entwicklung der Literatur das bezogen, was ihren inneren Notwendigkeiten entsprach.

Die komplexe Verflechtung von Prosa und Poesie zu einem einheitlichen funktionierenden System des künstlerischen Bewußtseins steht, wie sich zeigt, mit allgemeineren Fragen der Konstruktion von Kunstwerken in engem Zusammenhang. Der künstlerische Text gehört niemals nur einem einzigen System oder einer einzigen Tendenz an: Gesetzmäßigkeit und ihre Verletzung, Formalisierung, letzten Endes Automatisierung und Deautomatisierung der Struktur des Textes stehen in ständigem Kampf miteinander. Jede dieser Tendenzen gerät in einen Konflikt mit ihrem strukturellen Antipoden, existiert jedoch nur in der Beziehung zu ihm. Deshalb bedeutet der Sieg einer Tendenz über die andere nicht Auflösung des Konfliktes, sondern seine Übertragung auf eine andere Ebene. Die siegreiche Tendenz aber verliert ihre künstlerische Aktivität.

So wurde die Gegenüberstellung von Poesie und Prosa in der russischen Literatur des 19. Jahrhunderts vor dem Hintergrund der allgemeinen Antinomie von Konstruiertem, Künstlerischem, Verlogenem auf der einen und Natürlichem, Ungekünsteltem, Wahrem auf der anderen Seite aufgefaßt. Die in dieser Epoche aufgestellte Forderung, Kunst und Leben einander anzunähern, meinte jedoch nicht die Ersetzung des einen durch das andere. Der künstlerische Text ist gerade deshalb so bestrebt, dem Leben nahezukommen, weil er schon von der Ausgangsvoraussetzung her nicht Leben ist. Anfangs ist also ein bestimmtes Maß an Konventionalität vorgegeben, eine Unähnlichkeit, von der auszugehen ist, und dann beginnt der Kampf mit ihr – das Hervorheben der Ähnlichkeit. Dabei sind theoretisch zwei Wege möglich: die Bewegung zur Ähnlichkeit innerhalb des jeweiligen Systems von Konventionalität, der Versuch, es von innen her umzukonstruieren und das Verwerfen des Systems insgesamt, die Forderung, es durch ein anderes zu ersetzen. Das Annehmen des vorhandenen Systems als des negativen Hintergrundes, von dem auszugehen ist, führt zur Aktivierung des neuen Systems künstlerischer Sprache im Verhältnis zum alten als seiner Negation.

In bezug auf das uns beschäftigende Beispiel bedeutet dies zwei Wege zur Überwindung derjenigen poetischen Tradition, die am Ende des ersten Drittels des 19. Jahrhunderts als puškinsche empfunden wurde. Einerseits ist eine Tendenz zur Prosaisierung des Verses möglich (rhythmisch-intonatorisch, thematisch u. dgl.); andererseits kann es sich um eine prinzipielle Abwendung von der Poesie und eine Hinwendung zur Prosa handeln, die vor dem Hintergrund der Verskultur als ihre Negation aufgefaßt wird.

So erweist sich die Gegenüberstellung »Prosa – Poesie« als ein besonderer Ausdruck der Opposition »Nichtkunst – Kunst«. Nicht zufällig vollzieht sich parallel zur Umplazierung des Werks im semantischen Feld »Poesie – Prosa« ständig die Einbeziehung von »Nichtkunst« in die Sphäre künstlerischer Texte und das »Verstoßen« von Kunstwerken und ganzen Gattungen in den Bereich der »unkünstlerischen«. So wurden gleichzeitig mit der Absage an die Poesie als dem Hauptmittel des literarischen Ausdrucks in den 30er Jahren des 18. Jahrhunderts die für das 18. und den Beginn des 19. Jahrhunderts traditionellen Prosagattungen Schelmenroman, Familienroman und andere Romanformen aus dem Bereich der Kunst verwiesen. An ihre Stelle trat die Skizze [očerk], die wegen ihres dokumentarischen Charakters geschätzt und gerade deshalb zu den künstlerischen Gattungen gezählt wurde, weil sie nicht Kunstcharakter prätendierte. Das »Nicht-Ausgedacht-Sein« der Skizze tritt vor allem in seiner Sujetlosigkeit als dem Zeugnis seiner Glaubwürdigkeit hervor, dringt in Poesie (Feuilleton in Versen, Skizze in Versen), Drama (es tritt eine besondere Gattung auf – die »Szenen«) und in die Malerei ein (Sieg der »Genremalerei« über die »Historienmalerei«, Verbreitung von Reiseskizzen u. dgl. m.). Auch in der folgenden Epoche unterstützt die breite Bewegung zur Prosaisierung der künstlerischen Kultur einerseits die Autorität von »Nichtkunst« (Wirklichkeit, Milieu, Dokument), erhebt andererseits aber die *Reproduktion des Lebens* mit den Mitteln der Kunst zur Norm. Sogar die unmittelbar »graue« Wirklichkeit – das in künstlerische Prosa[4]

4 Dieser prïem wird von den Schriftstellern des 20. Jahrhunderts extensiv

oder eine Filmhandlung montierte Dokument – ändert, obgleich sie materiell unverändert bleibt, ihren Charakter radikal: während sie den anderen Teilen des Textes das von ihr hervorgerufene Gefühl der Authentizität mitteilt, empfängt sie vom Kontext das Merkmal des »Gemachten« und wird zu einer Reproduktion ihrer selbst. Analog gestaltet sich auch das Schicksal der erzählenden Rede in der Kunst: die künstlerische Rede ist mit der nichtkünstlerischen Prosa nicht identisch, bezieht sich jedoch auf sie wie die Reproduktion auf ihr Objekt. Dabei kann man zahlreiche tiefe Unterschiede feststellen, die nur bei mangelnder Aufmerksamkeit dem Blick entgehen. Der wichtigste läuft auf folgendes hinaus: die mündliche Rede unterscheidet sich grundlegend von der schriftlichen. Auf allen Ebenen, vom Phonem bis zu den supraphrasischen syntaktischen Einheiten baut sie sich als ein System von Reduktionen, Auslassungen und Ellipsen auf. Die *Reproduktion* der mündlichen Rede wird in der künstlerischen Literatur jedoch nach den Gesetzen der schriftlichen Rede konstruiert. Nur stellenweise werden Elemente der mündlichen, reduzierten Struktur in den Text eingefügt, wo sie die Funktion bestimmter Signale erfüllen: an ihnen erkennen wir, daß als Denotat des normalisierten Textes das stärker gekürzte, durch außersprachliche Situation, Intonation bedingte Wortgewebe, das die mündliche Rede ausmacht, dient. Die mündliche Rede kann sehr tief in das Gewebe des Erzählens eindringen, besonders in der Kunst des 20. Jahrhunderts. Niemals kann sie jedoch die sprachliche Struktur völlig verdrängen, zumal der künstlerische Text auch in Extremfällen nicht mündliche Rede, sondern Abbildung der mündlichen Rede in der schriftlichen ist. Es ist anzumerken, daß, sogar wenn es sich um schriftliche Formen der Wortkunst handelt, die mündliche künstlerische Rede – von der Improvisation des Volksliedsängers bis zur Bühnenrede sich auf der Grundlage der normalisierten, auf der Bühne üblichen, vollen und nicht der verkürzten Variante der Rede aufbaut. Aber sogar von der Bühne herab versetzt uns dieser Unterschied nicht in Erstaunen, selbstverständlich nur, solange das ganze System von Konventionen, das in der entsprechenden Kunstart akzep-

angewendet, doch war er auch früher bekannt: Puškin hat ihn in »Dubrovskij« verwendet, indem er in den Text des Romans authentische Gerichtsdokumente aufnahm.

tiert ist, unserem Gefühl gerecht wird. Dem Leser des 18. Jahrhunderts fielen die sprachlichen Unkorrektheiten einer solchen Abbildung der mündlichen Rede nicht auf: »Wohin ist Ihre Ruhe entschwunden, die vordem Ihr Herz erquickte? Ach, lieber Cambert! – hub mit leidensvoller Stimme Arisena an zu klagen. – Jetzt verstehe ich zu meiner tiefsten Pein, daß man dem schmeichlerischen Glänzen Fortunas nicht glauben darf«⁵. Sie wurde für so wahrheitsgetreu gehalten wie die verschiedenen Arten des skaz* oder »stream of consciousness« dem heutigen Leser erscheinen, obgleich es genügte, sie mit dem Tonbandprotokoll von tatsächlicher Rede in Umgangssprache zu vergleichen, um den fundamentalen Unterschied zu erkennen: jedweder moderne skaz, jede Abbildung der »Abgerissenheit« des Alltagsdialogs sind so konstruiert, daß alle Arten des Kontaktes, darunter auch die nichtverbalen, mit Hilfe von Wörtern aufgebaut werden. Daher erzeugt er ein ganzheitliches Modell der Mitteilung und ist aus sich selbst heraus verständlich. Die auf dem Tonband festgehaltene und in graphische Zeichen übergeführte mündliche Rede bleibt, obgleich sie den Zusammenhang mit Paralinguistik und Intonation verliert, dennoch *Teil* einer Mitteilung und kann, isoliert betrachtet, einfach unverständlich sein. Jedes »Annähern an Umgangssprachlichkeit«, seien es die betonten Alogismen und Verletzungen der Syntax, mit denen Rousseau die »Unordnung der Leidenschaft« imitiert, die erschwerten Perioden Tolstojs, die den Strom des inneren Denkens reproduzieren, oder die in der Prosa des 20. Jahrhunderts weit verbreiteten Strukturen vom Typus des »stream of consciousness«, signalisieren in weit höherem Maße die Unzufriedenheit der Schriftsteller mit der »Konventionalität« der voraufgehenden literarischen Tradition, als daß sie eine naturalistische Reproduktion der »grauen« Rede bildeten. Der Prozeß des Übergangs von der poetischen Struktur zur Imitation der Alltagsrede mit den Mitteln der künst-

5 F. Ėmin, *Ljubovnyj vertograd, ili Nepreoborimoe postojanstvo Kambera i Ariseny*. SPb. 1763, S. 40.
* *skaz* Terminus der russischen Prosatheorie; Sonderform der Ich-Erzählung eines vom Haupterzähler differenzierten (im Text nicht notwendig personifizierten) engeren Bewußtseins, die durch eine sozial oder lokal bestimmte Spezialsprache charakterisiert, bei Einführung eines skaz-Erzählers zur mündlichen Rede tendiert. [A. d. Ü.]

lerischen Prosa ist in vieler Hinsicht dem Übergang von unmittelbaren schriftlichen Formen der Sprache zur Imitation der Umgangssprachlichkeit analog. In beiden Fällen ist zunächst ein bestimmtes, bewußt konventionales System gegeben, das seinem Wesen nach von der Faktur der Welt, die reproduziert wird, verschieden ist, und danach erst beginnt ihre Annäherung.

Damit steht im Zusammenhang, daß einige künstlerische Ausgangstypen[6] für die jeweilige Kultur immer ein System mit einer maximal ausgedrückten Zahl von Restriktionen bilden. Die weitere Entwicklung besteht in der Regel in der Aufhebung bestimmter Verbote oder ihrer Überführung in die Klasse der fakultativen. Deshalb wird eine derartige Evolution als *Vereinfachung* des Ausgangstypus interpretiert. Alle künstlerischen Revolten gegen den Ausgangstypus fanden unter der Losung des Kampfes für »Natürlichkeit« und »Einfachheit«, gegen einengende und »künstliche« Restriktionen der vorher-

---

6 Den Begriff »Ausgangstyp« kann man folgendermaßen erklären: jeder Kulturtypus kann als ein Inventar einiger stabiler Formen gedacht werden. Im Laufe der historischen Evolution können die Ausgangstypen stark deformiert werden, dennoch aber bewahren sie ihre homöostatische Tendenz zur Einheit: alle nachfolgenden Formen werden in Relation zur Ausgangsform, als ihre Varianten rezipiert. So ist die metrische Struktur des russischen Verses, die sich in der Epoche von Trediakovskij und Lomonosov herausgebildet hat, bis heute für alle folgenden rhythmischen Systeme der »Ausgangstypus« geblieben. Die Norm der russischen Vita, die sich in der Kiever Epoche herausgebildet hat, blieb der »Ausgangstypus« für alle weiteren Modifikationen dieser Gattung bis hin zum Werk des Protopoen Avvakum, dessen Text gerade vor dem Hintergrund der Normen, das heißt in Relation zu ihm als innovatorisch wahrgenommen wird. Man kann die Vermutung anstellen, daß bei allen Theaterrevolutionen, die die französische Bühne von den Romantikern bis zu den Avantgardisten erschüttert haben, das Theater Racines bis heute der »Ausgangstypus« für die gesamte französische Dramaturgie geblieben ist. Und gerade die Unerschütterlichkeit dieser der betreffenden Kultur zutiefst zugrunde liegenden Norm ermöglicht so weitgehende künstlerische Deformationen. Anstelle der gewöhnlichen (»alltäglichen«) Vorstellung: »Je weiter weg von der Tradition um so kühner ist die Innovation«, stellt die strukturale Methode ein anderes Prinzip heraus: »Je weiter weg von der Tradition innerhalb ein und desselben Kulturtyps, desto näher ist es bei ihr«. Der Bruch mit der Tradition im Bereich der Kultur ist ihre Wiedergeburt unter veränderten Bedingungen. In diesem Falle handelt es sich, selbstverständlich nur um eine mechanische Unterbrechung, die in der Kultur überhaupt nicht als Faktum auftritt. Ein echter Bruch mit dem »Ausgangstypus« beginnt dort, wo seine Zerstörung aufhört, künstlerisch bedeutsam zu sein.

gehenden Periode statt. Im Hinblick auf die Struktur vollzieht sich jedoch eine Erhöhung der Komplexität der Struktur, wenngleich Grundelemente der Konstruktion aus dem Text herausgenommen und in der Form von »Minus-priëmy« realisiert werden. Unter diesem Gesichtspunkt bildet die Prosa als künstlerisches Phänomen eine komplexere Struktur als die Poesie.

Damit ist dieses Problem jedoch nicht erschöpfend behandelt. In der Periode der Ausbildung von Ausgangstypen künstlerischer Konstruktionen ist auf verschiedenen Ebenen die Tendenz äußerst aktiv, die Hierarchie bestimmter Typen der künstlerischen Sprache auf bestimmte inhaltliche Bereiche festzulegen. So wird für irgendeine Gattung (z. B. in der Epoche des Klassizismus) ein bestimmter Stil und ein bestimmtes Versmaß[7] festgelegt, für ein bestimmtes Sujet fixierte Gattungen, für bestimmte handelnde Personen eine Sprache u. dgl. Das weitere »Lockern« der Ausgangstypen kann darin bestehen, daß innerhalb des zuvor einheitlichen Typus künstlerischer Struktur relevante Abgrenzungen auftreten, wie auch darin, daß sich die Möglichkeit ergibt, die Grenzen der ursprünglichen Kodifizierung zu durchbrechen. Dort, wo der Ausgangstypus nur eine strukturelle Möglichkeit eröffnete, *bietet sich Auswahl*.

Prosa und Poesie korrelieren anders miteinander, wenn irgendein Sujet, Thema, Bild oder eine Gattung eindeutig bestimmt, ob ein Werk zur Poesie oder zur Prosa gehört, als wenn eine künstlerische Auswahl zwischen zwei Lösungsmöglichkeiten besteht. Karamzin, der gleichzeitig die Verserzählung *Alina* und die [Prosaerzählung] *Die arme Lisa* verfaßt hat, und Puškin, der *Evgenij Onegin* einen Roman in Versen, den *Ehernen Reiter* aber eine *Petersburger Erzählung* genannt hat, der für die Poeme *Graf Nulin* und *Das Häuschen in Kolomna* betont novellistische Sujets ausgewählt hat, gingen bewußt von der Möglichkeit aus, Verse und Prosa als in bestimmter Beziehung strukturell gleichwertig zu betrachten. Das Erscheinen des

---

7 So ist alles, was als »vierfüßiger Jambus« bezeichnet werden kann, für Lomonosov einheitlich und enthält in sich keine inhaltlichen Abstufungen. Später entsteht auf dieser Grundlage ein komplexes System, in dem rhythmische Figuren und Wortgrenzen die Möglichkeiten für zahlreiche semantische Oppositionen schaffen.

[Poems] *Saša* von Nekrasov und des [Romans] *Rudin* von Turgenev in derselben Nummer [der Zeitschrift] *Sovremennik* ist in dieser Hinsicht nicht weniger bemerkenswert. Schon die Romane Tolstojs und Dostoevskijs, die Satiren Saltykov-Ščedrins und die Skizzen Gleb Uspenskijs bestimmten eindeutig die Wahl der Prosa als Konstruktionsbasis des Textes. Von neuem wurde die im 18. Jahrhundert gegebene Situation hergestellt: Poesie und Prosa trennten sich (allerdings aus ganz verschiedenen Gründen) in zwei sich nicht überschneidende künstlerische Sphären. Der Leser wußte genau, welche künstlerischen Phänomene für die Prosa festgesetzt waren und welche der Poesie vorbehalten blieben. Die Möglichkeit der Auswahl, des Konfliktes zwischen Erwartung und Realisierung war aufgehoben.

Die Prozesse, die sich in der Prosa, beginnend mit Garšin und Čechov, und in der Poesie seit den Symbolisten vollzogen, führten erneut zur »puškinschen« Gleichstellung von Poesie und Prosa, wie sie beispielsweise für Pasternak charakteristisch ist. So hat Pasternak, als er das Prosafragment *Povest'* [Erzählung bzw. Novelle] veröffentlichte, im Jahre 1929 geschrieben: »Da trage ich mich schon zehn Jahre mit den ungleichartigen Teilen dieser Erzählung, und zu Beginn der Revolution ist einiges in den Druck gelangt. Der Leser täte aber besser daran, diese Versionen zu vergessen, sonst ginge er irre, welcher Person in der letzten Verlosung welcher Part zugefallen ist. Einen Teil von ihnen habe ich umbenannt, was aber die Schicksale selbst angelangt, so habe ich sie auch jetzt so belassen, wie ich sie in diesen Jahren auf dem Schnee unter Bäumen vorgefunden habe, und zwischen dem Roman in Versen mit dem Titel *Spektorskij,* der später begonnen worden ist, und der vorgelegten Prosa gibt es keinen Widerspruch – es ist dasselbe Leben.«[8]

Wie wir sehen, ist »Verse-Sein« und »Prosa-Sein« nicht nur ein materieller Ausdruck der strukturellen Konstruktion irgendeines Textes, sondern auch eine bestimmte, allen Kulturtypen inhärente *Funktion des Textes,* die keineswegs immer eindeutig aus seinem graphisch fixierten Teil abgeleitet werden kann[9].

8 B. Pasternak, *Povest'*. In: *Novyj mir*, 1929, 7, S. 5.
9 Wir halten uns nicht bei dem durchaus selbständigen Problem der Relation des Textes zu seiner Funktion auf. Einige Gedanken zu diesem Ge-

Demnach ist die künstlerische Prosa vor dem Hintergrund eines bestimmten poetischen Systems als dessen Negation entstanden.

Das oben Gesagte erlaubt es uns, das Problem der Grenzen zwischen Poesie und Prosa und der ästhetischen Natur grenznaher Formen vom Typus des vers libre dialektisch zu betrachten. Dabei ist folgendes aufschlußreiche Paradoxon nicht zu übersehen. Die Betrachtung von Poesie und Prosa als voneinander isolierter Konstruktionen, die außerhalb von Korrelativität (»Poesie ist rhythmisch organisierte Rede, Prosa ist normale Rede«) beschrieben werden können, stellt den Forscher unverhofft vor die Unmöglichkeit, diese Phänomene voneinander abzugrenzen. Mit dem Reichtum an Übergangsformen konfrontiert, ist der Forscher genötigt zu schließen, es sei überhaupt unmöglich, eine bestimmte Grenze zwischen Versen und Prosa zu ziehen. Zu einem solchen Schluß kam auch Boris V. Tomaševskij als er schrieb: »Natürlicher und fruchtbarer ist es, Vers und Prosa nicht als zwei Bereiche mit starren Grenzen, sondern als zwei Pole, zwei Gravitationszentren zu betrachten, um die herum die realen Fakten historisch angeordnet sind [...]. Es ist legitim, von mehr oder weniger prosaischen, mehr oder weniger versischen Phänomenen zu sprechen.« Und weiter: »Da aber verschiedene Menschen über ein unterschiedliches Maß an Rezeptivität gegenüber den einzelnen Kennzeichen von Vers und Prosa verfügen, widersprechen ihre Feststellungen: »das ist Vers«, »nein, das ist gereimte Prosa« einander gar nicht, wie es etwa den Streitenden selbst erscheint. Daraus ist zu schließen: für die Lösung der Grundfrage des Unterschieds von Vers und Prosa wäre es fruchtbarer, nicht Grenzphänomene zu untersuchen und sie durch das Fixieren solcher, möglicherweise vermeintlichen Grenzen zu definieren; in erster Linie muß man sich den typischen Formen von Vers und Prosa, die den höchsten Ausdruck gefunden haben, zuwenden«[10].

Einen dem nahekommenden Standpunkt hat auch Boris Unbegaun in seiner Untersuchung zur Theorie des russischen Verses vertreten[11]. Von der Vorstellung ausgehend, daß der Vers

---

genstand s. in dem oben angeführten Aufsatz von J. Lotman und A. Pjatigorskij.
10 B. V. Tomaševskij, *Stich i jazyk*, a.a.O., S. 7 f.
11 B. Unbegaun, *Russian versification*. Oxford 1968, S. IV.

die geregelte, organisierte, d. h. »unfreie Rede« sei, erklärt er den vers libre selbst zur logischen Antinomie. Mit Zustimmung zitiert er die Worte des englischen Dichters Gilbert Chesterton:

Free verse is like free love;
it is a contradiction in terms.

Diesem Standpunkt schließt sich auch M. Janakiev an und schreibt: »Der ›freie Vers‹ (vers libre) kann nicht Gegenstand der Verslehre sein, da er sich durch nichts von der normalen Rede unterscheidet«. Andererseits muß sich die Verslehre auch mit dem untalentiertesten ›unfreien Vers‹ befassen, da so die »wenn auch ungelenke so doch spürbare materielle Organisation des Verses«[12] erschlossen werden könne. Mit einem Zitat aus dem schönen Gedicht *Der Clown spricht* der bulgarischen Dichterin Elisaveta Bagrjana schließt der Autor: »Ein allgemeiner Eindruck wie von künstlerischer Prosa [...] Die gereimte Euphonie mestata – zemljata [Orte – Erden] genügt nicht, um einen Text in einen »Vers« zu verwandeln. Auch in der Gebrauchsprosa begegnen von Zeit zu Zeit solchen Euphonien«[13].

Eine derartige Behandlung der »spürbaren materiellen Organisation des Verses« erweist sich als durchaus zu eng. Sie betrachtet, wie gesagt, nur den Text, wobei darunter »alles, was niedergeschrieben ist« verstanden wird. Das Fehlen eines Textelementes wird in dem Fall, da es in der betreffenden Struktur unmöglich ist und nicht erwartet wird, der Aussparung des erwarteten Elementes gleichgesetzt, der Verzicht auf klare Rhythmik in der Epoche vor der Entstehung des Verssystems dem später erfolgenden Verzicht darauf. Das Element wird außerhalb von Struktur und Funktion, das Zeichen ohne den Hintergrund erfaßt. Wenn man so vorgeht, kann man den vers libre in der Tat der Prosa gleichsetzen.

Eine andere Antwort auf die Frage nach der Eigenart des vers libre erhalten wir, wenn wir Vers und Prosa in ihrer historischen und typologischen Korrelativität betrachten. Diesem dia-

---

12 M. Janakiev, *Bălgarsko stichoznanie*, a.a.O., S. 10.
13 A.a.O., S. 214.

lektischen Ansatz ist z. B. Josef Hrabák in seinem Aufsatz *Remarques sur les correlations entre le vers et la prose, surtout sur les soi-disant formes de transition* sehr nahe. Hrabák geht von der Vorstellung aus, daß Prosa und Verse ein oppositionelles strukturelles Binom bilden (hier wäre übrigens der Vorbehalt zu äußern, daß eine solche Oppositionskorrelation keineswegs immer vorliegt und auch zwischen der Struktur der gewöhnlichen Rede und der künstlerischen Prosa zu differenzieren ist). Wenn auch Hrabák, gleichsam der traditionellen Formulierung Tribut zollend, von Prosa als von einer Redeweise schreibt »[...] qui n'est liée que par la norme de grammaire [...]«, so erweitert er dann seinen Gesichtspunkt, indem er davon ausgeht, daß für den zeitgenössischen Leser Prosa und Poesie aufeinander projiziert werden. Folglich, meint er, sei es nicht zulässig, textexterne Elemente der ästhetischen Konstruktion unberücksichtigt zu lassen. Hiervon ausgehend löst er die Frage der Grenze zwischen Prosa und Poesie. In der Überzeugung, im Bewußtsein des Autors und des Lesers werde die Struktur der Poesie selten differenziert, schreibt er: »Au cas où l'auter fait valoir dans la prose les éléments typiques pour le vers, cette frontière n'est pas liquidée, mais au contraire actualisée«[14]. Daraus folgt: »Je weniger Elemente es in einer Versform gibt, die Verse von Prosa sondern, desto deutlicher ist zu unterscheiden, daß es sich nicht um Prosa, sondern eben um Verse handelt. Andererseits können in Werken, die im freien Vers geschrieben sind, einige Einzelverse, wenn sie isoliert und aus dem Kontext gerissen werden als Prosa aufgefaßt werden«[15]. Gerade deshalb muß die zwischen derartigen freien Versen und Prosa bestehende Grenze deutlicher erkennbar sein und gerade deshalb macht der freie Vers eine besondere graphische Anordnung erforderlich, um als Form der Verssprache wahrgenommen werden zu können.

Der metaphysische Begriff »priëm« wird hier durch einen dialektischen ersetzt – das »Strukturelement und seine Funktion«. Die Vorstellung von der Grenze zwischen Vers und Prosa wird aber nicht nur mit der Realisation von diesen oder jenen Text-

---

14 Josef Hrabák, *Remarques sur les correations entre le vers et la prose, surtout les soi-disant formes de transition.* In dem Sb.: *Poetics, Poetyka, Poètika* I, a.a.O., S. 241, 245.
15 S.: J. Hrabák, *Úvod do teorie verše.* Prag 1958, S. 7 ff.

elementen verbunden, sondern auch mit dem relevanten Fehlen.

Die moderne Molekularphysik kennt den Begriff des »Loches« [Defektelektron, Elektronenleerstelle], das durchaus nicht einem einfachen Fehlen von Materie gleichzusetzen ist. Dies ist vielmehr das Fehlen von Materie in einer Position der Struktur, die ihr Vorhandensein voraussetzt. Unter diesen Voraussetzungen verhält sich das »Loch« so materiell, daß man sein Gewicht bestimmen kann, freilich in negativen Größenordnungen. Auch die Physiker sprechen ganz legitim von »schweren« und »leichten« »Löchern«. Mit analogen Phänomenen hat auch der Verswissenschaftler zu rechnen.

Hieraus folgt, daß der Begriff »Text« sich für den Literaturwissenschaftler als weit komplexer erweist, als für den Linguisten. Wenn man ihn mit dem Begriff der »realen Gegebenheit des Kunstwerks« gleichsetzt, ist es notwendig, auch die Minuspriëmy, die »schweren« und »leichten Löcher« der künstlerischen Struktur zu berücksichtigen. Um im folgenden nicht zu stark von der üblichen Terminologie abzuweichen, werden wir unter dem Text etwas Gewohnteres verstehen – die Gesamtsumme der strukturellen Relationen, die einen linguistischen Ausdruck gefunden haben (die Formulierung »die einen graphischen Ausdruck gefunden haben« ist ungeeignet, da sie den Begriff des Textes in der Folklore nicht abdeckt). Bei einem solchen Ansatz müssen wir jedoch neben den textinternen Konstruktionen und Relationen auch die textexternen als einen besonderen Gegenstand der Forschung herausarbeiten. Der textexterne Teil der künstlerischen Struktur bildet eine durchaus reale (manchmal sehr bedeutsame) Komponente des künstlerischen Ganzen. Natürlich zeichnet er sich durch größere Labilität aus als der textinterne Teil, ist er beweglicher. Es ist einleuchtend, daß für Menschen, die Majakovskij auf der Schulbank kennenlernen und seinen Vers als ästhetische Norm rezipieren, der textexterne Teil seines Werks sich in einem ganz anderen Licht darstellt als dem Autor selbst und seinen ersten Zuhörern. Der Text (im engeren Sinne) ist auch für den zeitgenössischen Leser in komplexe allgemeine Strukturen eingebettet – der textexterne Teil des Werks ist auch für den heutigen Zuhörer vorhanden. Aber er ist in vieler Hinsicht schon anders. Die textexternen Zusammenhänge haben viel Subjektives, bis hin zu Individuell-Persönlichem, das sich mit den heutigen Mitteln der Literaturwissenschaft kaum analysieren läßt. Sie haben jedoch ihren gesetzmäßigen, historisch und sozial bedingten Inhalt und können in ihrer strukturellen Gesamtheit schon jetzt voll und ganz Gegenstand der Betrachtung sein.

Wir werden im Folgenden die textexternen Zusammenhänge in ihrem Verhältnis zum Text und zueinander betrachten.

Als Zeugnis für die vergleichsweise größere Komplexität von Versen gegenüber Prosa dient die Frage der Schwierigkeit, generative Modelle zu konstruieren. Es ist hier vollkommen klar, daß sich das Versmodell durch größere Komplexität auszeichnet als das allgemeinsprachliche Modell (das zweite ist im ersten enthalten), nicht weniger klar jedoch, daß das Modellieren eines künstlerischen Prosatextes eine unvergleichlich schwierigere Aufgabe darstellt, als die Modellierung eines Verstextes.

Hrabák hat zweifellos recht, wenn er neben anderen Verswissenschaftlern, z. B. Tomaševskij, die Bedeutung der Graphik für die Differenzierung von Vers und Prosa hervorhebt. Die Graphik tritt hier nicht als technisches Mittel zur Fixierung des Textes, sondern als Signal struktureller Natur auf, dem folgend unser Bewußtsein den ihm vorgelegten Text in eine bestimmte textexterne Struktur »einbettet«. Man kann Hrabák auch dann nur zustimmen, wenn er schreibt: »Man kann einwenden, daß beispielsweise Paul Fort oder Maksim Gor'kij einige ihrer Verse fortlaufend (in continuo) schrieben, aber in diesen beiden Fällen handelt es sich um Verse traditioneller und stabiler Form, um Verse, die artikulierbare rhythmische Elemente enthielten, was die Möglichkeit einer Verwechslung mit Prosa ausschloß«[16].

6.2.1. Das Prinzip der Wiederholung

In der natürlichen Sprache entstehen neben Geordnetheiten auf der Ebene der Sprache, die bedeutungsdifferenzierenden Charakter haben, sporadisch bestimmte Geordnetheiten auf der Ebene der Rede. Wir bemerken sie nicht, da sie ja im

16 A.a.O., S. 245.

Akte sprachlicher Kommunikation keinerlei strukturelle Belastung tragen.

Wenn wir es mit künstlerischen Texten zu tun haben, ändert sich dieser Sachverhalt schlagartig. Der Empfänger der Nachricht muß erst auf der Grundlage des Textes diejenige spezifische Sprache rekonsturieren, in der der Akt der künstlerischen Kommunikation verwirklicht wird. Dabei gehen, wie wir festgestellt haben, Eigenschaften der Nachricht über in Eigenschaften des Codes, und jede beliebige Geordnetheit des Textes wird nun als strukturelle Geordnetheit aufgefaßt, als Träger von Bedeutung. Und wenn der Dichter in dem Text, den er produziert, im Verhältnis zur natürlichen Sprache zusätzliche Geordnetheiten findet, so hat der Leser das Recht, genauso zu verfahren und im Werk des Dichters gewisse zusätzliche Geordnetheiten zweiten Grades zu entdecken. Weiter oben wurde gezeigt, daß diese Geordnetheiten auf zwei Klassen zurückgeführt werden können: auf Geordnetheiten der Äquivalenz und Geordnetheiten der Reihenfolge. Zur ersten Klasse gehören alle Arten von Wiederholungen im künstlerischen Text.

Bei der Untergliederung der Geordnetheiten in solche der Äquivalenz und der Reihenfolge ordnen wir der ersten die Relationen zwischen gleichartigen Elementen ohne Rücksicht auf die Syntagmatik des Textes zu und der zweiten die Relationen zwischen verschiedenen Elementen auf der syntagmatischen Achse. Dabei ist hervorzuheben, daß gerade die Feststellung, mit welchem der beiden Aspekte der Struktur wir es zu tun haben, erst im Zusammenhang mit dem Hinweis auf eine bestimmte Ebene Sinn erlangt.

I *v b*éreg *b'*ët volnój *b*ezúmnoj
[Und ans Ufer schlägt mit wahnsinniger Welle]
(Baratynskij)

Auf der Ebene der Phoneme erzeugt der Wechsel von v und b Wiederholungen, die es gestatten, bestimmte Textsegmente als äquivalent zu betrachten. Aber gleichzeitig kann auf der grammatischen Ebene die Kette v béreg b'et (ans Ufer schlägt) als in Gruppen unterteilt betrachtet werden, die nach ihrer Reihenfolge geordnet sind. In diesem Fall kann man zu den Merkmalen solcher Geordnetheit neben einer bestimmten verbalen Rektion das Vorhandensein des anaphorischen phonematischen Elementes »b« (dem Typus grammatischer Kongruenz entsprechend) zählen. Gleichzeitig wird zwischen den Gruppen »I v béreg b'ët« und »volnój bezúmnoj« ein Parallelismus hergestellt, der auf der rhythmischen Äquivalenz und dem Vorhandensein der anaphorischen Phoneme »v – b« in jeder Gruppe beruht (das am Anfang stehende »i« [und] korelliert nicht mit der inneren Organisation des Verses, verbindet ihn vielmehr anaphorisch mit anderen Versen). Während »v – b« im vorderen Halbvers in Relation zu »v – b« im hinteren eine Ordnung nach dem Prinzip der Äquivalenz bilden, bilden sie miteinander eine Relation nach dem Prinzip der Reihenfolge.

Insofern jeder Text als kombinatorische Verknüpfung einer begrenzten Zahl von Elementen gebildet wird, ist das Vorhandensein von Wiederholungen in ihm unvermeidlich. In nichtkünstlerischen Texten brauchen diese Wiederholungen jedoch nicht als eine Geordnetheit in Bezug auf die semantische Ebene des Textes verstanden zu werden.

Nehmen wir folgende Verse von Griboedov [aus: *David*]:

Orgán moí sozdáli rúki,
Psaltýr' ustróili perstý.

[Das Instrument haben geschaffen meine Hände,
Den Psalter haben gefertigt die Finger.]*

Hinsichtlich der allgemeinsprachlichen, phonologischen oder grammatischen Struktur zeichnet sich dieser Text durch eine bestimmte Geordnetheit aus, aber hinsichtlich des semantischen Textaufbaus werden diese Geordnetheiten nur in einem sichtbar: es genügt uns zu wissen, daß der Textaufbau geeignet ist, überhaupt Inhalt zu übermitteln, das heißt, daß er *sprachrichtig* ist. Sobald wir feststellen, daß der Text sprachrichtig aufgebaut ist, verlieren wir das Interesse an seiner formalen Geordnetheit. Vom Standpunkt des allgemeinsprachlichen Inhalts erscheint die Wiederholung bestimmter Phoneme als ganz und gar zufällig. Im ersten Vers:

Orgán – sozdáli (o – a – o – a)

* Psalmenparaphrase des griechisch überlieferten, in den ostkirchlichen Kanon des *Alten Testaments* aufgenommenen Psalms 151. [A. d. Ü.]

Im zweiten Vers:

Psaltýr' – perstý (p-s-t-y-r – p-r-s-t-y)

Zwischen erstem und zweitem Vers:

Orgán sozdáli rúki
Psaltyr' ustroili persty

Dasselbe kann man auch über den Parallelismus der grammatischen Formen zwischen den paarweise in Korrelation gebrachten Gliedern des ersten und des zweiten Verses sagen. Wenn man den Text als außerkünstlerische Nachricht betrachtet, dann muß man darüber hinaus entweder annehmen, daß unter Instrument und Psalter verschiedene Gegenstände verstanden werden oder die Nachricht des zweiten Verses für gänzlich redundant halten. Diejenige besondere Geordnetheit, die durch die in der biblischen Poesie übliche Wiederholung des Inhalts von Versen entsteht (»ich bin der Geringste unter meinen Brüdern und der Jüngste im Hause meines Vaters [...] meine Hände haben das Instrument gemacht, meine Finger bauten den Psalter«), die Dmitrij Lichačev mit dem Terminus »stilistische Symmetrie« bezeichnet hat, wobei er darauf hinwies, daß »stilistische Symmetrie als besondere Erscheinungsform der Synonymie betrachtet werden kann«[17], tritt, als allgemeinsprachliche Nachricht betrachtet, gleichfalls als reine Redundanz auf.

Wir brauchen den Text jedoch nur als künstlerischen Text zu bestimmen, und schon wirkt die Präsumption der Sinnhaftigkeit aller in ihm enthaltenen Geordnetheiten. Dann wird auch nicht eine einzige Wiederholung im Hinblick auf die Struktur als zufällig erscheinen. Unter dieser Voraussetzung wird die Klassifikation der Wiederholungen zu einem bestimmenden Charakteristikum der Textstruktur.

6.2.2. Die Wiederholung auf phonologischer Ebene

Phonologische Wiederholungen konstituieren die niedrigste Strukturebene des poetischen Textes. Einstweilen werden wir die Fälle noch nicht betrachten, in denen die phonologische

---

17 D. S. Lichačev, Poétika drevnerusskoj literatury. L. 1967, S. 173.

Wiederholung als notwendige Folge der Wiederholungen höherer Ebenen (grammatische Wiederholungen, Reim u. dgl.) auftritt.

Phonologische Wiederholungen sind erstmalig von Osip Brik vermerkt worden und haben seit dieser Zeit mehrfach die Aufmerksamkeit der Forscher auf sich gezogen. Ihr Stellenwert in der poetischen Struktur ist hoch – daran zweifelt gegenwärtig niemand. Das Problem besteht in etwas anderem: welches Verhältnis haben sie zur inhaltlichen Struktur des Textes?

Offensichtlich hat kein Laut der poetischen Rede, allein für sich genommen, selbständige Bedeutung. Die Bedeutungshaltigkeit des Lautes in der Poesie folgt nicht aus seiner besonderen Natur, sondern wird deduktiv gefordert. Der Apparat von Wiederholungen hebt diesen oder jenen Laut in der Poesie (und überhaupt im künstlerischen Text) hervor und hebt ihn nicht in der Nachricht in alltäglicher Sprache hervor. Sobald der Begriff von einem vollständig regulierten Text sich bildet, entsteht die Vorstellung von der Opposition »regulierter Text – nichtregulierter Text«[18], der poetische Text wird im Lichte dieser Antithese nunmehr als vollständig reguliert wahrgenommen. Es entsteht die Möglichkeit zusätzlicher Bedeutungszuführung. Der Leser beginnt, ursprünglich spontane Geordnetheiten zu bemerken. Aber der Schriftsteller ist auch Leser und beginnt, von der Vorstellung ausgehend, daß lautliche Organisation Bedeutung hat, sie stets nach seinem besonderen Strukturplan zu organisieren. Der Leser aber setzt diese Arbeit fort und organisiert den Text seinen Vorstellungen entsprechend weiter.

Von dem Augenblick an, da die Lautwiederholungen zum

18 Dabei wird ein Text, der nur nach den Regeln der betreffenden natürlichen Sprache reguliert ist, als unreguliert rezipiert und der Begriff der »vollständigen Reguliertheit« wird immer auf einer bestimmten Ebene realisiert. Es besteht auch die Möglichkeit, daß eine Reguliertheit auf phonologischer, grammatischer, rhythmischer oder einer der anderen Ebenen nicht am idealen Maximum der Reguliertheit, dessen Normen sich unter dem Einfluß des allgemeinen Kulturkontextes herausbilden und außerhalb jedes einzelnen konkreten künstlerischen Textes liegen, partizipiert. In diesem Fall wird diese oder jene Reguliertheit weder vom Autor noch vom Leser bemerkt und ihr wird keinerlei Semantik zugeschrieben. Folglich korreliert der Begriff der »vollständigen Reguliertheit«, obgleich er sich im Bereich der Logik auf irgendein Maximum sprachlicher Elemente bezieht, historisch-konkret stets mit einem durch Konvention bestimmten ästhetischen Normativ.

Gegenstand der Aufmerksamkeit des Dichters werden, entsteht die Tendenz, ihnen eine gewisse objektive Bedeutung zuzuschreiben. Alle Erwägungen über die Bedeutungen, die Phoneme außerhalb von Wörtern angeblich haben sollen, entbehren offensichtlich jeglichen allgemeinverbindlichen Sinns und fußen auf subjektiven Assoziationen. Aber gerade die beständige Wiederkehr dieser Versuche – von Lomonosov bis Andrej Belyj* – ist bedeutsam und gestattet nicht, alle Thesen von der emotionalen, der chromatischen oder irgendeiner anderen Bedeutungshaltigkeit des einen oder anderen Phonems einfach zu verwerfen. Hier vollziehen sich offensichtlich zwei Prozesse. Erstens wird angenommen, das Phonem könne eine selbständige Bedeutung haben, das heißt, es wird in den Rang eines Zeichens erhoben und im Schichtengefüge der sprachlichen Hierarchie angehoben und dadurch dem einzelnen Wort gleichgestellt. Zweitens wird es gleichsam zum »leeren Wort«, das heißt, zu einer Einheit, deren Bedeutungshaltigkeit eine Präsumption[19] darstellt, deren Bedeutung jedoch erst noch festzulegen ist. Danach werden diese Phoneme mit denjenigen Bedeutungen versehen, welche die betreffende textliche oder textexterne Struktur hervorruft, und sie werden zu besonderen »okkasionellen Wörtern«. Das Vorhandensein derartiger »leerer Wörter« konstituiert eine nicht wegzudenkende Besonderheit des künstlerischen Textes. Gerade dadurch, daß die Phoneme in der Sprache der eigenen Bedeutung entbehren, sowohl der lexikalischen als auch der grammatischen, erscheinen sie als die grundlegende Reserve für die Konstruktion »leerer Wörter« – der Reserve für die weitere semantische Regelung des Textes.[20]

Lautwiederholungen haben jedoch noch eine andere semantische Funktion, die einer objektiven Analyse weitaus besser

* M. V. Lomonosov, *Ritorika*. SPb. 1748; A. Belyj, *Glossalolija*. Bln. 1922. Reprint ed. D. Tschižewskij, München 1971. [A. d. Ü.]

19 Zur »Präsumption der Semantisiertheit« in der Sprache s.: I. I. Revzin, *Modeli jazyka*. M. 1962, S. 17; I. I. Revzin, *Otmečennye frazy, algebra fragmentov, stilistika*. In dem Sb. *Linguističeskie issledovanija po obščej i slavijanskoj tipologii*. M. 1966, S. 3 f.

20 Die Frage der Ausregulierung des Textes durch den Leser ist in der Kandidatendissertation [entspricht etwa der Habilitationsschrift] von V. A. Zareckij, *Semantika i struktura slovesnogo chudožestvennogo obraza* (1966) ausführlich untersucht.

zugänglich ist. Lautwiederholungen können zusätzliche Bezüge
zwischen Wörtern herstellen, indem sie in die semantische Organisation des Textes Gleich- und Gegenüberstellungen einführen, die auf der Ebene der natürlichen Sprache weniger deutlich
ausgedrückt werden oder überhaupt fehlen.

Stellen wir zwei Texte aus den Gedichten von Lermontov zum
Vergleich einander gegenüber. Sie sind nicht etwa dadurch besonders geeignet, daß in ihnen die lautliche Organisation
besonders hervorgehoben ist – in dieser Hinsicht ließen sich
noch weit deutlichere Beispiele finden. Im vorliegenden Fall
lenken sie das Interesse auf etwas anderes: wenn unter Inhalt
die unmittelbare Nachricht auf der Ebene der natürlichen
Sprache verstanden wird, so ist der Inhalt in diesen beiden
Texten gleichartig. Indessen ist klar, daß sie verschiedene
künstlerische Information tragen. Dabei bildet sich, zumal die
Konstruktion der Tropen in diesen beiden Texten von ein und
demselben Typus ist, der Hauptteil der suprasprachlichen Semantik vermittels phonologischer Geordnetheit des poetischen
Typus.

Kak nebesá tvoj vzór blistáet	[Wie Himmel leuchtet dein Blick
Emál'ju golubój	von blauer Emaille,
Kak pocelúj, zvučít i táet	Wie der Kuß klingt und schmilzt
Tvoj gólos molodój;	deine junge Stimme.
Ona poët – i zvúki tájut,	Sie singt – und Laute schmelzen
Kak pocelúi na ustách,	Wie Küsse auf Lippen,
Gljadít – i nebesá igrájut	Sie schaut – und Himmel spielen
V ee božéstvennych glazách;	In ihren göttlichen Augen.]

Diese beiden Texte könnte man, wären es nicht künstlerische
Texte, auf folgende, beiden gemeinsame, semantische Parallele zurückführen:

Deine (ihre) Stimme – schmilzt wie ein Kuß,
Deine (ihre) Augen sind wie der Himmel.

Das unmittelbare Gefühl untersagt es jedem, der diese Texte
liest, jedoch, in ihnen eine bloße tautologische Wiederholung
ein und derselben Nachricht zu sehen. Betrachten wir den lautlichen Aufbau des Textes unter Vernachlässigung aller anderen
Ebenen der Analyse (wenn auch die absolute Trennung der

phonologischen von der prosodischen oder der grammatischen Ebene beschwerlich zu sein pflegt). Die Verse

Kak nebesá / tvoj vzór / blistáet
Kak pocelúj / zvučít / i táet

untergliedern sich deutlich in drei einander isometrische Gruppen. Wenn man den syntaktisch-grammatischen Parallelismus außer Betracht läßt, so bilden die isometrischen Verszeilen in phonologischer Hinsicht korrelative Paare.

Kak nebesá – *kak* pocelúj   [*Wie* Himmel – *wie* ein Kuß]

Die Gruppe »kak« [wie] bildet ein einheitliches anaphorisches phonologisches Segment – die Grundlage für die Gleichstellung, hingegen »nebesa« [»Himmel«] und »poceluj« [»Kuß«] – die differenzierenden Elemente der phonologischen Gruppe. Die zweite rhythmische Gruppe enthält eine umgekehrte Lautwiederholung:

tvoj vzor – zvučit   [dein Blick – klingt]
tvz – zvt

Das dritte Rhythmem ist phonologisch dem ersten als Reim der Anapher und dem zweiten dadurch gegenübergestellt, daß die sich wiederholende Gruppe aus Vokalen und aus Konsonanten aufgebaut ist:

blistáet – i táet   (leuchtet – und schmilzt)
iáe – iáe; tt – tt

Als Resultat dieses komplexen Systems phonologischer Geordnetheiten, die für einen nichtkünstlerischen Text völlig zufällig wären (sie werden durch jede beliebige semantisch genaue Übersetzung vernichtet, da sie vom Standpunkt allgemeinsprachlicher Normen aus zur Ausdrucksseite gehören), entstehen für diesen Text spezifische semantische Oppositionen. »Nebesa« [»Himmel«] und »poceluj« [»Kuß«] werden aus Wörtern verschiedener semantischer Felder zu Antonymen. Dies macht die Herstellung einer besonderen semantischen Konstruktion erforderlich. Die Begriffe werden in der Opposition

»Nahes – Fernes«, »Heißes – Kaltes«, »Erreichbares – Unerreichbares«, »Inneres (Intimes) – Äußeres (Fremdes)«, »Menschliches –Nichtmenschliches« beschrieben. Die Semantik des Wortes »poceluj« [»Kuß«] wird (in seiner zusätzlichen okkasionellen Bedeutung) als auf dem Schnittpunkt der Bedeutungen der linken Glieder und »nebo« [»Himmel«] dem der rechten Glieder dieser Oppositionen gelegen rezipiert (deshab erhält »èmal'« [»Emaille«] außer dem chromatischen noch ein Temperatur-Merkmal – das der Kälte). Auf dieser Ebene der semantischen Konstruktion zeichnet sich die im romantischen Portrait des »rätselhaften« Menschen durchaus übliche Gegenüberstellung des »Blickes« und der »Stimme« ab[21].

Während jedoch die Relation der ersten Rhythmeme diese Antithese stützt, heben die beiden nächsten sie auf (in der künstlerischen Konstruktion bedeutet im Unterschied zur logischen Konstruktion eine These aufstellen und dann aufheben nicht dasselbe wie eine These nicht aufstellen). »Tvoj vzor – zvučit« [»dein Blick – klingt«] wiesen eine deutlich markierte Gemeinsamkeit der Konsonantengruppe auf. Die Gruppen der Vokale sind einander entgegengesetzt: »O – o – u – i«. Diese Antithetik der Vokale (sie werden zum Hauptmerkmal der Differenzierung zwischen der Lexik der semantischen Gruppe des Sehens und Hörens) unterstreicht dennoch ihre Selbständigkeit und läßt dadurch neue Bezüge hervortreten.

goluboj	– poceluj	– zvučit[22]	[blau – Kuß – klingt]
ouo⟨j⟩	– oeu⟨j⟩	– ui	
tvoj vzor	– golos	– molodoj	[dein Blick – Stimme – jung]
o⟨j⟩o	– oo	– ooo⟨j⟩	

21 Vgl. »Liš' oči pečal'no gljadeli, a golos tak divno zvučal [...]« [Nur die Augen schauten traurig, und die Stimme klang so wunderbar] (A. K. Tolstoj).
22 In den angeführten Beispielen ist es zweckmäßig, das russische j [u] in der Organisationsreihe der Vokale zu betrachten. Wir sind dazu umso mehr berechtigt, als auf das phonetische Bewußtsein das System der Graphik einen mächtigen Einfluß ausübt. Vgl. beispielsweise den Einfluß der Graphik auf die Phonologie im Bewußtsein Lermontovs in den Versen »Ich bin ganz von Sinnen vor dreigliedrigen Harmonien und feuchten Reimen wie zum Beispiel auf ›ju‹«. Für Lermontov verschmelzen »ju« und »u« nicht miteinander.
[Aus: *Skazki dlja detej – (Märchen für Kinder)*]

In allen diesen Verbindungen wird eines hervorgehoben: die Gruppe »nebo« [»Himmel«] und die Gruppe »poceluj« [»Kuß«] werden gleichgestellt. Dazu verwandeln sie sich in zwei verschiedenartige aber vergleichbare Sphären ein und desselben semantischen Feldes – des sensorischen: in die visuelle (nebo – vzor) und die akustische (poceluj – golos) Sphäre. Der Parallelismus stellt, näherungsweise ausgedrückt, die Segmente »tvoj vzor« und »zvučit« einander gleich (in Wirklichkeit konstituiert die Umkehrung bei der Wiederholung »tvz – zvt« eine etwas komplexere semantische Beziehung zwischen den Bedeutungen dieser Gruppen). Der Unterschied zwischen Laut und Blick erweist sich als weniger wesentlich als die semantische Gemeinsamkeit. Die Konstruktion nähert nicht zufällig »tvoj vzor« [»dein Blick«] und die Gruppe »golos – molodoj« [»Stimme – jung«] einander an. Und in der Reihe »goluboj – poceluj – zvučit« ist die Differenzierung der lautlichen und farblichen Attribute als systemextern aufgehoben. Die gereimte Endgruppe »blistaet – i taet« [»scheint – schmilzt«] bewirkt, daß das im ersten Rhythmem differenzierende Element »nebo – poceluj« in dem ihm synonymen Kommutat »sijaet – taet« [»scheint – schmilzt«] gleichgesetzt wird und eben dadurch zum gemeinsamen semantischen Kern für die beiden Verse wird.

Der zweite und vierte Vers komplettieren diese Struktur:

Ėmálju golubój   [Von blauem Emaille]
Tvoj gólos molodój   [Deine junge Stimme].

Auf der konsonantischen Ebene weisen sie Wiederholungen auf:

m – l – g – l
g – l – m – l

Auf der vokalischen Ebene:

o – o⟨j⟩
o ⟨j⟩ – o – o – o – o – o ⟨j⟩.

Die Gleichstellung von »ėmal' goluboj« [blaue Emaille«] und »golos molodoj« [»junge Stimme«] in einer semantischen Ein-

heit verbindet sich mit der chiastischen phonetischen Kongruenz:
»èmal'ju – molodoj« und »golos – goluboj«. Dabei ist anzumerken, daß alle diese zusätzlichen Geordnetheiten auch zusätzliche Differenzierungen aktivieren, die über ihnen aufgebaut werden. Solcherart ist die Postposition des Adjektivs im
ersten und zweiten Fall. Das eben untersuchte Beispiel ermöglicht es, auch noch etwas anderes hervorzuheben: jede Geordnetheit ist künstlerisch aktiv, wenn sie nicht zu Ende geführt ist und eine bestimmte Reserve an Ungeordnetheit übrig-
läßt. So sind vom Standpunkt der Lautwiederholungen aus im
Vokalismus der beiden analysierten Verse die in eckige Klammern gesetzten Phoneme nicht organisiert:

$$[e - a - ju] - o - [u] - o\langle j\rangle$$
$$o\langle j\rangle - o - o - o - o - o\langle j\rangle$$

Nur die eingeschränkte Dominanz, das Phonem »o« im zweiten Vers, macht den ersten Vers im Bezug auf sie zu einem
geordneten Vers.
Dergestalt geht die in der natürlichen Sprache zur Ausdrucksseite gehörende phonologische Struktur in der Poesie in die Inhaltsstruktur über, wobei sie von dem betreffenden Text nicht
zu trennende semantische Oppositionen ausbildet.
Die Fügungen »zvučit it taet« [»klingt und schmilzt«] und
»zvuki tajut« [»Töne schmelzen«] stellen sich als einander
semantisch und phonologisch so nahe dar, daß es, wie es scheinen will, schwierig wäre, einen spürbaren Bedeutungsunter-
schied zwischen ihnen zu entdecken. Und so verhielte es sich
auch, hätten wir nicht Verse vor uns. Im poetischen Text verändern die scheinbar bedeutungslosen Lautunterschiede das Gewebe der Bedeutungsverkettungen jedoch. Die vokalische
Gruppe in den Wörtern »zvučit i taet« [»klingt und schmilzt«]
ist: »u i« und »a e«. Die Charakteristik dieser Lautgruppen ist
eigentümlich. Auf der einen Seite haben wir *verschiedene*
Phoneme vor uns. Auch nicht eines der zur einen Gruppe ge-
hörenden Phoneme wird in der zweiten wiederholt. Auf der
anderen Seite wird ein bestimmter Parallelismus hergestellt: wir
können die Fügung »Vokal der hinteren oder mittleren Reihe
+ Vokal der vorderen Reihe« konstruieren. Aktiviert wird
gerade das distinktive Merkmal der Reihe, da ja nicht nur

diese Gesetzmäßigkeit hergestellt wird, sondern auch in ihrem Bereich eine gewisse deautomatisierende Variationsbreite festzustellen ist: im ersten Fall werden die *äußersten* Vokale (der hinterste und der vorderste) und im zweiten die an die Mitte grenzenden genommen. Dadurch wird auch die *Selbständigkeit* der Wörter »zvučit« [»klingt«] und »taet« [»schmilzt«], ihre semantische »Gesondertheit« und der Parallelismus dieser Bedeutungen hergestellt, die außerhalb des Kontextes zu grundsätzlich verschiedenen Reihen gehören. Die syntaktische Gleichsetzung (Konjunktion »i« [»und«]) dieser gegensätzlichen Bedeutungen (»zvučit« und »taet«) schafft eine neue (»Montage-«) Bedeutung.

»Zvuki tajut« [»Klänge schmelzen«] zeigt einen anderen Aufbau: u-i-a-u. Es bildet sich ein phonetischer Ring* – nicht die Gleichstellung zweier selbständiger Systeme, sondern eine einheitliche Struktur (parallel zu ihnen werden auch die grammatischen Formen aufgebaut: im ersten Fall zwei homogene, im zweiten Fall eine durch Kongruenz verbundene unifizierte Konstruktion).

Setzen wir das Schema des Vokalismus dieses Vierzeilers zusammen (wiedergegeben werden nur die betonten Phoneme):

```
a o u a
– u – a
i – a a
– e – a
```

Die ersten beiden Verse haben eine gemeinsame, deutlich binäre Organisation – sie bauen sich um die beiden Phonemzentren »a« und »u« auf. Jedes von ihnen ist dadurch lexikalisch gefärbt, daß es die Semantik der Wörter »ona« [»sie«] und »zvuki« [»Töne«] entlehnt. Außerdem gibt es eine Gruppe von Wörtern, die beide lautlichen Themen synthetisiert: »tájut« [»schmilzt«], »na ustách« [»auf Lippen«]; die Übereinstimmung im »u« verwandelt «zvuki« [»Töne«] und »pocelui« [»Küsse«] in okkasionelle Synonyme.

Die Gruppe »a – u« ruft eine Bedeutungskette hervor, indem sie »ona« [»sie«] mit einer Wortfolge verbindet, die durch das gemeinsame semantische Merkmal der Leidenschaftlichkeit ver-

* S. Anmerkung d. Ü. S. 225.

eint sind: »poet« [»singt«], »pocelui« [»Küsse«], »usta« [»Lippen«]. Unter dem Einfluß dieser Reihe wird auch »tajut«
[»schmilzt«] auf eine bestimmte Weise verschoben.
Vgl. bei Puškin:

I, pólnyj strástnym ožidán'em,
On táet sérdcem, on gorít. [*Ruslan i ljudmila*]

[Und voll von leidenschaftlicher Erwartung
Schmilzt er am Herzen, er brennt.]

Vostórgi býstrye vostórgami smenílis',
Želán'ja gásli vdrug i snóva razgorális';
Ja tájal [. . .] [Dorida]

[Schnelle Entzückungen wechselten mit Entzückungen,
Verlangen verloschen jäh und entzündeten sich erneut;
Ich schmolz [schmachtete] [. . .]]

Die zweite Hälfte des Lermontovschen Vierzeilers ist auf der
Kombination ai/ae aufgebaut. Sie bildet eine Kette von Wörtern mit einer anderen Bedeutung: »nebesa« [»Himmel«],
»božestvenych« [»der göttlichen«]. »Gljadit« [»schaut«] erlangt, mit »nebesa« zusammengestellt, die Bedeutung eines
Strebens von unten nach oben, eines Zugangs zur »höheren«
Welt und man beginnt, es als okkasionelles Antonym zu dem
Wort »poët« [»singt«] mit seiner »leidenschaftlichen« Bedeutung aufzufassen. Antonymische Relationen entstehen zwischen »usta« [»Lippen«] und »glaza« [»Auge‹] (anzumerken
ist: die archaistische Färbung des Wortes »usta« [als Kirchenslavismus dem »hohen Stil« zugehörig], dem im Lermontovschen Text das Wort »glaza« [als Wort der Volkssprache dem
niederen Stil zugehörig] gegenübergestellt ist, hat offensichtlich deshalb keine Bedeutung, weil jegliche, wie auch immer
beschaffene, systematische Verwendung von Kirchenslavismen
fehlt). So wird das Bild einer gewissen Zweieinigkeit geschaffen: irdischer und himmlischer Verlockung.
Den semantischen Textaufbau beeinflussen zweifellos solche
Züge des Textes wie die Geordnetheit der Konsonanten, die
weniger bedeutungshaltig ist als die des Vokalismus, und der
Reichtum an Hiaten, der einen besondern lautlichen Effekt
hervorruft.

Wir haben uns davon überzeugt, daß die zum Vergleich herangezogenen Texte semantisch einander ganz nahe sind – eine bei der Gemeinsamkeit ihres Lexikons notwendige Erscheinung. Sogar wenn man auch den Unterschied ihres rhythmischen Aufbaus außer Betracht läßt, bewirken doch die verschiedenen Annäherungen, die auf der Phonemebene entstehen, in jedem Gedicht die Ausbildung eines unwiederholbaren Bedeutungsgewebes.

6.2.3. Rhythmische Wiederholungen

Die Phänomene von Rhythmus und Metrum, deren Erforschung in ihrem gegenwärtigen Stadium mit den Arbeiten von Andrej Belyj beginnt, sind mehrfach untersucht worden. In der Versforschung ist ein ungewöhnlich umfangreiches Material, hauptsächlich statistischer Art, angehäuft worden.

Eine völlig ungeklärte Frage ist bis heute das Problem der inhaltlichen Interpretation des gesammelten Materials geblieben. In diesem Zusammenhang ist es aufschlußreich, sich die abschließende Replik des tiefsinnigen und fesselnd geschriebenen Artikels Vjačeslav V. Invanovs *Der rhythmische Bau der ›Ballade vom Zirkus‹ von Mežirov* zu vergegenwärtigen. Ivanov führt eine umfangreiche Marginalie des Akademiemitgliedes A. M. Kolmogorov auf dem Manuskript seines Artikels an und bemerkt beiläufig nicht ohne Grund: »Interesse verdient auch, daß die Spezialisten auf dem Gebiet der rhythmischen Analyse in allen grundlegenden Punkten sich einig sind außer in der semantischen Interpretation ihrer Resultate«[23]. Gerade deshalb erscheint es zweckmäßig, die Frage der metrischen Wiederholungen nicht nur vom klassifikatorischen und statistischen, sondern auch vom funktionalen Standpunkt aus aufzuwerfen. Wie sieht ihre Rolle in der Struktur aus? Welche Funktion haben sie im allgemeinen Textaufbau? Es ist angebracht, nicht nur die Frage zu stellen: »wie ist der Text in rhythmischer Hinsicht organisiert?«, sondern auch: »warum ist er so organisiert?«.

Es war die Rede davon, daß die allgemeinsprachliche Synony-

---

23 V. V. Ivanov, *Ritmičeskoe stroenie »Ballady o cirke« Mežirova*. In dem Sb. *Poetics, Poetyka, Poètika*, Bd. 2, a.a.O., S. 299.

mik im poetischen Text eine zusätzliche Erweiterung erfährt, als deren Grenzfall die Möglichkeit auftritt, jedes beliebige Wort des Lexikons als jedem beliebigen anderen äquivalent zu betrachten. Dieser Grenzfall ist jedoch nur als Tendenz vorhanden. Jeder Typus von real gegebenen Texten hat seinen, nur ihm eigenen Grad von Erweiterung der Synonymie. In dieser Hinsicht übt die rhythmische Struktur einen spezifischen Einfluß auf den Text aus. Wenn man die gegenseitige Ersetzbarkeit von Wörtern im Bereich eines gewissen gleichartigen Kontextes als ein Merkmal okkasioneller Synonymie betrachtet,[24] kann man die Handschriften der Dichter, welche die Spuren der Ersetzung von Wörtern innerhalb einer bestimmten gleichen Umgebung erhalten, als wertvolles Material für die Erforschung der Spezifik von Synonymen im poetischen Text ansehen.

Betrachten wir unter diesem Gesichtspunkt die Arbeit Puškins am poetischen Text. Die handschriftlichen Entwürfe des Dichters bezeugen unwiderlegbar, daß auf der einen Seite die Isometrie zweier Wörter die notwendige Bedingung für ihre gegenseitige Ersetzbarkeit darstellt. Die Ersetzung eines Wortes durch ein anderes, nichtisometrisches, hat die Änderung des ganzen Verses zur Folge, wodurch die Frage der einheitlichen Umgebung entfällt; folglich können nichtisometrische Wörter im Verstext nicht sekundäre – poetische – Synonyme sein. Auf der anderen Seite erweist sich Isometrie als hinreichende Grundlage dafür, daß zwei in der Sprache sehr weit voneinander entfernte Wörter als äquivalent wahrgenommen werden.

Im Endergebnis steigt die Menge der okkasionellen »Synonyme«, die in dem betreffenden Text enthalten sind, sprunghaft an.

Gewöhnlich wird angenommen, die Wortwahl des Dichters sei denselben Restriktionen unterworfen, wie sie die Sprache jedem auferlegt, der diesen oder jenen Gedanken in nichtversgebundener Form auszudrücken wünscht, wozu noch weitere

---

24 Im poetischen Text stellt sich die Relation der Synonymie nicht unbedingt ein, wenn alle in der Sprache notwendigen Merkmale vorhanden sind. Sie wird bestimmten Wörtern des Textes zumeist kraft ihrer Position im Vers zugeschrieben. Deshalb erweist sich die Relation der Symmetrie (Austauschbarkeit) als hinreichende Bedingung für das Entstehen okkasioneller semantischer Äquivalenz.

Restriktionen treten, die zur Einhaltung der poetischen Konstruktion notwendig sind. Geht man von diesem Standpunkt aus, so wird ganz und gar unverständlich, wozu Poesie denn notwendig ist und weswegen die Redundanz des Textes so rigoros erhöht werden muß. Unverständlich ist dann auch, weshalb auch das Auferlegen zusätzlicher Restriktionen (wenn es sich um hohe Poesie handelt) das Erraten des Textes nicht erleichtert[25].

Betrachten wir einige Aspekte der Arbeit des Dichters am Text seines Werkes. Wenn wir es mit traditioneller Syllabotonik zu tun haben und der Text Reime enthält, muß man zwischen einer Korrektur im ersten und einer solchen im zweiten der beidenden miteinander reimenden Verse unterscheiden. Es ist klar, daß der Dichter im ersten Fall über eine größere Freiheit der Wahl verfügt. Zu unterscheiden ist auch zwischen der Ersetzung isometrischer Wörter durch einander und der Ersetzung eines Wortes durch ein anderes, ihm nicht isometrisches. Der zweite Fall ist strenggenommen nicht möglich: Hierbei wird nicht ein Wort im Vers, sondern ein ganzer Vers durch einen anderen ersetzt.

Die Regel: »Jede Ersetzung im Vers ist nur unter Beachtung des Prinzips der Isometrie möglich« bleibt also unanfechtbar, nur erweist sich als isometrische Einheit hier nicht das Wort, sondern der Vers[26].

---

25 S.: Ivan Fonagy, *Informationsgehalt von Wort und Laut in der Dichtung*. In dem Sb. *Poetics . . . a.a.O.*, Bd. I, S. 591-606.

26 Damit hängt auch zusammen, daß jeder Rezitator von Versen, wenn er ein Wort vergessen hat, es nicht wegläßt, sondern es durch ein anderes, isometrisches oder im äußersten Falle durch ein »hm-ta-ta« im gleichen Versmaß ersetzt. Dadurch wird insbesondere die Hypothese von L. I. Timofeev widerlegt, das *Igorlied* sei irgendwann in einem regelmäßigen Versmaß geschrieben worden, für das das Gefühl infolge von Fehlern beim Abschreiben verlorengegangen sei (L. Timofeev, *Ritmika »Slova o polku Igoreve«*. In: *Russkaja literatura*, 1963, *1*, S. 88-104). Diese These enthält einen logischen Widerspruch: das Vergessen der Rhythmik kann nicht infolge von Fehlern beim Abschreiben geschehen, da die Grundursache solcher Fehler im Verlust des Gefühls für den metrischen Charakter des Textes beim Abschreiber liegt. Die Untersuchung der Tradition der handschriftlichen Poesie des 18. Jahrhunderts (da die altrussische Literatur über eine solche Tradition nicht verfügt) führt zu der Überzeugung, daß die metrische Organisation des Textes ein starker Mechanismus ist, der den Text vor Entstellungen bewahrt. Ist ein Wort unverständlich, ersetzt es der Abschreiber in der Regel durch ein ihm isometrisches. Wenn aber diese Regel durchbrochen

Betrachten wir eine der Episoden von Puškins Arbeit an der Handschrift des Gedichtes *Der Feldherr*. Die Verse 7–10 lauten im endgültigen Text:

Tut nét ni sél'skich nímf, ni dévstvennych madónn,
Ni fávnov s čášami, ni polnogrúdnych žën,
Ni pljáso, ni ochót, – a vsë plaščí, da špági,
Da líca, pólnye voínstvennoj otvági.

[Hier gibt es weder ländliche Nymphen noch jungfräuliche
                                                    Madonnen,
Noch Faune mit Schalen noch vollbrüstige Weiber,
Noch Reigen noch Jagden, sondern nur Pelerinen und Degen
Und Gesichter voll kämpferischer Tapferkeit.]

Die Analyse der Handschriften bezeugt, daß sich bei Puškin – abgesehen von einer allgemeinen gedanklichen Bewegung, die den Text in bestimmter Beziehung ordnet und abgesehen von den Restriktionen, die darin bestehen, daß Rhythmus und Reimverteilung für das ganze Gedicht vorgegeben sind – in einem sehr frühen Stadium der Arbeit am Text ein syntaktisches Schema ausgebildet hat, das in diese Textstelle eine zusätzliche Geordnetheit einbringt:

I	II			
x x́ x x́ x	x x́ x x́ x ⟨V⟩			
1. Tut net ni	ni	(A)	[Hier gibt es weder ‖ noch
2. Ni	ni	(A)	noch ‖ noch
3. Ni	a vse	(b)	noch ‖ sondern nur und
4. Da	‖	(b)	und]

(‖ Zäsurzeichen, A – männlicher, b – weiblicher Reim)[27].
Die Positionen I_1 und II_1 im ersten Vers sind beinahe in einem Zug ausgefüllt worden:

wird, so ist, wie viele Beobachtungen zeigen, bei weiteren Abschriften die Tendenz zur Wiederherstellung des metrischen Aufbaus festzustellen. Wenn also Timofeev meint, der authentische rhythmische Aufbau des *Igorliedes* sei von den Abschreibern entstellt worden, so muß er erst einmal erklären, wann und aus welchem Grunde die Abschreiber dasjenige Gefühl für den Rhythmus verloren haben, das dem Autor und seinem Auditorium eignete, da eben dieser Verlust der graphischen Entstellung vorhergehen muß und nicht umgekehrt.

27 Das Vorhandensein solcher Schemata im Bewußtsein Puškins wird durch seine Manuskripte graphisch bestätigt.

Tut nét ni sél'skich nímf, ni dévstvennych madónn
(Hier gibt es weder ländliche Nymphen noch jungfräuliche
Madonnen).

Geschwankt hat Puškin nur bei der Auswahl der Epitheta –
anstelle von »sel'skich« [ländlich] war anfänglich »junych«
[jugendlich] vorgesehen.
Für die Position I_2 und die Position II_2 wurde eine Reihe
isorhythmischer Varianten gebildet:

ni	júnoj krasotý	ni	polnogrúdnych žën
	fávnov Rúbensa		florentínskich žën
	pljások, ni bogín'		rubensóvskich žën
	sél'skich prázdnikov		

[noch	junge Schönheit	[noch	vollbrüstige Weiber
	Faune Rubens		florentinische Weiber
	Reigen, noch Göttinnen		rubenssche Weiber]
	ländliche Feiertage		

Position I_3:   Position II_3:
                                         a vsë plaščí, da špági ...

ni	fávnov Rúbensa
	fávnov s čášami

                                         und nur Pelerinen und Degen ...]

noch	Faune Rubens'
	Faune mit Schalen

Es ist leicht zu bemerken, daß nicht nur die rhythmischen
Abschnitte des Textes innerhalb jeder Position gegenseitig austauschbar sind sondern auch die Positionen I_2 und I_3 einander als rhythmisch äquivalent ersetzen können. So geschieht es
tatsächlich auch in den Entwürfen von Puškin. Hier stoßen wir
auf verschiedenartige Kombinationen dieser rhythmischen Elemente:

2. Ni júnoj nagotý, ni pólnogrudnych žën
3. Ni sél'skich prázdnikov. A vsë plaščí da špági [...]

[2. Noch jugendliche Nacktheit noch vollbrüstige Weiber
3. Noch ländliche Feiertage. Sondern nur Pelerinen und Degen [...]]

2. Ni pljások, ni bogín', ni Rúbensovych žën
3. Ni sél'skich prázdnikov. A vsë plaščí da špági [...]

[2. Noch Reigen noch Göttinnen noch rubenssche Weiber
3. Noch ländliche Feiertage. Sondern nur Pelerinen und Degen [...]]

2. Ni pljások, ni bogín', ni florentínskich žën
3. Ni fávnov Rúbensa. A vsë plaščí da špági [...]

[2. Noch Reigen noch Göttinnen noch florentinische Weiber
3. Noch Faune Rubens'. Sondern nur Pelerinen und Degen [...]]

2. Ni pljások, ni bogín', ni florentínskich žën
3. Ni fávnov s čášami. A vsë plaščí da špági [...]

[2. Noch Reigen noch Göttinnen noch florentinische Weiber
3. Noch Faune mit Schalen. Sondern nur Pelerinen und Degen [...]]

2. Ni fávnov s čášami ni polnogrúdnych žën
3. Ni pljások, ni bogín', a vsë plaščí da špági [...]

[2. Noch Faune mit Schalen noch vollbrüstige Weiber
3. Noch Reigen, noch Göttinnen, sondern nur Pelerinen und
Degen [...]]

Wir können den Schluß ziehen, daß im poetischen Text eine
bestimmte sekundäre »Synonymie« entsteht: Wörter erweisen
sich lediglich kraft ihrer Isometrie als äquivalent. Die Epitheta
»florentinische«, »rubenssche«, »vollbrüstige« sind, wie sich
zeigt, mit dem Wort »Weiber« durch ihre wechselseitige Austauschbarkeit verbunden, obgleich die »rubensschen Weiber«
und die »vollbrüstigen Weiber« offenbar tatsächlich ein und
dasselbe Gemälde bezeichnen, was man von den »florentini-
schen Weibern« nicht sagen kann. In gleichem Maße meinen
die »Faune Rubens'« und die »Faune mit Schalen« ein Gemälde – den Bacchus der Eremitage*, »jugendliche Nacktheit«,
»Reigen« und »Göttinnen« andere Gemälde. Der Unterschied
auf der Ebene des Denotats bedeutet hier jedoch überhaupt
nichts: im poetischen Text treten diese Wörter als Synonyme
auf, was annehmen läßt, daß von einem anderen Denotat die
Rede ist, von einem für alle diese äquivalenten Textsegmente
invarianten Denotat (zum Beispiel »ein beliebiges, nicht zur
Schlachtenmalerei gehörendes Gemälde«). So schafft die rhythmische Struktur des Textes eine bestimmte sekundäre Synonymie, und diese Synonymie konstruiert nicht mit anderen

---

* Es handelt sich hierbei um das in der Staatlichen Leningrader Gemälde-
galerie Ėremitaž befindliche Gemälde Bacchus (1636-1640) von Rubens.
[A. d. Ü.]

Mitteln dieselbe Welt wie die Prosa, sondern sie erschafft eine
eigene Welt.

Kak glúpo unižát' sebjá [. . .]
Pritvórstvom uniĵát' sebjá [. . .]
Smirját' i uniĵát' sebjá [. . .]

[Wie dumm, sich zu erniedrigen [. . .]
Durch Verstellung sich zu erniedrigen [. . .]
Sich zu versöhnen und zu erniedrigen [. . .]]

In diesen Entwürfen aus dem ersten Kapitel des *Evgénij Oné-
gin* treten die Segmente »kak glupo« [»wie dumm«], »pritvor-
stvom« [durch Verstellung,] »smirit'i« [»sich zu versöhnen
und«] als gegeneinander austauschbar auf. Natürlich handelt es
sich im vorliegenden Fall um eine bestimmte semantische Konstante, innerhalb deren Grenzen die Elemente, die ausgewählt
werden, variieren, wenn auch anzumerken ist, daß es schwer
fällt, sich vorzustellen, diese Elemente würden außerhalb der
vorliegenden rhythmischen Konstruktion von irgendjemandem
in irgendeiner Beziehung als äquivalent aufgefaßt.
Durch den Vergleich der Arbeit des Poeten und des Prosaikers
an ihren Entwürfen können wir uns von dem fundamentalen
Unterschied zwischen diesen beiden Arten der Selektion des
dem Schriftsteller nötigen Materials überzeugen. Der Prosaist
hat nur zwei Möglichkeiten: den Gedanken zu präzisieren indem er sich der Selektion im Bereich der allgemeinsprachlichen
Synonymie bedient, oder den Gedanken zu verändern. Der
Poet findet andere Bedingungen vor: erstens macht ihn die
klare Ausgegliedertheit des Textsegments weit unabhängiger
gegenüber dem Ganzen. Die radikale Veränderung der Bedeutung des Segments im Ganzen wird als der Präzisierung
entsprechend wahrgenommen, wie sie im nichtpoetischen Text
Ergebnis der Ersetzung eines Wortes durch sein Synonym ist.

Ljubví nas né priróda účit,
A pérvyj pákostnyj román [. . .]
Ljubví nas né priróda účit,
A Stál' ili Šatobrián [. . .]

[Die Liebe lehrt uns nicht die Natur,
sondern der erste unflätige Roman [. . .]

Die Liebe lehrt uns nicht die Natur,
Sondern de Staël oder Chateaubriand [...]]

Für sich genommen bieten die zweiten Verse einen jähen Um-
schlag im Inhalt, aber im Zusammenhang der 9. Strophe des
I. Kapitels im *Evgenij Onegin* wird dies nur als Präzisierung
wahrgenommen. *Die Flexibilität der Sprache,* in der Terminologie von Kolmogorov (h_2), *nimmt mit der Zergliederung des
Textes in rhythmisch äquivalente Segmente schlagartig zu.*
Offensichtlich ist dies eine der Reserven, die für Restriktionen
aufgewendete Information im poetischen Text kompensieren.
Die rhythmische Aufgliederung des Textes in isometrische Segmente erzeugt eine ganze Hierarchie suprasprachlicher Äquivalenzen. Im Text korrellieren, wie sich herausstellt, Verse,
Strophen und Kapitel jeweils untereinander. Diese Wiederholung der rhythmischen Gliederung schafft diejenige Präsumption wechselseitiger Äquivalenz *aller* Textsegmente innerhalb
der betreffenden Ebenen, die ihrerseits die Basis für die Rezeption des Textes als eines poetischen Textes konstituiert.
Äquivalenz ist jedoch nicht Identität. Die Tatsache, daß im
poetischen Text semantisch unterschiedliche Abschnitte als
äquivalent auftreten, veranlaßt einerseits dazu, für sie gemeinsame (neutralisierende) Archiseme aufzubauen und führt andererseits ihre Unterschiede in ein System relevanter Oppositionen über.
So entsteht bei erster Annäherung der Eindruck, die Semantik
des Wortes trete im Vers in den Hintergrund; in den Vordergrund rückten lautliche, rhythmische und andere Wiederholungen. Man kann treffende Beispiele dafür anführen, wie der
Dichter zwar Wörter ändert, aber die phonologische oder
rhythmische Konstruktion bewahrt. Ich beschränke mich auf
eines.
In den Entwürfen zu dem Puškinschen Gedicht *Zwei Gefühle
sind uns wundersam nahe* [...] gibt es in der zweiten Strophe
den Vers:
Samostoján'e čelovéka [Selbständigkeit des Menschen].
Sein Aufbau entspricht einer besonderen metrischen Variante
des russischen vierfüßigen Jambus (x x x x́ x x x x́ x). Diese Variante (die sechste) gehört zu den relativ seltenen. Nach den
Daten von Kiril Taranovskij macht sie in der Lyrik der Jahre

1828-1829 9,1% und in den Jahren 1830-1833 8,1% aller vierfüßigen Jamben aus.[28] Das uns interessierende Gedicht hat Puškin im Jahre 1830 verfaßt. Die ganze zweite Strophe wurde verworfen, auch der Vers »Samostojan'e čeloveka« fiel weg. Aber in einer neuen Variante dieser Strophe erschien:

Životvorjáščaja svjatýnja [...]   [Lebensspendendes Heiligtum]

mit demselben rhythmischen Schema.

Dies als einen Zufall zu erklären, ist unmöglich: zwei in lexikosemantischer Beziehung völlig verschiedene Verse erweisen sich im poetischen Bewußtsein Puškins kraft der Gemeinsamkeit der rhythmischen Figur als äquivalent.

Sobald man jedoch die Grenzen eines Verses überschreitet, wird evident, daß wir nicht einen anderen Gedanken vor uns haben, sondern eine Variante desselben Gedankens – das Resultat einer Erhöhung der Flexibilität der Sprache. Um dies etwas mehr zu veranschaulichen, führen wir die erste Strophe und zwei Varianten der zweiten Strophe an:

1. Strophe: Dva čúvstva dívno blízko nám –
               V nich obretáet sérdce píšču –
               Ljubóv' k rodnómu pepelíšču,
               Ljubóv k otečeskim grobám.

               [Zwei Gefühle sind uns wundersam nahe –
               In ihnen findet das Herz Speise –
               Die Liebe zum heimatlichen Herd,
               Die Liebe zu den Gräbern der Väter.]

1. Variante
der zweiten   Na nich osnóvano ot véka
Strophe   Načálo vsegó
               Samostoján'e čeloveka
               I sčást'e

               [Auf ihnen ist gegründet seit Urzeiten
               Der Anfang von allem
               Die Selbständigkeit des Menschen
               Und das Glück]

28 S.: Kiril Taranovskij, *Ruski dvodelni ritmovi*. I-II, Belgrad 1953. Beilage (Tabelle).

2. Variante
der zweiten   Životvorjáščaja svjatýnja!
Strophe   Zemljá bylá ⟨b⟩ bez ních mertvá
             Kak pustýna
             I kak altár' bez božestvá.

             [Lebenspendendes Heiligtum!
             Die Erde wa⟨e⟩r⟨e⟩ ohne sie tot
             Wie Wüste
             Und wie der Altar ohne Gottheit.]

Die Semantik wird so nur scheinbar in den Hintergrund ge-
drängt. Die Bedeutung des einzelnen Wortes tritt gegenüber
der Konstruktion zurück. Die Konstruktion baut ihrerseits eine
sekundäre Bedeutung auf, indem sie in eben diesem einzelnen
Wort bisweilen unerwartete relevante Elemente sekundärer
Bedeutung hervorruft.

6.2.4. Wiederholung und Bedeutung

Im Vers kann man auf der untersten Ebene Positionsäquiva-
lenzen (rhythmische Äquivalenzen) und euphonische (lautliche)
Äquivalenzen unterscheiden. Die Schnittmenge dieser beiden
Aquivalenzklassen wird als Reim definiert. Wir haben nun
allerdings schon davon gesprochen, daß alle Typen sekundärer
Äquivalenz im Text die Bildung zusätzlicher semantischer
Einheiten hervorrufen. Ein Phänomen der Struktur erweist
sich im Vers letzten Endes immer als ein Bedeutungsphänomen.
Besonders deutlich wird dies am Beispiel des Reims.
Die Schule der phonetischen Versuntersuchung (Ohrenphilolo-
gie) erhärtete die Definition des Reims als Lautwiederholung:
der Reim ist die Kongruenz von betontem Vokal und nachto-
nigem Wortteil. In der weiteren Entwicklung der Definition
des Reims war man bestrebt, unter Berücksichtigung der Erfahrung der Poesie des 20. Jahrhunderts die Möglichkeit von
Kongruenzen vortoniger Laute, des Konsonantismus usw. aus-
zudehnen. Viktor M. Žirmunskij hat in seinem Buch *Der Reim,
seine Geschichte und Theorie* als erster auf die Funktion des
Reims im rhythmischen Schema des Verses hingewiesen. Er
schrieb: »Man muß dem Begriff des Reims jede Lautwiederholung zuordnen, die eine organisierende Funktion in der metrischen Komposition des Gedichtes trägt.«[29]. Die Richtigkeit der

Überlegungen Žirmunskijs war evident, und seine Definition des Reims wurde allgemein akzeptiert. Boris V. Tomaševskij charakterisierte das Wesen des Reims in seiner Arbeit zur Poetik folgendermaßen: »Der Reim ist der Zusammenklang zweier Wörter, die an einer bestimmten Stelle der rhythmischen Konstruktion des Gedichtes stehen. Im russischen Vers (im übrigen nicht nur im russischen) muß sich der Reim am Ende des Verses befinden. Gerade Zusammenklänge am Versende, die eine Verbindung zwischen zwei Versen herstellen, nennt man Reim. Folglich hat der Reim zwei Eigenschaften: die erste ist die der rhythmischen Organisation, weil er die Versenden markiert, die zweite ist die des Zusammenklanges«[30]. Ähnliche Definitionen geben G. Šengeli, L. I. Timofeev, und V. E. Colševnikov,[31] der mit Tomaševskij über die Notwendigkeit der Stellung des Reims am Versende polemisiert, die Definition jedoch nicht wesentlich verändert.

Der Reim wird demnach als phonetische Wiederholung charakterisiert, die für den Rhythmus von Bedeutung ist. Das macht den Reim besonders interessant für allgemeine Beobachtungen zur Eigenart rhythmischer Wiederholungen im poetischen Text. Es ist wohlbekannt, daß poetische Rede einen anderen Klang hat als Prosa-Rede und umgangssprachliche Rede. Sie ist melodiös und läßt sich leicht deklamieren. Das Vorhandensein besonderer, nur dem Vers eigener Intonationssysteme gestattet es, von der Melodik der poetischen Rede zu sprechen. Daher wird der Eindruck hervorgerufen – und er ist äußerst weit verbreitet – im Vers gebe es zwei *selbständige* Elemente: ein semantisches und ein melodisches, wobei das eine von ihnen zuweilen mit einem rationalen, das andere mit einem emotionalen Prinzip identifiziert wird. Wenn auch einzelne Autoren an der Meinung festhalten, semantischer und melodischer Aspekt des Verses bildeten eine Korrelation, so sind doch auch sehr viele von ihrer Getrenntheit und sogar Gegensätzlichkeit überzeugt.

Bis heute kann man in manchen kritischen Artikeln Vorwürfe

29 V. Žirmunskij, *Rifma, ee istorija i teorija.* Petrograd 1923, S. 9.
30 B. V. Tomaševskij, *Stilistika i stichosloženie.* L. 1959, S. 406.
31 S.: G. Šengeli, *Technika sticha.* M. 1960, S. 241 f.; L. I. Timofeev, *Osnovy teorii literatury.* M. 1959, S. 250; V. E. Cholševnikov, *Osnovy stichovedenija. Russkoe stichosloženie.* L. 1962, S. 125.

gegen einige Dichter finden, sie hätten sich von der Begeisterung für gedankenlose Melodik, gauklerisches Spiel mit Klängen ohne Sinn u. dgl. verleiten lassen.

Diese Befürchtungen der Kritiker sind jedoch schwerlich gerechtfertigt.

Und wie auch immer wir bei der Trennung von Klang und Inhalt verfahren – ob wir nun den Autor, der verdächtigt wird, den Klang der Verse gewaltsam von ihrer Bedeutung loszureißen, rühmen oder schmähen – wir setzen Unmögliches voraus. In der Kunst, der die Sprache als Material dient – in der Wortkunst – ist *die Trennung von Klang und Bedeutung unmöglich.* Der musikalische Klang der poetischen Rede ist gleichfalls *ein Verfahren der Informationsübertragung,* d. h. von Inhalt, und kann in dieser Hinsicht allen anderen Verfahren der Informationsübertragung, die der Sprache als semiotischem System eignen, nicht entgegengesetzt werden. Dieses Verfahren – die »Musikalität« – entsteht nur bei höchster Gebundenheit der Wortstruktur – in der Poesie – und man darf es nicht mit den Elementen der Musikalität im System natürlicher Sprachen, z. B. der Intonation, verwechseln. Weiter unten versuchen wir zu zeigen, in welchem Maße die Klanglichkeit, die »Musikalität« des Reims vom Umfang der in ihr enthaltenen Information, von ihrer semantischen Belastetheit abhängt. Dies wird zugleich ein klares Licht auf die funktionale Eigenart des Reims überhaupt werfen.

Neben anderen Klassifikationsprinzipien begegnet in der verswissenschaftlichen Literatur die Einteilung des Reims in reichen [rührenden] und armen Reim. Reich werden Reime mit zahlreichen sich wiederholenden Lauten, arm solche mit wenigen genannt, wobei impliziert wird, daß reiche Reime klangvolle Reime sind, während arme Reime schlecht klingen und sich schrittweise proportional zur Verringerung der Zahl übereinstimmender Laute den Nicht-Reimen annähern. Interpretiert man die Begriffe in dieser Weise, so ist Musikalität, Klanglichkeit des Reims zwar von phonetischen, nicht aber von semantischen Merkmalen der Verssprache abhängig. Dieser Schluß erscheint als so evident, daß er gewöhnlich ohne Belege für wahr gehalten wird. Wir brauchen jedoch nur etwas näher auf diese Frage einzugehen, um uns von der Unrichtigkeit eines solchen Urteils zu überzeugen.

Nehmen wir zwei phonetisch identische Reimpaare – einen homonymen und einen tautologischen. Es ist nicht schwer, sich davon zu überzeugen, daß die Klanglichkeit, die Musikalität des
Reims sich in den beiden Fällen unterscheidet. Führen wir zwei
Beispiele an, deren erstes zum Zweck demonstrativer Anschaulichkeit hergestellt und das zweite aus [den *Sprüchen des Kon-
fuzius* von Friedrich Schiller] entnommen wurde:

[Möchtest du beglückt und weise
Endigen das Leben weise.

Möchtest du beglückt und weise
Endigen des Lebens Weise.]

In beiden Fällen ist der Reim phonetisch und rhythmisch identisch, aber er klingt verschieden. Tautologischer Reim, bei dem
sich Klang und Bedeutung der Reimwörter wiederholen, klingt
arm. Klangliche Übereinstimmung bei semantischer Differenz
bedingt reichen Klang. Führen wir einige Experimente durch,
bei denen wir homonymen Reim in tautologischen Reim überführen, und wir werden uns davon überzeugen, in welcher Weise bei dieser Operation, die weder phonetische noch rhythmische Nuancen des Verses antastet, der Klang des Reims ge-
dämpft wird:
[...]

[Ich habe was zu sinnen,
Ich hab, was mich beglückt;
In allen meinen Sinnen
Bin ich von ihr entzückt.

(Arnim: *Mir ist zu licht zum Schlafen*)

Übermut und Gefahr,
Tödliches Los!
Doch! – Und ein Flügelpaar
Faltet sich los!

(Goethe: *Faust 2. Teil* Vers 9895 ff.)

ich rit ûz mit winden
hiure in küelen winden
gein der stat ze Winden.

(Gottfried von Neifen)]

Man braucht nur in einem der angeführten Beispiele das Homonym [...] durch tautologische Wiederholung zu ersetzen, und schon schwindet die Klanglichkeit des Reims. Die Klanglichkeit des Reims und der seiner Natur nach physikalische Laut der Wörter in der Sprache sind durchaus nicht ein und dasselbe. Ein und derselbe Komplex physikalischer Laute der Rede, die ein und dieselben Phoneme der Sprache realisieren, kann im Reim sowohl den Eindruck sehr reichen als auch äußerst armen Klanges hervorrufen.

Das folgende Beispiel ist in dieser Hinsicht sehr bezeichnend:

Bog pómošč' vam, gráfu fon Búlju!
Knjaz' séjal: prišlós' vam požát!
Byt' móžet, i drúgu Džon Búlju
Pridëtsja plečámi požát'.

[Gott helf Ihnen, Graf von Buol!
Der Fürst säte, sie mußten ernten!
Kann sein, auch Freund John Bull
Muß mit den Achseln zucken.]
(P. A. Vjazemskij [:*Meine Meinung über den gegenwärtigen Krieg*])

Führen wir zwei Experimente durch. Als erstes werden wir im ersten Vers »von« durch »John« ersetzen. Weder die phonetische noch die rhythmische Eigenart des Reims »Bulju – Bulju« wird sich ändern. Der Grad an Klangfülle hingegen wird sich entscheidend ändern. Das andere Experiment ist jedoch noch viel aufschlußreicher. Wir ändern an dem Text, den wir zu betrachten haben, nichts. Wir stellen uns nur vor, daß er in Anwesenheit zweier Zuhörer gelesen wird, von denen einer weiß, daß von Boul der österreichische Diplomat des 19. Jahrhunderts [Karl Ferdinand Graf von Buol-Schauenstein] ist, daß mit dem »Fürsten« Bismarck gemeint ist und »John Bull« ein Appellativum für »Engländer« darstellt.
Der andere weiß dies nicht und stellt sich vor, daß im ersten und dritten Vers von derselben ihm unbekannten Person die Rede ist, sagen wir von einem gewissen Grafen John von Bull. Der Grad der Klangfülle des Verstextes wird für diese beiden Zuhörer verschieden sein. Dies alles zeugt davon, daß der Begriff der Klangfülle eben nicht absolut ist, daß er nicht nur physikalische (physiko-rhythmische) Qualität hat, sondern

auch relationale, funktionale. Dies hängt mit der Qualität der im Reim enthaltenen Information, mit der Bedeutung des Reims zusammen. Der erste Zuhörer rezipiert den Reim »Bulju – Bulju« als homonymen, der zweite rezipiert ihn als tautologischen Reim. Für den ersten klingt der Reim reich, für den zweiten arm.

In allen angeführten Beispielen sind die Reime phonetisch absolut identisch, und sie befinden sich rhythmisch in derselben Position. Indessen scheinen einige von ihnen klangvoll, tönend, musikalisch zu sein, andere hingegen rufen keinen derartigen Eindruck hervor. Worin liegt nun der Unterschied zwischen diesen scheinbar übereinstimmenden Reimen? In der *Semantik*. In solchen Fällen, in denen der Reim reich klingt, liegen Homonyme vor: Wörter, die im Lautbestand übereinstimmen, haben eine *verschiedenartige Bedeutung*. In den arm klingenden Reimen – den tautologischen – wird das gesamte Wort wiederholt: nicht nur seine Lautgestalt, sondern auch sein Bedeutungsinhalt.

Hieraus kann man zwei wesentliche Schlüsse ziehen:

Erstens: der musikalische Klang des Reims ist Derivat nicht nur der Phonetik, sondern auch der Semantik des Wortes.

Zweitens: die Definition des Reims könnte man vorerst näherungsweise folgendermaßen formulieren: Der Reim ist die lautliche Kongruenz von Wörtern oder ihrer Teile in einer bezogen auf die rhythmische Einheit markierten Position bei semantischer Inkongruenz. Diese Definition umfaßt auch den tautologischen Reim, da die poetische im Unterschied zur umgangssprachlichen Rede absolute semantische Wiederholung nicht kennt, weil dieselbe lexikalische oder auch dieselbe semantische Einheit sich bei der Wiederholung schon in einer anderen strukturellen Position befindet und folglich eine neue Bedeutung erlangt. Wie wir im folgenden sehen werden, war es keineswegs zufällig, daß wir zu künstlichen Beispielen greifen mußten, um die vollständige Wiederholung der Bedeutung zu demonstrieren: vollständige Wiederholung der Bedeutung ist im künstlerischen Text unmöglich.

Wir haben uns davon überzeugt, daß lautliche Kongruenz lediglich die semantische Differenz pointiert. Der übereinstimmende Teil ähnlicher aber verschiedener semantischer Einheiten wird in diesem Fall zur »hinreichenden Grundlage« für die vergleichende Gegenüberstellung, er wird ausgeklammert und hebt die Differenz in der Qualität der durch die Reimwörter bezeichneten Erscheinungen hervor.

Den Mechanismus der Wirkung des Reims kann man in folgende Prozesse zerlegen. Erstens ist der Reim eine Wiederholung. Wie in der Wissenschaft schon mehrfach festgestellt worden ist, wendet der Reim den Leser zum vorangegangenen Text zurück. Dabei ist nun hervorzuheben, daß eine solche »Rückwendung« im Bewußtsein nicht nur den Gleichklang, sondern auch die Bedeutung der beiden Reimwörter aktiviert. Dabei geschieht etwas, was sich vom gewöhnlichen sprachlichen Prozeß der Übertragung von Bedeutungen grundsätzlich unterscheidet: anstelle der in der Zeit voranschreitenden Kette von Signalen, die dem Zweck einer bestimmten Information dienen, tritt ein komplex konstruiertes Signal räumlicher Natur auf, eine Rückwendung zu bereits Rezipiertem. Dabei erhalten, wie sich zeigt, schon einmal nach den allgemeinen Gesetzen sprachlicher Bedeutungen rezipierte Reihen von Wortsignalen und einzelne Wörter (in diesem Falle Reime) bei der zweiten (nicht linear-redemäßigen, sondern strukturell-künstlerischen) Rezeption eine neue Bedeutung.

Das zweite Element der semantischen Rezeption des Reims ist die vergleichende Gegenüberstellung des Wortes mit seinem Reimwort, die Entstehung eines korellierenden Paares. Zwei Wörter, die als sprachliche Phänomene außerhalb jeglicher Bezüge – grammatischer und semantischer – stehen, sind in der Poesie durch den Reim zu einem Paar vereinigt, das eine Konstruktionseinheit bildet.

Tvoj óčerk strástnyj, óčerk dýmnyj
Skvoz' súmrak lóži plýl ko mné,
I ténor pél na scéne gímny
Bezúmnym skrípkam i vesné […]*

[Deine leidenschaftliche Kontur, deine rauchige Kontur
Schwamm durch die Dämmerung der Loge zu mir.

Und der Tenor sang auf der Bühne Hymnen
Irrsinnigen Geigen und dem Frühling […]]

* A. Blok, *Sobranie sočinenij v vos'mi tomach*. Bd. 1, M. S. 185. [A. d. Ü.]

»Dymnyj« [»rauchig«] und »gimny« [»Hymnen«] sind, wenn wir den vorliegenden Text als normale Information lesen und die poetische Struktur ignorieren, derart unterschiedliche Begriffe, daß es ausgeschlossen ist, sie in Korrelation zu bringen. Auch grammatische und syntaktische Textstruktur bieten keine Grundlage für eine vergleichende Gegenüberstellung. Betrachten wir den Text jedoch als ein Gedicht, so werden wir sehen, daß »dymnyj – gimny« durch den zweieinigen Begriff »Reim« verbunden sind. Diese Zweieinigkeit ist so geartet, daß sie sowohl die Identifikation als auch die Gegenüberstellung der sie konstituierenden Begriffe einschließt. Dabei wird die Identifikation zur Bedingung der Gegenüberstellung. Der Reim läßt sich in der für Kunst überhaupt äußerst wichtigen Formel fassen: »dies und gleichzeitig nicht dies«.

Die Gleichstellung hat in diesem Fall in erster Linie formalen und die Gegenüberstellung semantischen Charakter. Die Identifikation gehört (auf phonetischer Ebene) zur Ausdrucksseite, die Gegenüberstellung zur Inhaltsseite. »Dymnyj« fordert in Reimposition einen Gleichklang, genauso wie ein bestimmter syntaktischer Bezug (beispielsweise die Kongruenz) bestimmte Endungen fordert. Die lautliche Kongruenz wird hier zum Ausgangspunkt für die semantische Gegenüberstellung.

Zu behaupten, der Reim stelle lediglich lautliche Kongruenz bei semantischer Inkongruenz dar, wäre freilich eine Simplifikation; ist doch der Reim auch in lautlicher Beziehung in der Regel keine vollständige, sondern eine partielle Kongruenz. Wir identifizieren verschieden klingende aber gemeinsame phonologische Elemente enthaltende Wörter und vernachlässigen, um Ähnlichkeit festzustellen, den Unterschied. Danach aber verwenden wir die festgestellte Ähnlichkeit als Grundlage für die Gegenüberstellung.

Komplexer ist der Sachverhalt jedoch auch bei der Bedeutungsseite der Wörter, da die gesamte Erfahrung der ästhetischen Kommunikation uns daran gewöhnt, daß bestimmte Formen des Ausdrucks bestimmte Elemente des Inhalts hervortreten lassen. Das Bestehen eines Zusammenhanges zwischen den Reimwörtern auf der Ausdrucksseite läßt annehmen, daß auch bestimmte Zusammenhänge des Inhalts bestehen, nähert die Semantik an. Wie wir im weiteren zu zeigen versuchen, werden außerdem, während in der Sprache das Wort die unteilbare

Einheit des Inhalts ist, in der Poesie die Phoneme nicht nur
zum bedeutungsdifferenzierenden Element, sondern auch zu
Trägern lexikalischer Bedeutung. Laute sind bedeutungshaltig.
Allein schon daher wird die lautliche (phonologische) Annäherung zu einer Annäherung der Begriffe.

Man kann also sagen, daß der Prozeß der Gleich- und Gegenüberstellung, dessen verschiedene Seiten mit unterschiedlicher
Deutlichkeit im lautlichen und semantischen Bereich des Reims
hervortreten, das Wesen des Reims ausmacht. Die Natur des
Reims ist die Annäherung von Verschiedenem und das Aufdecken von Verschiedenem in Ähnlichem. Der Reim ist seiner
Natur nach dialektisch.

In dieser Hinsicht ist das Aufkommen der Reimkultur gerade
zu dem Zeitpunkt, da im Rahmen des mittelalterlichen Bewußtseins die scholastische Dialektik heranreift, da die komplexe Verflochtenheit der Begriffe als Ausdruck der gesteiger-
ten Komplexität des Lebens und des Bewußtseins des Menschen wahrgenommen wird, keineswegs zufällig. Aufschlußreich ist, wie Žirmunskij festgestellt hat, daß der frühe angel-
sächsische Reim mit der Tendenz zur Gleich- und Gegenüberstellung derjenigen Begriffe verbunden war, die vorher
schlichtweg als verschieden aufgefaßt worden waren: »Vor allem erscheint der Reim in einigen stereotypen stilistischen Formeln des alliterierenden Epos. Hierzu gehören beispielsweise
die sogenannten »paarigen Formeln«, die mit der Konjunktion
»ond« zwei verwandte (synonyme oder kontrastierende) Begriffe in einer parallelen grammatischen Form vereinen.«[32]

Nicht zufällig auch kam in Rußland der Reim als Element der
künstlerischen Struktur in der Epoche der »Wortflechterei«
[vitija sloves] in die Literatur, eines manirierten Stils der Moskauer Literatur des 15. Jahrhunderts, der den Stempel mittelalterlicher scholastischer Dialektik trug.

Gleichzeitig ist festzuhalten, daß das Aufbauprinzip des Reims
der mittelalterlichen Kunst sich von dem der modernen Kunst
unterscheidet. Das hängt mit der Spezifik der Formen des mittelalterlichen und des modernen künstlerischen Bewußtseins
zusammen. Während die moderne Kunst von der Vorstellung
ausgeht, Originalität, Unwiederholbarkeit, individuelle Eigen-

32 V. Žirmunskij, *Rifma* . . . a.a.O., S. 228.

art gehöre zu den Errungenschaften eines Kunstwerks, hielt die mittelalterliche Ästhetik alles Individuelle für sündig, für eine Erscheinung des Hochmuts und verlangte Treue gegenüber den althergebrachten »von Gott inspirierten« Mustern. Kunstvolle Wiederholung der komplexen Konventionen des künstlerischen Rituals, nicht aber eigene Erfindung – eben dies war es, was vom Künstler verlangt wurde. Diese Ästhetik hatte ihre eigene soziale und ideologische Basis, aber uns interessiert gegenwärtig nur einer der Aspekte dieser Frage.

Das ästhetische Denken bestimmter Epochen (in jeder Epoche, in jedem gedanklich-künstlerischen System hatte es seine besondere Bedeutung) ließ die Ästhetik der Identität zu – für schön wurde nicht die Schaffung von etwas Neuem gehalten, sondern die exakte Reproduktion von zuvor Geschaffenem. Hinter diesem ästhetischen Denken stand (angewandt auf die Kunst des Mittelalters) folgende gnoseologische Idee: die Wahrheit wird nicht aus der Analyse isolierter, besonderer Phänomene erkannt – die einzelnen Phänomene werden auf einige wahre und schon apriori gegebene allgemeine Kategorien zurückgeführt. Erkenntnis verwirklicht sich auf dem Wege der Identifikation einzelner Erscheinungen mit allgemeinen Kategorien, die als primär gedacht werden. Der Erkenntnisakt besteht nicht darin, das Besondere, das Spezifische aufzudekken, sondern im Prozeß der Abstraktion vom Besonderen, seiner Zurückführung auf Gemeinsames und letzten Endes auf Allgemeines.

Dieses Bewußtsein bestimmte auch die Spezifik des Reims. Der Reichtum an Flexionsreimen, an »grammatischen« Reimen springt ins Auge. Vom Standpunkt der poetischen Vorstellungen aus, die in der Kunst der Neuzeit verbreitet sind, ist dies ein schlechter Reim. Ein unaufmerksamer Leser wird den Reichtum an solchen Reimen im Mittelalter mit der schwachen poetischen Technik erklären. Offensichtlich muß es sich jedoch um etwas anderes handeln. Die Selektion einer Reihe von Wörtern mit gleichen Flexionen wurde als Aufnahme dieses Wortes in eine gemeinsame Kategorie aufgefaßt (Partizip einer bestimmten Klasse, Substantiv mit der Bedeutung eines »Agens« usw.) d. h. es aktivierte neben der lexikalischen auch die grammatische Bedeutung. Die lexikalische Bedeutung erschien dabei als Träger semantischer Vielfalt – die Suffixe integrierten die Reimwörter in einheitliche semantische Reihen. Die Bedeutung wurde generalisiert. Das Wort wurde mit zusätzlichen Bedeutungen angereichert und der Reim als reich empfunden.

Die moderne Rezeption des Reims ist anders organisiert: nachdem die Gemeinsamkeit der Elemente festgestellt ist, die in die Klasse der »Reimwörter« gehören, vollzieht sich die Differenzierung der Bedeutungen. Das Gemeinsame wird zur Grundlage der vergleichenden Gegenüberstellung, der Unterschied zum bedeutungsdifferenzierenden, distinktiven Merkmal. Falls phonologische und morphologische Seite in den korrespondierenden Teilen identisch sind, geht die semantische Belastung auf die Wurzel über, und die Wiederholung erweist sich als aus dem Prozeß der Bedeutungsdifferenzierung ausgeschlossen. Die allgemeine semantische Belastung wird vermindert und im Endeffekt klingt der Reim verarmt [vgl. frisieren – dinieren] [...]. Besonders aufschlußreich ist in diesem Zusammenhang, daß dieselbe Struktur, die vor dem Hintergrund derselben gnoseologischen Prinzipien des einen ästhetischen Modells den Reim mit Klangfülle versah, sich in einem anderen System künstlerischer Erkenntnis als verarmt herausstellt. Dies erweist noch einmal, wie falsch die Vorstellung ist, die Geschichte des Reims sei eine lange Reihe technischer Vervollkommnungen irgendeines künstlerischen Verfahrens [priëm] mit ein und derselben ein für allemal gegebenen Bedeutung im Vers.

Indessen ist auch die funktionale Gemeinsamkeit der Reime in der Kunst verschiedener Epochen unschwer zu erkennen: der Reim entblößt viele im gewöhnlichen Sprachgebrauch neutrale Nuancen des Wortes und läßt sie zu bedeutungsdifferenzierenden Merkmalen werden, belädt sie mit Information, mit Bedeutung. Das erklärt die hohe Konzentration von Bedeutung in den Reimwörtern – ein Faktum, das schon vor langer Zeit in der Literatur zur Verswissenschaft vermerkt worden ist.

Wie aus dem oben Gesagten ersichtlich, tritt gerade am Material der Wiederholungen die allgemeine ästhetische Gesetzmäßigkeit mit äußerster Klarheit zu Tage, daß alles strukturell Relevante in der Kunst semantisiert wird. Dabei können zwei Wiederholungstypen unterschieden werden: die Wiederholung von Elementen, die auf der Ebene der natürlichen Sprache semantisch heterogen sind (Elemente werden wiederholt, die in der Sprache der Ausdrucksseite angehören) und Wiederholungen semantisch homogener Elemente (Synonyme; den Grenzfall bildet hier die Wiederholung desselben Wortes). Vom ersten Fall haben wir schon mit hinreichender Ausführlichkeit gehandelt. Auch der zweite verdient Aufmerksamkeit.

Strenggenommen ist vollständige und unbedingte Wiederholung im Vers also überhaupt unmöglich. In der Regel bedeutet die Wiederholung eines Wortes im Text nicht die mechanische Wiederholung ein und desselben Begriffs. Öfter legt sie Zeugnis ab von einem komplexeren, wenn auch einheitlichen, gedanklichen Inhalt.

Der Leser nimmt, an graphische Rezeption gewöhnt, wenn er auf dem Papier sich wiederholende graphische Konfigurationen sieht, an, vor ihm befinde sich die bloße Verdoppelung eines Begriffs. Es handelt sich indessen gewöhnlich um einen komplexeren, mit dem gegebenen Wort verbundenen Begriff, der aber nicht etwa quantitativ komplexer geworden ist.

Vy slýšite: grochóčet barabán?
Soldát, proščájsja s néj, proščájsja s néj!
Uchódit vzvód v tumán, tumán, tumán...
A próšloe jasnéj, jasnéj, jasnéj.
(B. Okudžava [: O vojne])

[Ihr hört: es wirbelt die Trommel?
Soldat, sag ihr Lebwohl, sag ihr Lebwohl!
Ausrückt der Zug in Nebel, Nebel, Nebel...
Und Vergangenes wird klarer, klarer, klarer.]*

Der zweite Vers bedeutet durchaus nicht die Aufforderung, sich zweimal zu verabschieden[33]. Je nach der Leseintonation kann er bedeuten: »Soldat, beeile dich beim Abschied, der Zug rückt schon aus« oder »Soldat, verabschiede dich von ihr, verabschiede dich für immer, du wirst sie niemals wiedersehen«

---

* Vgl. auch: Okudshawa, *Gedichte und Chansons*. Deutsch von Alexander Kämpfe und Gerhard Schindele (zweisprachig), München 1969, S. 54 f. In der deutschsprachigen Lyrik ist vergleichbar: Paul Celan, *Give the world*. [A. d. Ü.]

33 Wir sehen davon ab, welchen Grad von Verschiedenartigkeit die Bewegung der Melodie in dieses Beispiel bringt. Hier interessiert uns das Wesen der Wiederholung in der Poesie.

oder »Soldat, verabschiede dich von ihr, von deiner einzigen«. Aber niemals: »Soldat, verabschiede dich von ihr, verabschiede dich noch einmal von ihr.« Die Verdoppelung des Wortes bedeutet also keine mechanische Verdoppelung des Begriffs, sondern einen anderen, neuen, komplexer gewordenen Inhalt dieses Begriffs. »Uchodit vzvod v tuman, tuman, tuman« kann dechiffriert werden: »Der Zug rückt aus in den Nebel, immer weiter, er entschwindet dem Blick.« Dieser Vers kann auf alle möglichen anderen Weisen dechiffriert werden, niemals aber rein quantitativ: »Der Zug rückt aus in einen Nebel, danach in einen zweiten und in einen dritten.« Genauso kann auch der letzte Vers interpretiert werden als »Aber das Vergangene hellt sich immer mehr auf«, »aber das Vergangene ist immer mehr verständlich und hat nun blendende Klarheit erlangt« usw. Aber der Dichter hat gerade deshalb keine dieser Dechiffrierungen ausgewählt, weil sein Ausdrucksverfahren alle diese begrifflichen Nuancen einschließt. Erreicht wird dies deshalb, weil die bedeutungsdifferenzierende Funktion der Intonation, die zum einzigen distinktiven Merkmal in der Kette sich wiederholender Worte wird, umso relevanter ist, je genauer die Wiederholung im Text ist.
Die Wiederholung hat jedoch noch eine weitere strukturelle Funktion. Rufen wir uns einen Vers aus dem bereits zitierten Gedicht von Aleksandr Blok ins Gedächtnis zurück:

Tvoj očerk strastnyj, očerk dymnyj [...]

[Deine leidenschaftliche Kontur, deine rauchige Kontur [...]]

»Leidenschaftliche Kontur« und »rauchige Kontur« bilden zwei unabhängige phraseologische Verbindungen, deren eine auf direktem, die andere auf übertragenem Wortgebrauch beruht. Die Wortgruppen »leidenschaftliche Kontur« und »rauchige Kontur« erzeugen zwei semantische Ganze, die komplexer sind als die mechanische Summe der Begriffe »leidenschaftlich + Kontur« und »rauchig + Kontur«. Die Wiederholung des Wortes vernichtet jedoch die Unabhängigkeit dieser beiden Wortgruppen, indem sie sie zu einem semantisch noch weit komplexeren einheitlichen Ganzen zusammenfügt. Das zweimal auftretende Wort »Kontur« wird zum gemeinsamen Glied dieser beiden Gruppen und derart voneinander entfernte und unvergleichbare Begriffe wie »leidenschaftlich« und »rauchig« erweisen sich als ein einheitliches Kontrastpaar, das eine höhere semantische Einheit bildet und das semantisch in die Bedeutungen der in ihr enthaltenen Wörter zu zerlegen ist.

Betrachten wir unter diesem Aspekt das Gedicht O, *mein Land* von Leonid Martynov:

O zemljá mojá!
S odnój storoný,
Spjá poljá moej rodnój storoný,
A prismótriš'sja s drugój storoný –
Tol'ko drémljut, bespokójstva polný.

Bespokójstvo –
Èto svójstvo vesný.
Bespokóit'sja vsegdá my dolžný,
Ibo spési my smešnój lišený,
Čto zádači do odnój rešený.

I toržéstvenny,
S odnój storoný,
Očertánija sedój stariný,
I, estéstvenno, s drugój storoný,
Byt' ne sléduet slugój stariný.

Liš' nesmélye
Umý smuščený
Oborótnoj storonój tišiný,
I prijátnee im svójstvo luný –
Byt' dostúpnym liš' s odnój storoný.

No ved' skoro
I ustrójstvo luný
My rassmótrim i s drugój storoný.
Videt' žízn' s ee ljubój storoný
Ne zazórno ni s kakój storoný.

[O, mein Land!
Auf der einen Seite [= einerseits]
Schlafen die Felder meiner Heimat[-seite]
Aber schaust du genau hin von der anderen Seite,
dämmern sie nur, von Unruhe voll.

Unruhe –
das ist die Eigenart des Frühlings.
Unruhig sein müssen wir immer,
Denn des Hochmuts sind wir, des lächerlichen, beraubt,
Daß die Aufgaben bis zur letzten gelöst seien.

Und feierlich,
Auf der einen Seite,
die Konturen ergrauter alter Zeit
und, natürlich, auf der anderen Seite
Sollte man nicht Diener sein der alten Zeit.

Nur mutlose
Geister sind verwirrt
Durch die Kehrseite der Stille
Und angenehmer ist Ihnen die Eigenart des Mondes
Zugänglich zu sein nur von einer Seite.

Doch bald
Werden auch den Aufbau des Mondes
Wir betrachten von der anderen Seite.
Das Leben zu betrachten von einer beliebigen Seite
Verdient Verachtung von keiner Seite.]

Das gesamte Reimsystem dieses Gedichts basiert auf der mehr-
fachen Wiederholung ein und desselben Wortes »storona«
[Seite]. Dabei handelt es sich um eine tautologische Wiederholung (obgleich einzelne semantische Bedeutungsbündel sich
schon so weit aufgelöst haben, daß die sie ausdrückenden Wörter als Homonyme aufgefaßt werden).
So kommt das Wort »storona« schon im ersten Vers dreimal
vor, und zwar in ein und demselben Kasus. Im Grunde genommen trägt es jedoch in jedem dieser drei Fälle jeweils eine andere syntaktische und semantische Belastung. Bei einem Vergleich des ersten und dritten Falls (»auf der einen Seite«, »auf
der anderen Seite«) mit dem zweiten, in dem »storona« mit
dem Epitheton »rodnaja« [»heimatlich«] dem Begriff »rodina«
[»Heimat«] synonym ist, deutlich. Bei aufmerksamer Betrachtung wird jedoch klar, daß die Semantik des Wortes im ersten
und dritten Fall gleichfalls nicht identisch ist: es ist evident,
daß die einleitende Wortgruppe »auf der einen Seite« [einer-
seits] nicht gleichbedeutend ist mit der adverbialen Bestimmung des Ortes »schaust du genau hin von der anderen Seite«.
Im letzteren Fall wird von der Seite als einem realen Begriff

(Punkt, von dem aus zu schauen ist) gesprochen – im ersten Fall liegt nur eine Hilfsfloskel des Kanzleistils vor, die darauf anspielt, daß der vorgebliche Schlaf der heimatlichen Felder nur dem unaufmerksamen, bürokratischen Blick so erscheint, aber jeder, der befähigt ist, die Wirklichkeit zu beobachten, sogar in der Unbeweglichkeit die Fülle der unsichtbaren Kräfte sieht.

Die zweite Strophe, die das Thema der »Unruhe« als des wichtigsten Merkmals der lebendigen, sich entwickelnden Welt und des ihr adäquaten beweglichen, dialektischen Standpunkts entfaltet, ist auf anderen Wiederholungen (»Unruhe – unruhig sein«) aufgebaut. Lediglich durch eine Andeutung wendet sie den Leser zu der uns beschäftigenden Gruppe »Seite« zurück, indem sie aus der uns bereits begegneten und im folgenden sich mehrfach wiederholenden Verbindung »auf der einen Seite« das Wort »eine« herausstellt (»daß die Aufgaben bis zur letzten [wörtlich: bis auf eine] gelöst sind«). Dieser priëm hat die Funktion, das uns interessierende Thema im Leserbewußtsein zu unterstützen.[34]

In der dritten Strophe sind »auf der einen Seite« und »auf der anderen Seite« syntaktisch gleichbedeutend, expressiv sind sie jedoch nicht gleichbedeutend – die zweite Wendung ist ironisch gefärbt und klingt wie ein Parodieren, »Paraphrasieren« der ersten. Die Kontrastivität dieses »auf der einen Seite« und »auf der anderen Seite« ist auch noch dadurch bedingt, daß sie Teil der Antithese »feierlich auf der einen Seite« – »natürlich auf der anderen Seite« eingeht. »Feierlich« und »natürlich« erscheinen ihrem Stellenwert in der allgemeinsprachlichen Struktur nach noch nicht als Antithesen, da sie eine syntaktisch nicht zum Vergleich geeignete Position haben. Von der Kontextbedeutung her wird im Adverb »natürlich« lediglich die Semantik vom Typus »Selbstverständlich« realisiert.

Der poetischen Opposition eignet jedoch eine andere Logik: »auf der einen Seite« – »auf der anderen Seite« werden als neutralisiertes Archisem aufgefaßt, das ein konträres, differen-

---

34 Gleichzeitig wird auch ein neues, sich wiederholendes semantisches Feld »ein (einziger)« geschaffen. Es wird dem Begriff »vieler«, »beliebiger« gegenübergestellt und ist luzide im Ton der Ironie des Autors gehalten, der sich über alles, was dogmatisch keinen Widerspruch zuläßt, lustig macht, wie über den Standpunkt des »einen«.

tes Paar »feierlich« – »natürlich« hervorhebt. In diesem Fall wird in dem Adverb »natürlich« eine neue Bedeutung freigelegt – die Einfachheit als Antithese der Feierlichkeit, was seinerseits die ganze Strophe in zwei antithetische Halbstrophen teilt. Dies hebt jedoch letzten Endes den Unterschied auch in den zuvor gleichgestellten »auf der einen Seite« – »auf der anderen Seite« hervor. Im vorliegenden Fall handelt es sich um einen Intonationsunterschied: es ist unschwer zu bemerken, daß sie in einem verschiedenen deklamatorischen Schlüssel zu lesen sind. Der eine muß die Information über bürokratischen toten Pomp tragen, der andere die über natürliches Leben.

In der nächsten, vierten Strophe wird dieselbe praseologische Wendung in einer markanten neuen Bedeutung eingeführt. Dem kanzleihaften »auf der einen Seite«, »auf der anderen Seite« ist die »Kehr-Seite der Stille« gegenübergestellt, die noch dämmernden aber schon erwachenden Kräfte des Lebens, welche die »mutlosen Geister« verwirren. Der These der revolutionären Dynamik des Lebens der »Felder der Heimat[-Seite]« stellen die »mutlosen Geister« den Gedanken von Einseitigkeit und Unbeweglichkeit als Naturgesetzen gegenüber:

Angenehmer ist ihnen die Eigenart des Mondes
Zugänglich zu sein nur von einer Seite.

Dabei führt die spannungsvolle Entwicklung des uns interessierenden Themas dazu, daß in der vierten Strophe die »Kehrseite« und »auf der anderen Seite« keine zufälligen, an eigener Bedeutung armen Wörter sind. Sie bilden die Grundlage für die Antithese von Dynamik der Gesellschaft und Unbeweglichkeit der »ewigen« Natur, von Vielseitigkeit des Lebens und Dogmatik »mutloser Geister«.

Aber die folgende – das Ergebnis zusammenfassende – Struktur hebt auch diese Antithese auf. Die fünfte Strophe stellt einen neuen Gedanken auf. Auch in der Natur gibt es keine Unbeweglichkeit: auch die Natur ist der revolutionären Dynamik des menschlichen Lebens unterworfen. Zwischen der Überzeugung, daß auch der Mond »von der anderen Seite« betrachtet werden wird (dies war damals noch nicht geschehen!) und der Aufforderung, »das Leben von jeder beliebigen Seite zu betrachten«, wird die Relation des Parallelismus hergestellt.

Im Endergebnis klingt das abschließende kanzleihafte »von keiner Seite« wie grausamer Spott – die Antithese zum feierlich kanzleihaften »auf der einen Seite« am Anfang des Gedichtes. So kristallisiert sich die künstlerische Grundidee des Gedichtes heraus – das Bild des facettenreichen Lebens, das vom Künstler eine vielseitige Betrachtung verlangt.

Das Fehlen vollständiger, absoluter semantischer Wiederholungen tritt in der Kunst besonders deutlich bei der Betrachtung homonymer Reime hervor. Dieser Reim ist derjenigen Poesie gut bekannt, die dazu tendiert, die innere Vielfalt nach außen einheitlicher Erscheinungen zu erschließen. Als illustratives Beispiel dafür kann eine Form der mittelalterlichen Poesie des Orients dienen, das Ghasel mit seinem Redif – einem sich wiederholenden Wort. Wenngleich das Redif in der Poesie des Hafis und der scholastischen Dichter des 15. Jahrhunderts eine unterschiedliche Rolle spielt, erfüllt es doch stets eine ähnliche ästhetische Funktion: es erschließt die Vielfalt im Inhalt ein und desselben Begriffs. So schrieb im 15. Jahrhundert der mittelasiatische Dichter Kātibī das moralisierende Poem *Dah bab,* in dem alle Reime »taǧnīs«, d. h. Homonyme sind. Über die homonymen Reime des Maulānā Muhammad Ahlī aus Schiras (15. Jahrhundert) schreibt Evgenij E. Bertel's: »Die Homonyme sind äußerst gesucht: ḫomār (Katzenjammer, Kater) – ḫom ār (bring den Krug) šarāb (Wein) – šar(r)-āb (das Böse-Wasser)«. Dem Zeugnis desselben Wissenschaftlers zufolge hat ein anderer Dichter, Atai, »weitgehend als Reime Homonyme verwendet, was den Versen besondere Schärfe verleiht«[35].

Es ist nicht schwer festzustellen, daß die beliebte Wiederholung des Volksliedes, der Refrain, im Grunde von derselben Art ist. Auf verschiedene Couplets folgend, d. h. in verschiedene Kontexte eingehend, erlangt er jedesmal eine neue semantisch-emotionale Färbung. Die Wiederholung von Wörtern trägt bei zu ihrer Hervorhebung. Diese Haltung zum Refrain ist freilich erst relativ spät aufgetreten. Im archaischen Lied, das den Reim nicht kennt, gibt es tatsächlich die unbedingte Wiederholung des Refrains, doch ist dies das Produkt einer besonderen Ästhetik, der Ästhetik der Identität. Das Volkslied unserer Zeit, das klassische und das moderne Kunstlied verleihen dem

35 E. E. Bertel's *Navoi.Opyt tvorčeskoj* biografii. M.-L. 1948, S. 37, 58.

Refrain ständig ungezählte Nuancen. So klingt beispielsweise in der bekannten Ballade von Robert Burns *Wha is that at my bower-door,* das mehrfach wiederholte »quo Findley« jedesmal anders. Genauso erhält in der Ballade *Duncan Gray* der Refrain »Ha, ha, the wooing o't« jedesmal eine neue Bedeutungsnuance.

Dasselbe ließe sich leicht am Beispiel der Anapher[36] und auch verschiedener Formen intonatorischer Übereinstimmungen, die poetischen und rhetorischen Texten eignen, zeigen. Der intonatorische Parallelismus von Versen und Perioden wird hier zu derjenigen »Grundlage für den Vergleich«, die den semantischen Kontrast oder den semantischen Unterschied bloßlegt. Wir können uns also davon überzeugen, daß nicht die mechanische Wiederholung von Teilen, sondern in erster Linie ihre Korrelativität, ihr organischer Zusammenhang das hinreichend allgemeine Strukturgesetz des poetischen Textes ist. Daher kann kein einziger Bestandteil des poetischen Textes ohne Bestimmung seiner Funktion verstanden werden. ›An und für sich‹ existiert er einfach nicht: alle seine Eigenschaften, seine ganze Bestimmtheit erlangt er aus dem Korrelieren (Vergleichung und Gegenüberstellung) mit seinen anderen Teilen und dem Text als Ganzem. Dieser Akt des In-Korrelation-Bringens ist seiner Art nach dialektisch komplex: ein und derselbe Prozeß des Zusammenstellens der Teile des künstlerischen Textes ist in der Regel gleichzeitig eine Annäherung – Vergleichung und eine Abstoßung – Gegenüberstellung von Bedeutungen. Die Annäherung von Begriffen hebt ihren Unterschied heraus, die Entfernung legt Ähnlichkeit bloß. Aus einem Text diese oder jene Wiederholungen auszuwählen, bedeutet deshalb noch längst keine Aussage über ihn. Gleichartige (d. h. »sich wiederholende«) Elemente sind funktional nicht gleichwertig, wenn sie in struktureller Hinsicht eine verschiedene Position einnehmen. Mehr noch: da gerade gleichartige Elemente den strukturellen Unterschied der Teile des poetischen Textes bloßlegen, ihn deutlicher hervortreten lassen, steht unzweifelhaft fest, daß eine Zunahme der Wiederholungen zu einer Zunahme der semantischen Vielfalt und nicht der Einförmigkeit des Textes führt. Je größer die Ähnlichkeit, desto größer auch der

---

36 Zur Anapher s.: M. Dłuska, *Anafora.* In dem Sb. *Poetics, Poetyka, Poetika,* Bd. 2, a.a.O., S. 133–162.

Unterschied. Die Wiederholung gleichartiger Teile legt die Struktur bloß.

Also sind Wiederholungen verschiedenen Typus ein semantisches Geflecht großer Komplexität, das auf das allgemeinsprachliche Geflecht aufgelegt wird, wobei es eine besondere, nur Versen eigene Konzentration des Gedankens erzeugt. Folglich ist nichts falscher als die weitverbreitete Vorstellung, daß Verse, wenn sie auch eine besondere, bedeutungsfreie Musikalität aufweisen, in Hinsicht auf die Bedeutung dafür beträchtlich ärmer sind als Prosa. Wir hatten schon Gelegenheit, uns davon zu überzeugen, daß eine hohe semantische Organisiertheit der Verse, die den Eindruck der Musikalität hervorruft, gleichzeitig eine derart starke Zunahme an semantischer Komplexität darstellt, wie sie von einem amorphen Text überhaupt nicht erreicht werden kann.

Genauso verhält es sich mit der ästhetischen Eigenart der Wiederholungen großer Texteinheiten: von Versen, Strophen, Elementen der Komposition (von »Situationen«, »Motiven« u. dgl.). Auch hier können wir zwei, wenn auch in ihren Grundlagen ähnliche, so doch verschiedene Fälle unterscheiden. Der erste Fall: in sich wiederholenden Einheiten tritt partielle Kongruenz und folglich auch partielle Inkongruenz des Textes auf.

Dár naprásnyj, dár slučájny [...]
[Vergebliche Gabe, zufällige Gabe [...]]*

Der angeführte Vers gliedert sich deutlich in zwei Halbverse, in denen die syntaktischen Konstruktionen und die Intonationsstrukturen gleichartig sind. Das erste Glied der parallelen Doppelglieder (das Wort »Gabe«) und die grammatische Form des zweiten Gliedes sind jeweils völlig kongruent. Es unterscheiden sich der lexikosemantische Inhalt und die Lautform (mit Ausnahme des betonten Vokals und des am Ende stehenden -»nyj«) des zweiten Gliedes. Wie wir schon mehrfach bemerkt haben, führt das Auftreten von Kongruenzen zur Hervorhebung, zur strukturellen Aktivierung inkongruenter Teile. Die Semantik der Wörter »vergeblich« und »zufällig« bildet

---

* A. S. Puškin, *Polnoe sobranie sočinenij*. Bd. 3, a.a.O., S. 104.

ein Kontrastpaar, und die beiden Wörter selbst werden zum Bedeutungszentrum des Gedichts. Dabei hängt die semantische Beladenheit vom Ausmaß der Kongruenz ab und letztere ist ihrerseits der Relevanz der Kongruenz im übrigen Teil des Verses direkt proportional. Je mehr kongruente Elemente und Aspekte in sich unvollständig wiederholenden Textstücken vorhanden sind, desto höher ist die semantische Aktivität des differenzierenden Elements. Deshalb bedeutet das Herabsetzen des Grades der Kongruenz der Halbverse, wenn man beispielsweise den Vers so bildet:

Dár naprásnyj i slučájnyj
[Vergebliche und zufällige Gabe]

(wobei nicht nur das sich wiederholende Wort »dar« verschwindet, sondern auch die syntagmo-intonatorische Parallelität der Teile) – den Grad der Hervorgehobenheit der Wörter »vergeblich« und »zufällig« zu erhöhen. Dasselbe wäre bei der Zerstörung der Parallelität der grammatischen Form des zweiten Gliedes geschehen, wie auch in allen anderen Fällen einer Abschwächung der Wiederholung. Dabei ist zu beachten, daß der Grad der Abhängigkeit der Textbedeutung von der Textstruktur im oben betrachteten Fall beträchtlich höher ist als in denen, wo semantisch zum Vergleich gegenübergestellte Abschnitte sich auf offensichtlich, außerhalb der Abhängigkeit von der Position im Vers, kontrastive lexikalische Einheiten – auf Antonyme – stützen (»Und wir hassen, und wir lieben zufällig [...]«). Im zuletzt aufgeführten Beispiel ist die vergleichende Gegenüberstellung »wir hassen« – »wir lieben« auch außerhalb irgendeiner besonderen künstlerischen Konstruktion impliziert. Sie gehört offensichtlich zur allgemeinsprachlichen Semantik dieser Wörter, die kaum etwas von dieser oder jener Position erhalten. Das zum Vergleich gegenübergestellte Paar »vergeblich« – »zufällig« ist ein Produkt *dieser* Konstruktion. Die Semantik der Elemente ist hier ganz und gar individuell und verschwindet völlig mit der Zerstörung dieser Struktur. Die Semantik der Wörter ist in diesem Beispiel okkasionell und in ihrer Gesamtheit nicht nur durch die Bedeutungen der Kontextwörter, sondern auch durch ihr Verhältnis in der jeweiligen strukturellen Position zueinander erzeugt.

Beim zweiten möglichen Typus von Textparallelität kongruieren die sich wiederholenden Elemente textual. Es könnte der Eindruck entstehen, daß es sich dabei um vollständige Kongruenz handle. Das trifft nicht zu. *Textuale* Kongruenz legt den *Positions*-Unterschied bloß. Unterschiedliche Lage textual gleichartiger Elemente in einer Struktur führt zu verschiedenen Formen ihrer Korrelativität mit dem Textganzen. Und dies bestimmte den unumgänglichen Unterschied in der Behandlung dieser Elemente. Und gerade die Kongruenz von allem außer der Position in der Struktur aktiviert die Positionalität als strukturelles bedeutungsdifferenzierendes Merkmal. Die »vollständige« Wiederholung erweist sich also als unvollständig sowohl in der Ausdrucksschicht als auch – folglich – in der Inhaltsschicht (vgl. oben die Ausführungen über den Refrain).[37]

Vom Problem der Wiederholung großer Kompositionselemente ist der Übergang zur Wiederholung des gesamten Textes nur natürlich. Es ist durchaus evident, daß die künstlerische Struktur nicht zur einmaligen Übertragung der in ihr enthaltenen Information bestimmt ist. Wer eine informative Bemerkung in der Zeitung gelesen und verstanden hat, beginnt nicht, sie ein zweites Mal durchzulesen. Außerdem ist wiederholtes Lesen von Werken der künstlerischen Literatur, Hören eines Musikstückes, Ansehen eines Films, falls diese Werke unserer Ansicht nach künstlerisch gut genug sind, ein durchaus normales Phänomen. Wie ist die Wiederholbarkeit des ästhetischen Effektes in diesen Fällen zu erklären?[38]

37 Eine andere Bedeutung werden tatsächlich vollständige Wiederholungen in Werken haben, die mit der sogenannten »Ästhetik der Identität« im Zusammenhang stehen (s. unten).
38 Das wiederholte Lesen eines unkünstlerischen Textes hat, wenn der Gesamtumfang der in ihr enthaltenen Information dem Benutzer schon zugeführt ist (die Redundanz übersteigt also das Rauschen beträchtlich), eine besondere Eigenart: der Text trägt keine Information, sondern ruft Emotionen hervor. So empfand der Vater Grinёvs wenn er den Hofkalender las, jedesmal Zorn [Puškin: *Hauptmannstochter*]. Die Natur des Zorns oder einer anderen Emotion, die der Leser eines künstlerischen Textes empfindet, ist anders. Der Autor übermittelt dem Leser sein Weltmodell, indem er die Persönlichkeit des Lesers als solche dementsprechend organisiert. Folglich werden Emotionen im künstlerischen Text durch Bedeutungen übertragen. Dies wird durch folgendes bestätigt: die Interjektion ist in der gewöhnlichen Rede emotional am stärksten angereichert, im künstlerischen

Erstens ist hier auf das Moment der individuellen Auffassung näher einzugehen (das immer von Belang ist, wenn die Akte von Produktion und Darbietung getrennt sind). Das wiederholte Hören eines Werkes, die Meisterschaft der Darbietung (Kunst des Deklamators, des Musikers, des Schauspielers), vermittelt uns ein interessantes Bild der Korrelativität von Wiederholung und Nicht-Wiederholung. Schon vor langer Zeit ist bemerkt worden, daß die Besonderheiten der individuellen Auffassung des Interpreten besonders deutlich beim Vergleich verschiedener Darbietungen der jeweils gleichen Werke, Stükke oder Rollen entblößt werden. Die Erhöhung des Elementes der Ähnlichkeit bis zur vollständigen Kongruenz des Textteils erhöht auch den Unterschied der Inkongruenz – in diesem Fall der individuellen Auffassung.

Zweitens ist auch ein anderer Fall in Betracht zu ziehen, derjenige der scheinbar totalen Wiederholung nämlich. Bei wiederholter oder mehrfacher Rezeption eines Kunstwerkes, das nicht der vermittelnden Darbietung bedarf, bei Werken der bildenden Kunst, der Filmkunst, mechanisch aufgezeichneter Musik und Werken der künstlerischen Literatur, die durch Lektüre rezipiert werden, stoßen wir immer wieder auf diesen Fall von Wiederholung. Um ihn zu verstehen, muß man sich vergegenwärtigen, daß das Kunstwerk sich nicht im Text erschöpft (im »materiellen Teil« bei den bildenden Künsten). Er stellt eine *Relation* von textualen und textexternen Systemen dar. Wie wir gesehen haben, ist allein schon die Bestimmung dessen,

---

Text werden die Interjektionen als emotional arm rezipiert, da sie am wenigsten geeignet sind, Information über die Struktur der Persönlichkeit, den Träger der Emotion zu übertragen. Vergleiche aus dem Poem *Stepan Razin* von Vasilij Kamenskij:

Po carevym mednym lbam   [Auf die zarischen ehernen Stirnen

      Bam!   Bam!

      Bam!   Bam!

      Bam!   Bam!

Back!   Batschk!

    Buck! [. . .]   Butschk! [. . .]

mit einer Stelle aus demselben Text

Bam!   Bam!

Vam!   Euch!

Dam!   Werd ich's geben!]

Die Emotionalität des zweiten Ausschnittes ist gerade deshalb geringer als die des ersten, weil er bedeutungsärmer ist.

was in einem Text ein strukturell-aktives Element (ein priëm) ist, und was nicht, ohne Berücksichtigung der Korrelativität mit textexternen Bereichen unmöglich. Dementsprechend führt die Veränderung des textexternen Systems – ein Prozeß, der sich in unserem Bewußtsein ununterbrochen vollzieht, dem sowohl Züge individuell-subjektiver als auch historisch-objektiver Entwicklung innewohnen – dazu, daß sich in dem vielschichtigen Komplex des künstlerischen Ganzen für den Leser der Grad der strukturellen Aktivität der einzelnen Elemente ständig ändert. Und alles subjektiv dem Werk Inhärente erschließt sich jedem Leser, und zwar in jedem Moment seines Lebens. Und ähnlich wie die wiederholte Darbietung ein und desselben Stückes durch verschiedene Schauspieler reliefartig die Spezifik der Inszenierung, den Unterschied in der Inszenierung erschließt, legt die wiederholte Rezeption ein und desselben Textes die Evolution des rezipierenden Bewußtseins, den Unterschied in seiner Struktur bloß, einen Unterschied, der bei der Rezeption verschiedener Texte leicht der Aufmerksamkeit entgleiten könnte. Folglich handelt es sich auch in diesem Falle nicht um eine absolute, sondern um eine relative Wiederholung.

Die unterscheidende, d. h. bedeutungsdifferenzierende Funktion der Wiederholung hängt also mit einem Unterschied des Aufbaus oder der Position der sich wiederholenden Elemente und Konstruktionen zusammen.

Dieser Aspekt ist zwar wesentlich, kann das Problem jedoch nicht erschöpfen. Die Gleichheit, der Prozeß der Assimilation und nicht der Gegenüberstellung, spielt bei der Wiederholung als einem Element der künstlerischen Struktur gleichfalls eine große Rolle. Dieses Problem wird weiter oben gesondert betrachtet werden.

Aus den bisherigen Ausführungen läßt sich ein wesentlicher Schluß ziehen: das fundamentale Moment künstlerischer Synonymie ist die unvollständige Äquivalenz.

Die Einteilung des Textes in strukturell gleichgesetzte Segmente verleiht dem Text eine bestimmte Geordnetheit. Es erscheint jedoch als außerordentlich wesentlich, daß die Geordnetheit nicht bis zur höchsten Stufe geführt ist. Das hindert sie daran, automatisiert und strukturell redundant zu werden. Die Geordnetheit des Textes tritt immer als organisierende Ten-

denz auf, die heterogenes Material in äquivalente Ordnungen
integriert, gleichzeitig aber auch ihre Heterogenität nicht aufhebt. Wenn man diejenigen künstlerischen Systeme beiseite
läßt, die nach den Prinzipien der Ästhetik der Identität aufgebaut werden, so kann man in der unvollständigen Äquivalenz rhythmischer Reihen genauso wie auch aller anderen Arten künstlerischer Synonymie das Hervortreten einer recht allgemeinen Eigenschaft der Sprache der Kunst sehen. Die Struktur der natürlichen Sprache stellt sich als geordnete Menge dar,
und für den, der sie richtig spricht, sind Mitteilungen über
ihren Aufbau gänzlich redundant. Sie wird völlig automatisiert. Die ganze Aufmerksamkeit des Sprechers ist auf die
Nachrichten konzentriert – der Empfang der Sprache (des
Codes) ist völlig automatisiert. In den künstlerischen Systemen
vom Typus der Moderne ist gerade die Struktur der künstlerischen Sprache für die Teilnehmer am Kommunikationsakt
informativ. Deshalb kann sie sich auch nicht im Zustand der
Automatisierung befinden. Ein bestimmter in dem betreffenden Text oder in der Textgruppe vorgegebener Typus von
Geordnetheit muß sich immer im Konflikt mit einem im Verhältnis zu ihm ungeordneten Material befinden. Darin besteht
der Unterschied zwischen dem metrischen Schema

x x́ x x́ x x́ x x́

und dem Vers:

Kakój-to zvér' odním pryžkóm [...]
[Ein Raubtier ist mit einem Satz [...] [Lermontov]

Das Schema stellt eine vollständig geordnete Reihe (die Alternation identischer Elemente) dar. Der Vers zeigt den Kampf
zwischen Geordnetheit und Verschiedenartigkeit (eine notwendige Bedingung der Informativität). Er kann umgewandelt
werden in verslose Form (»Ein Raubtier ist mit einem Satz aus
dem Dickicht gesprungen«), wobei er seine metrische Geordnetheit ganz und gar einbüßt, und in ein abstraktes metrisches
Schema (hierbei geht das Element der Ungeordnetheit verloren). Der reale Vers aber existiert nur als Spannungsverhält-
nis zwischen diesen beiden Elementen. Hier stoßen wir erneut
auf ein wesentliches Prinzip: die künstlerische Funktion einer

Struktur-Ebene (im vorliegenden Falle die der rhythmischen) kann aus der syntagmatischen Analyse ihrer inneren Struktur allein nicht verstanden werden – sie bedarf der semantischen Korrelativität mit anderen Ebenen.

6.3. Prinzipien der Segmentierung der Verszeile

Bei der Analyse des Verses als einer rhythmischen Einheit gehen wir von der Voraussetzung aus, daß das Gedicht eine bedeutungshaltige Struktur von besonderer Komplexität darstellt, die notwendig ist, um den besonders komplexen Inhalt auszudrücken. Deshalb ist die Wiedergabe des Versinhalts in Prosa deskriptiv nur in dem Maße möglich, in dem wir etwa nach der Zerlegung eines Kristalls seine Eigenschaften mit Worten wiedergeben können, indem wir seine Form, Farbe, Transparenz, Härte und die Struktur des Moleküls charakterisieren.

Wir sprachen bereits davon, daß die Wiederholung die grundlegende Struktur des Verses darstellt. Das ist nicht nur richtig, sondern auch allgemein bekannt. Zahlreiche Literaturtheorien insistieren darauf, daß den Vers Wiederholungen von äußerst unterschiedlichem Typus konstituieren: Wiederholungen bestimmter prosodischer Einheiten nach regelmäßigen Abständen (Rhythmus), Wiederholungen gleichartiger, übereinstimmender Klänge am Ende einer rhythmischen Einheit (Reim), Wiederholungen bestimmter Laute im Text (Euphonie).

Eine nähere Betrachtung aber bestärkt uns in der Annahme, daß diese anscheinend elementare Wahrheit gar nicht so einfach ist.

Sind denn, vor allem, diese sich wiederholenden Elemente so gleichartig? Wir haben bereits gesehen, daß der Reim durchaus nicht eine phonetische Erscheinung der Wiederholung von Lauten ist, sondern ein semantisches Phänomen der Verbindung von Lautwiederholung und Inkongruenz der Begriffe. Noch komplexer ist das Problem des Rhythmus.

Ja pámjatnik sebé vozdvíg nerukotvórnyj[*])

[Ein Denkmal habe ich mir errichtet, nicht von Menschenhand geschaffen]

* A. N. Puškin, *Polnoe sobranie sočinenij*, a.a.O., Bd. 3, S. 424. [A. d. Ü.]

In der Regel wird angenommen, daß hier eine regelmäßige Wiederholung der Betonungen vorliegt. Dabei ist es vollkommen klar, daß betonte und unbetonte Silben und Laute, ohne die Qualität dieser Laute zu berücksichtigen, »in reiner Form«, nirgends, außer in den Schemata der Verswissenschaftler existieren. Wenn man die Probleme der Akustik nicht in Betracht zieht, sondern Aussagen über die Sprache macht, so gibt es nur reale Laute, die in betonter und unbetonter Stellung vorkommen.

Reale betonte und unbetonte Laute, nicht aber »reine« betonte und unbetonte Silben, sind nicht nur ein akustisches, sondern auch ein strukturell-phonologisches Faktum. Seit Roman Jakobson den Zusammenhang von Versstruktur und phonologischen Elementen[39] bestimmt hat, ist es klar, daß als Elemente der rhythmischen Struktur auf dieser Ebene die Elemente der phonologischen Struktur auftreten, keineswegs aber abstrakte Merkmale dieser Elemente.

In dem angeführten Beispiel haben wir vor uns eine Sequenz betonter Vokale: a – e – i – o. Wo liegt hier eine vollständige Wiederholung vor? Im realen Vers erklingen vollkommen verschiedenartige Laute, verschiedenartige bedeutungsdifferenzierende Elemente. Wo ist denn hier »die systematische, gleichmäßige Wiederholung bestimmter einander ähnlicher Redeeinheiten im Vers«, wie den Rhythmus das *Kleine Wörterbuch der literaturwissenschaftlichen Termini* definiert?[40] Für den Zuhörer sind hier real gerade die Unterschiede zwischen diesen Lauten wahrnehmbar. Das, was sie gemeinsam haben, die Betontheit, legt ja gerade die Grundlage für ihre Gegenüberstellung.

Die Betonung ist in dem Fall, mit dem wir uns beschäftigen, eben jene »Grundlage für den Vergleich«, die es ermöglicht, die bedeutungsdifferenzierenden Merkmale dieser Phoneme herauszustellen. Der Unterschied zwischen poetischer und gewöhnlicher Rede besteht in diesem Fall darin, daß die Phone-

---

39 Vgl.: R. Jakobson, *O češskom stiche, preimuščestvenno v sopostavlenii s russkim*. In: *Sbornik po teorii poėtičeskogo jazyka*, Bd. 5, 1923, S. 37 ff Die neuerlichen Einwände von de Groot hat V. V. Ivanov widerlegt (vgl. seinen Artikel: *Lingvističeskie voprosy stichotvornogo perevoda*. In: *Mašinnyj perevod*. II 1961, S. 378-379).

40 L. Timofeev und N. Vengerov, *Kratkij slovar' literaturovedčeskich terminov*. M. 1955, S. 117.

me *a, e, i, o* in der gewöhnlichen Rede dieses gemeinsame Charakteristikum nicht besitzen und folglich nicht zusammengestellt werden können. So tritt anstelle mechanischer »Wiederholung gleichartiger Elemente« ein komplexer, dialektisch-widersprüchlicher Prozeß: Hervorhebung des Unterschieds durch Aufzeigen von Ähnlichkeit einerseits und Aufdeckung des Gemeinsamen in anscheinend völlig Verschiedenem andererseits. Als Resultat der rhythmischen Organisation des Textes ergibt sich die Gleich- und Gegenüberstellung von Lauten, die korrelierende Reihen mit einem distinktiven Merkmal – mit einer gemeinsamen Position hinsichtlich der Betonung (die Position der Betontheit der ersten, zweiten Silbe, Nachtonigkeit der ersten, zweiten Silbe usw.). Dies integriert Wörter, die Verse bilden, in zusätzliche, supragrammatische Zusammenhänge.

Die Bedeutung dieser Tatsache nimmt beträchtlich zu, wenn man die unterschiedliche semantische Belastung der Laute in der gewöhnlichen und poetischen Rede betrachtet. Die höchste, nicht zerlegbare Einheit des lexikalischen Systems der Sprache ist das Wort. Da Sender und Empfänger der Information gezwungen sind, die begrenzte Anzahl von Lauten, über die die Sprache verfügt, zur Übermittlung einer beträchtlichen Anzahl von Begriffen zu verwenden, ergab sich die Notwendigkeit, Laute zu kombinieren. Dabei sind in der natürlichen Sprache Phoneme bekanntlich bedeutungsdifferenzierende Elemente Träger von Bedeutungen: man braucht nur eines von ihnen zu verändern, und schon kann der Empfänger die Bedeutung der ihm übermittelten Information nicht mehr verstehen, oder mißverstehen. Dennoch erscheint als Träger der lexikalischen Bedeutung gerade das Wort als Ganzes, eine Kombination bestimmter Phoneme in bestimmter Reihenfolge. Dabei wird vorausgesetzt, daß die Pause – das Zeichen der Wortgrenze – in der zusammenhängenden Rede nur vor und nach dieser Phonemkombination liegen kann. Das Einschieben einer Pause in der Mitte eines Wortes (z. B. »stol« [»Tisch«] und »sto l«)* verändert seine lexikalische Bedeutung.

In der poetischen Rede ist es anders. Um eine wesentliche Nuance des Rhythmus zu verdeutlichen, wollen wir nur bei

---

* Vergleichbar mit: Baum – Bau-m. [A. d. Ü.]

einem Teilproblem, dem Skandieren, verweilen. Diese Frage
rief bei den anerkannten Autoritäten der russischen Verswissenschaft äußerst widerspruchsvolle Stellungnahmen hervor. So
war Boris Tomaševskij der Ansicht, daß das »Skandieren etwas völlig Natürliches ist, und keinerlei Schwierigkeiten mit
sich bringt [...]«. Das Skandieren ist für einen regelmäßigen
Vers eine selbstverständliche Operation, weil es nichts anderes
ist, als eine unterstrichene Erläuterung des Versmaßes«. Und
weiter: »Das Skandieren gleicht dem lauten Zählen beim Einüben eines Musikstückes oder der Bewegung des Dirigentenstabes.«[41] Anderer Ansicht war ein solcher Kenner des russischen Verses wie Andrej Belyj: »Das Skandieren ist etwas, was
es in Wirklichkeit nicht gibt; weder skandiert der Dichter die
Verse, indem er sie etwa in seiner Vorstellung intoniert, noch
wird der Sprecher, ob er nun Dichter oder Artist ist, die Zeilen
»Duch otrican'ja, duch somnen'ja« [»Geist der Verzweiflung,
Geist des Zweifels«] als »duchot rican'ja, duchso mnen'ja«
[»Geistder Verneinung, Geistdes Zweifels«] vortragen; vor
diesen »duchot [»Hitzen«], »ricanij« [»Gereden«] und »mnenij [»Ansichten«] fliehen wir vor »Entsetzen.«[42]
Wer hat nun recht: Andrej Belyj oder Boris V. Tomaševskij?
Wir weisen von vornherein darauf hin, daß beide verschiedene, wenn auch eng miteinander verknüpfte Seiten dieses Problems
hervorheben. Tomaševskij unterstreicht beim Skandieren das
Phänomen der Nebenbetonungen, Belyj die Pausen, die die
Homogenität des Wortes als einer lexikalischen Einheit zerstören. Bei näherer Betrachtung gelangen wir zu der Überzeugung, daß beide Forscher in einer bestimmten Hinsicht recht
haben, woraus resultiert, daß beide im Hinblick auf das Problem als Ganzes nicht recht haben.
Das Skandieren macht in der Tat das realiter existierende
rhythmische Profil des Verses sichtbar (wie wir sehen werden,
sind die fehlenden Betonungen, die wir beim Skandieren durch
wirkliche ersetzen, ein durchaus reales Element des Rhythmus). Das rhythmische Profil teilt den Verstext tatsächlich in

41 B. V. Tomaševskij, *Stilistika i stichosloženie.* L. 1959, S. 354 f.
42 A. Belyj, *Ritm kak dialektika i »Mednyj vsadnik«.* M. 1929, S. 55.
Belyj polemisiert hier gegen die »sdvigologija« [Verschiebelehre] Kručenychs, die damals großes Aufsehen erregte.

Segmente, die mit den semantischen nicht kongruieren. Und ob wir nun deklamieren:

Duch otrican'ja, duch somnen'ja,
[Geist der Verneinung, Geist des Zweifels,]

oder:

Duchot rican'ja, duchso mnen'ja,
[Geistder Verneinung, Geistdes Zweifels,]

oder richtiger:

Duchot rican' jaduch somnen'ja –
[Geistder Vernei nungGeist desZweifels,] –

in allen Fällen haben wir es mit einer Versrealität zu tun. Im ersten Fall erhellen die Pausen die Struktur der lexikalischen Einheiten, im zweiten und dritten die der rhythmischen. In der gegenwärtigen poetischen Rezeption ist der Vers auf die erste Vortragsweise zugeschnitten. Die rhythmischen Pausen werden negativ realisiert, indem sie nicht artikuliert werden. Dennoch sind das Fehlen der Pause dort, wo wir sie erwarten (die rhythmische Pause im Vers) und dort, wo wir sie nicht erwarten, völlig verschiedene Dinge. Während die deskriptive Poetik, die meint, jedes künstlerische Element existiere gesondert und grenze lediglich mechanisch an die anderen an, es ausschließlich mit realisierten »priëmy« zu tun hat, erkennt die strukturale Verswissenschaft, die das künstlerische Element als Relation versteht, klar, daß die negative Größe genauso real ist wie die positive, daß das nichtrealisierte Element nicht den Wert Null hat und daß es genauso deutlich wahrgenommen wird wie das realisierte Element. Wenn wir die realen Pausen mit dem Zeichen V wiedergeben und die »Minus-Pausen«, die wahrnehmbaren, aber nicht realisierten, Positionen für Pausen mit dem Zeichen Λ bezeichnen, dann sieht die wirkliche Vortragsweise des Verses so aus:

Duch V ot Λ rican' Λ ja V duch VΛ 43 somnen' Λ ja,

[Geist V der Λ Vernei Λ nung V Geist VΛ des Zwei Λ fels]

Faktisch ist der Text jedoch in noch kleinere Einheiten zergliedert worden. Die Gleich- und Gegenübergestelltheit der Laute

43 Rhythmische und lexikalische Pause fallen hier zusammen.

in bezug auf die Betonung gliedert den Vers durch zwischen die Silben gesetzte Pausen (die Frage: ist die Betonung realisiert, d. h. liegt eine »Plus-Betonung« oder eine nichtrealisierte »Minus-Betonung« vor, hat in diesem Fall keine Bedeutung; das wird bestätigt durch die Tatsache, daß in bezug auf die Silbe in unbetonter Stellung die betonte Silbe in betonter Stellung und die unbetonte Silbe in betonter Stellung sich absolut gleichartig verhalten). Dies sind in der Regel »Minus-Pausen«, doch sind sie ungeachtet dessen vollkommen real. Dabei ist anzumerken, daß jede beliebige »Minus-Pause« bei der Deklamation leicht in eine reale übergeführt werden kann. Realisierte und nichtrealisierte Pausen gehen ungehindert ineinander über. Wenn der Sprecher mit einer verstärkten Intonation vorträgt:

Duch otrica V n'ja, duch somnen'ja –

[Geist der Vernei V nung, Geist des Zweifels –]

so wird das dem Auditorium zweifellos nicht als absurd erscheinen. Auf das Profil der lexikalischen Pausen wird das Profil der rhythmischen Pausen aufgelegt. Wenn wir vom Jambus sprechen und dabei die unbetonte Silbe mit o, die betonte mit 1 bezeichnen, dann wird das Skelett des jambischen Metrums (vierfüßig und mit männlichem Ausgang) folgendermaßen aussehen:

o, ± 1, o ± 1, o ± 1, o + 1, [o]

Ein solches Schema umfaßt alle Kombinationen von Jamben und Pyrrhichien, und gerade das Schema spiegelt die rhythmische Realität[44] wider.

Die Zerlegung des Verses macht aber nicht auf der Ebene der Silbe halt. Wie wir aus der weiteren Darlegung ersehen werden, führt die lautliche Organisation des Verses zur Zerlegung der Worteinheiten bis in einzelne Phoneme. So kann sich zeigen, daß die Summe der strukturellen Grenzen des Verses die den Vers konstituierenden Wörter in phonologische Einheiten zerlegt und den Vers in eine Lautreihe verwandelt. Darum aber handelt es sich gerade, daß all das nur einen Aspekt des

44 Wenn man die Möglichkeit von Spondeen berücksichtigt, die als nichtrealisierte unbetonte Silben aufzufassen sind, ist das Zeichen ± O einzuführen.

Prozesses darstellt, der nur in der Einheit mit dem ihm entgegengerichteten zweiten Aspekt existiert.

Die Spezifik der Versstruktur besteht vor allem in folgendem: der in phonologisch elementare Teilchen zerlegte Strom der Redesignale verliert nicht die Kohärenz mit der lexikalischen Bedeutung; Wörter werden gleichzeitig vernichtet und nicht vernichtet.

Wie auch immer der Vers zergliedert wird, es kommt dabei nicht zur Zerstörung der ihn konstituierenden Wörter. Verschiedenartige rhythmische Grenzen werden auf das Wort aufgelegt; sie teilen es zwar, aber zerteilen es nicht. Das Wort erscheint zerteilt in Einheiten und aus diesen Einheiten erneut zusammengesetzt. In dem Puškin-Vers:

Ja útrom dólžen být' uvéren –   [Am Morgen muß ich sicher sein –]

ist die Pause nach dem ersten »u« größer als die vor ihm. In Wirklichkeit deklamiert man:

Jau trom   [Ammor gen]

Aber niemand wird, wenn er den Text in lexikalische Einheiten aufteilt jemals einen Fehler machen. Die Befürchtungen Kručënychs, »Verschiebungen« [sdvig]* vedunkelten die Bedeutung, entbehrten offensichtlich jeglicher Grundlage. Er machte das »Ikanie und zaikan'e«** im *Evgenij Onegin* ausfindig:

I k šútke s žólc'ju popolám ...   [Und zum Scherz halb aus Gehässig-
I kučerá vokrúg ognéj ...   keit
                                     Und die Kutscher ums Feuer ...]

---

* *sdvigi* nennt A. Kručenych in seiner Schrift *Sdvigologija russkogo sticha.* (= MAF 2) M. 1923, die von der *Sdvigologija* bzw. *Sdvigika* untersuchten Phänomene an Worten und Lautgruppen, die durch mit Wortgrenzen nicht kongruierende metrische Gliederungen und Reime hervorgerufen werden. Dabei entstehen Laut- und Verschiebebilder; Syntax, Komposition und Semantik poetischer Texte (besonders solcher in transmentaler Sprache) werden beeinflußt. [A. d. Ü.]

** *Ikanie i zaikan'e*, eigentlich: Schluckauf und Stottern; hier ist das damit onomatopoetisch verbundene Auftreten der Phonemfolge [ik] im Morenanlaut gemeint (wobei auf das *ikan'e*, das konsequente Artikulieren des Phonems [i] angespielt wird); ikuščij also etwa »schluckaufend« oder »hicksend«. [A. d. Ü.]

(Vgl.: i kušči roz [»Rosenbüsche«] bei Lermontov und ikuči, nach dem Muster iduščij [gehend]). Oder »Ikra á la Onegin« [»Kaviar á la Onegin«]:

Partér i krésla, vsë kipít ...
I kráj otcóv i zatočén'ja ...
Peróm i kráskami slegká ...
I krýl'jami treščít i mášet ...
I krúg továriščej prezrénnych ...[45]

[Parterre und Sessel, alles kocht ...
Das Land der Väter und der Verbannung ...
Mit Feder und mit Farben leicht ...
Und mit Flügeln knistern und schlagen ...
Und der Kreis der verachteten Gefährten]

Aber gerade diese Beispiele bestätigen am besten die Festigkeit der lexikalischen Grenzen innerhalb des Verses.
Weder realisierte noch nichtrealisierte Pausen, die von der Versstruktur im Innern der lexikalischen Einheit lokalisiert werden, zerstören diese in unserem Bewußtsein. Der Begriff der Wortgrenze selbst ist nämlich in erster Linie nicht durch Pausen definiert. Als Hauptmerkmal erscheint etwas anderes: wir beherrschen die Lexik der jeweiligen Sprache und in unserem Bewußtsein existiert – potenziell und nicht artikuliert – ihre ganze Lexik, und mit ihr identifizieren wir die verschiedenen Lautreihen, die real artikuliert werden, und verleihen ihnen lexikalische Bedeutung. »Die Möglichkeit von Mißverständnissen ist meistens recht gering, besonders weil man gewöhnlich bei der Wahrnehmung jeder sprachlichen Äußerung von vorneherein auf eine bestimmte, eng begrenzte Begriffssphäre eingestellt ist und nur jene lexikalischen Elemente, die zu dieser Sphäre gehören, zu berücksichtigen braucht. Wenn trotzdem jede Sprache gewisse spezielle phonologische Mittel besitzt, die das Vorhandensein oder Nichtvorhandensein einer Satz-, Wort- oder Morphemgrenze an einem bestimmten Punkt des kontinuierlichen Schallstroms signalisiert, so sind diese Mittel als solche nur Hilfsmittel. Sie dürfen wohl mit den Verkehrssignalen in den Straßen verglichen werden. Bis

45 *500 novych ostrot i kalamburov Puškina.* Ed. A. Kručenych. M. 1924, S. 30 f.

vor kurzem hat man ja selbst in den Großstädten keine solchen Signale gehabt, auch heute noch sind sie nicht in allen Städten eingeführt. Man kann auch ohne sie auskommen: man braucht nur vorsichtiger zu sein und mehr achtzugeben.«[46]

Aktive Beherrschung der Lexik läßt keine »Verschiebelehre« [»sdvigologija«] zu. Bei jeglichen noch so übertriebenen Formen des Skandierens geht das Gefühl der Einheitlichkeit der lexikalischen Einheit nicht verloren, während in solchen Fällen, wo der Zuhörer mit einer unbekannten Lexik zu tun hat, die Möglichkeit von »Verschiebungen«, bei denen die rhythmische Pause als Wortende aufgefaßt wird, sehr leicht entsteht. Dabei geschieht bezeichnenderweise etwas, das in Analogie zur Volksetymologie steht. »Verschiebungen« entstehen deshalb, weil die durch Pausen aufgeteilte, unbekannte und unverständliche Lexik vor dem Hintergrund einer anderen, der bekannten und verständlichen, potenziell im Bewußtsein des Sprechenden semantisiert wird. So entsteht der bekannte Vers:

Šumí, šumí volná Miróna, –   [Rausche, rausche, Welle Mirons]

anstelle von:

Šumí, šumí volnámi Róna*   [Rausche, rausche mit Wellen, Rhône]

Das unbekannte Wort »Rona« [Rhône] wird durch den Begriff »Miron« gedeutet. Ein etwas anderer Fall ist in den Memoiren von Felix Kon** beschrieben. Er erzählt, daß die Schü-

---

* Zu vergleichen etwa mit folgenden Versen Morgensterns:
»Der Gingganz [...]
ich GING GANZ in Gedanken hin . . .
Du weißt, daß ich ein anderer bin, [...]
Verf. hat sich erlaubt, aus dem Worte des Stiefels ›Ich ging ganz in Gedanken hin . . .‹ die Wörter ›ging ganz‹ herauszugreifen und, zu einem Ganzen vereinigt, zum Range eines Substantivs masc. gen. [...] zu erheben. Ein Gingganz bedeutet für ihn damit fortan ein in Gedanken Vertiefter [...]« C. Morgenstern, *Gesammelte Werke in einem Band.* München 1965, S. 224 f. [A. d. Ü.]

** Der in Warschau geborene Publizist und Politiker Felix Kon war in verschiedenen polnischen und russischen bzw. sowjetischen kommunistischen Organisationen tätig. [A. d. Ü.]

46 N. S. Trubetzkoy [Trubeckoj], *Grundzüge der Phonologie.* Göttingen 1962, S. 242.

ler der russifizierten Schulen in Polen vor der Oktoberrevolution den Ausdruck »dar Valdaja« [Geschenk von Valdaj] als Gerundium von einem Verbum »darvaldat'«[47] auffaßten, da sie ihn nicht verstanden. In diesem Falle führte die lexikalische Unverständlichkeit dazu, daß es unmöglich war, die grammatische Form mit einem Sinn zu verbinden, und eine Lautreihe wurde auf die im Bewußtsein des Zuhörers potentiell vorhandene Form des Gerundiums projiziert. So bringt uns die Seltenheit, ja beinahe Einmaligkeit der Störung der richtigen Gliederung des Textes beim Skandieren und die Analyse der Ursachen und der Art der Fehler zu der Überzeugung, daß die durch rhythmische Pausen von beliebig langer Dauer zerteilten *Wörter* des Verstextes nicht aufhören, Wörter zu sein. Sie bewahren die wahrnehmbaren Merkmale der Grenzen, und zwar der morphologischen, lexikalischen und syntaktischen. Das Wort in der Poesie erinnert an den »roten Bauernkittel« Gogol's: es wird durch rhythmische Pausen zerschnitten (auch von anderen rhythmischen Mitteln), es wächst aber auch zusammen und verliert für keinen Augenblick seine lexikalische Einheit.

Der Vers ist also gleichzeitig eine Abfolge phonologischer Einheiten, die als zergliedert und isoliert existierend wahrgenommen werden, und eine Abfolge von Wörtern, die als zusammengeschweißte Einheiten von Phonemverbindungen wahrgenommen werden. Die beiden Abfolgen existieren dabei in einer Einheit als zwei Hypostasen ein und derselben Realität, der des Verses. Sie bilden ein korrelierendes strukturelles Paar.

Das Verhältnis von Wort und Laut im Vers unterscheidet sich wesentlich von dieser Relation in der nichtkünstlerischen Sprache, wo der Zusammenhang von Wort und den es konstituierenden Phonemen bekanntlich einen historisch-konventionalen Charakter hat.

Die Worte gliedern sich im Vers in Laute, die dank der Pausen

---

47 Diese Episode wird in dem Poem *Pervoe svidan'e [Erstes Wiedersehen]* von A. Belyj erwähnt:
Tak zvúki slóva »dár Valdája«
Baldý, nad pártoju boltája, –
Pereboltájut v »darvaldája« [. . .]
[So haben die Laute des Wortes »Gabe Valdajs«
Dummköpfe, über der Schulbank schwatzend,
umgeschwatzt in »gabernd« [. . .]]

und anderer rhythmischer Mittel eine bestimmte Autonomie in der Ausdrucksschicht erlangen, was die Voraussetzung für die Semantisierung der Laute bildet. Da aber diese Unterteilung die Worte, die neben der Lautkette stehen und vom Standpunkt der natürlichen Sprache als Hauptträger der Semantik erscheinen, nicht vernichtet, überträgt sich die lexikalische Bedeutung auf den einzelnen Laut. Die Phoneme, die das Wort konstituieren, erlangen die Semantik dieses Wortes. Die Erfahrung bestätigt, wie vergeblich die zahlreichen Versuche sind, eine »objektive«, vom Wort unabhängige Bedeutung der Laute festzustellen (es versteht sich von selbst, daß es sich hierbei nicht um Onomatopöie handelt). Genauso evident ist jedoch die Übertragung von Wortbedeutungen auf die sie konstituierenden Laute. Führen wir ein Beispiel an:

Tam voevódskaja metréssa	Dort die wojewodsche Mätresse
Ravná svoéju stépen'ju	Gleich in ihrem Range
S žirnóju gládkoju krysój	Mit einer fetten glatten Ratte

    (Sumarokov[: *Drugoj chor ko prevratnomu svetu*])

Ne slýšim lí v bojú časóv
Glas smérti, dvéri skrýp podzémnoj ...

Hören wir nicht im Schlag der Uhren
Die Stimme des Todes, das Knarren der unterirdischen Tür

        (Deržavin) [*Vodopad – Wasserfall*])

Iskússtvo vos*kres*álo	Die Kunst ist auferstanden
Iz káznej i iz pýtok	Von Hinrichtungen und von Foltern
I bílo, kak *kres*álo,	Und schlug wie Feuerstahl
O kámni Moabítov.	Gegen den Stein der Moabiter.

      (A. Voznesenskij) [*Mastera – Meister*])

Die phonetischen Kombinationen »krys«, »skry«, »kres«, die ein und demselben Typus angehören, klingen in jedem dieser drei Ausschnitte völlig anders, da sie eine von den lexikalischen Einheiten, in die sie eintreten, verschiedene Semantik erhalten.

Jeder Laut, der eine lexikalische Bedeutung erhält, erlangt eine Unabhängigkeit und Selbständigkeit, die keineswegs der »Selbstwertigkeit« gleicht, da sie ganz und gar durch den Zusammenhang mit der Semantik des Wortes bestimmt ist. Und gerade diese semantisch belasteten Phoneme werden zu den Bausteinen, aus denen dasselbe Wort von neuem aufgebaut wird. So verändert schon die Einbeziehung eines Wortes in einen poetischen Text sein Wesen entscheidend: aus einem Wort der Sprache wird es zur Reproduktion eines Wortes der Sprache und es verhält sich zu ihm wie ein Bild der Wirklichkeit in der Kunst zum reproduzierten Leben. Es wird zum Zeichenmodell von einem Zeichenmodell. In seiner semantischen Sättigung unterscheidet es sich stark von den Wörtern der nichtkünstlerischen Sprache.

So zeigt sich von neuem, daß die besondere Musikalität, der Klangreichtum des poetischen Textes abgeleitet sind von der Komplexität des strukturellen Aufbaus, d. h. von einer besonderen semantischen Dichte, die dem strukturell nichtorganisierten Text ganz und gar fremd ist. Davon kann man sich mit Hilfe eines ganz einfachen Experimentes ohne weiteres überzeugen: auch nicht eine auf äußerst kunstvolle Weise aufgebaute Strophe eines sinnlosen Repertoires von Lauten (von Lauten außerhalb lexikalischer Einheiten) verfügt über die Musikalität einer durchschnittlichen poetischen Zeile. Dabei ist zu beachten, daß die Wörter des »zaumnyj jazyk« [»transmentale Sprache«] durchaus nicht lexikalischer Bedeutung im strengen Sinne dieses Wortes bar sind.[48] »Transmentale Wörter« in der Poesie sind nicht gleichbedeutend mit einem sinnlosen Repertoire von Lauten in der gewöhnlichen Rede. Da wir die vom Redeapparat ausgegebenen Laute als Sprache rezipieren, wird ihnen Sinnhaftigkeit zugeschrieben. Irgendeine Redeeinheit, die als Wort in Analogie zu einem anderen, bedeutungshaltigen Wort semantisiert wird, aber eigener Bedeutung bar ist, stellt dann den absurden Fall eines Ausdrucks ohne Inhalt, eines signifiant ohne signifié dar. Das Wort setzt sich in der Poesie im Allgemeinen und das »transmentale« Wort insbesondere aus Phonemen zusammen, die sich ihrerseits infolge der Untergliederung der lexikalischen Einheiten ergeben haben, ohne den Zusammenhang mit ihnen zu verlieren. Während aber im gewöhnlichen poetischen Wort die Beziehung zwischen dem Laut und einem bestimmten lexikalischen Inhalt offen zu Tage liegt und allgemeinverbindliche Bedeutung hat, bleibt sie in der »transmentalen Sprache« der Poesie, dem allgemeinen Subjektivismus der Position des Autors entsprechend,

48 Vgl. M. Janakiev: *Bŭlgarsko stichoznanie*. A.a.O., S. 13-16; I. I. Revzin, *Modeli jazyka*. A.a.O., S. 181-183.

dem Leser unbekannt. Das »transmentale« Wort in der Poesie ist nicht bar des Inhalts, sondern mit einem so persönlichen, subjektiven Inhalt versehen, daß es nicht mehr als Mittel der Übertragung einer in ihrer Bedeutung allgemeinverbindlichen Information, die der Autor ohnehin nicht intendiert, dienen kann.

Dabei ist zu berücksichtigen, daß das Wort sich auf der morphologischen Ebene in der Regel nicht von grammatikalisch gebildeten Wörtern der Sprache unterscheidet.

Die Laute der menschlichen Rede eignen sich nicht dafür, einen experimentellen, sinnlosen Text unter dem Gesichtspunkt der »Musikalität« mit einem semantisierten zu vergleichen – wir werden sie unweigerlich mit Bedeutungen versehen. Wir müssen uns dessen bewußt sein, daß der wahrgenommene Strom von Lauten *nicht* die Rede ist. Zu diesem Zweck sind mechanische Laute geeigneter. Aber auch mechanische Laute können Träger von (nun bereits musikalischer) Information werden, wenn sie strukturell organisiert sind (die Struktur ist potentielle Information). Eine absolut zufällige, weder für den Produzenten noch für den Hörer strukturierte, Anhäufung von Lauten kann keine Information tragen, aber sie hat dann auch keinerlei »Musikalität«. *Schönheit ist Information.* Gerade darin aber besteht der Unterschied der »Musikalität«, »Schönheit des Lautens« in der Poesie gegenüber der Musik, daß hier die Geordnetheit keine Information über die »reine« Beziehung der Einheiten (die in ihrer Isoliertheit nichts bedeuten, in der Struktur aber ein Modell der Emotionen der Persönlichkeit bilden) tragen, sondern über die Beziehung zwischen den bedeutungshaltigen Einheiten, von denen jede auf linguistischer Ebene ein Zeichen bildet oder als Zeichen aufgefaßt wird. Wir brauchen die Bedeutung des Wortes »Aoniden« oder des Wortes »Bajja« in folgendem Vers von Batjuškov nicht zu kennen:

Ty probuždáeš'sja, o Bájja, iz grobnícy [...]49

[Du erwachst, o Bajja, aus der Gruft [...]]

---

49 Vgl. dazu in den Erinnerungen von N. A. Pavlovič: »Die Augen halb geschlossen, läßt sich Mandel'štam nieder und murmelt: »Ziján'e aoníd... ziján'e aoníd...« [Hiatus bzw. Klaffen der Aoniden]. Er trifft auf mich: »Nadežda Aleksandrovna, was sind denn Aoniden?«. In: *Blokovskij sbornik,* Tartu 1964, S. 492.

Wir müssen jedoch unbedingt wissen, daß »Bajja« und »Aoniden« Wörter sind, Zeichen eines Inhalts, und müssen sie dementsprechend rezipieren. Ein Wort, das keinen Inhalt hat, (sei es überhaupt keinen oder für mich, beispielsweise infolge von Unkenntnis) ist nicht einem sinnlosen Repertoire von Lauten gleich. Ein sinnloses Repertoire von Lauten hat auf lexikalischer Ebene eine Null-Bedeutung, ein unverständliches Wort eine »Minus-Bedeutung«.

Rhythmische Einheiten jedoch, die ein System von Korrelationen bilden, das nur der poetischen Rede eigen ist, teilen den Vers (und die ihn konstituierenden Lexeme) nicht in Phoneme, sondern in Silben. Diejenige Teilung, die auf der Ebene der Phoneme das Wort bis zur Zersplitterung führt, erfolgt durch Lautwiederholungen.

Das Phänomen der Lautwiederholungen [zvukovye povtory]* im Vers bildet einen gut erforschten Gegenstand. Bedeutend komplexer ist das Problem der Beziehung zwischen diesem Phänomen und Fragen der semantischen Struktur. Die rhythmische Struktur führt zur Gleich- und Gegenüberstellung von Elementen, von Trägern der lexikalischen Bedeutung und zur Bildung semantischer Oppositionen, die in der gewöhnlichen Rede nicht möglich wären und sich in das System von Beziehungen einfügen, das gegenüber dem syntaktischen System durchaus autonom ist, aber, ihm ähnlich, Lexeme in eine Struktur einer höheren Ebene organisiert. Lautwiederholungen bilden ihr eigenes, analog funktionierendes System. Das wechselseitige Aufeinanderlegen dieser Systeme führt dann zur Untergliederung des Wortes bis in die Phoneme.

In den Versen:

| Ja útrom dólžen být' uvéren, | [Am Morgen muß ich sicher sein, |
| Čto s vámi dněm uvížus' já – | Daß ich Sie am Tage sehen werde –] |

befinden sich die russischen Wörter »utrom« [Morgen], »uveren« [sicher] »uvižus'« [ich werde sehen] in einer bestimmten

---

* *Zvukovye povtory* nannte O. Brik in seinem gleichnamigen Aufsatz in dem Sammelband *Poêtika* (Petrograd 1919, S. 58-98) Lautwiederholungen. Er graduierte sie in folgende Stufen: betonte Vokale, unbetonte Vokale, Konsonanten und beschreibt vier nach ihrer Position differenzierte Formen: skrep (anaphorische Stellung) [Klammer]; koncóvka (epiphorische Stellung) [Schlußform]; kol'có (Versbeginn – Versende) [Ring]; styk (Versende – nächstfolgender Versbeginn) [Fuge]. [A. d. Ü.]

Verbindung, die nicht abhängt von gewöhnlichen syntaktischen und anderen rein sprachlichen Zusammenhängen. Der Laut »u« hat im Gegensatz zu der Behauptung Viktor Šklovskijs in einer seiner frühen Arbeiten*, natürlich an und für sich keine Bedeutung. Aber seine Wiederholung in einer Reihe von Wörtern läßt diesen Laut im Bewußtsein des Sprechenden als eine autonome Einheit hervortreten. Dabei wird das Phonem »u« in Relation zu dem Wort »utrom« [»Morgen«] sowohl als autonom als auch als nichtautonom verstanden. Weil es isoliert und nichtisoliert ist, erhält es seine Semantik von dem Wort »utrom« [»Morgen«], aber danach wiederholt es sich in anderen Wörtern der Reihe und nimmt neue lexikalische Bedeutungen an. Das führt dazu, daß die Wörter »utrom«, »uveren«, »uvižus'«, die in einem nichtpoetischen Text autonome und nicht vergleichbare Einheiten darstellten, nun als eine wechselseitige semantische Überlagerung wahrgenommen werden. Die Gleichstellung von Wörtern, die sich dabei vollzieht, führt zu der Notwendigkeit, in ihrer Verschiedenheit etwas Einheitliches sichtbar zu machen. Bei einer solchen semantischen Überlagerung wird ein sehr großer Teil des begrifflichen Inhalts eines jeden Wortes abgeschnitten, ähnlich wie der Kontext Polysemie ausschließt. Dafür aber entsteht dann Bedeutung, die außerhalb dieser Gleichstellung unmöglich wäre und die Komplexität der Idee des Autors einzigartig ausdrückt. In diesem Fall ist eine solche Einheit des Inhalts, die als Resultat der Neutralisation der Wörter »utro«, »uveren« und »uvižus'« zu verstehen ist, ihr »Archisem«, das die Überschneidung ihrer semantischen Felder umfaßt.

Die Komplexität liegt jedoch darin, daß die ganze verslose Sprachstruktur, alle syntaktischen Beziehungen und alle Wortbedeutungen, die durch den Kontext der als Phänomen der Nicht-Poesie wahrgenommenen Phrase bestimmt wurden, erhalten bleiben. Gleichzeitig entstehen aber auch andere Beziehungen und andere Bedeutungen, die die ursprünglichen nicht verändern, sondern mit ihnen eine komplexe Korrelation bilden.

Im realen poetischen Text haben wir es jedoch nicht nur mit sporadischen Wiederholungen irgendeines Lautes zu tun, son-

---

* V. Šklovskij, *O poèzii i zaumnom jazyke.* In: *Sborniki po teorii poètičeskogo jazyka.* Petrograd 1916. [A. d. Ü.]

dern auch damit, daß das ganze Lautsystem des Verses sich als ein Feld komplexer Relationen erweist.

Phoneme, denen eine lexikalische Relevanz zukommt, treten mit anderen Phonemen in Opposition:

1. nach dem Merkmal gleichartiger Relation in bezug auf Betontheit-Nichtbetontheit;
2. nach dem Merkmal der Wiederholung gleichartiger Phoneme;
3. nach dem Merkmal der Semantisierung sprachlicher phonologischer Oppositionen, da ja schon das Faktum der Zugehörigkeit des Textes zur Poesie die Semantisierung aller seiner Elemente bewirkt.

Gleichzeitig findet die Gleich- und Gegenüberstellung von Phonemen statt:

1. im Bereich eines Verses;
2. in verschiedenen Versen.

In Wirklichkeit aber bedeutet das nicht eine Gleich- und Gegenüberstellung von Phonemen, sondern die Bildung eines äußerst komplexen Systems der Gleich- und Gegenüberstellung von Bedeutungen, das Herausstellen von Charakteristika der Gemeinsamkeit und Verschiedenheit in Begriffen, die außerhalb des Verses nicht vergleichbar sind, und die Bildung von »Archisemen«, die ihrerseits zueinander in Oppositionen treten. So entsteht jene Begriffsstruktur von großer Komplexität, die wir Vers, Poesie nennen.

Der Terminus »Archisem« ist analog zu Trubeckojs Begriff »Archiphonem« gebildet, um die Einheit zu bestimmen, die auf der Ebene der Bedeutungen alle gemeinsamen Elemente einer lexikalisch-semantischen Opposition umfaßt. Das »Arichsem« hat zwei Aspekte: es weist auf das Gemeinsame in der Semantik von Oppositionsgliedern hin und sondert gleichzeitig aus jedem der Glieder die distinktiven Elemente aus. Das »Archisem« ist im Text nicht unmittelbar gegeben. Es entsteht als Konstrukt auf der Grundlage der Begriffswörter, die Bündel von semantischen Oppositionen bilden, und die letzteren treten im Verhältnis zu ihm als Invarianten auf. Dabei ist eine Besonderheit zu beachten.

Sprachliche Archiseme vom Typus:

Norden
Süden } entgegengesetzte Himmelsrichtungen
(»Nicht: Westen – Osten«)

sind im Rahmen der einzelnen Kulturen absolut. Sie folgen aus dem System der gebräuchlichen Bedeutungen. In der Poesie begegnen wir anderen Archisemen: die strukturelle Opposition wird als semantische Opposition *wahrgenommen*. Als ihre Elemente erweisen sich Wörter, die außerhalb der gegebenen Struktur überhaupt nicht in Korrelation gebracht werden können, was in eben diesen Wörtern eine solche Gemeinsamkeit (Differenz), einen solchen okkasionellen Inhalt zutage treten läßt, der außerhalb dieser Opposition ganz und gar nicht hervorgebracht werden könnte. Die dabei entstehenden Archiseme sind gerade für diese poetische Struktur spezifisch. Später wird die semantische Struktur schon auf der Ebene von Archisemen gebildet, die, indem sie in Oppositionen einbezogen werden, die Gleich- und Gegenübergestelltheit ihres Inhalts sichtbar machen und Archiseme zweiten und höheren Grades bilden, was uns letzten Endes zum Verständnis für einen Aspekt der Werkstruktur führt. Legen wir dies durch ein konkretes Beispiel anhand des Materials des Gedichts von Andrej Voznesenskij *Goya* klar.

GOJA

Ja – Gója!
Glaznícy vorónok mne výkleval vórog,
        sletája na póle nagóe.

Ja – Góre.
Ja   góloз
Vojný, gorodóv golovní
        na snegú sorok pérvogo góda.

Ja – gólod.
Ja górlo
Povéšennoj báby, č'e télo, kak kólokol,
        bílo nad plóščad'ju góloj . . .

Ja – Gója!
O grózdi
Vozmézd'ja! Vzvil zálpom na Západ –
        ja pépel nezvánogo góstja!
I v memoriál'noe nébo vbil krépkie zvëzdy –

Kak gvózdi.
Ja – Gója.

[GOYA

Ich bin Goya!
Die Augenhöhlen der Trichter hat mir ausgepickt der Feind,
                    herabfliegend aufs kahle Feld.

Ich bin DAS LEID
Ich bin die Stimme
Des Krieges, der Städte Feuersbrunst
                    auf dem Schnee des Jahres einundvierzig.

Ich bin der Hunger
Ich bin die Kehle
Des erhängten Weibes, dessen Leib wie eine Glocke
                    über dem nackten Platz schlug ...

Ich bin Goya!
O Trauben
Der Rache! Aufgewirbelt wie eine Salve gen Westen –
                    hab ich die Asche des ungerufenen Gastes!
Und in den Himmel der Gedenken habe ich kräftige Sterne
geschlagen –

Wie Nägel.
Ich bin Goya.]*

Die Wiederholungen sind in diesem Gedicht nach dem Prinzip
des Reims aufgebaut und bestätigen überzeugend den Gedanken von der prinzipiellen Korrelation der rhythmischen und
euphonischen Versaspekte.
Das ganze Gedicht durchzieht eine Kette kurzer, anaphorischer
Verse mit parallelen syntaktischen Konstruktionen. Das Pronomen »ja« [»ich«], mit dem die Verse beginnen, – ein und
dasselbe in allen Versen – fungiert als gemeinsames Glied, als
»Vergleichsbasis«. Hierbei werden die zweiten Glieder der Bi-
nome einander gegenübergestellt (»Goja« [»Goya«], »Gore«
[»Leid«], »golod« [»Hunger«] u. a.): ihre Ungleichheit und
Spezifik wird hervorgehoben. Der Unterschied des ersten Verses gegenüber dem dritten, vierten und den anderen ist gerade
im zweiten Glied des Binoms konzentriert, und dieser Unterschied ist in erster Linie semantisch. Aber die Wörter, die das
zweite Glied bilden, werden nicht nur in ihrer Relation zu ein
und demselben, dem ersten, sondern auch in ihrer Korrelativität zueinander wahrgenommen. Als Grundlage dient die Ein-

---

* Versuch einer künstlerischen Übersetzung von H. Huppert: A. Wosnes-
senski, *Bahn der Parabel. Gedichte.* Ffm 1963, S. 11. [A. d. Ü.]

heit ihrer rhythmischen und syntaktischen Position, sowie die
Lautwiederholungen in den Wörtern »Goja«, »Gore«, »golod«. Aber auch innerhalb dieser intern korrelierenden Reihen
werden zentripetale und zentrifugale Kräfte sichtbar, die auch
die semantische, und nicht nur die lautliche Schicht betreffen.
Einerseits wird die semantische Differenz aufgedeckt (ein
Aspekt, den wir bei der Betrachtung des Reims berührt haben).
Die Übereinstimmung einzelner Phoneme in nichtübereinstim-
menden Wörtern unterstreicht nur die Differenz der Wörter,
und zwar in erster Linie die inhaltliche, weil, wie wir bereits
gesehen haben, dort, wo die volle Übereinstimmung des Klanges von der Übereinstimmung der Bedeutung begleitet wird,
die Musikalität des Reims verloren geht.

Es vollzieht sich jedoch auch ein anderer Prozeß: die Wörter
»Goja« [»Goya«], »gore« [»Leid«], »golos« [»Stimme«], »golod« [»Hunger«] und »gorlo« [»Kehle«] lassen eine gemeinsame Gruppe »go« hervortreten, und die Zusammenstellung
der Wörter vom Typus »golos« und »golod« führt zur Hervorhebung auch anderer Phoneme. Es wird ein System geschaffen, in dem ein und dieselben Laute in gleichartigen oder bewußt verschiedenartigen Kombinationen in verschiedenen
Wörtern wiederholt werden. Und gerade hier wird der grundlegende Unterschied zwischen dem Wesen des Wortes in der
gewöhnlichen Sprache und dem in einem künstlerischen (insbesondere poetischen) Text sichtbar. Das Wort in der Sprache
zerfällt deutlich in die Schicht des Ausdrucks und in die Schicht
des Inhalts, zwischen denen direkte Beziehungen nicht hergestellt werden können. Die Affinität der Inhaltsschicht zweier
Wörter braucht nicht ihren Reflex in der Ausdrucksschicht zu
finden, und die Affinität der Ausdrucksschicht (Lautwiederholungen, Homonyme usw.) braucht keine Beziehung zur Inhaltsschicht zu haben. Damit hängt auch zusammen, daß es in
der gewöhnlichen Rede unmöglich ist, eine Beziehung zwischen
den Wortelementen (z. B. auf der Ebene von Phonemen) und
der Inhaltsschicht herzustellen.[50]

50 Vgl.: »Zeichen und Bezeichnetes sind willkürlich miteinander verbunden.
Jedes beliebige Zeichen kann man mit jedem beliebigen Bezeichneten verbinden und jedes beliebige Bezeichnete mit jedem beliebigen Zeichen.«
N. I. Žinkin, in dem Sb. *Zeichen und System der Sprache*. Bd. 1, Berlin
1961, S. 159.

Der Anfangsvers stellt die Identität der beiden Glieder – »Ja«
und »Goja« her, wobei die für diesen Text spezifische Bedeutung der Wörter noch unbekannt ist. »Ich« – das ist »Ich«
überhaupt, das »Ich« aus dem Wörterbuch; die Semantik des
Namens »Goja« überschreitet nicht die Bereiche des allgemein
Bekannten. Zugleich bietet dieser Vers jedoch hinsichtlich der
allgemeinlexikalischen und kontextfreien Bedeutung der ihn
bildenden Wörter auch noch etwas Neues. Es ist klar, daß die
Konstruktion »Ich bin Goya«, sogar für sich genommen,
außerhalb der Korrelation mit anderen Versen, nicht dem gleichen Typus angehört wie zum Beispiel: »Ich bin Voznesenskij«.
Diese zweite Konstruktion würde die Identität der Begriffe,
die vom Standpunkt des Autors und des Lesers auch außerhalb
dieses Textes identisch wären, betonen. Das eine von ihnen
(»Ich«) wäre dann lediglich nur die pronominale Bezeichnung
des zweiten. Der Vers »Ja – Goja« baut auf der Identifizierung
zweier ausdrücklich ungleicher Begriffe auf (»Ich (der Dichter)
bin Goya«; »Ich (nicht Goya) bin Goya«). Schon für sich genommen, bezeugt dieser Vers, daß »Ich« und »Goya« hier
in irgendeiner besonderen Bedeutung gebraucht werden, daß
jedes von ihnen eine besondere Begriffskonstruktion darstellen muß, damit sie verglichen werden können. Diese spezifische Konstruktion der Begriffe wird durch das System der
semantischen Opposition, besonderer, komplex konstruierter
Bedeutungen, die durch die Struktur des poetischen Textes entstehen, erschlossen.
Bereits der erste Vers läßt die Phonemverbindung »go« in dem
Namen »Goya« als Hauptträger der Bedeutung hervortreten.
Bei der Aussprache des Verses: »Ja – go – ja« [»Ich – bin –
Goya«] wird die phonetische Identität des ersten und des letzten Elements kraft der Unteilbarkeit der Schichten des Ausdrucks und des Inhalts in der Poesie als semantische Tautologie
(ja – ja) wahrgenommen. Zum Träger der semantischen Grundbedeutung wird das Element »go«. Selbstverständlich wird die
semantische Bedeutung der phonologischen Organisation des
ersten Verses nur in Relation zu anderen Versen realisiert, und
die Hervorgehobenheit der Gruppe »go« ist innerhalb des isoliert betrachteten »Ja – Goja« nur potenziell vorhanden. Die-

se Hervorhebung wird jedoch in der Zusammenstellung mit den folgenden Versen klar erkennbar realisiert:

Ja – Gore.   [Ich bin DAS LEID
Ja – golod.   Ich bin der Hunger]

Wir können feststellen, daß zwischen den Wörtern »Goya«, »Gore« und »golod« eine bestimmte Analogie hergestellt wird. Sie werden, jedes für sich genommen, dem gemeinsamen Element »ja« gleichgesetzt. Dabei ist sehr wichtig, daß alle drei Verse ihrem Typus nach gleiche syntaktische Konstruktionen bilden, in welchen die Funktion des zweiten Gliedes jeweils die gleiche ist. Nicht nur die syntaktische Stellung, sondern auch der phonologische Parallelismus (die Wiederholung der Gruppe »go«) führen dazu, daß diese Wörter als semantisch miteinander korrelierende wahrzunehmen sind. Aus dem Umfang dieser Bedeutungen hebt sich ein gemeinsamer semantischer Kern heraus – das Archisem. Seine Bedeutung wird komplexer durch den Parallelismus mit den Versen:

Ja – golos
Vojny, gorodov golovni
  na snegu sorok pervogo goda [...]

Ja – gorlo
Povešennoj baby, č'e telo, kak kolokol,
  bilo nad ploščad'ju goloj ...

[Ich bin die Stimme
Des Krieges, der Städte Feuersbrunst
  auf dem Schnee des Jahres einundvierzig ...,

Ich bin die Kehle
Des erhängten Weibes, dessen Leib wie eine Glocke
  über dem nackten Platz schlug [...]]

Der zweite Teil jeder dieser Verse ist in prädikativer Funktion mit den Wörtern »gore« [»Leid«] und »golod« [»Hunger«] der weiter oben erwähnten Verse gleichgesetzt. Interessant ist die Lautwiederholung – »golos«, »gorodov golovni«, »goda«, »gorlo«, »goda« [»Stimme«, »der Städte Feuersbrunst«, des »Jahrs«, »Kehle«, des »Jahrs«]. Zusätzlich stellt die Wortverbindung »golos vojny« [»Stimme des Krieges«], unterstützt durch Hervorhebung des Phonems »v«, die sich aus der Wiederholung der Verse:

Glaznicy voronok mne vykleval vorog,
sletaja na pole nagoe [. . .] –

[Die Augenhöhlen der Trichter hat mir ausgepickt der Feind
  herabfliegend aufs kahle Feld [. . .] –]

ergibt, zwischen den Wörtern, die »v« und »g« modellieren, das Verhältnis semantischer Korrelativität her. Es ist festzustellen, daß das »g« in dem Wort »vorog« [archaisierend oder in niederer Umgangssprache: »Feind«] strukturell besonders hervorgehoben ist, da die ganze Semantik der Wörter und Phraseologismen »vykleval glaznicy« [»ausgepickt die Augen«] und »sletaja« [»herabfliegend«] dem Wort »voron« [»der Krähen«] nahekommt (phonetisch ist es vorbereitet durch das Wort »voronok« [»Trichter«]). Das nichtaufgeführte Wort »voron« und das tatsächlich vorhandene »vorog« [»Feind«] bilden ein korrelierendes Paar, in dem die semantische Differenz die Phoneme »n – g« herausstellt; die Übereinstimmung der Gruppe »voro« aber konstituiert die Gemeinsamkeit der Bedeutungen. Die komplexe Konstruktion des Inhalts wird folgendermaßen gebildet: »Gore«, »golod«, »golos vojny«, »gorodov golovni«, »glaznicy voronok«, »gorlo povešennoj baby«, »pole nagoe« [»Leid«, »Hunger«, »Stimme des Krieges«, »der Städte Feuersbrunst«, »Augenhöhlen der Trichter«, »Kehle des erhängten Weibes«, »nacktes Feld«] bilden eine intern korrelierende Struktur. Sie ist einerseits auf das Archisem zurückzuführen, den semantischen Kern, der aufgrund der Überschneidung der Bedeutungsfelder jeder semantischen Grundeinheit entsteht. Andererseits werden diejenigen Merkmale aktiviert, die jede der herausgehobenen Gruppen von der gemeinsamen Bedeutung des Archisems unterscheidet. Die Tatsache, daß jede semantische Einheit im Verhältnis zum semantischen Kern rezipiert wird, diktiert in einer Reihe von Fällen ein vollkommen anderes Verständnis der Bedeutung, als wenn wir ihr unabhängig von der ganzen Reihe begegneten. Auf eine Korrelation ist noch hinzuweisen. In dem analysierten Textabschnitt treten deutlich zwei Versgruppen hervor. Die erste ist:

Ja – Gore   [Ich bin DAS LEID
Ja – golod   Ich bin der Hunger]

Die zweite:

Ja – golos
Vojny, gorodov golovni
        na snegu sorok pervogo goda.

Ja – gorlo
Povešennoj baby, č'e telo, kak kolokol,
        bilo nad ploščad'ju goloj.

[Ich bin die Stimme
Des Krieges, der Städte Feuersbrunst
        auf dem Schnee des Jahres einundvierzig.

Ich bin die Kehle
Des erhängten Weibes, dessen Leib eine Glocke
        über dem nackten Platz schlug.]

Dieser Gruppe steht folgender Vers nahe:

Glaznicy voronok mne vykleval vorog,
        sletaja na pole nagoe.

[Die Augenhöhlen der Trichter hat mir ausgepickt der Feind
        herabfliegend aufs nackte Feld.]

Beide Versgruppen sind einander, wie wir festgestellt haben,
durch die Parallelität der syntaktischen Konstruktion gleichgesetzt (die Erweiterung der prädikativen Gruppen im zweiten Fall unterstreicht lediglich die Verwandtschaft ihrer syntaktischen Strukturen). Wir haben auch die Korrelation der
lautlichen Organisation der elementaren lexikalischen Einheiten beider Gruppen bereits bestimmt.
Andererseits unterstreicht jedoch die Gemeinsamkeit nur den
Unterschied, der zwischen diesen beiden Versgruppen besteht.
Die kurzen Verse erfordern eine ganz andere Atemtechnik,
folglich auch ein anderes Tempo und andere Intonation als die
langen Verse. Der Unterschied liegt nicht nur darin: »gore«
[»Leid«] und »golod« [»Hunger«] sind abstrakte Substantive.
Das ihnen gleichgestellte »Ich« tritt als etwas bedeutend Kon-
kretes, Singuläres auf. Die »langen« Verse sind in dieser Hin-

sicht komplexer. Das Prädikat ist hier nicht nur konkret, es bezeichnet Teile, zudem gerade Körperteile des Menschen (vgl. Kehle, Stimme, Augenhöhlen). In der Korrelation mit ihm erscheint das Pronomen »Ich« als etwas Allgemeineres und Abstraktes. Das Prädikat ist jedoch gleichzeitig in eine metaphorische Reihe integriert – »golos vojny« [»Stimme des Krieges«] (vgl.: »glaznicy voronok« [»Augenhöhlen der Trichter«]; daneben wird auch »gorlo povešennoj baby« [»die Kehle des erhängten Weibes«] als symbolisches Zeichen eines stärker verallgemeinerten Inhalts rezipiert). Es entsteht ein anthropomorphes, metaphorisches Bild (Stimme, Augenhöhlen, Kehle), das gleichzeitig aus Details der Kriegslandschaft komponiert ist – »voronki« [»Trichter«], »pole nagoe« [»nacktes Feld«], »gorodov golovni na snegu sorok pervogo goda« [»der Städte Feuersbrunst auf dem Schnee des Jahres einundvierzig«]. Diese beiden Reihen werden in dem Bild »ploščadi goloj« [»des nackten Platzes«] und des dort erhängten Weibes synthetisiert. Alle diese bildlich-semantischen Reihen laufen in einem Zentrum zusammen: sie sind dem »Ich«, dem dichterischen Subjekt gleichgesetzt. Diese Gleichheit ist jedoch ein Parallelismus und keine Identität. In dem Maße, wie die Prädikate in jeder der Versgruppen und in jedem Vers für sich nicht identisch, sondern nur parallel sind und sowohl Gemeinsamkeit als auch Unterschiedlichkeit enthalten, sind auch die aufeinanderfolgenden »Ich« nicht gleich: »Ich« wird jedes Mal einer neuen semantischen Struktur gleichgesetzt, d. h. *es erhält einen neuen Inhalt*. Die Erschließung der komplexen Dialektik der inhaltlichen Füllung dieses »Ich« ist ein Grundaspekt der Verswissenschaft. Das Prädikat fungiert hier als Modell des Subjekts, die Gleich- und Gegenüberstellung dieser Prädikate, die ein sehr komplexes Bedeutungssystem bildet – das Bild der tragischen Welt des Krieges – modelliert gleichzeitig das Bild der Persönlichkeit des Autors. Und wenn Voznesenskij die Summe des ersten Gedichtteils mit dem Vers zieht: »Ich bin Goya!«, dann nimmt sein Subjekt alle »Ich« der vorangegangenen Verse mit allen ihren Unterschieden und Überschneidungen in sich auf, und das Prädikat summiert alle vorangegangenen Prädikate. Das läßt den Vers: »Ich bin Goya!« in der Mitte des Textes keineswegs zu einer einfachen Wiederholung des ersten Verses, sondern eher zu seiner Antithese werden. Nur in der

Gleichstellung mit dem ersten Vers, in dem »Ich« und »Goya«
lediglich allgemein-sprachliche Bedeutung haben, tritt die spezifische Semantik dieser Wörter, die sie in dem Gedicht von Andrej Voznesenskij und nur in ihm erhalten, zutage.

Einer analogen Analyse könnte man auch die zweite Hälfte
des Gedichts unterziehen und zeigen, wie die Bedeutung des
summierenden Verses »Ich bin Goya« entsteht. Insbesondere
könnte man feststellen, daß alle Elemente der Differenz, wenn
sie wiederholt werden (die ersten beiden Verse »Ich bin Goya«
sind beispielsweise in exklamatorischer Intonation gegeben,
die letzten nicht) zu Bedeutungsträgern werden.

An dieser Stelle genügt es, einen allgemeineren Gedanken hervorzuheben: der Klang im Vers ist nicht auf die Ausdrucksschicht beschränkt – er geht als ein Element der Gleich- und
Gegenüberstellung von Wörtern in die Poesie nicht nach den
Gesetzen des sprachlichen, sondern des ikonischen Zeichens,
d. h. in die Organisation der Inhaltsstruktur ein.

Die Bildung von Archisemen ist nicht ein Prozeß antilogischen
Charakters. Er läßt sich ganz und gar wissenschaftlich exakt
analysieren. Aber bei seinem Studium ist ständig zu berücksichtigen, daß im poetischen Text vermöge der markierten Zer-
legbarkeit-Nichtzerlegbarkeit des Wortes in Phoneme das Verhältnis zwischen Ausdruck und Inhalt durchaus anders gebildet
ist, als die im nichtkünstlerischen Text. Im zweiten Fall läßt
sich außer dem historisch-konventionalen Zusammenhang kein
anderer herstellen. Im ersten Fall (poetischer Text) wird ein
bestimmter Zusammenhang hergestellt, kraft dessen der Ausdruck selbst dann als Abbildung des Inhalts wahrgenommen
wird. Das Zeichen nimmt in diesem Fall, obgleich es Wort-
zeichen bleibt, Züge des abbildenden, ikonischen Signals an.

Es ist besonders hervorzuheben, daß die Zerlegung der Wörter
in Phoneme sowie die Bildung okkasioneller Bedeutungen durch
Gleich- und Gegenüberstellung von Phonemen und prosodischen Einheiten nicht nur in Fällen realisiert wird, in denen der
Text besonders instrumentiert ist. Das Wesen der rhythmischen
Struktur selbst teilt den Text in Einheiten auf, die mit den
semantischen nicht übereinstimmen, die aber im Text eine semantische Bedeutung erlangen. Das Skandieren ist als Realität
oder Möglichkeit, vor deren Hintergrund die poetische Realität wahrgenommen wird, im Bewußtsein des Lesenden immer

vorhanden. Nicht zufällig beginnen Kinder das Lesen (und die Rezeption) von Versen mit dem Skandieren. In dieser Form erscheinen ihnen die Verse als klangvoller. Bezeichnend dafür sind auch die Fakten der Versgeschichte.

Für die Verse der russischen Syllabik ist das Lesen »nach Silben« charakteristisch. Alle Silben wurden als betont gelesen, und das Einatmen mußte mit einer zwischen den Silben liegenden Pause zusammenfallen. Boris V. Tomaševskij kommt bei der Analyse des Rhythmus der russischen syllabischen Dichter zu folgendem Schluß: »Derartige Erscheinungen sind nur aus der äußersten Schwächung der Gegenüberstellung von betonter und unbetonter Silbe, das heißt, unter der Bedingung des »Lesens nach Silben« zu erklären. Später mußte sich zweifellos die Art des Lesens ändern, daher auch die Idee des tonischen Verses, der der betonten Silbe die unbetonte gegenüberstellt.«[51]

So konnte in der syllabischen Dichtung die Betonung gerade deshalb nicht zum distinktiven Merkmal werden, weil alle Silben betont waren. Das rief unwillkürlich Pausen zwischen den Silben hervor, beseitigte gleichzeitig in der Praxis jedoch die wortzerteilenden Pausen. Die Verse Simeon Polockijs wurden folgendermaßen gelesen (das Zeichen // bedeutet Pause und Atemholen):

Fi – lo – sof – vchu – dych – ri – zach – // o – byč – no – cho – žda – še – // E – mu – že – vo – dvor – car – skij // nuž – da – ne – ka – bja – še.

Filosof v chudych rizach obyčno choždaše,
Emu že vo dvor carskij nužda neka bjaše

[Ein Philosoph lief gewöhnlich in abgetragenen Gewändern umher, Er mußte in einer Angelegenheit zum Zarenhof.][52]

Diese Tendenz wird auf einer anderen Grundlage auch bei einigen Dichtern des XX. Jahrhunderts (Majakovskij, Cvetaeva) sichtbar. In der Poesie der Cvetaeva findet sie zuweilen einen graphischen Ausdruck:

51 B. V. Tomaševskij, Stich i jazyk, a.a.O., S. 101.
52 Zur Diskussion über das Problem der Deklamation des syllabischen Verses s. die Artikel von P. N. Berkov und A. M. Pančenko in dem Sb. *Teorija sticha*, (L. 1968), S. 280–316.

[...] Boj za su – šče – stvo – van'e [...]
[...] Bez vytja – givanija žil! [...]
[...] Pravo – na – žitel'stvennyj – svoj – list
No – gami topču!

[[...] Der Kampf um die E – xis – tenz [...]
[...] Ohne Herauszie – hen lebte [...]
[...] Das Recht – auf – Bescheinigung – die meine – des Aufenthalts
Trete ich mit Füßen!]

Hierbei geht es überhaupt nicht darum, ob im Skandieren das rhythmische Wesen des Verses hervortritt oder nicht. Beim Skandieren der Verse sind die Grenzen der lexikalischen Einheiten, die beim Artikulieren nicht zum Vorschein gekommen sind, deutlich im Bewußtsein vorhanden und korrelieren mit den wirklichen Pausen, indem sie die Lautfolge zerlegen. Wenn wir uns beim Lesen von Versen von den lexikalisch-semantischen Pausen leiten lassen, bleiben die rhythmischen Pausen, die ihre Realität, die Realität »Minus-priëmy« bewahren, erhalten.

Schließlich ist einschränkend festzustellen, daß der Fall, bei dem wir als Beispiel der Phonem-Korrelation die Wiederholung eines und desselben Lautes oder einer Gruppe gleicher Zeichen (*Goya* von Voznesenskij) genommen haben, allein aus Gründen der Anschaulichkeit gewählt worden ist. Alle Phoneme der Sprache werden als Korrelation, als ein System aufgefaßt, das im Vers so zu einer inhaltlichen Struktur, zu einer nationalen Eigenart wird wie in der Sprache die Ausdrucksschicht. Da die national-spezifische phonologische Struktur des Textes in der Poesie zur Grundlage von Begriffskonstruktionen wird, ist die unübersetzbar-nationale Eigenart des Bewußtseins in der Poesie bedeutend stärker ausgedrückt als im nichtkünstlerischen Text.

Das Zeichen bleibt in der Literatur Wort-Zeichen. Es wird von einem Menschen, der die betreffende sprachliche Struktur nicht beherrscht, nicht rezipiert. Gleichwohl wird es nach dem Prinzip der Korrelation von Inhalt und Ausdruck zu den anschaulichen Zeichen tendieren. Als kommunikative Struktur setzen sich die Wörter der natürlichen Sprache aus Elementen niederer Ebenen zusammen, die eigener lexikalischer Bedeutung bar sind. Das System der phonologischen Oppositionen, das auf diesen Ebenen die Struktur der Sprache bildet, steht in keiner Relation zur Struktur des Inhalts und bleibt das Konstruktionsspezifikum der Ausdrucksschicht. Im poetischen Text wird die Struktur des Ausdrucks kraft der oben demonstrierten lexikalisch-semantischen Relevanz der Phoneme und Morpheme zur Struktur des Inhalts. Es entstehen infolge der Einbeziehung von Elementen in den Prozeß der Semantisierung okkasionelle semantische Oppositionen, okkasionelle »Archiseme«, die außerhalb der betreffenden sprachlichen Ausdrucksstruktur des Textes unmöglich sind. (Deshalb reproduziert, nebenbei bemerkt, die genaueste Übersetzung des poetischen Textes die Struktur des Inhalts nur zu dem Teil, der poetischer und nichtpoetischer Sprache gemeinsam ist. Dieselben semantischen Verbindungen und Gegenüberstellungen des Inhalts, die infolge der Semantisierung der Struktur des Ausdrucks entstehen, werden durch andere ersetzt. Sie sind ebenso unübersetzbar wie die Idiome in der Struktur des Inhalts. Deshalb ist es wohl richtiger, in bezug auf den poetischen Text nicht von einer genauen Übersetzung, sondern von einem Bestreben nach funktionaler Adäquanz zu sprechen.)

Es ist notwendig, noch auf einen weiteren Sachverhalt hinzuweisen. Bei der »Übertragung« der lexikalischen Bedeutung durch die das Wort bildenden Phoneme und folglich auch bei der Bildung des komplexen Systems textinterner semantischer Oppositionen verhalten sich nicht alle phonologischen Elemente, die die betreffende Lexik bilden, gleich.

Es ist bekannt, daß das Problem des Lautbestandes eines Wortes unter den Gesichtspunkten von »Sprache« und »Rede« grundsätzlich verschieden gelöst wird. Im ersten Fall haben wir es mit einer Struktur zu tun, der die physikalische Eigenart des wirklich realisierten Signals gleichgültig ist, und deshalb werden solche Erscheinungen, wie zum Beispiel die Reduktion, nur den Forscher des Aspekts der Rede interessieren. In diesem Zusammenhang erheben sich insbesondere Fragen nach dem Wesen der Dechiffrierbarkeit des Textes und der Informationsverteilung innerhalb des Wortes. Dabei wird deutlich, daß schriftliche und mündliche Rede im Kontext eine gleichartige Verteilung der Information nicht kennen. Experimentelle Daten für die russische Sprache (es wurde die informationelle Belastung des Wortes »gut« [»chorošo«] im Kontext analysiert) zeigten, daß in der schriftlichen Rede die »Information ganz und gar in der ersten Hälfte des Wortes konzentriert ist, während die zweite Hälfte sich als redundant erweist«, in der mündlichen Rede aber »sich das Ende des Wortes, das sich auf die betonte Silbe stützt, als informationell beladen erweist. Der Anfang des Wortes [x ∧ r] erweist sich in diesem Fall als redundant«[53]. Auf diese Weise wird im Redefluß, der in Worte segmentiert ist, die semantische Belastung sehr ungleichmäßig verteilt.

Die Spezifik des poetischen Textes besteht nun darin, daß die nichtstrukturellen, der Rede und nicht der Sprache eigentümlichen Elemente darin strukturellen Charakter annehmen. Im Endergebnis sind nicht alle Lautelemente des Verses semantisch gleich belastet. Einige von ihnen werden semantisch reduziert, andere hervorgehoben, indem sie in verschiedene, durch Oppositionen gebildete Korrelationen eintreten. Die poetische Struktur erhebt die Rede nicht einfach in den Rang einer Sprache, indem sie den nichtstrukturellen Elementen strukturellen Charakter verleiht. Sie verändert die Korrelation des Informationsgrades der Elemente innerhalb der Rede: diejenigen von ihnen, die in der nichtkünstlerischen Nachricht redundant sind, können semantisch belastet werden. Semantisch arme Elemente (z. B. das Ende des Wortes in der schriftlichen Rede) erhalten in einer besonderen strukturellen Situation (z. B. beim Auftreten des Reims, der ein Phänomen der schriftlichen Poesie ist und archaischer Folklore unbekannt ist) eine ihnen nicht eigentümliche informationelle Belastung. Daher rührt noch eine wichtige Besonderheit der Poesie. Die poetische Rede ist keine schriftliche Rede, wie das die Anhänger der Buchstabenphilologie angenommen haben. Sie ist aber auch keine mündliche Rede, wie das die Anhänger der phonetischen Methode meinten. Die poetische Struktur der gegenwärtigen Poesie ist im Unterschied zur Folklore – die Relation des gesprochenen Textes zum schriftlichen, der gesprochene Text vor dem Hintergrund des schriftlichen. Daher ist die graphische Eigenart des Textes für sein Verständnis keineswegs belanglos.

---

53 R. G. Piotrovskij, *O teoretiko-informacionnych parametrach ustnoj i pis'mennoj form jazyka.* In dem Sb. *Problemy strukturnoj lingvistiki*, M. 1962, S. 57.

6.4. Das Problem der metrischen Ebene der Versstruktur

Als wichtigstes Merkmal des Verses gilt traditionell der rhythmisch-metrische Aspekt: bis heute ist dies das grundlegende und am besten ausgearbeitete Gebiet der verswissenschaftlichen Untersuchungen.

Oben haben wir zu zeigen versucht, daß ein bestimmter – durchaus bedeutender – Teil des künstlerischen Effekts poetischer Rede in dem besteht, was auf das Konto des Rhythmus bezogen wird, ihm aber nicht angehört. Der Rhythmus als Metrum fungiert großenteils nur als Mittel zur Segmentierung des Textes in Einheiten, die kleiner sind als das Wort.

Daraus folgt freilich nicht, daß die metrische Struktur des Verses keine eigene Bedeutung hat. Das Problem dieser Bedeutung bleibt jedoch ziemlich unklar.

Wenn man von der Bedeutung des Rhythmus handelt, sind zwei Aspekte dieses Problems zu unterscheiden.

Der erste Aspekt: das Metrum als Konstruktionsprinzip des Textes im Zusammenhang mit einem bestimmten verbal-semantischen Gewebe. In diesem Fall ist das Metrum nicht Zeichen, sondern Mittel zur Konstruktion des Zeichens. Es »zerschneidet« den Text und ist an der Bildung semantischer Oppositionen beteiligt, wovon weiter oben die Rede war, d. h. es erscheint als Mittel zur Bildung derjenigen spezifischen Bedeutungsstruktur, die gerade das Wesen des Verses ausmacht.

Der zweite Aspekt dieses Problems besteht darin, abstrakte rhythmische Schemata herzustellen, die durch Abstraktion vom System der Betonungen und Pausen gewonnen werden können. Gerade dies beschäftigt nun gewöhnlich die Verswissenschaftler. Ein solches System ist auch tatsächlich vorhanden – im Bewußtsein des Dichters und seiner Zuhörer. Sein Wesen ist jedoch ganz anders, als gewöhnlich angenommen wird. Hier stoßen wir in unserer Darlegung wieder auf textexterne Zusammenhänge.

Damit der Hörer den ihm vorgelegten Text als Poesie rezipiert, d. h. damit der Hörer alles in der gewöhnlichen Rede Redundante als bedeutungsdifferenzierend wahrnimmt und dasjenige komplexe Gewebe von Rückwendungen und Gleich- und Gegenüberstellungen erfaßt, das für die Poesie (genauer – in verschiedenem Grade für jeden künstlerischen Text) charakteristisch ist, muß er unbedingt wissen, daß er keine gewöhnliche, sondern künstlerische, poetische Rede vor sich hat. Er muß zu diesem Zweck ein bestimmtes Signal bekommen, das die entsprechende Rezeption bewirkt.

Ein System derartiger Signale ist sehr verzweigt. In einem frühen Stadium der Wortkunst gehören dazu spezifische Verhältnisse beim Vortrag (vgl. das Tabu des Märchenerzählens bei Tag), das poetische Ritual der Exordialtopoi, die Phantastik der Sujets, der besondere Stil der poetischen Rede und eine »ungewöhnliche« Aussprache (Deklamation). All das signalisiert dem Hörer, daß der vorgetragene Text als künstlerisch organisiert rezipiert werden soll, d. h. als ein Text, der in eine bestimmte ideale Struktur »integriert« und nur in Relation zu ihr existent ist.

Aber der Rhythmus ist nicht nur ein Signal für die Zugehörigkeit des Textes, der rezipiert wird, zu »Dichtung als solcher«. Er konturiert nicht nur jene Nuancen der poetischen Rede, die in den Oppositionen »Poesie-Prosa« und »Poesie-nicht-künstlerischer Text« hervortreten.

Zu den textexternen Zusammenhängen gehören auch die semantischen Assoziationen insgesamt, die durch die verschiedenen konkreten Versmaße hervorgerufen werden. Aus verschiedenen Gründen wird ein bestimmtes Versmaß mit einem Genre, einem festumrissenen Kreis von Themen und Lexik verbunden. Es bildet sich dann in einer bestimmten poetischen Tradition um dieses Versmaß eine »expressive Aura« (ein Ausdruck von V. V. Vinogradov; ähnliche Bedeutung verleiht A. N. Kolmogorov dem Terminus »Bild des Rhythmus«). Kirill Taranovskij zieht in seiner Untersuchung *Zur Wechselbeziehung von Versmaß und Thematik* den Schluß: »Wir stellen fest, daß er, obwohl er keine autonome Bedeutung besitzt, dennoch Träger einer bestimmten Information ist, die außerhalb der kognitiven Ebenen rezipiert wird.«[54]

Die genannte Arbeit von K. Taranovskij bestätigt glänzend die These, daß die semantische Interpretation der Rhythmik zu den textexternen Bezügen gehört. Die Geschichte des russi-

---

54 Kirill Taranovskij, *O vzaimootnošenii stichotvornogo razmera i tematiki.* In dem Sb. *American Contributions to the fifth International Congress of Slavists.* Den Haag 1963, S. 287-322.

schen fünffüßigen Trochäus nachzeichnend zeigt der Autor, wie sich seine intonatorisch-semantische Charakteristik herausgebildet hat (vor allem unter dem Einfluß der Handhabung dieses Versmaßes durch Lermontov).

Als textinterne Struktur erfüllt das Versmaß seine grundlegende Funktion – es zergliedert den Text in Segmente: Verse, sub- und supraversische Abschnitte. Die Gliederung des Textes in Abschnitte, die einander rhythmisch gleichgestellt sind, stellt zwischen ihnen die Relation der Äquivalenz her (die Verse sind untereinander äquivalent, die Versfüße ebenfalls). Sich nicht wiederholende Elemente der äquivalenten Textteile (z. B. semantische) werden zu Bedeutungsdifferenziatoren.

In den Fällen aber, wo vor dem Hintergrund einer metrischen Konstante die Entstehung rhythmischer »Figuren« möglich wird, wird die rhythmische Gliederung fähig, eine doppelte Funktion zu erfüllen: die Assimilation semantisch unähnlicher Textabschnitte (Gliederung in äquivalente Stücke) und ihre Dissimilation (Gliederung in rhythmische Varianten). Die Möglichkeit, innerhalb ein und desselben metrischen Systems zu verschiedenartigen rhythmischen Untersystemen zu greifen und die verschiedene Wahrscheinlichkeit der Verwendung einer jeden, eröffnen die Möglichkeit zusätzlicher Geordnetheiten, die in konkreten Textkonstruktionen auf die eine oder andere Weise semantisiert werden.

Multiplizität und gegenseitige Überschneidung dieser Geordnetheiten führen dazu, daß, was auf der einen Ebene gesetzmäßig und vorhersagbar ist, auf der anderen als Verletzung der Gesetzmäßigkeit und Vorhersagbarkeit auftritt. So entsteht auch auf der rhythmischen Ebene ein bestimmtes »Spiel« von Geordnetheiten, das einen hohen semantischen Sättigungsgrad ermöglicht.

Greifen wir zu einem Beispiel, das den Marginalien von A. N. Kolmogorov auf dem Manuskript des Artikels von V. V. Ivanov *Der rhythmische Bau der ›Ballade vom Zirkus‹ von Mežorov* entstammt. A. N. Kolmogorov führt dort Beispiele der Verwendung der seltenen »fünften Form« (in der Terminologie von K. Taranovskij – der »siebenten Figur«) des vierfüßigen Jambus an und zieht den Schluß: »Die freiere Verwendung der fünften Form begann in der modernen russischen Poesie offensichtlich mit Pasternak. In [dem Poem] *Die hohe Krankheit:*

I po vodoprovódnoj séti [. . .]
Za železnodoróžnyj kórpus,
Pod železnodoróžnyj móst [. . .]

[Und das Wasserleitungsnetz entlang [. . .]
Hinter das Eisenbahngebäude,
Unter die Eisenbahnbrücke [. . .]]

In allen diesen drei Versen liegt der Nebenton auf der dritten, und nicht auf der zweiten oder vierten Silbe! Zahlreiche Beispiele von Formen mit unbetontem ersten und zweiten Versfuß im fünffüßigen Jambus gibt es auch in [dem Poem] *Spektorskij.*[55]
Es ist nicht zu übersehen, daß hier die Wahl einer wenig gebräuchlichen rhythmischen Figur (Taranovskij hat festgestellt, daß diese Form in der russischen Poesie des 18. und 19. Jahrhunderts praktisch nicht vorkommt)[56] die betonte Alltäglichkeit der Rede kompensiert. Gleichzeitig aber ist die lexikalische Alltäglichkeit, die »Antipoezität« der Phraseologismen »Wasserleitungsnetz« und »Eisenbahngebäude« in der Poesie nicht alltäglich, sondern exotisch, und die seltene (daher unerwartete) rhythmische Figur erhält unter dem Einfluß der Lexik ebenfalls die Bedeutung eines »Antipoetismus«, der Übertragung einer Struktur der Prosarede mit den Mitteln des Verses.
Rhythmische Versvarianten können jedoch im Bewußtsein eines Dichters mit bestimmten, selbständigen emotionalen Charakteristika belegt werden, die nicht von der lexikalischen »Füllung« des Verses abhängen und zusätzliche semantische Möglichkeiten eröffnen. In den handschriftlichen Entwürfen der Dichter findet dies in der Tatsache seine Bestätigung, daß bei einer vollständigen Änderung der gesamten Lexik des Verses dennoch in einer Reihe von Fällen die (zuweilen sehr seltene) rhythmische Figur beibehalten wird.

55 V. V. Ivanov, *Ritmičeskoe stroenie »Ballady o cirke« Mežirova.* In dem Sb. *Poetics* . . . Bd. 2, a.a.O., S. 280.
56 Kirill Taranovskij, *Ruski dvodelni ritmovi.* A.a.O., S. 86.

6.5. Grammatische Wiederholungen im poetischen Text

Ähnlich der phonologischen und den anderen oben betrachteten Geordnetheiten erfüllt die grammatische Textstruktur im poetischen Werk zusätzliche Funktionen, die ihr außerhalb der Literatur nicht eignen. In der Regel kann der Dichter die Normen der grammatischen Organisation des Textes nicht ändern. Daraus folgt jedoch noch nicht, daß die grammatische Struktur in ihrer künstlerischen Funktion neutral sei.[57]

Einerseits, vom Standpunkt des Hörers aus, wirkt hier die Präsumption von der vollen künstlerischen Bedeutsamkeit des Textes. Der Hörer ist geneigt, alle Elemente des Kunstwerks als Ergebnis bewußter Aktionen des Dichters anzusehen, da er weiß, daß in ihnen eine gewisse Absicht vorhanden ist, aber noch nicht weiß, worin diese Absicht besteht.

Andererseits, vom Standpunkt des Autors aus, besteht kraft der sprachlichen Redundanz immer die Möglichkeit, eine bestimmte Auswahl zwischen diesen oder jenen grammatischen Ausdrucksformen für einen adäquaten semantischen Inhalt zu treffen.

Grammatische Wiederholungen haben eine doppelte Bedeutung. Erstens entsteht dabei eine spürbare zusätzliche Organisiertheit des Textes, der von äquivalenten oder antithetischen grammatischen Positionen durchsetzt ist. Wie Jakobson stringent nachgewiesen hat, kommt die Untersuchung der künstlerischen Funktionen grammatischer Kategorien in bestimmten Fällen dem Spiel geometrischer Strukturen in den räumlichen Gattungen der Kunst gleich. Während die Vorstellung, das Ästhetische im Text sei monopolartig den »Bildern« vorbehalten, annehmen läßt, nur eine unbeträchtliche Schicht des Werkes sei künstlerisch organisiert, so ermöglicht die Aufdeckung der ästhetischen Funktion grammatischer Strukturen, die ganze Fülle des Textes als ästhetisch aktiv zu betrachten. Grammatische Wiederholungen verbinden, ähnlich den phonologischen, die im nicht organisierten künstlerischen Text heterogenen lexikalischen Einheiten zu gleich-gegenübergestellten Gruppen, indem sie sie auf Kolonnen von Synonymen oder Antonymen verteilen.

57 Detailliert über die Funktion der grammatischen Struktur des Textes s. R. O. Jakobson, *Grammatik der Poesie und Poesie der Grammatik.* A.a.O.

Zweitens führen grammatische Wiederholungen bestimmte grammatische Textelemente aus dem Zustand sprachlicher Automatisierung heraus: diese Elemente beginnen dann, Aufmerksamkeit zu erregen. Und da alles, was im künstlerischen Text bemerkbar ist, unweigerlich als bedeutungshaltig wahrgenommen wird, als etwas, das eine bestimmte semantische Belastung trägt, werden zwangsläufig auch die herausgestellten grammatischen Elemente semantisiert. Die ihnen zugeschriebene Semantik kann eine Information über bestimmte Beziehungen tragen, die den relationalen grammatischen Zusammenhängen nahestehen. So organisiert das Tempussystem der Verben oft den temporalen Aspekt des künstlerischen Weltbildes, die Kategorien des Numerus werden in Oppositionen vom Typus »Einmaliges – Vielfaches« eingegliedert u. dgl. In diesem Fall bildet sich zwischen der grammatischen Textstruktur und ihrer semantischen Interpretation ein System nichtbedingter Bezüge vom ikonischen Typus. Nicht selten liegt jedoch auch ein anderer Fall vor: die grammatische Struktur prägt die Relationen zwischen den Textsegmenten, und die Interpretation dieser Relationen wird durch ihre Korrelation mit anderen Unterklassen des allgemeinen künstlerischen Systems zu seiner Organisation im Ganzen bestimmt.
Wir wollen diese These an einem Beispiel verdeutlichen: betrachten wir die Verbformen, die im Gedicht V. A. Žukovskijs auf den Tod Puškins anzutreffen sind.

A. S. Puškin

1. Ón ležál bez dvižén'ja, kak búdto po tjážkoj rabóte
2. Rúki svoí opustív; gólovu tícho sklonjá,
3. Dólgo stojál ja nad ním, odín, smotrjá so vnimán'em
4. Mërtvomu prjámo v glazá; býli zakrýty glazá,
5. Býlo licó ego mné tak znakómo, i býlo zamétno,
6. Čtó vyražálos' na nëm – v žízni takógo
7. Mý ne vidáli na étom licé. Ne gorél vdochnovén'ja
8. Plámen' na nëm; né sijál ostryj úm;
9. Nét! no kakóju-to mýsl'ju, glubókoj, vysókoju mýsl'ju
10. Býlo ob-játo onó: mnílosja mné, čto emú
11. V étot míg predstojálo kak búdto kakóe vidén'e,
12. Čtó–to sbyválos' nad ním; i sprosít' mne chotélos': čto vídiš'?

[1. Er lag ohne Bewegung, als ob nach schwerer Arbeit
2. Seine Hände er hat sinkenlassen; den Kopf leicht neigend,

3. Lange stand ich über ihm, allein, und blickte mit Aufmerksamkeit
4. Dem Toten gerade in die Augen; geschlossen waren die Augen,
5. Sein Antlitz war mir so bekannt, und es war zu erkennen,
6. Was sich darauf ausdrückte – im Leben haben solches
7. Wir auf diesem Antlitz nicht gesehen. Nicht brannte der
Inspiration
8. Flamme darauf; nicht leuchtete der scharfe Verstand;
9. Nein! doch von irgendeinem Gedanken, einem tiefen, hohen
Gedanken
10. War es erfaßt: mich dünkte, daß vor ihm
11. In diesem Augenblick gleichsam eine Vision stand,
12. Irgend etwas sich erfüllte über ihm; und zu fragen verlangte
es mich: was siehst du?]

Die Konstruktion der Verbformen in diesem Text zeichnet sich durch eine solche Konsequenz aus, daß ein Zufall hier nicht anzunehmen ist. Die Gegenüberstellung der Verben erfolgt hier auf zwei Linien: »persönliche – unpersönliche Formen«, und »Aktiv – Passiv«. Sie führen die beiden Subjekt-Objekt-Zentren des Textes durch zwei deutlich parallele Konstruktionen von persönlichem und aktivem Charakter ein:

On ležal – opustiv ruki.   [Er lag – die Arme herabgelassen.
Ja stojal – sklonja golovu.   Ich stand – den Kopf geneigt.]

Sie führen die zwei Subjekt-Objekt-Zentren des Textes (»er-ich«) in ihrer Gleich- und Gegenüberstellung ein (der Parallelismus der grammatischen Formen hebt den semantischen Unterschied der Charakteristik hervor: »lag – stand«). Die Verse 3 und 4 geben die Gegenüberstellung: die Antithese »Ich – er« erhält eine Parallele in der Opposition »Aktiv – Passiv«.

Ja   [Ich
stojal, smotrja v glaza –   stand, blickte in die Augen –
On   Er
byli zakryty glaza.   geschlossen waren die Augen.]

Die Verse 5 bis 6 geben das Passiv für beide semantische Zentren und stehen dadurch den Versen 1 bis 3 gegenüber.
»My ne vidali« [Wir haben nicht gesehen] im Vers 7 eröffnet eine neue Gruppe von Verbformen (in 7-10). Einerseits ist die aktive Verbform mit der Negation »ne« gegeben, andererseits aber verleiht der Wandel von »ja« zu »my« der Kategorie der

Person eine Nuance von Verallgemeinerung und erscheint in diesem Kontext als etwas, das auf der Mitte zwischen den persönlichen und den unpersönlichen Konstruktionen liegt. Die Verse 7 bis 10 geben die Antithese:

ne gorel – bylo ob-jato	[brannte nicht – war erfaßt
ne sijal	leuchtete nicht]

Die Gegenüberstellung wird auf der Linie »Aktiv-Passiv« realisiert. Doch hat diese Gegenüberstellung infolgedessen anderen Charakter als am Anfang des Gedichts, daß die Handlung im linken Glied der Opposition mit der Negation als irreal gegeben ist. Dem Aktiv wird die Eigenschaft der Irrealität zugeschrieben, dem Passiv die der Realisiertheit. Die Verse 10-12 eröffnen einen neuen Abschnitt, der auf enger Aneinanderreihung unpersönlicher Verbformen aufgebaut ist.

»Mnilosja mne – predstojalo emu«
[»Es dünkte mich – es stand vor ihm«]

In dem Paar »Čto-to sbyvalos' nad nim« [»irgendetwas erfüllte sich über ihm«] – »sprosit' mne chotelos'« [»zu fragen verlangte es mich«] ist das linke Glied formal nicht unpersönlich. Dennoch betrachtete Žukovskij die passive Form (in Verbindung mit dem indefiniten Pronomen »čto-to«) der unpersönlichen entsprechend, was aus der gesamten Konstruktion dieses Textabschnitts deutlich zu ersehen ist.
Das abschließende »čto vidiš'?« [»was siehst du?«] wendet uns erneut zu den aktiven und persönlichen Verbformen des Gedichtanfangs zurück, doch mit einer Ablösung der Opposition von »ich – er« durch »ich – du« und der Erzählintonation durch Frageintonation.
Wir erhalten so eine bestimmte, ganz und gar unbestreitbare Gliederung des Textes in Segmente, die in bezug auf die Verbgruppen verschieden organisiert sind. Welche grammatische Semantik wird nun durch eine solche Gliederung aktiviert?
Anfangs sind Subjekt und Objekt der poetischen Welt (»ich – er«) mit den Merkmalen persönlich und aktiv, dann persönlich und passiv und schließlich unpersönlich versehen.
Freilich könnte man im allgemeinen Sprachgebrauch, in dem die Verwendung der verschiedenen Verbkategorien in bezug

auf die Grammatik, in bezug auf die Semantik aber nicht (oder nicht obligatorisch ist) geregelt ist (ein und dasselbe System von Bedeutungen kann man innerhalb einer oder mehrerer Sprachen mit verschiedenen Verfahren übertragen), dieselben Verbkategorien als ganz und gar formal auffassen. In dem Satz: »Bylo prinjato rešenie dejstvovat' energično« [»Es wurde beschlossen, energisch zu handeln«] ruft die Passivkonstruktion keine passive Bedeutung hervor. Anders steht es im poetischen Text. Doch auch hier haben wir es mit einer sekundären Erscheinung zu tun – der Semantisierung der formalen Struktur. Diese Semantisierung (vgl. die analogen Fakten der sogenannten »Volksetymologie«) kann allgemeinere Wege einschlagen, die dem gesamten Kollektiv, das sich der betreffenden Sprache bedient, »natürlich« erscheinen. So verhält es sich mit der Deutung des Merkmales des grammatischen Geschlechts als Sexus, von Aktiv und Passiv als Aktivität und Passivität usw. Bei einer solchen sekundären Semantisierung ist jedoch auch immer ein okkasionelles Element vorhanden, das in dem jeweiligen Text geschaffen wird.

Die Geordnetheit grammatischer Kategorien erzeugt für sie die Präsumption, sie seien sinnvoll – wir wissen, daß sie eine semantische Bedeutung haben. Doch welcher Art diese Bedeutung ist, erfahren wir erst aus der Konstruktion des betreffenden Textes. Immer bleibt eine strukturelle Reserve auch für die rein individuelle Interpretation übrig.

Auch in dem von uns analysierten Text wird die grammatische Geordnetheit durch zwei Verfahren semantisiert: vermöge »natürlicher« Interpretation der Kategorien »Aktiv-Passiv«, »persönliche Formen – unpersönliche Formen« und auch im Zusammenhang mit den anderen Konstruktionsebenen dieses Textes.

Eine große Bedeutung für die Interpretation der Semantik der grammatischen Formen hat die Lexik des Textes:

1. On ležal bez dvižen'ja, kak budto po tjažkoj rabóte
2. Ruki svoi opustiv; golovu ticho sklonja,
3. Dolgo stojal ja nad nim [...]

[1. Er lag bewegungslos, gleichsam wie nach schwerer Arbeit
2. Seine Arme herabgelassen; den Kopf leicht geneigt,
3. Stand ich lange über ihm [...]]

Die grammatische Konstruktion gewährt eine Deutung dieser
Verse in der Gegenüberstellung mit den passiven und den unpersönlichen Konstruktionen. »Ich« und »er« treten hier als
zwei Subjekte in zwei parallelen Sätzen auf. Ihnen sind hinsichtlich der grammatischen Form gleichartige Prädikate zugewiesen (persönliche und aktive); die Kategorie des tempus
verbi ist in diesem Gedicht nicht bedeutungshaltig, da der ganze Text im Präteritum gehalten ist, mit Ausnahme des letzten
Verses, von dem noch gesondert gehandelt werden wird. Der
Übergang zur Analyse auf lexikalischer Ebene erlaubt jedoch
noch eine Reihe von Präzisierungen.

»Er« und »ich« werden einander nicht nur gleich-, sondern auch
gegenübergestellt. Vor allen Dingen ist auf das eigentümliche
syntaktische Palindrom hinzuweisen:

1 Subjekt	2 Prädikat	3 Adverbiale Bestimmung der Art und Weise	4 Gerundial-konstruktion
on [er	ležal lag	bez dvižen'ja ohne Bewegung	ruki svoi opustiv seine Arme herabgelassen]

4	3	2	1
golovu ticho sklonja den Kopf leicht geneigt	dolgo lange	stojal stand	ja ich]

Die Konstruktionen, in die »ich« und »er« einbezogen sind,
sind nicht nur ähnlich, sondern auch spiegelverkehrt. Noch
schärfer ist jedoch der Gegensatz auf der semantischen Ebene.
Die Verben »lag – stand«, die in der grammatischen Antithese
zum zweiten und dritten Teil des Gedichtes vereint sind, sind
semantisch antonym. Dabei ist dies eine Antonymie von besonderer Art: aus ihr folgt noch keineswegs mit Evidenz, ob
wir es nur mit einer Gegenüberstellung von Positionen oder
Handlungen dieses »ich« und »er« zu tun haben (»er lag, und
ich stand« – vom Typus: »Einer säuberte seinen übel zuge-
richteten Helm, ein anderer schärfte wutschnaubend sein Bajonett«), oder ob »lag« und »stand« eine metonymische Ersetzung einer anderen Antithese sind, nämlich: »ich lebte – er
war tot«. Die Gegenüberstellung ist so aufgebaut, daß beide

durchaus verschiedenartigen Deutungen möglich sind. »Er« und »ich« treten als völlig gleichberechtigt auf. Die Tatsache, daß es sich um zwei handelt, läßt die gleiche Stufe der Belebtheit vermuten (die Kombination: »wir waren zu zweit – ich und die Leiche« ist semantisch nicht möglich). Der Zustand: »Er lag ohne Bewegung« geht mit der Präzisierung einher: »als ob nach schwerer Arbeit seine Hände er hat sinken lassen«. All dies unterstreicht die Semantik des Lebens in dem Verb »lag«, wenngleich der Leser den wahren Sinn dieser Gegenüberstellung nicht nur aus der vergleichend untergeordneten Konjunktion »als ob«, sondern auch aus der Widmung an den verstorbenen Dichter kennt. Doch mit dem dritten Vers wird die Zweideutigkeit jäh aufgehoben:

3. Dolgo stojal ja nad nim, *odin,* smotrja so vniman'em
4. *Mertvomu* prjamo v glaza; byli zakryty glaza.

[3. Lange stand ich über ihm, *allein,* und blickte mit Aufmerksamkeit
4. *Dem Toten* gerade in die Augen; geschlossen waren die Augen.]

»Er«, aus dem zweiten, mit »ich« gleichberechtigten Subjekt verwandelt sich in ein Objekt, das durch ein Pronomen im obliquen Kasus ausgedrückt wird: »ich stand über ihm«. Nicht zufällig tritt gerade an dieser Stelle das Wort »allein« auf, und verwandelt »er« sich (aus dem »zweiten«) in den »Toten«. Diese Eindirektionalität der Handlung wird auf zweierlei Art und Weise ausgedrückt: 1. grammatisch – durch die Antithese: »aktive – passive Aktion« (»ich sah in die Augen – die Augen waren geschlossen«) und 2. lexikalisch: an die Stelle der wechselseitigen Beziehung von »ich« und »er« in den Versen 1 bis 2, tritt nun eine einseitige: »Ich blickte ihm in die Augen, doch seine Augen schauten nicht auf mich«: »geschlossen waren die Augen«.
Später geschieht eine neue Gleichstellung von »ich« und »er«, doch nicht mehr als gleichberechtigt-aktiv, sondern als gleichberechtigt-passiv:

Bylo lico ego mne tak znakomo [...]
Bylo zametno, čto vyražalos' na nem [...]

[Sein Gesicht war mir so bekannt [...]
Es war erkennbar, was sich darauf ausdrückte [...]]

Während in der persönlich-aktiven grammatischen Konstruktion das Zentrum der Handlung »ich« war, wird nun das »ich« in der persönlich-passiven lediglich zum Betrachter, der an der Haupthandlung von »ihm« partizipiert. Die Verse 7, 8, 9, 10 geben eine grammatische Antithese: Handlungen, die durch Verben im Aktiv ausgedrückt sind, werden verworfen (in negativer Form gegeben) – das tatsächliche Geschehen wird durch eine passive Wendung ausgedrückt:

Ne gorel vdochnoven'ja plamen' [...]
Ne sijal ostryj um [...]

[Nicht brannte der Inspiration Flamme [...]
Nicht leuchtete der scharfe Verstand [...]]

»Brannte« und »leuchtete« treten in einer bestimmten Schicht als Synonyme auf, indem sie das gemeinsame semantische Merkmal von Flamme und Licht hervortreten lassen, die metaphorisch der »Inspiration« und dem »Verstand«, die als Synonyme aufgefaßt sind, zugeschrieben werden. Ohne auf den vollen Umfang dieser semantischen Verschiebung einzugehen, die durch diese sekundäre Synonymie hervorgerufen wird, halten wir nun fest, daß unter dem Einfluß der grammatischen Antithese *Verstand* und *Inspiration* als persönlich-aktive Qualitäten aufgefaßt werden, als Glanz und Ausstrahlung einer aktiven Individualität. Ihnen gegenüber steht der Gedanke, dem sowohl die grammatische Struktur als auch die Semantik der passiven Konstruktion »war umgeben« die Bedeutung eines Überpersönlichen verleihen, das sich im Menschen ausdrückt, aber noch nicht von ihm geschaffen wird.
Weiterhin folgt eine Gruppe unpersönlicher Verben (oder ihnen strukturell gleichgesetzter Formen), die beide Textzentren erfassen:

»ja«	»on«
mnilos' mne	predstojalo emu
sporit' mne chotelos'	sbyvalos' nad nim.

[»ich«	»er«
es dünkte mich	es stand vor ihm
zu fragen verlangte	es erfüllte sich
es mich	über ihm.]

»Er« erweist sich als Partizipient an einer unpersönlichen und überpersönlichen Handlung, wenn er auch nur leidend Anteil nimmt. Die Semantik der Verben läßt diese grammatischen Konstruktionen als Ausdruck eines Aktes der Teilnahme interpretieren.

Das abschließende »was siehst du?« wendet uns grammatisch und semantisch zu den Versen 3-4 zurück. Dort blickt das »ich« »mit Aufmerksamkeit«, »er« aber ist tot, seine »Augen sind geschlossen«, und »er« sieht nicht. Hier sieht »er« (»du«) etwas, was für das »ich« unsichtbar ist.

Der Schlußvers erlangt besondere Bedeutung, jedoch nicht nur vermöge der semantischen Antithese (die geschlossenen Augen des Toten sehen das, was dem Sehen des Lebenden verborgen ist), nicht nur daher, daß kraft der grammatischen Gegenüberstellung der passive Zustand als Teilhabe an tatsächlichem und die aktive Handlung als Teilhabe an scheinbarem Geschehen gedeutet wird. Eine nicht geringere Bedeutung erlangt auch die Gegenüberstellung der grammatischen Tempora: das ganze Gedicht ist in der Vergangenheit gehalten und der letzte Halbvers im Präsens. Im Kontext des Gedichtes wird diese Organisation als Antithese von wirklicher Zeit (in die Vergangenheit sind sowohl »ich« als auch »er« einbezogen) und einer gewissen »Nichtzeit« (in die Gegenwart einbezogen und ihr zugeordnet sind nur »er – du«) semantisiert.

Das komplizierte Bild der Relation von Leben und Tod, von »ich« und »nicht-ich« im Gedicht Žukovskijs läßt sich weitgehend durch die Verbstruktur des Textes aufdecken.

Wie R. Jakobson gezeigt hat, drücken in der Poesie grammatische Kategorien Relationsbedeutungen aus. In beträchtlichem Maße erzeugen gerade sie das Modell des poetischen Sehens der Welt, die Struktur der Subjekt-Objekt-Beziehungen. Wie falsch es wäre, die Spezifik der Poesie auf ihre »Bildhaftigkeit« zu reduzieren und das unberücksichtigt zu lassen, woraus der Dichter sein Modell der Welt konstruiert, ist evident.

Relationale Bezüge werden von allen grammatischen Klassen ausgedrückt. Äußerst wichtig sind beispielsweise folgende Konjunktionen:

V trevóge pёstroj i besplódnoj
Bol'šógo svéta i dvorá [...]

[In der bunten und unfruchtbaren Hast
Der großen Welt und des Hofes [...]]

In der Form des hervorgehobenen Parallelismus stehen hier die
beiden Konjunktionen »i« [»und«], zwei scheinbar identische
grammatische Konstruktionen nebeneinander. Sie sind jedoch
nicht identisch, sondern parallel, und ihre Zusammenstellung
unterstreicht nur den Unterschied. Im zweiten Fall verbindet
das »und« dermaßen gleiche Glieder, daß es fast den Charakter eines Mittels zur Verbindung einbüßt. Der Ausdruck »die
große Welt und der Hof« verschmilzt zu einer phraseologi-
schen Einheit, deren einzelne Komponenten ihre Selbständigkeit verlieren. Im ersten Fall verbindet die Konjunktion »und«
nicht nur heterogene Begriffe, sondern auch Begriffe verschiedener Schichten. Dadurch, daß die Konjunktion die Parallelität der Begriffe stützt, trägt sie auch zur Herausarbeitung eines
gemeinsamen semantischen Kerns, eines Archisems bei; und diese beiden Begriffe werfen auf die Konjunktion ihrerseits einen
Widerschein adversativer Bedeutung, da der Unterschied zwischen dem Archisem und jedem Begriff für sich deutlich wahrnehmbar ist. Diese Bedeutung der Beziehung zwischen den Begriffen »bunt« und »unfruchtbar« könnte unbemerkt bleiben,
wenn das erste »und« nicht parallel zum zweiten, dem diese
Nuance ganz und gar fehlt und die folglich durch den Akt
der Zusammenstellung herausgearbeitet wird, wäre.
Beispiele dafür, daß grammatische Elemente in der Dichtung
eine besondere Bedeutung erlangen, könnte man für alle grammatischen Klassen anführen.
Das System der grammatischen Beziehungen bildet also eine
wichtige Ebene der poetischen Struktur. Gleichzeitig ist es organisch mit der ganzen Textkonstruktion verbunden und kann
außerhalb von ihr nicht verstanden werden.

6.6. Strukturelle Eigenschaften des Verses auf lexikalisch-
semantischer Ebene

Trotz aller Wichtigkeit jeder Ebene, die im künstlerischen
Text isoliert wird, bleibt bei der Konstruktion der Gesamtstruktur eines Werkes das Wort die grundlegende Einheit der
verbalen künstlerischen Konstruktion. Alle strukturellen

Schichten unterhalb des Wortes (Organisation auf der Ebene der Teile des Wortes) und oberhalb des Wortes (Organisation auf der Ebene der Wortketten) erhalten ihre Bedeutung nur in Relation zu der Ebene, die durch die Wörter der natürlichen Sprache gebildet wird. Die Verletzung dieses Prinzips in Texten der transmentalen Sprache [zaumnyj jazyk] wie auch die Notwendigkeit von »leeren Wörtern«, d. h. von Einheiten, die ad hoc mit Semantik gefüllt werden, widerlegen diese Grundthese nicht, sondern bestätigen sie im Gegenteil, genauso wie die Erscheinungen der Aphasie die Strukturhaftigkeit der Sprache nicht widerlegen, sondern bestätigen.

Die Definition des Begriffes »Wort« bereitet den Linguisten bekanntlich große Schwierigkeiten. Dies sollte uns allerdings nicht dazu veranlassen, auf irgendeine Arbeitsdefinition der Elemente dieser grundlegenden Ebene des Textes zu verzichten: der oberen Grenze aller Einheiten auf der paradigmatischen Achse und der unteren Grenze auf der syntagmatischen Achse.

Die Tatsache, daß die Linguistik bei der Definition des Begriffes »Wort« Schwierigkeiten hat, braucht uns nicht zu entmutigen, weil parallel dazu noch ein anderes Phänomen zu beobachten ist: jeder, der sich der Sprache bedient, ist überzeugt, zu wissen, was ein Wort ist. Wenn man das Wort aufgrund der Merkmale definiert, die *innerhalb* der mit ihm verbundenen strukturellen Ebene hervortreten, dann fungiert es als die unterste Einheit der syntagmatischen (kompositionellen) Ebene. Wenn man aber die Beziehungen des Wortes zu den anderen Ebenen als Grundlage nimmt, so tritt seine semantische Ungegliedertheit in den Vordergrund.

Um dies zu verstehen, werden wir den verbalen Text mit einem nichtverbalen vergleichen – mit einem Gemälde oder einem Ballett – und versuchen, irgendeine gemeinsame strukturelle Invariante zu finden, die sich im literarischen Text als Wort und im nichtliterarischen als wahrnehmbare Korrelante des Wortes manifestiert. Bei der Ballettszene können wir dann natürlich von Komposition sprechen, wobei wir die Korrelation von Figuren und Posen im Auge haben (wir isolieren dann leicht die »Nomina«, ihre Aktionen und Prädikate), aber das Verhältnis der Länge des Arms zur Länge des Beins des Tänzers erscheint dann kraft der Unzerlegbarkeit des menschlichen Körpers nicht mehr als Element der Komposition (der Syntagmatik). Etwas Ähnliches kann man auch von der Malerei sagen: solange die Gliederung des Gegenstandes in Aspekte und Flächen nicht zum Arsenal der Möglichkeiten des Künstlers gehörte, gehörte zur Komposition die *Verteilung* der Abbildungen von Gegenständen als bestimmten unzerlegbaren Wesenheiten.

Das Ausarbeiten dieser elementaren Ebene der kompositionellen Struktur bedeutet jedoch nicht das Ende, sondern den Beginn der Klärung des Begriffes »Wort« in der Kunst. Wie wir gesehen haben, hat kraft des in der Kunst permanenten Spiels der Ebenen keine von ihnen eine absolute, bereits von vornherein gegebene und gesonderte Existenz, sondern wird ununterbrochen, während sie dieselbe bleibt, in Einheiten anderer Ebenen umcodiert. Dies führt dazu, daß das Wort, während es Wort bleibt, die Tendenz zeigt, kleineren Einheiten zu gleichen (Teil seiner selbst zu sein – jeder Teil des Wortes strebt danach, Selbständigkeit zu erlangen, unzergliederte Einheit des kompositionellen Ganzen zu werden). Gleichzeitig neigt das Wort dazu, seine Grenzen auszuweiten, den ganzen Text in ein unzergliederbares Ganzes, in ein Wort, zu verwandeln.

Das synchrone Funktionieren aller dieser Strukturtypen der Textabgrenzung (die wichtigen semantischen Grenzen werden bald ins Innere des Wortes übertragen, bald an die Grenzen des Textes verlagert) ruft nun jenen Reichtum des semantischen Spiels hervor, der Kunstwerken inhärent ist.

Die Versform wurde aus dem Bestreben geboren, der Bedeutung nach verschiedenartige Wörter in eine möglichst äquivalente Position zu versetzen. Durch Ausnutzung aller Arten von Äquivalenz: rhythmischer, phonologischer, grammatischer, syntaktischer – bereitet die poetische Struktur die Rezeption des Textes als eines nach dem Gesetz gegenseitiger Äquivalenz der Teile konstruierten Textes sogar dann vor, wenn dies in der vorhandenen [realisierten] Struktur nicht deutlich ausgedrückt ist (wenn die »Minus-Struktur« dominiert).

Deshalb kann im poetischen Text das Wort eigentlich nicht als eine besondere semantische Einheit abgesondert werden. Jede in nichtkünstlerischer Sprache isolierte semantische Einheit tritt in der poetischen Sprache nur als Funktiv einer komplexen semantischen Funktion auf.

Die »Gebundenheit« des Wortes im poetischen Text wird dadurch ausgedrückt, daß das Wort mit anderen Wörtern korreliert, in eine parallele Lage zu ihnen gebracht ist. Während die Kontextbezüge der natürlichen Sprache durch den Mechanismus der grammatischen Verbindung von Wörtern zu Syntagmen bestimmt wird, ist dann der Hauptmechanismus der poetischen Sprache der Parallelismus.[58] Verschiedene Wörter befinden sich in der Position der Äquivalenz, kraft derer sich zwischen ihnen eine komplexe semantische Korrelativität, das Herausstellen des gemeinsamen semantischen (in der Alltagssprache nicht ausgedrückten) Kerns und des Konstrastpaars distinktiver semantischer Merkmale ergibt.

Gljažú na búduščnost' s bojázn'ju,
Gljažú na próšloe s toskój,
I kák prestúpnik péred kázn'ju
Iščú krugóm duší rodnój [. . .]   (Lermontov)

[Ich blicke in die Zukunft mit Furcht,
Ich blicke in die Vergangenheit mit Schwermut,
Und wie ein Verbrecher vor der Hinrichtung
Suche ich ringsum eine verwandte Seele [. . .]]

An diesem Beispiel stellen wir leicht fest, daß die Wörter, die diese vier Verse bilden, sich in vielen Beziehungen paarig parallel zeigen. Der allgemeine Parallelismus der ersten beiden Verse stützt sich auf die anaphorische Wiederholung desselben Elementes der rhythmischen und syntaktischen Konstruktion (»ich blicke auf«) und bildet zwei lexikalische Paare: »Zukunft – Vergangenheit«, »mit Furcht – mit Schwermut«. Der Charakter dieser Oppositionen ist unterschiedlich: »Zukunft« und »Vergangenheit« sind Antonyme, und ihre textinternen Bedeutungen kommen den allgemeinsprachlichen sehr nahe; »Furcht« und »Schwermut« bilden in der nichtkünstlerischen Sprache kein Paar und sind ihrer textexternen Semantik nach einander eher nahe als verschieden. Der Akt der Bildung des Parallelismus hat hier also eine verschiedene Bedeutung. In dem Paar »Zukunft – Vergangenheit« hebt er im wesentlichen

58 Das Gesagte ändert selbstverständlich nichts an der Bedeutung der allgemeinsprachlichen Prinzipien des Entstehens von Kontextbezügen für die Poesie.

Gemeinsames in Gegenübergestelltem hervor (»Zukunft« und »Vergangenheit« sind einander gegenübergestellt, da sie aber beim Dichter ein und dieselbe Relation – »Furcht«, »Schwermut« hervorrufen, treten sie als identisch auf).

In dem Paar »Furcht« – »Schwermut« werden die einzelnen Bedeutungen oppositionell-korrelativ, und im Ähnlichen wird das Unterschiedliche herausgestellt. Im ersten Vers sind auch noch andere Gruppierungen merkmalhaltig:

Gljažu na buduščnost'   na buduščnost's bojazn'ju

Relationen dieser Art werden auch zwischen den Wörtern des zweiten Verses hergestellt; sie werden vom Hörer als semantische Relationen rezipiert. Die Lautwiederholung ist hier jedoch nicht deutlich genug hervorgehoben, und daher ist die semantische Beziehung zwischen diesen Wörtern weniger deutlich ausgedrückt als beispielsweise bei Majakovskij in der Wendung »Stisnul tors tolp« [»Er preßte den Torso der Menschenmenge«], in der die zwei Paare *stisnul tors* und *tors tolp* mit einem jeder Gruppe gemeinsamen deutlich ausgeprägten semantischen Kern markant hervorgehoben worden sind. Zugleich ist hier die phonetische Inkongruenz: *tis – tors* hervorgehoben, die bezeugt, daß es sich in diesem Fall um semantische Annäherung, nicht aber um Identifikation handelt. Es ist aufschlußreich, daß der Lautunterschied in den Paaren »stisnul tors« und »tors tolp« deutlicher herausgestellt ist als in dem scheinbar weit weniger einander angenäherten »gljažu na buduščnost'« [»ich blicke in die Zukunft«]. So ergibt sich die Notwendigkeit, nicht nur das Vorhandensein des Zusammenhanges zu konstatieren, sondern auch den Begriff ihrer *Intensität* einzuführen, der den Grad der Gebundenheit der Elemente in der Struktur charakterisieren soll. Wir nehmen an, daß der Grad der Intensität der poetischen Bindungen der Wörter relativ meßbar ist. Zu diesem Zweck ist es notwendig, die Matrix der Merkmale des Parallelismus zusammenzustellen und die Anzahl der realisierten Beziehungen zu berechnen. (Zur Vereinfachung der Frage ist bei einer ersten Annäherung wohl vom Problem der textexternen Beziehungen zu abstrahieren.)

Wir kehren zu dem Abschnitt aus dem Text Lermontovs zurück und stellen fest: während die anaphorische Symmetrie der ersten beiden Verse den Gedanken ihres Parallelismus nahelegt, wird ihre offensichtliche rhythmische Nicht-Äquivalenz und umgekehrt die Äquivalenz von erstem und drittem Vers zum Kennzeichen der Gegenüberstellung.

Die rhythmische Äquivalenz legt den Gedanken eines semantischen Parallelismus des ersten und dritten Verses nahe. Dies wird unterstützt durch das in ihnen vorhandene reimende Paar »bojazn'ju – kazn'ju«, wo sich als Vergleichsbasis ein grammatisches Element (die Kasusendung) erweist, jedoch auch die Wortwurzel – der Hauptträger der Semantik – nicht vollständig kontrastiert ist. Die Wiederholung des Wurzelphonems (»azn'«) und die klare semantische Nähe liefern die Grundlage für das Entstehen der semantischen Interdependenz reimender Wörter.

Im dritten Vers kann man noch eine komplexe semantische Beziehung beobachten. Logisch ist diese Verszeile als Vergleich aufgebaut: »ich wie ein Verbrecher«. Das Bild des Dichters, welches das gedankliche Zentrum des Gedichtes bildet, ist in dem Text jedoch nicht bezeichnet. Es fehlt sogar das Personalpronomen »ich«. Als grammatischer Träger der Idee des Subjektes erscheint hier lediglich die Endung der ersten Person Singular »u« (»gljažu«). Die semantische Belastung des Phonems »u«, seine Funktion in dem zitierten Vierzeiler sind gerade durch die grammatische Funktion als dem Träger der Idee des Subjektes bestimmt. Es ist aufschlußreich, daß im weiteren Verlauf des Textes gleichzeitig mit dem Erscheinen des Personalpronomens »ich« das Phonem »u« nahezu völlig aus dem Text verschwindet. In der Identifikation »ich wie ein Verbrecher« im dritten Vers wird das Subjekt nicht genannt, aber das hervorgehobene betonte »u« in dem Wort »prestupnik« [»Verbrecher«] wird als eine Verschmelzung mit dem Subjekt aufgefaßt. Einen anderen Charakter haben die Korrelationen im vierten Vers in dem Paar »išču – duši« [»ich suche – der Seele«] (»duši« ist phraseologisch mit »rodnoj« [»verwandt«] verbunden, das seinerseits das Paar »rodnoj – s toskoj« [»verwandt – mit Schwermut«] bildet). »Išču-duši« bietet einen palindromartigen phonologischen Parallelismus (vom Typus des »Ad? – Da!« [»Hölle, – Ja!«] der Cvetaeva). Zwischen »išču« und »duši« ist syntaktisch ein Subjekt-Objekt-Verhältnis hergestellt, das sie scheinbar voneinander trennt, aber der phonologische Parallelismus legt das System von Wechselbeziehungen bloß, das durch das Epitheton »verwandt«, das beide syntaktische Zentren verbindet, verständlich wird – (Subjekt und Objekt sind »verwandt«). Der Parallelismus, der sich sowohl von der Identität als auch vom Zustand der Unvergleichbarkeit unterscheidet, eröffnet eine komplexe Dialektik von Beziehungen zwischen dem poetischen »ich« und der »verwandten Seele«. Bei einer Analyse des weiteren Textes wäre es möglich, die komplexe Korrelativität der strukturell-semantischen Schichten des poetischen Subjekts, der ihm feindlichen Welt Gottes, dem er seinen Vorwurf entgegenschleudert und der Bereitschaft zu einem »anderen Leben«, einem für Lermontov wichtigen Anzeichen sozialen Utopismus', herauszustellen.

Selbstverständlich ist die »Verbundenheit« der Wörter des künstlerischen Textes keine absolute Größe. Die für die Rezeption des Textes als eines poetischen charakteristische Präsumption der Gebundenheit macht auch eine »Minus-Gebundenheit« (Nichtgebundenheit) zu einem strukturell aktiven Element. Gleichzeitig existiert der Text vor dem Hintergrund zahlreicher textexterner Beziehungen (z. B. der ästhetischen Prädisposition. Daher kann die strukturelle Einfachheit (geringe Gebundenheit) des Textes vor dem Hintergrund einer komplexen Struktur textexterner Beziehungen auftreten und in diesem Zusammenhang eine besondere bedeutungshaltige Fülle erlangen (typologisch ist die Poesie des reifen Puškin, von Nekrasov, Tvardovskij von dieser Art). Nur beim Fehlen komplexer textexterner Beziehungen verwandelt sich die Lockerung der Relationen innerhalb des Textes in ein Merkmal der Primitivität und nicht der Einfachheit.

Die Herstellung allumfassender Korrelationen von Wörtern im poetischen Text beraubt sie ihrer Selbständigkeit, die ihnen im allgemeinsprachlichen Text eignet. Das ganze Werk wird zum *Zeichen eines einheitlichen Inhalts*. Das hat Potebnja scharfsinnig gespürt, als er die (zu seiner Zeit paradox erscheinende, tatsächlich aber außerordentlich tief greifende) Ansicht äußerte, daß der ganze Text des Kunstwerks im Grunde genommen ein Wort darstellt.

Wenn auch dies richtig ist, ist dennoch in der Gesamtheit der Struktur des künstlerischen Textes gerade die Ebene der Lexik der zentrale Bereich, auf dem das ganze Gebäude seiner Semantik aufgebaut wird. Die Verwandlung der Worte im poetischen Text aus einer Einheit der Struktur in ihr Element kann nicht ihre allgemeinsprachliche Rezeption als Grundeinheit der Korrelation von Bezeichnetem und Bezeichnendem zerstören. Mehr noch: die multiplen Relationen des Parallelismus zwischen Wörtern im poetischen Text heben nicht nur das zwischen ihnen gemeinsame hervor, sondern stellen auch das semantische Spezifikum eines jeden heraus. Hieraus folgt, daß die Gebundenheit der Wörter im poetischen Text nicht zu einer Verwischung, sondern zu einer Akzentuierung ihrer semantischen »Besonderheit« führt. Wir haben schon davon gesprochen, daß die rhythmische Segmentierung des Verses nicht zu einer Verwischung, sondern zu einer Schärfung des Gefühls für die Grenzen des Wortes führt. Bedeutung erlangt auch der gesamte grammatische Aspekt des Wortes, der außerhalb der Kunst kraft des Automatismus der Rede im Bewußtsein des Redenden verwischt wird. Diese gegenüber der Alltagssprache weit größere »Besonderheit« des poetischen Wortes tritt besonders bei den Hilfswörtern zutage, die im nichtkünstlerischen Text lediglich rein grammatische Bedeutung haben. Sobald man in einem poetischen Text Pronomen, Präposition, Konjunktion oder Partikel in eine Stellung setzt, in der sie dank der metrischen Pause des Verses diejenige »Besonderheit« erlangte, die in der Alltagssprache dem bedeutungshaltigen Wort eigen ist, bildet sich bei ihr sogleich eine zusätzliche, *schon lexikalische* Bedeutung, die ihr in einem anderen Text nicht eigen wäre:

[. . .] Il' *ešče*	[[. . .] Oder noch
Moskvič v Garol'dovom plašče	ein Moskauer in Harolds
(Puškin)	Pelerine]

Vót,	[Nun,
chotíte,	wollt ihr,
iz právogo glazá	aus dem rechten Auge
výnu	nehme ich heraus
céluju cvetúščuju róščcu?!	einen ganzen blühenden Hain?!]
(Majakovskij)	

Lóži, v slëzy! V nabát, járus!
Srók, ispóln'sja! Gerój, búd'!

Chódit zánaves – *kák* – párus,
Chódit zánaves – *kák* – grúd'.
 (Cvetaeva)

[Logen, in Tränen! Im Sturmgeläut, der Rang!
Die Frist ist erfüllt! Held, werd!
Es geht der Vorhang – wie – ein Segel,
Es geht der Vorhang – wie – die Brust.]

Es ist bezeichnend, daß man nur die rhythmische Struktur des
Textes (wir nehmen die beiden Schlußverse) –

x́ x x́ x x x́ x́ x
x́ x x́ x x x́ x́

in eine üblichere abzuändern braucht (wir nehmen die beiden
letzten Verse)

Chódit zánaves kak párus,
Chódit zánaves kak grúd'

x́ x x́ x x x x́ x
x́ x x́ x x x x́

und auf diese Weise die bei der Cvetaeva auf »wie« stehende
Betonung und die ihr folgende Pause zu eliminieren braucht,
und schon verschwindet seine ungewöhnliche semantische Viel-
deutigkeit. Die hohe Semantizität dieses »kak« erklärt sich besonders dadurch, daß die beiden metrischen Schemata, auf die
der Text aufgelegt werden kann, eine bestimmte Art von Opposition bilden.
Die Semantik der Wörter der natürlichen Sprache bildet also
für die Sprache des künstlerischen Textes lediglich Rohmate-
rial. Wenn lexikalische Einheiten in supraprachliche Strukturen einbezogen werden, nehmen sie die Position von eigentümlichen Pronomina ein, die ihre Bedeutung aus der *Korrelation*
mit dem ganzen sekundären System der semantischen Bedeutungen erhalten. Wörter, die im System der natürlichen Sprache voneinander isoliert sind, erweisen sich, wenn sie in strukturell äquivalente Positionen geraten, funktional als Synonyme oder Antonyme voneinander. Dies läßt in ihnen solche

semantischen Differenziatoren hervortreten, die im System der natürlichen Sprache in ihrer bedeutungshaltigen Struktur nicht beobachtet werden. Diese Fähigkeit, verschiedene Wörter in Synonyme zu verwandeln, und ein und dasselbe Wort in verschiedenen strukturellen Positionen – in ein sich selbst semantisch unähnliches zu verwandeln, ändert nichts an der Tatsache, daß der künstlerische Text auch in der natürlichen Sprache ein Text bleibt. Gerade diese zwiefache Existenz, die Spannung zwischen diesen beiden semantischen Systemen, bedingt den Reichtum der poetischen Bedeutungen.

Betrachten wir nun ein Gedicht von Marina Cvetaeva, um zu verfolgen, wie strukturelle Wiederholungen den Text in äquivalente semantische Segmente gliedern und diese untereinander in komplexe sekundäre Relationen eintreten. Nicht zufällig fiel die Wahl des Textes gerade auf ein Gedicht von Marina Cvetaeva. Ähnlich wie Lermontov, gehört sie zu den Dichtern, deren Texte eine offen zutage liegende, klare Aufgliederung in äquivalente Teilstücke aufweisen. Zur Demonstration der semantischen Paradigmatik des poetischen Textes sind ihre Verse ebenso geeignet wie die Werke von Majakovskij und Pasternak für die semantische Syntaktik.

O slëzy na glazáx!	[O Tränen in den Augen!
Plač gnéva i ljubví!	Klage aus Zorn und Liebe!
O Čéxija v slezáx!	O Tschechei in Tränen!
Ispánija v kroví!	Spanien in Blut!
O čërnaja gorá,	O schwarzer Berg,
Zatmívšaja – ves' svét!	Der verdunkelte die ganze Welt!
Porá – porá – porá	Es ist Zeit, Zeit, Zeit,
Tvorcú vernút' bilét.	Dem Schöpfer das Billet zurückzugeben.
Otkázyvajus' – být'.	Ich weigere mich – zu sein.
V Bedláme neljudéj	Im Bedlam der Unmenschen
Otkázyvajus' – žít'.	Weigere ich mich – zu leben.
S volkámi ploščadéj	Mit den Wölfen der Plätze
Otkázyvajus' výt'.	Weigere ich mich – zu heulen.
S akúlami dolín	Mit den Haien der Täler
Otkázyvajus' plýt' –	Weigere ich mich zu schwimmen –
Vníz po tečén'ju spín.	Abwärts entlang den Strom der Rücken.
Ne nádo mné ni dýr	Ich brauche weder Löcher
Ušnýx, ni véščix gláz.	Für Ohren noch wissende Augen.

| Na tvój bezúmnyj mír | Auf deine sinnlose Welt |
| Otvét odín – otkáz. | Gibt es nur eine Antwort – Verzicht.] |

15. marta-11. maja 1939   15. März-11. Mai 1939

Alle vier Verse der ersten Strophe sind deutlich parallel konstruiert – sowohl durch die gleichartige Intonation als auch
durch den syntaktischen und semantischen Parallelismus. Der
erste Vers:

O slëzy na glazách!   [O Tränen in den Augen!]

Die hier erwähnten »Tränen« haben für den Leser zunächst
außer der allgemeinlexikalischen noch keine andere Semantik.
Im Text des Gedichtes ist diese allgemeinlexikalische Bedeutung jedoch nur ein Pronomen, eine Ersetzung, ein Hinweis auf
diejenige spezifische sekundäre Bedeutung, die durch die semantische Struktur des Textes aufgebaut wird.
»Gnev« [»Zorn«] und »ljubov« [»Liebe«] sind in ihrer allgemeinen lexikalischen Bedeutung Antonyme, hier aber sind
sie strukturell gleichgestellt (syntaktisch und intonationsmä-
ßig).[59] Das synchrone Funktionieren der Antithese auf der
Ebene der allgemeinsprachlichen Semantik und der Synonymie auf der Ebene der poetischen Struktur aktiviert sowohl
diejenigen Merkmale, die diese beiden Wörter zu einem Archisem vereinigen, als auch diejenigen, die sich als polar entgegen-
stellen. Die Gegenüberstellung dieser Begriffe läßt »gnev«
[»Zorn«] als »antiljubov« [»Antiliebe«] und »ljubov« [»Liebe«] als »antignev« [»Antizorn«] rezipieren; die Gleichstellung bringt in ihnen den gemeinsamen Inhalt zum Vorschein:
»sil'naja strast'« [»starke Leidenschaft«].

Archisem

semantische
Einheiten

59 Vergleiche einen anderen Typus von synonymischer Gleichsetzung bei
Tjutčev:

No któ v izbýtke oščuščénij,	Doch wer hat in der Fülle der Gefühle,
Kogdá kipít i stýnet króv',	Wenn siedet und abkühlt das Blut
Ne védal vášich iskušénij –	Nicht gewußt um eure Versuchungen –
Samoubíjstvo í Ljubóv'	Selbstmord und Liebe

264

In Verbindung mit dieser semantischen Gruppe wird »plač« [Klage] nicht mehr als Ausdruck einer passiven Emotion – als Trauer oder Schwäche – aufgefaßt. Es ist nicht der Aktivität gegenübergestellt. So entsteht zwischen dem ersten Vers mit seiner noch ganz allgemeinen Bedeutung des Wortes »Tränen« und dem zweiten Vers unwillkürlich eine semantische Spannung, deren Komplexität durch die Korrelativität mit den beiden letzten Versen erhöht wird.

»Tschechei« und »Spanien« sind synonym als zwei heroische Symbole des antifaschistischen Kampfes (Ähnlichkeit und Unterschied im Schicksal Spaniens und der Tschechoslowakei waren im Jahre 1939 ein so aktuelles Thema, daß ihre bloße Erwähnung nebeneinander sofort ein ganzes System semantischer Gleich- und Gegenüberstellungen bloßlegte. Gleichzeitig bildete sich eine Kette von Antithesen – von der blutigen Unterdrückung der Freiheit bis zur »gestohlenen Schlacht«, wobei auch der geographische Gegensatz miteinbegriffen war.)

Die Funktion geographischer Namen im poetischen Text stellt ein besonderes Thema dar. Aufschlußreich in diesem Zusammenhang ist eine Aussage von Hemingway über das Verhältnis zu geographischen Termini während des ersten Weltkrieges:

»There were many words that you could not stand to hear and finally only the names of places had dignity. Certain numbers were the same way and certain dates and these with the names of places were all you could say and have them mean anything. Abstract words such as glory, honor, courage, or hallow were obscene beside the concrete names of villages, the numbers of roads, the names of rivers, the numbers of regiments and the dates.«[60]

Die Funktion solcher geographischer Namen wie »Höhe 101« oder »Höhe ohne Namen« im Sprachgebrauch der Kriegszeit berührt sich nicht nur mit dem Terminus in der wissenschaftlichen Sprache, sondern auch mit dem okkasionellen Wort in der Poesie. Dies ist ein Wort, das außerhalb des Kontextes

»Siedet« und »abkühlt«, »Selbstmord« und »Liebe« sind einander paarig gleichgesetzt, was jedoch nur den Unterschied aktiviert, indem es die Differenz in eine Gegenüberstellung überführt. Die vergleichende Gegenüberstellung der Konstruktion von Tjutčev und der Cvetaeva erweist, daß ein und dasselbe Wort (Liebe) je nach der ihm vorgeschriebenen Synonymreihe mit verschiedener Semantik erfüllt wird.
60 Ernest Hemingway, *A Farewell to Arms*. London 1960, S. 162.

keine Bedeutung hat und sie erst von einer bestimmten Situation erhält. Ein solches Wort kann zum »zentralen Wort« der Situation werden und augenblicklich jegliche Bedeutung verlieren.

Andererseits bewirkt das Zusammenlegen geographisch entfernter Namen im Text den gleichen Effekt wie die »Zusammenspannung ziemlich entfernter Ideen«:

Ot potrjasënnogo Kremljá
Do stén nedvížnogo Kitája [...]
    (Puškin)

[Vom erschütterten Kreml
Bis zu den Mauern des unbeweglichen China [...]]

In diesem Zitat finden wir nicht nur die Antinomie »erschüttert – unbeweglich«, sondern auch die räumliche Gegenüberstellung »sehr naher, eigener – sehr ferner, fremder«. Der Effekt der Gleichstellung extremer Raumpunkte gehört zum gleichen Typus wie die rhetorische Gleichsetzung entfernter Begriffe. Dies läßt die Geographie (besonders die Zusammenstellung geographisch entfernter Punkte) in der Poesie zumeist zu einem Charakteristikum des hohen Stils werden. Bezeichnend ist, daß Vjazemskij*, der den Stil von Puškins Gedicht *Klevetnikov Rossii* [*An die Verleumder Rußlands*] als »geographische Fanfaronade« bezeichnet hat, es nicht nur als einen politischen, sondern auch als einen poetischen Anachronismus, ein Muster des Odenstils des 18. Jahrhunderts ansah.

Den Sinn einer Annäherung geographisch entfernter Begriffe als einer eigentümlichen Art von Metapher hat auch die Gegenüberstellung von »Spanien« und »Tschechei« in den Versen der Cvetaeva. Gleichzeitig entstanden die Oppositionen:

»krov' – slezy«   [»Blut – Tränen«]

---

* Vjazemskij, gebildeter liberaler Adliger, gehörte zu der in Karamzin-Nachfolge stehenden Gruppe Arzamas, die die Archaisten befehdete; korrespondierte mehrere Jahre mit Puškin über literarische Fragen; hier kritisiert er einen vermeintlichen Rückfall Puškins in klassizistische, »archaische« Manier und die Haltung des Dichters, der die Niederschlagung der im Gefolge der Julirevolution von 1830 ausgebrochenen polnischen Aufstände entschuldigt. [A. d. Ü.]

(Tränen und Blut sind nicht nur einander gegenübergestellt, sondern auch gleichgestellt).

»Čechija – slezy«   [»Tschechei – Tränen«]
»Ispanija – krov'«   [»Spanien – Blut«]

Die ersten beiden Verse und der dritte bis vierte sind einander gleich- und gegenübergestellt (das wird durch den Parallelismus des anaphorischen »o« unterstrichen). Die ersten beiden sprechen vom Dichter, die letzten beiden von der ihn umgebenden Welt. Und mit dieser Welt – der Welt der Opfer – verbindet den Dichter die Einheit der Gefühle.

Die zweite Strophe ist parallel zur ersten nach dem strukturellen Schema »Dichter – Welt«.[61] Die Lösung ist hier jedoch ganz anders. Während in der Gleichsetzung von Spanien und der Tschechei nicht der konkret-geographische, sondern der politisch-symbolische Inhalt unterstrichen wird, tritt in der Antithese:

$$\left.\begin{matrix}\text{Čechija} \\ \text{Ispanija}\end{matrix}\right\} \text{ ves' svet} \qquad \left.\begin{matrix}\text{[Tschechei} \\ \text{Spanien]}\end{matrix}\right\} \text{ die ganze Welt}$$

das linke Glied als geographisch-konkret, das rechte als äußerst verallgemeinert auf, wobei dies eine räumliche Verallgemeinerung ist (svet = mir) [in dem Wort »svet« wird die Bedeutung »Welt« (mir) aktiviert]. Dagegen wird in der Opposition:

$$\left.\begin{matrix}\text{černaja} \\ \text{zatmivšaja}\end{matrix}\right\} \text{ svet} \qquad \left.\begin{matrix}\text{[schwarz} \\ \text{verdunkelt}\end{matrix}\right\} \text{ Licht]}$$

dieses Glied bereits als Träger der Licht-Semantik erschlossen[62]. Die Antithese:

gora, zatmivšaja – svet   Berg, der verdunkelt hat – $\begin{matrix}\text{Licht} \\ \text{Welt}\end{matrix}$

61 Kaum entstanden, wird der Automatismus dieser Gliederung durch Umstellung in Korrelationen gebracht: die beiden ersten Verse – über die Welt, die letzten beiden – über den Dichter.
62 Vgl. die Belebung der semantischen Opposition »Licht-Finsternis« in dem Phraseologismus »belyi svet« [eigentlich, etwa in der Wendung na belom svete- weite Welt, wörtlich: weißes Licht] bei Pasternak:

Ja ból'še vsech udáč i béd	Ich habe mehr als alle Erfolge und Unglücke
Za tó tebjá ljubíl,	Deshalb dich geliebt,
Čto poželtélyj bélyj svét	Weil die vergilbte weite Welt [s. o.]
S tobój – beléj belíl.	Von dir weißer geweißt [hellgemacht] wurde.

verleiht dem Worte »svet« ein neues semantisches Merkmal – sie schließt es in eine bestimmte räumliche Abgegrenztheit ein, hinter der – »ne svet« [»nicht Welt/Licht«] vom Typus »ne ves' v okoške belyj svet [»nicht ganz ist im Schalter die weiße Welt / das weiße Licht« (Tvardovskij)] beginnt. Außerdem führt dieser Vers eine bestimmte Charakteristik des poetischen Subjekts, seines räumlichen Aspektes, ein: der *schwarze* Berg befindet sich zwischen dem Dichter und dem »svet« (svet – hier Merkmal der Helligkeit), und der schwarze *Berg* befindet sich zwischen dem Dichter und der ganzen »svet« (svet – hier als räumliches Merkmal).

Die phonologische Annäherung: gorá – porá [»Berg – es ist Zeit«] bezieht die Semantik des »Bergs« in eine ihm ganz und gar nicht eigentümliche Reihe von Zeitphänomenen ein und verleiht der »zatmivšaja gora« (Berg, der verdunkelt hat) in Verbindung mit der Semantisierung des Präfixes »za« [»ver«] das Merkmal einer Handlung, die sich zeitlich und räumlich entfaltet, nämlich des *Herankriechens.*

Das dreimalige Wiederholen von »pora« [»es ist Zeit«] bei völliger lexikalisch-semantischer Kongruenz der Wörter erschließt den einzigen Differenziator – die Intonation. Und die auf diese Weise fixierte Intonation erlaubt es, in die Bedeutung des Wortes das ihm in der natürlichen Sprache nicht inhärente modale Merkmal des Kategorialen, der Energie der Behauptung miteinzubeziehen, das nicht nur eingeführt, sondern auch in aufsteigender Linie quantitativ graduiert wird.

Tvorcu vernut' bilet   [Dem Schöpfer das Billet zurückzugeben]

Dieser Vers stellt ein doppeltes Zitat dar, und seine Semantik erschließt sich aus textexternen Bezügen. In erster Linie hat Marina Cvetaeva natürlich die Worte von Ivan Karamazov im Sinn: »Und man hat die Harmonie viel zu hoch geschätzt, mit unserem Portemonnaie kann man soviel für den Eintritt überhaupt nicht bezahlen. Und deshalb eile ich, mein Eintrittsbillet zurückzugeben [...] Nicht Gott akzeptiere ich nicht, Aleša, ich gebe Ihm nur ehrerbietigst die Eintrittskarte zurück.«[63]

63 F. M. Dostoevskij, *Sobranie sočinenij v 10-ti tomach,* Bd. 9. M. 1958, S. 308.

Die Worte Ivan Karamazovs sind jedoch eine freie Umformung der berühmten Stelle aus dem Brief Belinskijs an Botkin vom 1. 3. 1841: »Ich bedanke mich untertänig, Egor Fedorovič, – ich verneige mich vor Ihrer philosophischen Schlafmütze; aber bei aller Ihrem philosophischen Philistertum geziemenden Ehrerbietung habe ich die Ehre, Ihnen zu vermelden, daß, wenn es mir auch gelänge, die höchste Stufe auf der Leiter der Entwicklung zu erklimmen, – ich Sie auch dort bitten würde, mir Rechenschaft abzulegen über alle Opfer der Lebensbedingungen und der Geschichte, über alle Opfer von Zufälligkeiten, Aberglauben, Inquisition, Philipps II u. a. m.; anderenfalls stürze ich mich von der höchsten Stufe kopfüber hinab.«[64]

Die vergleichende Gegenüberstellung des Verses der Cvetaeva mit ihren Quellen überzeugt uns nicht nur von der Kongruenz, sondern auch von der bemerkenswerten Differenz des Gedankens.

Die nächsten beiden Strophen, verbunden durch die Einheit der Bedeutungen, den anaphorischen Anfang mit »ich weigere mich« und den Parallelismus der syntaktischen Strukturen, sind als Transformationen des ersten – zentralen – Verses konstruiert:

Otkazyvajus' – byt'.   [ich weigere mich – zu sein]

Sowohl lexikalische als auch grammatische Bedeutung (Infinitiv) des Wortes »byt'« [sein] unterstreichen das Merkmal der Universalität. Das Wort »byt'« wird in seiner semantischen Allgemeinheit und Verallgemeinerung fast zu einem Pronomen: es steht für *alle* Verben der Existenz und der Aktivität. Die Antithese der ersten Person »otkazyvajus'« [»ich weigere mich«] und des Infinitivs »byt'« [»sein«] gibt die allgemeinste Formel der Relation »ich und die Welt«.[65]

64 V. G. Belinskij, *Polnoe sobranie sočinenij*, Bd. 12, M. 1956, S. 22-23. Die lange Bekanntschaft der Cvetaeva mit E. Ljackij, dem Herausgeber und Kommentator der Briefe Belinskijs, in Prag, auf die mich liebenswürdigerweise G. G. Superfin hingewiesen hat, läßt es als durchaus wahrscheinlich erscheinen, daß ihr dieses Zitat bekannt war. Er hat mich auch auf das Zitat »The poem paraphrases the famous Schiller-Dostoevskij formula« (S. Karlinsky, *Marina Cvetaeva. Her Life and Art.* Los Angelos 1966, S. 98) aufmerksam gemacht.
65 Zweifellos ist der textexterne Bezug zu Hamlets Frage »To be or not to be« relevant.

Dies bedeutet jedoch nicht einfach eine Absage an die Welt, sondern eine Absage an eine Welt, in der der Faschismus triumphiert. Deshalb entfaltet sich »byt'« [»sein«], wenngleich es philosophisch-verallgemeinert bleibt, in eine immer konkretere und sich entfaltende Kette von Bedeutungen.

otkazyvajus' – byt':
V Bedlame neljudej – *žit'*
S volkami ploščadej – *vyt'*
S akulami dolin *plyt'*
Vniz – po tečen'ju spin

[ich weigere mich – zu sein:
Im Bedlam der Unmenschen – zu leben
Mit den Wölfen der Plätze – zu heulen
Mit den Haien der Täler – zu schwimmen
Abwärts – entlang den Strom der Rücken]

Diese ganze Kette von Synonymen (vertikale Spalte) erschließt die Gemeinsamkeit und die Spezifik der semantischen Stufen. »Bedlam« ist eine wahnsinnige und unmenschliche Welt, und die Absage, in ihr zu »leben« – die schlechthinnige Unmöglichkeit, in dieser Welt zu existieren.
Die folgende synonyme Reihe bietet eine in sozialer Hinsicht weit konkretere Charakteristik der Umwelt. »Die Wölfe der Plätze« – die Verbindung dieser lexikalischen Einheiten aktiviert die Merkmale des Raubtierhaften und der Straße. Aber der Infinitiv des Verbs befindet sich bereits in einer anderen Relation zu dieser Gruppe (vgl. die textexterne [russische Redensart]: »Mit Wölfen leben heißt auf Wolfsart heulen«) – dies ist nicht mehr einfache Mitanwesenheit, sondern Mitwirkung. Jetzt bedeutet »sein« bereits – den Wölfen *gleich werden*. »Sein« steht folglich parallel zu »im Bedlam der Unmenschen leben« (herausgehoben wird das Merkmal passiver Koexistenz), »heulen mit den Wölfen der Plätze« (hervorgehoben ist das Merkmal der Mitwirkung) und »zu schwimmen mit den Haien der Täler abwärts entlang dem Strom der Rücken« (hervorgehoben wird das Merkmal der Unterwerfung). Dabei geschieht eine konsequente Erweiterung der Charakteristik des Ortes und der Umstände der Handlung. Im ersten Fall wird sie durch eine leere Zelle markiert – »byt'« [»sein«] hat keine

auf sich bezogenen Wörter, dann folgen adverbielle Bestimmungen in Gruppen zu je zwei Wörtern (wenn man die Präpositionen nicht berücksichtigt), und schließlich eine Gruppe von vier Wörtern.

Als äquivalent erweisen sich nicht nur die Verben »byt' – žit' – vyt' – plyt'« [sein – leben – heulen – schwimmen], sondern auch die adverbiellen Gruppen »Bedlam der Nichtmenschen – Wölfe der Plätze – Haie der Täler – abwärts entlang den Strom der Rücken«. Diese Äquivalenz unterstreicht jedoch nicht nur die semantische Gleichartigkeit (»Unmenschen – Wölfe – Haie« werden als eine Synonymreihe rezipiert), sondern hebt auch den Unterschied hervor. »Bedlam der Nichtmenschen« stellt in der Gegenüberstellung mit den »Wölfen der Plätze« eine Reihe semantischer Differenzierungen heraus:

| mir bezumnyj – mir chiščnyj | [sinnlose Welt – Raubtierwelt |
| neljudi – antiljudi | Nichtmenschen – Antimenschen] |

Nicht zufällig handelt es sich im ersten Fall um eine Adverbialbestimmung des *Ortes*, im zweiten aber um ein *Bild der Handlung*. Die zweite Gruppe hebt die Semantik bösartiger Aktivität hervor. Die synonyme Wiederholung »Wölfe der Plätze – Haie der Täler« bildet ein neues Archisem heraus »Räuber in Städten und Dörfern« und auf der visuellen Schicht der Metapher – das, was die Wölfe und Haie gemeinsam haben: *Zähne* (bei einer von uns in einer Reihe von Seminaren an der Universität Tartu durchgeführten Befragung »Wie stellen Sie sich dieses Bild visuell vor?« wurde zu 80% die Assoziation von Zähnen bestätigt).

Des weiteren wird jedoch eine differenzierende Gruppe hervorgehoben: neben den Haien erscheint »der Strom der Rücken«, den entlang hinabzuschwimmen der Autor sich weigert. Während zuvor die Weigerung die Abneigung, Wolf unter Wölfen zu sein, bedeutete, meint sie hier die, nicht Strom, den entlang die Haie schwimmen, nicht *Gesichtslosigkeit* (Strom der *Rücken*) sein zu wollen, die zu räuberischer Aktivität ermuntert. Da aber alle diese Charakteristika mit dem universalen »Sein« gleichgestellt sind, entsteht das Modell von einer Welt, die keine anderen Möglichkeiten der Existenz zuläßt.

Dies läßt alle vier Wiederholungen von »ich weigere mich«

untereinander ungleich werden. Sie unterscheiden sich nach dem (qualitativen und quantitativen) Umfang der Weigerung: das erste kann man mit einem zusammenfassenden Wort bei der Aufzählung vergleichen und die folgenden – mit der Aufzählung selbst (nach dem Schema »alles: sowohl dies als auch das«). Der Text gliedert sich nun auch in größere Segmente, die wir unbedingt berücksichtigen müssen, um die Semantik des letzten Wortes des Gedichtes zu verstehen: »otkaz« [»Absage, Verzicht, Weigerung«].

Die ersten beiden Strophen geben die Gegenüberstellung »Dichter – Welt«. Diese Gegenüberstellung geschieht jedoch von einem dritten, objektiven Blickpunkt aus, der diese beiden semantischen Zentren von außen betrachtet. Das sorgfältige Umgehen persönlicher Verbformen ist genauso wie das Vorhandensein ganz und gar verbloser eingliedriger syntaktischer Strukturen nicht zufällig.

In den nächsten beiden Strophen erscheint das strukturell ausgedrückte »ja« [»ich«] als semantisches Zentrum des Textes. Es ist zwar nicht in der Form des Personalpronomens gegeben, sondern durch die erste Person des Verbs. Dadurch bleibt eine Steigerungsreserve für eine noch höhere Stufe der Ausgedrücktheit erhalten. Aber begreifen, was das »Ich« dieses Textes ist, kann man nur, indem man verfolgt, was ihm gegenübergestellt wird.

Im ersten Abschnitt werden hinsichtlich des Gesichtspunktes des Erzählens in einer Reihe »Tränen in den Augen (Subjekt) – Welt – Schöpfer« genannt. Die nächsten beiden Strophen basieren auf der Gegenüberstellung »Ich« – »Welt«. Der Schöpfer wird nicht erwähnt.

Die abschließende, letzte Strophe führt alles auf die grundlegende Antithese »Ich – Schöpfer« zurück. Der Schöpfer wird ganz und gar mit der Welt identifiziert. Charakteristisch ist die Einführung der Dialogform »Ich – Du«. Wenn wir das Paradigma des Begriffes »Ich«, des ihm gegenübergestellten »Du«, der Struktur ihrer Relationen bilden, können wir aufschlußreiche Beobachtungen an der Semantik dieser kompositionellen Zentren des Textes anstellen. Während wir bislang eine Steigerung der Ausgedrücktheit des »Ich« und seiner Gegenübergestelltheit zur Welt verfolgen konnten, so vollzieht sich jetzt seine Aufspaltung. Im »Ich« wird irgendeine Seite herausgehoben, die mit Emotion, mit Materialität verbunden ist. Daß Hören und Sehen hier nur eine Metonymie sind, resultiert aus der Gleichsetzung von entgegengesetzten stilistischen Charakteristika: das grobe »Löcher für die Ohren« und das [stilistisch] hohe »wissende Augen«. Selbstverständlich geht es hier nicht darum, daß das Hören einer niederen Sphäre angehöre als das Sehen. Der Sinn ist ein anderer: »Vom Hohen bis zum Niederen, vom Hören bis zum Sehen – *alles*, was in mir als Fenster dient, benötige ich nicht«. Daß in mir etwas sein kann, das ich nicht brauche, zeugt von der Spaltung dieses »Ich«. Ein Teil davon wird mit demjenigen Paradigma, in das der Schöpfer, seine sinnlose Welt, mein Sehen und Hören und ich selbst als Teil der Welt als sich manifestierende Formen eingehen, identifiziert. Der andere Teil bildet ein zweites Paradigma, das durch Absagen negativ bestimmt wird als Gegenüberstellung zu den Eigenschaften des ersten.

Wenn aber die materielle Natur des »Ich« dieses Bild in die Welt des Schöpfers einführt, so nimmt auch die Absage – die Selbstvernichtung – nicht nur den Charakter des Kampfes gegen Gott an, sondern des Mordes an Gott. Gerade dies macht den analysierten Text zu einer der schärfsten Verurteilungen Gottes durch den Menschen in der russischen Poesie und verleiht dem Schlußvers eine besondere semantische Gewichtigkeit:

Otvet odin – otkaz   [(die) Antwort (ist) allein – Absage]

Alliteration und Isometrie setzen alle drei Wörter einander gleich, indem sie sie gleichsam in ein einziges Wort mit der komplexen Bedeutung der Ablehnung von Welt und Gott, der Singularität (das Vorhandensein irgendwelcher anderer Möglichkeiten ist ausgeschlossen) und der vollständigen Negativität verwandeln. Das Individuelle erscheint am vollständigsten in der Nichtexistenz.

Wie wir uns überzeugen konnten, wird die ganze Komplexität des antifaschistischen und gotteskämpferischen Gedankens der Cvetaeva allein durch die Struktur des Textes realisiert, und in diesem Falle in erster Linie durch das System lexiko-semantischer Äquivalenzen, die suprasprachliche lexiko-semantische Paradigmen bildeten.

6.7.1. Der Vers als melodische Einheit

In den Untersuchungen zur Verswissenschaft ist mehrfach darauf hingewiesen worden, daß der Vers die elementare Grundeinheit der poetischen Rede darstellt. Dabei ist schon vor langer Zeit bemerkt worden, daß es schwierig ist, eine exakte Definition der Merkmale dieser Einheiten zu finden. Ihn als eine rhythmische Konstante zu charakterisieren, widerspricht wohlbekannten Fakten aus der Geschichte der freien Verse [vol'nye stichi] und freien Rhythmen [svobodnye razmery]. Weitverbreitet in der russischen Fabel, in der Komödie und bisweilen auch im Poem (vgl. *Dušen'ka [Herzchen]* von I. M. Bogdanovič) des 18. bis zum Beginn des 19. Jahrhunderts, wichen die freien jambischen Maße entscheidend von einer Unterteilung des Textes in rhythmisch konstante (tautometrische) Einheiten ab:

> I sám
> letít trubít' svoju pobédu po lesám. (Krylov)

> [Und selbst
> fliegt er auszutrompeten seinen Sieg in den Wäldern.]

Analoge Beispiele kann man auch aus dem Bereich des freien Verses des 20. Jahrhunderts und einiger anderer Spielarten der Poesie anführen. Das Vorhandensein oder Fehlen des Reims ist in diesem Fall kein eindeutiges Indiz, da man auch viele Beispiele von Texten mit Blankvers [im Russ. jeder reimlose Vers] anführen kann, denen nicht die Untergliederung in isometrische Einheiten auf der Ebene des Verses zugrunde liegt (vgl. z. B. den Zyklus *Nordsee* von Heinrich Heine). Die allgemein bekannte Erscheinung des enjambement untersagt es, den Begriff des Verses mit syntaktischen Konstanten oder mit Intonationskonstanten zu verbinden. So stellt das Vorhandensein einer bestimmten Isorhythmik, Isotonie und syntaktischer Kommensurabilität eher eine bestimmte Gewohnheit, die sehr weit verbreitet ist, als ein Gesetz dar, das zu verletzen die Verse des Rechtes benähme, diese Bezeichnung zu tragen.

Nachdem der Forscher alle Möglichkeiten durchgegangen ist, entdeckt er zu seinem höchsten Erstaunen, daß beinahe als einziges unbedingtes Merkmal des Verses seine graphische Form erscheint. Und dennoch ist es schwer, diesen Schluß ohne inneren Widerstand anzuwenden, und zwar nicht nur deshalb, weil es eine solche, für die moderne Poesie im allgemeinen untypische Erscheinung gibt wie die akustische Rezeption von Poesie, unabhängig von irgendeinem Bezug zum graphischen Text, sondern auch wegen des deutlich äußeren, formalen Charakters dieses Merkmals.

Das Wesen dieses Phänomens besteht in etwas anderem. Der Vers ist die Einheit von rhythmisch-syntaktischer und intonationsmäßiger Gliederung des poetischen Textes. Diese scheinbar völlig triviale und nichts Neues enthaltende Definition setzt voraus, daß die Rezeption eines bestimmten Textabschnittes als eines Verses *apriorisch* ist, sie muß dem Herausarbeiten konkreter »Merkmale« des Verses *vorausgehen*. Im Bewußtsein von Autor und Auditorium muß es erstens schon eine Vorstellung von der Poesie und zweitens ein übereinstimmendes Signalsystem geben, das sowohl den Sender als auch den Empfänger dazu veranlaßt, sich auf die Kommunikationsform einzustellen, die Poesie heißt. Als Signale können die graphische Form des Textes, deklamatorische Intonation, eine Reihe von Merkmalen, bis hin zur Pose des Vortragenden, dem Titel des Werks oder sogar eine bestimmte nichtsprachliche Situation dienen (wir sind z. B. zu einem Lyrikabend gekommen und wissen, daß der Mensch, der sich zur Bühne begibt, ein Dichter ist).

Die Vorstellung, daß der Text, den wir rezipieren, Poesie ist und er sich folglich in Verse gliedert, ist also primär und seine Unterteilung in konkrete Verse – sekundär. Gerade wegen der Präsumption der Gliederung des poetischen Textes in Verse beginnen wir, im Vers eine bestimmte versartige Isometrie zu suchen, und erfahren das Fehlen irgendeines dieser Kennzeichen als »Minus-Anwesenheit«, die das System selbst nicht ins Wanken bringt. So wird, insbesondere wenn Textabschnitte als Verse wahrgenommen werden, das Fehlen der syntaktischen Isometrie (enjambement) als Abweichung von einem bestimmten Prinzip aufgefaßt, d. h. als Bestätigung eben dieses Prinzips (es liegt auf der Hand, daß, wo die Vorstellung von syntaktischer Isometrie der Verse fehlt, nicht von einer künstlerischen Bedeutung des enjambement die Rede sein kann).

Die Verbindlichkeit der verschiedenen Textmerkmale innerhalb verschiedener künstlerischer Systeme ist also im Verhältnis zur Präsumption der Gliederung des poetischen Textes in Verse ein spezielleres, ein sekundäres Phänomen. Dabei ist freilich zu differenzieren zwischen den Merkmalen des Verses als eines Strukturphänomens und den Signalen, die dem Auditorium über den poetischen Charakter des Textes gegeben werden (z. B. die Graphik des Verses). Freilich kann ein Versmerkmal gleichzeitig auch ein derartiges Signal sein. So dient beispielsweise die besondere poetische Intonation der Deklamation, die für bestimmte poetische Systeme der Poesie ein wesentliches Merkmal des Verses darstellt (die Intonation bestätigt die Versgrenze) auch als Signal dafür, daß der Text als Poesie zu rezipieren ist.

Der Funktion der Intonation haben in der sowjetischen Verswissenschaft zuerst Boris M. Ejchenbaum und Viktor Žirmunskij in ihren Arbeiten zur Melodik des russischen Verses Aufmerksamkeit geschenkt. Dabei verzichtete Ejchenbaum auf eine Untersuchung von Intonation und Melodik, die kraft der rhythmischen Konstruktion des Textes entstehen, und konzentrierte seine Aufmerksamkeit auf den Intonationsaspekt der syntaktischen Figuren. Obgleich Ejchenbaum in dem Artikel *Die Melodik des Verses* (1921) sagt, daß die »Melodisierung«, »die besondere lyrische liedartige Melodik«, »auf der Grundlage der rhythmisch-syntaktischen Konstruktion«[66] entsteht, geht er in seinem Buch, das derselben Frage gewidmet ist, nicht auf Fragen der Rhythmik ein, sondern formuliert dementsprechend seine Gegenthese: »Ich verstehe unter Melodik nur das Intonationssystem, d. h. die Kombination bestimmter in der Syntax realisierter Intonationsfiguren«.[67]

Anders entscheidet Leonid I. Timofeev, der der Intonation besondere Aufmerksamkeit widmet und geneigt ist, in ihr eines der entscheidenden Elemente der Versstruktur zu sehen, diese Frage. Er findet in der Melodik ein emphatisches, emotionales Prinzip, das seiner Überzeugung nach Verse von Prosa unterscheidet.[68]

66 B. Ejchenbaum, *Melodika sticha*. In dem Sb. *Skvoz' literaturu*. L. 1924, S. 214. Reprint s'Gravenhage 1962.
67 Derselbe, *Melodika russkogo liričeskogo sticha*. Petrograd 1922, S. 16. S. auch die Einwände: V. M. Žirmunskij, *Melodika sticha*. In: *Mysl'* 1922, 3, und auch in dem Buch *Voprosy teorii literatury*. L. 1928.
68 S. L. I. Timofeev, *Očerki teorii i istorii russkogo sticha*. M. 1958, S. 109-116 u. a.

Äußerst fruchtbar wird das Problem in der Arbeit von Toma-ševskij *Zur Geschichte des russischen Reims* gelöst. Darin finden wir die Tendenz, die Melodik mit den Normen der Deklamation und die letzteren ihrerseits mit der allgemeinen historischen Bewegung der Literatur in Verbindung zu bringen. Alle diese Standpunkte müssen wir berücksichtigen, wenn wir die Funktion der Intonation im Vers bewerten.

Vor allem ist die Frage der Intonation in zwei Teilfragen zu untergliedern.

Erstens: der Intonationsaufbau, welcher der *Poesie überhaupt* und – im engeren Sinne – ihren Klassen (z. B.: alles in vierfüßigen Jamben Geschriebene wird durch einen Intonationstypus charakterisiert) und Gattungen eigen ist.

Zweitens: die Funktion von Intonationen, die bestimmten syntaktischen Strukturen eigen sind, in der Poesie (eine Frage, die von Ejchenbaum und etwas früher unter einem anderen Gesichtspunkt von Žirmunskij in dem Buch *Die Komposition des lyrischen Gedichts* untersucht worden ist).

Untersuchen wir zuerst den ersten Fall in seinen beiden Varianten. Wie seinerzeit Tomaševskij mit großem Scharfsinn bemerkt hat, ist die »Intonation des Verses« (in der Bedeutung des Terminus, zu der die »Intonation des Nichtverses« dann die komplementäre Größe bildet) keine Größe, die im ganzen Zeitraum der Entwicklung der russischen Poesie unabänderlich ist. Sie ist historisch bedingt, das heißt, da sie im Zusammenhang mit Veränderungen der historisch-sozialen Bedingungen und der weltanschaulichen Strukturen in verschiedene Oppositionspaare eingeht, erhält sie verschiedene Bedeutung.

Die früheste Phase der russischen Poesie hing mit dem Synkretismus von Worten und Musik zusammen. Es handelt sich dabei nicht nur um eine mündliche Volkspoesie, sondern auch um Psalmen, die zweifelsohne in das Bewußtsein des kultivierten Menschen des russischen Mittelalters eben als Poesie Eingang fand. Die Psalmen lebten aber im künstlerischen Bewußtsein des mittelalterlichen literarischen Auditoriums weder im Zusammenhang mit einer solchen besonderen rhetorischen Intonation, wie sie der kirchlich-oratorischen Prosa eignete, noch mit der spezifischen, absichtlich monotonen und gleichzeitig von der gewöhnlichen Rede deutlich unterschiedenen Redeintonation, in der die Viten, Sendschreiben und ande-

re Gattungen kirchlicher Prosa gelesen wurden[69], sondern im
ununterbrochenen Synkretismus mit rezitativartiger melodiöser
Vortragsweise; diese melodiöse Vortragsweise veranlaßte dazu, Psalmen als *Nicht-Prosa* zu rezipieren. So wurde die russische syllabische Poesie im Moment ihrer Entstehung als Größe
wahrgenommen, die eine Ergänzung zu den beiden verschiedenen Begriffen bildete. Dies war einerseits keine Prosa und
andererseits keine Psalterpoesie.

Dieser eigenartige strukturelle Modus rief nun die besondere
Deklamation hervor, die weder dem Intonationssystem der
»Lesungen« – der russischen mittelalterlichen Prosa – noch der
rezitativen melodiösen Vortragsweise gleichen durfte (es versteht sich von selbst, daß all diese Systeme zu einer gemeinsamen Intonationskategorie gehörten, die den Intonationen
der »gewöhnlichen« russischen Rede entgegengesetzt war, was
der Antithese »sprachliche Kunst – sprachliche Nicht-Kunst« entsprach). So entstand die besondere, durch ihren deklamatorischen Charakter deutlich hervorgehobene Methode, Verse zu
lesen, die, wie Tomaševskij festgestellt hat, dem russischen
Syllabismus eigentümlich war. Durch diese Methode wurde vor
allem die für den Vers charakteristische Teilung von Unteil-
barem erreicht – die Gliederung des Wortes in Partikel, die in
semantischer Beziehung dem ganzen Wort äquivalent sind. Dies
geschah, weil die Pausen zwischen den Silben des Wortes in
ihrer Länge der Pause zwischen den Wörtern gleich waren. Ein
anderer Effekt bestand in der Entstehung einer spezifischen
Intonation, die hohe Feierlichkeit implizierte, da sie mit Betonungen übersättigt war (alle Silben waren betont), und die
ungrammatischen Betonungen in der russischen Sprache als logische Betonungen – als Indiz semantischer Bedeutsamkeit –
aufgefaßt werden. Gleichzeitig war dieser Deklamation auch
Gesangcharakter eigen, der für andere Stile der klingenden
Rede ungewöhnlich war, da der Zwang, alle Silben betont
auszusprechen, dazu nötigte, jede von ihnen in die Länge zu
ziehen. Infolgedessen entstand eine Aussprachemelodik, die
eine evidente Zeichenbedeutung hatte – die Bedeutung eines

---

69 Es besteht hinreichend Grund zu der Annahme, daß die altrussische
Literatur, da sie zum Vortrag bestimmt war, für jede Gattung auch eine
spezifische Intonationsweise aufwies.

Signals, das über die Zugehörigkeit des Textes zu einer bestimmten strukturellen Kategorie unterrichtete.

Wenn man die Deklamation, das Singen (musikalisches Motiv oder Rezitativ + Wort) und die Intonationen der gewöhnlichen unkünstlerischen Rede als zwei Pole betrachtet, so war der Übergang zur expiratorisch-melodiöser Deklamation syllabischer Verse ein Schritt vom ersten zum zweiten. Daher darf man nicht vergessen, daß diese uns als Gipfel der Gekünsteltheit erscheinende Deklamation von den Zeitgenossen als stilistische »Vereinfachung« wahrgenommen wurde. Was durch ein Zeichen der Zugehörigkeit zur Kunst zu einem Deklamationsstil wurde, war weit gewöhlicher als der Kirchengesang, spiegelte die neue Anschauung vom Wesen der Kunst als einem Phänomen wider, das in geringerem Grade als zuvor der Wirklichkeit entgegengesetzt war. Dies hing mit der Trennung der »hohen« Kultur von der Kirche zusammen.

Die neue Phase in der Geschichte der Melodik des russischen Verses hing mit dem Übergang zum syllabotonischen System Trediakovskijs und Lomonosovs zusammen. Das künstliche Betonen aller Silben wurde aufgegeben. Die Worte erhielten im Vers ihre natürlichen grammatischen Betonungen.[70] Das entfernte die Intonation noch weiter vom musikalisch-rezitativen Pol und wurde, auf den gewohnten Hintergrund syllabischer Deklamationsweise projiziert, als Vereinfachung wahrgenommen. Die Melodik mußte sich jedoch nicht nur dem Pol umgangssprachlicher Intonation annähern, sondern sich auch von ihm abgrenzen. Diese Funktion haben dann zwiefache Mittel erfüllt.

Erstens, die Poesie (eigentlich nicht die Poesie insgesamt, sondern die Ode – dasjenige Genre, das damals führend war und die Physiognomie der Poesie überhaupt bestimmte), war nach den Gesetzen der oratorischen Gattung aufgebaut.[71] Dies bestimmte auch die Spezifik der Syntax (der »Figuren«) und

70 Es ist charakteristisch, daß Lomonosov durch gelegentliche Verletzung der natürlichen Betonungsstelle (Reim: chimíja [sonst: chímija] – Rossíja [Chemie – Rußland]) den Spott seiner literarischen Opponenten hervorrief.
71 Ju. N. Tynjanov, *Oda kak oratorskij žanr.* In dem Sb. *Archaisty i novatory.* L. 1929. Reprint München (1967). Dieser Aufsatz liegt auch in dem bilingualen Sb. *Texte der russischen Formalisten 2. Texte zur Theorie des Verses und der poetischen Sprache,* ed. W.-D. Stempel, Redaktion Inge Paulmann, München 1972, S. 272-337 vor.

folglich das Auftreten besonderer rhetorischer Intonationen, die nun als spezifisch poetische Intonationen rezipiert wurden. Natürlich gab es zu dieser Zeit in der Poesie auch nichtrhetorische Intonationen (z. B. in der Elegie), aber sie wurden als »niedriger« aufgefaßt, d. h. *im Verhältnis* zur Odenintonation als *Norm* angesehen. Erinnern wir uns der Beschreibung der Intonation des 18. Jahrhunderts durch den Vertreter einer anderen Epoche – durch Ivan S. Turgenev, dessen Held Punin »nicht las, er schrie sie (die Verse, J. L.) hinaus, feierlich, mit Schleifern, stimmvoll, näselnd, wie betrunken, wie rasend, wie Pythia!« Und weiter: »Punin trug diese Verse mit gleichmäßiger, singender Stimme und auf »o«* vor, wie es sich auch gehört, Verse zu lesen.«[72] Erinnern wir uns daran, daß die [konsequente] O-Aussprache [okan'e] im 18. Jahrhundert zu den Aussprachenormen des hohen Stils gehörte.

Zweitens wurde ein bestimmter, sehr konstanter, für jedes Versmaß eigener Intonationstyp ausgebildet, was dadurch unterstützt wurde, daß rhythmische Einheit – der Vers – und Syntagma streng kongruent waren. Die russische Poesie des 18. Jahrhunderts vermied das enjambement. Die rhythmische Isometrie des Verses wurde also durch die Isometrie der Intonation unterstützt. Die Intonation verschiedener Formen der rhythmischen Rede (z. B. die Intonation des vierfüßigen Jambus, des fünffüßigen Trochäus u.s.w.) ruft den Eindruck völliger Autonomie gegenüber der Lexik der Wörter hervor, die den Vers konstituieren, d. h. der Autonomie gegenüber der Semantik des Verses. Naive Versuche, die Intonation des Jambus und des Trochäus zu semantisieren, wie sie zum Beispiel in dem Streit zwischen Lomonosov und Trediakovskij** auftra-

---

* okan'e, die Aussprache des Phonems o auch in unbetonter Position wird heute als Archaismus (Kirchenslavismus) oder als Merkmal nordgroßrussischer Dialekte gewertet. [A. d. Ü.]

72 I. S. Turgenev, *Sobranie sočinenij v 12-ti tomach*, Bd. VIII, M. 1956, S. 198 u. 219.

** Während Trediakovskij *(Novyj i kratkij sposob k izloženiju rossijskich stichov* [...] 1735) den 11-13silbigen Trochäus für den geeigneteren Vers hielt, obgleich er konzidierte, daß ›zarte Wörter‹ nicht ein Privileg des Trochäus seien, sondern auch von der ›süßen Zärtlichkeit‹ des Jambus künden könnten, ließ Lomonosov auch 3teilige Metren zu, wollte dem Odenvers jedoch die Feierlichkeit der steigenden Intonation des 4füßigen Jambus vorbehalten wissen. *(Pis'mo o pravilach rossijskogo stichotvorstva.* Publiziert erst 1778). [A. d. Ü.]

ten, sind geeignet, eher vom Gegenteil zu überzeugen. Und in der Tat, die Meinung, die Semantik des Verses und die Intonationen der rhythmischen Struktur bildeten nicht sich überschneidende und miteinander korrelierende Sphären, ist weit verbreitet. Indessen ist beiden Ansichten zu widersprechen.

Bei der Betrachtung der Korrelation von rhythmischer Intonation und Verssemantik ist von der Überzeugung auszugehen, daß diese rhythmisch-intonatorische Konstruktion keine selbständige Struktur darstellt, sondern ein Element einiger besonderer Substrukturen, die, indem sie aufeinander einwirken, das Gesamtsystem des Textes bilden, das wir Gedicht nennen, und das selbst Zeichen eines bestimmten Inhaltes und ein Modell einer bestimmten Wirklichkeit ist.

Die Intonationskonstante des Verses stärkt zusammen mit der rhythmischen Konstante erstens die Vorstellung von der Korrelativität der Verse, was in der Kunst dann unausweichlich als Korrelativität ihres Inhalts wahrgenommen wird.

Vam ot dúši želáju já,	[Ihnen, von Herzen, wünsche ich,
Druz'já, vsegó choróšego.	Freunde, alles Gute.
A vsë choróšee, druz'já,	Doch alles Gute, Freunde,
Daëtsja nám nedëšego!	Wird uns nicht billig gegeben!]
(S. Maršak)	

Sieht man von den Beziehungen ab, die vermöge des Rhythmus gebildet werden, kann man bemerken, daß gerade die sowohl rhythmische als auch intonatorische Isometrie des 2. und 4. Verses uns ihre begrifflichen Zentren »alles Gute« und »nicht billig« als semantischen Parallelismus wahrnehmen läßt.

Zweitens korreliert die konstante Intonation des Verses notwendig mit den logischen Intonationen des Textes. Sie tritt in ihrer Monotonie als Hintergrund auf, vor dem die syntaktisch-intonatorischen Unterschiede der Sätze als »Vergleichsbasis«, als gemeinsames Element verschiedener semantischer Intonationen, hervortreten. Die adversative Semantik der letzten beiden Verse aus dem zitierten Gedichtausschnitt von Maršak, als deren unmittelbarer Träger die Konjunktion »a« [zumeist: und, aber; hier Kennzeichnung eines neuen Abschnitts der wörtlichen Rede] erscheint, akzentuiert deutlich die rhythmisch-intonatorische Verwandtschaft dieser Verse, aber auch das eigentümliche lexikalische Palindrom im zweiten und dritten Vers. Wenn die Lexik des zweiten und dritten Verses nicht kongruierte und nicht invers, sondern einfach unterschiedlich wäre, wäre die adversative Intonation nicht so wahrnehmbar bedeutungshaltig.

Aus der Anschauung, daß die Nichtrealisierung eines Strukturelementes seine negative Realisierung ist, folgt, daß im Grunde genommen die beiden möglichen Arten, Poesie zu lesen, funktional demselben Typus angehören. Man kann die semantische Intonation hervorheben, indem man »ausdrucksvoll« liest. In diesem Fall werden die Intonationskurve des »ausdrucksvollen« (logischen) Lesens und die rhythmische Konstante korrelativ, als Kontrastpaar auftreten. Möglich ist jedoch auch eine andere Lesart, die akzentuiert »monotone«, in der die Melodik gerade des Rhythmus hervorgehoben wird. Gerade so lesen oft die Dichter selbst Verse. Diese Beobachtung machte bereits Boris M. Ėjchenbaum, der schrieb: »Es ist charakteristisch, daß die meisten Zeugnisse von Lesungen der Dichter selbst besonders ihre monoton-sanghafte Form hervorheben.«[73] Berühmt ist die Monotonie und die besondere Dumpfheit der Stimme, die der Deklamationsweise Bloks eigen war. Natürlich war diese Deklamationsart dem Vers ohne enjambement eigen, in dem die Autonomie der rhythmischen Intonationen besonders markant ausgedrückt war. Und dennoch ist die weitverbreitete Vorstellung, daß wir es in diesem Fall mit »reiner Musikalität« zu tun haben, die von der Bedeutung losgerissen ist, höchst fehlerhaft. Es handelt sich vielmehr darum, daß die semantische Intonation als nichtrealisiertes, aber strukturell wahrnehmbares Element, als »Minus-priëm« auftritt. Der Leser, der die Bedeutung des Verses wahrnimmt, spürt auch bestimmte – mögliche, aber nichtrealisierte – semantische Intonationen. Die Verse sind in dieser Schicht auch von der gewöhnlichen Rede unterschieden, in der es nur eine mögliche Intonation – die semantische gibt, die keine Alternative hat. Im Vers aber kann man die semantische Intonation immer paarig durch die mit ihr korrelierende rhythmische Intonation ersetzen und sie dadurch deutlicher herausarbeiten. Folglich hebt das »monotone« Lesen in der Poesie gerade die Semantik hervor. Vor dem Hintergrund der rhythmischen Intonation tritt die semanti-

73 B. Ėjchenbaum, *Melodika russkogo liričeskogo sticha*, a.a.O., S. 19.

sche als Zerstörung der erwarteten Intonation auf und vice versa. Diese beiden Intonationsarten bilden eine korrelierende Opposition.

Ein Umstand ist noch mit Aufmerksamkeit zu bedenken. Die rhythmische Intonation selbst ist das Resultat einer Neutralisation der Opposition der Intonationen von Metrum und Rhythmus. Folglich entsteht im Verhältnis zur gewöhnlichen Rede auch hier eine zusätzliche semantische Belastung. Ein bemerkenswertes Zeugnis für das Verständnis der Korrelativität der beiden möglichen »Motive« des Verses – der semantischen und der rhythmischen Intonation – finden wir in dem Brief des nahen Freundes Aleksandr Bloks, E. P. Ivanovs: »Es zeigt sich, ich habe es nicht ganz verlernt, Verse zu lesen. Ich habe nur das dehnende Singen ganz nach innen genommen und es gelingt besser. Das Motiv ist durch Pausen verborgen. Das macht es dem Vortrag von Blok selbst sehr ähnlich.«[74]

Bekanntlich hat sich die historische Entwicklung der Intonationsstruktur der russischen Poesie nicht auf den Übergang zur Syllabotonik beschränkt. Das Bild wurde noch weit komplizierter durch die Möglichkeit, jambische und trochäische Metren durch pyrrhichische* zu ersetzen. Dies schuf die Voraussetzung für das Auftreten von Alternativpaaren: die reale rhythmische Intonation mit dem Pyrrhichus in einem bestimmten Metrum und die stereotype metrische Intonation, die die Funktion des Versfußes erfüllt.[75] Da aber Anwesenheit *oder Abwesenheit* der Betonung an derjenigen Stelle, wo sie gemäß der intonatorischen Inertion erwartet wird, als logische Betonung, als semantische Hervorhebung wahrgenommen wird, eröffnet die Variativität der russischen Jamben und Trochäen einen gewaltigen Reichtum semantischer Akzente. Es ist daran zu erinnern, daß dies nur deshalb möglich ist, weil pyrrhichisierte und stereotype Intonation miteinander korrelieren.

Konkrete Fragen, die sich im Zusammenhang mit den Variationen der stereotypen rhythmischen und intonatorischen Sy-

---

74 *Blokovskij sbornik.* Tartu 1964, S. 464 (kursiv Ju. L.).
* Pyrrhichen bezeichnen in der russischen Metrik seit Trediakovskij zweigliedrige Metren mit nichtrealisierter Hebung. [A. d. Ü.]
75 Dementsprechend bilden sich, wenn man das Auftreten von Spondeen berücksichtigt, alternative Paare eines anderen Typus: die reale rhythmische Intonation mit Spondeen und die stereotype metrische Intonation.

steme des russischen Jambus und Trochäus ergeben, wurden
wiederholt und sorgfältig von Andrej Belyj, Valerij Brjusov,
Boris V. Tomaševskij, Georgij A. Šengeli, Sergej M. Bondi, Leonid I. Timofeev, Grigorij O. Vinokur, Michail P. Štokmar und
in der Gegenwart von A. N. Kolmogorov und Aleksandr M.
Kondratov untersucht. Es sollte wenigstens betont werden, daß
jedwede Untersuchung dieser Systeme unabhängig von den in
der Versstruktur ihm real gegenübergesetzten Alternativen
unabhängig vom Problem des Hintergrundes, unabhängig
von realisierten und potentiellen Intonationen und Betonungen uns der Möglichkeit beraubt, den ganzen Problem-
kreis im Zusammenhang mit den Fragen einer inhaltlichen
Interpretation von Verstexten zu betrachten, was das wissenschaftliche Interesse an diesem Gegenstand beträchtlich senkt.
Eine neue einschneidende Veränderung des Intonationssystems
der russischen Sprache vollzog sich in Verbindung mit ihrer
allgemeinen »Prosaisierung«, die in den dreißiger Jahren des
19. Jahrhunderts begann, – der Periode des aufkommenden
Realismus. Seit dieser Zeit bildete sich diejenige Intonations-
konstruktion heraus, die Ėjchenbaum als »Redeintonation« bezeichnet hat. Elemente der Ausbildung einer solchen Intonation waren »Verzichte« von unterschiedlichem Typus: der Verzicht auf die besondere gleichmäßige und durch Frage-Ausruf-
Intonationen reich geschmückte »poetische« Syntax, der Verzicht auf eine besondere »poetische« Lexik (die neue prosaische
Lexik verlangte auch eine andere Deklamation) und die Veränderung der melodischen Intonation infolge der Kanonisie-
rung des enjambement – der Zerstörung der Korrelation von
rhythmischer und syntaktischer Einheit. Im Endergebnis veränderte sich sogar der Begriff des Verses. Schon daraus, daß bei
der Definition der Elemente der »Redeintonation« so oft das
Wort »Verzicht« verwendet werden mußte, folgt, daß sie an
und für sich nicht etwas Isoliertes ist, sondern sich vor dem
Hintergrund der »gesanghaften« Intonation als ein mit ihr
korrelierendes Kontrastsystem ausbildet.
Wenn man diesen Gedanken entwickelt, ist darauf hinzuweisen, daß der folgende Schritt in der Geschichte des russischen
Verses – der Übergang zu den Intonationen des tonischen Verses Majakovskijs, der Zerstörung der Norm der russischen
Rhythmik des 19. Jahrhunderts – künstlerisch nur vor dem

Hintergrund der Vorstellung, diese Normen seien obligatorisch, geschehen konnte. Unabhängig von der im Hintergrund vorhandenen Empfindung der syllabotonischen Rhythmik ist auch die semantische Sättigung des tonischen Systems unmöglich.

6.7.2. Der Vers als semantische Einheit

Obgleich, wie wir bereits gesagt haben, als Zeichen, als »Wort« in der Kunst das ganze Werk insgesamt erscheint, ändert dies nichts daran, daß die einzelnen Elemente des Ganzen über einen unterschiedlichen Grad von Autonomie verfügen. Man kann als allgemeine These formulieren: je größer ein Element ist und je höher die Ebene der Struktur, auf die es sich bezieht, umso größer ist die relative Autonomie, durch die es sich auszeichnet.

Der Vers befindet sich in der spezifisch poetischen Struktur auf einer Ebene, bei der die semantische Autonomie der einzelnen Elemente wahrnehmbar zu werden beginnt. Der Vers ist nicht nur eine rhythmisch-intonatorische, sondern auch eine semantische Einheit. Vermöge des besonderen ikonischen Charakters des Zeichens in der Kunst ist die räumliche Korrelativität der Strukturelemente bedeutungshaltig, das heißt, mit dem Inhalt unmittelbar verbunden. Letzten Endes ist diese Gebundenheit der Wörter im Vers beträchtlich höher als in einer syntaktischen Einheit außerhalb der Verskultur mit genau demselben Umfang. In einem bestimmten Sinne (im Bewußtsein dessen, daß es sich eher um eine Metapher als um eine exakte Definition handelt) kann man den Vers mit dem linguistischen Begriff des Wortes vergleichen. Die ihn konstituierenden Wörter verlieren ihre Selbständigkeit – sie werden zum Bestandteil des komplexen semantischen Ganzen in der Funktion von »Wurzeln« (semantische Dominante des Verses) oder von »nuancierenden« Elementen, die man metaphorisch mit Suffixen, Präfixen und Infixen vergleichen kann. Dabei kann es zwei oder mehr semantische Zentren geben (ein zu den zusammengesetzten Wörtern analoger Fall).

Darauf ist dann allerdings auch die Parallele zwischen Vers und Wort beschränkt. Die Integration bedeutungshaltiger Elemente des Verses in das einheitliche Ganze geht nach komplexen Gesetzen vor sich, die sich in beträchtlichem Maße von den Prinzipien der Vereinigung von Teilen des Wortes zum Wort unterscheiden.

Vor allem muß hier darauf hingewiesen werden, daß das Wort ein für die jeweilige Sprache konstantes Zeichen mit einer fest fixierten Form des Bezeichnenden und einer bestimmten semantischen Füllung bildet. Gleichzeitig ist das Wort aus gleichfalls konstanten Elementen zusammengesetzt, die eine bestimmte grammatische und lexikalische Bedeutung besitzen und in einer relativ knappen Liste aufgeführt werden können. Sie sind dann auch in den üblichen Wörterbüchern und Grammatiken enthalten. Bei dem Vergleich von Vers und Wort ist darauf zu achten, daß dieses »Wort« immer okkasionell ist.

Die Möglichkeit, den Vers in der Sprache der Poesie mit dem Wort in der natürlichen Sprache zu vergleichen, hängt damit zusammen, daß die sprachliche Differenzierung in bedeutungshaltige (lexikalische) und relationale (syntagmatische) Einheiten in der Poesie keineswegs unbedingt geschieht. Rein relationale Einheiten der Sprache können, wie bereits gesagt, in der Poesie lexikalische Bedeutung erlangen. Führen wir ein elementares Beispiel an:

Udélu svoemú i mý pokórny búdem,
Mjatéžnye mečtý smirím il' pozabúdem. (Baratynskij)

[Unserem Geschick werden auch wir ergeben sein,
Aufrührerische Träume werden wir befrieden.]

Der zweite Vers gliedert sich in semantisch kontrastive Halbverse (»aufrührerische Träume« – »befrieden« oder »vergessen«). Die auch in allgemeinsprachlicher Semantik gegensätzlichen Wörter »Aufruhr« und »Befriedung« [»mjatež« und »smirenie«] wirken dadurch stärker kontrastiv, daß für ihre Gleich- und Gegenüberstellung ein und dasselbe Phonem »m« als Basis dient. Dabei werden die Verbindungen »smirim« und »pozabudem«, die [da sie die erste Person Plural der Verben bezeichnen] in der gewöhnlichen Sprache rein relationale Funktion haben, im Vers dem mit lexikalischer Bedeutung belasteten »m« der Wurzel im ersten der beiden Worte gleichwertig.[76]

76 Gleichzeitig entwickelt sich ein »Spiel« von Elementen niederer Ebenen, da den Wurzelkompositionen »M + Vokal«: My, Mjatežnye, Mečty, smirim

Die Flexionsendungen erhalten dank der Wiederholung auf der Ebene der Phoneme die Semantik der Wurzel, indem sie sie auf den ganzen Halbvers ausweiten und gleichzeitig mit der ersten Vershälfte kontrastieren:

U ních ne kísti, Á kistení. Sém' gorodóv, antichrísty, Zadúmali oní. (A. Voznesenskij)	[Sie haben keine Hand, Sondern Wurfkugeln. Sieben Städte, haben die Anti- christen sich vorgenommen.]
Ne kísti A kistení	[Keine Hand Sondern Wurfkugeln]

(Ausgesprochen: »N i k í s t i, a k i s t i n í«). Das relationale Element – die Kasusendung » k i s t *i*« – wird in » k i s t i n *i* « zum Wurzelelement, und die Negationspartikel verwandelt sich in eine Kasusendung. Die *Lautkongruenz* relationaler und »gegenständlicher« Elemente wird zur *semantischen Korrelation*. Wie wir sehen, werden im Vers relationale, eine grammatisch-syntaktische Funktion erfüllende Funktionswörter und Wortteile semantisiert.

Die Regeln der Kombination semantischer Elemente in ein Ganzes – das linguistische Wort oder der Vers – sind völlig verschieden. Im ersten Fall haben wir usuelle Elemente mit im voraus gegebenen Bedeutungen, im zweiten okkasionelle Elemente mit einer in einem bestimmten Text entstehenden Bedeutung. Deshalb wird im ersten Fall oft die mechanische Summierung vorwiegen und im zweiten die komplexe Konstruktion eines semantischen Modells, das durch das Verhältnis der Vereinigung der semantischen Felder der Elemente zu ihrer Überschneidung gebildet wird.

Das eben Gesagte ändert natürlich nichts an der Tatsache, daß der Vers weiter in seiner allgemeinsprachlichen Grundbedeutung als Satz oder Satzteil rezipiert wird, da das Vorhandensein supralinguistischer Strukturen in der Poesie ihre Rezeption als Alltagssprache nicht etwa nur nicht aufheben, sondern sie im Gegenteil implizieren. Der ästhetische Effekt ergibt sich aus dem Vorhandensein beider Wahrnehmungssysteme, aus ihrer

»umgekehrte« affixal-flexifische Kompositionen »Vokal+M« entsprechen: »bud*em*«, »smir*im*«, »pozabud*em*« (Ausnahme: »svoemu«).

Korrelativität. Es ist nur selbstverständlich, daß der Verlust der Möglichkeit, Poesie als elementaren Sprechakt wahrzunehmen (d. h. grundsätzliche sprachliche Unverständlichkeit des Verses) auch die Wahrnehmung der eigentlich poetischen Strukturen zerstört[77]. Deshalb bewahrt der Vers, der zumeist ein deutlich wahrnehmbares Syntagma enthält, zweifellos alle Unterschiede, die eine syntaktische Einheit von einem Wort unterscheiden. Die Integration von Bedeutungen, die Entstehung neuer Bedeutungen vollzieht sich nicht auf der sprachlichen Ebene, sondern auf der Ebene versifizierter, sprasprachlicher Strukturen.

Das semantische Zentrum des Verses wird gleichfalls anders definiert als die Wurzel im Wort. Man kann vom rhythmischen Zentrum des Verses sprechen, das in den meisten Fällen zum Reim tendiert. Es korreliert mit dem Bedeutungszentrum der Phrase, das in der Rede-Materie des Verses gegeben ist. Inkongruenz dieser Zentren führt zu einer Erscheinung, die dem enjambement analog ist und als zusätzliche Quelle für das »Spiel der Bedeutungen« in der Poesie dient. Schließlich besteht ein wesentlicher Unterschied zwischen Vers und Wort darin, daß das Wort allein, unabhängig vom Satz vorkommen kann. Den Vers gibt es im modernen poetischen Bewußtsein nicht außerhalb der Korrelation zu anderen Versen. Dort, wo es sich um Monostichie handelt, wird er in Relation zum Nullglied eines Distichons, d. h. er wird als absichtlich unvollendet oder jäh abgebrochen rezipiert.[78] Als obligatorische Form der Realisation des Verstextes, als Teil des Textes, ist der Vers im Verhältnis zum Text sekundär. Der sprachliche Text setzt sich aus Worten zusammen, der poetische gliedert sich in Verse.

---

77 Daß wir es hier mit korrellierenden, aber dennoch verschiedenen Systemen zu tun haben, wird durch Beobachtungen zur ästhetischen Rezeption des Gedichtes in einer verständlichen, aber fremden Sprache erhärtet. Dieses interessante Problem könnte bei einer Versuchsanordnung mit unterschiedlichem Grad der Sprachbeherrschung Resultate liefern, die denen analog wären, die der modernen Linguistik die Erforschung verschiedener Typen sprachlicher Defekte liefert.

78 Der Einzeiler (Monostich) ist nicht einfach mit dem Text identisch, er ist ein Teil davon, *der dem Ganzen gleich ist,* eine Untermenge, die der Universalmenge gleich ist und als Ergänzung eine »leere Untermenge«, also Null hat.

6.8. Wiederholungen oberhalb der Versebene

Die Wiederholung von Elementen oberhalb der Versebene wird
auf höherer Ebene nach demselben Konstruktionsprinzip gebildet wie die Wiederholung niederer Einheiten. Indem die
Wiederholungen das Gleiche im Entgegengesetzten und das
Verschiedene im Ähnlichen entblößen, bilden sie untereinander ein semantisches Paradigma, und die Zugehörigkeit zu
diesem Paradigma legt die Bedeutung jedes Textstückes völlig
anders offen, als sie sich bei isolierter Betrachtung darstellt.
Zwei Themen, zwei Typen von Lexik, zwei semantische Felder beispielsweise: die Welt des Kindes, der Schule und die
schreckliche Welt des Krieges, der Okkupation und Gewalt-
tätigkeit, die scheinbar so weit voneinander entfernt sind, sind
gleich- und gegenübergestellt in dem Gedicht *Unterrichtsstun-
de* von Juljan Tuwim, und gerade die Unerwartetheit dieser
Annäherung erzeugt neue Bedeutungsmöglichkeiten:

Ucz się, dziecko, polskiej mowy:
To przed domem – to są groby,
Małe groby, wielki cmentarz ...
Taki jest twój elementarz.

[Lern, Kind, die polnische Sprache:
Das vor dem Haus – das sind Gräber,
Kleine Gräber, ein großer Friedhof ...
So ist deine Fibel.]

Ein analoger Bedeutungseffekt läßt sich zum Beispiel am Gedicht Tjutčevs *Sende, Herr, deinen Trost* [...] zeigen:

Pošlí, gospód', svojú otrádu
Tomú, kto v létnij žár i znój,
Kak bédnyj níščij, mímo sádu
Bredët po žárkoj mostrovój;

Kto smótrit vskól'z čérez ográdu
Na tén' derév'ev, zlák dolín,
Na nedostúpnuju prochládu
Roskóšnych, svétlych lugovín.

Né dlja negó gostepriímnoj
Derév'ja sén'ju razroslís',

Né dlja negó, kak óblak dýmnyj,
Fontán na vózduche povís.

Lazúrnyj grót, kák iz tumána,
Naprásno vzór egó manít,
I pýl' rosístaja fontána
Glavý egó ne osvežít.

Pošlí, gospód', svojú otrádu
Tomú, kto žíznennoj tropój
Kak bédnyj níščij mímo sádu
Bredët po znójnoj mostovój.

[Sende, Herr, deinen Trost
Dem, der in Sommerhitze und Glut
Als armer Bettler vorbei am Garten
Schlendert auf heißem Pflaster;

Der beiläufig durch den Zaun schaut
Auf den Schatten der Bäume, das Gras der Täler,
Auf die unerreichbare Kühle
Üppiger heller Wiesen.

Nicht für ihn sind als gastfreundliches
Zelt die Bäume dicht gewachsen,
Nicht für ihn ist wie eine rauchige Wolke
Die Fontäne in der Luft hängengeblieben.

Die lasurblaue Grotte, wie aus Nebel,
vergeblich lockt sie seinen Blick,
Und der tauene Staub der Fontäne
Wird sein Haupt nicht erfrischen.

Sende, Herr, deinen Trost
Dem, der den Lebenspfad entlang
Wie ein armer Bettler vorbei am Garten
Schlendert auf glühendem Pflaster.]

Das Gedicht ist kompositorisch durch den Parallelismus von
erster und letzter Strophe organisiert. Die vollständige Kongruenz im ersten, dritten und vierten Vers und die partielle
des zweiten hebt nur die differenzierende Bedeutungsgruppe
»heißer Mittag – Leben« hervor. Sehr interessant ist die kompositorische Funktion derjenigen Strophen, die den zentralen
Part des Gedichtes bilden und in den Rahmen der parallelen
Strophen eingeschlossen sind. Die beabsichtigte Disproportion

dieser Erweiterung der ersten Strophe ist offensichtlich. Dieser Stelle kann man folgende Funktion zuordnen:

I. Die Parallele zwischen schwierigem Weg und Lebensweg ist hinreichend trivial und, für sich selbst genommen, könnte diese vergleichende Zusammenstellung kaum zur Quelle eines tiefen poetischen Gedankens werden. Tjutčevs Gedicht ist nun so konstruiert, daß nicht nur die Gesamtheit der *gemeinsamen* semantischen Merkmale (Schwierigkeit, zeitliche Ausdehnung usw.) aktiviert wird, sondern auch der *Unterschied* zwischen dem Fußgänger und dem Wanderer auf dem Lebenspfad.

Der semantische Grundunterschied zwischen den beiden zweiten Versen besteht in der Gegenüberstellung der Verwendung von direkter und übertragener Bedeutung. Allein für sich genommen ließe die erste Strophe völlig glaubhaft zu, daß ihr das metaphorische Bild des Wanderers auf dem Lebenspfad gegenübergestellt würde. Der Reichtum an gegenständlichen Details und auch die Beschreibung visueller Feinheiten (»ist wie eine *rauchige* Wolke – die Fontäne in der Luft hängengeblieben«), zumal gerade solcher, die sich nicht eindeutig im Sinne einer metaphorischen Interpretation vom Bild des Weges dechiffrieren lassen, all dies muß im Leser die Überzeugung hervorrufen, es handle sich um einen realen glühend heißen Tag und um einen realen Wanderer. Und dann ruft die vergleichende Gegenüberstellung, die (wenn Tjutčev sich auf die erste und letzte Strophe beschränkt hätte) ziemlich trivial klänge, den Eindruck des Unerwarteten und Inhaltsreichen hervor. Nach der ersten Strophe spürt man die Möglichkeit *dieser* Schlußstrophe durchaus, nach der vierten ist sie kaum noch wahrscheinlich. Gerade deshalb trägt sie auch die Bedeutung, die sie, träte sie als die zweite Strophe auf, nicht hätte.

II. Zweite, dritte und vierte Strophe stellen eine Erweiterung der ersten dar – die Beschreibung des »Gartens«, an dem der »arme Bettler« vorbeigeht. Wenn wir das Gedicht jedoch bis zum Ende gelesen haben, erfahren wir, daß das Bild eine Metapher war. Das veranlaßt uns, die Mittelstrophen noch einmal, nun jedoch schon metaphorisch, auszulegen. Diese doppelte Rezeption des Textes als eines sich selbst nicht gleichen wird auch noch dadurch komplexer, daß der Mittelteil, wie wir bereits sagten, sich nicht als Allegorie dechiffrieren läßt. Eine semantisch komplexe Kollision wird erzeugt: haben wir den Text zu Ende gelesen, verstehen wir, daß man ihn metaphorisch verstehen muß, aber sein Aufbau selbst leistet einer derartigen Interpretation gegenüber Widerstand. Auf diese Weise wird auch diejenige semantische Spannung hervorgerufen, die beträchtlich reicher an Bedeutung ist, als wenn wir es mit einem Text zu tun hätten, der nur aus der ersten Strophe oder der letzten Strophe bestünde.

Aber auch die Wiederholung im »kongruenten« Teil der ersten und letzten Strophe ist nicht so unbedingt. Sogar wenn man die Ersetzung von »heißem Pflaster« durch »glühendem« nicht berücksichtigt, ist der Intonationsunterschied evident: der Bilanz ziehende Sentenzencharakter der letzten Strophe ist der ersten Strophe gerade dadurch schroff gegenübergestellt, daß wir es auf der einen Seite mit einem abgeschlossenen syntaktischen Ganzen und auf der anderen mit einem Teil zu tun haben, auf das eine Fortsetzung folgt. Somit treffen wir auch auf der Ebene oberhalb des Verses nicht auf eine Wiederholung als toter Gleichförmigkeit, sondern auf ein komplexes Spiel von Ähnlichkeiten und Unterschieden, das den Reichtum der semantischen Struktur bedingt.

6.9. Die Energie des Verses

Der Begriff der Energie der künstlerischen Struktur ist für den Leser ständig wahrnehmbar und figuriert oft in der Kritik, findet in den Literaturtheorien jedoch keine Erwähnung. In unserem Verständnis ist er, wie aus den folgenden Ausführungen klar ersichtlich sein wird, dem Begriff der »Funktion« in der Interpretation Tynjanovs und čechischer Gelehrter – Jan Mukařovskýs* und seiner Schüler – verwandt.

In der Organisation des Verses kann man die ständig wirksame Tendenz zum Zusammenstoß, zum Konflikt, zum Kampf verschiedener Konstruktionsprinzipien verfolgen. Jedes dieser Prinzipien, das innerhalb des von ihm geschaffenen Systems als organisierendes Prinzip auftritt, erfüllt außerhalb von ihm

---

* J. Mukařovský, *Esteticka funkse, norma a hodnota jako sociální fakty.* In: *Studie z estetiky,* Prag 1936. Dt. Übersetzung von W. Schamschula: J. M., *Kapitel aus der Ästhetik,* Frankfurt 1970, S. 7-112. [A. d. Ü.]

die Funktion eines Desorganisators. So üben die Wortgrenzen eine anregende Wirkung auf die rhythmische Geordnetheit des Verses aus, treten die syntaktischen Intonationen in Konflikt mit den rhythmischen u. dgl. Dort, wo diese oder jene konträren Tendenzen kongruieren, haben wir es nicht mit dem Fehlen eines Konfliktes, sondern mit einem Sonderfall des Konfliktes zu tun, mit dem Nullausdruck struktureller Gespanntheit.

Nimmt man sie für sich, so erzeugen die einzelnen strukturellen Gesetzmäßigkeiten abgeschlossene synchrone, innerer Dynamik bare Systeme. Voneinander isoliert, lassen sich diese Systeme gut beschreiben. Derartige partielle Deskriptionen können eine durchaus vollständige Vorstellung von einer Konstruktion geben, aber oft berühren sie das Problem ihrer Korrelativität überhaupt nicht. So können zwei funktional konträre Konstruktionen bei isolierter Beschreibung als schlichtweg jeder Beziehung bar auftreten. Zusammen genommen können sie jedoch ihrer Funktion nach als gegensätzlich sich erweisen: das, was dem einen System verboten ist, kann dem anderen System vorgeschrieben sein.

Ein anderer Fall liegt vor, wenn zwei Konstruktionen gemeinsam in dieser oder jener Weise untergeordnet sind. Dann entstehen als Ergebnis ihrer Korrelation innerhalb der dominierenden Funktion fakultative Varianten. So erzeugt die Korrelation von metrischen Schemata und Wortbetonungen einerseits und Wortgrenzen andererseits innerhalb des einen oder anderen Rhythmus Variativität. Die Möglichkeit der Selektion zwischen einigen Varianten dieses oder jenes Strukturschemas schafft die Bedingungen für eine zusätzliche Semantisierung des Textes. Die wechselseitige Spannung zwischen verschiedenen Unterstrukturen eines Textes erhöht so einerseits die Selektionsmöglichkeit, die Zahl der strukturellen Alternativen im Text und tilgt andererseits den Automatismus, indem sie die verschiedenen Gesetzmäßigkeiten sich mittels vielfacher Destruktion realisieren läßt. Man muß nicht besonders genau mit den Gesetzen der Informationsübertragung vertraut sein, um zu verstehen, in welchem Maße dies die informativen Potenzen des künstlerischen Textes im Verhältnis zum nichtkünstlerischen erhöht. Darin liegt vom Standpunkt des in ihnen enthaltenen Informationsumfangs der Wert der Strukturen, die nach dem Prinzip des »Spiels« aufgebaut sind.

Wenn wir Gedichte unter diesem Aspekt betrachten, kommen wir, wie uns scheint, einerseits notwendig zu der Schlußfolgerung, daß jedes beliebige Phänomen der Struktur des künstlerischen Textes ein Bedeutungsphänomen ist, denn die künstlerische Struktur ist immer inhaltsreich, und andererseits hüten wir uns davor, so oberflächlich an diese Frage heranzugehen, wie es die Diskussion über eine *absolute* Bedeutung des Phonems »u« oder des vierfüßigen Jambus mit sich bringt.

Wenn man davon spricht, daß die Struktur des künstlerischen Textes sich immer auf dem Konflikt einzelner Unterstrukturen aufbaut, aus denen sie sich zusammensetzt, muß man unbedingt einen der Grundaspekte dieses Sachverhaltes hervorheben.

Schon mehrfach haben wir festgestellt, daß in Versen dank der Überschneidung verschiedenartiger struktureller Parallelitäten prinzipiell jedes Wort Synonym oder Antonym jedes anderen sein kann. Betrachten wir, diesen Sachverhalt vor Augen, das Gedicht *Distichon* von Anna Achmatova:

Ot drugích mne chvalá – čto zolá,
Ot tebjá i chulá – pochvalá.

[Von anderen ist mir Lob – Asche
Von dir ist mir auch Tadel – Lob]

In diesem Text lassen sich leicht die gleich- und gegenübergestellten Wortpaare isolieren:

»ot – ot«, »drugích – tebjá«, »chvalá – chulá«
[»von – von«, »anderen – dir«, »Lob – Tadel«]
»chulá – pochvalá, »zolá – pochvalá«
[»Tadel – Lob«, »Asche – Lob«].

Hier springt sofort in die Augen, daß die Basis für das Entstehen der semantischen Oppositionen in jedem Fall verschieden ist, und genauso verschieden ist auch das Verhältnis der okkasionellen poetischen Semantik zu den normalen Bedeutungen der entsprechenden Wörter im System der natürlichen Sprache. Die dominante Opposition »anderen – dir« beruht auf einer Relation zwischen den sie bildenden Wörtern, die mit den Bedeutungsstrukturen dieser Wörter in der natürlichen Sprache kongruiert. Freilich bezeichnen auch diese Wörter nicht wechselseitige Komplementärbegriffe, das heißt, sie sind keine uralten einzig möglichen Antonyme. Deshalb vollzieht sich, wenn »die anderen« im Text die Bedeutung »nicht du« und »du« die Bedeutung »nicht die anderen« erhalten, eine kleine Verschiebung in der Bedeutung dieser Wörter, und dabei werden die oppositionellen Bedeutungen »Massenhaftigkeit« (Wiederholbarkeit) – »Einmaligkeit« (Unwiederholbarkeit), »Entferntheit – Nähe« aktiviert (die Pronomina »ich« und »du« stehen zusammen durch das Merkmal der Intimität allen übrigen gegenüber; in dieser Beziehung ist »die anderen« das seiner Bedeutung nach konträrste Pronomen). Somit ist diese Opposition 1) in der allgemeinen Struktur der Bedeutungen der natürlichen Sprache gelegen 2) mit einer gewissen Bedeutungsverschiebung verbunden; 3) ganz und gar auf der *Semantik* dieser Wörter begründet.

»Von – von« kann als identische Relation betrachtet werden, als ein anaphorischer Beginn, der die Grundlage für die Gegenüberstellung der folgenden Pronomina bildet. Man kann diesen Teil des Textes jedoch auch als eine gewisse, lexikalisch nicht ausgedrückte Gegenüberstellung auffassen. Dann haben wir vor uns einen recht interessanten Fall: Identität des Ausdrucks bei einem Inhalt, der nicht die Gegenüberstellung zweier beliebiger Begriffe ist, sondern ein Modell der Gegenüberstellung in reiner Form.

Die Gegenüberstellung »Lob – Tadel« ist auf der Verbindung der Antinomierelation, die durch die semantische Struktur der natürlichen Sprache vorgegeben ist, mit dem phonologischen Parallelismus »ch-la« – »ch-la« aufgebaut. Bedeutung und Klang weisen in verschiedene Richtungen: eines bestätigt die Gegenüberstellung, das andere die Kongruenz. Der daraus resultierende Effekt der Spannung ist hierbei demjenigen analog, den wir beim Reim beobachtet haben. Das Paar »chvalá – zolá« bietet ein analoges Bild: die syntaktische Konstruktion und der phonologische Parallelismus bestätigen die Nähe, die Einheitlichkeit der Bedeutungen dieser Wörter und ihre allgemeinsprachliche Semantik die Oppositionalität. Wieder leistet die eine Gesetzmäßigkeit der anderen Widerstand. Analog ist das Paar »zolá – pochvalá« aufgebaut. Das Paar »chvala – pochvala« (»Lob-Lob«) wäre tautologisch, wenn es 1) nicht in syntaktisch konträren Positionen vorläge und 2) »pochvala« in der vorliegenden Textkonstruktion eine Zustimmung und nicht ein »Tadel«, der nur als Lob erscheint, wäre. Somit stoßen lexikalische Identität und Reichtum an Lautwiederholungen mit positionsbedingter Gegenübergestelltheit und direkt entgegengesetztem Kontext, der okkasionellen Bedeutung der Wörter, zusammen. Analog verhält es sich bei der semantischen Spannung im Wortpaar »Lob – Asche«.

Hieraus folgt ein wichtiger Schluß: die poetische Konstruktion erzeugt eine besondere Welt semantischer Näherungen, Analogien, Gegenüberstellungen und Oppositionen, die nicht mit dem semantischen Netz der natürlichen Sprache kongruiert, in einen Konflikt mit ihr gerät und mit ihr kämpft.

Der künstlerische Effekt wird gerade durch das Faktum des Kampfes erzeugt. Der völlige Sieg dieser oder jener Tendenz, die Unerschütterlichkeit der Bedeutungen, die im System bis zur Entstehung des betreffenden Textes vorhanden waren und ihre völlige Zerstörung, die ohne jeglichen Widerstand beliebige Kombinationen innerhalb des Textes zuläßt, sind Kontraindikationen für die Kunst. Im ersten Fall hätten wir es mit derjenigen Null-»Flexibilität der Sprache« zu tun, bei der, Kolmogorov zufolge, Kunst unmöglich ist. Im zweiten Fall würden Strukturregeln erfüllt, ohne daß allerdings ein Kunstwerk entstünde. Führen wir ein Beispiel an:

To kák Jakóbija ostávit',
Kotórogo ves' mír tesnít?
Kak Lónginova dát' oprávit',
Kotóryj zólotom gremít?

[Wie soll man nun Jakobi im Stich lassen,
Den alle Welt bedrängt?
Wie soll man Longinov rechtfertigen lassen,
Der mit seinem Gold rasselt?]

(Deržavin)

»Jakobi« und »Longinov« erfüllen im Text Deržavins die Funktion von Antonymen. Für den heutigen Leser aber, der nichts von dem Irkutsker Generalgouverneur Jakobi, der des Versuches, einen militärischen Konflikt mit China zu provozieren, beschuldigt wurde, noch von dem Petersburger Kaufmann I. V. Longinov, noch von den Leidenschaften und Intrigen, die im Gefolge ihrer Prozesse entbrannten, weiß, die den zeitgenössischen Rezipienten durchaus nicht gleichgültig waren, sind diese Namen eigener, außerhalb des Gedichttextes liegender Bedeutung beraubt. Deržavins Identifikation von »Jakobi« und dem »verfolgten Gerechten« und von »Longinov« und dem »triumphierenden Bösen« ist mit nichts kongruent und steht nichts im Bewußtsein des Lesers gegenüber (wir vergegenwärtigen uns, daß Kongruenz ein Sonderfall des Konflikts ist). Die poetische Spannung, die an dieser Textstelle vorhanden war, ist verloren. Wenn wir das System poetischer Äquivalenzen beschreiben, das Andrej Voznesenskij in *Mosaik* und *Antiwelten* aufgestellt hat, können wir ein interessantes Phänomen beobachten: ein und (in isolierter Betrachtung) dasselbe System, das in bestimmten Zeiten avantgardistisch klang, wird als epigonal rezipiert (zumeist als epigonal im Verhältnis zu sich selbst). Worum handelt es sich dabei? *Das System hat gesiegt.* Was ungewöhnlich schien, ist mittelmäßig geworden, das »Gegensystem« hat den Widerstand eingestellt.

So ist die synchrone, innerlich stabile Deskription der Textstruktur und in erster Linie seiner paradigmatischen Struktur, die die notwendige Voraussetzung für eine auch nur annähernd exakte Vorstellung von der Eigenart künstlerischer Wirkung bildet, auf sich selbst beschränkt, unzureichend.

Ergänzen wir die Deskription des Systems durch das Bild der Strukturen, die gegen es kämpfen (der textinternen und der textexternen), so beziehen wir in unser Betrachtungsfeld ein *energetisches Moment* ein. Der Text funktioniert im Verhältnis zu einem bestimmten System von Verboten, die ihm vorhergehen und außerhalb von ihm liegen. Einzelne von ihnen haben für das betreffende System absoluten Charakter und können nicht überwunden werden. Eben dadurch sind sie der Möglichkeit, einen semantischen Effekt zu erzielen, enthoben. (Die Verletzung dieser Verbote erzeugt nicht neue Bedeutungen, sondern führt zum Zerfall der Kunst.) In bestimmten Entwicklungsstufen können als solche absoluten Verbote die Forderung, die Gattungen nicht zu vermischen, Restriktionen für den Gebrauch einer bestimmten Lexik, Verbote, grammatische Normen der Sprache zu verletzen und dergleichen mehr auftreten. Am anderen Pol befinden sich dann fakultative Restriktionen, deren Verletzung so alltäglich ist, daß sie keinen aktiven Effekt mit einem Inhalt hervorrufen können. Sehr oft hatten diese fakultativen Restriktionen in vorangehenden Systemen einen weit obligatorischeren Charakter, indem sie als die grundlegenden bedeutungsstiftenden Grenzen auftraten.

Zwischen diesen beiden Polen war die vorhandene, der jeweiligen künstlerischen Sprache, der jeweiligen Epoche, der jeweiligen Nationalkultur (und der natürlichen Sprache als einem ihrer wesentlichen Elemente) inhärente Hierarchie von Verboten ausgebreitet. Die Verletzung dieser für das jeweilige System starken semantischen Oppositionen ist einerseits möglich, andererseits aber ungewöhnlich, befremdlich. Je nach dem, ob diese Verbote als strukturell stark oder schwach gekennzeichnet sind, weist ihre Verletzung dann eine unterschiedliche Aktivität auf, verlangt sie eine unterschiedliche *Anspannung des Denkens* und erhält das ganze System eine unterschiedliche energetische Charakteristik.

Puškin schreibt in einer der literaturkritischen Skizzen aus dem Jahre 1928:

»Es gibt verschiedenartige Kühnheit: Deržavin hat geschrieben: ›der Adler, in die Höhe schwebend‹, wenn das Glück ›dir mit drohendem Gelächter seinen Rücken zugekehrt hat, wirst du sehen, wie des Traumes Glanz um dich herum eingeschlafen ist‹.

Die Beschreibung eines Wasserfalles:
Almázna syplëtsja gorá
S vysót i próč.
[Diamanten stiebt der Berg
Von der Höhe u. dgl.]

Žukovskij sagt von Gott:
On v dým Moskvý sebjá oblëk.
[Er hat sich in den Rauch von Moskau gehüllt.]

Krylov sagt von der tapferen Ameise, daß
On daže chažival odin na pauka.
[Sie nahm sogar allein die Spinne an.]
Calderon nennt Blitze feurige Zungen des Himmels, die zur Erde reden. Milton sagt, daß die Höllenflamme mit Müh und Not die Höllenfinsternis erkennen lasse. Wir finden diesen Ausdruck kühn, weil er stark und ungewöhnlich einen klaren Gedanken und poetische Bilder uns übermittelt.

Die Franzosen bewundern bis auf den heutigen Tag die Kühnheit Racines, der das Wort *pavé*, Pflaster, gebraucht hat.

Et baise avec respect le pavé de tes temples.
Und Delille war stolz darauf, daß er das Wort *vache* gebrauchte.
Eine verachtenswerte Literatur, die solcher kleinlichen und willkür-
lichen Kritik sich unterwirft«[79].

Die Aussage Puškins ist für die Bestimmung der poetischen
Suprabedeutungen äußerst aufschlußreich. Zwischen den Wörtern werden semantische Beziehungen hergestellt, die in dem
einen System – demjenigen, das der Text erzeugt, die einzigen
wahren und die exaktesten darstellen, das heißt, einen »klaren
Gedanken« übermitteln. In einem anderen, gleichfalls aktiv
wirkenden System sind diese Beziehungen streng verboten. Gerade deshalb wird die Überwindung des Verbots energetisch
als »stark« charakterisiert (die Bewertung des vom Text er-
zeugten Bildes der Beziehungen als »ungewöhnlich« weist auf
das Vorherrschen von Texten in der vorherigen Tradition hin,
die sich diesen Verboten unterworfen haben). Zur Überwindung hochbedeutsamer Verbote bedarf es dessen, was Puškin
poetische Kühnheit genannt hat. Dort, wo der Dichter seine
Energie auf den Abbau von Hindernissen, kaum bedeutsamen
Verboten richtet, wird die Literatur als »verachtenswert« bewertet. »Bedauerlich das Los der Dichter« schrieb Puškin, »wenn
sie sich solcher Siege rühmen lassen müssen«[80].
Das Urteil Puškins illustriert anschaulich den Gedanken vom
künstlerischen Effekt als einer bestimmten Kraftaufwendung
und läßt die Frage nach seiner relativen Meßbarkeit aufkommen. Zum gegenwärtigen Zeitpunkt kann man zumindest
schon sagen, daß sie sich leicht in folgende Stufen einteilen
läßt: völlige Unmöglichkeit, die Ausgangsverbote zu überwinden, völlige Einhaltung der Ausgangsverbote, Überwindung
der starken Verbote, Überwindung der schwachen Verbote.
Dieses Urteil Puškins führt jedoch auch zu einer anderen
Schlußfolgerung – über die historische Relativität der Begriffe
»starke« und »schwache Verbote«. Diese Gegenüberstellung hat
Sinn nur in Relation zu dieser oder jener historisch oder
national bedingten Struktur. Dieselben Verbote, die Puškin
beispielsweise als Beispiele für nichtige und leichtüberwindbare
Verbote anführt, sehen durchaus nicht in allen künstlerischen

79 A. S. Puškin, *Polnoe sobranie sočinenij*, Bd. 11, a.a.O., S. 60 f.
80 Ebenda.

Strukturen so aus. Man braucht sich nur das Vorhandensein des Kulturtypus zu vergegenwärtigen, für den die grundlegende Gegenüberstellung, die das ganze Bedeutungssystem organisiert, die Opposition von Hohem und Niedrigem, von Abstraktem und Konkretem, von Adligem und Vulgärem ist, um zu verstehen, daß die Einführung einer gegenständlich-konkreten Lexik oder die Erwähnung von Realien des normalen Lebens in einem poetischen Text oder in dem einer Tragödie »nichtig« nur für ein Bewußtsein ist, dem alle diese Vorstellungen bereits fremd sind. Auch wir verstehen, jetzt doch die Kühnheit des Ausdrucks Deržavins nicht, der 'in der Höhe schwebend« sagte [und dabei das russisch-volkssprachliche, der zeitgenössischen Stilistik zufolge niedrige Wort »vysotá« verwendete] anstelle des [damals] stilistisch hohen kirchenslavischen] »v vyšiné« oder Krylov, der die kühne und unter Jägern verbreitete Wendung »allein nahm sie an« auf die Ameise angewendet hat.

Die Verbote, vor deren Hintergrund der Text funktioniert, sind im weitesten Sinne dieses Wortes das ganze System des Aufbaus eines Kunstwerks. Im engen und faßbaren Sinne des Wortes handelt es sich darum, daß das Endergebnis irgendwelcher künstlerischer Konstruktionen die Bildung angeglichener oder entgegengesetzter Ordnungen von bedeutungshaltigen Elementen ist. In der verbalen Kunst treten als solche Elemente im Endergebnis fast immer Wörter auf. Deshalb ist das wichtige Resultat des Bestehens der poetischen Organisiertheit eines Textes das Entstehen neuer, bis dahin nicht existenter Ordnungen semantischer Identifikationen und Gegenüberstellungen. Diese Ordnungen okkasionell-poetischer Synonyma und Antonyma werden in Relation zu semantischen Feldern rezipiert, die in für den Text externen Kommunikationssystemen aktiv sind. Somit existieren im Bewußtsein des Lesers für ihn ungewohnte Assoziationsketten, die durch die Autorität der natürlichen Sprache bestätigt werden und seiner semantischen Struktur, dem Bewußtsein des normalen Lebens, der Begriffsstruktur dieser kulturellen Periode und des Typus innewohnen, zu denen der Interpretant des Textes gehört, und schließlich der ganzen ihm gewohnten Struktur künstlerischer Konstruktionen.

Vergegenwärtigen wir uns, daß Systeme der Relationen von

Begriffen der allerrealste Ausdruck des Weltmodells im Bewußtsein des Menschen sind. Der künstlerische Text wird demnach vor dem Hintergrund und im Kampf mit dem ganzen Inventar der für Leser und Autor aktiven Weltmodelle rezipiert. Wenn wir das eine oder andere Modell dieses Typus beschreiben (z. B. das Modell des normalen Bewußtseins einer bestimmten Epoche oder Kultur) können wir mit hinreichender Genauigkeit seine grundlegenden semantischen Oppositionen bestimmten und sie abgeleiteten oder fakultativen Oppositionen gegenüberstellen. Natürlich wird ein Text, der die ersteren verletzt, als »stärker« aufgefaßt.

Außerdem wird der Hinweis darauf hinreichend objektiv sein, welches der modellierenden Systeme sich im schärfsten Konflikt mit dem Text befindet. Hierbei können sowohl künstlerische als auch nichtkünstlerische Systeme aktiviert werden. So ist *Boris Godunov* ein Konflikt mit den Normen des Aufbaus eines Dramentextes und *Die gelbe Jacke* von Majakovskij ein Konflikt mit den Normen kleinbürgerlicher Vorstellung von der Alltagsmentalität des Dichters. Die Bedeutsamkeit der Struktur dieser oder jener Modelle der Welt sind jedoch im allgemeinen Struktursystem nicht gleichartig. Stellen wir den qualitativen Exponenten (das spezifische Gewicht derjenigen semantischen Strukturen, mit denen die Dichtung in Konflikt gerät, in einer allgemeinen Konzeption von der Welt) und den quantitativen (wird irgendein beliebiges gewohntes Weltmodell verletzt oder ein wesentlicher Teil ihrer Gesamtheit) in Rechnung, so können wir eine Vorstellung von den objektiven Gesetzen der poetischen Kraft und der künstlerischen Kraftlosigkeit erhalten und hoffen, die Energie des Innovatoren von den pseudoinnovatorischen Aufschwüngen des Epigonen zu unterscheiden.

Auch unter diesem Aspekt gelangen wir wieder zu der Schlußfolgerung, daß ohne eine Beschreibung der typisierten Strukturen keine fundierte Diskussion über die individuelle Spezifik eines Kunstwerks möglich ist: die Kraft, die Aktivität des innovatorischen Textes wird in beträchtlichem Maße auch durch die Stärke der Hindernisse bestimmt, die ihm im Wege stehen. Der feierliche Sieg des Epigonen über den gestrigen Tag des Leserbewußtseins ist der Sieg des Falstaff, der den schon toten Henry Hotspur erschlägt.

7. Die syntagmatische Achse der Struktur

Die Wiederholungen auf den verschiedenen Ebenen spielen eine hervorragende Rolle bei der Organisation des Textes und ziehen seit langem die Aufmerksamkeit der Forscher auf sich. Die Reduktion der gesamten künstlerischen Konstruktion auf Wiederholungen erscheint jedoch als ein Fehler. Es handelt sich hierbei auch nicht nur darum, daß die Wiederholungen, besonders in der Prosa, oft nur einen unbeträchtlichen Teil des Textes ausmachen und alles übrige als angeblich ästhetisch unorganisiert und folglich künstlerisch passiv außerhalb des Blickfeldes des Forschers bleibt. Das Wesen der Frage liegt vielmehr darin, daß die Wiederholungen selbst gerade im Zusammenhang mit bestimmten Störungen der Wiederholungen künstlerisch aktiv sind (und umgekehrt). Nur die Berücksichtigung dieser beiden gegeneinander gerichteten Tendenzen ermöglicht es, das Wesen ihres ästhetischen Funktionierens aufzudecken.

Die Verbindung sich wiederholender Elemente der Struktur und die Verbindung sich nicht wiederholender Elemente beruhen auf verschiedenen linguistischen Mechanismen. Der erste hat die Beziehungen zur Grundlage, die zwischen Redeabschnitten entstehen, die größer sind als ein Satz, der zweite solche, die sich innerhalb des Satzes ausbilden. Im ersten Fall besteht zwischen den verbundenen Teilen das Verhältnis formaler Unabhängigkeit und struktureller Gleichheit. Ihr Zusammenhang besteht nur in der Bedeutung und er wird in der Form einfacher Parataxe ausgedrückt. Im Extremfall ist auch der semantische Zusammenhang nicht notwendig: [. . .][x]

[Der Müller will mahlen,
das Rädchen geht um.
Mein Kind ist verzürnet,
weiß selbst nicht warum.[**]]

Die Textstücke, die in irgendeiner Hinsicht als gleich wahrgenommen werden, werden mit Hilfe der Parataxe oder Bei-

---

* Hier mußte ein russischer Text ausfallen.
** *Allerleirauh.* Viele schöne Kinderreime versammelt von H. M. Enzensberger. Ffm. 1961, S. 21.

füguung verbunden. Als Muster für eine solche Konstruktion
kann das Ornament dienen.

Der andere Typus von Verbindung hängt mit dem Bereich der
traditionellen Syntax zusammen. Darunter wird die Verbindung verschiedener Elemente verstanden, wobei zusätzliche
Bedingungen auftreten:

1. Alle Elemente müssen sich zu einem strukturellen Ganzen
zusammenfügen – zu einem Satz, innerhalb dessen sie für die
Konstruktion spezialisiert werden. Der Text muß so, als Satz
gedacht, eine endliche Ausdehnung mit einer inneren Aufgliederung in funktional ungleiche Elemente aufweisen.

2. Die Verbindung zwischen den Elementen muß formalen
Ausdruck finden, was insbesondere bedeutet, daß den miteinander verbundenen Gliedern bestimmte gleichartige Struktur-
merkmale zugeschrieben werden müssen (zum Beispiel Kongruenz und andere Formen grammatischer Beziehungen zwischen den Satzgliedern).

Wichtig erscheint, zu unterstreichen, daß die Beziehungen zwischen homogenen Elementen eine sich wiederholende Struktur
von grundsätzlich unbegrenztem Charakter hervorbringt und
die Beziehungen zwischen heterogenen Elementen eine Struktur endlichen Typus, wovon im Folgenden ausführlicher gehandelt werden soll.

7.1. Die phonologischen Sequenzen im Vers

Betrachten wir die phonologische Struktur jenes Ausschnitts
aus einem Gedicht Konstantin N. Batjuškovs *An einen Freund*,
der die Bemerkung Puškins »Italienische Laute! Was für ein
Wundertäter ist dieser Batjuškov« hervorgerufen hat:

Nrav tíchij ángela, dar slóva, tónkij vkús,
Ljubví i óči i laníty,
Čeló otkrýtoe odnój iz vážnych múz
I prélest' dévstvennoj Charíty

[Stille Art des Engels, Gabe des Wortes, erlesener Geschmack,
Der Liebe Augen und Wangen,
Offene Stirn einer der erhabenen Musen
Und Anmut der jungfräulichen Charitin]

a i i a e a a o a o i u
u i i o i i a i y
e o o y o e o o i a y u
i e e e e o a i y

Es ist leicht festzustellen, daß sich am Ende jedes Verses das Prinzip des phonologischen Aufbaus deutlich ändert. Wenn wir drei-vier Phoneme vom Ende her abziehen, so erhalten wir eine Einteilung, in deren linker Hälfte sich die Tendenz zur phonologischen Unifikation klar ausdrückt, in ihrer rechten Hälfte aber die zur Vielfalt.

Vokalphoneme, die nur einmal auftreten, kommen zwar auch in der linken Hälfte vereinzelt vor, doch ist ihr Auftreten dort reiner Zufall, wie es beim Aufbau von Versen aus sinnvoller Lexik unumgänglich ist. Die Endungen hingegen (3-4 Phoneme vom Ende her) bestehen ausnahmslos aus einmal auftretenden Phonemen (wenn sie irgendeinen Vokal der ersten Hälfte wiederholen, so ist dies fast immer der für die linke Gruppe einzige).

Die erste Beobachtung, die man daraus ableiten kann, lautet: im Endungsbereich dieser Verse stößt phonologische Geordnetheit mit gewollter »Unordnung« zusammen.

In einer Reihe von Fällen haben wir es jedoch mit dem entgegengesetzten Übergang zur Geordnetheit gleichartiger Phoneme am Versende zu tun. Das bezeugt, daß vor allem wesentlich ist, das Konstruktionsprinzip am Ende der Struktureinheit (des Verses, der Strophe) in dem Moment zu ändern, da die Möglichkeit, das Folgende im voraus zu erraten übermäßig groß geworden ist. Führen wir ein Beispiel an:

Unýlo júnoša gljadél   [Schwermütig blickte der Jüngling
Na opustéluju ravnínu   Auf die verödete Ebene
I grústi tájnuju pričínu   Und der Wehmut geheimen Grund
Istolkovát' sebé ne smél.   Sich zu erklären wagte er nicht.]
                              ([Aus *Zigeuner* von] Puškin)

Der letzte Vers dieses Abschnittes, der selbst ein abgeschlossenes syntaktisch-intonatorisches Ganzes darstellt, sieht hinsichtlich der Phonologie der Vokale folgendermaßen aus:
i o o a e e e e

Das Prinzip des Übergangs von der Kombination verschiedener Vokale zur Wiederholung ist offenkundig.
Die strukturelle Relevanz der Kombination verschiedener Elemente nur auf den Kontrast zum Wiederholungsprinzip zu reduzieren wäre jedoch unrichtig. Sie hat eine durchaus selbständige Bedeutung.

Ókna zapotéli.	[Die Fenster sind beschlagen.
Na dvoré luná.	Draußen der Mond.
I stoíš' bez céli	Und du stehst ohne Ziel
U okná.	Am Fenster.]
	(Andrej Belyj)

Der letzte Vers erzeugt die Vokalkette u – o – a. Diese Vokale sind qualitativ verschieden und gleichzeitig durch eine bestimmte strukturelle Sequenz verbunden. Das führt zu folgender Erscheinung, die bei der Wiederholung gleichartiger struktureller Elemente nicht aufträte: die Zerlegung jedes Elements in distinktive Merkmale einer niederen Ebene, auf der es sich als möglich erweist, Gemeinsames einerseits und Verschiedenes aber Vergleichbares andererseits in der uns interessierenden Strukturordnung herauszuarbeiten.
Die Kette u – o – a enthält eine bestimmte Menge allen ihren Elementen gemeinsamer distinktiver Merkmale: die Opposition »Vokalisch – Nichtvokalisch«, »vordere Reihe – nicht vordere Reihe« verdeutlichen ihre Gemeinsamkeit. Dafür zeigen sie in bezug auf das Merkmal »Geschlossenheit – Offenheit« ein stetig graduelles Ansteigen. Die phonologische Struktur der Vokale dieses Verses aktiviert das Merkmal »Offen – Geschlossen« indem es dieses in den Rang eines bedeutungshaltigen Strukturelements erhebt:

Ón k Iovu iz tuči rek.   (Lomonosov)
(Er hat zu Hiob aus der Wolke gesprochen.)
o – i – o – u – i – u – i – e

Wenn wir das »e« ausklammern (das Auftreten eines systemexternen Phonems am Ende der Reihe ist eine uns bereits verständliche Erscheinung[1]), so können wir eine gesetzmäßige Folgerichtigkeit anstelle der auf den ersten Blick scheinbar nichtgeordneten Elemente verfolgen.

Erstens kann man sich den ganzen Vers unter dem Aspekt des Wechsels von Vokalen der vorderen und hinteren Reihe organisiert vorstellen (unter diesem Aspekt treten »o« und »u« genauso wie »i« und »e« als ein Element auf). Wenn man die Vokale der vorderen Reihe mit dem Zeichen + und die der hinteren mit – bezeichnet, ergibt sich folgendes Bild:

– + – – + – + +

Die gewisse Ungeordnetheit aktiviert vor dem Hintergrund des erwarteten idealen Schemas

– + – – + – – + (–)

nur das Merkmal des Übergangs von der einen Reihe zur anderen ohne es automatisiert und damit unbemerkt werden zu lassen.

Wenn man jedoch die gesamte Sequenz der vokalischen Phoneme des Verses in die in ihr gegebenen Dreiergruppen zerlegt, so erhält man einige Kontextgruppen vokalischer Phoneme:

oio – iou – oui – uiu – iui

Hier zieht die sukzessive Realisierung aller Möglichkeiten unser Interesse auf sich. Die Laute befinden sich in homogenem und nichthomogenem Kontext. Ein und dieselben Elemente treten einmal als zentrales Glied und einmal als Umrahmung auf. Und jede dieser Gruppen aktiviert neue distinktive Merkmal. Ein und dasselbe Phonem »i« erhält in den Umgebungen »oio« und »uiu« verschiedenen Inhalt – verschiedene distinktive Merkmale treten in den Vordergrund, die »Gruppe der Gemeinsamkeit« und die »Gruppe des Unterschieds« werden unter ihnen auf verschiedene Weise neu verteilt. Wenn wir unter diesem Aspekt zu den oben aus den *Cygane* [*Zigeuner* von Puškin] zitierten Versen zurückkehren, so bietet sich uns ein nicht uninteressantes Bild.

1 Charakteristisch ist, daß die Zerstörung (Unerwartetheit) in der phonologischen Struktur des Verses oft mit dem Reim zusammenhängt: ein systemexternes Element ist ein Element aus einem anderen System. Die Vermischung zweier *(in sich jeweils)* gesetzmäßiger Ebenen gewährleistet das notwendige Maß an Unerwartetheit.

Die Untergliederung der Phoneme in Dreiergruppen (dies wird noch dadurch gerechtfertigt, daß in diesem Text eine derartige Grenze fast überall mit den Wortgrenzen kongruiert) ergibt folgendes Schema:

```
u y o    u o a    a e
a o u    e u u    a i u
i u i    a u u    i i u
```

Wir erinnern daran, daß im letzten Vers – im vierten – das »u« überhaupt nicht vorkommt. Hier jedoch ist das »u« in den (nach Qualität und Anordnung) verschiedensten Kombinationen anzutreffen. Betrachten wir das »u« überall als ein und dasselbe Element. Dann wird es zu einem sich wiederholenden Element in einigen sich nicht wiederholenden Einheiten, zur Bedingung ihrer Übereinstimmung. Die Notwendigkeit, das Phonem »u« in distinktive Merkmale aufzuteilen, erhebt sich nicht. Vielmehr wird das Phonem selbst auf die Position eines distinktiven Merkmals in einer aus Elementen einer höheren Ebene aufgebauten Struktur reduziert. Wenn wir nun unsere Aufmerksamkeit darauf richten, daß die Gruppe »o – u« das Merkmal »Geschlossenheit« aktiviert, »i – u« das Merkmal »Gerundetheit«, »e – u« das Merkmal »hinterer Vokal« usw., wird offenkundig, daß in jedem dieser Vokale »u« verschiedene Aspekte aktualisiert sind und die Einheit selbst nicht als irgendeine physikalische Realität (wie im ersten Fall) Gestalt gewinnt, sondern als ein Konstrukt, als die Vereinigung der verschiedenen im Text gegebenen phonologischen Oppositionen. So führt uns die Vereinigung identischer Elemente zu Strukturen höherer und diejenige verschiedenartiger Elemente zu Strukturen niederer Ebenen. Und da ein Element in einer künstlerischen Konstruktion sich selbst nicht gleich ist – jede beliebige Ebene der Struktur befindet sich, wenn man hierauf die Worte Tjutčevs überträgt, »zwischen einem doppelten Abgrund« – wird es in die Sprache höherer oder niederer Ebenen der Struktur übersetzt.

Dabei ist anzumerken, daß die meisten Fälle derartiger sekundärer Semantisierung, die dadurch bedingt sind, daß den Lauten der Sprache der Poesie eine unmittelbare Bedeutungshaltigkeit zugeschrieben wird, insbesondere alle Fälle von Onomatopöie, nicht mit Phonemen, sondern mit distinktiven Merkmalen verbunden sind, da in ihnen die akustische Eigenart bedeutend unmittelbarer ausgedrückt wird. Das berühmte »tjažélozvónkoe skakán'e« [»schwertönendes Galoppieren«]* ruft natürlich verschiedenartige Assoziationen zur Welt der realen Klänge hervor und zwar nicht kraft der Wiederholung bestimmter Phoneme, sondern dadurch, daß die Opposition »z – s« [stimmhaftes – stimmloses »s«] das Merkmal der Stimmhaftigkeit bloßlegt. Die Oppositionen »v – k«, »s – k«, »n – k« aktivieren verschiedene Merkmale des Phonems »k«. So werden Stimmhaftigkeit, Explosivität, Verschluß, die leicht als Nachahmung realer Laute semantisiert werden, bloßgelegt.

Gerade die distinktiven Merkmale der Phoneme sind Träger verschiedenartiger Artikulationstypen und werden in diesem Zusammenhang leicht mit einer bestimmten Mimik verbunden, was eine sekundäre Semantisierung zur Folge hat.

Auch wo es schwierig ist, das phonologische Organisationsprinzip zu fassen, macht es sich selbst durch den Wechsel des Phonemsystems bemerkbar. Die Realität der Tendenz zum Wechsel der Struktur des Vokalismus im Vers bei den Klauseln läßt sich gut an Texten mit ausgiebiger Verwendung exotischer Namen oder transmentaler Lexik [zaumnaja leksika] (und zwar auch in »sinnlosen« Texten) nachprüfen. Die größere Freiheit der semantischen Verbindungen läßt hier die Gesetze der phonologischen Organisation unmittelbarer hervortreten. Bezeichnenderweise verdeutlicht das Vorhandensein oder Fehlen des Reims dieses Gesetz zwar mehr oder weniger, hebt es jedoch nicht auf. Führen wir zwei Beispiele an.

Im *Song of Hiawatha* Longfellows in der Übersetzung von Bunin läßt das Fehlen des Reims den phonologischen Bruch am Versende besonders anschaulich werden:

I opját' oni besédu	[Und wieder das Gespräch
Prodolžáli: govoríli	sie setzten fort: sprachen
I o Vébone prekrásnom,	sowohl über Wabun den schönen
I o túčnom Šavondázi,	als auch über den wohlbeleibten Shawondasi

* A. N. Puškin, *Mednyj vsadnik*. In: *Polnoe sobr. soč.* Bd. 5, a.a.O. (II) S. 178. [A. d. Ü.]

| I o zlóm Kabibonókke; | als auch über den bösen Kabibonokka; |
| Govoríli o Venóne [...] | sprachen über Wenonah [...]] |

i o a o i e e *u*	[Then they talked of other matters;
o o a i o o *i i*	First of Hiawatha's brothers,
i o e o e e *a o*	First of Wabun, of the East-Wind,
i o u o a o *a i*	Of the South-Wind, Shawondasee,
i o o a i o o *e*	Of the North, Kabionokka;
o o i i o e o *e*	Then of Hiawathas mother,
	Of the beautiful Wenonah [...]]

Das Przewalskipferd von Chlebnikov:

[...]
Čtob, cenój rabóty dóbity,	[Damit, als Preis der Arbeit erhalten,
Zelenée státi čóboty,	Grüner wurden die Schuhe
Černoglázye, eë	Die schwarzäugigen, seine,
Šëpot, rópot, négi stón,	Flüstern, Murren, Wonne – Stöhnen,
Kráska tëmnaja stydá,	Dunkle Farbe der Scham,
Ókna, ízby s trëch storón,	Fenster, Hütten von drei Seiten,
Vójut sýtye stadá. [...]	Heulen satte Herden.]

o e o a o *y o y y*
e e e e a i o o *y*
e o a y e e *o*
o o o o e i *o*
a a o a a *y a*
o a i y o o *o*
o u y y e *a a*

7.2. Die Syntagmatik lexikosemantischer Einheiten

Allgemeinsprachliche Elemente werden künstlerisch bedeutsam, wenn man in ihrer Verwendung eine bestimmte Absichtlichkeit beobachten kann: falls die für einen unkünstlerischen Text notwendige Norm der Richtigkeit zerstört wird, wenn die Häufigkeit oder Seltenheit einer Form wahrnehmbar von der allgemeinsprachlichen Kennziffer abweicht, wenn es für den Ausdruck dieser oder jener sprachlichen Funktion zwei (oder mehr) gleichwertige Mechanismen gibt, von denen einer ausgewählt wird usw. Als das Endergebnis der in der Sprache vorhandenen grammatischen, semantischen und stilistischen Beziehungen ergeben sich bestimmte Forderungen für den »richtigen« Aufbau der Wortketten. Die Verletzung einer dieser Regeln führt dazu, daß die abgerissene (aus der Kategorie obligatorischer in die Kategorie fakultativer übergeführte) Verbindung sich als Träger dieser oder jener Bedeutungen erweist (als obligatorische Merkmale waren sie semantisch neutral).

Die Aufhebung bestimmter in einer Sprache obligatorischer Restriktionen, die für die Verknüpfung von Worten zu Ketten (Sätzen) gelten, bildet die Grundlage für die künstlerische Syntagmatik der lexikalischen Einheiten.

Betrachten wir den grundlegenden Fall – die Aufhebung semantischer Verbote.

Die Verknüpfung lexiko-semantischer Einheiten, die in der normalen Sprache verboten (inakzeptabel) und in der Sprache der Poesie erlaubt sind, liegt den Tropen zugrunde. Betrachten wir unter diesem Aspekt die Hauptform der Tropen – die Metapher.[2]

Da sprachliche Metapher und Metapher des künstlerischen Textes völlig verschiedene Phänomene sind – die eine ist im allgemeinsprachlichen Kontext akzeptabel und kann in dieser Hinsicht dem usuellen Wort gleichgestellt werden, die andere kommt außerhalb des poetischen Kontextes dem Unsinn gleich und verfügt lediglich über okkasionelle Semantik – gilt es, für die Analyse Metaphern auszuwählen, deren Verwendung schon aus der Poesie in die normale Sprache übergegriffen hat und für nichtkünstlerische Kontexte akzeptabel geworden ist (vom Typus »das Rauschen der Wälder«, »der Schweiß stand ihm in Perlen auf der Stirn«), die Aufgabe zu erschweren, da man mit einer semantischen Struktur arbeiten müßte, die auf zweierlei Weise funktioniert. Gerade das Bestreben, die Analyse mit einfachen Fällen einzuleiten, veranlaßt uns, solche Metaphern zu betrachten, die, außerhalb des betreffenden Textes verwendet, in eine sinnlose Kombination von Wörtern verwandelt würden.

Führen wir ein Experiment durch. Nehmen wir den Satz [...]

2 Zum Mechanismus der Metapher s. Ju. I. Levin, *Struktura russkoj metafory*. In: *Trudy po znakovym sistemam*, II, Tartu 1965, S. 293-299 [Jetzt auch in dem Sb. *Teksty sovetskogo literaturovedčeskogo strukturalizma*. Ed. K. Eimermacher. = Centrifuga Bd. 5, München 1971, S. 204-210.] und Chr. Brook-Roose, *A Grammar of Metaphor*. London 1958.

[schnell verblühn die Geräusche diesseits und jenseits der Trauer*].

und fordern wir die Zuhörer auf, festzustellen, ob diese Phrase semantisch akzeptabel ist oder nicht. Der Verfasser dieser Zeilen hatte Gelegenheit, einen solchen Versuch und analoge durchzuführen. Rechnet man die Antworten derer nicht, denen die Quelle des Zitats bekannt war, so ergaben sich in der Regel folgende Resultate: die Zuhörer unterschieden diesen Satz nicht von anderen, willkürlich zusammengestellten (grammatisch akzeptablen, semantisch nicht akzeptablen) Wortketten. Am häufigsten wurde geantwortet: »In allgemeinsprachlicher Bedeutung ist das sinnlos, aber im poetischen Text kann es als sinnvoll aufgefaßt werden«[3]. Am interessantesten war folgende Antwort: »Ehe man entscheiden kann, ob semantische Akzeptabilität vorliegt oder nicht, muß man wissen, ob es sich um Verse handelt oder nicht.« Diese Antwort führt uns zum Kern der Verkettung semantischer Einheiten in der Poesie. Im nichtkünstlerischen Text haben wir es mit bestimmten semantischen Gegebenheiten und gesetzmäßigen Verfahren der Verkettung dieser Elemente in semantisch akzeptable Phrasen zu tun. Im künstlerischen Text treten die Wörter (neben ihrer allgemeinsprachlichen Bedeutung) als Pronomina – als Zeichen zur Bezeichnung eines noch ungeklärten Inhalts auf. Dieser Inhalt wird aber aus ihren Beziehungen konstruiert. Während im nichtkünstlerischen Text die Semantik der Einheiten den Charakter der Beziehungen diktiert, diktiert im künstlerischen Text der Charakter der Beziehungen die Semantik der Einheiten. Da nun der reale Text gleichzeitig sowohl künstlerische (suprasprachliche) als auch nichtkünstlerische (natursprachliche) Bedeutung hat, werden diese beiden Systeme aufeinander projiziert und jedes wird vor dem Hintergrund des anderen als »gesetzmäßige Verletzung eines Gesetzes« wahrgenommen, was wiederum den hohen Sättigungsgrad an Information bedingt.
Die übliche, noch auf Aristoteles zurückgehende Klassifikation der Metapher von einem rein logischen Standpunkt (Übertra-

* P. Celan, Ausgewählte Gedichte, Ffm 1968, S. 120.
3 Über den linguistischen Begriff der grammatikalischen Phrase s.: I. I. Revzin, *Modeli jazyka*. A.a.O., S. 60 f.

gung nach Nachbarschaft, Analogie u. dgl.) beschreibt lediglich einen Teilaspekt des Problems.

Umfassender wäre es wohl, folgendermaßen vorzugehen. Betrachten wir die Wortfolgen

Der Wolf zerriß das Lamm

und

Der Wolf zerriß den Stein.

Die grammatische Akzeptabilität der beiden Aussagen ist gleich. Semantisch ist die erste für akzeptabel zu halten, die zweite nicht. Faßt man die drei Wörter »Wolf«, »zerriß« und »Lamm/Stein« als einen Satz distinktiver Merkmale auf, so geht das Merkmal des In-Stücke-Reißens in den Begriff »Wolf« in Verbindung mit dem grammatischen Kennzeichen des Subjektes und in den Begriff »Lamm« mit dem des Objektes ein. Damit nun die vorliegenden semantischen Einheiten kombinierbar sind, müssen sie ein gemeinsames distinktives Merkmal haben.

In der Poesie gilt die umgekehrte Reihenfolge: das Faktum der Kombination führt zur Präsumption des Bestehens semantischer Gemeinsamkeit. Ein extremer und den Mechanismus daher offen zutage legender Fall liegt vor, wenn das gemeinsame Element, das zur Akzeptabilität zusätzlich hinzugefügt wird, überhaupt nicht semantisch, sondern phonologisch ist:

Tem časom, kak sérdce, pleščá po ploščádkam,
Vagónnymi dvércami sýplet v stepí [...]   (Pasternak)
[Zu der Stunde, da das Herz plätschernd über Plattformen
Sich wie Waggontüren in die Steppe ergießt]

»Pleščá po ploščádkam« (über Plattformen plätschernd) – die Gemeinsamkeit der phonologischen Gruppe »plšča« gibt dem Dichter die Kombinierbarkeit dieser Wörter ein, und dann wird, indem hier von als einem Faktum ausgegangen wird, diejenige sekundäre Bedeutung geschaffen, für die »pleskat'« (plätschern) und »ploščádka« (Plattform) jeweils für sich genommen, nur Pronomina sind, die mit okkasioneller Semantik angefüllt werden.

Es sind jedoch auch weniger extreme Fälle möglich. Der einfachste Weg zur Bildung sekundärer Bedeutungen ist die Ersetzung des erwarteten semantischen Merkmals durch das entgegengesetzte. So bedeutet in der Wortgruppe »den Abend sich

verkürzen« oder »verbringen« »Verbringen« eine Tätigkeit,
deren Sinn in der Ausfüllung einer endlichen Zeitspanne liegt,
bei »sich verkürzen« aber in der Verwandlung einer langen
Zeitspanne in eine kurze. In beiden Fällen liegt ein Bezogen-
sein auf eine gewisse Begrenztheit vor. Und allen Synonymen:
»Abend«, »Stunde«, »Zeit« oder einem beliebigen anderen ist
die Bedeutung einer meßbaren Dauer inhärent[4]. Das gemeinsame semantische Merkmal, das in die Opposition »meßbar –
nichtmeßbar« als erstes Glied eingeht, macht die Wörter also
semantisch kombinierbar. Puškin nutzt diese Erwartung, ent-
täuscht sie jedoch gleichzeitig, indem er das erste Glied der
Opposition durch das zweite ersetzt (in dem Dialog im Hades
aus einem Bruchstück des Faustentwurfs):

⟨Ved'⟩ my igráem ne ⟨iz⟩ ⟨?⟩ déneg,
A tól'ko be véčnost' provdít'!
[Wir spielen ⟨doch⟩ nicht ⟨um⟩ ⟨?⟩ Geld,
Sondern nur, um die Ewigkeit zu verbringen!]

Die Kombination des Nichtkombinierbaren – der »Ewigkeit«
mit ihrem Fehlen des Merkmals der Meßbarkeit und des Verbs
»verbringen« – aktiviert unerwartete Bedeutungsaspekte:
Ewigkeit erscheint als unmeßbare Kette meßbarer Zeitab-
schnitte (Ewigkeit, die mit Partien »Schwarzer Peter« ausgefüllt ist!). In dieser sekundären semantischen Reihe ist die
Ewigkeit nicht mehr nur ein Antonym zur Zeit (»es wird keine
Zeit mehr geben«), sondern auch ihr Synonym (sie sind in
gleichartiger Umgebung durch einander ersetzbar).
In dem Text *Raspad (Zerfall)* von Pasternak liegt ein komple-
xerer Fall vor:

Kudá časý nam zatesát'?
Kak skorotát' tebjá, raspád?
Povólž'em míra čudesá
Vzjalís', bušújut i ne spját.
[Wohin sollen wir die Uhren hauen?
Wie sollen wir dich verkürzen, Zerfall?

4 Vgl. den außerordentlich interessanten Artikel von Gunnar Jacobsson,
Razvitie ponjatija vremeni v svete slavjanskogo čas. In: *Scandoslavica IV,*
Munksgaard-Copenhagen, 1958. Darin wird die Semantik der räumlichen
Ausdehnung im allgemeinslavischen »čas« aufgedeckt.

Als Wolgagebiet der Welt haben Wunder
sich aufgemacht, tosen und schlafen nicht.]

»Den Zerfall verkürzen« – schreibt dem Zerfall das Kennzeichen zeitlicher Begrenztheit, das ihm weder in direkter noch in negativer Form eignet, zu (charakteristischerweise wird, wenn man dieses Wort in der Physik [im Russischen] mit der Bedeutung einer meßbaren Zeitspanne verwenden muß, »Periode« hinzugefügt und der unauflösliche Terminus »Periode des Halbzerfalls« [period poluraspada] gebildet [während im Deutschen auf den Terminus »Halbwertszeit« ausgewichen wird]). Diese Bedeutung des Wortes »Raspad« ist offenbar durch die Worte Hamlets am Ende des ersten Aktes über den Zerfall als einen Zwischenraum zwischen miteinander verbundenen Zeitaltern [in der russischen Übersetzung steht »raspalas' svjaz' vremen« für »The time is out of joint.«] angeregt.

Man kann also die Metapher (und weiter gefaßt: die Tropen) als Spannung zwischen der semantischen Struktur der Sprache der Kunst und der natürlichen Sprache bezeichnen. Der Charakter der Tropen führt uns besonders in die semantische Struktur der künstlerischen Sprache der Poesie als einer besonderen Struktur ein. Daraus folgt einerseits, daß das System der Tropen durch die allgemeine Struktur des künstlerischen und des gedanklich-philosophischen Denkens des jeweiligen Schriftstellers bestimmt wird und andererseits dadurch, daß das System der Tropen und andere Typen künstlerischer Syntagmatik funktional homogen sind. Nicht zufällig sind in den Gattungen, in denen der Metaphorismus entwickelt ist (beispielsweise in der sujetlosen Lyrik), die Sujetorganisation des Textes (die Syntagmatik supraphrasischer Einheiten) weniger entwickelt und vice versa.

In diesem Sinne ist der Unterschied zwischen der Metapher einerseits und den neben sie gestellten Formen von Allegorie und Symbol andererseits tiefer, als man in der Regel annimmt. Die Metapher wird als Annäherung zweier selbständiger semantischer Einheiten gebildet, Allegorie und Symbol als die Vertiefung der Beutung einer einzigen Einheit. Der Unterschied zwischen ihnen ist der Unterschied von syntagmatischer und paradigmatischer Achse der Organisation des künstlerischen Textes.

8. Die Komposition des Wortkunstwerks

8.1. Der Rahmen

Unter Komposition versteht man gewöhnlich die syntagmatische Organisiertheit der Sujetelemente. Demnach müssen die Elemente der jeweiligen Ebene paradigmatisch herausgegliedert werden, ehe ihre syntagmatische Kongruenz untersucht werden kann.

Die Ausgliederung der Sujetelemente hängt jedoch, wie wir sahen, von den grundlegenden Oppositionen ab, und diese letzteren können ihrerseits nur innerhalb eines zuvor begrenzten semantischen Feldes herausgearbeitet werden (zwei komplementäre Untermengen können nur gebildet werden, wenn zuvor eine Universalmenge gegeben ist). Daraus folgt, daß das Problem des Rahmens – der Grenze, die den künstlerischen Text vom Nichttext trennt – eines der Grundprobleme ist. Ein und dieselben Wörter und Sätze, die den Text des Werkes bilden, werden unterschiedlich in Sujetelemente aufgeteilt, jenachdem, wo die Trennlinie zwischen Text und Nichttext gezogen wird. Was sich auf der Außenseite dieser Linie befindet, partizipiert nicht an der Struktur des jeweiligen Werkes: es ist entweder kein Werk oder ein anderes Werk. So wurden z. B. im Theater des 18. Jahrhunderts die Sitzbänke der besonders privilegierten Zuschauer so auf der Bühne aufgestellt, daß die im Saal sitzenden Zuschauer auf der Bühne gleichzeitig Zuschauer und Schauspieler sahen. Aber in den künstlerischen Raum des Stückes, der innerhalb des ihn begrenzenden Rahmens lag, kamen nur die Schauspieler, weshalb der Zuschauer zwar Zuschauer auf der Bühne sah, sie aber nicht beachtete.

Der Rahmen eines Gemäldes kann ein selbständiges Kunstwerk sein, aber er befindet sich jenseits der die Leinwand begrenzenden Linie, und wir sehen ihn nicht, wenn wir das Bild anschauen. Sobald wir dabei den Rahmen als einen selbständigen Text betrachten, verschwindet die Leinwand aus dem Bereich unserer künstlerischen Betrachtung – sie befindet sich jenseits der Grenze. Ein Vorhang, der speziell für ein bestimmtes Stück bemalt wurde, geht in den Text ein, ein unveränderlicher nicht. Der Vorhang des Moskauer Künstlertheaters mit der fliegenden Möwe befindet sich für jedes einzelne Stück, das dort inszeniert wurde, außerhalb des Textes.* Doch brauchen wir uns nur alle Aufführungen dieses Theaters als einen einheitlichen Text vorzustellen (das ist bei Bestehen einer gedanklich-künstlerischen Gemeinsamkeit zwischen ihnen möglich), sowie die einzelnen Stücke als Elemente dieser Einheit, und der Vorhang befindet sich innerhalb des künstlerischen Raumes. Er wird zu einem Textelement, und wir können dann davon sprechen, daß er für die Komposition eine Rolle spielt.

Ein Beispiel für die Impermeabilität des Rahmens gegenüber den semantischen Beziehungen ist die berühmte *Büßende Magdalena* von Tizian in der Eremitage. Das Gemälde ist in einen meisterhaft gearbeiteten Rahmen gefaßt, der zwei halbentblößte Männer mit gezwirbelten Schnurrbärten zeigt. Die Kombination von Gemäldesujet und Rahmensujet ruft einen komischen Effekt hervor. Diese Kombination kommt jedoch nicht zustande, da wir beim Betrachten des Bildes den Rahmen aus unserem semantischen Feld ausschließen – er ist lediglich die konkrete Grenze des künstleischen Raumes, der ein in sich abgeschlossenes Universum bildet. Sobald wir unsere Aufmerksamkeit aber dem Rahmen als selbständigem Text zuwenden, verwandelt sich das Gemälde in dessen Grenze und unterscheidet sich in dieser Hinsicht nicht von der Wand. Der Rahmen des Gemäldes, die Rampe der Bühne, die Ränder der Filmleinwand bilden die Grenzen der in ihrer Universalität abgeschlossenen künstlerischen Welt.

Damit hängen bestimmte theoretische Aspekte der Kunst als eines modellierenden Systems zusammen. Selber räumlich begrenzt, stellt das Kunstwerk ein Modell der unbegrenzten Welt dar.

Der Rahmen des Gemäldes, die Rampe im Theater, Anfang und Ende eines literarischen oder musikalischen Werkes, die Oberflächen, die eine Skulptur oder ein architektonisches Bauwerk gegen den künstlerisch daraus ausgeschlossenen Raum abgrenzen – all dies sind verschiedene Erscheinungsformen einer allgemeingültigen Gesetzmäßigkeit der Kunst: Das Kunstwerk

---

* Die stilisierte Möwe ist Emblem des Theaters seit der Moskauer Premiere von Anton P. Čechovs Schauspiel *Die Möwe [Čajka]* im Jahre 1898, die dem Stück ebenso wie dem Theater zum Durchbruch verhalf. Bei einer Aufführung der *Möwe* gehört der Vorhang also zum Text. [A. d. Ü.]

stellt ein endliches Modell der unendlichen Welt dar. Schon allein deswegen, weil das Kunstwerk im Prinzip Abbildung des Unendlichen im Endlichen, des Ganzen in der Episode ist, kann es nicht wie eine Kopie des Objektes in den jenem eigenen Formen konstruiert werden. Es ist Abbildung einer Realität in einer anderen, d. h. stets *Übersetzung*.

Begnügen wir uns mit einem einzigen und nicht der Sphäre der Kunst entnommenen Beispiel, das den Zusammenhang zwischen dem Problem der Grenze und der Konventionalität aufzeigt, die der Sprache der Abbildung eines Objektes in einem anderen inhärent ist.

Die Geometrie Lobačevskijs hat zur Ausgangsthese die Negation des 5. Postulats von Euklid, demzufolge »man durch einen Punkt, der nicht auf einer gegebenen Geraden liegt, nicht mehr als eine Gerade ziehen kann, die zu der gegebenen parallel ist«. Die umgekehrte Annahme bricht vollständig mit den gewohnten anschaulichen Vorstellungen und kann, wie es scheint, mit den Mitteln der (nach der Terminologie Lobačevskijs) »gebräuchlichen« Verfahren der Geometrie in der Ebene nicht dargestellt werden. Sobald man jedoch, wie das der deutsche Mathematiker Felix Klein getan hat, auf der gewöhnlichen euklidischen Ebene einen Kreis einzeichnet und nur sein Inneres betrachtet, wobei man die Kreislinie und die Ebene außerhalb davon aus der Betrachtung ausschließt, erweist es sich als möglich, die Thesen der Geometrie Lobačevskijs anschaulich zu modellieren. Man braucht nur auf die Zeichnung zu blicken, um sich davon zu überzeugen, daß innerhalb des Kreises (der in seiner Begrenztheit als Abbildung des ganzen Lobačevskijschen Raumes erscheint, während die darin gezogenen Sehnen die Geraden vertreten) die These Lobačevskijs, daß es möglich sei, durch einen Punkt zwei zu einer dritten parallele Geraden (hier: Sehnen) zu ziehen, erfüllt wird. Gerade der Charakter der Begrenztheit des Raumes gestattet es, die gewöhnliche Geometrie innerhalb des Kreises als Modell für die Geometrie Lobačevskijs anzusehen.[1]

1 Auf der Zeichnung [s. S. 318] ist zu sehen, daß man in den Zwischenraum zwischen den Sehnen BD und CE innerhalb der Kreisfläche eine Reihe von Sehnen legen kann, die die Forderung erfüllten, durch den Punkt A zu verlaufen und die Sehne BC nicht zu schneiden, was unmöglich wäre, wenn wir es mit dem unbegrenzten Raum der Ebene zu tun hätten.

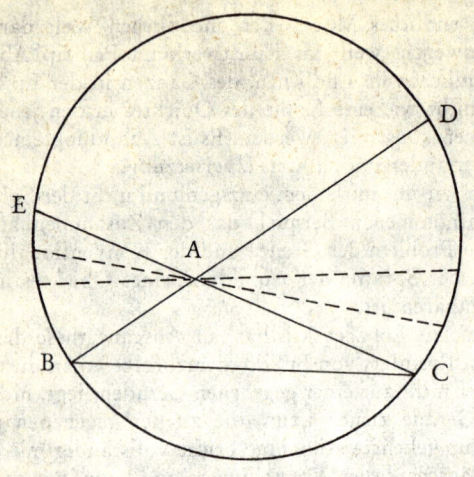

Das angeführte Beispiel hat eine direkte Beziehung zum Problem des Rahmens in der Kunst. Indem das Kunstwerk ein unbegrenztes Objekt (die Wirklichkeit) mit den Mitteln eines endlichen Textes modelliert, vertritt es mit seinem Raum nicht einen Teil (richtiger, nicht nur einen Teil) des dargestellten Lebens, sondern auch dieses ganze Leben in seiner Totalität. Jeder Einzeltext modelliert gleichzeitig sowohl irgendein besonderes als auch ein universales Objekt. So bildet das Sujet der *Anna Karenina* einerseits ein verengtes Objekt ab: das Schicksal der Heldin, das wir durchaus mit dem Schicksal einzelner Menschen, die uns in der täglichen Wirklichkeit umgeben, vergleichen können. Dieses Objekt, mit einem Eigennamen und allen anderen Merkmalen der Individualität versehen, macht jedoch nur einen Teil des in der Kunst abgebildeten Universums aus. Neben das Schicksal der Heldin kann man in dieser Hinsicht eine ungezählte Menge anderer Schicksale stellen. Dasselbe Sujet aber stellt andererseits die Abbildung eines anderen Objektes dar, das die Tendenz zu unbegrenzter Erweiterung hat. Man kann das Schicksal der Heldin als die Abbildung des Schicksals *jeder* Frau einer bestimmten Epoche und einer bestimmten sozialen Schicht, *jeder* Frau, *jedes* Menschen darstellen. Im gegenteiligen Fall riefen die Peripetien ihrer Tragödie ein rein historisches Interesse hervor und wären für den Leser, dem spezielle Probleme der Erforschung der schon Geschichte gewordenen Sitten und Gebräuche fernliegen, einfach langweilig. Demnach sind im Sujet (oder, weiter gefaßt: in jedem Erzählen) zwei Aspekte zu unterscheiden. Den einen von ihnen, bei dem der Text das ganze Universum modelliert, kann man den der Mythologie nennen, den zweiten, der irgendeine Episode der Wirklichkeit abbildet, den der Fabel. Es ist zu erwähnen, daß künstlerische Texte möglich sind, die nur nach dem mythologischen Prinzip mit der Wirklichkeit in Beziehung stehen. Das sind Texte, die *alles* nicht vermittels einzelner Episoden, sondern in Form reiner Wesenheiten abbilden, wie z. B. die Mythen. Künstlerische Texte jedoch, die nur nach dem Fabelprinzip aufgebaut sind, sind offensichtlich nicht möglich. Nicht als Modelle eines Objektes würden sie aufgefaßt, sondern als dieses Objekt selbst. Sogar wo die »Literatur des Faktums«, die Chronik des Dziga Vertov* oder das »cinéma vérité« danach streben, die Kunst durch Stücke der Realität zu ersetzen, schaffen sie unausweichlich Modelle von universalem Charakter, mythologisieren sie die Wirklichkeit, und sei es auch nur durch das Faktum der Montage oder aber der *Nichteinbeziehung* bestimmter Seiten des Objektes in den Bildwinkel der Filmkamera. Demnach ist mit dem Rahmen in erster Linie gerade der mythologisierende Aspekt des Textes verbunden, während der Fabelaspekt den Rahmen zu zerstören strebt. Der moderne künstlerische Text wird in der Regel auf dem Konflikt dieser Tendenzen, auf der strukturellen Spannung zwischen ihnen aufgebaut.

In der Praxis wird dieser Konflikt zumeist als Streit zwischen derjenigen Auffassung erfahren, das Kunstwerk sei eine konventionale Abbildung des Objektes (»Verallgemeinerung«), wie sowohl Romantiker als auch Realisten des 19. Jahrhunderts meinten, und der, es sei selbst Objekt (»Ding«), wie bei-

---

* Unter der Leitung des Regisseurs Dziga Vertov brachte die Gruppe *Kinoki* 1922-24 ein Filmjournal *Kinopravda* heraus, in dessen jeweils einem Thema gewidmeten Folgen dem darstellenden Spielfilm jener Zeit die mit Mitteln der Filmsprache wie Montage, Untertitel etc. gedeutete Realität entgegengesetzt wurde. [A. d. Ü.]

spielsweise die Futuristen meinten und andere Richtungen in
der Kunst des 20. Jahrhunderts, die mit dem Avantgardismus
in Zusammenhang standen.

Die Verschärfung dieser Auseinandersetzungen, d. h. faktisch
der Auseinandersetzungen über die Eigenart der Konventionalität in der Kunst, wird immer das Problem der Textgrenzen
verschärfen. Die Barockstatue, die nicht mehr auf einem Sockel
Platz findet, die *Sentimental Journey* von Sterne, die demonstrativ »nicht mit dem Schluß« aufhört, Stücke von Pirandello
oder Inszenierungen von Vsevolod È. Mejerchol'd, die die
Handlung über die Rampe hinaustragen, *Evgenij Onegin,* der
ohne Sujetlösung abbricht, oder das »Buch vom Soldaten« *Vasilij Tërkin,* das den Kanzlei»akten« eben wie das Leben in
seiner Unendlichkeit gegenübersteht:

Bez načála, bez koncá –	[Ohne Anfang, ohne Schluß –
Ne godítsja v »délo«! –	Paßt nicht in die »Akte«! –]

all dies sind verschiedene Formen des Konfliktes zwischen den
Textaspekten der Mythologie und der Fabel.

Das oben Gesagte ist besonders wichtig im Zusammenhang mit
dem Problem des Rahmens im verbalen künstlerischen Text.
Der Rahmen eines literarischen Werkes besteht aus zwei Elementen: Anfang und Ende. Die besondere modellierende
Funktion der Kategorien Textanfang und Textende hängt unmittelbar mit den allgemeinsten kulturellen Modellen zusammen. So bieten die allgemeinsten kulturellen Modelle z. B. für
einen sehr großen Kreis von Texten diese Kategorien in scharfer Markierung.

Für viele Mythen oder Texte des frühen Mittelalters ist die
verstärkte Funktion des Anfangs als grundlegender Grenze charakteristisch. Dies entspricht der Gegenüberstellung von Exi-
stentem als Geschaffenem und Nichtexistentem als Nicht-
geschaffenem. Der Akt der Schöpfung – des Schaffens – ist ein
Akt des Anfangs. Daher existiert, was einen Anfang hat. Im
Zusammenhang damit ist in den mittelalterlichen Chroniken
die Versicherung, das eigene Land sei kulturell, historisch und
staatlich existent, oft als Bericht über den »Anfang« dieses Lan-
des gestaltet. So bestimmt die Kiever Chronographie sich selbst
folgendermaßen: »Dies ist die Erzählung über vergange-

ne Jahre, woher das russische Land ausgegangen ist, wer in Kiev zuerst zu herrschen begann und woher das russische Land zu sein anfing.« Die *Nestorchronik [Povest' vremënnych let]* selbst ist eine Erzählung über die Anfänge.* Nicht nur die Länder, sondern auch Geschlechter und Namen existieren, wenn sie auf ihren ersten Herrscher und Begründer verweisen können.

Der Anfang hat definierende modellierende Funktion – er ist nicht nur Zeugnis der Existenz, sondern steht auch an der Stelle der späteren Kategorie der Kausalität. Ein Phänomen erklären heißt seine Herkunft angeben. So wird die Erklärung und Wertung eines beliebigen Faktums, z. B. des Brudermordes bei Fürsten, in Form eines Hinweises darauf realisiert, *wer als erster* diese Sünde beging. Ein ähnliches System von Anschauungen gibt Gogol' in der [Novelle] *Schreckliche Rache [Strašnaja mest']* wieder, wo jedes neue Verbrechen nicht als Folge der ursprünglichen Sünde auftritt, sondern als dieser erste Akt des Mordes selbst, der weiterwächst. Daher vergrößern alle Verbrechen der Nachkommen die Sünde des Urhebers der Ereignisse. Damit läßt sich die Behauptung Ivans des Schrecklichen vergleichen, Kurbskij habe durch seine Flucht ins Ausland die Seelen seiner – schon verstorbenen – Vorfahren zugrundegerichtet.** Bezeichnenderweise ist nicht von den Nachkommen, sondern von den Vorfahren die Rede. Der Text ist nicht dem Ende, sondern dem Anfang zugewandt. Die Grundfrage ist nicht »womit hat es geendet«, sondern »woher kam es«.

Man muß nun nicht meinen, dieser Typus der »Mythologisierung« sei nur charakteristisch für die *Nestorchronik* oder, sagen wir, für die *Erzählung vom Leid-Ungemach [Povest' o Gore-zloščastii]*, wo das Schicksal des »braven Burschen« durch folgende Einleitung vorbereitet wird:***

---

* Die *Nestorchronik* liegt in deutscher Übersetzung vor in: *Die altrussische Nestorchronik. Povest' vremennych let*. In Übers. hg. v. R. Trautmann. Leipzig 1931; sowie auszugsweise in: *O Bojan, du Nachtigall der alten Zeit. Sieben Jahrhunderte altrussischer Literatur*. Hg. v. H. Graßhoff u. a. Frankfurt/M. 1965. [A. d. Ü.]

** Fürst Andrej Kurbskij war 1564 im livländischen Krieg auf die litauische Seite übergewechselt und begründete dies in drei Briefen mit schweren Anklagen gegen die Regierungsführung Ivans IV., was der Zar mit dem Vorwurf des Landesverrats beantwortete. Vgl.: *O Bojan, du Nachtigall der alten Zeit*, S. 362 ff. [A. d. Ü.]

*** *O Bojan, du Nachtigall der alten Zeit*, S. 461 ff. [A. d. Ü.]

[...] A v načale veka sego tlennogo
Sotvoril nebo i zemlju,
Sotvoril bog Adama i Evu ...
[...] Ino zlo plemja čelovečesko:
V načale pošlo nepokorlivo [...]

[[...] Und im Anfang dieses hinfälligen Zeitalters
Schuf ⟨Gott⟩ Himmel und Erde,
Schuf Gott Adam und Eva [...]
[...] Anders das böse Menschengeschlecht:
Von Anfang verhielt es sich ungehorsam [...]]]

Das Bestreben, ein Phänomen durch Verweis auf seine Quellen
zu erklären, ist für einen sehr großen Kreis durchaus zeitgenös-
sischer kultureller Modelle typisch, beispielsweise für die evolu-
tionär-genetische Etappe der Wissenschaft, die, sagen wir, die
Untersuchung der Sprache als Struktur durch die Geschichte der
Sprache ersetzte, und die Analyse der Funktionen des künstlerischen Textes im Kollektiv durch Nachforschungen über die
Herkunft von Texten. Das eben Gesagte stellt nicht die Relevanz derartiger Forschungen unter Zweifel, sondern weist lediglich auf ihren Zusammenhang mit bestimmten Arten der
Abgegrenztheit kultureller Modelle hin.
Modelle von Kultur mit hoher Markiertheit des Anfangs sind
in bestimmter Weise mit dem Erscheinen von Texten verbunden, die nur von einem Standpunkt aus, dem des Anfangs, begrenzt sind.
Es lassen sich Texte nennen, die als »begrenzt« angesehen werden, wenn sie einen Anfang haben. Das Ende aber wird prinzipiell ausgeschlossen – der Text fordert eine Fortsetzung. Von
dieser Art sind die Chroniken. Es sind Texte, die nicht enden
können. Wenn der Text abgebrochen wurde, so muß sich entweder jemand finden, der ihn fortsetzt, oder der Text wird
nun als unvollständig, als defekt empfunden. Erhält er aber
ein »Ende«, so wird der Text unvollständig. Prinzipiell offenen Charakter haben Texte wie die aktuellen Couplets vom
Typus der Noëls, die je nach Entwicklung der Ereignisse fortgesetzt werden müssen. Auf demselben Prinzip sind der *Sänger im Lager der russischen Krieger [Pevec vo stane russkich
vojnov]* von Žukovskij und das *Irrenhaus [Dom sumasšedšich,
1814-38]* von Voejkov aufgebaut. Es ließe sich auch auf Werke

verweisen, die, in Kapiteln oder Folgen publiziert, vom Autor fortgesetzt werden, nachdem dem Leser ein Teil des Textes bereits bekanntgeworden ist: *Evgenij Onegin* oder *Vasilij Tërkin*. Charakteristisch ist, daß Puškin im Moment der Umwandlung der im Verlauf einer Reihe von Jahren publizierten »Sammlung bunter Kapitel« in ein Buch, einen einheitlichen Text, diesem nicht Merkmale der »Abgeschlossenheit« beigab, sondern sogar die Funktion des Anfangs abschwächte: Durch die Parodie auf die klassizistische Einleitung in ein Poem im siebten Kapitel (»zwar kommt sie spät, doch es gibt eine Einleitung«) betonte er die »Anfangslosigkeit« des Poems. Eine analoge Transformation erfuhr auch der *Tërkin*. Züge desselben Konstruktionsprinzips kann man auch in der Komposition der Serien von Novellen, Romanen oder Filmen erkennen, die fortgesetzt werden, weil die Autoren sich nicht entschließen können, den dem Leser schon liebgewordenen Helden »umzubringen«, oder weil sie den kommerziellen Erfolg der Erstwerke ausnutzen.

Da unbestrittenermaßen die moderne Literaturzeitschrift in bestimmtem Grade als einheitlicher Text empfunden wird, haben wir es auch hier mit einem Aufbau zu tun, der einen fixierten Anfang und ein »offenes« Ende aufweist.

Während der Anfang des Textes in unterschiedlichem Ausmaß mit der Modellierung einer Ursache zusammenhängt, aktiviert das Ende das Merkmal des Ziels.

Von eschatologischen Legenden bis hin zu utopischen Lehren können wir die starke Vertretung von kulturellen Modellen verfolgen, in denen bei erheblich verminderter modellierender Funktion des Anfangs das Ende markiert ist.

Im Zusammenhang mit dem verschiedenen Grad der Markiertheit des Anfangs oder Endes in kulturellen Modellen von verschiedenem Typus treten Geburt bzw. Tod als Grundmomente des Seins in den Vordergrund, entstehen Sujets vom Typus *Geburt eines Menschen [Roždenie čeloveka* (Gor'kij)], *Drei Tode [Tri smerti* (Tolstoj)*], Der Tod des Ivan Il'ič [Smert' Ivana Il'iča* (Tolstoj)*]*. Gerade die Verstärkung der modellierenden Funktion des Textendes (das Leben des Menschen und ebenso seine Beschreibung werden als besondere Texte aufgefaßt, die eine Information von großer Wichtigkeit enthalten) provoziert den Protest dagegen, daß das Ende als Hauptträger der Bedeutung angesehen wird. Es entsteht der in diesem System wie ein Oxymoron wirkende Ausdruck »sinnloses Ende«, »sinnloser Tod«; Sujets, die dem sinnlosen Untergang, der unenträtselten Vorbestimmung der Helden gewidmet sind:

Spój o tóm, čto ne sveršíl on,
Dlja čegó ot nás spešíl on [...]

[Singe von dem, was er nicht vollbracht hat,
Weshalb er von uns geeilt ist [...]]

(Aleksandr Blok)

Bei Lermontov stehen in dem Brief an M. A. Lopuchina vom 28. August 1832 nebeneinander zwei Gedichte. In dem einen wird von dem Streben gesprochen, dem durchdachten und zielgerichteten Dasein eines Menschen zugunsten des elementaren Lebens der Natur zu entsagen:

Dlja čegó ja ne rodílsja
Ėtoj síneju volnój? –
. . . .
Ne strašílsja b múki áda,
Ráem ne byl by prel'ščën;
. . . .
Byl by vólen ot roždén'ja
Žít' i kónčit' žízn' mojú! –

[Weshalb wurde ich nicht geboren
Als diese blaue Welle? –
. . . .
Nicht fürchtete ich die Qualen der Hölle,
Vom Paradies wäre ich nicht verlockt;
. . . .
Ich wäre frei von Geburt an,
Zu leben und zu beenden das Leben mein! –]

In dem anderen Gedicht findet sich offene Polemik gegen die Anschauung, die Sinnhaftigkeit des Lebens liege in seinem Ende:

Konéc! Kak zvúčno ėto slóvo,
Kak mnógo, – málo mýslej v nëm!

[Ende! Wie klangvoll ist dieses Wort?
Wie viel, – wie wenig Gedanken sind in ihm!]

Man könnte hiermit die Hervorgehobenheit der modellierenden Funktion des Endes in jeder der Novellen des *Helden unserer Zeit* und ihre Gedämpftheit im Text des Romans als ganzem vergleichen. Das persönliche Schicksal Pečorins »endet«
lange vor Ende des Textes: Der Tod des Helden wird im »Vorwort« zu seinem »Tagebuch« mitgeteilt, d. h. in der Mitte des
Textes, der Roman schließt aber gleichsam mitten im Wort:
»Mehr konnte ich aus ihm nicht herausbringen: Überhaupt ist
er kein Freund von metaphysischen Disputen.« Das Poem
Saška wird bewußt als Fragment geschaffen, das keinen Schluß
hat.
Indessen ist die modellierende Funktion des Endes z. B. für das
heutige gängige Denken offensichtlich sehr bedeutsam (vgl. die
Neigung, Bücher vom Ende her zu lesen oder auf das Ende
»verstohlen einen Blick zu werfen«).
Das ist besonders wesentlich im Zusammenhang mit dem Problem des Rahmens im verbalen künstlerischen Text. Der Rahmen eines Literaturwerks besteht aus zwei Elementen – Anfang und Ende. Nehmen wir ein Beispiel für die Funktion, die
das Ende als Rahmen des Textes hat. In einem literarischen
Werk neuerer Zeit verbinden sich mit dem Begriff »Ende« bestimmte Sujetsituationen. So hat Puškin in dem Fragment *An
den ›Onegin‹, so ratet ihr, Freunde* typische »End«-Situationen
bestimmt:

Vy za »Onégina« sovétuete, drúgi,
Opját' prinját'sja mne v osénnie dosúgi.
Vy govoríte mne: on žív i ne ženát.
Iták, eščë román ne kónčen [. . .]

[An den »Onegin«, so ratet ihr, Freunde,
soll ich von neuem herangehen in herbstlichen Mußestunden.
Ihr sagt mir: er lebt und ist nicht verheiratet.
Also ist der Roman noch nicht beendet [. . .]]

Das schließt nicht aus, daß der Text demonstrativ mit einem
»Nicht-Schluß« enden kann (die *Sentimental Journey* von
Sterne) und daß bestimmte Typen der Durchbrechung einer
Schablone sich ihrerseits in Schablonen verwandeln können.

Betrachten wir die abgedroschenste Vorstellung vom »Ende«, das »happy end«. Wenn der Held stirbt, endet das Werk unserer Auffassung nach tragisch, wenn er aber heiratet, eine große Entdeckung macht oder die Produktionsziffern des Betriebes erhöht – glücklich. Dabei ist von Interesse, daß das Erlebnis des Textendes als eines glücklichen oder unglücklichen vollkommen andere Merkmale enthält, als wenn von einem wirklichen Ereignis die Rede wäre. Wenn jemand von einer tatsächlichen historischen Begebenheit erzählt, die sich im vorigen Jahrhundert ereignet hat, und uns mitteilt, die Hauptfigur sei heute nicht mehr am Leben, so werden wir diese Mitteilung nicht als betrüblich empfinden: Uns ist von vornherein bekannt, daß ein Mensch, der vor hundert Jahren gewirkt hat, heute tot sein muß. Man braucht das gleiche Ereignis jedoch nur als Gegenstand für ein Kunstwerk auszuwählen, und die Situation verändert sich von Grund auf. Endet der Text mit dem Sieg des Helden, so hat die Erzählung nach unserer Auffassung einen guten Ausgang; führt der Text die Schilderung bis zu seinem Tod, schlägt unser Eindruck um.

Worum handelt es sich hier?

Im Kunstwerk bleibt der Gang der Ereignisse in dem Moment stehen, da das Erzählen abbricht. Danach geschieht nichts mehr, und es versteht sich von selbst, daß der Held, der bis zu diesem Moment lebt, überhaupt nicht sterben wird, daß, wer Liebe gewann, sie nicht mehr verliert, und daß, wer gesiegt hat, in Zukunft nicht besiegt wird, denn jede weitere Handlung ist ausgeschlossen.

Darin wird die Doppelnatur des künstlerischen Modells erkennbar: Indem es ein einzelnes Ereignis abbildet, bildet es gleichzeitig auch das ganze Panorama der Welt ab; indem es vom tragischen Schicksal der Heldin erzählt, schildert es die Tragik der Welt insgesamt. Deshalb ist das gute oder schlimme Ende für uns so bedeutsam: Es zeugt nicht nur vom Abschluß der einzelnen Sujets, sondern auch von der Konstruktion der Welt im ganzen.

Bezeichnenderweise versteht man die Schlußepisode in den Fällen, da sie zur Ausgangsepisode für eine neue Erzählung wird (das Lebensende ist für den Christen der Anfang der jenseitigen Existenz; das glückliche Ende des *Barbiers von Sevilla* wird dramatische Ausgangssituation für die *Hochzeit des Figa-*

ro u. dgl. m.), deutlich als neue Geschichte. Die häufig auftretenden Schlußformeln erzählender Sujets vom Typus »dies
aber ist bereits eine völlig andere Geschichte«, »doch davon
beim nächsten Mal«, sind nicht zufällig.

Im modernen Erzählen jedoch haben die Kategorien Textanfang und Textende noch eine weitere Funktion. Beim Beginn
der Lektüre eines Buches, zu Beginn einer Film- oder Theater-
vorstellung ist der Leser oder Zuschauer möglicherweise nicht
vollständig oder überhaupt nicht darüber informiert, in welchem System der Text, der ihm vorgelegt wird, codiert ist.
Selbstverständlich ist er daran interessiert, eine möglichst vollständige Vorstellung von Gattung und Stil des Textes und von
den spezifischen künstlerischen Codes zu bekommen, die er in
seinem Bewußtsein für die Rezeption des Textes zu aktivieren
hat. Informationen darüber entnimmt er hauptsächlich dem
Anfang. Diese Frage kann sich natürlich, zeitweise in Gestalt
eines Kampfes zwischen Text und Schablone, durch das ganze
Werk hinziehen, und sehr oft erscheint das Ende in der Rolle
eines »Anti-Anfangs«, einer Pointe, die parodistisch oder auf
irgendeine andere Weise das ganze System der Textcodierung
umdeutet. Dadurch wird insbesondere eine ständige Entauto-
matisierung der verwendeten Codes und eine extreme Verminderung der Redundanz des Textes erreicht.

Und trotzdem ist die codierende Funktion im modernen Prosatext dem Anfang zugewiesen, und die sujethaft-»mythologisierende« dem Ende. Da in der Kunst Regeln in beträchtlichem
Maße dem Zweck dienen, ihre künstlerisch bedeutungshaltige
Verletzung zu ermöglichen, schafft selbstverständlich auch im
vorliegenden Fall diese typenspezifische Verteilung der Funktionen Möglichkeiten für zahlreiche variante Abweichungen.

8.2. Das Problem des künstlerischen Raumes

Die Vorstellungen vom Kunstwerk als einem in gewisser Weise
abgegrenzten Raum, der in seiner Endlichkeit ein unendliches
Objekt abbildet – die im Verhältnis zum Werk äußere Welt –
haben zur Folge, daß unsere Aufmerksamkeit sich dem Problem
des künstlerischen Raumes zuwendet.

Wenn wir mit den bildenden (räumlichen) Künsten zu tun haben, zeigt sich dies besonders deutlich: Die Regeln der Abbildung des mehrdimensionalen und unbegrenzten Raumes der Wirklichkeit im zweidimensionalen und begrenzten Raum des Gemäldes werden zu dessen spezifischer *Sprache.* So werden z. B. die Gesetze der Perspektive als Mittel der Abbildung eines dreidimensionalen Objektes in seinem zweidimensionalen Bild in der Malerei zu einem der Grundmerkmale dieses modellierenden Systems.

Aber nicht nur Texte der bildenden Kunst können wir als abgegrenzte Räume ansehen. Die besondere Eigenart der visuellen Wahrnehmung der Welt, die dem Menschen eigentümlich ist und zum Ergebnis hat, daß den Menschen als Denotate der verbalen Zeichen in den meisten Fällen räumliche, sichtbare Objekte erscheinen, führt zu einer bestimmten Wahrnehmung der verbalen Modelle. Das ikonische Prinzip, die Anschaulichkeit ist auch ihnen in vollem Maße eigen. Folgendes Gedankenexperiment läßt sich durchführen: Stellen wir uns einen extrem verallgemeinerten Begriff vor, vollkommen abstrahiert von irgendwelchen konkreten Merkmalen, irgendein *Alles,* und versuchen wir, seine Merkmale für uns zu bestimmen. Es ist nicht schwer, sich davon zu überzeugen, daß diese Merkmale für die meisten Menschen räumlichen Charakter haben werden: »Unbegrenztheit« (d. h. eine Beziehung zur rein räumlichen Kategorie der Grenze; zudem ist »Unbegrenztheit« im gewöhnlichen Bewußtsein der meisten Menschen lediglich ein Synonym für sehr großes Ausmaß, für ungeheure Ausdehnung), die Fähigkeit, Teile zu haben. Gerade auch der Begriff der Universalität hat, wie eine Reihe von Versuchen gezeigt hat, für die meisten Menschen deutlich räumlichen Charakter.

Auf diese Weise wird die Raumstruktur des Textes zum Modell für die Raumstruktur der Welt, und die interne Syntagmatik der Elemente innerhalb des Textes zur Sprache des räumlichen Modellierens.

Damit ist das Problem jedoch nicht erschöpft. Der Raum ist »die Gesamtheit homogener Objekte (Erscheinungen, Zustände, Funktionen, Figuren, Werte von Variablen u. ä.), zwischen denen Relationen bestehen, die den gewöhnlichen räumlichen Relationen ähnlich sind (Kontinuität, Abstand u. ä.). Betrachtet man dabei eine gegebene Gesamtheit von Objekten als Raum, so abstrahiert man von allen Eigenschaften dieser Objekte außer denjenigen, die durch diese in Betracht gezogenen raumähnlichen Relationen definiert werden.«[2]

Daher rührt die Möglichkeit der räumlichen Modellierung von Begriffen, die an und für sich nicht räumlicher Natur sind. Physiker und Mathematiker bedienen sich dieser Eigenschaft des räumlichen Modellierens in großem Ausmaß. Den in Optik oder Elektrotechnik extensiv genutzten räumlichen Modellen liegen die Begriffe »chromatischer Raum« und »Phasenraum« zugrunde. Besonders wichtig ist diese Eigenschaft der räumlichen Modelle für die Kunst.

Schon auf der Ebene supratextuellen, rein ideologischen Modellierens erweist sich die Sprache der räumlichen Relationen als eines der grundlegenden Mittel zur Erfassung der Wirklichkeit. Die Begriffe »hoch – niedrig«, »rechts – links«, »nah – fern«, »offen – geschlossen«, »abgegrenzt – unabgegrenzt«, »diskret – kontinuierlich« bilden dabei das Material für den Aufbau von kulturellen Modellen mit keineswegs räumlichem Inhalt und erhalten die Bedeutung: »wertvoll – wertlos«, »gut – schlecht«, »eigen – fremd«, »zugänglich – unzugänglich«, »sterblich – unsterblich« u. dgl. m. Die allgemeinsten sozialen, religiösen, politischen und moralischen Modelle der Welt, mit Hilfe derer der Mensch in den verschiedenen Etappen seiner Geistesgeschichte das ihn umgebende Leben begreift, sind stets mit räumlichen Charakteristika versehen, etwa in der Art der Gegenüberstellung »Himmel – Erde« oder »Erde – unterirdisches Reich« (eine vertikale dreigliedrige Struktur, organisiert auf der Achse Oben – Unten), oder in der Form einer sozial-politischen Hierarchie mit markierter Opposition von »Oberen« und »Unteren«, oder in der Art der moralischen Merkmalhaltigkeit der Opposition »rechts – links« (vgl. die Ausdrücke: die rechte Hand vom Chef, er hat zwei linke Hände, xy ist ein linker Vogel). Vorstellungen von »erhabenen« und »erniedrigenden« Gedanken, Beschäftigungen, Berufen; die Gleichsetzung des »Nahen« mit dem Verständlichen, Eigenen, Verwandten, und des »Fernen« mit dem Unverständlichen und Fremden – all dies wird zu Modellen der Welt zusammengefügt, die mit eindeutig räumlichen Merkmalen versehen sind.

2 A. D. Aleksandrov, *Abstraktnye prostranstva*. In: *Matematika, eë soderžanie, metody i značenie*, Bd. 3, M. 1956, S. 151.

Die historischen und nationalsprachlichen Modelle des Raumes werden zur organisierenden Grundlage für den Aufbau eines »Bildes der Welt« – eines einheitlichen ideologischen Modells, das dem jeweiligen Kulturtyp eignet. Vor dem Hintergrund dieser Konstruktionen werden auch die besonderen, von dem einen oder anderen Text oder einer Gruppe von Texten geschaffenen räumlichen Modelle bedeutungshaltig. So stehen z. B. in der Lyrik Tjutčevs »Oben« und »Unten« einander gegenüber – abgesehen von der einem sehr großen Kreis von Kulturen gemeinsamen Interpretation in dem System »gut – böse«, »Himmel – Erde« – ebenso wie »Dunkel« und »Nacht« dem »Licht«, dem »Tag« gegenüberstehen, »Stille« dem »Lärm«, »Einfarbigkeit« der »Buntheit«, »Größe« der »Nichtigkeit« und »Ruhe« der »Ermattung«.

Es wird ein an der Vertikalen orientiertes übersichtliches Modell des Weltaufbaus geschaffen. In einer Reihe von Fällen wird »Oben« mit »Weite« und »Unten« mit »Enge« gleichgesetzt oder aber »Unten« mit »Materialität« und »Oben« mit »Geistigkeit«. Die Welt des »Unten« ist die des Tages:

O, kak pronzítel'ny i díki,
Kak nenavístny dlja menjá
Sej šúm, dvižén'e, góvor, klíki
Mladógo, plámennogo dnjá!

[Oh, wie durchdringend und wild,
Wie verhaßt sind für mich
Dieser Lärm, Bewegung, Gerede, Schreie
Des jungen, flammenden Tages!]

In dem Gedicht *Die Seele wäre gern ein Stern* findet sich eine interessante Variante dieses Schemas:

Dušá chotéla b byt' zvezdój,
No ne togdá, kak s néba polunóči
Sií svetíla, kak živýe óči,
Gljadját na sónnyj mír zemnój, –

No dněm, kogdá, sokrýtye kak dýmom
Paljáščich sólnečnych lučéj,
Oní, kak božestvá, gorját svetléj
V ěfíre čístom i nezrímom.

[Die Seele wäre gern ein Stern,
Doch nicht dann, wenn vom Himmel der Mitternacht
Diese Lichter, wie lebendige Augen,
Blicken auf die schlafende irdische Welt, –

Sondern am Tag, wenn, verborgen wie vom Rauch
Der sengenden Sonnenstrahlen,
Sie, wie Gottheiten, heller brennen
Im reinen und unsichtbaren Äther.]

Die Opposition »Oben« (Himmel) und »Unten« (Erde) vor
allem erfährt hier eine durchaus eigene Interpretation. In der
ersten Strophe ist das einzige Epitheton, das sich auf die semantische Gruppe »Himmel« bezieht, »lebendige«, und für
»Erde«: »schlafend«. Wenn wir uns vergegenwärtigen, daß
»Schlaf« für Tjutčev stets Synonym für den Tod ist, z. B.:

Est' bliznecý – dlja zemnoródnych
Dva božestvá, – to Smért' i Són,
Kak brát s sestróju dívno schódnych [. . .]

[Es gibt Zwillinge – für die Erdgeborenen
Zwei Gottheiten, – das sind Tod und Schlaf,
Wie der Bruder der Schwester wundersam ähnlich [. . .]] –

dann wird offenbar: Hier wird »Oben« als Sphäre des Lebens,
und »Unten« als Sphäre des Todes interpretiert. Diese Art der
Deutung kehrt bei Tjutčev ständig wieder: die emportragen-
den Flügel sind bei ihm immer »lebendige«. (»Ach, wenn doch
die lebendigen Flügel der Seele, die über der Menge schwebt
[. . .]« Oder: »Mutter Natur gab ihm zwei mächtige, zwei lebendige Flügel«). Für die Erde hingegen ist die Bestimmung
»Staub« üblich:

O, ètot Júg, o, èta Nícca! . . .
O, kak ich blésk menjá trevóžit!
Žizn', kak podstrélennaja ptíca,
Podnját'sja chóčet – i ne móžet . . .

Net ni polëta, ni razmáchu –
Visját polómannye krýl'ja,
I vsjá oná, prižávšis' k práchu,
Drožít ot bóli i bessíl'ja . . .

[O, dieser Süden, o, dieses Nizza! . . .
O, wie ihr Glanz mich unruhig macht!
Das Leben, wie ein angeschossener Vogel,
Möchte sich emporheben – und kann nicht . . .

Da ist weder Flug noch Flügelschlag –
Die gebrochenen Flügel hängen,
Und durch und durch, in den Staub geschmiegt,
Zittert es vor Schmerz und Entkräftung . . .]

Hier befindet sich »Glanz« – die Helle und Farbenpracht des
südländischen Tages – in einer Synonymreihe mit »Staub« und
der Unmöglichkeit des Fluges.
Doch die »Nacht« der ersten Strophe ermöglicht, indem sie sich
sowohl über den Himmel als auch über die Erde ausbreitet,
einen bestimmten Kontakt zwischen diesen einander gegen-
überliegenden Polen der Weltstruktur bei Tjutčev. Nicht zufällig sind sie in der ersten Strophe durch ein, wenn auch ein-
seitiges, Verbum des Kontaktes verbunden (»blicken auf«). In
der zweiten Strophe breitet der »Tag« auf der Erde sich nicht
auf das ganze Weltgebäude aus. Er erfaßt lediglich das »Unten« der Welt. Die sengenden Sonnenstrahlen verhüllen »wie
mit Rauch« nur die Erde. Oben aber, den Blicken unerreichbar
(»unsichtbar« – auch darin ist die Möglichkeit von Kontakten
abgeschnitten), herrscht die Nacht. So ist »Nacht« – der ewige
Zustand des »Oben« – dem »Unten«, der Erde, nur periodisch
eigen. Und das auch nur in den Augenblicken, wenn das
»Unten« viele ihm eigentümlicher Züge verliert: Buntheit,
Lärm, Bewegtheit.
Wir setzen uns nicht zum Ziel, das Bild Tjutčevs vom räumlichen Aufbau der Welt erschöpfend zu behandeln – uns geht
es hier vielmehr darum, zu betonen, daß das räumliche Modell
der Welt in diesen Texten zum organisierenden Element wird,
um das herum auch die nichträumlichen Charakteristika aufgebaut werden.
Zitieren wir ein Beispiel aus der Lyrik von Nikolaj A. Zabolockij [1903-1958], in dessen Schaffen die räumlichen Strukturen ebenfalls eine sehr große Rolle spielen. Vor allem ist in seiner Poesie die wichtige modellierende Funktion der Opposition »Oben – Unten« zu vermerken. Dabei erweist sich »Oben«
stets als Synonym für den Begriff »Ferne«, und »Unten« für

»Nähe«. Daher ist jede ortsverändernde Bewegung letzten Endes eine Bewegung nach oben oder unten. Bewegung wird im Grunde genommen nur von einer – der vertikalen – Achse organisiert. So befindet im Gedicht *Schlaf [Son]* der Autor sich im Traum »in sprachloser Gegend«. Die ihn umgebende Welt erhält vor allem die Charakteristik des *Fernen* (»Ich schwamm fort, ich durchstreifte die Ferne«) und *Abgelegenen* (äußerst Fremden).

Doch etwas weiter zeigt sich, daß diese ferne Welt unendlich *hoch* liegt:

Mostý v neobozrímoj vyšiné
Viséli nad uščél'jami proválov [...]

[Brücken in unerschaubarer Höhe
Hingen über Klüften von Abgründen [...]]

Die Erde liegt weit unten:

My s mál'čikom na ózero pošlí,
On údočku kudá-to vníz zakínul
I néčto, doletévšee s zemlí,
Ne toropjás', rukóju otodvínul.

[Ich ging mit dem Knaben zum See,
Er warf irgendwo hinunter die Angel aus
Und schob etwas, das von der Erde geflogen kam,
Ohne Eile mit der Hand beiseite.]

Diese vertikale Achse organisiert gleichzeitig auch den ethischen Raum: Das Böse befindet sich bei Zabolockij stets unten. So ist in den *Kranichen* [*Žuravli*] die moralische Nuancierung der Achse »Oben – Unten« bis zum Äußersten entblößt: Das Böse kommt von unten, die Rettung vor ihm ist ein jähes Aufschwingen nach oben:

Čërnoe zijájuščee dúlo
Iz kustóv navstréču podnjalós'
. . . .
I, rydán'ju górestnomu vtórja,
Žuravlí rvanúlis' v vyšinú.

Tól'ko tám, gde dvížutsja svetíla,
V iskuplén'e sóbstvennogo zlá
Im priróda snóva vozvratíla
Tó, čto smért' s sobóju uneslá:
Górdyj dúch, vysókoe stremlén'e,
Vólju nepreklónnuju k bor'bé [. . .]

[Eine schwarze gähnende Gewehrmündung
Hob aus den Büschen sich entgegen
. . . .
Und, dem kummervollen Schluchzen antwortend,
Schwangen sich die Kraniche jäh in die Höhe.

Erst dort, wo die Gestirne sich bewegen,
Zur Sühne für das eigene Böse
Gab ihnen die Natur wieder zurück,
Was der Tod mit sich fortgenommen hatte:
Stolzen Mut, hohes Streben,
Unbeugsamen Willen zum Kampf [. . .]]

Die Kongruenz von Hohem und Fernem und die konträre
Charakteristik des »Unten« machen das »Oben« zu der Richtung, in der sich der Raum erweitert. Je höher, desto endloser
ist die Weite, je tiefer, desto enger. Der Endpunkt des Unten
birgt den ganz geschwundenen Raum in sich. Daraus folgt, daß
Bewegung nur oben möglich ist und daß die Opposition »Oben
– Unten« zur strukturellen Invariante nicht nur der Antithese
»gut – böse«, sondern auch der Antithese »Bewegung – Bewegungslosigkeit« wird. Der Tod – das Abbrechen von Bewegung – ist eine Bewegung nach unten:

A vožák v rubáške iz metálla
Pogružálsja médlenno na dnó [. . .]

[Und das Leittier in einem Hemd aus Metall
Sank langsam auf den Grund [. . .]]

Im *Schneemenschen* [*Snežnyj čelovek*] ist das in der Kunst des
20. Jahrhunderts übliche räumliche Schema: die Atombombe
als Tod *von oben* – zerstört. Der Held – »Schneemensch« – ist
nach oben gestellt, der Atomtod kommt *von unten*, und im
Sterben fällt der Held *nach unten*:

Govorját, čto v Gimalájach gdé-to,
Výše chrámov i monastyréj,
On živët, nevédomyj dlja svéta
Pervobýtnyj výkormyš zveréj.

. . . .

V górnye uprjátan katakómby,
On i znát' ne znáet, čto pod ním
Gromozdjátsja átomnye bómby,
Vérnye chozjáevam svoím.

Nikogdá ich tájny ne otkróet
Gimalájskij ètot troglodít,
Dáže ésli, slóvno asteróid,
Ves' pylája, v bézdnu poletít.

[Man sagt, daß im Himalaja irgendwo,
Höher als Tempel und Klöster,
Er lebt, ein der Welt unbekannter
Urzeitlicher Zögling der Raubtiere.

. . . .

Verborgen in Bergkatakomben,
Weiß er nicht einmal, daß unter ihm
Auftürmen sich Atombomben,
Treu ihren Herren.

Niemals ihr Geheimnis wird enthüllen
Dieser himalajische Troglodyt,
Nicht einmal, wenn er, gleichsam Asteroid,
Ganz in Flammen, in den Abgrund fliegt.]

Im Zusammenhang mit der Zunahme der Komplexität des Begriffes »Unten« wird bei Zabolockij freilich oft auch der Begriff der Bewegung komplexer. Es handelt sich darum, daß »Unten« als Antithese zu Oben, Raum, Bewegung, nicht der Endpunkt des Sinkens ist. Das mit dem Tode verbundene Hinausgehen in eine Tiefe, die noch unter dem gewohnten Horizont in den Gedichten Zabolockijs liegt, ruft unerwartet Merkmale hervor, die an einige Eigenschaften des »Oben« erinnern. Für das Oben ist das Fehlen erstarrter Formen charakteristisch – die Bewegung wird hier als *Metamorphose* interpretiert, als Verwandlung, wobei die Kombinationsmöglichkeiten nicht im voraus vorhergesehen sind:

Ja chorošó zapómnil vnéšnij víd
Vsech étich tél, plyvúščich iz prostránstva:

Spletén'e fórm, i výpuklosti plít,
I díkost' pervobýtnogo ubránstva.
Tam tónkosti ne vídno i sledá,
Iskússtvo fórm tam jávno ne v počéte [...]

[Ich erinnerte mich gut an die äußere Gestalt
Aller dieser Körper, die aus dem Raum dahersegelten:
Ein Geflecht von Formen, und Wölbungen von Platten,
Und die Roheit urtümlicher Ausschmückung.
Dort ist von Feinheit keine Spur zu sehen,
Kunst der Formen steht dort offenbar nicht in Achtung [...]]

Diese Zerlegung und Verstellung der irdischen Formen ist zugleich eine Eingliederung der Formen in ein allgemeineres kosmisches Leben. Doch dasselbe bezieht sich auch auf den unterirdischen, postmortalen Weg des menschlichen Körpers. Zu den
verstorbenen Freunden gewandt, sagt der Dichter [*Abschied
von den Freunden (Proščanie s druz'jami), 1952*]:

Vy v tój strané, gde nét gotóvych fórm,
Gde vsë raz-játo, sméšano, razbíto,
Gde vmésto néba – liš' mogíl'nyj chólm [...]

[Ihr seid in jenem Land, wo es keine fertigen Formen gibt,
Wo alles zertrennt, vermischt, zerschlagen ist,
Wo anstelle des Himmels – nur der Grabhügel ist [...]]

So erscheint als unbeweglicher Gegensatz zum »Oben« die Erd-
oberfläche – *der Raum, in dem das alltägliche Leben sich ab-
spielt*. Über und unter ihm ist Bewegung möglich. Doch wird
diese Bewegung spezifisch verstanden. Die mechanische Orts-
veränderung unveränderter Körper im Raum wird der Unbeweglichkeit gleichgesetzt, Beweglichkeit ist Verwandlung.
Im Zusammenhang damit tritt im Schaffen Zabolockijs eine
neue wesentliche Opposition hervor: Unbeweglichkeit wird
nicht nur der mechanischen Verschiebung gleichgesetzt, sondern
auch jeder eindeutig vorherbestimmten, vollständig determi-
nierten Bewegung. Solch eine Bewegung wird als Knechtschaft
empfunden, und ihr wird die Freiheit gegenübergestellt – die
Möglichkeit der Nichtvorhersagbarkeit (in Termini der zeitgenössischen Wissenschaft könnte man diese Opposition des
Textes als die Antinomie Redundanz – Information darstel-

len). Das Fehlen von Freiheit, Auswahl, ist ein Zug der materiellen Welt. Ihr steht die freie Welt der Gedanken gegenüber. Solch eine Interpretation dieser Gegenüberstellung, die für den ganzen frühen und einen bedeutenden Teil der Gedichte des späten Zabolockij charakteristisch ist, bestimmte die von ihm vorgenommene Einreihung der Natur in die niedrige, unbewegliche und sklavische Welt. Diese Welt ist von Hoffnungslosigkeit und Unfreiheit erfüllt und steht der Welt der Gedanken, der Kultur, der Technik und des Schaffens gegenüber, die Auswahl und Freiheit zur Aufstellung von Gesetzen geben, wo die Natur nur sklavische Ausführung diktiert:

I ujdët mudréc, zadúmčiv,
I živët, kak neljudím,
I priróda, vmíg naskúčiv,
Kak tjur'má, stoít nad ním.

[Und weggeht der Weise, nachdenklich,
Und lebt wie ein Menschenscheuer,
Und die Natur, mit einem Mal lästig geworden,
Wie ein Gefängnis, steht über ihm.

[Zmei (Die Schlangen), 1929]

U živótnych nét nazván'ja.	Die Tiere haben keine Namen.
Któ im zvát'sja povelél?	Wer befahl ihnen zu heißen?
Ravnomérnoe stradán'e –	Gleichmäßiges Leiden ist
Ich nevídimyj udél.	Ihr unsichtbares Los.
. . . .	. . . .
Vsjá priróda ulybnúlas',	Die ganze Natur hat gelächelt
Kak vysókaja tjur'má.	Wie ein hohes Gefängnis.]

[Progulka (Spaziergang), 1929]

Dieselben Bilder der Natur bleiben auch im Schaffen des späten Zabolockij erhalten.
Kultur, Bewußtsein – alle Arten von Vergeistigung sind am »Oben« mitbeteiligt, das tierische, nichtschöpferische Prinzip bildet das »Unten« des Weltaufbaus. Interessant ist in dieser Hinsicht die räumliche Lösung des Gedichtes Schakale [Šakaly, 1954].
Das Gedicht ist inspiriert von der realen Landschaft des südlichen Krimufers und bietet auf der Ebene der vom Dichter

beschriebenen Wirklichkeit die vorgegebene räumliche Anordnung – das Sanatorium befindet sich unten am Meer, und die Schakale heulen oben, in den Bergen. Das räumliche Modell des Künstlers jedoch gerät in Widerspruch zu diesem Bild und nimmt Korrekturen an ihm vor.

Das Sanatorium gehört zur Welt der Kultur – es ist dem Elektroschiff in einem anderen Gedicht des Krimzyklus ähnlich, von dem gesagt wird [*Auf der Reede (Na rejde)*, 1949]:

Gigántskij lébed', bélyj génij,
Na réjde vstál élektrochód.

On vstál nad bézdnoj vertikál'noj
V trojnóm sozvúčii oktáv,
Obrývki búri muzykál'noj
Iz ókon ščédro raskidáv.

On vés' drožál ot étoj búri,
On s mórem byl v odnóm ključé,
No tjagotél k architektúre,
Podnjáv anténnu na plečé.

On v móre byl *javlén'em smýsla* [...]

[Gigantischer Schwan, weißer Genius,
Erhob auf der Reede sich das Elektroschiff.

Er erhob sich über dem vertikalen Abgrund
Im dreifachen Zusammenklang der Oktaven,
Fetzen eines Musiksturms
Aus den Fenstern freigiebig ausstreuend.

Es erzitterte ganz von diesem Sturm,
Es war mit dem Meer in einer Tonart,
Doch neigte es zur Architektur,
Die Antenne auf der Schulter erhoben.

Es war im Meer eine *Erscheinung der Vernunft* [...]

Deshalb wird das am Meer stehende Sanatorium »hoch« genannt (vgl. das Elektroschiff »über dem vertikalen Abgrund«), und die Schakale sind, wenn sie sich auch in den Bergen befinden, *ins Unten des Oben* placiert:

Liš' tám, *naverchú, po ovrágam* ...

Ne gásnut vsju nóč' ogon'kí

[Nur dort *oben, in den Schluchten* . . .
Verlöschen die ganze Nacht die Lichter nicht.]

Doch nachdem Zabolockij die Schakale in die »Schluchten der
Berge« (ein räumliches Oxymoron!) placiert hat, versieht er sie
mit »Doppelgängern« – Quintessenz der gemeinen animali-
schen Existenz – die noch tiefer placiert sind:

I zvéri po kráju potóka
Truslívo begút v trostnikí,
Gde v kámennych nórach glubóko
Besnújutsja ích dvojnikí.

[Und die wilden Tiere in der Gegend des Flusses
Flüchten ängstlich ins Schilf,
Wo tief in den steinernen Höhlen
Wie besessen ihre Doppelgänger rasen.]

Das Denken erscheint in der Lyrik Zabolockijs stets als verti-
kales Aufsteigen der befreiten Natur [*Gestern, über den Tod
nachsinnend (Včera, o smerti razmyšljaja),* 1936]:

I já, živój, skitálsja *nad* poljámi,
Vchodíl bez strácha v lés,
I mýsli mertvecóv prozráčnymi stolbámi
Vokrúg menjá *vstaváli do nebés.*

I gólos Púškina byl nad listvóju slýšen,
I ptícy Chlébnikova péli u vodý.
. . . .
I vsé suščestvován'ja, vsé naródy
Netlénnoe chraníli bytië,
I sám ja býl ne détišče priródy,
No mýsl' eë! No zýbkij úm eë!

[Und ich, lebend, streifte *über* den Feldern umher,
Trat ohne Furcht in den Wald,
Und die Gedanken der Toten wie durchsichtige Säulen
Erhoben sich um mich herum *bis zu den Himmeln.*

Und die Stimme Puškins war über dem Laub zu hören,
Und die Vögel Chlebnikovs sangen am Wasser.
. . . .

Und alle Wesen, alle Völker
Bewahrten unvergängliches Dasein,
Und ich selbst war nicht Kind der Natur,
Sondern ihr Gedanke! Sondern ihr schwankender Verstand!]

Allen Formen der Bewegungslosigkeit: der materiellen (in Natur und Lebensweise des Menschen), der geistigen (in seinem Bewußtsein) – steht das Schaffen gegenüber. Das Schaffen befreit die Welt von der Sklaverei der Vorherbestimmtheit. Es ist die Quelle der Freiheit. In diesem Zusammenhang entsteht auch ein besonderer Begriff der Harmonie. Harmonie – das sind nicht ideale Entsprechungen zwischen schon fertigen Formen, sondern die Schaffung neuer, besserer Entsprechungen. Deshalb ist Harmonie immer eine Schöpfung des menschlichen Genius. In diesem Sinn ist das Gedicht *Ich suche nicht Harmonie in der Natur* [*Ja ne išču garmonii v prirode*] eine poetische Deklaration Zabolockijs. Nicht zufällig hat er sie (unter Durchbrechung der chronologischen Ordnung) an den Anfang des Sammelbandes mit Gedichten aus den Jahren 1932-1958 gestellt. Die Kreativität des Menschen ist die Weiterführung der kreativen Kräfte der Natur.

In der Natur kommen gleichfalls größere und geringere Durchgeistigtheit vor; der See ist genialer als das ihn umgebende »Dickicht«, er »brennt, zum nächtlichen Himmel gewandt«, die »Schale durchsichtigen Wassers leuchtete und dachte in einem einzelnen Gedanken« (*Der Waldsee* [*Lesnoe ozero*]).

Die grundlegende Achse »Oben – Unten« wird in den Texten also durch eine Reihe Varianten bildender Oppositionen realisiert:

Oben	*Unten*
fern	nah
weit	eng
Bewegung	Bewegungslosigkeit
Metamorphose	mechanische Bewegung
Freiheit	Sklaverei
Information	Redundanz
Gedanke (Kultur)	Natur
Kreativität	Fehlen von Kreativität
(Schaffung neuer Formen)	(erstarrte Formen)
Harmonie	fehlen von Harmonie

Das ist das allgemeine System Zabolockijs. Der künstlerische
Text ist jedoch keine Kopie des Systems: er setzt sich aus bedeutungshaltigen Erfüllungen und bedeutungshaltigen Nicht-
erfüllungen der Forderungen des Systems zusammen. Gerade
deswegen, weil das soeben charakterisierte System räumlicher
Relationen die weitaus meisten Texte Zabolockijs organisiert,
werden Abweichungen davon besonders bedeutungshaltig. In
dem Gedicht *Marsopposition* [*Protivostojanie Marsa*] – das
im Schaffen Zabolockijs insofern einmalig ist, als die Welt des
Gedankens, der Logik und der Wissenschaft hier herz- und see-
lenlos und unmenschlich erscheint – finden wir eine völlig andere Struktur des künstlerischen Raumes vor. Die Opposition
Gedanke, Bewußtsein – Lebensalltag bleibt erhalten (und
zwar in gleichem Maße wie die Identifikation des ersteren mit
dem »Oben« und des letzteren mit dem »Unten«). Doch vollkommen unerwartet für Zabolockij erhält der »Geist, voll von
Vernunft und Willen« eine zweite Bestimmung: »des Herzens
und der Seele beraubt«. Die Bewußtheit tritt als Synonym für
das Böse und das tierische, antimenschliche Prinzip in der Kultur auf:

I tén' soznátel'nosti zlóbnoj
Krivíla smútnye čertý,
Kak búdto dúch zveropodóbnyj
Smotrél na zémlju s vysoty.

[Und ein Schatten bösartiger Bewußtheit
Verzerrte die verworrenen Gesichtszüge,
Als ob ein tierähnlicher Geist
Aus der Höhe auf die Erde schaute.]

Die alltägliche, häusliche Welt, vertreten in Gestalt der vertrauten Dinge und Gegenstände, erweist sich als nah, mensch-
lich und gut, die Vernichtung von Dingen – anscheinend das
einzige Mal bei Zabolockij – als das Böse. Das Eindringen des
Krieges und anderer Formen des sozialen Bösen wird nicht als
Angriff der Elemente, der Natur auf die Vernunft dargestellt,
sondern als unmenschliches Eindringen des Abstrakten in das
persönliche, konkrete, alltägliche Leben des Menschen. Die an
Pasternak gemahnende Intonation ist hier, wie es scheint, nicht
zufällig:

Vojná s ruž'ëm naperevés
V selén'jach žglá domá i vě̈či
I ugonjála sém'i v lés.

[Der Krieg mit gefälltem Bajonett
Brannte in den Siedlungen Häuser und Sachen nieder
Und vertrieb die Familien in den Wald.]

Die personifizierte Abstraktion des Krieges stößt hier mit der
körperlichen und realen Welt zusammen. Dabei ist die Welt
des Bösen eine Welt ohne Einzelheiten. Sie ist auf der Grundlage der Wissenschaft umgestaltet, und aller »Kleinkram« ist
aus ihr entfernt. Ihr steht die »nichtumgestaltete«, verworrene,
unlogische Welt der irdischen Realität gegenüber. In Annäherung an traditionell-demokratische Anschauungen verwendet
Zabolockij, im Widerspruch zu den in seiner Poesie sonst herrschenden Strukturen, den Begriff »natürlich« mit positivem
Vorzeichen:

Krovávyj Márs iz bézdny sínej
Smotrél vnimátel'no na nás.
. . . .
Kak búdto dúch zveropodóbnyj
Smotrél na zémlju s vysotý.
Tot dúch, čto výstroil kanály
Dlja neizvéstnych nam sudóv
I steklovídnye vokzály
Sred' marsiánskich gorodóv.
Duch, pólnyj rázuma i vóli,
Lišënnyj sérdca i duší,
Kto ot čužój ne stráždet bóli,
Komú vse srédstva choroší.
No znáju ja, čto ést' na svéte
Planéta málaja odná,
Gde iz stolétija v stolét'e
Živút inýe plemená.
I tám est' múki i pečáli,
I tám est' píšča dlja strastéj,
No ljúdi tam ne uterjáli
Duši estéstvennoj svoéj.
. . . .
I éta málaja planéta –
Zemljá zlosčástnaja mojá.

[Der blutige Mars aus dunkelblauem Abgrund
Schaute aufmerksam auf uns.
. . . .
Als ob ein tierähnlicher Geist
Aus der Höhe auf die Erde schaute.
Jener Geist, der die Kanäle ausgebaut hat
Für uns unbekannte Schiffe
Und glasige Bahnhöfe
Inmitten marsischer Städte.
Der Geist, voll von Vernunft und Willen,
Des Herzens und der Seele beraubt,
Der unter fremdem Schmerz nicht leidet,
Dem alle Mittel recht sind.
Doch weiß ich, daß es auf der Welt
Einen kleinen Planeten gibt,
Wo von Jahrhundert zu Jahrhundert
Andere Stämme leben.
Auch dort sind Qualen und Sorgen,
Auch dort ist Nahrung für die Leidenschaften,
Doch die Menschen dort haben nicht verloren
Ihre natürliche Seele.
. . . .
Und dieser kleine Planet ist
Meine unglückselige Erde.]

Bemerkenswert ist, daß in diesem für Zabolockij derart unerwarteten Text das System der räumlichen Relationen sich ein-
schneidend ändert. Das »Hohe«, »Ferne« und »Ausgedehnte«
steht dem »Niedrigen«, »Nahen« und »Kleinen« gegenüber
wie das Böse dem Guten. »Die Himmel« und »dunkelblauer
Abgrund« gehen in dieses Modell der Welt mit negativer Bedeutung ein. Die Verben, welche die Bedeutung einer Richtung
von oben nach unten enthalten, tragen negative Semantik. Es
wäre noch anzumerken, daß, im Unterschied zu anderen Texten Zabolockijs, die »obere« Welt nicht fluktuierend und mobil
dargestellt ist: Sie ist erstarrt, fixiert in ihrer logischen Stagna-
tion und Bewegungslosigkeit. Nicht zufällig werden gerade ihr
nicht nur Ebenmaß, Widerspruchsfreiheit, Vollendung zugeschrieben, sondern auch schroffe farbliche Gegensätzlichkeit:

Krovávyj Márs iz bézdny sínej

[Der blutige Mars aus dunkelblauem Abgrund].

Die irdische Welt ist die Welt der Übergänge und farblichen Halbtöne:

Tam zolotýe vólny svéta
Plyvút skvoz' súmrak bytijá.

[Dort die goldenen Wellen des Lichts
Schwimmen durch das Dämmer des Daseins.]

Wie wir sehen, stellt die Raumstruktur des einen oder anderen Textes, die ein Raummodell von allgemeinerem Typus (im Schaffen eines bestimmten Schriftstellers, einer literarischen Richtung, einer nationalen oder regionalen Kultur) realisiert, stets nicht nur eine Variante des allgemeinen Systems dar, sondern gerät auch auf bestimmte Weise mit ihm in Konflikt, indem sie seine Sprache entautomatisiert.

Neben den Begriffen »Oben – Unten« ist ein wesentliches, die Raumstruktur des Textes organisierendes Merkmal die Opposition »geschlossen – geöffnet«. Der geschlossene Raum, in den Texten in der Form verschiedener alltäglicher Bilder von Räumlichkeiten interpretiert: Haus, Stadt, Heimat – und mit bestimmten Merkmalen versehen: »heimatlich«, »warm«, »sicher«, – steht dem geöffneten »äußeren« Raum und seinen Merkmalen gegenüber: »Fremdes«, »Feindseliges«, »Kaltes«. Auch entgegengesetzte Interpretationen sind möglich.

Zum wichtigsten topologischen Merkmal des Raumes wird in diesem Fall die *Grenze*. Die Grenze teilt den ganzen Raum im Text in zwei disjunkte Unterräume. Ihre grundlegende Eigenschaft ist die Impermeabilität. Die Art und Weise, wie der Text von der Grenze geteilt wird, macht eines der für ihn wesentlichen Charakteristika aus. Die Teilung kann Eigene und Fremde, Lebende und Tote, Arme und Reiche sondern – wichtig ist etwas anderes: die Grenze, die den Raum in zwei Teile teilt, muß impermeabel, und die interne Struktur jedes der Unterräume verschiedenartig sein. So ist z. B. der Raum des Zaubermärchens klar in »Haus« und »Wald« geteilt. Die Grenze dazwischen ist klar gezogen – der Waldrand, bisweilen der Fluß (der Kampf mit dem Drachen findet fast immer auf der

»Brücke« statt). Die Helden des Waldes können nicht in das Haus vordringen – sie sind an einen bestimmten Raum gebunden. Nur im Wald können schreckliche und wunderbare Ereignisse geschehen.

Sehr deutlich ist die Bindung bestimmter Typen des Raumes an bestimmte Helden bei Gogol'. Die Welt der altväterlichen Gutsbesitzer ist von der äußeren durch zahlreiche konzentrische schützende Kreise abgegrenzt (vgl. den »Kreis« im *Vij*)*, die die Impermeabilität des inneren Raumes festigen sollen. Die häufige Wiederholung von Wörtern mit der Semantik des *Kreises* in der Beschreibung des Landgutes der Tovstoguby ist nicht zufällig: »Manchmal steige ich gerne für einen Augenblick in die *Sphäre* dieses ungewöhnlich einsamen Lebens hinab, wo nicht ein Wunsch über den Staketenzaun, der den kleinen Hof ›*kreisförmig*‹ *umgibt***, über den geflochtenen Zaun des Gartens, der voll von Apfel- und Pflaumenbäumen ist, über die ihn ›*kreisförmig*‹ umgebenden Hütten des Dorfes hinausfliegt.«[3] Das Gebell der Hunde, das Quietschen der Türen, die Gegenüberstellung von Wärme im Haus und Kälte draußen; die das Haus umgebende Galerie, die es vor Regen schützt, – all dies schafft eine Zone der Unzugänglichkeit für die feindseligen äußeren Mächte. Demgegenüber ist Taras Bul'ba der Held des geöffneten Raumes. Seine Erzählung beginnt mit dem Bericht vom *Aufbruch aus dem Haus*, der vom Zertrümmern von Töpfen und Hausgerät begleitet wird. Die Abneigung dagegen, im Haus zu schlafen, eröffnet nur die lange Reihe der Beschreibungen, die von der Zugehörigkeit dieser Personen zur Welt des nichtabgeschlossenen Raumes zeugen: »Des Hauses und des Daches beraubt, wurde der Mensch hier wagemutig«. Die Seč'*** hat nicht nur keine Wände, Tore, Zäune – sie wechselt auch ständig den Ort. »Nirgendwo war ein Zaun zu sehen [...] Der kleine Erdwall oder

---

* In dieser phantastischen Novelle Gogol's versucht ein Seminarist, der am Sarg einer von ihm umgebrachten Hexe Psalmen lesen soll, sich gegen die von ihr aufgebotenen teuflischen Mächte dadurch zu schützen, daß er einen magischen Kreis um sich zieht. [A. d. Ü.]
** »Umgeben« ist im Russischen von derselben Wurzel gebildet wie »Kreis« *(krug): okružat'!* (mit Konsonantenwechsel). [A. d. Ü.]
3 N. V. Gogol', *Polnoe sobranie sočinenij*, Bd. 2, M. 1937, S. 13.
*** Im 16. Jhdt. auf einer Dnepr-Insel entstandene Siedlungsform der Zaporoger Kosaken. [A. d. Ü.]

eine Baumsperre, die von überhaupt niemandem bewacht wurden, offenbarten schrecklichen Leichtsinn«.[4] Nicht zufällig treten Wände als eine Macht auf, die nur den Zaporoger Kosaken feindlich ist. In der Welt des Märchens oder der *Altväterlichen Gutsbesitzer [Starosvetskie pomeščiki]* kommen das Böse, das Verderben, die Gefahr aus der äußeren, offenen Welt. Gegen sie verteidigt man sich durch Zäune und Riegel. In *Taras Bul'ba* gehört der Held selbst zur äußeren Welt – die Gefahr kommt aus der abgeschlossenen, inneren, abgegrenzten Welt. Das ist das Haus, in dem man »weibisch werden« kann, seine Behaglichkeit. Gerade die Sicherheit der inneren Welt birgt für den Helden dieses Typus eine drohende Gefahr: sie kann ihn verführen, vom Weg abbringen, an einen Platz binden, was dem Verrat gleichkommt. Wände und Zäune sehen nicht wie ein Schutz aus, sondern wie eine Bedrohung (die Zaporoger Kosaken »hatten nicht gern mit Festungen zu tun«).

Der Fall, bei dem der Raum des Textes durch eine Grenze in zwei Teile geteilt wird und jede Figur zu einem von ihnen gehört, ist der grundlegende und einfachste. Doch sind auch komplexere Fälle möglich: Verschiedene Helden gehören nicht nur verschiedenen Räumen an, sondern sind auch mit unterschiedlichen, manchmal miteinander unvereinbaren Typen der Aufteilung des Raumes verbunden. Ein und dieselbe Welt des Textes ist, wie sich zeigt, in unterschiedlicher Weise aufgegliedert, je nachdem, auf welchen Helden sie bezogen wird. Es entsteht gleichsam eine Polyphonie der Räume, ein Spiel mit verschiedenen Arten ihrer Gliederung. So gibt es in [Puškins Poem] *Poltava* zwei disjunkte und miteinander unvereinbare Welten: die Welt des romantischen Poems mit starken Leidenschaften, der Rivalität von Vater und Liebhaber um das Herz Marijas, und die Welt der Historie und der historischen Ereignisse. Die einen Helden (wie Marija) gehören nur zur ersten Welt, die anderen (wie Petr) nur zur zweiten. Mazepa partizipiert als einzige Figur an beiden.

In *Krieg und Frieden* ist der Zusammenstoß verschiedener Figuren gleichzeitig auch Zusammenstoß der ihnen eigenen Vorstellungen von der Struktur der Welt.

Mit dem Problem der Struktur des künstlerischen Raumes hän-

4 Ebda. S. 46, 62.

gen zwei weitere eng zusammen: das Problem des Sujets und das Problem des Blickpunktes.

8.3. Das Problem des Sujets

Wir haben uns davon überzeugt, daß der Ort der Handlungen nicht nur die Beschreibung einer Landschaft oder eines dekorativen Hintergrunds ist. Das ganze räumliche Kontinuum des Textes, in dem die Welt des Objektes abgebildet wird, gewinnt Gestalt in irgendeinem Topos. Dieser Topos ist stets mit einer gewissen Gegenständlichkeit ausgestattet, da ja der Raum dem Menschen immer in Form irgendeiner konkreten Ausfüllung eben dieses Raumes gegeben ist. Es ist in diesem Fall unwesentlich, daß die Ausfüllung bisweilen (wie z. B. in der Kunst des 19. Jahrhunderts) dazu tendiert, sich der alltäglichen Umgebung des Schriftstellers und seines Auditoriums maximal anzunähern, während sie sich in anderen Fällen (z. B. in den exotischen Schilderungen der Romantik oder in der heutigen »kosmischen« science fiction) prinzipiell von der gewohnten »gegenständlichen« Realität entfernt.[5]

Wichtig ist vielmehr etwas anderes – hinter der Abbildung der Dinge und Gegenstände, in deren Umgebung die Figuren des Textes handeln, entsteht ein System räumlicher Relationen, die Struktur des Topos. Als Prinzip der Organisation und Anordnung der Personen im künstlerischen Kontinuum erscheint die Struktur des Topos dabei als Sprache, die die anderen, nichträumlichen Relationen des Textes ausdrückt. Damit hängt die besondere modellierende Funktion des künstlerischen Raumes im Text zusammen.

5 Insofern die »unwahrscheinliche« Umgebung auf der Grundlage überaus tiefgründiger Vorstellungen des Schriftstellers von den unerschütterlichen Fundamenten des ihn umgebenden Lebens geschaffen wird, treten gerade in der Phantastik die Grundzüge desjenigen alltäglichen Bewußtseins hervor, das man zu vertreiben trachtet. Während Chlestakov [in Gogol's Komödie *Revizor]* bei der Beschreibung der von ihm in Petersburg gegebenen Bälle hemmungslos phantasiert (»Die Suppe wird in einer Kasserolle direkt mit dem Dampfer aus Paris gebracht«), ist er in der Beschreibung der Lebensweise des kleinen Beamten äußerst genau (die Suppe wird in einer Kasserolle serviert, der Essende nimmt den Deckel selbst ab). Gogol' sagt, ein Mensch, der eine Lüge ausspricht, »zeigt sich gerade in ihr so, wie er wirklich ist«. Der Begriff der Phantastik selbst ist demnach relativ.

Mit dem Begriff des künstlerischen Raumes wiederum hängt eng der Begriff des Sujets zusammen.

Dem Begriff des Sujets liegt die Vorstellung vom *Ereignis* zugrunde. So schreibt Boris V. Tomaševskij in seiner – in der Exaktheit der Formulierungen klassischen – *Teorija literatury:* »Fabel wird die Gesamtheit der untereinander zusammenhängenden Ereignisse genannt, von denen in einem Werk berichtet wird [. . .]. Der Fabel steht das Sujet gegenüber: dieselben Ereignisse, doch in ihrer *Darlegung,* in derjenigen Ordnung, in der sie in dem Werk mitgeteilt werden, in demjenigen Zusammenhang, in dem im Werk Mitteilungen über sie gemacht werden.«[6]

Das Ereignis gilt als kleinste unauflösbare Einheit des Sujetaufbaus, die Aleksandr N. Veselovskij als *Motiv* definiert hat. Auf der Suche nach dem Hauptmerkmal des Motivs wandte er sich dem semantischen Aspekt zu: Das Motiv ist die elementare, unauflösbare Einheit des Erzählens, die mit einem typisierten, in sich abgeschlossenen Ereignis der außerhalb gelegenen Schicht (der des Lebens) korreliert: »Unter einem Motiv verstehe ich eine Formel, die der Gesellschaft in der Frühzeit auf die Fragen antwortete, die die Natur dem Menschen überall gestellt hat, oder die besonders lebhafte, wichtig erscheinende oder sich wiederholende Eindrücke von der Wirklichkeit fixierte. Kennzeichen des Motivs ist sein bildlicher eingliedriger Schematismus.«[7]

Halten wir fest: Diese Definition bleibt zweifellos nicht an der Oberfläche. Indem Veselovskij im Motiv das zweieinige Wesen – verbalen Ausdruck und gedanklich-lebenstypischen Inhalt – hervorhob und auf seine Wiederholbarkeit hinwies, näherte er sich deutlich der Bestimmung der Zeichennatur des von ihm eingeführten Begriffs. Versuche jedoch, das auf diese Weise konstruierte Modell des Motivs zur weiteren Arbeit an der Textanalyse zu verwenden, bringen sogleich Schwierigkeiten mit sich: Weiter unten werden wir uns davon überzeugen, daß ein und dieselbe typische Lebensrealität in verschiedenen Texten den Charakter eines Ereignisses annehmen oder auch nicht annehmen kann.

Viktor Šklovskij deklarierte, im Unterschied zu Veselovskij,

6 B. V. Tomaševskij, *Teorija literatury (Poètika).* L. 1925.
7 A. N. Veselovskij, *Istoričeskaja poètika.* L. 1940, S. 494.

eine rein syntagmatische Abgrenzung der Einheit des Sujets:
»Märchen, Novelle, Roman sind eine Kombination von Motiven; das Lied ist eine Kombination stilistischer Motive; darum
sind Sujet und Sujethaftigkeit ebenso Form wie der Reim.«[8]
Freilich hat Šklovskij selbst dieses Prinzip nicht so konsequent
durchgehalten, wie das Propp in der *Morphologie des Märchens* tat: Seinen Analysen liegt in Wirklichkeit nicht die Syntagmatik der Motive, sondern die Komposition der priëmy zugrunde. Der priëm wird, im Zusammenhang der allgemeinen
Konzeption der »langsamen Wahrnehmung« und der Entauto-
matisierung der Form, als Relation zwischen Erwartung und
Text gedacht.* Dementsprechend ist »priëm« bei Šklovskij das
Verhältnis eines Elements der einen syntagmatischen Struktur
zur anderen und schließt folglich ein semantisches Element ein.
Darum ist die Behauptung Šklovskijs: »Für den Begriff ›Inhalt‹ besteht bei der Analyse eines Kunstwerks unter dem Gesichtspunkt der Sujethaftigkeit keine Notwendigkeit«[9] ein po-
lemischer Ausfall und keine präzise Erläuterung der Position
des Autors. Der Position Šklovskijs liegt das Bemühen zugrunde, das Geheimnis zu ergründen, warum alle automati-
schen Elemente eines Textes in der Kunst zu Inhaltselementen
werden. Man darf hier nicht den Ausfall gegen jene akademi-
sche Wissenschaft übersehen, die mit den Worten Veselovskijs
Erwin Rohde tadelte: »Poetischen Werken gegenüber verhält
er sich, als seien sie nur poetisch.« Und weiter: »Ein poetisches
Werk ist genauso ein historisches Denkmal wie jedes andere,
und ich sehe keine besondere Notwendigkeit, eine Masse
archäologischer und anderer Stützen und Überprüfungen bei-
zubringen, ehe man ihm diesen ihm angeborenen Titel zuer-
kennt.« Charakteristisch ist das darauf folgende naive Argu-
ment: »Es hat doch keiner der Zeitgenossen die Troubadours
der Unwahrhaftigkeit überführt.«[10] Keiner der Zuhörer, die
ein Zaubermärchen ästhetisch erleben, überführt den Erzähler
der Unwahrhaftigkeit – bedeutet das denn aber, daß Hexe
[»Baba-Jaga«] und Gebirgsdrache [»Zmej-Gorynyč«] eine

8 V. B. Šklovskij, *Teorija prozy.* M.-L. 1925, S. 50. [S. auch: *Texte der
russischen Formalisten* Bd. 1, München 1969, S. 109.]
* Vgl.: *Texte der russischen Formalisten* Bd. 1, S. 14/15. [A. d. Ü.].
9 Ebda.
10 A. N. Veselovskij, *Izbrannye stat'i.* L. 1939, S. 35.

Alltagsrealität darstellten? Doch gerade infolge der Verwechslung der richtigen These, ein Kunstwerk stelle ein historisches Denkmal dar, mit der Meinung, es sei genauso ein Denkmal »wie jedes andere«, werden in der wissenschaftsperipheren Literatur die Versuche fortgesetzt, in mythologischen Ungeheuern die vorzeitlichen Dinosaurier und in der Legende von Sodom und Gomorrha die Erinnerung an eine Atomexplosion und kosmische Flüge zu sehen.[11] Die tiefgreifenden Ausgangsprinzipien Veselovskijs erfuhren in seinen Arbeiten keine volle Realisation. Trotzdem haben der Gedanke Veselovskijs vom Motiv-Zeichen als Primärelement des Sujets ebenso wie die syntagmatische Analyse Propps und die syntagmatisch-funktionelle Analyse Šklovskijs von verschiedenen Seiten her die gegenwärtige Lösung dieser Frage vorbereitet.

Was stellt nun das Ereignis als Einheit der Sujetfügung dar?

Ein Ereignis in einem Text ist die Versetzung einer Figur über die Grenze des semantischen Feldes hinaus. Daraus folgt, daß keine einzige Beschreibung irgendeiner Tatsache oder Handlung in ihrer Beziehung zu einem realen Denotat oder dem semantischen System der natürlichen Sprache als Ereignis oder Nichtereignis bestimmt werden kann, solange nicht die Frage danach beantwortet ist, welche Stelle in dem durch den Kulturtyp definierten sekundären semantischen Strukturfeld sie einnimmt. Doch auch das ist noch nicht die endgültige Lösung: Innerhalb ein und desselben Kulturschemas kann die gleiche Episode, wird sie auf verschiedenen Kulturebenen lokalisiert, Ereignis werden oder auch nicht. Da aber gleichzeitig mit der allgemeinen semantischen Geordnetheit des Textes auch lokale vorhanden sind, deren jede ihre begriffliche Grenze hat, kann ein Ereignis als Hierarchie von Ereignissen speziellerer Ebenen realisiert werden, als Kette von Ereignissen, als Sujet. In die-

11 Ausgehend von einer naiv-realistischen Vorstellung von der Wechselbeziehung zwischen Literatur und Wirklichkeit, steht Veselovskij folgerichtig voller Verwunderung vor der Tatsache, daß »die Haare hellbraun sind: das ist die Lieblingsfarbe der Griechen und Römer; alle homerischen Helden sind blond, ausgenommen Hektor« (*Istoričeskaja poetika*, S. 75). »Haben wir es mit dem gleichgültigen Erleben der ältesten physiologischen Eindrücke oder mit einem ethnischen Merkmal zu tun?« fragt er. Doch haben die Physiologie des Sehens und der ethnische Typ der Mittelmeervölker in historischer Zeit schwerlich derart radikale Veränderungen erfahren.

sem Sinn kann das, was auf der Ebene des Kulturtextes *ein* Ereignis darstellt, in dem einen oder anderen realen Text zum *Sujet* entfaltet sein. Dabei kann ein und dasselbe invariante Konstrukt eines Ereignisses auf verschiedenen Ebenen zu einer Reihe von Sujets entfaltet werden. Während es auf der höchsten Ebene ein Glied eines Sujets darstellt, kann es die Zahl seiner Glieder variieren, jenachdem, auf welcher Ebene es zum Sujet entfaltet wird.

So verstanden stellt das Sujet nicht etwas Unabhängiges dar, das unmittelbar aus dem Leben gegriffen oder passiv aus der Tradition übernommen worden ist. Das Sujet steht in organischem Zusammenhang mit dem Weltbild, das die Maßstäbe dafür abgibt, was ein Ereignis und was eine Variante davon ist, die uns nichts Neues mitteilt.

Stellen wir uns vor, ein Ehepaar habe sich zerstritten, weil es in der Bewertung der abstrakten Kunst auseinandergehende Meinungen hatte, und habe sich zur Ausfertigung eines Protokolls an eine Dienststelle der Polizei gewandt. Sobald der Polizeibeamte geklärt hat, daß weder Prügeleien stattgefunden haben noch andere Verletzungen von Gesetzen des Zivil- oder Strafrechts vorliegen, wird er sich aufgrund des Fehlens von Ereignissen bzw. Vorkommnissen weigern, ein Protokoll auszufertigen. Von seinem Standpunkt aus ist nichts geschehen. Für einen Psychologen jedoch, einen Moralisten, einen Kultur- bzw. Kunsthistoriker wird die angeführte Tatsache ein Ereignis darstellen. Die zahlreichen Auseinandersetzungen über den relativen Wert der verschiedenen Sujets, die im Verlauf der gesamten Geschichte der Kunst stattgefunden haben, hängen damit zusammen, daß ein und dasselbe Ereignis von bestimmten Positionen aus als wesentlich, von anderen aus als unbedeutend erscheint, während es für dritte überhaupt nicht existiert.

Dies gilt nicht nur für künstlerische Texte. Es wäre lehrreich, unter diesem Gesichtspunkt die Rubrik »Vorkommnisse« in Zeitungen verschiedener Epochen durchzusehen. Ein Vorkommnis – eine bedeutungshaltige Abweichung von der Norm (d. h. ein »Ereignis«, da ja die Erfüllung der Norm kein »Ereignis« ist) – hängt vom Begriff der Norm ab. Aus dem, was wir über das Ereignis als revolutionäres Element, das der verbindlichen Klassifikation entgegensteht, gesagt haben, folgt gesetzmäßig, daß aus den Zeitungen reaktionärer Epochen (z. B. in den »finsteren sieben Jahren« am Ende der Regierungszeit Nikolajs I.) die Spalte der Vorkommnisse verschwindet. Weil nur vorhergesehene Ereignisse stattfinden, verschwindet die Sujethaftigkeit aus den Zeitungsnachrichten. Als Alexander Herzen in einem Privatbrief (vom November 1840) seinem Vater von einem Vorfall in der Stadt berichtete (ein Polizist hatte einen Kaufmann ermordet und beraubt), wurde er auf Anweisung des Kaisers »wegen Verbreitung unbegründeter Gerüchte« augenblicklich aus Petersburg ausgewiesen. Hier ist die Furcht vor »Vorkommnissen« ebenso charakteristisch wie die Überzeugung, ein von einem Polizisten begangener Mord sei ein Ereignis und folglich nicht als existent anzuerkennen; daß aber Privatbriefe von Agenten der Regierung gelesen würden, sei kein Ereignis (sei Norm, aber kein Vorkommnis) und folglich durchaus zulässig. Vergegenwärtigen wir uns die Empörung, mit der auf diesen Anlaß Puškin reagierte, für den die Einmischung des Staates in das Privatleben eine äußerst unzulässige Anomalie darstellte und »Ereignis« war: »[...] welche abgrundtiefe Unsittlichkeit liegt in den Gewohnheiten unserer Regierung! Die Polizei bricht Briefe des Mannes an die Frau auf und bringt sie dem Zaren zum Lesen (der ein wohlerzogener und ehrenhafter Mensch ist), und der Zar schämt sich nicht, das zuzugeben [...]«.[12] Wir haben ein treffendes Beispiel dafür vor uns, daß die Qualifizierung eines Faktums als Ereignis vom Begriffssystem abhängt (in diesem Fall vom moralischen) und für Puškin und Nikolaj I. nicht übereinstimmt.

In gleichem Maße ist auch in historischen Texten die Zuordnung des einen oder anderen historischen Faktums zu den Ereignissen im Verhältnis zum allgemeinen Weltbild sekundär. Das kann man leicht verfolgen, wenn man verschiedene Typen von autobiographischen Texten, verschiedene historische Untersuchungen miteinander vergleicht, die auf der Grundlage des Studiums ein und derselben Dokumente geschrieben wurden.

Umso mehr trifft dies für die Struktur künstlerischer Texte zu. In der Novgoroder Chronik des 13. Jahrhunderts wird ein Erdbeben folgendermaßen beschrieben: »Es bebte die Erde [...] um Mittag, und einige hatten das Mittagessen schon beendet.« Erdbeben und Mittagessen sind hier in gleichem Maße

12 A. S. Puškin, *Polnoe sobranie sočinenij*, Bd. 12, S. 329.

Ereignisse. Es ist klar, daß dies für die Kiever Chronik unmöglich gewesen wäre. Man kann viele Fälle anführen, in denen der Tod einer Figur kein Ereignis ist.

Im *Heptameron* der Margarethe von Navarra versammelt sich eine erlauchte Gesellschaft, auf gefährlicher Reise durch eine vom Hochwasser überschwemmte bergige Gegend auseinandergerissen, wiederum wohlbehalten im Kloster. Daß dabei Diener umkamen (im Fluß ertranken, von Bären aufgefressen wurden u. ä.), ist kein Ereignis. Es ist nur eine Begleiterscheinung – die Variante eines Ereignisses. Tolstoj definierte in [der Erzählung] *Luzern* das historische Ereignis folgendermaßen: »Am siebten Juli 1857 sang in Luzern vor dem Hotel »Schweizer Hof«, in dem die reichsten Leute Quartier nehmen, ein armer fahrender Sänger eine halbe Stunde lang Lieder und spielte auf der Gitarre. Ungefähr hundert Menschen hörten ihm zu. Der Sänger wandte sich dreimal mit der Bitte an alle, ihm etwas zu geben. Nicht ein einziger hat ihm etwas gegeben, und viele lachten über ihn [...]. *Das ist ein Ereignis,* welches die Historiker unserer Zeit mit feurigen, unauslöschlichen Buchstaben aufschreiben müssen. Dieses Ereignis ist bedeutsamer, ernster und hat tieferen Sinn als die Fakten, die in Zeitungen und Historien festgehalten sind.«[13] Liebe ist Ereignis vom Standpunkt des Romans, doch erscheint nicht als Ereignis vom Standpunkt der Chronik, die die staatspolitisch wichtigen Eheschließungen fixiert, niemals jedoch Fakten aus dem Familienleben erwähnt (sofern sie nicht in das Gewebe der politischen Ereignisse eingeflochten sind).

Der Ritterroman fixiert nicht die Veränderungen in der materiellen Situation des Helden – von seinem Standpunkt aus erscheint dies nicht als Ereignis – und die gogol'sche Schule hört auf, Liebe zu fixieren. Die Liebe als »Nichtereignis« wird zur Grundlage für eine ganze Szene im *Revisor:*

MARIJA ANTONOVNA (blickt aus dem Fenster): Was ist das dort, das da eben wohl vorbeigeflogen ist? Eine Elster oder irgendein anderer Vogel?

CHLESTAKOV (küßt sie auf die Schulter und schaut aus dem Fenster): Das ist eine Elster.[14]

13 L. N. Tolstoj, *Sobranie sočinenij v 14-ti tomach.* Bd. 3, M. 1951, S. 25. [Vgl.: Leo N. Tolstoi, *Frühe Erzählungen.* München 1960, S. 497 f.]
14 N. V. Gogol', *Polnoe sobranie sočinenij,* Bd. 4, S. 75. [Vgl.: Nikolai

Ereignisse sind, wie gezeigt wird, nicht die Liebe, sondern Handlungen, die »Rang, Kapital, vorteilhafte Heirat« zum Ziel haben. Sogar der Tod des Helden wird keineswegs in jedem Text als Ereignis erscheinen. In ritterlichen mittelalterlichen Texten ist der Tod ein Ereignis, wenn er mit Ehre oder Unehre verbunden ist. In diesem Fall wird er dementsprechend auch positiv oder negativ als gutes oder schlechtes Ereignis bewertet. Für sich allein aber wird er nicht als »auffallender Eindruck von der Wirklichkeit« betrachtet: »Ist es verwunderlich, wofern ein Mann im Feldzug gefallen ist? Bessere sind gestorben auch von unserem Geschlecht«, schrieb Vladimir Monomach. Derselben Meinung war auch sein Sohn: »Wenn du auch meinen Bruder erschlagen hast, so ist das nicht verwunderlich, im Krieg kommen ja Zaren und Männer um.«[15] Den Gedanken, ein Ereignis stelle nicht der Tod, sondern der Ruhm dar, hat Daniil von Galič in einer Rede vor dem Heer mit aller Deutlichkeit ausgedrückt: »Warum entsetzt ihr euch? Wißt ihr nicht, daß es Krieg ohne gefallene Tote nicht gibt? Wißt ihr nicht, daß ihr auf Männer, auf kriegerische, gestoßen seid, aber nicht auf Frauen? Wenn ein Mann im Krieg erschlagen ist, was für ein Wunder ist das dann? Andere sterben doch zu Hause ohne Ruhm, diese aber sind mit Ruhm gestorben.«[16]

Das letzte Beispiel führt uns zum Kern der Frage. Ein Ereignis wird als das gedacht, was geschehen ist, obwohl möglich war, daß es nicht geschah. Je geringer die Wahrscheinlichkeit ist, daß das betreffende Vorkommnis stattfinden kann (d. h. je mehr Information die Nachricht darüber trägt), desto höher wird es auf der Skala der Sujethaftigkeit lokalisiert. So wird z. B., wenn im modernen Roman der Held stirbt, als Möglichkeit vorausgesetzt, daß er nicht stirbt, sondern, sagen wir, heiratet. Der Autor der mittelalterlichen Chronik aber geht von dem Bewußtsein aus, daß alle Menschen sterben, und daher enthält die Nachricht vom Tod keine Information. Doch sterben die einen mit Ruhm, die andern zu Hause – und eben dies ist es, was erwähnt zu werden verdient. Ein Ereignis ist also

Gogol, *Der Revisor*. Stuttgart 1964 (Reclams Universal-Bibliothek Nr. 837) S. 86.]

15 *Povest' vremënnych let*. Bd. 1, M.-L. 1950, S. 165 und 169. [Vgl.: *Die altrussische Nestorchronik* (A. d. Ü. zu S. 321), S. 208 u. 170.]

16 *Polnoe sobranie russkich letopisej*. Bd. 2, 2. Aufl., SPb. 1908, S. 822.

stets die Übertretung eines Verbots, ein Faktum, das stattfand, obwohl es nicht stattfinden durfte. Für einen Menschen, der in den Kategorien des Strafgesetzbuches denkt, wird die Übertretung der Gesetze Ereignis sein, vom Standpunkt der Verkehrsregeln das falsche Überqueren der Straße.

Betrachtet man Texte unter diesem Gesichtspunkt, so lassen sie sich leicht in zwei Gruppen einteilen: sujetlose und sujethaltige.

Sujetlose Texte haben einen deutlich klassifikatorischen Charakter, sie bestätigen eine bestimmte Welt und ihren Aufbau. Beispiele für sujetlose Texte können der Kalender, das Telefonbuch oder das lyrische, sujetlose Gedicht sein. Betrachten wir am Beispiel des Telefonbuches einige charakteristische Züge dieses Texttypus. Zuallererst haben diese Texte ihre eigene Welt. Sie bestätigen die Welt der Denotate auf allgemeinsprachlicher Ebene als Universum. Ein Verzeichnis der Nomina des Textes beansprucht dann die Funktion einer Inventarliste der gesamten Welt. Die Welt des Telefonbuches bilden die Familiennamen der Fernsprechteilnehmer. Alles Übrige ist einfach nicht existent. In diesem Sinn ist ein wesentliches Kennzeichen für einen Text das, was von seinem Standpunkt aus *nicht existiert*. Die von der Abbildung ausgenommene Welt ist eines der fundamentalen typologischen Kennzeichen eines Textes als Modell des Universums.

So existiert aus der Sicht der Literatur bestimmter Perioden die niedere Wirklichkeit (für die Romantik) oder die erhöhte, poetische Wirklichkeit nicht (für den Futurismus).

Eine andere wichtige Eigenschaft des sujetlosen Textes ist die Bestätigung einer bestimmten *Ordnung* der inneren Organisation dieser Welt. Der Text ist in einer bestimmten Weise gebaut, und eine Verschiebung seiner Elemente dergestalt, daß die errichtete Ordnung zerstört würde, ist nicht zulässig. So sind beispielsweise im Telefonbuch die Familiennamen der Teilnehmer in alphabetischer Anordnung aufgeführt (in diesem Fall soll die Anordnung die Benutzung erleichtern; prinzipiell wäre auch eine Reihe anderer Organisationsprinzipien zulässig). Eine Umstellung irgendeines Familiennamens, die die festgelegte Ordnung zerstört, ist nicht zulässig.

Nimmt man nicht ein Telefonbuch, sondern irgendeinen künstlerischen oder mythologischen Text, so ist unschwer nachzuweisen, daß der inneren Organisation der Textelemente in der Regel das Prinzip der binären semantischen Opposition zugrundeliegt: die Welt gliedert sich dann in Reiche und Arme, Eigene und Fremde, Rechtgläubige und Häretiker, Gebildete und Ungebildete, Menschen der Natur und Menschen der Gesellschaft, Feinde und Freunde. Im Text erfahren diese Welten, wie wir schon sagten, fast immer eine räumliche Realisation: Die Welt der Armen wird als »Vorstädte«, »Elendsviertel«, »Dachböden«, die Welt der Reichen als »Hauptstraße«, »Paläste«, »Beletage« realisiert. Es entstehen Vorstellungen von sündigen und gerechten Ländern, die Antithese von Stadt und Land, von zivilisiertem Europa und unbewohnter Insel, Böhmerwald und väterlichem Schloß. Die klassifikatorische Grenze zwischen den einander gegenübergestellten Welten erhält die Merkmale einer räumlichen Linie – die Lethe, die die Lebenden von den Toten trennt; das Höllentor mit der Aufschrift, die jede Hoffnung auf Wiederkehr zunichtemacht; das Siegel des Ausgestoßenseins, das dem Armen die durchgelaufenen Sohlen aufdrücken, die ihm den Eintritt in den Raum der Reichen untersagen; die langen Fingernägel und weißen Hände Olenins*, die es nicht zulassen, daß er mit der Welt der Kosaken verschmilzt.

Der sujetlose Text bestätigt die Unerschütterlichkeit dieser Grenzen.

Der sujethaltige Text wird auf der Grundlage des sujetlosen als dessen Negation aufgebaut. Die Welt teilt sich in Lebende und Tote und ist durch eine unüberwindbare Linie in zwei Teile gegliedert: Es ist unmöglich, am Leben zu bleiben und zu den Toten zu kommen, oder als Toter die Lebenden zu besuchen. Der sujethaltige Text hält dieses Verbot zwar für alle Figuren aufrecht, führt jedoch eine oder eine Gruppe von Figuren ein, die davon befreit sind: Äneas, Telemach oder Dante steigen in das Reich der Schatten hinab, der Tote in der Folklore, bei Žukovskij oder Blok besucht die Lebenden. So werden zwei Gruppen von Figuren herausgearbeitet – bewegliche und unbewegliche.[17] Die unbeweglichen sind der Struktur des sujetlosen Grundtypus unterworfen. Sie gehören zur Klassifikation

---

* Held der Novelle Tolstojs *Kosaken/Kazaki/*. [A. d. Ü.]

17 S. dazu die wertvolle Arbeit von S. Ju. Nekljudov, *K voprosu o svjazi prostranstvenno-vremennych otnošenij s sjužetnoj strukturoj v russkoj by-*

und bestätigen sie durch sich selbst. Das Überschreiten der Grenze ist ihnen untersagt. Die bewegliche Figur ist eine Person, die das Recht auf Überqueren der Grenze hat. Das sind Rastignac, der sich von unten nach oben durchschlägt, Romeo und Julia, die die Grenze überschreiten, welche die feindlichen »Häuser« trennt, der Held, der mit dem Haus der Väter bricht, um ins Kloster zu gehen und ein Heiliger zu werden, oder der Held, der mit seinem sozialen Milieu bricht und ins Volk geht, in die Revolution. Sujetbewegung, *Ereignis,* ist das Überqueren jener Verbotsgrenze, die von der sujetlosen Struktur bestätigt wird. Die Versetzung des Helden *innerhalb* des ihm zugewiesenen Raumes ist kein Ereignis. Daraus erhellt die Abhängigkeit des Begriffs Ereignis von der im Text geltenden Struktur des Raumes, von seinem klassifikatorischen Teil. Das Sujet kann deshalb immer zu einer Grundepisode kontrahiert werden – dem Überqueren der grundlegenden topologischen Grenze in seiner räumlichen Struktur. Da auf der Basis binärer Oppositionen sich ein Stufensystem semantischer Grenzen bildet (und darüber besondere, von der grundlegenden hinreichend autonome Geordnetheiten entstehen können), ergeben sich zugleich Möglichkeiten für besondere Überquerungen der verbotenen Grenzen, untergeordnete Episoden, die zur Hierarchie der Sujetbewegung entfaltet werden.

Das sujetlose System ist demnach primär und kann durch einen selbständigen Text konkretisiert sein. Das sujethaltige aber ist sekundär und stellt immer eine auf die sujetlose Grundstruktur aufgelegte Schicht dar. Das Verhältnis zwischen beiden Schichten enthält dabei stets einen Konflikt: Gerade dasjenige, dessen Unmöglichkeit von der sujetlosen Struktur bestätigt wird, macht den Inhalt des Sujets aus. Das Sujet ist im Verhältnis zum »Weltbild« ein »revolutionäres Element«.

Wenn wir das Sujet als entfaltetes Ereignis erklären – als Übergang über eine semantische Grenze, dann wird die Reversibilität der Sujets evident: Die Überwindung ein und derselben Grenze innerhalb ein und desselben semantischen Feldes kann zu zwei Sujetketten entgegengesetzter Richtung entfaltet werden. So impliziert beispielsweise ein Weltbild, das die Teilung in Menschen (Lebende) und Nichtmenschen (Götter, Tiere,

line. In: *Tezisy dokladov vo vtoroj letnej škole po vtoričnym modelirujuščim sistemam.* Tartu 1966.

Tote) oder in »wir« und »sie« einschließt, zwei Typen von Sujets: Ein Mensch überwindet eine Grenze (den Wald, das Meer), besucht die Götter (die Tiere, die Toten), nimmt etwas mit und kehrt zurück; oder ein Gott (ein Tier, ein Toter) überwindet diese Grenze (den Wald, das Meer), besucht die Menschen, nimmt irgendetwas mit und kehrt zurück. Oder aber: Einer von »uns« überwindet eine Grenze (hat eine Mauer überklettert, die Grenze überschritten, sich angezogen »nach deren Art«, angefangen, »nicht mehr nach unserer Art zu reden«, »den Mohammed angerufen«, wie Afanasij Nikitin* empfiehlt, oder sich als Franzose angezogen, wie Dolochov) und dringt zu »denen« vor, oder einer von »denen« kommt zu »uns«.

Ein invariantes Ereignis kann im Verhältnis zur Entfaltung des Sujets als Sprache angesehen werden, und das Sujet als eine bestimmte Nachricht in ihr. Das Sujet als ein bestimmter Text – als ein Konstrukt, tritt jedoch seinerseits im Verhältnis zu Texten niedrigerer Ebenen als eine Sprache sui generis auf. Das Sujet gibt dem Text sogar innerhalb der jeweiligen Ebene lediglich eine typisierende Lösung: für ein bestimmtes Weltbild und eine bestimmte Strukturebene existiert ein einziges Sujet. Im realen Text aber tritt es nur als eine gewisse strukturelle Erwartung hervor, die erfüllt werden kann oder auch nicht.

8.4. Der Begriff der Figur

Dem Textaufbau liegen demnach stets eine semantische Struktur und eine Handlung zugrunde, die immer den Versuch darstellt, jene zu überwinden. Daher sind stets zwei Typen von Funktionen gegeben: klassifikatorische (passive) und die Funktionen des Trägers der Handlung (aktive). Wenn wir uns eine geographische Karte vorstellen, erhalten wir ein gutes Beispiel für einen klassifikatorischen (sujetlosen) Text. Ebensolche Beispiele sind dann der Kalender, die Personenbeschreibung oder Texte mit Angaben über normierte, regelmäßige Aktionen: der

---

* Kaufmann aus Tver', der unter dem Titel *Pilgerfahrt hinter drei Meere [Choženie za tri morja]* eine Reise nach Persien und Indien 1466-72 beschrieb. [A. d. Ü.]

Fahrplan, eine Gesetzessammlung, der *Domostroj*; in der künstlerischen Literatur Idyllen oder das bekannte *Taubenbuch [Golubinaja kniga]*.*

Sobald man jedoch einen Pfeil auf der Karte einzeichnet, der z. B. die Route einer regelmäßigen Schiffsverbindung zur See oder einer möglichen Luftlinie angibt, wird der Text sujethaltig: Es wird eine Aktion eingeführt, welche die (in diesem Fall geographische) Struktur überwindet.

Wenn wir jedoch auf der Karte die Bewegung irgendeines konkreten Schiffes markieren, erhalten wir etwas, das an die Beziehungen erinnert, die in einem sujethaltigen Text entstehen: Das Schiff kann auslaufen oder auch nicht, genau auf der Trasse fahren oder von ihr abweichen (hinsichtlich der Struktur stellt ein und derselbe Weg auf der Karte, wenn er als Erfüllung oder Nichterfüllung irgendeiner normativen Aufgabe erscheint, etwas vollständig Anderes dar, als wenn er außerhalb jeglichen Korrelierens mit der Vorstellung einer typisierten Verpflichtung zurückgelegt wird: Im ersten Fall erhält jeder »Schritt« der Vorwärtsbewegung die Bedeutung von Erfüllung oder Nichterfüllung einer Norm – im zweiten hat er überhaupt keine Bedeutung).

Von dem Moment an, da auf der Karte nicht nur die allgemeine Route, sondern auch der ihr folgende Weg eines Schiffes eingetragen sind, werden neue Bewertungskoordinaten eingeführt. Karte und typisierte Route sind räumliche und achronische Begriffe; sobald aber auf ihnen der Weg eines Schiffes markiert ist, erweist es sich als möglich, die Frage nach der Zeit seiner Bewegung relativ zur Zeit des Beobachters (ist diese Bewegung schon ausgeführt, wird sie gerade ausgeführt oder wird sie in der Zukunft ausgeführt) und die Frage nach dem Grad ihrer Realität zu stellen.

Das Beispiel mit der Karte kann man sich als Modell eines sujethaltigen Textes vorstellen. Er umfaßt drei Ebenen: 1. die Ebene der sujetlosen semantischen Struktur; 2. die Ebene der

---

* *Domostroj:* Mitte des 16. Jhdt. entstandene »Hausordnung«, die das religiöse, politische, soziale und häusliche Leben der patriarchalisch gezeichneten Familie nach dem Vorbild der Klosterregeln bis ins einzelne streng reglementierte. Vgl.: *O Bojan, du Nachtigall der alten Zeit*, S. 395 ff. *Golubinaja kniga:* Sammlung religiöser Sprüche über die Herkunft der Welt, der Dinge etc. [A. d .Ü.]

typisierten Aktion innerhalb der gegebenen Struktur und 3. die Ebene des konkreten Handelns.

Dabei verändert sich die Wechselbeziehung der Ebenen je nachdem, an welcher Stelle wir die grundlegende strukturelle Opposition ansetzen:

Code – Nachricht
1 – 2, 3
1, 2 – 3

Die Ebene 2 kann also je nach dem Standpunkt des Beschreibenden als Code wie auch als Nachricht aufgefaßt werden.

Seit der *Morphologie des Märchens* von V. Ja. Propp ist offenkundig, daß eine Figur einen Durchschnitt struktureller Funktionen darstellt. Propp hat auch die Grundfunktionen umrissen (Held, Helfer, Schädling).

Aus dem oben Gesagten folgt, daß als notwendige Elemente jedes Sujets auftreten: 1. ein semantisches Feld, das in zwei komplementäre Untermengen aufgeteilt ist; 2. eine Grenze zwischen diesen Untermengen, die unter normalen Bedingungen impermeabel ist, im vorliegenden Fall jedoch (der sujethaltige Text spricht immer von einem *vorliegenden Fall*) sich für den die Handlung tragenden Helden als permeabel erweist; 3. der die Handlung tragende Held.

Jedes von diesen Elementen verfügt über einen Satz von Merkmalen, die in dem Maße zum Vorschein kommen, wie sie in Sujetbeziehungen zu anderen Elementen treten.

So bildet den Ausgangspunkt der Sujetbewegung das Herstellen der Relation von Differenz und beiderseitiger Freiheit zwischen dem die Handlung tragenden Helden und dem ihn umgebenden semantischen Feld: Wenn der Held seinem Wesen nach mit seiner Umgebung übereinstimmt oder nicht mit der Fähigkeit ausgestattet ist, sich von ihr zu lösen, ist die Entwicklung eines Sujets unmöglich. Der Träger der Handlung hat auch die Möglichkeit, Aktionen nicht auszuführen: Das Schiff kann auch nicht auslaufen, der Mörder nicht morden, Pečorin und Bel'tov sind untätig. Doch der Charakter ihrer Wechselbeziehung mit der Umgebung bezeugt, daß es nichthandelnde Handlungsträger sind. Das nicht ausgelaufene Schiff und ein nicht ausgelaufener Felsen, ein Mörder, der nicht gemordet hat, und ein Spießbürger, der nicht gemordet hat, Pečorin und Grušnickij, Bel'tov und Kruciferskij* – entsprechen einander strukturell nicht, obwohl sie in gleicher Weise Aktionen nicht ausführen.

Im Verhältnis zur Grenze des (semantischen) Sujetfeldes tritt der Handlungsträger als ihr Überwinder auf, und die Grenze im Verhältnis zu ihm als Hindernis. Deshalb sind alle Arten von Hindernissen im Text in der Regel im Bereich der Grenze konzentriert und stellen strukturell immer einen Teil von ihr dar. Es ist unwesentlich, ob das die »Schädlinge« im Zaubermärchen, die dem Odysseus feindlichen Wogen, Winde und Meeresströmungen, die falschen Freunde im Schelmenroman oder die falschen Beweisstücke im Krimi sind: In struktureller Hinsicht tragen sie alle ein und dieselbe Funktion – sie machen den Übergang von einem semantischen Feld in das andere in höchstem Maße beschwerlich, ja sogar unmöglich für alle außer dem Handlungsträger im vorliegenden einmaligen Fall (möglich ist auch ein anderer, besonderer Fall des Sujets: Der Träger der Handlung kommt um oder »scheidet aus dem Spiel aus« wegen irgendwelcher anderer Gründe, ohne die Grenze überwunden zu haben). Die Helfer des Handlungsträgers sind in einigen Texten das Ergebnis einer Differenzierung der einheitlichen Funktion der Grenzüberwindung.

Hat er die Grenze überwunden, so tritt der Handlungsträger in das im Verhältnis zum Ausgangsfeld semantische »Antifeld«. Um nun die Bewegung zum Stillstand kommen zu lassen, muß er mit dem Antifeld verschmelzen, muß sich aus einer beweglichen Figur in eine unbewegliche verwandeln. Geschieht dies nicht, so ist das Sujet nicht abgeschlossen, und die Bewegung setzt sich fort. So ist der Held des Zaubermärchens z. B. in der Ausgangssituation nicht Teil derjenigen Welt, der er angehört: er ist gejagt, verkannt, hat seinen wahren Kern nicht gezeigt. Danach überwindet er die Grenze, die »diese« Welt von »jener« trennt. Gerade die Grenze (der Wald, das Meer) ist mit den größten Gefahren verbunden. Da jedoch der Held auch in »jener« Welt nicht mit seiner Umgebung verschmilzt (in »dieser« Welt war er der arme, schwache, jüngste Bruder unter den reichen, starken, älteren Brüdern, in »jener« ist er ein

---

* Bel'tov, Kruciferskij: Helden in dem Roman *Wer ist schuld? [Kto vinovat]* von Aleksandr Gercen (1846). [A. d. Ü.]

Mensch unter Nichtmenschen), kommt das Sujet nicht zum Stillstand: Der Held kehrt zurück, verändert sein eigenes Sein und wird so zum Herren, aber nicht zum Antipoden »dieser« Welt. Weitere Bewegung ist unmöglich. Eben deshalb hält, sobald der Verliebte heiratet, die Aufständischen siegen, die Sterblichen sterben, die Entwicklung des Sujets inne.

Führen wir als Beispiel das Sujet vom inkarnierten Gott an: Gott nimmt ein anderes Sein an, um aus der Welt der Seligkeit in die irdische Welt hinabzusteigen (er erlangt Freiheit im Verhältnis zu seiner Umgebung), wird in die Welt geboren (Überschreiten der Grenze), wird Mensch (Menschensohn), aber verschmilzt nicht mit den neuen Umständen (das Sujet vom Typus *Fëdor Kuz'mič* [Tolstoj] erschöpft sich damit: der Zar wird zum Bauern). In der irdischen Welt ist er Teil einer anderen Welt. Damit hängen sein Tod und Verderben (Überschreiten der Grenze) und die Himmelfahrt zusammen. Die Figur verschmilzt mit der Umgebung – die Handlung kommt zum Stillstand.

Die Identität des Handlungsträgers und anderer Sujetfunktionen: der Umgebung, der Hindernisse, der Hilfe, der »Antiumgebung« – mit anthropomorphen Figuren erscheint uns derart natürlich und gewohnt, daß wir unsere kulturelle Erfahrung bis zum Rang eines Gesetzes verallgemeinern und meinen, jedes Sujet sei die Entwicklung von Relationen zwischen Menschen, einfach kraft der Tatsache, daß Texte von Menschen und für Menschen geschaffen werden. Hier dürfte es nützlich sein, sich der Karte und des Weges des Schiffes zu erinnern. Als Handlungsträger erwies sich hierbei nicht ein Mensch, sondern ein Schiff, als Hindernisse – nicht Menschen, sondern Stürme, Strömungen und Winde, als Grenze – der Ozean, als Umgebung und »Antiumgebung« – die Punkte von Abfahrt und Ankunft. Bei der Beschreibung des Textes, der als ein Ereignis (als Sujet) die Bewegung des Schiffes auf der Karte erwähnt, waren wir ganz und gar der Notwendigkeit enthoben, zu anthropomorphen Figuren zu greifen. Weshalb? Die Erklärung ist in der Natur derjenigen Klassifikation verborgen, die den Charakter der semantischen Opposition und der Natur der Grenze bestimmt. Sie bedingt das ganze System, insbesondere auch, in welcher Gestalt die Sujetfunktionen realisiert werden. So sind beispielsweise chinesische Texte weithin bekannt, in denen als Handlungsträger Füchse als Werwölfe auftreten, und den Menschen die Rolle der Umstände der Handlung (Umgebung, Hindernis, Hilfe) zugewiesen ist. Der Handlungsträger kann nicht-anthropomorph sein, und der Grenze oder der Umgebung können anthropomorphe Züge verliehen sein. Schließlich bedeutet die Anthropomorphisierung der Figuren noch nicht ihre Identifizierung mit unserer alltäglichen Vorstellung vom Menschen als einer Person. So liegt beispielsweise, wenn als Vergeltung für einen Mord Rache an den Verwandten der männlichen Linie geübt wird, offenbar nicht jenes Bestreben vor, es dem Mörder heimzuzahlen, indem man ihm Leid zufügt, wie der moderne Europäer solch einen Racheakt zu betrachten neigt, sondern die Überzeugung, daß als Handlungsträger (als Mörder) die Sippe erscheint, und der Mörder selbst nur ein Werkzeug ist. Deshalb macht es keinen Unterschied, gegen welchen Vertreter der Sippe der Gegenschlag geführt wird.

In den altrussischen Chroniken wird von den Taten der Fürsten und anderer historischer Personen erzählt (schon allein ihre Einteilung in historische und nichthistorische gliedert die Menschen in »Handlungsträger« und »Nicht-Handlungsträger«). Bei näherer Betrachtung zeigt sich jedoch, daß die eigentlichen Handlungsträger Gott, Satan, die Teufel, Engel, gute und böse Ratgeber sind, die historischen Persönlichkeiten oder die Menschen aber – die Helden der Legenden – nur Mittel und Werkzeuge in ihren Händen: »Der Satan aber fuhr in Kain und stiftete Kain dazu an, Abel zu erschlagen«. Oder: »Die Namen dieser Gesetzesbrecher sind Put'ša und Taleč, Elovit', Ljaš'ko. Ihr Vater aber ist der Satan. Denn diese Diener sind Dämonen. Denn Dämonen sind zum Bösen gesandt, Engel zum Guten gesandt«.[18] Die Vorstellung von der Rolle des Menschen als passivem Werkzeug stellte Gott und Satan als Handlungsträger notwendig auf eine Ebene. Das beunruhigte den Chronisten und veranlaßte ihn, in zusätzlichen verbalen Charakteristiken die Ohnmacht des Satans und seiner Handlanger zu betonen. »Als Jan aber nach Hause gegangen war in der folgenden Nacht, kletterte ein Bär auf [die Eiche], zerriß die beiden [Götzenpriester] und fraß sie auf, und so kamen

18 *Polnoe sobranie russkich letopisej.* Bd. 1, M. 1962. S. 89 und 135. [Vgl. auch: *Die altrussische Nestorchronik* (A. d. Ü. zu S. 321), S. 62 und 96.]

sie beide durch dämonische Aufhetzung um [...] denn Dämonen kennen die Gedanken der Menschen nicht, sondern legen verborgene Absicht in den Menschen hinein, um sein Geheimnis nicht wissend. Gott allein weiß um die menschlichen Gedanken, die Dämonen aber wissen um nichts, denn sie sind ohnmächtig und schwachen Blicks«. Die Handlung entfaltet sich in der Chronik demnach ähnlich wie in der *Ilias,* wo ein zwiefacher Kampf vor sich geht: zwischen den Gruppen der Götter und zwischen Achäern und Trojanern. Aus der Sicht religiös-ethischer Gliederung erscheinen als Handlungsträger Gott und Satan, während der Mensch lediglich werkzeugartige Bedingung der Handlung ist. Das ist für den mittelalterlichen Menschen derart evident, daß er in einem Text vom folgenden Typus keinen Widerspruch sieht: »Im selben Jahr verschied der Metropolit Ivan. Es war aber Ivan ein Kenner der Bücher [...], demütig und sanft, schweigsam, doch beredt durch die heiligen Bücher.«[19] »Schweigsam« und »beredt« sind keineswegs einander widersprechende Charakteristika. Schweigsam ist er als Handlungsträger, »von sich aus«. Beredt aber ist er nicht »von sich aus«, sondern als Träger der höheren Weisheit, als ihr Werkzeug. Eben damit hängt auch die Vorstellung zusammen, der Mensch sei nicht Autor jeglicher wahren (heiligen) Bücher oder Ikonen, sondern vielmehr Werkzeug zur Verwirklichung einer »göttlich inspirierten« Aktion.

Die Personen der Chronik sind freilich auch in andere semantische Felder mit andersartigen – politischen – Charakteristiken einbezogen (z. B.: »russisches Land – nichtrussisches Land«; »reguläre Herrschaft – irreguläre Herrschaft«). In dieser Umgebung treten die Fürsten schon als Handlungsträger auf, die Gebete, die Heiligen oder (in bösen Dingen) die Teufel – als Gehilfen, als personifizierte Umstände der Handlung. Die Personifizierung der Sujetfunktionen hängt somit von der Eigenart der semantischen Klassifikation ab.

Typus des Weltbildes, Typus des Sujets und Typus der Figur sind wechselseitig bedingt.

Wir haben also festgestellt, daß wir bei den Figuren – den Helden zahlreicher künstlerischer und nichtkünstlerischer Texte, die mit menschlichen Namen und menschlichem Äußeren ver-

---

19 Ebda. S. 178-179, 208. [Ebda. S. 128 und 149. Vgl. auch: *O Bojan, du Nachtigall der alten Zeit* (A. d. Ü. S. 321), S. 62 ff.]

sehen sind, zwei Gruppen unterscheiden können: die Träger
der Handlung und die Bedingungen und Umstände der Handlung. Sollen diese beiden Gruppen von Sujetfunktionen »ver-
menschlicht werden«, bedarf es eines besonderen Typus von
Weltdeutung – der Anschauung, daß die handelnde Kraft der
Mensch sei, daß der Mensch aber auch das Hindernis für den
Menschen bilde.

Wir haben schon darauf hingewiesen, daß die Figuren der ersten Gruppe sich von der zweiten durch ihre Beweglichkeit im
Verhältnis zu ihrer Umgebung unterscheiden. Diese Beweglichkeit selbst ist jedoch Resultat einer wesentlichen Eigenschaft:
Die bewegliche Figur unterscheidet sich von der unbeweglichen
dadurch, daß sie über die Lizenz für einige Handlungen verfügt, die den anderen verboten sind. So verfügt Frol Skobeev
über eine andere Norm des Verhaltens als die Menschen seiner
Umgebung: Sie sind an bestimmte moralische Normen gebunden, von denen er frei ist. Aus ihrer Sicht ist Frol ein »Spitzbube«, ein »Dieb«, und sein Verhalten »Spitzbüberei« und
»Dieberei«. Aus seiner Sicht (und der der Leser dieser Erzählung im 17. Jahrhundert) verrät das Verhalten seiner Opfer
ihre Dummheit, und das rechtfertigt seine Bubenstückchen. Der
handelnde Held führt sich anders auf als die übrigen Figuren,
und er hat als einziger das Recht darauf. Das Recht auf besonderes Verhalten (auf heroisches, unmoralisches, moralisches,
unvernünftiges, nicht vorhersagbares, befremdliches – doch
stets von den Verpflichtungen, die für die unbeweglichen Figuren unerläßlich sind, freies Verhalten) demonstriert die lange
Reihe der literarischen Helden von Vas'ka Buslaev bis Don
Quixotte, Hamlet, Richard III., Grinëv, Čičikov und Čackij.*
Diesen Sachverhalt lediglich als Bestätigung einer angeblichen
Notwendigkeit für den Konflikt des Helden mit seinem Milieu
zu erklären, heißt die Frage nicht nur einengen, sondern auch
der gewohnten Terminologie zuliebe entstellen. Als Handlungsträger können nicht nur Personen, sondern auch Gruppe,

---

* Vas'ka Buslaev (Vasilij Buslaevič): Held zweier Novgoroder Bylinen des
12. Jhdt., dem Tapferkeit Selbstzweck ist und der wegen Verstoßes gegen die
Tradition gestraft wird. Grinëv: Ich-Erzähler in Puškins Roman *Die
Hauptmannstochter* [*Kapitanskaja dočka*] (1836). Čičikov: Held von Gogol's Roman *Die Toten Seelen* [*Mërtvye duši*] (1842). Čackij: Hauptfigur
der Komödie *Verstand schafft Leiden* [*Gore ot uma*] (1823) von Griboedov.
[A. d. Ü.]

Klasse, Volk auftreten (vgl. beispielsweise *Taras Bul'ba*), die nur über die Eigenschaften der Beweglichkeit im Verhältnis zu irgendeiner weiterreichenden Umgebung verfügen müssen.

Will man die Gesetzmäßigkeit der Umwandlung der Sujetfunktion in eine Figur – in ein Bild mit Merkmalen des Menschen – verstehen, muß noch ein weiterer Umstand in Betracht gezogen werden. Wenn wir die Gaunernovelle mit dem Schelmenroman vergleichen, bemerken wir einen interessanten Unterschied. Die Struktur der Gaunernovelle ist nach einem klaren Schema aufgebaut: Der Gaunerheld handelt in dem semantischen Feld »Reichtum – Armut«.[20] Er ist ein armer Teufel, aber – im Unterschied zu den übrigen Figuren seiner Umgebung – mit Beweglichkeit ausgestattet: mit Verstand, Initiative und dem Recht, sich außerhalb moralischer Verbote zu bewegen. Die Grenze zwischen Armut und Reichtum ist für einen »Dummkopf« impermeabel, doch den »Spitzbuben« schreckt sie nicht. Das Sujet der Gaunernovelle ist somit die Geschichte eines geglückten Bubenstückchens, das aus einem armen Teufel einen reichen Mann, aus dem erfolglosen Anbeter einen glücklichen Liebhaber oder Ehemann macht. Das Sujetereignis kann zu einer Sujetkette von Ereignissen entfaltet werden, wie z. B. im *Frol Skobeev*.

Im Schelmenroman beobachten wir demgegenüber eine charakteristische Steigerung der Komplexität. Sie besteht nicht nur in dem Ersatz einer Sujetepisode durch eine Anhäufung vieler. Wenn wir *Moll Flanders* oder die *Hübsche Köchin** analysieren, so können wir uns davon überzeugen, daß eine Figur, die in den einen Episoden als Handlungsträger erscheint, in anderen als Objekt der Büberei auftritt und dabei für einen anderen Gauner zur Verkörperung der »Grenze« wird – der Schranke auf dem Wege zu Reichtum und Glück. Daß ein und

---

* *Die hübsche Köchin, oder Abenteuer eines lasterhaften Frauenzimmers [Prigožaja povaricha, ili pochoždenie razvratnoj ženščiny]*, der erste russische Schelmenroman, von Michail D. Čulkov (1770). [A. d. Ü.]

20 Variante dieser Opposition ist: »Genuß – Nicht-Genuß«. Dem entspricht die Opposition: »Spitzbube – Dummkopf«. »Spitzbube« hat die Synonyme: »klug«, »pfiffig«, »jung«, und »Dummkopf«: »gutmütiger Kerl«, »Alterchen«, »Heuchler«. Der »Heuchler« – meistens ein Mönch – ist die einzige Figur der Gaunernovelle, die sich auf die Forderungen der Moral beruft. Im übrigen kann der »Heuchler«, wenn an ihm die Züge des »Spitzbuben« stark hervorgehoben sind, Sympathie wecken.

dieselben Textelemente abwechselnd verschiedene Sujetfunktionen erfüllen, begünstigt ihre Personifikation, die Identifikation von Funktion und Figur. Ein analoger Effekt tritt als Ergebnis einer Veränderung des Blickpunktes auf.

8.5. Von der Spezifik der künstlerischen Welt

Alles, was oben über Ereignis und Sujet gesagt wurde, ist gleichermaßen auf künstlerische wie auf nichtkünstlerische Texte anwendbar. Nicht zufällig haben wir uns bemüht, die Grundthesen mit Beispielen für beide Textarten zu illustrieren. Die Spezifik des künstlerischen Sujets wiederholt auf einer anderen Ebene die Spezifik der Metapher und besteht im gleichzeitigen Vorhandensein mehrerer Bedeutungen für jedes Sujetelement, wobei nicht eine einzige von ihnen, nicht einmal bei völliger Gegensätzlichkeit, eine andere aufhebt. Da solch eine Gleichzeitigkeit aber nur auf einer bestimmten Ebene entsteht, auf anderen jedoch in verschiedene monosemantische Systeme sich spaltet oder in irgendeiner abstrakten Einheitlichkeit auf höchster Ebene »aufgehoben« ist, kann man den Schluß ziehen, daß der »Kunstcharakter« eines Textes auf einer bestimmten Ebene entsteht – auf der Ebene des von einem Autor geschaffenen Textes.
Betrachten wir den Text des Gedichtes *Gebet [Molitva]* von Lermontov (1829):

Ne obvinjáj menjá, vsesíl'nyj,
I ne karáj menjá, moljú,
Za tó, čto mrák zemlí mogíl'nyj
S eë strastjámi ja ljubljú;
Za tó, čto rédko v dúšu vchódit
Živých rečéj tvoích strujá,
Za tó, čto v zabluždén'i bródit
Moj úm dalëko ot tebjá;
Za tó, čto láva vdochnovén'ja
Klokóčet na grudí moéj;
Za tó, čto díkie volnén'ja
Mračát stekló moích očéj;
Za tó, čto mír zemnój mne tésen,
K tebé ž proníknut' ja bojús',

I často zvúkom grěšnych pésen
Ja, bóže, ne tebé moljús'.

No ugasí sej čúdnyj plámen',
Vsesožigájuščij kostěr,
Preobratí mne sérdce v kámen',
Ostanoví golódnyj vzór;
Ot strášnoj žáždy pesnopén'ja
Puskáj, tvoréc, osvobožús',
Togdá na tésnyj pút' spasén'ja
K tebé ja snóva obraščús'.

[Klage mich nicht an, Allmächtiger,
Und strafe mich nicht, bitte ich,
Dafür, daß der Erde Grabesdunkel
Mit ihren Leidenschaften ich liebe;
Dafür, daß selten in die Seele dringt
Deiner lebendigen Reden Strom,
Dafür, daß in Verblendung irrt
Mein Geist fern von dir;
Dafür, daß die Lava der Inspiration
Brodelt auf meiner Brust;
Dafür, daß wilde Wallungen
Das Glas meiner Augen verdunkeln;
Dafür, daß die irdische Welt mir eng ist,
Zu dir aber vorzudringen ich fürchte,
Und oft mit dem Laut sündiger Lieder
Ich, Gott, nicht zu dir bete.

Doch lösche diese wundersame Flamme,
Den allesverzehrenden Brand,
Verwandle mir das Herz zu Stein,
Wehre dem hungrigen Blick;
Vom schrecklichen Verlangen nach Lobgesang
Laß mich, Schöpfer, mich befreien,
Dann werde auf den schmalen Pfad der Erlösung
Zu dir ich mich von neuem wenden.]

Betrachtet man den Text des Gedichtes, so ist sehr leicht zu bemerken, daß sein semantisches System sich in zwei Schichten gliedert:

I	II
Gott	Erde
Ewigkeit	Momentanität (Vergänglichkeit)

Licht	Dunkel
Leben	Tod
Heil	Sünde
Realität	Schatten

Als markiertes Ausgangsglied der Opposition erscheint die linke Spalte. Das drückt sich insbesondere darin aus, daß gerade sie zum Blickpunkt (als Richtung für die Bewertung) und zur Richtung der Handlung gewählt wurde. Die Richtung für die Bewertung findet vor allem in den räumlichen Kategorien ihren Ausdruck. »Ich«, »fern von dir«, und nicht »du«, »fern von mir«, zeugt bei identischer klassifikatorischer Struktur davon, daß gerade »du« als Ausgangspunkt für die semantischen Beziehungen genommen wird. Die Bestimmung der irdischen Welt als »Dunkel« führt uns zu der Vorstellung von dem dazu antithetischen »Licht« und hat klassifikatorisch-strukturellen Charakter (d. h. hängt mit einem bestimmten Kulturtypus zusammen). Das sie begleitende Epitheton »Grabes-« hat doppelte Semantik. Die Codesemantik ruft die Vorstellung vom irdischen Leben als Tod hervor, ein Gegengewicht zum »ewigen Leben« der Existenz nach dem Tode. Gleichzeitig ist darin die räumliche Semantik des »Grabes« enthalten – eines tiefen und abgeschlossenen Raumes (die Vorstellung, daß die Welt ein Abgrund im Vergleich zum Paradies, die Hölle ein Abgrund im Vergleich zur Welt ist; charakteristisch ist, daß bei Dante das Ausmaß der Sünde dem Ausmaß der Tiefe und Abgeschlossenheit, und das Ausmaß der Heiligkeit dem Grad der räumlichen Höhe und Offenheit entsprechen). Doch liegt in demselben Epitheton auch der Ausgangspunkt, da ja die irdische Welt »Abgrund« nur im Verhältnis zum Paradies ist.
Eine bestimmte Gerichtetheit findet sich auch in den Verben der Handlung. Von links nach rechts ist das aktivische »strafen« gerichtet, von rechts nach links – des Merkmals der Aktivität bar – »bitten«. Doch schon die Verse

[...] mrák zemlí mogíl'nyj
S eë strastjámi ja ljubljú [...]

[[...] der Erde Grabesdunkel
Mit ihren Leidenschaften ich liebe [...]]

verändern das Bild. Sie fügen sich noch in das allgemeine System des oben beschriebenen kulturellen Codes ein, verleihen dem Text aber die entgegengesetzte Gerichtetheit: Als Blickpunkt wird nicht der »Allmächtige«, sondern das sündige »Ich« ausgewählt. Aus dieser Sicht können das »Grabesdunkel« der Erde und ihre »Leidenschaften« sich als Gegenstand der Liebe erweisen.

Vom neunten Vers an jedoch läßt sich der Text nicht mehr in demjenigen semantischen System dechiffrieren, das bis dahin wirksam war. Die Natur des »Ich« verändert sich entscheidend. Im ersten Teil des Gedichtes ist es ein unbewegliches Element, dessen Wert durch sein Verhältnis zur Umgebung bestimmt ist: Dem »irdischen« Leben zugehörig, wird das »Ich« vergänglich, sterblich, zum fern von der Wahrheit umherirrenden – es wird unbedeutend; dieses »Ich« geht in das Licht und die Wahrheit einer anderen Welt ein und wird dadurch bedeutend, doch nicht durch seine eigene Bedeutung, sondern durch den Wert jener Welt, zu deren Teil es wird.

Der im neunten Vers beginnende Text evozierte, indem er an die Ende der 20er Jahre des 19. Jahrhunderts bereits standardisierten Metaphern vom Typus »Lava der Inspiration« appellierte, im Bewußtsein des Lesers einen anderen, ihm ebenfalls bekannten kulturellen Code – den romantischen. In diesem System trat als Grundopposition auf

»Ich-Nicht-Ich«.

Alles, was das »Nicht-Ich« ausmacht, wird einander gleichgesetzt, irdische und nichtirdische Welt werden zu Synonymen:

$$\text{Ich} - \begin{cases} \text{irdische Welt} \\ \text{Gott.} \end{cases}$$

Das führt dazu, daß das »Ich« nicht zum Element in der Welt (der Umgebung) wird, sondern zur Welt, zum Raum (eine konsequent romantische Struktur; das Sujet wird ausgeschlossen). Darüber hinaus wird das »Ich« nicht nur unbeweglich, sondern auch gewaltig, der ganzen Welt gleich (»In meiner Seele habe ich eine andere Welt erschaffen«). »Ich« erweist sich als Raum für innere Ereignisse.

Im Lichte dieses Systems von Begriffen erscheint es als natürlich, daß das »Ich« räumlich wächst: In den Versen 9-10 gleicht
es sich dem Vulkan an (unter anderem auch räumlich, im
Unterschied zu der Metapher Benediktovs* »In der Brust hat
der Jüngling einen Vulkan«): »Lava der Inspiration«, »brodelt
auf der Brust« (vgl. vom gleichen Typus »auf der Brust des
Fels-Giganten«). Die Verse 11-12 gleichen schon die Augen
(einen Teil) des Dichters – dem stürmischen Ozean an. Darauf
aber folgt »die irdische Welt ist mir eng« und gleichzeitig der
Verzicht auf die himmlische Welt. Bildete das »Ich« anfangs
einen Teil der Gott gegenüberstehenden Welt, so ist jetzt das
göttliche »Du« nur ein Teil der dem »Ich« gegenüberstehenden
Welt. In dieser Welt, die aus meinem »Ich« besteht und darauf
ausgerichtet ist, gibt es kein anderes Objekt außer »mir«. Bezeichnenderweise wird das Objekt des Gebetes nicht genannt
(»Ich, Gott, bete nicht zu dir«).
»Sündig« ist in diesem Kontext nicht mehr tadelndes Epitheton, weil die Welt »Ich« nicht durch die außerhalb von ihm
liegenden Gesetze von Religion und Moral beurteilt wird. Im
romantischen System ist »sündig« Antonym zu »banal«.
Die Verse 17-20 werden als Antithese zum Anfang aufgefaßt:
dort Leidenschaften – Zugehörigkeit zum Grabesdunkel, hier –
die »wundersame Flamme«.
Doch schon Vers 20 enthält Signale eines anderen, der Romantik fremden semantischen Systems. Sie hängen mit der Kraft
der Gerichtetheit des »Ich« auf ein Objekt zusammen. Im romantischen System hat das »Ich« als einziges nicht-banales
Objekt seiner Aktivität sich selbst. Und wenn ein »nicht steinernes« (»empfindsames«) Herz auch im romantischen System
möglich ist, (wenn auch ein »jetzt schon steinernes« – »ver-
welktes« bei weitem häufiger ist), so fällt doch der »hungrige
Blick« deutlich aus ihm heraus. Schon am Anbruch der Romantik sprachen die Freimaurer vom Menschen als von einem
Wesen »mit in sich gekehrten Augen«. Zu diesem Text paßt
am ehesten wiederum die Opposition »irdische Welt« (»Ich« ist

---

* Vladimir Grigor'evič Benediktov (1807-75). Seine Gedichte nach gängi-
gen Themen der Romantik waren in einer durch Metaphern, Neologismen
etc. eigenartigen Sprache geschrieben, die Elemente von Adelspoesie und
Beamtensprache vereinigte. Ihrer Popularität in den 30/40er Jahren steht
das vernichtende Urteil Belinskijs gegenüber.

ihr Teil) – »unirdische Welt«. Doch als licht, wahrhaft, »schreckliches Verlangen« nach Aktivität hervorrufend und den »hungrigen Blick« anziehend und folglich ohne die Merkmale der Momentanität, des Todes, der Vergänglichkeit und der Lichtarmut erweist sich eben das irdische Leben.

Schließlich führen uns die letzten zwei Verse (mit Codesignalen wie »schmaler Pfad« und »Erlösung«) wieder zum christlichen Code zurück, doch gleichzeitig wird »schmal« als Antonym zu »weiträumig« aufgefaßt, was nicht so wie im christlichen System (»der weite Pfad ist der Pfad der Sünde, der Pfad des Lebens«) semantisiert wird, sondern als Synonym für Freiheit und ihre Reflexe im romantischen Typus des kulturellen Codes.

Wir haben nicht die semantische Struktur des Textes betrachtet, sondern dasjenige allgemeinkulturelle semantische Feld, in dem dieser Text funktioniert. Dabei gewannen wir die Überzeugung, daß der Text nicht auf *eines* projiziert wird, sondern auf *drei* verschiedene Typen von semantischer Struktur. Was bedeutete dies nun, wenn der Text nicht ein künstlerischer, sondern, sagen wir, ein wissenschaftlicher Text wäre?

In einem wissenschaftlichen Text würde die Einführung eines neuen semantischen Systems die Widerlegung, die »Aufhebung« des alten bedeuten. Wissenschaftlicher Dialog besteht darin, daß die eine der im Widerstreit liegenden Positionen als unrichtig erkannt und fallengelassen wird. Die andere setzt sich durch.

Wie wir gesehen haben, baut sich das semantische Feld des lermontovschen Gedichtes in anderer Weise auf: Es entsteht aus der *Relation* aller drei Systeme. Negierendes vernichtet das Negierte nicht, sondern tritt mit ihm in die Relation der Gleich-und-Gegenüberstellung ein. Deshalb ist ein wissenschaftlicher Streit die Beweisführung, daß der Standpunkt des Kontrahenten wertlos ist. Ein künstlerischer Streit ist nur mit einem Opponenten möglich, über den absolut zu siegen unmöglich ist. Eben deshalb, weil die religiöse Bewußtseinsstruktur im *Gebet* sowohl Attraktivität als auch Erhabenheit enthält, ist ihre Widerlegung poetisch.

Stellte das *Gebet* einen philosophischen Traktat dar, so wäre es in mehrere polemisch einander entgegengesetzte Einzelteile gegliedert. Als Gedicht bildet es eine einheitliche Struktur, in der alle semantischen Systeme gleichzeitig in einem komplexen »Wechselspiel« funktionieren. Dies ist die Besonderheit des künstlerischen Textes, auf die Michail M. Bachtin so scharfsinnig hingewiesen hat.

Wissenschaftliche Wahrheit tritt in einem semantischen Feld auf, künstlerische gleichzeitig in mehreren, nämlich in ihrer Korrelativität. Dieser Umstand vergrößert die Zahl der relevanten Merkmale eines jeden Elementes beträchtlich.

Wir sehen, welche komplexen Widersprüche sich in Systemen bilden, die durch eine Kreolisierung von Sprachen verschiedener Kulturen entstehen. Man darf jedoch nicht meinen, ein Text brächte, wenn er durchgängig in einem semantischen System gehalten ist, jenes komplexe Spiel der Strukturelemente nicht zustande, das ihm das spezifisch künstlerische semantische Fassungsvermögen verleiht. Wir haben gesehen, daß auch im Bereich ein und desselben Codesystems der Kultur ein und dieselben semantischen Elemente auf der einen Ebene als Synonyme, auf der anderen jedoch als Antonyme auftreten. Diese Feststellung ist auch auf den Sujetaufbau des Kunstwerks anwendbar. Betrachten wir unter diesem Aspekt die [Dramen-] Trilogie Aleksandr V. Suchovo-Kobylins. In *Krečinskijs Hochzeit [Svad'ba Krečinskogo]* [1885] sind zwei Lager einander gegenübergestellt: ehrbare Menschen – ehrlose Menschen. Muromskij, seine Tochter Lidočka, Nel'kin – »Gutsbesitzer und guter Nachbar der Muromskijs, ein junger Mann, der beim Militär gedient hat« – sind Spielarten des Typus ehrbarer Mensch; Krečinskij und Raspljuev sind Spielarten des ehrlosen Menschen. Der Charakter eines jeden von ihnen stellt einen Satz distinktiver Merkmale dar, die in der Beziehung zu den Figuren der gleichen Gruppe und zu den Figuren der anderen Gruppe aufgedeckt werden. Und da jede dieser Gruppen wieder in Untergruppen gegliedert ist, (z. B. die Untergruppe »Krečinskij« und die Untergruppe »Raspljuev«), setzt sich die Charakteristik aus den zusätzlichen distinktiven Merkmalen zusammen, die durch die Beziehung zu den Untergruppen entstehen. Der zweite Teil der Trilogie, *Der Prozeß [Delo]* [1869], führt eine neue Opposition ein: Privatleute – Bürokratie (Nicht-Menschen). Die Bürokratie besteht aus Figuren, die zwar mit unterschiedlichem Äußeren ausgestattet sind (vgl. »Čibisov. Anständige, präsentable Erscheinung. Modisch ge-

kleidet«, »Kas'jan Kas'janovič Šilo. Physiognomie eines kor-
sischen Räubers. Struppig. Nachlässig gekleidet.«), jedoch eine
Einheit bilden, insofern sie den Menschen gegenübergestellt
sind. Das sind »Potestates«, »Heerscharen«, »Untergeordnete«
(eine Terminologie mit einem Element der Parodie auf die
Hierarchie der Engel) – und die »Räder, Antriebsscheiben und
Zahnrädchen der Bürokratie« (nicht Menschen, sondern Teile
eines Mechanismus). In dieser Opposition befindet Krečinskij
sich im Lager der Menschen und tritt als Bundesgenosse der
Muromskijs auf. Im dritten Teil schließlich, *Tarelkins Tod
[Smert' Tarelkina]* [1869], gehören beide Glieder der Opposition zum Lager der Nichtmenschen, und es ereignet sich ein
Zusammenstoß der Schurken großen und kleinen Schlages, die
doch alle gleichermaßen zur unmenschlichen, bürokratischen
Welt gehören. Alle drei Gliederungstypen bringen ihre, jeweils
nur ihnen eigenen bedeutungsdifferenzierenden Figurenmerk-
male hervor. Dennoch annulliert keines dieser Systeme das
vorangehende, sondern funktioniert vor seinem Hintergrund.
Ein leibeigener Bauer – Sučok aus Turgenevs [Novelle] *L'gov*
– steht in unserem Bewußtsein vor uns als ein Satz bedeutungsdifferenzierender Merkmale. Doch werden in Antithese zum
Grundbesitzer und in Opposition zu den Bauernkindern in seinem Charakter jeweils verschiedene Merkmale aktiviert. Das
Bild selbst aber lebt, einbezogen in diese beiden (und eine
Reihe anderer) Schichten gleichzeitig.
Der künstlerische Text stellt ein komplexes System dar, das
als Verbindung allgemeiner und lokaler Geordnetheiten verschiedener Ebenen aufgebaut ist. Dies wirkt unmittelbar auf
den Aufbau des Sujets ein.
Eine wesentliche Eigenschaft des künstlerischen Textes ist, daß
er in einer Relation doppelter Ähnlichkeit steht: Er ist einem
bestimmten, durch ihn abgebildeten Stück Leben ähnlich –
einem Teil des weltumfassenden Universums –, und er ist diesem Universum insgesamt ähnlich. Wenn wir einen Film gesehen haben, sagen wir nicht nur: »So war der Ivan Petrovič«,
sondern auch: »So sind diese Ivan Petrovičs«, »So sind die
Männer«, »So sind die Menschen«, »So ist das Leben«.
Während dabei in der ersten Relation die verschiedenen Texte
nicht homöomorph sind, stehen sie in der zweiten in der Relation der Ähnlichkeit. Doch läßt sich jeder sujethaltige Text

mehr oder weniger leicht in Segmente zerlegen; und dieser Umstand zieht interessante Folgen nach sich.

Nehmen wir den Text, der sich am leichtesten, sichtbarsten in Abschnitte einteilen läßt – die Aufführung eines Theaterstücks. Die Theateraufführung illustriert anschaulich eine wesentliche Eigenschaft der Kunst – die paradoxe Homöomorphie von Teilen und Ganzem.

Ein Theaterstück bildet in seiner Sprache bestimmte Erscheinungen der äußeren Welt ab, und erscheint gleichzeitig als abgeschlossene Welt, die mit der außenliegenden Realität nicht in deren Teilen, sondern in der universalen Totalität in Korrelation steht. Die Grenze des durchaus realen Bühnenraums sind die Rampe und die Wände der Szene. Dies ist das Theateruniversum, das das reale Universum abbildet. Genau darin liegt der Sinn der deutlich wahrnehmbaren *Grenze* der szenischen Welt. Sie verleiht dem Stück Universalität und gestattet nicht, die Frage nach irgendetwas zu stellen, was außerhalb der Bühne liegt und ihr dabei an Realität gleichkommt.

Die Theateraufführung gliedert sich jedoch in klar erkennbare Segmente – in Szenen, die die Teile des Textes der Aufführung bilden und gleichzeitig in denselben räumlichen Grenzen ablaufen wie das Stück im Ganzen. Sie sind, einzeln genommen, gleichfalls homöomorph zur Welt. Doch auch die Szenen sind nicht die letzte Gliederung des Textes eines Stücks: Jeder Auftritt, der eine neue Figur einführt, gibt dadurch ein neues Modell der Welt, doch in demselben räumlichen Rahmen. Eine analoge Funktion haben im Kino die Grenzen der Leinwand: Sie stellen für alle Einstellungen und Blickpunkte, die in den einzelnen Szenen wiedergegeben sind, eine gewisse Homöomorphie her. Wenn die Leinwand von Augen in Großaufnahme bedeckt ist, dann fassen wir sie nicht als Teil eines riesigen Gesichtes auf, dessen Grenzen über den räumlichen Rahmen des Kinos hinausgingen. Die Kinowelt bilden innerhalb dieses Filmbilds die Augen. Und indem das Filmbild in bestimmter Weise auf die Syntagmatik der vorangehenden Filmbilder bezogen ist (in diesem Zusammenhang wird die Szene als Teil aufgefaßt, und die Großaufnahme erscheint nicht als relevantes Merkmal; sie ist synonym zu verbalen Beschreibungen des Typus: »blickt mit Schrecken«, »schaut aufmerksam«), steht es gleichzeitig auch in Beziehung zu einer bestimmten Realität –

einer partiellen (Augen) und der universalen (Welt). Im letzteren Sinne erscheint sie als sich selbst genügendes Ganzes, dessen Bedeutung sich näherungsweise so ausdrücken läßt: »Die Welt – das sind die Augen«. Die Augen und ihr auf dem Filmbild festgehaltener Ausdruck werden zu einem Modell des Universums. Und das wird erreicht, indem das Segment (das Filmbild) auf einer bestimmten Ebene aus der syntagmatischen Kette heraustritt, sowie durch die Einstellung »Groß«, d. h. das Verhältnis der Leinwandgrenzen zum Inhalt des Filmbildes. Ein Theaterstück ist durch Szenen und Auftritte in synchrone Schnitte zerlegt, deren jeder die Figuren in besonderer Weise in zwei Lager teilt (wenn wir es mit einer Monologszene zu tun haben, steht dem Helden eine leere Untermenge der Elemente gegenüber, und im Rahmen *dieser* Szene füllt er die ganze Welt aus). Jedesmal aber sind diese Gruppen nach Bestand und Korrelation der Elemente verschieden. Folglich bestimmt die nach dem einen oder anderen Verfahren gezogene Grenze das Prinzip der Differentiation der Element-Untermengen, d. h. sie hebt ihre distinktiven Merkmale hervor. Das Stück wird dann (wenn man von seiner syntagmatischen Struktur absieht) die Gesamtheit der synchronen Modelle des Universums darstellen.

Jede Gliederung stellt jedoch nicht nur ein bestimmtes Differentiationsprinzip dar. Das Übereinanderliegen dieser binären Gliederungen schafft Differentiationsbündel. Durch Identifikation mit irgendwelchen Figuren werden diese Bündel zu Charakteren. Der Charakter einer Figur ist die Gesamtheit aller ihrer im Text gegebenen binären Oppositionen zu anderen Figuren (anderen Gruppen), die Gesamtheit aller Fälle, in denen sie in die Gruppen der übrigen Figuren einbezogen ist, d. h. er ist ein Satz distinktiver Merkmale. Charakter ist also ein Paradigma.

In invarianter Form ist er in die grundlegende Sujetopposition einbezogen. Die einen oder anderen Teiloppositionen jedoch schaffen lokale Geordnetheiten und zusätzliche Möglichkeiten für Sujets. Unter diesem Aspekt ließe die Opposition »Ästhetik der Identität – Ästhetik der Gleich-und-Gegenüberstellung« sich interpretieren als Unterschied zwischen Texten, in denen die lokalen Geordnetheiten lediglich einen Typus distinktiver Unterschiede, der mit der grundlegenden Opposition zusammenfällt, hervortreten lassen, und solchen Texten, in denen die lokalen Geordnetheiten einen bestimmten Satz von Differentiationen hervorheben.

8.6. Figur und Charakter

Das Problem des Charakters ist eines der Grundprobleme der allgemeinen Ästhetik. Seine Aufarbeitung gehört nicht zu den Aufgaben des vorliegenden Buches, zumal dieser Frage eine umfassende Spezialliteratur gewidmet ist. Unter dem Gesichtspunkt der uns interessierenden Probleme ist es offensichtlich nur sinnvoll, einen ihrer Aspekte zu untersuchen – die Frage der Spezifik des künstlerischen Charakters, im Unterschied dazu, wie das typische Wesen des Menschen in der nichtkünstlerischen Literatur verstanden wird.

Grigorij A. Gukovskij – Verfasser vieler überaus tiefsinniger Arbeiten zur Geschichte der russischen Literatur – hat dem Problem der Charaktertypologie im System von Klassik, Romantik und Realismus eine Reihe von Untersuchungen gewidmet.

Den Charakter in der realistischen Typisierung verknüpfte Gukovskij insbesondere mit der Idee der Abhängigkeit des Menschen vom sozialen Milieu und illustrierte diese These tiefschürfend mit einer Reihe von Beispielen aus dem Werk Puškins und Gogol's. Diese Position beeinflußte die sowjetische Wissenschaft von der Literatur weithin und fand ihren Niederschlag in vielen späteren Arbeiten, unter anderem auch beim Schreiber dieser Zeilen.

Dennoch ist nicht zu übersehen, daß diese Position, so formuliert, durch das Erhellen der wesentlichen typologischen Züge einer Reihe von künstlerischen Texten in ihnen gerade das unterstreicht, was ihnen mit philosophischen, publizistischen, wissenschaftlichen gemein ist. Sie deckt die typologischen Züge des Verständnisses vom Charakter in einem bestimmten Stadium der Kultur auf, berührt jedoch nicht, was innerhalb dieses Stadiums die künstlerischen Texte von den nichtkünstlerischen abgrenzt. Wenn wir diesen Unterschied ignorieren, müssen wir zu dem Schluß gelangen, der Schriftsteller illustriere und popularisiere lediglich eine philosophische Konzeption von der

Natur des Menschen. Da aber die Idee der Abhängigkeit des Menschen vom gesellschaftlichen Milieu in der Philosophie bereits im 18. Jahrhundert ausgesprochen worden ist, d. h. lange bevor sie in die realistische Literatur des 19. Jahrhunderts eindrang, und die Philosophen sie mit größerer Vollständigkeit, Folgerichtigkeit und Klarheit formuliert haben als die Schriftsteller des Realismus, drängt sich unwillkürlich der Schluß auf, daß für einen Menschen, der schon von der Existenz dieser philosophischen These wußte, die Literatur nichts Neues beisteuerte.

Neben einer Bestimmung der Abhängigkeit der künstlerischen Typisierung von einigen *allen* Erscheinungen der Kultur einer gegebenen Periode gemeinsamen Ideen, dürfte es wohl angemessen sein, auch bei den spezifisch künstlerischen Zügen der Struktur des Charakters zu verweilen.

Das künstlerische Bild wird nicht nur als Realisation eines bestimmten Kulturschemas aufgebaut, sondern auch als System der durch Ausnutzung besonderer Geordnetheiten geschaffenen relevanten Abweichungen davon. Diese Abweichungen nehmen in dem Maße zu, wie die grundlegende Gesetzmäßigkeit sichtbar wird, und machen dadurch einerseits ihre Aufrechterhaltung informativ relevant, und verringern andererseits vor ihrem Hintergrund die Vorhersagbarkeit des Verhaltens des literarischen Helden.

Diese relevanten Abweichungen bilden eine gewisse notwendige »Streuung« der Wahrscheinlichkeit im Verhalten des Helden im Bereich der mittleren Norm, die dadurch vorgeschrieben wird, wie außerhalb der Kunst die Natur des Menschen verstanden wird. Dasjenige Wesen des Menschen, das in der Kultur des jeweiligen Typus als einzig mögliche Verhaltensnorm erscheint, gewinnt im künstlerischen Text Gestalt als ein bestimmtes, in seinem Bereich nur teilweise realisiertes Inventar von Möglichkeiten. Und das ist nicht nur ein Inventar von Taten, sondern auch ein Inventar von Verhaltenstypen, die innerhalb eines allgemeineren Klassifikationssystems zulässig sind.

Der Grad, die Größe dieser »Streuung« reicht von fast vollständiger, in Formeln fixierter Vorgeschriebenheit der Details im Verhalten der Helden der Folklore oder der mittelalterlichen Texte bis hin zu der bewußten Nichtvorhersagbarkeit des

Verhaltens der Helden in den Stücken des absurden Theaters. Diese Größe ist, für sich genommen, eines der Kennzeichen für die künstlerische Methode eines Schriftstellers. Dabei muß man diejenige »Streuung«, die für einen die Norm der jeweiligen künstlerischen Struktur beherrschenden Leser besteht, von der Nichtvorhersagbarkeit unterscheiden, die bei deren Zerstörung entsteht: Das Verhalten des Heiligen in der mittelalterlichen Vita erscheint dem heutigen Leser unerklärlich, für den Künstler jedoch und sein ursprüngliches Auditorium war es streng determiniert.

Untersuchen wir, wie die Charaktere in dem [Einakter] *Der Steinerne Gast [Kamennyj gost']* von Puškin aufgebaut sind. Jede Szene bietet ein nur ihr eigenes System von Figurenoppositionen.

Szene I   Szene III
Don Juan – Leporello   Don Juan – Doña Anna

Szene II   Szene IV
Don Carlos – Laura   Don Juan – Doña Anna
Don Juan – Laura   Don Juan – Komtur
Don Juan – Don Carlos

Don Juans Bild tritt ständig in neue Oppositionen ein. Und mehr noch: Der Text läßt sich sogar innerhalb einer einzigen Opposition mühelos in mehrere synchrone Schnitte zerlegen, in denen Don Juan als ein *ganzes Inventar von Figuren* auftritt (darunter auch nach außen hin: so erscheint er vor Doña Anna anfangs als Mönch, dann als Don Diego und schließlich als er selbst). Das Bild Don Juans fügt sich als Paradigma aus der Relation aller dieser ebenso einheitlichen wie einander widersprechenden Schnitte zusammen.

Sollen die Charaktere entgegengesetzt sein, müssen sie vergleichbar sein. Das gliedert sie in einen gewissen für sie einheitlichen Kern (die Grundlage für den Vergleich) und relevant gegenübergestellte Elemente. Die Helden können ihre Gegensätzlichkeit dadurch vorweisen, daß sie unterschiedlich über ein und dasselbe sprechen, z. B. in Denis Fonvizins *Brigadier [Brigadir, 1764-68]*:

DER RAT [...] Wieviele akkurate Sekretäre es bei uns gibt, die Extrakte ohne Grammatik abfassen, man hat seine Freude, das zu sehen! Ich habe da einen im Auge, wenn der einmal was geschrieben hat, so kann das mancher Gelehrter auch cum grammatica sein Lebtag nicht verstehen.

DER BRIGADIER Wozu, Gevatter, die Grammatik? Ich habe es ohne sie fast auf sechzig Jahre gebracht, und auch noch Kinder großgezogen. Ivanuška hier ist schon einiges über zwanzig, und er hat – Reden ist Silber, Schweigen ist Gold, aber Euch will ich's sagen – von Grammatik noch nicht einmal was gehört.

DIE BRIGADIERIN Natürlich ist die Grammatik nicht nötig. Ehe man anfängt, sie zu lernen, muß man sie ja erst noch kaufen. Man bezahlt acht Groschen dafür, aber ob man sie lernt oder nicht – weiß der Himmel.

DIE FRAU RAT Der Teufel soll mich holen, wenn die Grammatik zu irgendwas nutze ist, und sonderlich auf dem Dorfe. In der Stadt habe ich eine wenigstens noch zu Haarwicklern zerrissen.

DER SOHN J'en suis d'accord, wozu die Grammatik! Ich selbst habe schon tausend Billjetten geschrieben, und mir scheint, daß man mein Augenstern, mein Seelchen, adieu, ma reine, sagen kann, ohne in die Grammatik auch nur hineinzusehen.[21]

Auch Mozart und Salieri sprechen bei Puškin ein und denselben Gedanken aus: »Beaumarchais konnte kein Giftmörder sein« – und enthüllen eben dadurch die Gegensätzlichkeit ihrer Charaktere:

SALIERI Das glaub' ich nicht: Er war zu lächerlich
Für solch ein Handwerk.
MOZART   Doch er war Genie,
Wie du und ich. Und Genius und Frevel –
Die passen nicht zusammen. Hab' ich recht?

Gegensätzliche Figuren können Ähnlichkeit im Äußeren besitzen (das Thema des Doppelgängers, des Spiegelbildes), in gleichartige Situationen einbezogen werden usw.
Ein überaus wesentliches Element ist schließlich, daß der Held in der Beschreibung einer anderen Figur, »mit deren Augen«, d. h. in deren Sprache gegeben werden kann. Wie die eine oder andere Figur transformiert wird, indem sie in die Sprache fremder Anschauungen übersetzt wird, das charakterisiert den

21 D. I. Fonvizin, *Sobranie sočinenij v 2-ch tomach.* M.-L. 1959, Bd. 1, S. 52 f.

Träger der Sprache und den, von dem er berichtet, gleichermaßen. So beschreibt die Charakterisierung Pečorins durch Maksim Maksimovič, Don Juans durch Leporello sowohl den, der spricht, als auch den, von dem die Rede ist. Am Beispiel Pečorins haben wir gesehen, daß der Charakter einer Figur dem Typus der Vereinigung solcher Charakteristiken in ein einheitliches Bündel entsprechend aufgebaut werden kann.

Zu sagen, daß Don Juan dem Leporello aufgrund anderer Merkmale gegenübergestellt ist als Don Carlos, Laura anders als Doña Anna, und ihnen allen zusammen anders als dem Komtur; daß sich in jedem dieser Fälle ein durchaus genau bestimmtes Inventar der distinktiven Merkmale aufstellen läßt, und daß die Vereinigung aller dieser Inventare gleich dem »Charakter« der Figur ist, – all dies bedeutet nicht, daß irgendetwas Neues mitgeteilt würde.

Wesentlich ist etwas anderes: Don Juan ist sich selbst nicht gleich, und die künstlerische Konsequenz seines Bildes gewinnt Gestalt als Inkonsequenz (aus der Sicht dieser oder jener Werturteile über ihn in Sprachen nichtkünstlerischer Strukturen). Er ist »lasterhaft« und »gewissenlos« nicht nur im Urteil des Mönchs (eine religiös-moralische Erklärung), sondern auch für Leporello (eine volkstümlich-plebejische Erklärung). Seine Fehler erscheinen als eben seine Fähigkeiten, und Puškin erschwert bewußt eine linear-eindimensionale Bewertung des Bildes. Und das liegt nicht nur an Charakterisierungen in Form eines Oxymorons wie: »Mein treuer Freund, mein unbeständiger Liebhaber«.

Die ständige Ungewißheit über das Verhalten des Helden wird zum einen dadurch erreicht, daß der Charakter nicht als eine zuvor bekannte Möglichkeit der Aktion aufgebaut wird, sondern als Paradigma, als Satz von Möglichkeiten, der einheitlich auf der Ebene der gedanklichen Struktur und variabel auf der Ebene des Textes ist; zum anderen hängt es damit zusammen, daß der Text sich längs der syntagmatischen Achse entfaltet, und, obgleich in der allgemeinen Paradigmatik des Charakters die folgende Episode ebenso gesetzmäßig ist wie diejenige, die gerade realisiert wird, der Leser doch noch nicht die gesamte Paradigmatik der Sprache des Bildes beherrscht, er sie aus den jeweils neuen Textstücken induktiv »weiterbaut«. Es geht jedoch nicht nur um diese Dynamik, die aus der

Entfaltung des Textes in der Zeit und der unvollständigen Vertrautheit des Lesers mit der Sprache des Bildes entsteht. In bestimmten Momenten beginnt neben der vorhandenen paradigmatischen Struktur des Bildes eine andere zu funktionieren. Da das Bild im Leserbewußtsein nicht zerfällt, erscheinen diese beiden Paradigmen als Varianten einer paradigmatischen Bildstruktur zweiten Grades; gleichwohl sind sie voneinander unabhängig und gewährleisten dadurch, daß sie in komplexe funktionale Beziehungen eintreten, die für die Taten des Helden notwendige Nichtvorhersagbarkeit (während die Einheit des Bildes gleichzeitig auch die notwendige Vorhersagbarkeit garantiert).

So wird der Unterschied zwischen dem »friedlichen« alten Zigeuner und der leidenschaftlichen Zemfira, also eine temperamentmäßige Klassifikation der Helden nach der psychologischen Opposition »sanfte – eigenwillige« auf anderer Basis aufgebaut als die für [Puškins Poem] *Zigeuner [Cygany]* grundlegende Opposition von »Natur« und »Kultur«. Die Überschneidung dieser beiden verschiedenen Typen der Differentiation von Figuren aber erzeugt ihre »Individualität«, die Unerwartetheit ihrer Einzelhandlungen in bezug auf jede dieser Konzeptionen für sich genommen, d. h. bezüglich einer außerkünstlerischen Interpretation.

Don Juan erscheint vor uns verschieden nicht nur in der Relation zu verschiedenen Figuren, sondern auch in Relation zu sich selbst. Er zeigt sich Doña Anna in der Gestalt eines Mönchs, des Don Diego und seiner eigenen und verhält sich somit jeweils verschieden. Dabei ist sehr wichtig, daß dies nicht Verstellung ist: er nimmt wirklich und vollkommen aufrichtig die Gestalt eines anderen Menschen an. Er glaubt seinen Worten selbst, wenn er zu Doña Anna sagt: »Nicht eine von ihnen liebte ich bis heute«.

Das Bild, das auf einer hinreichend abstrakten Ebene einheitlich ist, sich auf niedrigeren Ebenen jedoch in eine Anzahl wenn auch nicht widersprüchlicher, so doch schlechthin unabhängiger und verschiedener Substrukturen gliedert, schafft auf der Textebene die Möglichkeit für gesetzmäßige ebenso wie für unerwartete Handlungen gleichzeitig, d. h. es schafft Bedingungen für die Aufrechterhaltung der Informativität und die Verminderung der Redundanz des Systems.

Eine weitere Beobachtung läßt sich machen: Die Helden des *Steinernen Gastes* von Puškin gliedern sich in zwei Hauptgruppen nach dem Merkmal »Beweglichkeit – Unbeweglichkeit«, »Veränderlichkeit – Unveränderlichkeit«. Im einen Lager stehen Laura und Don Juan, im anderen Don Carlos (»Hast du immer solche Gedanken?« fragt Laura, durch seine *ständige* Düsterkeit in Erstaunen versetzt) und der Komtur, der nicht einmal ein Mensch, sondern eine unbewegliche Statue ist. Doña Anna *wechselt über* vom zweiten Lager ins erste. Anfangs *unveränderlich, verändert* sie sich, indem sie ehebrecherisch den Gatten wechselt (Unveränderlichkeiten verändert). Vielgesichtigkeit, Proteismus und Schauspielertum Don Juans und Lauras bestätigen die Einheit von Liebe und Kunst (»doch auch die Liebe ist eine Melodie [...]«) als eines beweglichen, vielgesichtigen Wesens. Diese Opposition von Beweglichem und Unbeweglichem kann auf verschiedene Weise interpretiert werden, je nachdem, welches System des kulturellen Codes der Empfänger der Information verwendet. Gukovskij reduziert sie auf die Antithesen »Glück – Pflicht«, »Persönlichkeit – Nichtpersönlichkeit (Geschlecht, Brauch, Gesetz)« und letzten Endes: »Renaissance – Mittelalter«. Ein so konstruiertes abstraktes Modell dürfte zweifellos richtig (der Text läßt sich so interpretieren), jedoch kaum endgültig und das einzig mögliche sein. So braucht man nur den *Steinernen Gast* mit *Mozart und Salieri [Mocart i Sal'eri]* zu vergleichen, um sich davon zu überzeugen, daß die Züge der Unbeständigkeit Mozart eignen und die der Unveränderlichkeit Salieri. Mozart hebt die Opposition »Poesie – Prosa« (Don Juan – Leporello) zur Architektur der Figur auf, in deren Ebene sie sich dann als Synonyme erweisen (sie sind nicht nur in einer Person vereinbar, sondern sogar kongruent: Poesie – Wahrheit – Prosa).
Bei der Entfaltung der Archifigur zu zwei Figurvarianten sind diese Merkmale nicht identisch, sondern antithetisch und werden vermittels eines Dialoges enthüllt, in dem ein und derselbe Inhalt als poetisch – für Don Juan – und prosaisch – für Leporello – erscheint:

DON JUAN *nachdenklich* Arme Inez!
  Sie ist nicht mehr! Wie hab' ich sie geliebt!
LEPORELLO Inez! – mit schwarzen Augen ... ja, ich weiß,

Drei Monat' machten Sie den Hof
Ihr; mit Mühen hat dann Luzifer geholfen.
DON JUAN Im Juli war's ... bei Nacht. Fremdart'gen Reiz
Fand ich in ihren kummervollen Blicken
Und leichenblassen Lippen ...

In gleichem Maße hebt Mozart die Antithese »spanischer
Grande – einfacher Mann« in der Archistruktur »Mensch«
auf.[22] *Unbeständig wie ein Mensch,* steht er Salieri gegenüber,
der *beständig wie ein Prinzip* ist. Gukovskij interpretierte dies
(unter Verweis auf eine unveröffentlichte Arbeit von B. Ja.
Buchštab) als Antithese von Klassizismus und Romantik. Auch
andere Interpretationen sind möglich: Die Opposition von
Mensch und Dogma, von lebendigem Menschen und abstrakter
Idee (es eröffnet sich die Möglichkeit, eine Abstraktion höherer
Ebene zu konstruieren, die diesen Konflikt mit [Puškins Poem]
Der Eherne Reiter [Mednyj Vsadnik] zusammenfassen läßt),
von Kunst und Theorie usw. Die Gesamtheit dieser Interpreta-
tionen unterscheidet *Mozart und Salieri* vom *Steinernen Gast.*
Bei der Konstruktion eines Modells einer höheren Ebene je-
doch, das sie in einer Archistruktur vereinigen würde, kann
die Opposition »Unbeständiges – Nicht-Unbeständiges« bei-
spielsweise als Antithese von Leben und Tod gedeutet werden.
Nicht zufällig stehen Don Carlos und der Komtur dem Don
Juan als Tote einem Lebenden gegenüber (Laura: »Laß ab

22 Die Möglichkeit, Don Juan und Leporello in gemeinsamer Antithese zum
Lager des Komturs soweit zu vereinen, daß Figuren entstehen, für die die
Wasserscheide zwischen diesen Helden überhaupt nicht relevant ist, hebt
nicht die gleichzeitige Wirksamkeit auch anderer Typen von Gleich- und Gegenüberstellungen auf: Don Juan und Don Carlos sind zusammen als Aristokraten (von beiden wird ausdrücklich gesagt, daß sie spanische Granden
sind) Leporello als Plebejer gegenübergestellt, sowie als kühne Männer dem
Feigling. Es ist interessant, die strukturelle Relevanz des Merkmals »Kühnheit« zu verfolgen: im *Steinernen Gast* ist es nicht relevant, da es beiden
antagonistischen Gruppen eignet: in *Mozart und Salieri* ist mit ihm nur eine
Figur der »invarianten« Gruppe versehen – Salieri (»und bin ich auch kein
Feigling [...]«). Die Kühnheit wird dabei mit einer für ihn so wesentlichen Eigenschaft verknüpft, wie es das mürrische Wesen ist und die Be-
vorzugung des Todes vor dem Leben (»wenn ich das Leben auch nur wenig
liebe«). Im Charakter Mozarts ist die Kühnheit nicht mit negativem Vorzeichen vorhanden, sondern als Nullmerkmal – sie wird gar nicht erwähnt.
Im *Gastmahl während der Pest* ist mit Kühnheit nur der vielseitige Held
– Walsingham – begabt, und die Kühnheit selbst ist Resultat der Fröhlichkeit, des Hängens am Leben und dessen intensiven Erlebens.

[. . .] vor einem Toten!«; Doña Anna: »O Gott, mein Gott! und hier, vor diesem Grabe!«), und Salieri als Mörder dem Mozart. Wenn Variabilität, Beweglichkeit semantisch als Leben interpretiert werden und sich nur auf konkreteren Ebenen als Poesie (überhaupt als Kunst), Liebe, Wahrheit, Weite, Menschlichkeit, Fröhlichkeit dechiffrieren lassen, dann gibt sich die Unbeweglichkeit dementsprechend als Anti-Leben mit folgender Interpretation zu erkennen: Eindeutigkeit, Dogmatismus, Größe, Strenge, Pflicht, Unmenschlichkeit.

Bei einer derartigen Korrelation der grundlegenden semantischen Gruppen ist es nur natürlich, daß Helden vom Typus Don Juans struktureller Unbeständigkeit unterworfen sind. Weitaus bezeichnender ist jedoch, daß dieses Gesetz der Konstruktion des verbalen Bildes vom Menschen auch auf diejenigen Figuren übergreift, die der Autor bewußt eindeutig zu halten bestrebt ist und in denen er die Antithese zum vielgesichtigen Proteismus des Lebens verkörpern will.

In der Gestalt des Komturs wird eine Standhaftigkeit, Unveränderlichkeit hervorgehoben. Schon allein, daß er nicht Mensch, sondern Statue ist, beraubt ihn gleichsam der Möglichkeit, sich von verschiedenen Seiten zu zeigen. Diese vorgegebene Unbeweglichkeit wird jedoch zum Hintergrund, vor dem die kleinsten Veränderungen eine nicht geringere relative Relevanz erlangen als die schroffen Verschiebungen in den Charakteren und den einzelnen Handlungen der übrigen Figuren. Die erste Erwähnung des Komturs führt das betont alltägliche Bild eines Menschen ein, der aus denselben gesellschaftlichen Kreisen wie Don Juan kommt, jedoch schon verstorben ist.

Nicht ohne Grund war der Verstorb'ne eifersüchtig.
Hielt Doña Anna hinter Schloß und Riegel,
Von uns hat keiner jemals sie geseh'n.

Weiter wird er bezeichnet als »kalter Marmor«, »dieses stolze Grab«. Gerade hier, in Szene III, erhebt sich ein neues Problem: Das Bild des Komturs teilt sich in einen gewöhnlichen Menschen, einen Bekannten Don Juans, von ihm im Duell getötet (auch eine höchst alltägliche Angelegenheit)[23], und die

23 Puškin erzielt einen zusätzlichen semantischen Effekt, indem er den Leser wiederum in zwei Felder einbezieht – indem er ihn gleichzeitig die All-

Statue. Vor allem wird die These von der Unmöglichkeit, sie zu vereinen, entwickelt:

Als welch ein Riese ist er hier gebildet!
Und was für Schultern! Welch ein Herkules! . . .
Doch der Verstorb'ne selbst war klein und schwächlich,
Auf Zehenspitzen könnt' er kaum die Hände
Empor zur eignen Nase hier erheben.

Der Sinn der scherzhaften Bemerkung Don Juans besteht darin, daß er, Atheist und Freigeist, weiß, daß Statue und Komtur nicht eine Person sind, und nur zum Spott über den verstorbenen Feind mit ihrer Identifikation spielen kann. Die erste Überraschung im Bild des Komturs ist das Zusammenwachsen dieser beiden Erscheinungsformen.
Don Juan ist überzeugt, daß der Komtur gestorben ist, daß die Statue *nicht er* ist, daß die Statue ein Ding ist und Handlungen nicht vollbringen kann.

LEPORELLO Und der Komtur? Was wird er dazu sagen?
DON JUAN Du meinst, er werde eifersüchtig sein?
   Doch sicher nicht; er ist ein kluger Mann
   Und sicher sanft geworden, seit er starb.

Der nächste Sujetschritt enthüllt die Einheit dieser beiden Bilder und die Fähigkeit der Statue des Komturs, zu handeln.

LEPORELLO [. . .] seht doch hin auf seine Statue.
DON JUAN Wieso?
LEPORELLO   Es scheint, sie blickt gerad' auf Euch
   Und zürnt.

Indem sie die Einladung annimmt, zeigt die Statue des Komturs sich durchaus nicht als bildliche Darstellung einer Figur,

täglichkeit des Mordes im Zweikampf und das Seltsame dieser Alltäglichkeit empfinden läßt. Die Helden verhalten sich wie Spanier des Mittelalters. Doch für die mittelalterlichen Spanier selbst trägt die Mitteilung, »mittelalterlicher Spanier zu sein«, keinerlei Information. Um die Poetizität der alltäglichen Darstellung des mittelalterlichen Spaniens würdigen zu können, muß man sich daran erinnern, daß es seltsam ist, Spanier zu sein. Indem Puškin die Zuschauer in die kulturelle Epoche des Dargestellten versetzt, beläßt er sie doch gleichzeitig auch in ihrer eigenen (für den heutigen Zuschauer verwandelt sich das Binom in ein Trinom: mittelalterliches Spanien – Epoche Puškins – Jetztzeit).

sondern als Figur. Diese Verschmelzung ist jedoch eine entscheidende Metamorphose: Körperloses – der Geist – schlüpft in das denkbar Dinghafteste – in Stein, und das seiner Natur nach Allerunbeweglichste, die Statue, nimmt die Merkmale des Allerbeweglichsten an, einer Spukerscheinung, die an die Gesetze der Mechanik, denen alle Menschen und Dinge unterworfen sind, nicht gebunden ist.

Die Statue des Komturs, die am Ende des Stücks auftritt – das ist nicht mehr nur jene Statue, die auf dem Friedhof Eifersucht auf ihren lebenden Rivalen empfindet (»sie blickt gerad' auf Euch und zürnt«). Nicht zufällig »löst« sie alle menschlichen Beziehungen Don Juans – darunter auch seine Liebe zu Doña Anna – als allzu unbedeutende im Vergleich mit dem, was auf der Stelle geschehen soll.

DON JUAN O Gott! Doña Anna!
DIE STATUE Gib sie auf,
  Alles ist zuende [...]

Und daß Don Juan mit dem Ausruf »Doña Anna!« versinkt, bezeugt, daß er die Ansicht, welche die Bedeutungslosigkeit der Liebe (d. h. des Lebens) im Angesicht des Todes behauptet, nicht hinnimmt.

Das Seltsame im Verhalten der Statue in Szene III besteht darin, daß sie sich wie ein Mensch aufführt, nämlich eifersüchtig ist; das Seltsame in ihrem Verhalten in der letzten Szene besteht darin, daß sie sich gleichzeitig wie ein Mensch verhält (auf Ruf herbeikommt) und wie ein Nicht-Mensch, für den alles Menschliche keine Bedeutung besitzt.

Und so sind auch die »unbeweglichen« Figuren dem Gesetz des inneren Umbaus des Bildes unterworfen, sonst wäre eine Beschreibung ihres *Verhaltens* vollständig redundant.

Diese Veränderlichkeit zerstört freilich bestimmte Grenzen nicht, deren Überschreiten dem Leser nicht mehr die Möglichkeit bietet, verschiedene Textstücke mit einer Figur zu identifizieren – sie büßt ihre Ganzheitlichkeit ein, zerfällt gleichsam in Einzelfiguren.

Das geschieht dann, wenn das System des kulturellen Codes verlorengeht: Dem heutigen Betrachter fällt es schwer, die Dynamik des Körpers und das unbewegte Lächeln des Gesichts, die für viele archaische und nichteuropäische Skulpturen charakteristisch sind, zu einem Bild zu vereinigen; eine Heiligenvita beeindruckt den heutigen Leser durch ihre »Unlogik« – er erfaßt die Einheitlichkeit im Verhalten der Figur nicht. Mehr noch, die Grenze zwischen den Figuren kann anders verlaufen: Anstifter und Handlungsträger können in den mittelalterlichen Texten zwei Namen tragen, aber eine Figur bilden. In der Kunst des 20. Jahrhunderts kann ein Held in viele Figuren zerfallen.

Die Zurückführung verschiedener Erwähnungen einer Person im Text auf ein einheitliches paradigmatisches Bild hängt somit für den Autor des Textes ebenso wie für sein Auditorium immer von einem bestimmten kulturellen Code ab. Innerhalb dieser Konturen zerfällt eine Figur in eine Reihe nicht identischer Zustände; außerhalb gruppieren sich andere Personen, deren Merkmale auf die ihren nach dem Prinzip der Ergänzung oder der Ähnlichkeit oder einer anderen Anordnung bezogen sind.

Besteht ein Unterschied zwischen dem kulturellen Code des Autors und dem des Auditoriums, so können die Grenzen einer Figur umverteilt werden. Igor' P. Erëmin schrieb über die Schwierigkeit bei der Rezeption der *Nestorchronik* in der Gegenwart: »Es geschieht schon etwas völlig Phantastisches: Jaropolk verwandelt sich unter der Feder des Chronisten plötzlich und obendrein ohne jeglichen erkennbaren Grund unerwartet in einen Heiligen, einen »Seligen« [...]. Der Leser unserer Zeit könnte mit diesem neuen Bild des »seligen« Jaropolks sich noch irgendwie zufrieden geben, vorausgesetzt, daß der Chronist hier die Absicht hatte, die geistliche »Wiedergeburt« Jaropolks in einem bestimmten Stadium seines Lebensweges zu zeigen. Doch gerade diese Voraussetzung besteht nicht: der Text der Chronik bietet keinerlei Grundlage für eine solche Erklärung. Wir haben – und eben darin ist das Rätsel der Chronikerzählung beschlossen – vollkommen deutlich nicht *einen* Menschen in verschiedenen Stadien seiner geistlichen Entwicklung vor uns, sondern *zwei* Menschen, *zwei* Jaropolks; einander gegenseitig ausschließend, koexistieren sie nichtsdestoweniger beim Chronisten in ein und demselben Erzählkontext«.[24]

Verschiedene Typen des künstlerischen Codes verhalten sich

24 I. P. Erëmin, *Povest' vremënnych let*. L. 1947, S. 6 f.

unterschiedlich zur Veränderung und zur Unbeweglichkeit der Figuren. Zaubermärchen oder mittelalterliche Hagiographie teilen die Figuren scharf in zwei Gruppen: Den einen wird wunderbare Verwandlung – äußerliche (eine Mißgeburt verwandelt sich in einen schönen Mann, ein wildes Tier in einen Menschen) oder innerliche (ein Sünder wandelt sich zum Heiligen) zugeschrieben, den anderen Unveränderlichkeit. Der Realismus des 19. Jahrhunderts kann den einen Helden Evolution, den anderen wiederum Unveränderlichkeit vorschreiben, die Klassik allen Figuren Unveränderlichkeit. Das bedeutet jedoch nicht die Unbeweglichkeit des einen oder anderen Helden auf der Textebene – das wäre schlicht unmöglich und machte nicht nur jedes sujethaltige Erzählen, sondern den ganzen Text überhaupt redundant. Der Held wird als unbeweglich empfunden, wenn seine verschiedenen Zustände im Text mit dem allgemeinen Zustand auf der Ebene der Struktur der abstraktesten Bildkonstruktion identifiziert werden. So verändert sich Nikolaj Rostov im Text des Romans in vielleicht nicht geringerem Grade als Andrej Bolkonskij oder Pierre Bezuchov. Diese Veränderungen bewirken jedoch keine Evolution – dem beweglichen Text entspricht die unbewegliche Struktur der Figur auf der Ebene der allgemeinen künstlerischen Konzeption des Romans. Der sich auf Andrej Bolkonskij oder Pierre beziehende bewegliche Text entspricht einer bestimmten Strukturensequenz der Figuren für jeden von ihnen. Während er sich verändert, wird Rostov nicht zu einem »anderen Menschen«, d. h. vollbringt Taten, die er im Text zuvor nicht vollbracht hat, aber der Struktur seines Typus nach hätte vollbringen können. Andrej oder Pierre werden jedes Mal zu einem »anderen Menschen«, d. h. vollbringen Taten, die ihnen zuvor unmöglich waren. Die Struktur ihres Typs ist eine Abfolge, die sich erst auf einer zweiten Ebene der Abstraktion zur Einheit »Andrej Bolkonskij«, »Pierre Bezuchov« zusammenfügt.

8.7. Der kinematographische Begriff »Einstellung« [frz. plan] und der literarische Text

Betrachten wir die Spezifik derjenigen Zusammenhänge, die aus der Gliederung des Textes in funktional gleichartige Teile: Strophen, Kapitel u. ä., entstehen. Zur Klärung dieser Frage wollen wir uns Beispielen aus der Kinematographie zuwenden. Überhaupt ist die Struktur des Filmerzählens gerade dadurch sehr interessant, daß sie die Mechanik jeglichen künstlerischen Erzählens bloßlegt, und wir werden uns auf der Suche nach anschaulichen Beispielen ihr noch zuwenden.

Im Film läßt sich die Einheit der fortlaufenden Gliederung leicht herausarbeiten. Wir lassen die integrierende Sicht der Zusammenhänge einstweilen beiseite, über die Sergej M. Ejzenštejn geschrieben hat, daß »*zwei beliebige Stücke, nebeneinandergestellt, sich unausbleiblich zu einer neuen Vorstellung vereinigen, die als neue Qualität aus dieser Zusammenstellung hervorgeht*«[25]. Wir untersuchen das Filmerzählen als Sequenz kumulativ vereinigter Filmbilder. Die Struktur des Filmstreifens selbst gibt uns ein unstrittiges Recht dazu.

Die Filmbilder teilen den Filmstreifen in Abschnitte ein und stellen diese einander in bezug auf den Rahmen – die Grenzen der Leinwand – genau gleich (ähnlich haben die Szenen als Teil des Theaterstücks dieselbe Grenze wie das ganze Stück, nämlich die Rampe). Dabei kommt eine interessante, rein topologische Eigenschaft des Teils im künstlerischen Erzählen zum Vorschein: er hat dieselben Grenzen wie das Ganze. Dieses Prinzip greift auch auf die Prosa über: Die Kapitel haben Anfang und Schluß und sind in dieser Hinsicht dem Ganzen homöomorph.

Dies führt jedoch, wie wir schon mehrfach bemerkt haben, zu einer Ausweitung der strukturellen Funktion der Unterschiede. Und in diesem Zusammenhang dürfte es angebracht sein, über den kompositorischen priëm zu sprechen, der in der Filmtechnik den Namen »Einstellung« trägt. Der Kameramann kann die Kamera ganz dicht an das aufgenommene Objekt heranfahren oder sie weit davon entfernen. Ein und dieselbe Leinwand kann eine vieltausendköpfige Menge oder ein Detail eines Gesichtes aufnehmen. Der japanische Film *Frau in den Dünen* beginnt mit dem Auftauchen eines Haufens sich langsam bewegender Steine auf der Leinwand, die dann kleiner werden zu Geröll und nach mehrmaligem Wechsel der Einstellung sich als vom Winde verwehte Sandkörner erweisen.

25 S. Ejzenštejn, *Izbrannye proizvedenija v 6-ti tomach*. Bd. 2, M. 1964, S. 157. [Vgl.: Serge Eisenstein, *Montage 1938*. In: *Gesammelte Aufsätze I*. Zürich o. J., S. 229 ff.]

»Einstellung« – das ist nicht einfach die Größe der Abbildung, sondern ihre Beziehung zum Rahmen (die Größe der Einstellung auf dem kleinen Bild des Filmstreifens und auf der großen Leinwand ist ein und dieselbe). Bezeichnend in diesem Sinne ist, daß die »Einstellung« in der Malerei mit ihrer Möglichkeit, die Ausmaße der Leinwand zu verändern, und der für jede Gattung relativen Stabilität im Verhältnis der Figuren und Personen zum Raum des Bildes keine große Rolle spielte.

Die Einstellungen »Groß« und »Totale« gibt es jedoch nicht nur im Film. Sie werden im literarischen Erzählen deutlich wahrgenommen, wenn Erscheinungen unterschiedlicher quantitativer Beschaffenheit gleicher Raum und gleiche Aufmerksamkeit zuteil wird.

Wenn beispielsweise aufeinanderfolgende Textsegmente in quantitativer Hinsicht völlig unterschiedlichen Inhalt aufweisen: eine verschiedene Anzahl von Figuren, ein Ganzes und Teile, die Beschreibung von Gegenständen großen und kleinen Ausmaßes; wenn in einem Roman in dem einen Kapitel die Ereignisse eines Tages und in einem anderen die eines Jahrzehnts geschildert werden – dann können wir ebenfalls von einem Unterschied der Einstellungen sprechen.

Wenn wir sehen, wie in Teil II des dritten Bandes von *Krieg und Frieden* im 20. Kapitel Pierre sich im Gewühl der Truppen befindet und als handelnde Personen »ein Kavallerieregiment mit Sängern voran«, ein »Zug Bauernwagen mit Verwundeten«, »Fuhrleute« u. ä. auftreten, im 22. Kapitel außer der an einer Stelle erwähnten »glänzenden Suite« Kutuzovs und der Menge mit der Ikone sieben handelnde Personen (Pierre, Boris Drubeckoj, Kutuzov, Dolochov, Paisij und Andrej Kajsarov sowie Bennigsen; allerdings werden an einer Stelle noch irgendwelche »Bekannte« Pierres erwähnt), im 23. Kapitel zwei: Pierre und Bennigsen (erwähnt sind ferner Soldaten und ein namentlich nicht genannter General), im 24. und 25. Kapitel zwei: Pierre und Andrej Bolkonskij (erwähnt sind noch Timochin, zwei Offiziere aus dem Regiment Bolkonskijs sowie die vorbeireitenden Wolzogen und Clausewitz) – dann wird die relative Vergrößerung (Annäherung) bzw. Entfernung einiger dieser Einstellungen deutlich.

Nehmen wir ein anderes Beispiel, das Gedicht *Morgen [Utro]* von Nikolaj A. Nekrasov [1874]:

Utro

Ty grustná, ty stradáeš' dušóju:
Verju – zdés' ne stradát' mudrenó.
S okružájuščej nás niščetóju
Zdes' priróda samá zaodnó.

Beskonéčno unýly i žálki
Ěti pástbišča, nívy, lugá,
Ěti mókrye, sónnye gálki,
Čto sidját na veršíne stogá;

Ěta kljáča s krest'jáninom p'jánym,
Čerez sílu begúščaja vskáč'
V dal', pokrýtuju sínim tumánom,
Ěto mútnoe nébo . . . Chot' pláč'!

No ne kráše i górod bogátyj:
Te že túči po nébu begút;
Žutko nérvam – žéleznoj lopátoj
Tam tepér' mostovúju skrebút.

Načináetsja vsjúdu rabóta;
Vozvestíli požár s kalančí;
Na pozórnuju plóščad' kogó-to
Provezlí – tam už ždút palačí.

Prostitútka domój na rassvéte
Pospešáet, pokínuv postél';
Oficéry v naëmnoj karéte
Skáčut zá gorod: búdet duél'.

Torgaší prosypájutsja drúžno
I spešát za prilávki zasést';
Celyj dén' im obmérivat' núžno,
Čtoby véčerom sýtno poést'.

Ču! iz kréposti grjánuli púški!
Navodnén'e stolíce grozít . . .
Kto-to úmer: na krásnoj podúške
Pervoj stépeni Ánna ležít.

Dvornik vóra kolótit – popálsja!
Gonjat stádo guséj na ubój;
Gde-to v vérchnem ětáže razdálsja
Vystrel – któ-to pokónčil s sobój . . .

[Morgen

Du bist traurig, du leidest an der Seele:
Ich glaube – hier nicht zu leiden ist schwer.
Mit dem uns umgebenden Elend
Ist die Natur hier selbst eins.

Unendlich trostlos und kläglich sind
Diese Weiden, Felder und Wiesen,
Diese durchweichten, schläfrigen Dohlen,
Die auf der Spitze des Heuschobers sitzen;

Diese Mähre mit dem betrunkenen Bauern,
Mit Mühe und Not galoppierend
In die Ferne, von bläulichem Dunst bedeckt,
Dieser trübe Himmel . . . zum Weinen!

Doch nicht schöner ist auch eine reiche Stadt:
Die gleichen Wolken ziehen über den Himmel;
Drückend für die Nerven – mit eiserner Schaufel
Wird dort jetzt das Pflaster gekratzt.

Es beginnt allerorten die Arbeit;
Vom Wachturm hat man ein Feuer verkündet;
Auf die Richtstätte haben sie jemanden
Hingeschafft – dort warten schon die Henker.

Die Prostituierte eilt im Dämmerlicht
Nach Hause, aus dem Bett;
Offiziere in einer Mietkutsche
Jagen aus der Stadt: zum Duell.

Die Krämer erwachen alle zugleich
Und eilen, sich hinter den Ladentisch zu setzen:
Den ganzen Tag müssen sie beim Abwiegen mauscheln,
Um abends sich sattzuessen.

Horch! Aus der Festung erdröhnten die Kanonen!
Eine Überschwemmung droht der Hauptstadt . . .
Jemand ist gestorben: auf rotem Kissen
Liegt die Anna [Annenorden] erster Klasse.

Der Hausmeister verprügelt einen Dieb – ertappt!
Eine Herde Gänse jagen sie zum Schlachten;
Irgendwo in der oberen Etage ertönte
Ein Schuß – jemand hat mit sich Schluß gemacht . . .]

Wir wollen die Texte nur unter dem einen Gesichtspunkt betrachten, der uns jetzt interessiert. Die beiden Teile – der »dörfliche« (vom ersten Vers an) und der »städtische« (von dem Vers an »Doch nicht schöner ist auch eine reiche Stadt«) – sind übersichtlich gegliedert. In der ersten Hälfte teilt der syntaktische Parallelismus den Text in Abschnitte, denen strukturelle Gleichheit zugeschrieben ist. Auf der Ebene des Inhalts (in allgemeinsprachlichem Sinne) jedoch kommen in einen von unseren Abschnitten »Weiden, Felder und Wiesen« und in einen anderen »durchweichte, schläfrige Dohlen, die auf der Spitze des Heuschobers sitzen«. Sollen die Dohlen den gleichen semantischen Raum ausfüllen, so müssen sie in vergrößerter Einstellung dargestellt werden, und diese ihre Gleichheit mit den weiträumigen Bildern der Landschaft oder dem »trüben Himmel« unterstreicht den suggestiven Charakter des Bildes: die nassen Dohlen auf dem Heuschober, der trübe Himmel, die »Mähre mit dem betrunkenen Bauern« sind nicht nur Skizzen von Gegenständen, sondern auch Modelle ein und desselben Lebens und in diesem Sinne einander gleichgesetzt. Um das zu verstehen, genügt es, sich jedes dieser syntaktisch parallelen Elemente als ein Filmbild vorzustellen.

Diese Struktur wird auch für die zweite Hälfte des Gedichtes aufrechterhalten. Versuchen wir, es uns als Filmdrehbuch vorzustellen. Wir sehen dann sofort, daß die Szene: »Die Prostituierte eilt im Dämmerlicht nach Hause, aus dem Bett« oder eine andere: »Der Hausmeister verprügelt einen Dieb – ertappt!« sich in der Größe der Einstellung unterscheiden von: »Jemand ist gestorben: auf rotem Kissen liegt die Anna erster Klasse.«

Mit der Vorstellung vom Text als Filmdrehbuch legen wir die doppelte Funktion seiner syntaktischen Zusammenhänge bloß: Jedes einzelne Bild fügt sich als Teil in das allgemeine Bild des hauptstädtischen (und umfassender, des russischen) Lebens der Epoche Nekrasovs ein, und dieses Ganze wird als Resultat der Vereinigung seiner Teile aufgefaßt. Gleichzeitig aber sind alle Bilder verschiedene Gestalten eines und desselben – nicht Teile des Ganzen, sondern dessen Modifikationen. Das Leben in seinem einheitlichen Wesen ist sichtbar in jedem von ihnen, und wofern sie verdichten, verdichten sie *ein und dasselbe in verschiedener Weise* und mit verschiedenen Nuancen. Wiederum gewinnen wir die Überzeugung, daß die syntagmatischen und paradigmatischen Zusammenhänge im künstlerischen Text in Einheit und im Übergang ineinander realisiert werden.

Die vergleichende Gegenüberstellung einzelner »Filmbilder« als Segmente aktiviert die Vielzähligkeit der Elemente der Inhaltsebene, indem sie ihnen die Bedeutung von distinktiven Merkmalen beigibt und damit einen gedanklichen Inhalt suggeriert: die Antithese von akustischen Bildern des Typus: »Drükkend für die Nerven – mit eiserner Schaufel wird dort jetzt das Pflaster gekratzt« und »Irgendwo in der oberen Etage ertönte ein Schuß [...]« und allen anderen als visuellen, die Antithese von Unbeweglichkeit (»eilen [...] sich zu setzen«) und Bewegung (»haben [...] hingeschafft«, »eilt«, »jagen«), die Kontrastierung der Größe der Einstellung verschiedener »Szenen« des Textes zueinander – schaffen eine beträchtliche Anzahl zusätzlicher bedeutungsdifferenzierender Elemente.

Eben daß diese Typen von Konstruktionen und Relationen sich überschneiden, führt dazu, daß im einen System Irrelevantes oder Redundantes im anderen sich als relevant erweist (genauer gesagt: in anderen Systemen als in verschiedener Weise relevant). Dadurch wird die nicht nachlassende Informativität des Textes erreicht und jene Dauerhaftigkeit seiner Wirkung, die wir als ästhetische Wirkung empfinden.

8.8. Der Blickpunkt des Textes

Da relevant nur ist, was eine Antithese hat[26], wird jeder beliebige kompositorische priëm bedeutungsdifferenzierend, wenn er in Opposition zu einem Kontrastsystem gebracht ist. Dort, wo der ganze Text durchgängig in ein und demselben Typus der Einstellung gehalten ist, ist die Einstellung überhaupt nicht spürbar. So wird sie beispielsweise in epischen Erzählungen nicht empfunden. Die »raschen Übergänge« (Puškin) der romantischen Erzählungen sind bedeutungshaltig nur in Verbindung mit Stücken verlangsamten Erzählens. Genauso wird der »Blickpunkt« zum spürbaren Element der künstle-

26 Vgl. die Bemerkung von Niels Bohr, kennzeichnender Zug einer nichttrivialen Wahrheit sei es, daß ihre unmittelbare Gegenthese nicht offenbar absurd ist.

rischen Struktur von dem Augenblick an, da sich die Möglichkeit ergibt, ihn während des Erzählens auszutauschen (oder den Text auf einen anderen Text mit andersartigem Blickpunkt zu projizieren)[27].

Der Begriff »Blickpunkt« ist analog dem Begriff der perspektivischen Verkürzung in Malerei und Kino.

Der Begriff »künstlerischer Blickpunkt« ist als Relation des Systems zu seinem Subjekt zu verstehen (das »System« kann in diesem Kontext sowohl ein linguistisches als auch von anderen, höheren Ebenen sein). Unter »Subjekt des Systems« (eines ideologischen, stilistischen u. ä.) verstehen wir das Bewußtsein, das befähigt ist, eine solche Struktur zu generieren, und das demzufolge bei der Rezeption des Textes rekonstruiert wird.

Das künstlerische System wird als eine Hierarchie von Relationen aufgebaut. Schon der Begriff »Bedeutung haben« impliziert das Vorhandensein einer bestimmten Relation, d. h. das Faktum einer bestimmten Gerichtetheit. Und da das künstlerische Modell in allgemeinster Gestalt das Bild der Welt für ein gegebenes Bewußtsein reproduziert, d. h. die Beziehung zwischen Persönlichkeit und Welt modelliert (einen Sonderfall – die zwischen der Persönlichkeit, die erkennt, und der Welt, die erkannt wird), wird diese Gerichtetheit den Charakter einer Subjekt-Objekt-Beziehung haben.

Für die russische Poesie der Periode vor Puškin war das Zusammenlaufen aller im Text ausgedrückten Subjekt-Objekt-Relationen in einem fixierten Brennpunkt charakteristisch. In der Kunst des 18. Jahrhunderts, traditionell als Klassik definiert, wurde dieser einzelne Brennpunkt aus dem Bereich der Persönlichkeit des Autors herausgeführt und mit dem Begriff der Wahrheit in Kongruenz gebracht, in deren Namen der künstlerische Text dann auch sprach. Zum künstlerischen Blickpunkt wurde die Relation der Wahrheit zur dargestellten Welt. Die Fixiertheit und Eindeutigkeit dieser Relationen, ihr radiales Zusammenlaufen in einem einzigen Zentrum entspra-

---

27 Der Begriff »Blickpunkt« geht in der russischen Wissenschaft auf die Arbeiten von Michail M. Bachtin zurück. Gegenwärtig wird dieses Problem von Boris A. Uspenskij bearbeitet, dem der Verfasser seinen Dank für die ihm gebotene Möglichkeit ausspricht, in die Untersuchung *Poetik der Komposition [Poètika kompozicii]* (M. 1970) noch im Manuskript Einsicht zu nehmen. [Dt. Übersetzung in Vorb. (Athenäum). A. d. Ü.]

chen der Vorstellung von der Ewigkeit, Einzigkeit und Unbeweglichkeit der Wahrheit. Einzig und unveränderlich, war die
Wahrheit gleichzeitig hierarchisch und eröffnete sich verschiedenem Bewußtsein in verschiedenem Maße. Dem entsprach die
Hierarchie der künstlerischen Blickpunkte, welche den Gat-
tungsgesetzen zugrundelag.

In der romantischen Poesie laufen die künstlerischen Blickpunkte gleichfalls radial in einem starr fixierten Zentrum zusammen, und die Relationen selbst sind eindeutig und leicht
vorhersagbar (deshalb wird der romantische Stil leicht zum
Objekt von Parodie). Dieses Zentrum – das Subjekt des poetischen Textes – wird mit der Persönlichkeit des Autors in Kongruenz gebracht, es wird zu ihrem lyrischen Doppelgänger[28].

Möglich ist jedoch auch solch eine Textstruktur, bei der die
künstlerischen Blickpunkte nicht in einem einzigen Zentrum
brennpunktartig gebündelt werden, sondern ein gewisserma-
ßen zerstreutes Subjekt konstruieren, das aus verschiedenen
Zentren besteht, deren Korrelationen zusätzliche künstlerische
Bedeutungen schaffen. Nehmen wir ein Beispiel:

Naprásno ja begú k siónskim vysotám,
Grech álčnyj gónitsja za mnóju po pjatám . . .
Tak, nózdri pýl'nye utknúv v pesók sypúčij,
Golódnyj lev sledít olénja beg pachúčij.

[Vergeblich fliehe ich zu Zions Höhen,
Die gierige Sünde ist jagend mir auf den Fersen . . .
So, die staubigen Nüstern im Flugsand bergend,
Folgt der hungrige Löwe dem scharfduftenden Lauf des Hirsches.]*

Es ist klar, daß für die Ausdrücke »staubige Nüstern« und
»scharfduftender Lauf« nicht nur ein einziger Blickpunkt anzu-
setzen ist; der erste hat als Subjekt den Menschen, der den
Löwen betrachtet, der zweite den Löwen selbst, da ja der
Mensch nicht fähig ist, die Fährte eines Hirsches aufzunehmen,
insofern ihr ein Geruch, noch dazu ein scharfer (»scharfduftend«),

---

28 Dieses Phänomen ist am Beispiel der Poesie Žukovskijs von Grigorij
A. Gukovskij aufgedeckt worden (S.: *Puškin i russkie romantiki*. Saratov
1946).
* A. S. Puškin, *Polnoe sobranie sočinenij*, Bd. 3,1. M.-L. 1948, S. 419.
[A. d. Ü.]

eigentümlich ist. Doch auch die Verbindungen »hungriger Löwe« und »staubige Nüstern« haben gleichfalls nicht nur ein einziges Zentrum, da ja die eine einen Beobachter impliziert, der im Raum nicht konkretisiert ist, die andere aber die Betrachtung des Löwen aus der Nähe, in einer Entfernung, die den Staub, der die Nüstern bedeckt, genau zu erkennen erlaubt. Selbst wenn wir innerhalb der letzten beiden Verse bleiben, beobachten wir nicht einen zentralen Brennpunkt der Blickpunkte, sondern einen diffusen Bereich, innerhalb dessen nicht ein, sondern eine Reihe von Blickpunkten existiert. Die Relationen zwischen ihnen werden zu einer zusätzlichen Quelle von Bedeutungen.

Jedes der Elemente der künstlerischen Struktur existiert als Möglichkeit in der Struktur der Sprache und – weiter gefaßt – in der Struktur des menschlichen Bewußtseins. Deshalb läßt sich die Geschichte der künstlerischen Evolution der Menschheit in bezug auf jedes beliebige dieser Elemente beschreiben, sei das nun die Geschichte der Metapher, die Geschichte des Reims oder die Geschichte der einen oder anderen Gattung. Wenn wir über hinreichend vollständige Beschreibungen dieser Art verfügten, könnten wir sie zu untereinander zusammenhängenden Bündeln synchronisieren und so ein Bild der Entwicklung der Kunst erhalten. Selten hängt jedoch ein Element der künstlerischen Struktur so unmittelbar mit der allgemeinen Aufgabe, ein Bild von der Welt zu konstruieren, zusammen wie der »Blickpunkt«. Er steht in direkter Korrelation zu solchen Fragen in sekundären modellierenden Systemen, wie es die Position des Textschöpfers, das Problem der Wahrheit und das Problem der Persönlichkeit sind.

Der »Blickpunkt« verleiht dem Text eine bestimmte Orientiertheit bezüglich seines Subjektes (besonders deutlich ist das in den Fällen mit direkter Rede). Jeder Text ist jedoch in irgendeine textexterne Struktur hineingeschoben, deren abstrakteste Ebene sich als »Typus der Weltanschauung« definieren läßt, als »Weltbild« oder als »Kulturmodell« (bestimmte Unterschiede zwischen diesen Begriffen sind in diesem Fall unwesentlich).

Das Kulturmodell hat jedoch seine eigene Orientierung, die sich in einer bestimmten Skala von Werten ausdrückt, in dem Verhältnis von Wahrem und Falschem, von Oben und Unten.

Stellt man sich das »Weltbild« der jeweiligen Kultur als Text auf einer hinreichend abstrakten Ebene vor, so erhält die Orientiertheit ihren Ausdruck im Blickpunkt dieses Textes. Dann erhebt sich die Frage, welche Korrelationen möglich sind zwischen dem Blickpunkt des Kulturtextes und dem Blickpunkt dieses oder jenes konkreten Textes (eines sprachlichen oder durch andere Zeichen derselben Ebene ausgedrückten Textes, beispielsweise einer Zeichnung).

Dabei ist die Relation »Blickpunkt – Text« stets die Relation »Schöpfer – Geschaffenes«. Angewandt auf den literarischen Text ist dies das Problem der Position des Autors, des »lyrischen Helden« u. ä.; angewandt auf das Kulturmodell der Komplex allgemeinphilosophischer Fragen, die die Herkunft der Welt und ihre Vernünftigkeit betreffen. Da die Relation zwischen der Orientiertheit des Kulturtextes und dem Blickpunkt der in ihn eingehenden konkreten Texte als Relation der Wahrheit oder Falschheit aufgefaßt wird, zeichnen sich sogleich zwei mögliche Relationen ab: völlige Kongruenz und diametrale Gegensätzlichkeit.

So baute z. B. das mittelalterliche Denksystem diese Relation in der folgenden Weise auf. Das allgemeine Modell der Welt wurde als vorgängig existierend, gegeben und einen Schöpfer habend gedacht. Nimmt man sakrale Texte, als diejenigen, die in diesem System die größte Autorität besitzen, so wurde die Einheit des in ihnen ausgedrückten Blickpunktes mit der allgemeinen Orientiertheit der Kultur durch die Gemeinsamkeit des Schöpfers erreicht. Der die Welt erschaffen hatte, war gleichzeitig auch der Schöpfer dieser »gottinspirierten Texte« (oder »nicht von Hand geschaffenen Bilder«), und der Mensch als Autor war lediglich Vermittler, Ausführender, Kopist oder Abschreiber, dessen ganzes Verdienst in der Zuverlässigkeit der Wiederholung des autoritativen Textes bestand. Eben dadurch wurde Wahrheit erreicht, und das war auch die Antwort auf die Frage: »Woher weiß der Autor des Literaturwerks das, was er beschreibt?«

Chronik und Annalen nahmen in der mittelalterlichen Texthierarchie einen weniger hohen Platz ein als die hagiographischen Werke, doch auch hier war ein ähnliches Bild zu beobachten: es gab ein gewisses unbewegliches Kontinuum – das Modell einer idealen Norm für die Geschichte der Menschheit und das

Verhalten des Menschen, in welches der reale Text der Chronik hineingeschrieben wurde. Und wieder wurde die Einheit des Blickpunktes dadurch erreicht, daß der Chronist nicht seine persönliche Position darlegte, sondern sich vollständig mit Tradition, Wahrheit und Moral identifizierte. Nur in ihrem Namen vermochte er zu sprechen. Für wahr aber wurde gehalten, was nicht zu seiner persönlichen Position gehörte: daher rührt die Neigung, Legenden, die Volkssage, keine eigenen Erzählungen zu verwenden. Der Chronist schließt sich an sie als an das Gegebene und folglich die Wahrheit an.

Die Vorstellung vom Text als »ungeschaffenem« läßt den Autor in großer Anzahl »Reden« in der ersten Person anführen – läßt ihn nicht als Schöpfer, sondern als Protokollant auftreten. Dies führt jedoch nicht zu einem Überfluß an Blickpunkten. Sie sind alle zurückführbar auf zwei: auf den »richtigen« – der mit der Orientierung des Textes insgesamt koinzidiert, und den »unrichtigen«, der ihm entgegengesetzt ist. Betrachten wir unter diesem Gesichtspunkt einen Evangelientext [*Joh.* 9,1 ff.]: »Und Jesus ging vorüber und sah einen, der blind geboren war. Und seine Jünger fragten ihn und sprachen: Meister, wer hat gesündigt, dieser oder seine Eltern, daß er ist blind geboren? Jesus antwortete: Es hat weder dieser gesündigt, noch seine Eltern, sondern es sollen die Werke Gottes offenbar werden an ihm. Ich muß wirken die Werke des, der mich gesandt hat, solange es Tag ist; es kommt die Nacht, da niemand wirken kann. Dieweil ich bin in der Welt, bin ich das Licht der Welt.« Nach der Heilung des Blinden: »Die Nachbarn und die ihn zuvor gesehen hatten, daß er ein Blinder [Lutherbibel: Bettler] war, sprachen: Ist dieser nicht, der dasaß und bettelte? Etliche sprachen: Er ist's, etliche aber: Nein, aber er ist ihm ähnlich. Er selbst aber sprach: Ich bin's.«

Sieht man davon ab, daß im Text mehrere Personen und Personengruppen figurieren, so sind faktisch, nach seiner Struktur selbst, nur drei Positionen möglich: Die Position der Wahrheit, die Position der Nicht-Wahrheit und die Position des Übergangs von der einen zur anderen (»Erleuchtung« und »Abtrünnigkeit«), d. h. »Blickpunkte« sind nur zwei möglich – Wahrheit und Nichtwahrheit. Eben das ist an dem zitierten Text zu sehen.

In der altrussischen Chronik entsteht im Zusammenhang damit

eine doppelte »Wahrhaftigkeit« der direkten Rede. Der Chronist führt die direkte Rede in seinen Text als Zeugnis für das »Nichtausgedachte« ein. In diesem Sinne wird schon allein die Tatsache, daß die Erzählung in der Form der direkten Rede aufgebaut ist, als Beweis der Echtheit aufgefaßt. Der Inhalt dieser Aussagen kann jedoch gleichfalls von zweierlei Art sein: er kann wahr sein (der Orientierung nach mit dem allgemeinen »Weltmodell« der Texte koinzidieren) und falsch (direkt entgegengesetzt).

Während in der Byline die Gliederung des Textes in Aussagen der ersten Person, die unter die Gegner verteilt sind, die Orientiertheit, den für das ganze Epos einheitlichen Blickpunkt nicht verändert (Fürst Vladimir nennt den Zaren Kalin einen »Hund«, doch der Zar Kalin nennt sich selbst auch so), sind hier zwei Typen der Relation von direkter Rede und Wahrheit möglich: »wenn er die Wahrheit gesagt hat« und »wenn er unwahr geredet hat«[29]. Eben diese Divergenz zweier »Blickpunkte« – des ganzen Textes und der jeweiligen Person – schafft die Möglichkeit (nur für den negativen Helden), von einer Absicht zu sprechen – die stets *böse Absicht* ist – ein Analogon zur psychologischen Analyse in den Texten einer späteren Periode (»denn er war erschrocken und hatte List im Herzen«).

In der weiteren Geschichte des erzählenden künstlerischen Textes werden wir noch häufiger auf die verschiedenen Typen der Korrelation dieser beiden Arten der Orientiertheit stoßen.

Als Position, an der das Weltbild im ganzen sich orientiert, können auftreten Die Wahrheit (Roman der Klassik), Die Natur (Roman der Aufklärung), Das Volk; schließlich kann diese allgemeine Orientiertheit auch den Wert Null haben (das bedeutet, daß der Autor von einer Bewertung des Erzählens absieht). So verfährt beispielsweise Čulkov, wenn er von den Zeichen des Kummers spricht, die seine Heldin zeigt, jedoch darauf verzichtet, über die Wahrhaftigkeit ihrer Gefühle zu urteilen, wie überhaupt über die innere Welt seiner Helden: »Ob Vladimira ihren Vater beklagte, darüber ist mir nichts

---

29 *Polnoe sobranie russkich letopisej*, Bd. 1, S. 260. [Vgl. *Die altrussische Nestorchronik* S. 174, sowie *O Bojan, du Nachtigall der alten Zeit* (A. d. Ü. S. 321) S. 69 ff.].

bekannt; denn sie hat mir hievon nichts gesagt, und Lügen schreiben ist nicht meine Absicht«.

Im romantischen Erzählen sind die Blickpunkte des Mikro- und Makrotextes in dem einen unbeweglichen Zentrum des Erzählens – der Persönlichkeit des Autors – zur Kongruenz gebracht. Die Unifikation des Blickpunktes wird zum Synonym für den romantischen Subjektivismus. Explizit wurde die Aufgabe, einen Text zu konstruieren, der über den Rahmen jedes beliebigen einzelnen Blickpunktes hinausgehend sich nach den Gesetzen einer freien Überschneidung verschiedener subjektiver Positionen aufbaute, in der russischen Literatur zum ersten Mal im *Evgenij Onegin* gestellt. Subjektiv wurde dies aufgefaßt als Bewegung vom romantischen Poem zur erzählenden Gattung – zum Roman.

Die Unterjochung des Textes durch nur einen Blickpunkt wird gedacht als Herrschaft des Ausdrucks über den »Inhalt«, als »Poesie«. Ihr steht die »Prosa« als Reich des »Inhalts« gegenüber, das von der Subjektivität des Autors frei ist. Bezeichnenderweise aber wurde, nachdem die »Poesie« der Romantik das Problem des »Blickpunktes« als stilistisch-philosophischen Textzentrums offengelegt hatte, die Bewegung zur »Einfachheit« nicht durch einen Verzicht auf diese Errungenschaft erreicht, sondern durch eine Steigerung der Komplexität der Frage – durch die These, es seien gleichzeitig viele »Blickpunkte« möglich.

Evgenij Onegin wurde im Schaffen Puškins zu einer neuen Etappe in der Textkonstruktion. Im Jahre 1822 stellte Puškin in einer bekannten Bemerkung, die gewöhnlich unter dem Titel *Über Prosa* zitiert wird, Ausdruck und Inhalt in rein semiotischer Betrachtungsweise einander klar gegenüber.

Die periphrastische Prosa (in erster Linie die der Schule Karamzins) wird als unwahrhaftig verurteilt. Sehr interessant ist dabei, daß einen Text nach irgendwelchen (beliebigen) konventionalen Regeln zu bauen abgelehnt wird. Dem strukturell organisierten Text (»glänzende Ausdrücke«) wird der »einfache« Inhalt gegenübergestellt, der als das Leben selbst gedacht wird. Und »Leben« in einem Literaturwerk – das ist die nichtästhetisierte Rede, der Text, der künstlerisch nicht organisiert und deshalb wahr ist. Doch ist natürlich jeder beliebige Text, sofern er nur in ein Kunstwerk Eingang findet, ein künstlerischer Text. So stellt sich die Aufgabe, einen künstlerischen (organisierten) Text zu konstruieren, der das Nichtkünstlerische (Nichtorganisierte) imitierte; eine Struktur zu erschaffen, die als Nichtvorhandensein von Struktur aufgefaßt würde. Um im Leser die Empfindung von Einfachheit, von umgangssprachlicher Natürlichkeit der Sprache, von Lebensunmittelbarkeit des Sujets, von Ungekünsteltheit der Charaktere hervorzurufen, wurde ein struktureller Aufbau erforderlich, der erheblich komplexer war als alle der Literatur jener Jahre bekannten. *Der Effekt der Vereinfachung wurde um den Preis einer krassen Steigerung der Komplexität der Textstruktur erreicht.* Bei aller offensichtlichen Verbundenheit des Problems des Blickpunktes mit der Wahrheit vollzog sich ihre funktionelle Vereinigung doch erst in einem bestimmten historischen Stadium. Solange der Blickpunkt des Textes als ein einzig möglicher und über dessen ganze Ausdehnung hin fixierter gedacht wurde, d. h. künstlerisch überhaupt nicht aktiv war, wurde auch die Wahrheit oder Unwahrheit der Aussage nicht mit einer bestimmten Gerichtetheit des Textes verbunden. Es wurde vorausgesetzt, daß einige Figuren die Fähigkeit besaßen, nur wahre Texte zu schaffen, andere hingegen von Anfang an ausschließlich unwahre. »Feind«, »Ketzer«, »Andersgläubiger« in mittelalterlichen Texten beispielsweise lügen immer, unabhängig davon, was den Inhalt der einen oder anderen ihrer Aussagen bildet. Der Teufel ist immer ein »Gaukler« (d. h. ein Betrüger) – dies ist seine konstante Eigenschaft.

Die Vereinigung des Begriffs der Wahrheit mit irgendeinem einheitlichen, vorgängig fixierten Blickpunkt kommt auch in der modernen Literatur vor. Solch eine Konstruktion ist in der Satire und in allen betont konventionalen Texten zulässig, und ebenso in der Publizistik. In realistischer psychologischer Prosa klingt sie unecht. Führen wir nur ein äußerst aussagekräftiges Beispiel an. In der Erzählung *Die Fanatiker* (1923) von Lev I. Gumilevskij stoßen die positiven Helden – Studenten der Arbeiter- und Bauernfakultät – mit dem negativen Helden zusammen – dem Direktor der Kantine der »American Relief Administration«, Mr. Hower. Mr. Hower ist vom Autor durch gebrochenes Russisch gekennzeichnet, ([etwa:] »Hierrist-nischt--dr Plahz füer Pollitik«). Die Unrichtigkeit der Rede ist jedoch nicht nur den Monologen des Helden eigentümlich, sondern auch seinen Gedanken. Sein innerer Monolog wird so wieder-gegeben: »Er zog die Gürtelriemen straff an, schaute in den Spiegel, wischte sich mit Eau de Cologne das geronnene Blut von den Lippen und dachte: ›Dieser Land ist das Hoch-achtung würdig!‹«[30]. Die Unrichtigkeit (in diesem Fall – Unrichtigkeit der Rede im Gespräch *mit sich selbst*) ist nicht die Relation mehrerer Blickpunkte, sondern ureigenste Beschaffen-heit des negativen Helden.

Das Problem des Blickpunktes hat sich dort herauskristallisiert, wo mehrere Texte in der ersten Person sich als mehrere Sy-steme überschneiden, die jedes für sich über Wahrheit verfügen. Nicht zufällig wurde die Möglichkeit der Existenz mehrerer Blickpunkte in der Wortkunst am frühesten im Drama freige-legt. In der Prosa fand dieser Konflikt mehrerer Systeme der direkten Rede als mehrerer Blickpunkte sichtbaren Ausdruck im Briefroman des 18. Jahrhunderts. Innovatorisches Werk war in diesem Sinne *Les liaisons dangereuses* des P.A.F. Choderlos de Laclos[31]. Das Aufeinanderlegen der Brieftexte schafft eine prinzipiell neue Vorstellung von der Wahrheit: Sie wird nicht mit irgendeiner der im Text unmittelbar ausge-drückten Positionen identifiziert, sondern entsteht durch ihrer aller Überschneidung. Die wörtlich fixierten Briefe bilden meh-rere Gruppen, von denen jede eine bestimmte Welt ist, system-haft in sich selbst, mit ihrer eigenen inneren Logik und ihrer eigenen Vorstellung von der Wahrheit. Jede dieser Gruppen hat ihren eigenen, definitiv ihr zukommenden Blickpunkt. Die Wahrheit entsteht, von der Position des Autors aus gesehen, als ein supratextuales Konstrukt, als Schnitt aller Blickpunkte. Vorgegebenheit des Verhaltens (z. B. der Verführung oder des Selbstschutzes dagegen), Voreingenommenheit der Wertungen sind, wie angenommen wird, etwas Unwahres. Die Wahrheit dagegen liegt im Überschreiten der Begrenztheit jeder dieser Strukturen: Sie entsteht außerhalb des Textes als Möglichkeit, jeden der Helden und jeden in der ersten Person geschriebenen

---

30 L. Gumilevskij, *S vostoka svet*. Izbrannoe. M. 1964, S. 255.
31 Auf die Spezifik der rein semiotischen Fragestellung beim Problem der Wahrheit in diesem Roman hat G. A. Gukovskij 1948 in einer besonderen Vorlesung hingewiesen, die er im Rahmen eines der Prosa Gogol's gewid-meten Kurses gehalten hat (sie wurde in den gedruckten Text des Buches über Gogol' nicht aufgenommen). Jetzt ist diese Frage detailliert untersucht in Tzvetan Todorov, *Littérature et signification*, Paris 1967.

Text aus der Position eines anderen (anderer) Helden und anderer Texte anzusehen.

Die nächstfolgende Etappe in der Steigerung der Komplexität des Erzählblickpunktes ist hervorragend vertreten im *Evgenij Onegin*[32]. Anstelle mehrerer Personen, die aus verschiedenen Positionen von ein und demselben erzählen, wie bei Choderlos de Laclos, erscheint der Autor, der mit verschiedenen Stilen als in sich abgeschlossenen, mit einem fixierten Blickpunkt ausgestatteten Systemen operiert und so ein und denselben Inhalt von mehreren stilistischen Positionen aus darlegt[33].

Betrachten wir die stilistische Struktur zweier Strophen aus dem vierten Kapitel des Romans:

XXXIV

Poklónnik slávy i svobódy,
V volnén'i búrnych dúm svoích,
Vladímir i pisál by ódy,
Da Ól'ga ne čitála ích.
Slučálos' li poétam sléznym
Čitát' v glazá svoím ljubéznym
Svoí tvorén'ja? Govorját,
Čto v míre výše nét nagrád.
I vprjám', blažén ljubóvnik skrómnyj,
Čitájuščij mečtý svoí
Predmètu pésen i ljubví,
Krasávice prijátno-tómnoj!
Blažén ... chot', móžet být', oná
Sovsém iným razvlečená.

XXXV

No já plodý moích mečtánij
I garmoníčeskich zatéj
Čitáju tól'ko stároj njáne,
Podrúge júnosti moéj,
Da posle skúčnogo obéda
Ko mne zabrédšego soséda,

32 S.: Ju. M. Lotman, *Chudožestvennaja struktura »Evgenija Onegina«.* In: *Učënye zapiski Tartuskogo gosudarstvennogo universiteta,* Heft 184, Tartu 1966, [S. 5–32].

33 S.: V. V. Vinogradov, *Stil' Puškina.* M. 1941 [fotomech. nachgedruckt: Slavica-Reprint Nr. 26. Brücken-Verlag, Düsseldorf 1969].

Pojmáv neždánno za polú,
Dušú tragédiej v uglú.
Ili (no éto króme šútok),
Toskój i rífmami tomím,
Brodjá nad ózerom moím,
Pugáju stádo díkich útok:
Vnjav pén'ju sladkozvúčnych stróf,
Oni sletájut s beregóv.

[XXXIV

Als Anhänger von Ruhm und Freiheit,
In der Wallung seiner stürmischen Gedanken,
Hätte Vladimir auch Oden geschrieben,
Nur Ol'ga las sie nicht.
Glückte es je den Tränenpoeten,
Vor Augen ihrer Angebeteten ihre
Schöpfungen zu lesen? Man sagt,
Auf Erden sei kein höherer Lohn.
Und wahrlich, selig der bescheidene Liebhaber,
Der seine Träume vorliest
Dem Gegenstand von Liedern und Liebe,
Der angenehm-schmachtenden Schönheit!
Selig . . . obschon, vielleicht, sie
Von ganz anderem abgelenkt ist.

XXXV

Doch ich lese die Früchte meiner Träumereien
Und harmonischen Einfälle
Nur der alten Amme vor,
Der Freundin meiner Jugend,
Ja, und dem nach einem langweiligen Mittagsmahl
Zu mir herübergekommenen Nachbarn,
Den ich unverhofft am Rockschoß erwischte,
Benehme ich den Atem mit einer Tragödie in der Ecke,
Oder (doch dies ohne Scherz),
Von Schwermut und Reimen ermattet,
Ich bummle über meinem See,
Schrecke eine Schar wilder Enten:
Haben sie den Gesang der süßtönenden Strophen vernommen,
Fliegen sie von den Ufern auf.]

Die Strophen stellen die mehrmalige Wiederholung ein und
derselben Situation: »Der Dichter liest einem Zuhörer seine

Verse vor« – in stilistisch kontrastierenden Systemen dar.
Jedes der drei Glieder der Situation (»Dichter«, »Verse«,
»Zuhörer«) kann transformiert werden.

I	Vladimir	Oden	Ol'ga
II	Tränenpoeten	Schöpfungen	Angebetete
III	bescheidener Liebhaber	Träume	Gegenstand der Lieder und der Liebe
			angenehm-schmachtende Schönheit
IV	Ich	Früchte meiner Träumereien	alte Amme
V	Ich	Tragödie	Nachbar
VI	Ich	süßtönende Strophen	wilde Enten

In entsprechender Weise erhält die Handlung des Rezitierens
von Versen jedesmal eine besondere Benennung: »ich lese vor«,
»benehme den Atem«, »schrecke«. Derselben »Transformation«
wird die Reaktion des Objektes auf das Rezitieren unterworfen:

Ol'ga las sie nicht [...]
                    Man sagt,
Auf Erden sei kein höherer Lohn [...]
Selig ... obschon, vielleicht, sie
von ganz anderem abgelenkt ist [...]
Haben sie den Gesang der süßtönenden Strophen vernommen,
Fliegen sie von den Ufern auf.

Die Bedeutung dieser Verse wird nach einem komplexen System aufgebaut: Jede einzelne lexikalische Einheit erhält eine
zusätzliche stilistische Bedeutung dem Charakter der Struktur
entsprechend, in die sie eingefügt ist. Hier spielt dann in erster
Linie die nächste Umgebung des betreffenden Wortes eine Rolle. Die Handlung des Dichters wird in den Fällen III und IV
fast identisch charakterisiert:

Der seine Träume vorliest [...]
[...] lese die Früchte meiner Träumereien
Und harmonischen Einfälle [...]

Daß jedoch im Fall III diese Handlung den »bescheidenen Liebhaber« und die »angenehm-schmachtende Schönheit« verbindet, im Fall IV aber »ich« und die »alte Amme«, verleiht den identischen Worten eine gründlich verschiedene stilistische Bedeutung. Die »Träume« in III sind in eine konventional-literarische phraseologische Struktur eingegliedert und stehen in Korrelation mit IV nach dem Prinzip von falschem, unwahrem Ausdruck und wahrem Inhalt. Genauso befindet sich die »alte Amme« in einer analogen Relation zur »angenehm-schmachtenden Schönheit«. Die Antithese »konventionelle Poesie – wahre Prosa« wird jedoch dadurch noch komplexer, daß die »alte Amme« gleichzeitig die »Freundin meiner Jugend« ist, und diese Verbindung ist nicht als ironische Nahtstelle verschiedener Stile gegeben, sondern als stilistische Gruppe mit einer Bedeutung. Anstelle der Antithese »Poesie – Prosa« erscheint: »unwahre Poesie – wahre Poesie«. Der »Anhänger von Ruhm und Freiheit« und seine »Oden« erhalten besondere Bedeutung dadurch, daß »Ol'ga sie nicht las« (in diesem Fall entsteht eine zweidirektionale Relation: Die Gleichgültigkeit Ol'gas enthüllt den papierenen Charakter der »Wallung stürmischer Gedanken« Lenskijs, da ja der Vers: »Nur Ol'ga las sie nicht« wie die Stimme der nüchternen Prosa klingt, die in der Struktur des Romans stets mit Wahrheit assoziiert wird; gleichzeitig aber betont der unzweifelhafte poetische Zauber von »Ruhm und Freiheit« und »stürmischen Gedanken« die etwas alltägliche Erdverhaftetheit Ol'gas). »Man sagt, Auf Erden sei kein höherer Lohn«, eine Verbindung zweier äquivalent gesetzter Einheiten, einer umgangssprachlichen und einer konventional-literarischen, wird begleitet von einem »herabsetzenden« stilistischen Effekt. Die Bedeutungen werden in diesen Strophen jedoch nicht nur durch syntagmatische Verbindung gebildet. Die in den vertikalen Spalten stehenden Wörter werden als Varianten (Paradigmen) einheitlicher invarianter Bedeutungen aufgefaßt. Dabei verhält sich keines von ihnen zu einem anderen wie der Inhalt zum Ausdruck: sie werden übereinandergeschichtet und bilden eine komplexe Bedeutung. Gerade Abstand und scheinbare Unvereinbarkeit erweisen sich für Begriffe wie »Gegenstand von Liedern und Liebe«, »alte Amme«, »Nachbar«, »wilde Enten«, da sie in eine paradigmatische Reihe einbezogen sind, als wichtiges Mittel der semantischen Intensivierung. Es ergibt sich ein eigenartiger semantischer Suppletivismus, bei dem verschiedene und entfernte Wörter gleichzeitig als Varianten eines Begriffes empfunden werden. Das macht jede einzelne Begriffsvariante schwer vorhersagbar und folglich besonders bedeutungshaltig. Noch etwas anderes muß angemerkt werden: Nicht nur entfernte Lexeme werden in einer komplexen Archi-Einheit einander angenähert, sondern es sind, wie sich zeigt, auch Elemente verschiedener (häufig entgegengesetzter) stilistischer Systeme in eine einzige stilistische Struktur eingefügt. Solch eine Angleichung verschiedener stilistischer Ebenen führt zum Erkennen der Relativität jedes einzelnen der stilistischen Systeme und zum Aufkommen von Ironie. Daß die Ironie in der stilistischen Einheitlichkeit des *Evgenij Onegin* einen dominierenden Platz einnimmt, ist ein evidentes Faktum und in der Literatur entsprechend gewürdigt worden.

Der Mechanismus der Ironie ist einer der Schlüssel zum Stil des Romans. Verfolgen wir ihn an einigen Beispielen [Kap. 2]:

XXXVI

I ták oní staréli óba.
I otvorílis' nakonéc
Pered suprúgom dvéri gróba,
I nóvyj on prijál venéc.
On úmer v čás pered obédom,
Oplákannyj svoím sosédom,
Det'mí i vérnoju ženój
Čistoserdéčnej, čem inój.
On byl prostój i dóbryj bárin,
I tám, gde prách ego ležít,
Nadgróbnyj pámjatnik glasít:
»Smirénnyj gréšnik, Dmítrij Lárin,
Gospódnij ráb i brigadír
Pod kámnem sim vkušáet mír.«

XXXVII

Svoim penátam vozvraščénnyj,
Vladímir Lénskij posetíl

Soséda pámjatnik smirénnyj,
I vzdóch on péplu posvjatíl;
I dólgo sérdcu grústno býlo.
Poor Yorick! – mólvil on unýlo [...]

[XXXVI

Und so wurden sie beide alt.
Und schließlich taten sich auf
Vor dem Gemahl die Pforten des Grabes,
Und den neuen Kranz hat er empfahen.
Er starb eine Stunde vor dem Essen,
Beweint von seinem Nachbarn,
Den Kindern und der treuen Frau,
Aufrichtiger als mancher andere.
Er war ein schlichter und guter Herr,
Und dort, wo sein Staub liegt,
Verkündet ein Grabstein:
»Dmitrij Larin, demütiger Sünder,
Des Herrn Knecht und Brigadier,
genießt unter diesem Steine den Frieden.«

XXXVII

Seinen Penaten wiedergegeben,
Besuchte Vladimir Lenskij
Des Nachbarn demütigen Gedenkstein,
Und einen Seufzer widmete er der Asche;
Und lange war dem Herzen traurig.
Poor Yorick! – sprach er schwermutsvoll [...]]

Hier werden die stilistischen Brüche nicht durch ein System
von Transformationen ein und desselben extrastilistischen
Inhalts gebildet, sondern durch Aufeinanderfolge und Ablösung der stilistischen Aspekte. Der erste Vers: »Und so wurden
sie beide alt« ist demonstrativ neutral. Merkmalhaltig ist in
ihm das Fehlen des Merkmals jedes auch nur irgendwie poetischen Stils. In stilistischer Hinsicht ist dies ein Vers ohne Blickpunkt. Die nächsten drei Verse sind durch die gut durchgehal-
tene Verwendung des im Geiste des 18. Jahrhunderts hohen
Stils charakterisiert, was auch den entsprechenden Blickpunkt
konstruiert: die Periphrasen »taten sich auf die Pforten des
Grabes«, »er hat den neuen Kranz empfahen« (statt »er starb«),

die Lexik – »Gemahl«, »hat empfahen« – konnten beim Leser Puškins gar keine anderen künstlerischen Erlebnisse hervorrufen. Im folgenden Vers jedoch sind die feierlichen Periphrasen in ein anderes System übersetzt: »[...] er starb«. Die Stilführung der nächsten Verse ist in ihrem Prosacharakter keineswegs neutral. Sie besteht aus einer Verknüpfung treffender Prosaismen, die dem Stil im System dieser Textkonstruktion einen Anflug von Wahrhaftigkeit und folglich Poetizität verleihen, die sich mit den das Stilniveau senkenden Elementen verbinden. Die Genauigkeit von »eine Stunde vor dem Essen« in Verbindung mit »taten sich auf die Pforten des Grabes« bringt die etwas komische Färbung archaischer, dörflicher Naivität hinein – die Zeit des Todes wird von der Zeit des Essens aus gerechnet:

[...] Die Zeit wissen wir
Auf dem Dorf ohne große Mühen:
Der Magen ist unsere zuverlässige Uhr.   [5,36]

Derselbe komische Effekt entsteht durch die Verbindung des feierlichen »beweint« mit »von seinem Nachbarn«, da ja das Erscheinungsbild des dörflichen Gutsnachbarn für den Leser des *Evgenij Onegin* hinreichend unzweideutig und zudem in anderen Strophen desselben Kapitels schon umrissen war. Im Lichte dessen werden die »Kinder« und die »treue Frau«, die den Verstorbenen beweinen, als archaistisch-feierliches Klischee aufgefaßt. All dies wirft Licht auf den Blickpunkt der Verse 2–4. Die hohe Poetik des 18. Jahrhunderts wird als Klischee aufgefaßt, hinter dem ein archaisches und naives Bewußtsein steht, die provinzielle Kultur, die den gestrigen Tag in der nationalen geistigen Entwicklung biederen Sinnes erlebt hat. Der Vers »aufrichtiger als mancher andere« jedoch legt im archaistischen Klischee nicht eine falsche Phrase frei, sondern den Inhalt von Wahrheit. Obwohl der Text im Klischee des in Epitaphien obligatorischen hohen Stils verharrt und gleichzeitig den Stempel des ungewandten Provinzialismus trägt, verliert er nicht die Fähigkeit, Träger der Wahrheit zu sein. Der Vers »Er war ein schlichter und guter Herr« führt einen vollständig unerwarteten Blickpunkt ein. Die semantische Gerichtetheit impliziert als Subjekt dieses Systems das Vorhandensein eines leibeigenen Bauern. Das Objekt (Larin) ist für das Subjekt des Textes ein Herr. Und von diesem Blickpunkt her sieht Larin »schlicht und gut« aus – damit wird die Konturierung der im Hause der Larins herrschenden patriarchalischen Beziehungen fortgeführt. Alle diese vielfachen stilistisch-semantischen Umschaltungen werden in den abschließenden Versen zur Synthese gebracht – im Text des Epitaphs, das gleichzeitig ebenso feierlich (»demütiger Sünder«, »genießt den Frieden«) wie komisch ist (vgl. »des Herrn Knecht und Brigadier«, was das Verhältnis zur irdischen und himmlischen Macht naiv gleichsetzt).

In der folgenden Strophe stoßen wir auf eine neue Gruppe von Umschaltungen. Das konventional-poetische (in der Tradition des Sendschreibens unter Freunden stehende) »Seinen Penaten wiedergegeben« wird durch die Nachricht vom Besuch Lenskijs am Grabe Larins abgelöst. »Des Nachbarn Gedenkstein« sieht »demütig« aus, d. h. prosaisch (»demütige Prosa«) für Lenskij (für den naiven Blickpunkt, der auf dem Epitaph realisiert ist, ist er feierlich). »Einen Seufzer widmete er der Asche« führt uns in die Vorstellungswelt Lenskijs, was folgerichtig mit der Replik »Poor Yorick!« zuendegebracht wird. Lenskij baut sein »Ich« nach dem Vorbild der Persönlichkeit Hamlets und codiert die Situation in das System des shakespeareschen Dramas um.

Wir haben uns an diesem Beispiel überzeugt (in analoger Weise könnte man jede beliebige Strophe des Romans analysieren), daß eine Sequenz von semantisch-stilistischen Brüchen nicht einen brennpunktartigen, sondern einen zerstreuten, multiplen Blickpunkt schafft, der dann zum Zentrum eines Suprasystems wird, das als Illusion der Wirklichkeit selbst aufgefaßt wird. Gerade für den realistischen Stil, der danach strebt, den Bereich der Subjektivität der semantisch-stilistischen »Blickpunkte« zu verlassen und die objektive Realität wiederherzustellen, ist dabei die spezifische Korrelation dieser multiplen Zentren, der vielgestaltigen (benachbarten oder übereinandergeschichteten) Strukturen wesentlich: Keine von ihnen hebt die übrigen auf, sondern tritt in Korrelation zu ihnen. Im Ergebnis bedeutet der Text nicht nur, was er bedeutet, sondern auch noch etwas anderes. Die neue Bedeutung hebt die alte nicht auf, sondern korreliert mit ihr. Als Resultat davon reproduziert das künstlerische Modell eine so wichtige Seite der Wirklichkeit wie ihre Unausschöpfbarkeit durch jede beliebige endliche Interpretation.

An den oben angeführten Beispielen wird deutlich, daß Puškin schon im *Evgenij Onegin* nicht nur eine komplexe Struktur von Blickpunkten montiert – wobei er den priëm anwendet, von Ein und Demselben von mehreren stilistischen Positionen her zu erzählen – sondern auch zu anderen, komplexeren Mitteln greift.

Der priëm, einen Inhalt von verschiedenen Blickpunkten aus mehrfach wiederzuerzählen, war bequem, weil er für den noch unvorbereiteten Leser das Wesen der Methode des Schriftstellers bloßlegte, aber er war allzu polemisch, zu demonstrativ, als daß er zur Grundlage eines Stiles hätte werden können, nachdem dieser sich als Norm behauptet hatte. Die Montage der Blickpunkte bürgerte sich fortan im Erzählen als Wechsel sowohl der Positionen, von denen aus das Erzählen geführt wird, als auch der beschriebenen Objekte ein. Ein anschauliches Beispiel einer solchen Konstruktion ist *Krieg und Frieden,* das schon ganz nahe an die Montageverfahren des modernen Films herankam. Das Organische einer solchen Annäherung ist am Beispiel der Erzählung Tolstojs *Der gefälschte Coupon* sichtbar – einer Erzählung mit deutlich kinematographischer Struktur des Blickpunktwechsels, der Montage der Einstellungen u. ä.

Schließlich kann ein priëm der Blickpunktkonstruktion unmöglich außer acht gelassen werden, dessen Wesen am klarsten gleichfalls am Film zu illustrieren ist. Nehmen wir an, der Kameramann habe die Welt aus der Sicht irgendeines Helden aufzunehmen. Diese Frage stellte sich im Kino immer wieder, sowohl theoretisch als auch praktisch, einschließlich des aufsehenerregenden Versuchs von A. Hitchcock in seinem Film *Ich kämpfe um dich (Spellbound)* [1945], einen Selbstmord aus dem subjektiven Blickpunkt zu filmen, indem zuerst die Mündung des Revolvers direkt auf den Zuschauer gerichtet wurde, und dann abwechselnd rote, weiße und schwarze Farben auf der Leinwand erschienen[34].

34 Dieser Versuch hatte schockierende Wirkung. Es muß jedoch daran erinnert werden, daß das Bestreben, den Tod vom Blickpunkt des Sterbenden zu schildern, für die Literatur eine keineswegs neue Aufgabe ist. Mit ihr

Durch vielfache Versuche ist bewiesen, daß die Aufnahme großer Stücke des Films aus der Position irgendeines Helden nicht zu einer Verstärkung der Empfindung der Subjektivität führt, sondern umgekehrt zu deren Verschwinden: der Zuschauer beginnt die Szenen als gewöhnliche Panoramaaufnahme aufzufassen. Um irgendeinen Kinotext als Realisation des Blickpunktes eines bestimmten Helden auszuweisen, muß man die aus seiner subjektiven räumlichen Sicht aufgenommenen Szenen mit Szenen alterieren (bzw. montieren), die den Helden von außen festhalten, mit dem räumlichen Blickpunkt der Zuschauer (»niemandes« Blickpunkt) oder dem anderer Personen.

Ähnlich wird die Reproduktion des Blickpunktes irgendeiner Person im erzählenden Text der Prosa nach Puškin in der Regel als eine Art von Amalgam ausgeführt, in dem die linguistischen Mittel, die den Blickpunkt des Helden ausdrücken, mit den Blickpunkten des Autors und anderer Personen montiert werden. So hat in *Belkins Erzählungen* jede Novelle drei Erzähler: die Person, die sie Belkin erzählt hat (diese Personen sind zwar durch ihre Initialen codiert, aber sozial und psychologisch konkretisiert[35]), Belkin selbst und Puškin. Außerdem figurieren im Text Helden, die durch ihre direkte Rede den Erzählblickpunkt häufig sehr wesentlich deformieren. Die Erzählung ist so aufgebaut, daß jeder dieser in ihr auftretenden Blickpunkte in verschiedenen Teilen des Textes verschieden akzentuiert wird. Innerhalb ein und desselben Satzes können unterschiedliche Blickpunkte erscheinen. Daraus ergibt sich sowohl eine Akzentuierung der Spezifik der subjektiven Positionen als auch eine objektive »Supraposition« – ein Konstrukt der Wirklichkeit.

Kraft der besonderen Rolle des künstlerischen Raumes bei der Schaffung des Textes – als Modell des abgebildeten Objektes – erhält der Blickpunkt im Werk sehr oft eine räumliche Realisation. Der Blickpunkt tritt als *Orientiertheit* des künstlerischen Raumes auf. Ein und dasselbe räumliche Schema: die Opposition von innerem, abgeschlossenem (endlichem) und äußerem,

setzte sich Tolstoj in den *Sevastopoler Erzählungen* auseinander, Hemingway in *Wem die Stunde schlägt,* Georgij N. Vladimov in *Das große Erz* [*Bol'šaja ruda,* 1961] u. a.

35 Vgl.: V. V. Gippius, *Ot Puškina do Bloka.* M.-L. 1966 [S. 40 f.].

geöffnetem (unendlichem) Raum, kann je nach der Orientierung verschieden interpretiert werden.

Nas málo ízbrannych, sčastlívcev prázdnych

[Wir sind wenige Auserwählte, müßige Glückskinder]
(Puškin [*Mozart und Salieri*])

legt den Erzählblickpunkt mit dem inneren (abgeschlossenen) Raum zusammen.

Mil'óny – vás. Nas – t'mý, i t'mý, i t'mý

[Millionen seid ihr. Wir – Unmengen, und Unmengen, und
Unmengen]
(Blok [*Die Skythen (Skify)*])

konstruiert ein System, in dem der Sprecher mit der äußeren, geöffneten Welt eins ist. In diesem Zusammenhang wird klar, daß der »Blickpunkt« nur solange künstlerisch aktiv werden kann, wie sein Antisystem, der diametral entgegengesetzte Blickpunkt, Aktivität ausübt.

Das Problem des Blickpunktes bringt in den Text ein dynamisches Element hinein: Jeder der Blickpunkte im Text erhebt Anspruch auf die Wahrheit und ist bestrebt, sich im Kampf mit den opponierenden zu behaupten. Hat er jedoch diesen Sieg bis zur Vernichtung des entgegengesetzten Systems geführt, so vernichtet er sich künstlerisch selbst. Mit dem Verschwinden der Romantik war künstlerisch auch die Polemik gegen sie tot. Kämpft der Blickpunkt daher mit den Gegensystemen, so vernichtet er sie nicht nur, sondern läßt sie wiedererstehen, aktiviert. So ist jene komplexe »vielstimmige« Struktur der Blickpunkte entstanden, die die Grundlage des modernen künstlerischen Erzählens bildet.

8.9. Das Nebeneinanderstehen heterogener Elemente als Kompositionsprinzip

Der syntagmatische Aufbau des künstlerischen Textes weist gegenüber den gewohnten Formen der Syntagmatik primärer Zeichensysteme einen wesentlichen Unterschied auf.

In allgemeinlinguistischen Strukturen haben wir es mit Sequenzen von Zeichen oder Zeichenelementen innerhalb der einen oder anderen Ebene zu tun. Das erlaubt es, die allgemeinsprachliche Struktur in einzelne Ebenen aufzuspalten, deren jede vollkommen immanent funktioniert.

In Analogie zu den nichtkünstlerischen Zeichensystemen kommt die Tendenz auf, auch im literarischen Text einzelne Ebenen herauszuarbeiten: die phonologische, grammatische, lexiko-semantische, mikrosyntaktische (phrasische) und makrosyntaktische (supraphrasische). Das ist unzweifelhaft notwendig, und ohne vorgängige Beschreibung dieser Ebenen kann kein exaktes Modell des künstlerischen Textes konstruiert werden. Es darf jedoch nicht übersehen werden, daß diese Herausarbeitung der Ebenen nur vorbereitende und heuristische Bedeutung hat. Das reale Funktionieren des künstlerischen Textes ist mit einer erheblich aktiveren Wechselwirkung der Ebenen verbunden, als das in den nichtkünstlerischen Strukturen der Fall ist.

Die Komposition des künstlerischen Textes wird als *Sequenz funktional heterogener Elemente* angelegt, als Sequenz von *Strukturdominanten verschiedener Ebenen.*

Stellen wir uns vor, wir könnten bei der Analyse des einen oder anderen Filmstreifens eine strukturale Beschreibung der Größe der Einstellungen anfertigen, indem wir die kompositorische Organisiertheit ihres Wechsels aufzeigen. Dieselbe Arbeit können wir ausführen bezüglich der Abfolge der perspektivischen Verkürzungen, der Retardation und Akzeleration der Szenen, der Personenstruktur, des Systems der Tonuntermalung u. dgl. Im realen Funktionieren des Textes werden jedoch die mit der Einstellung »Groß« oder »Ganz Groß« aufgenommenen Stücke nicht nur mit den entgegengesetzten abwechseln, sondern auch mit solchen, in denen Hauptträger der Bedeutung die Verkürzung ist. Aber auch die Einstellung verschwindet in diesem Moment nicht, sondern bleibt als kaum wahrnehmbarer struktureller Hintergrund. Während wir es also im üblichen nichtkünstlerischen Text mit der Dynamik der Nachricht innerhalb ein und derselben Sprache zu tun haben, spricht man im künstlerischen Text in mehreren Sprachen zu uns, wobei die lauteste Stimme ständig wechselt. Und eben die Abfolge und Korrelativität dieser Sprachen konstituiert das einheitliche System derjenigen künstlerischen Information, die der Text trägt. Indem es auf einer bestimmten Ebene eine einheitliche Struktur bildet, verfügt dieses System über eine bestimmte Nichtvorhersagbarkeit der Überschneidungen, und dies gewährleistet ihm eine sich nicht vermindernde Informativität. Gerade deshalb, weil, je komplexer der Text und jede seiner Ebenen organisiert sind, die Schnittpunkte der einzelnen Substrukturen umso unerwarteter sind; je größer die Anzahl der Strukturen ist, denen sich ein gegebenes Element einfügt, es umso »zufälliger« erscheinen wird – deshalb also ergibt sich ein bestimmtes Paradoxon, das nur dem *künstlerischen Text* eignet: Eine Erhöhung der Strukturiertheit führt zur Verminderung der Vorhersagbarkeit.

Es handelt sich hierbei jedoch nicht nur um die Verknüpfung von Elementen heterogener Ebenen zu einem einheitlichen kompositorischen Ganzen. Auch innerhalb jeder Ebene werden die Sequenzen nach dem Prinzip der Verknüpfung heterogener Elemente derart aufgebaut, daß einerseits bestimmte, wahrnehmbare Struktursequenzen entstehen, und andererseits unaufhörliche Durchbrechungen der Sequenzen als Ergebnis einer Überlagerung durch andere Strukturen und deren »störende« Einwirkung. So entsteht ein Mechanismus von außerordentlicher Flexibilität und nichtberechenbarer semantischer Aktivität. Die bewußt ungleichen Elemente der Struktur, die in bezug auf die allgemeinsprachliche Inhaltsseite und in bezug auf die Ausdrucksseite auf verschiedenen Ebenen organisiert sind: »Figur« und Reim, Durchbrechung der rhythmischen Trägheit und Motto, Wechsel der Einstellungen wie Blickpunkte und semantischer Bruch in der Metapher usw. – treten so als gleichberechtigte Elemente der einheitlichen syntagmatischen Konstruktion auf. Offenbar muß gerade die Beschreibung dieser einheitlichen synthetischen Ebene von Strukturdominanten jenem Leserkreis zur Beurteilung vorgelegt werden, der sich dafür interessiert, wie das Werk aufgebaut ist, und nicht dafür, wie die Untersuchung aufgebaut ist. Die ihr vorausgehende Arbeit an der möglichst vollständigen Beschreibung aller Ebenen bleibt einem verhältnismäßig kleinen Kreis von Spezialisten überlassen, die sich nicht so sehr für die Ergebnisse der Untersuchung als für ihren Mechanismus interessieren. Das muß betont werden, weil die mit der heute bereits möglichen Vollständigkeit ausgeführte Beschreibung aller Ebenen eines relativ kleinen künstlerischen Textes eine gewaltige Zahl von Seiten ergäbe, auf denen die Hauptsache verlorengehen könnte – die funktionale Einheit des Textes.

Das eben Gesagte läßt sich zusammenfassend verallgemeinern: Eines der grundlegenden Strukturgesetze des künstlerischen Textes ist seine *Ungleichmäßigkeit* – das Nebeneinanderstehen konstruktiv heterogener Segmente[36]. Boris A. Uspenskij hat in Arbeiten zu den Prinzipien der Perspektive in der russischen Ikone gezeigt, daß für die Peripherie des Bildes und für sein Zentrum, den Strukturprinzipien der russischen mittelalterlichen Malerei folgend, verschiedene perspektivische Blickpunkte gelten. Diese Beobachtung wäre weiterzuführen: In einem sehr großen Kreis der verschiedenartigsten Texte können wir die Aufeinanderfolge von Segmenten vermerken, in denen ein und dieselben Prinzipien in verschiedenem Grad der Kondensiertheit hervortreten oder aber verschieden organisierte Textabschnitte nebeneinandergestellt werden.

Dieses Nebeneinanderstehen von Heterogenem tritt auf allen Ebenen in Erscheinung – von den untersten Ebenen, die mit der Ausdrucksseite in der Struktur der natürlichen Sprache in Zusammenhang stehen, bis zu den höchsten, die im allgemeinlinguistischen System zur Ebene des Inhalts gehören. So ordnen in *Krieg und Frieden* beispielsweise die Helden sich nicht nur der grundlegenden ideell-künstlerischen Opposition unter (Helden des »Herden«-Lebens – Helden der »großen Welt«, statische Helden – Helden der Bewegung u. ä.), sondern auch spezielleren und doch sehr wesentlichen Geordnetheiten. Dabei zeigt sich, daß für verschiedene Helden, die bei Klassifikation auf einer abstrakteren Ebene sogar in ein und dieselbe Gruppe sich einfügen, verschiedene Verhaltensnormen gelten. Be-

---

36 Ein interessantes Beispiel für die Ungleichmäßigkeit der strukturellen Organisation des Textes sind Botticellis Illustrationen zu Dantes *Göttlicher Komödie*. Die Zeichnungen sind durchweg in (für die Renaissance) »realistischer« Manier gehalten. Sowohl die Figuren von Dante und Vergil als auch die Figuren des Hintergrunds sind im System der geraden dreidimensionalen Perspektive ausgeführt. Innerhalb ein und derselben Illustration jedoch wiederholen die Figuren Dantes und Vergils sich mehrfach längs der Achse ihrer Bewegung vor dem unbeweglichen Hintergrund. Also soll in bezug auf die Hintergrundfiguren der Betrachter die ganze Illustration sehen, in bezug auf die zentralen Figuren aber nur einen Teil. Die »Dichte« der Geordnetheiten ist an verschiedenen Stellen der Zeichnung unterschiedlich.

schreibt man so das Verhalten von Dolochov und Anatolij Kuragin in Form eines Systems von Verboten und Lizenzen, so wird offensichtlich, daß diese Helden, obgleich auf einer bestimmten Ebene als Varianten eines Typs darstellbar, im realen Romantext von verschiedenen Verhaltensnormen geleitet werden. Aber nicht nur beim Übergang von der einen zur anderen Person stoßen wir auf verschiedene Verhaltensnormen – bestimmten Räumen eignen besondere Regeln und Normen des Verhaltens. Nikolaj Rostov verhält sich im Felde nicht so wie zuhause, und auf dem Lande nicht so wie in Moskau. Wenn der Held auf einen Ball oder auf das Schlachtfeld kommt, wird sein Verhalten nicht nur durch die Normen seines Charakters, sondern auch von den allgemeinen Normen *des Ortes* reguliert.

Die Zusammenstöße verschiedener Blickpunkte, verschiedener Verhaltenstypen, verschiedener Ansichten über Mögliches und Unmögliches, Wichtiges und Unwichtiges durchschneiden den Text des Romans und lassen in jedem seiner Stücke eine neue Sicht der Welt und eine neue Konstruktion der menschlichen Beziehungen spüren. Als Andrej Bolkonskij [in einer Postkutsche] mit der Meldung vom Sieg über Mortier nach Brünn dahinjagt, wo sich der Hof des österreichischen Kaisers befindet, ist er von der außerordentlichen Wichtigkeit dieses Ereignisses überzeugt, das er mit den Augen des unmittelbaren Teilnehmers (das Pferd wurde unter ihm erschossen [Tolstoj: verwundet], und er selber von einer Kugel gestreift) und vom Standpunkt der russischen Armee ansieht. Diese Sichtweise erscheint ihm als die einzig mögliche, dieselbe Einstellung zu dem Ereignis erwartet er auch von den Österreichern: »Lebhaft stellten sich ihm wieder alle Einzelheiten der Schlacht dar, nicht mehr verschwommen, sondern bestimmt, in gedrängter Darlegung, wie er sie in seiner Vorstellung dem Kaiser Franz gab.« In Brünn aber stieß er auf eine andere Sichtweise – nicht die der Armee, sondern die der Höflinge, nicht die russische, sondern die österreichische, die das Ereignis nicht aus der Nähe, sondern aus der Entfernung wertete. Es ist nicht verwunderlich, daß man bei Hofe des Kaisers Franz die Ereignisse anders ansah als im Stabe Kutuzovs. Aufmerksamkeit verdient etwas anderes: Fürst Andrej akzeptiert diesen ihm feindseligen Standpunkt nicht. Doch allein die Tatsache von dessen Existenz verändert auch sein eigenes Verhältnis zur Schlacht: »Sein ganzes Denken war plötzlich umgewandelt; die Schlacht kam ihm nun wie eine längstvergangene, ferne Erinnerung vor.«[37]

Nataša hatte auf dem Ball »nichts bemerkt und nichts von dem gesehen, was alle auf diesem Ball beschäftigte. Sie bemerkte nicht nur nicht, wie der Kaiser lange mit dem französischen Gesandten sprach, wie er besonders liebenswürdig mit irgendeiner Dame sprach [...] sie sah den Kaiser sogar nicht einmal und bemerkte, daß er weggefahren war, nur daran, daß nach seiner Abfahrt der Ball lebhafter wurde.«[38] Nataša hat andere Normen in der Bewertung des »Wichtigen« und »Nichtwichtigen« als die »Übrigen«, doch gerade ihre Nachbarschaft läßt uns jedes Wertungssystem in seiner Eigenart wahrnehmen. Auf eben diesem Ball ist Nataša »fröhlich zumute, wie nie zuvor im Leben«, während Pierre sich zum ersten Male durch die Stellung gekränkt fühlte, die seine Frau in den höchsten Kreisen einnahm«. Er ist »verdrießlich und zerstreut«. Auf die Ballszene folgt sofort die Episode mit dem Besuch von Bolkonskij bei Speranskij, und diejenigen Normen, die das Verhalten Natašas auf dem Ball regulierten, geraten in Konflikt mit dem »staatlichen« Verhalten. Wir können dann beobachten, wie in der Entwicklung des Erzählens die einsträngigen Sujets von vielsträngigen abgelöst werden; wie die vielen Helden und das Vorhandensein mehrerer Sujetstränge eine Konstruktion nach sich ziehen, bei der jedes Kapitel den Leser aus einem Sujetstrang in den anderen versetzt; wie der Textaufbau durch Ausnutzung des Blickpunktwechsels an Komplexität zunimmt. All dies sind verschiedene Erscheinungsformen eines Prinzips: Benachbarte Textabschnitte müssen verschieden organisiert sein. Dies ermöglicht der künstlerischen Struktur den ständigen Widerstand gegen die Vorhersagbarkeit – die ständige Informativität[39].

37 L. N. Tolstoj, *Sobranie sočinenij v 14-ti tomach.* Bd. 4, M. 1951, S. 186, 188 [*Krieg und Frieden* Bd. 1, Teil 2, Kap. 9].
38 L. N. Tolstoj, *Sobranie sočinenij v 15-ti tomach.* Bd. 5, S. 207-208 [ebda., Bd. 2, Teil 3, Kap. 17].
39 Analog verhält es sich in struktureller Hinsicht mit dem Wechsel von Komischem und Tragischem bei Shakespeare und allen den zahlreichen Fällen, in denen verschiedenen Teilen des Textes in verschiedenem Maße Konventionalität zugeschrieben ist. In ähnlicher Weise lassen sich auch die »Brü-

Indem die benachbarten Textsegmente dabei auf der Textebene zu verschiedenen Konstruktionssystemen gehören, fügen sie sich auf einer höheren Ebene in eine einheitliche Struktur (der Autor konzentriert seine Aufmerksamkeit auf die erste Seite der Frage – dem Leser fällt vor allem die zweite in die Augen). Diese doppelte (genauer, mehrstufige) Einfügung von Textelementen sowohl in entgegengesetzte als auch in gemeinsame Strukturen, dieser ständige Kampf zwischen den Tendenzen zur Unifikation und zur Dissimilation der Strukturprinzipien erzeugt die beständige informatorische Aktivität der künstlerischen Struktur über die ganze Ausdehnung des Textes hin – ein in kommunikativen Systemen doch wohl recht seltenes Faktum.

Der Effekt der Nebeneinanderstellung (Montageeffekt in der Terminologie Ėjzenštejns) hängt organisch zusammen mit der Umschaltung in eine andere Struktur. Im Augenblick des Übergangs von einem Segment zum folgenden muß der Autor (und das Auditorium in seiner Erwartungsstruktur) folglich mindestens *zwei* Möglichkeiten haben: Fortsetzung der bereits bekannten strukturellen Organisation oder Entwicklung einer neuen. Namentlich in der *Selektion* und in der Projektion von Text und Erwartung (Trägheit der Struktur) aufeinander liegt die dabei generierte künstlerische Information. Im Film ist so z. B., wenn wir es mit einem gleichmäßig schwarzweißen oder einem gleichmäßig farbigen Streifen zu tun haben, die Farbe jedes nächsten Filmbildes durch die Farbe des vorangehenden eindeutig vorherbestimmt, und die Alternative »schwarzweiß – farbig« kann nicht zum Bedeutungsträger werden. Stellen wir uns jedoch einen Streifen vor, auf dem einige Bilder farbig sind, während andere schwarzweiße Farbe haben. Dann werden Selektion, Erwartung und Nebeneinanderstehen dieser oder jener Bilder nach dem Prinzip der Farbrelation zu Bedeutungsträgern. Das moderne Kino geht noch weiter. Eingeführt wird eine grundlegende Geordnetheit: zweifarbige Bilder – mehrfarbige Bilder, die in sich wieder in Untergruppen eingeteilt werden (dunkelblau–hellblaue, braungelbe usw. in der ersten, Polychromie mit unterschiedlicher farblicher Dominanz in der zweiten). Dann ergibt sich die

che« im Text interpretieren, die wir am Beispiel des *Evgenij Onegin* betrachtet haben.

Möglichkeit eines komplexen Systems von Nebeneinanderstellungen: bichrom – polychrom und verschiedene Typen der einen oder anderen innerhalb jeder Gruppe. Der Regisseur kann eine Farbe mit einem bestimmten Helden verbinden und durch Schaffung von etwas Ähnlichem wie einem musikalischen Thema oder durch Identifikation von bestimmten Färbungen mit »Blickpunkten« oder emotionaler Erregung (als Korrelat zur Intonation) zusätzliche Information schaffen.

Die in einem System nicht miteinander zu vereinbarenden nebeneinandergestellten Einheiten veranlassen den Leser dabei, eine zusätzliche Struktur zu konstruieren, in der diese Unmöglichkeit aufgehoben wird. Der Text korreliert mit beiden, und dies führt zu einer Vermehrung der semantischen Möglichkeiten. Sehen wir uns unter diesem Gesichtspunkt die Verknüpfung der Segmente in der Poesie Pasternaks an:

Móžet mólnija udárit', –
Vspýchnet mókroju kabínkoj.
Ili vsech ščenját razdárjat [...]

[Es kann ein Blitz einschlagen, –
Wird aufflammen durch die feuchte Kabine,
Oder sie verschenken alle Welpen [...]]

Die Montage der Vermutungen, es könne »ein Blitz einschlagen« und »sie verschenken alle Welpen« als zwei möglichen und *gleichwertigen* Unglücksfällen deckt ihre semantische Inkommensurabilität auf und deshalb die »Unrichtigkeit« (Unlogik) einer solchen syntagmatischen Konstruktion. Vor dem Hintergrund dieses Gefühls der »Unrichtigkeit« jedoch (das erhalten bleiben muß, damit die Struktur funktioniert) formiert sich eine andere Geordnetheit: eine Verbindung von Begriffen, die für die Welt des Kindes (und, enger gefaßt, »des Landhauses«) charakteristisch sind. In dieser Welt ist das Verschwinden der jungen Hunde ein ungeheures Unglück, und die Kräfte, die es verursachen (»Erwachsene«), sind genauso mächtig und unverständlich wie die Kräfte der Natur. Die Kinderwelt ist jedoch nicht nur neben die »logische« (die allgemeine Inhaltsstruktur der Sprache) gestellt. In den folgenden Versen ist ihr das gemütliche »lobt die Haushaltsführung« benachbart, das seinerseits mit dem unvereinbaren »Sturm« vereinigt ist (»der Sturm lobt die Haushaltsführung«). Der romantische »Wirbelsturm der Schwermut« »ist versessen« auf den alltäglichen »Brunnen«, und all dies wird mit dem familiär--intimen »Was willst du noch mehr?« vereinigt, das offenbar ein Äquivalent darstellt zu dem romantisch-ironischen: *Mein Liebchen, was willst du noch mehr?*, das dem Gedicht [von Pasternak in deutscher Sprache] als Titel vorangestellt ist.

I kogdá k kolódcu rvëtsja
Smérč toskí, to mimochódom
Búrja chválit domovódstvo.
Ctó tebé eščë ugódno?

[Und wenn auf den Brunnen versessen ist
Der Wirbelsturm der Schwermut, lobt im Vorbeigehen
Der Sturm die Haushaltsführung.
Was willst du noch mehr?]

»Seltsame Annäherungen« (Puškin) sind das Gesetz der Syntagmatik des künstlerischen Textes.
Die Erhöhung der Informativität des Textes vermöge dessen, daß die in den vorangehenden Strukturen einzig möglichen Verknüpfungen eine Alternative erhalten, kommt sehr klar in der Malerei zum Vorschein: Die mittelalterliche Malerei bietet ein streng festgelegtes System von Posen und Gesten, wobei es für jede Figur *eine* ihr vorbehaltene Pose gibt. Die Klassik wahrt die Festlegung der Posen, erweitert aber ihr Repertoire. Für jede Figur erhält der Künstler die Möglichkeit, aus einer gewissen Anzahl ihrem Platz und ihrer Bedeutung »geziemender« Darstellungsarten eine *auszuwählen*. Die realistische Malerei des 19. Jahrhunderts verwirft auch diese »Konvention«. Das Repertoire der möglichen Posen, unter denen der Künstler auswählt, wird durch die Alltagserfahrung der visuellen Beobachtung bestimmt, die hier dieselbe Funktion hat wie die Inhaltsstruktur der natürlichen Sprache in der Poesie. Natürlich wird die »Wahrheitsnähe« sporadisch auch in diesem System durchbrochen (Metapher in der Poesie, bewußte Verletzung der geltenden Normen der Perspektive, Elemente der Groteske u. dgl. m.). Die Malerei des 20. Jahrhunderts gestattet sich, ähnlich wie Majakovskij oder Pasternak in der Poesie, Verknüpfungen, die die Alltagserfahrung verbietet, und erwei-

tert dadurch beträchtlich die Informationsbeladenheit des Textes.

Es wäre in diesem Zusammenhang wahrscheinlich interessant, den Konflikt der Sprachen von Malerei und Film zu verfolgen, mit ihren beiderseitigen Versuchen, sich in einer einheitlichen Struktur der künstlerischen Kultur des 20. Jahrhunderts einander zu unterwerfen. Das Einwirken verschiedener Künste aufeinander ist eine Erscheinungsform des allgemeinen Gesetzes des Nebeneinanderstehens verschiedener Strukturprinzipien im künstlerischen Schaffen auf höchster Ebene.

9. Text und textexterne Strukturen

All das, was uns von der Struktur des Textes bereits bekannt ist, daß nämlich das Fehlen der Ausdrücklichkeit dieses oder jenes Elementes in den Zeichen der betreffenden Ebene nicht notwendig eine Unterbrechung im Text bezeichnet (um diese Frage zu lösen, ist es notwendig, zu bestimmen, was diesem Bereich in den Strukturen der anderen Ebenen entspricht), läßt deutlich werden, daß der Begriff des Textes nicht absolut ist. Er steht in Korrelation mit einer ganzen Reihe anderer begleitender historisch-kultureller und psychologischer Strukturen.

Als Text können wir ein einzelnes Gedicht aus einem poetischen Zyklus betrachten. Dann wird seine Relation zum Zyklus textextern sein. Dies ist das Verhältnis des Textes zu äußeren Strukturen. Die Einheit der Organisation eines Zyklus erlaubt es uns jedoch, auf einer bestimmten Ebene auch ihn als Text zu betrachten. In gleicher Weise können wir uns ein methodisches Vorgehen vorstellen, bei dem als Text alle Werke des betreffenden Autors innerhalb eines deutlich markierten Zeitabschnitts aufgefaßt werden (das in Boldino geschaffene Werk Puškins, die Aufsätze Belinskijs im *Sovremennik [Zeitgenosse]*, die Krimsonette von Mickiewicz, die blaue und rosa Periode von Picasso), die Werke einer bestimmten, für uns wahrnehmbaren Einheit (des Stils, der Thematik u. dgl.). Möglich sind schließlich auch Texte vom Typus »Das Werk Shakespeares«, »Das künstlerische Erbe der griechischen Antike«, »Die englische Literatur« und als äußerste Verallgemeinerung: »Die Kunst der Menschheit«. Gegen die Feststellung, jeder der genannten Begriffe könne als Text betrachtet werden, kann im Grunde genommen kein stringenter Einwand vorgebracht werden.

Es ließen sich viele Beispiele anführen, bei denen einzelne Werke später als *Teile* eines umfangreicheren Textes desselben Autors, anderer Autoren oder eines anonymen Autors fungierten. In der Folklore geschieht das ständig. Die Kapitel des [Romans von Lermontov] *Ein Held unserer Zeit* wurden anfangs nicht nur als einzelne Erzählungen (povesti) verfaßt, sondern auch gedruckt, danach wurden sie (in der ersten selbständigen

Ausgabe) jedoch nicht etwa nur in einen Zyklus von Erzählungen, sondern sogar in einen Roman verwandelt. Die Kapitel von *Evgenij Onegin* oder *Vasilij Terkin* wiesen für die Zeitgenossen, die sie in einzelnen Folgen lasen (sie erschienen bisweilen mit großen zeitlichen Unterbrechungen) natürlich eine größere Selbständigkeit auf als für den späteren Leser, der ein einziges Buch mit einer Gesamtüberschrift und durchgehender Numerierung der Kapitel und Seiten in den Händen hielt. In dieser Hinsicht ruft die Publikation des Romans in Zeitschriften oder gar Zeitungen in Form bestimmter Textportionen mit der Anmerkung »Fortsetzung folgt« freilich ein besonderes Textgefühl hervor. Es läßt sich wohl kaum bestreiten, daß in diesem Fall eine zwiefache Textkorrelation hergestellt werden kann: Romankapitel – Romanteil und: Romankapitel – Teil der strukturellen und gedanklichen Einheit des Zeitschriftenheftes. Wenn aber diese beiden Vorstellungen möglich sind, kann man nicht leugnen, daß unter »Text« hierbei verschiedene Dinge verstanden werden.

Nicht weniger bekannt sind jedoch Fälle, in denen ein Teil des Textes als selbständige, völlig autonome künstlerische Einheit fungiert. Weisen wir wenigstens auf das Beispiel von [Abbé Prévosts] *Manon Lescaut* hin*. Jurij N. Tynjanov hat aus dem gewaltigen und schwer lesbaren Poem Kjuchel'bekers *David* das *Klagelied Davids über Jonathan* ausgegliedert und als einzelnes Gedicht publiziert und dadurch ein bemerkenswertes Werk, eines der besten Denkmäler der russischen politischen Lyrik der ersten Hälfte des 19. Jahrhunderts, *geschaffen*, dessen selbständige Existenz zu beenden, indem man es etwa wieder in das Poem hineinstopft, bereits unmöglich ist.

Der Streit »Text oder Teil eines Textes« ist jedoch durchaus kein scholastischer Streit um Wörter. Der Zweifel, den bei den Zeitgenossen *Die Insel Bornholm* von Karamzin hervorgerufen hat, ob es sich nämlich um eine Erzählung (povest') oder den Teil einer Erzählung handele, wurde durch den Unterschied der gedanklich-ästhetischen Positionen bestimmt und bezeichnete eigentlich ein unterschiedliches Verständnis des Sinns und Charakters des Werkes. Eine Frage wie die folgende ist

---

* *Histoire du chevalier des Grieux et de Manon Lescaut* erschien im 7. Bd. der *Mémoires et aventures d'un homme de qualité qui s'est retiré du monde*, Amsterdam 1733 von Antoine-François Prévost d'Exils. [A. d. Ü.]

wohl kaum für müßig zu halten: »Ist der erste Band der *Toten Seelen* ein Werk oder ein Teil eines Werkes?« Für Belinskij war es außerordentlich wesentlich, daß es vom Publikum als einzelner, abgeschlossener Text aufgefaßt wurde, für Gogol' aber ist das Werk dadurch schrecklich arm geworden.

Als Nikolaj I den Wunsch äußerte, Aleksandr A. Ivanov solle *Die Erscheinung des Messias* durch ein zweites Gemälde, ein Pendant *Die Taufe der Russen im Dnepr* »ergänzen«, betrachtete er, von bestimmten gedanklichen Darstellungen und der durch die Kasernensymmetrie eingetrichteten Überzeugung ausgehend, an den Wänden müßten »paarige« Dekorationen hängen, das Bild als *Teil* eines Textes. Aber für Ivanov war dieses Moment der geistigen Verwandlung, die Metamorphose des Hellenen und des Juden, des Sklaven und des Patriziers *in Brüder* ein *vollständiger Text,* der durch kein »pendant« ergänzt werden konnte.

Auf diesem Wege gelangen wir zu dem Schluß: es ist unbedingt notwendig, den fakultativen Unterschied zwischen dem, was der Autor unter dem Text versteht, dem, was seine Leserschaft als primäre künstlerische Totalität wahrnimmt und schließlich dem Standpunkt des Forschers, der den Text als nützliche Abstraktion der künstlerischen Einheit auffaßt, zu berücksichtigen.

9.1. Typologie der Texte und Typologie der textexternen Beziehungen

Jeder künstlerische Text kann seine soziale Funktion nur erfüllen, wenn ästhetische Kommunikation in dem für ihn zeitgenössischen Kollektiv besteht. Da die mit Zeichen arbeitende Kommunikation nicht nur des Textes, sondern auch der Sprache bedarf, ist das Kunstwerk für sich selbst genommen, ohne einen bestimmten kulturellen Kontext, ohne ein bestimmtes System kultureller Codes einer »Grabinschrift in einer unverständlichen Sprache«* ähnlich. Da aber der Akt der künstlerischen Kommunikation – wie jede Kommunikation überhaupt – ein bestimmtes, mit Hilfe von Zeichensystemen kommunizie-

---

* Aus dem Gedicht *Čto v imeni tebe moem?* von A. S. Puškin (Polnoe sobr. soč., Bd. 3, a.a.O., S. 7 f.) [A. .d. Ü.]

rendes Kollektiv impliziert, erhebt sich die Frage nach den beiden möglichen Arten des Verhältnisses zwischen Text und Code: der Synthese und der Analyse. Dabei handelt es sich dann offenbar nicht nur um Fälle, die einen Sachverhalt reproduzieren, der dem von den Linguisten untersuchten analog ist.

In der natürlichen Sprache übertreten weder Sprecher noch Hörer ungeachtet des Unterschiedes der von ihnen vollzogenen Operationen die Grenzen ein und desselben Systems: zum Beispiel das der russischen, der englischen, der čechischen Sprache oder anderer Sprachen. Natürlich kann man auch in der Kunstwissenschaft ein derartiges Problem untersuchen, wenn man mit einem künstlich konstruierten Informationsempfänger operiert, der dem Autor des Textes kulturell, intellektuell und emotional gleicht. Dieses offenbar für die Beschreibung der Psychologie der Produktion und der Psychologie der Rezeption von Kunst wesentliche Problem interessiert uns hier nicht. Wir haben einen der alltäglichen Praxis künstlerischer Kommunikation weit näheren und gerade für die vorliegende Kommunikationsart spezifischen Fall im Auge, bei dem Sender und Empfänger der Information sich nicht desselben Codesystems bedienen. Diese Frage ist besonders wichtig, zumal, wie wir am Beispiel von Poesie und Prosa gesehen haben, die Präsumption dieser oder jener Organisation oft als entscheidender struktureller Faktor erscheint, da ja, nachdem wir dem Text diese oder jene Struktur zugeschrieben haben, das Fehlen dieser oder jener Merkmale als »Minus-priëm« (Minus-Verfahren) dann als absichtliches Verschweigen, eine Art Aposiopese, wahrgenommen wird. Damit ein Text also in bestimmter Weise funktionieren kann, reicht es nicht aus, daß er auf bestimmte Weise organisiert ist; die *Möglichkeit* einer derartigen Organisation durch eine Hierarchie von Codes muß vorgesehen sein. Stellen wir uns die Frage: Welche Texte erscheinen als künstlerisch und welche nicht? Die Schwierigkeit einer allumfassenden Antwort darauf ist allbekannt. Sobald man irgendeine Regel formuliert, legt die lebendige Geschichte der Literatur sogleich so viele Ausnahmen vor, daß von der Regel nichts mehr übrig bleibt. Der Versuch, diese Frage zu lösen, stellt eine selbständige, hinreichend komplexe wissenschaftliche Aufgabe dar, und wir können im Rahmen der vorliegenden Arbeit nicht versuchen, sie zu lösen. Versuchen wir jedoch, an sie von einer anderen Seite heranzugehen. Wiederholen wir die Frage folgendermaßen: »In welchen Fällen ist ein künstlerischer Kommunikationsakt möglich?« Stellen wir uns irgendeine Zivilisation vor, die die Kunst nicht kennt (zum Beispiel eine Zivilisation von Maschinen). Natürlich kann, falls ein künstlerischer Text in dieses Kollektiv gelangt und in ihm zu zirkulieren beginnt, er eine bestimmte Information mit sich bringen, aber künstlerisch wird sie nicht sein.

Wenn man das Unwahrscheinliche als möglich annimmt: die Existenz einer Kultur, die nur künstlerische Kommunikation kennt, so könnte die Frage der *Differenzierung* künstlerischer und nichtkünstlerischer Texte nicht aufkommen. Notwendige Vorbedingung einer Lösung der Frage: welcher der Texte als künstlerisch erscheint und welcher nicht, wird also das Vorhandensein der Gegenüberstellung künstlerischer und nichtkünstlerischer Strukturen im kulturellen Code selbst sein. Und dann können wir ohne weiteres die Möglichkeit des Funktionierens von Texten hinsichtlich dieser Gegenüberstellung aufzählen.

Es wird offenbar vier solcher Möglichkeiten geben:

1. Der Schriftsteller produziert den Text als Kunstwerk, und der Leser rezipiert ihn als Kunstwerk.

2. Der Schriftsteller produziert den Text nicht als Kunstwerk, aber der Leser rezipiert ihn ästhetisch (z. B. heutige Rezeption sakraler und historischer Texte der antiken und mittelalterlichen Literaturen).

3. Der Schriftsteller produziert einen künstlerischen Text, aber der Leser kann ihn nicht mit irgendeiner der Organisationsweisen identifizieren, auf die sein Begriff des Künstlerischen beschränkt ist und rezipiert ihn unter dem Gesichtspunkt nichtkünstlerischer Information.

4. Dieser Fall ist trivial: ein von einem Autor verfaßter unkünstlerischer Text wird vom Leser als unkünstlerischer Text rezipiert.

Die komplementäre Gradlinigkeit des vorgelegten Schemas erfaßt nur die natürlichen Grenzfälle, was an und für sich für bestimmte Zwecke sogar nützlich ist. Das reale, von der Geschichte der Literatur auf den verschiedenen Etappen ihrer Entwicklung uns vorgelegte Bild stellt sich jedoch als beträchtlich komplexer dar. Die Grenze zwischen künstlerischen und nichtkünstlerischen Texten kann auf eine für unsere moderne Rezeption so ungewöhnliche Weise gezogen werden, daß wir geneigt sind, sie überhaupt nicht wahrzunehmen, in der Meinung, in dem betreffenden Kulturkreis gebe es keine. Überhaupt ist gerade der Charakter dieser Grenze ein wichtiges Mittel zur typologischen Charakterisierung der Kultur: die Grenze kann unerschütterlich oder äußerst beweglich sein, sie kann sich auf verschiedene Weise zu anderen Grenzen, die Texte in religiöse und weltliche, hohe und niedrige, wertvolle und wertlose teilen, verhalten. Auf den äußersten, einander gegenüber gelegenen Polen werden sich diejenigen kulturellen Systeme befinden, die der Kunst und der Nicht-Kunst einen so fundamentalen strukturellen Unterschied zuschreiben, daß die Verwendung ein und derselben Stile oder sogar natürlichen Sprachen bei der Produktion dieser Texte unmöglich gemacht wird und Systeme, die diese Gegenüberstellung als rein funktional betrachten. So läßt es die Kunst des 20. Jahrhunderts prinzipiell zu, einen Zeitungstext zur Dichtung zu zählen oder durch andere Verfahren unkünstlerische Texte in der Funktion künstlerischer zu verwenden.

Die Frage, wie sich die Opposition »künstlerischer Text – nichtkünstlerischer Text« im Bewußtsein des Autors und des Lesers verhält, vermittelt jedoch nur eine erste Charakteristik des Problems. Eine weit größere Komplexität bieten Fälle, in denen beide Teilnehmer an der künstlerischen Kommunikation den Text als künstlerischen auffassen, aber gerade die Struktur dieses Begriffes sich bei ihnen grundsätzlich unterscheidet. Diese Frage liegt im Zentrum der Relation: Text – textexterne Strukturen.

Die Rezeption des künstlerischen Textes ist immer ein Kampf zwischen dem Hörer und dem Autor (die mathematische Spieltheorie ist auf die Erforschung der Rezeption von Kunst anwendbar). Hat der Hörer einen Textteil rezipiert, »konstruiert« er es zu einem Ganzen. Der nächste »Schritt« des Autors kann diese Mutmaßung bestätigen und die weitere Lektüre nutzlos machen (zumindest vom Standpunkt heutiger ästhetischer Normen aus) oder die Mutmaßung widerlegen und eine neue Konstruktion vom Hörer verlangen. Aber der nächste »Schritt« des Autors legt von neuem die beiden Möglichkeiten vor. Und so geht es bis zu dem Moment, da der Autor, indem er den vorangehenden künstlerischen Versuch, die ästhetischen

Normen und Vorurteile des Hörers besiegt, ihm sein Modell der Welt, sein Verständnis der Struktur der Wirklichkeit oktroyiert. Dieser Moment wird dann auch das Ende des Werkes sein, das eher eintreten kann als das Ende des Textes, wenn der Autor eine Modellschablone benutzt, deren Eigenart dem Leser bereits zu Beginn des Werks sich erschließt. Es ist verständlich, daß der Leser nicht passiv ist, er ist *daran interessiert*, sich das Modell anzueignen, das ihm der Künstler vorlegt. Mit Hilfe des Modells hofft er die Kräfte der äußeren und inneren Welt zu erklären und eben dadurch zu besiegen. Deshalb bereitet der Sieg des Künstlers dem besiegten Leser Freude.

Führen wir ein Beispiel an. Wenn Sie sich auf den Weg ins Kino machen, haben Sie in ihrem Bewußtsein bereits eine bestimmte Erwartung, die sich aus dem äußeren Anblick des Plakates, der Bezeichnung des Filmstudios, dem Namen des Regisseurs und der Hauptdarsteller, der Bestimmung des Genres, der Bewertungsurteile Ihrer Bekannten, die den Film schon gesehen haben u. dgl. zusammensetzt. Wenn Sie einen noch nicht gesehenen Film als »Krimi« bestimmen, als »psychologisches Drama«, »Komödie«, »Film des Kiever Filmstudios Dovženko«, »Film von Fellini«, »Film mit Igor Il'inskij«, »Film mit Charlie Chaplin«, bestimmen Sie die Konturen ihrer Erwartung, die eine bestimmte Struktur haben, die auf ihrer bisherigen Erfahrung basiert. Die ersten Bilder des laufenden Films werden von Ihnen in Relation zu dieser Struktur rezipiert, und wenn das ganze Werk in die a priori gegebene Struktur der Erwartung hineinpaßte, verlassen Sie das Lichtspieltheater mit dem Gefühl tiefer Unzufriedenheit. Das Werk hat Ihnen nichts Neues gegeben, das Modell des Autors von der Welt erwies sich als vorgegebene Schablone. Aber es ist auch etwas anderes möglich: in einem bestimmten Moment geraten der tatsächliche Verlauf des Films und Ihre Vorstellung, wie er zu sein hätte, in einen Konflikt, der im Grunde die Zerstörung des alten Modells von der Welt, bisweilen eines falschen, bisweilen aber auch einfach eines bekannten, das eine errungene und in eine Schablone pervertierte Erkenntnis bildet und die Produktion eines neuen, perfekteren Modells der Wirklichkeit darstellt. Die von uns mehrfach festgestellte Eigenart der Kunst, Wirklichkeit zu modellieren, führt dazu, daß jeder Zuschauer die Szenen des Films dann nicht nur auf die Struktur seiner künstlerischen Erfahrung, sondern auch auf die Struktur seiner Lebenserfahrung projiziert.

Es wird also angebracht sein, den für die Herstellung generativer Modelle und für Fragen, die im Zusammenhang des Problems der Übersetzung entstehen, sehr wichtigen Begriff der Relation der tatsächlichen Struktur eines Werkes (des tatsächlichen Codes) zur Struktur, die vom Zuschauer erwartet wird, einzuführen. Das wird auch die erste Ebene der gröbsten Einteilung bei der Herstellung eines Modells generativen Typus sein. Diese Relation kann offenbar von zweierlei Art sein.

In diesem Fall können wir alle Arten von literarischen Werken und Werken der bildenden Kunst in zwei Klassen unterteilen, die typologisch korrelativ sind, wenn auch historisch hier zumeist das Verhältnis der Aufeinanderfolge bestand.

Die erste Klasse besteht aus künstlerischen Erscheinungen, deren Struktur vorgegeben ist, und die Erwartung des Hörers wird durch den gesamten Aufbau des Werkes bestätigt.

In der Geschichte der Weltkunst stellen, wenn man sie in ihrer Gesamtbreite nimmt, künstlerische Systeme, die ästhetische Qualität mit Originalität verbinden, eher eine Ausnahme als die Regel dar. Die Folklore aller Völker der Erde, die mittelalterliche Kunst, die eine notwendige welthistorische Etappe darstellt, die Commedia dell'arte, der Klassizismus – das ist ein unvollständiges Verzeichnis der künstlerischen Systeme, welche die Qualität des Kunstwerks nicht an der Zerstörung, sondern an der Einhaltung bestimmter Regeln gemessen haben. Die Regeln der Selektion von Lexik, die Regeln der Bildung von Metaphern, die Ritualistik des Erzählens, die streng definierten und dem Leser im voraus bekannten Möglichkeiten der Sujet-Komposition, die loci communes – ganze Stücke geronnenen Textes – bilden ein ganz spezifisches künstlerisches System. Dabei ist der Hörer, was besonders wichtig ist, nicht nur mit einem Repertoire von Möglichkeiten versehen, sondern auch mit einem ihm paarig entgegengesetzten Repertoire von Unmöglichkeiten für jede Ebene der künstlerischen Konstruktion. Die Zerstörung der vom Hörer erwarteten Struktur, die sich vollzogen hätte, wenn der Autor die vom Standpunkt der Coderegeln »unmögliche« Situation ausgewählt hätte, hätte bei diesem System künstlerischer Erziehung den Eindruck einer geringen Qualität des Werks, von Unvermögen, von Ungebildetheit oder sogar Lasterhaftigkeit und sündiger Unverschämtheit des Autors hervorgerufen.

Und dennoch darf man bei aller Ähnlichkeit zwischen dem System einer derartigen Kunst und der Sprache nicht den tiefen Unterschied zwischen dem Charakter des Codes in der Sprache und in den oben aufgezählten künstlerischen Systemen übersehen. In der Sprache wird der Gebrauch des Codes kraft seiner Vorgegebenheit automatisiert. Er wird für den Sprecher unbemerkbar, und nur die Zerstörung der Gesetzmäßigkeit oder unzureichende Beherrschung des Codes führt ihn aus dem Zustand des Automatismus hinaus, lenkt die Aufmerksamkeit auf den strukturellen Aspekt der Sprache.

In der Folklore und in künstlerischen Phänomenen, die dem gleichen Typus angehören, ist die Beziehung zu Strukturregeln anders – sie werden nicht automatisiert. Wahrscheinlich erklärt sich dies dadurch, daß die Regeln des Autors und die Regeln des Auditoriums hier nicht als eine einzige Erscheinung, sondern als zwei Erscheinungen, die identisch sind, hervortreten.

Den künstlerischen Systemen dieses Typus liegt eine Summe von Prinzipien zugrunde, die man als die *Ästhetik der Identität* definieren kann. Sie basiert auf der vollständigen Identifikation der Lebenserscheinungen, die dargestellt werden, mit dem Auditorium bereits bekannten und in das System von »Regeln« eingegangenen Modellschablonen. »Schablonen« – das ist in der Kunst kein Schimpfwort, sondern eine bestimmte Erscheinung, die als negativ nur in bestimmten historischen und strukturellen Aspekten erscheint. Die Stereotypen (Schablonen) des Bewußtseins spielen eine wichtige Rolle im Erkenntnisprozeß und – weiter gefaßt – im Prozeß der Informationsübertragung.

Der gnoseologische Charakter der Ästhetik der Identität besteht darin, daß verschiedenartige Lebenserscheinungen auf dem Wege des Gleichsetzens mit bestimmten logischen Modellen erkannt werden. Dabei scheidet der Künstler bewußt all das als unwesentlich aus, was die individuelle Besonderheit der Erscheinungen konstituiert. Dies ist die Kunst der Identifizierungen. Wenn sie auf die unterschiedlichen Phänomene A', A'', A''', A'''' ... trifft, wird sie nicht müde zu wiederholen: A' ist A, A'' ist A, A''' ist A ... A^n ist A. Folglich wird die Wiederholung in diesem ästhetischen System nicht den Charakter einer dialektisch komplexen Analogie tragen, sie wird völlig absolut und unbedingt sein. Dies ist die Poesie der Klassifikation. In diesem Stadium werden keine Liedrefrains entstehen, die jedesmal von neuem wiederholt werden, sondern loci communes, Märchenanfänge, epische Wiederholungen. Nicht zufällig kennt die konsequenteste Poesie dieses Typus den Reim nicht.

Allerdings war, damit es Identifizierung gab, auch die Verschiedenartigkeit notwendig. Damit es ständig möglich war, zu wiederholen: »Dies ist A", folgt, daß A' von A" abgelöst wurde, und so weiter bis in die Unendlichkeit. Die Kraft der künstlerischen Erkenntnis erscheint hier darin, daß das abstrakte Modell A vom Künstler mit den unerwartetsten, für das nichtkünstlerische Auge A unähnlichen Erscheinungen des Lebens A', A", A"' usw. identifiziert wird. Die Gleichartigkeit an dem einen Pol der Identität wird kompensiert durch die äußerst zügellose Verschiedenartigkeit am anderen. Nicht zufällig bringen die typischsten Erscheinungen der Ästhetik der Identität, die an dem einen Pol erstarrte Systeme der Figuren, der Sujet-Schemata und anderer Strukturelemente hervorbringen, an dem anderen Pol solche äußerst fließenden und mobilen Formen des künstlerischen Schaffens wie die Improvisation hervor. »Entfesseltheit« von Improvisation und Gefesseltheit von Regeln sind interdependent. Die Improvisation erzeugt die für diese Arten von Kunst notwendige Entropie. Wenn wir es nur mit strengen Regelsystemen zu tun hätten, stellte jedes neue Werk nur die exakte Kopie des vorangegangenen dar, die Redundanz erdrückte die Entropie und das Kunstwerk verlöre seinen Informationswert. Untersuchen wir das am Beispiel der Commedia dell'arte. Die Commedia dell'arte bildet in struktureller Hinsicht eine äußerst aufschlußreiche Erscheinung. Dem Aufbau der Charaktere ist das Prinzip der Identität zugrunde gelegt. Die Bilder der Komödie sind nur stabile Masken. Der künstlerische Effekt basiert darauf, daß der Zuschauer schon vor Beginn des Schauspiels die Eigenart der Charaktere von Pantalone, Brighella, Arlecchino, Coviello, des Capitano, der Verliebten u. dgl. kennt. Die Zerstörung der verfestigten Verhaltensnormen seiner Maske durch den Akteur wäre vom Zuschauer mit Mißbilligung als Kennzeichen für den Mangel an Meisterschaft rezipiert worden. Die Schauspielkunst wurde wegen der geschickten Erfüllung eines Kanons von Taten und Handlungsweisen ihrer Masken geschätzt. Der Zuschauer durfte auch nicht eine Sekunde in der Einschätzung der Natur dieses oder jenes Helden schwanken und deshalb sind sie nicht nur mit typischen, jeder Maske eigenen Kostümen und Schminken versehen, sondern sprechen auch unterschiedliche Dialekte, jeder mit »seinem« Timbre der Stimme. Der von der Bühne hallende venezianische Dialekt ist genauso wie die rote Joppe, die roten Hosen, die schwarze Pelerine und die charakteristische hakennasige bärtige Maske ein Signal für den Zuschauer, daß die Handlungen des Schauspielers auf den Typus des Pantalone zu projizieren sind. Dieselbe Funktion haben der bolognesische Dialekt und die schwarze Mantille für den Dottore, bergamasker Dialekt für Zani u. dgl. m.

Damit jedoch die Ästhetik der Identität nicht ihren Charakter als Mittel der Erkenntnis und der Information, der Schaffung eines bestimmten Modells der Welt verlor, mußte sie unerschütterliche Schablonen der Begriffe mit der Verschiedenartigkeit des ihnen unterlegten lebendigen Materials vereinen. In dieser Hinsicht ist bezeichnend, daß die Commedia dell'arte, obgleich sie an dem einen Pol einen strengen Kanon von Masken-Schablonen mit bestimmten Möglichkeiten und Unmöglichkeiten für eine jede aufweist, sie am anderen Pol sich als freieste Improvisation in der Geschichte des europäischen Theaters entwickelt[1]. Die Improvisation selbst bildet also keinen ungezügelten Flug der Phantasie, sondern Kombinationen von dem Zuschauer bekannten Elementen. Niccolo Barbieri hat im Jahre 1634 die Kunst des Improvisators folgendermaßen charakterisiert: »Die Komödianten studieren und versehen ihr Gedächtnis mit einer großen Menge von Gegenständen, zum Beispiel: Sentenzen, Gedanken, verliebte Reden, Tadeln, Reden der Verzweiflung und der Fieberphantasie; sie halten sie bereit für den bedeutenden Anlaß, und ihre Fertigkeit befindet sich in Übereinstimmung mit dem Stil des von ihnen abgebildeten Gesichtes«[2]. Diese Kombination der höchsten Freiheit mit höchster Unfreiheit charakterisiert auch die Ästhetik der

---

1 Die grundlegende Literatur zur Commedia dell'arte ist aufgeführt in A. K. Dživelegov, *Ital'janskaja narodnaja komedija*. M. 1954, S. 292-295.
2 Zitiert nach *Chrestomatija po istorii zapadnoevropejskogo teatra*. Bd. 1, ed. S. Mokul'skij, ²M. 1963, S. 239.

Identität. Mit unterschiedlichem Vollkommenheitsgrad werden diese Prinzipien in den meisten folkloristischen Genres, in der mittelalterlichen Kunst realisiert[3]. Davon, daß die Unterwerfung der Phänomene der Wirklichkeit unter irgendeine einheitliche Denkschablone ein Erkenntnisakt ist, befähigt, eine große emotionale Spannung hervorzurufen, kann sich jeder überzeugen, der sich der Anstrengung unterzöge, zu beobachten, mit welcher Begeisterung ein Kind, das zu verschiedenen Fichten läuft, nicht müde wird, zu wiederholen: »Das ist eine Fichte«, »Und das ist eine Fichte«, oder, während es von einer Birke zu einem Ahornbaum läuft, ausruft: »Das ist ein Baum«, »Und das ist ein Baum«. Gerade dadurch erkennt es eine Erscheinung, daß es alles wegläßt, was die Besonderheit der betreffenden Fichte oder der betreffenden Art ausmacht und es zu einer gemeinsamen Kategorie zusammenfaßt. Im Grunde stoßen wir auf dieselbe Erscheinung, wenn wir in der Folklore das Motiv der Namensgebung antreffen.

Eine andere Klasse von Strukturen wird, wenn man sie auf dieser Ebene betrachtet, Systeme bilden, deren Code-Charakter dem Auditorium beim Beginn der Rezeption nicht bekannt ist. Das ist nicht die Ästhetik der Identifikation, sondern der Opposition. Dem Leser vertrauten Verfahren der Modellierung setzt der Künstler seine originale Lösung, die er für wahrer hält, gegenüber. Wenn im ersten Fall der Akt der künstlerischen Erkenntnis mit der Vereinfachung, der Generalisierung verbunden ist, so haben wir es im zweiten mit einer Komplizierung zu tun. Aber diese Komplexität darf man nicht mit dem »Ornatus« oder mit Dekorativität identifizieren. Die realistische Prosa ist, gemessen an immanenten Kennzeichen des Stils, einfacher als die romantische Prosa, aber der Verzicht auf die romantische Schablone, die von dem Leser der *Erzählungen Belkins* erwartet wurde, schuf eine komplexere Struktur, die auf »Minus-priëmy« aufgebaut ist.

Subjektiv kann vom Autor und von seinem Auditorium das Streben, das System der üblichen Regeln zu zerstören, als Abkehr von allen Strukturnormen, als Schaffen »ohne Regeln« wahrgenommen werden. Schaffen außerhalb von Regeln, von strukturellen Relationen ist jedoch unmöglich. Es widerspräche

---

3 Zur Bedeutung des poetischen Rituals in der russischen mittelalterlichen Kunst s. D. S. Lichačev, *Čelovek v literature Drevnej Rusi*. M.-L. 1958.

dem Charakter des Kunstwerks als eines Modells und seinem Zeichencharakter, d. h. es wäre unmöglich gemacht, die Welt mit Hilfe der Kunst zu erkennen und die Ergebnisse dieser Erkenntnis einem Auditorium zu übermitteln. Wenn dieser oder jener Autor, diese oder jene Richtung im Kampf mit dem Literatentum Zuflucht zur Skizze*, zur Reportage, zur Einbeziehung von authentischen, eindeutig nichtkünstlerischen Dokumenten, zur Filmchronik nimmt, zerstören sie das *gewohnte System*, nicht aber das *Prinzip der Systemhaftigkeit*, weil eine beliebige Zeitungszeile wortgetreu in einen künstlerischen Text übertragen (wenn er dabei nicht die Qualität des Künstlerischen verliert) *zu einem Strukturelement wird*. Die Rezeption einer solchen Kunst stellt vom Standpunkt der mathematischen Spieltheorie aus nicht ein »Spiel ohne Regeln« dar, sondern ein Spiel, dessen Regeln im Spielprozeß festzulegen sind.

Die Ästhetik der Opposition hat eine lange Geschichte. Die Entstehung solcher dialektisch komplexer Phänomene wie des Reimes hängen zweifelsohne mit ihr zusammen. Aber ihren höchsten Ausdruck findet sie in der Kunst des Realismus.

Wie wir sehen, ergibt die Differenzierung der Phänomene der Kunst in zwei, auf der Ästhetik der Identität und der Ästhetik der Opposition aufgebaute Klassen umfassendere Einheiten der Klassifikation als der Begriff »künstlerische Methode«. Er ist allerdings keineswegs nutzlos. Unmittelbar hat man mit ihm bei den Versuchen, generative Modelle von Kunstwerken aufzubauen, also bei der Erarbeitung einer Reihe wichtiger Probleme, zu tun.

Diese Frage muß Gegenstand einer besonderen Untersuchung werden. Man kann allerdings schon jetzt a priori feststellen, daß der Aufbau generativer Modelle von Werken der Klasse der Ästhetik der Identität nicht so komplex ist, während gerade die Möglichkeit eines solchen Aufbaus für die Werke der Klasse der Ästhetik der Opposition noch nachgewiesen werden muß. Es wäre naiv, anzunehmen, daß die Beschreibung aller möglichen Varianten des vierfüßigen Jambus und die Aufzählung der statistischen Wahrscheinlichkeit ihrer Alternation zum Code für den Aufbau eines neuen *Evgenij Onegin* werden kann. Nicht weniger naiv ist der Vorschlag, die de-

* Vgl. Anmerkung des Ü. S. 58*. [A. d. Ü]

taillierteste Strukturbeschreibung des »alten« *Evgenij Onegin* könne zum generativen Modell für das Verfassen eines neuen werden. Spekulationen anzustellen, wieviele Schaltungen eine Maschine haben muß, die einen neuen *Evgenij Onegin* schaffen kann, bedeutet nichts anderes als darüber nachzudenken, wieviele Zustände eine Maschine haben muß, die vor der Aufgabe steht, eine noch nicht gemachte großartige Entdeckung zu machen.

Es ist jedoch eine zweifache praktische Anwendung generativer Modelle möglich: die Reproduktion uns unbekannter Texte (z. B. nicht überlieferte Teile eines Mythos, verlorengegangene Seiten eines mittelalterlichen Textes) und die Reproduktion künstlerischer Texte, die in einer anderen Sprache vorliegen. Freilich sind sowohl Aufgabe als auch Methodik ihrer Lösung in diesen Fällen verschieden.

Bei der Arbeit mit der Klasse der Phänomene der Ästhetik der Opposition muß man den Fall unterscheiden, bei dem die zerstörte Strukturschablone im Bewußtsein des Lesers zwar vermöge der Gewohnheiten, einer bestimmten Trägheit seines Bewußtseins vorhanden ist, nicht aber irgendeinen Ausdruck im Text gefunden hat. In diesem Fall bildet der Konflikt der Ästhetik der Schablone und der neuen Ästhetik einen Zusammenstoß textinterner und textexterner struktureller Konstruktionen. Solchen Fällen werden wir beispielsweise in der Lyrik Nekrasovs oder in der Prosa Čechovs begegnen. Das werden Texte sein, die sich besonders schwer der Modellierung unterziehen lassen.

Einfacher ist der Fall, da der Autor mit bestimmten Aufbauelementen seines Werks im Bewußtsein des Lesers diejenige Struktur hervorruft, die später der Vernichtung unterliegt. Von dieser Art sind beispielsweise *Belkins Erzählungen* von Puškin, die jähen Stilbrüche im *Evgenij Onegin*. Ein besonders bezeichnender Texttypus wird in dieser Hinsicht die Parodie sein. Die Parodie zerstört eine Strukturschablone, ohne ihr eine Struktur anderer Art gegenüberzustellen. Diese vom Standpunkt des Autors wahre Struktur wird impliziert, aber sie erhält einen rein negativen Ausdruck. Die Parodie ist das aufschlußreiche und seltene Beispiel für die Konstruktion, bei der eine echte innovatorische Struktur sich außerhalb des Textes befindet und ihre Relation zur strukturellen Schablone als textexterner Zusammenhang, nur als Relation des Autors zur Textkonstruktion hervortritt. Deshalb kann man der formalen Schule nicht beipflichten, die den Begriff der Parodie zu weit interpretierte und ihr auch solche Erscheinungen wie die Erzählungen Gogol's oder Puškins *Schuß* zurechnete, Werke mit deutlich innerhalb des Textes ausgedrückter »positiver« Struktur des Autors. Daraus wird deutlich, daß die Parodie niemals als zentrales künstlerisches Genre hervortreten kann und daß nicht sie den Kampf mit den Schablonen beginnt. Damit eine Parodie in all ihrer künstlerischen Fülle wahrgenommen werden könnte, wäre es unerläßlich, daß diejenigen Werke bereits in der Literatur vorhanden und dem Leser bekannt wären, die bei der Zerstörung der Ästhetik der Schablone ihr eine Struktur größerer Wahrheit gegenüberstellten, die die Wirklichkeit richtiger modellierte. Denn nur die Existenz solcher – neuer – Strukturen im Bewußtsein des Lesers erlaubt es ihm, den destruierenden Text der Parodie durch ein außertextliches Konstruktionselement zu vervollständigen, vermittelt den Blickwinkel des Autors auf das System, das parodiert wird. Deshalb spielt die Parodie, die ein äußerst luzides, in bestimmtem Sinne laboratorisches Genre ist, in der Geschichte der Literatur immer eine unterstützende und keine zentrale Rolle.

Die Einführung der Begriffe »Klasse der Ästhetik der Identität« und »Klasse der Ästhetik der Opposition« hat noch eine andere Bedeutung. Sie erlaubt, wie es scheint, zu versuchen, exaktere Kriterien in einen so extrem subjektiven Bereich der Kunstwissenschaft wie die Bewertung der Qualität dieses oder jenes Werkes einzuführen. Wie wir bereits ausführten, kann man a priori feststellen, daß für die künstliche Modellierung von Werken der Klasse der Ästhetik der Identität beträchtlich weniger Daten erforderlich sind (und diese Daten selbst beträchtlich einfacher sind) als für die oppositionelle Klasse. Stellen wir dem das allgemein bekannten Faktum zum Vergleich gegenüber, daß die Einhaltung der Kanones, Normen und Schablonen, die der Ästhetik der Identität eigen ist, uns nicht erzürnt und uns nicht als künstlerischer Mangel erscheint, wenn wir beispielsweise den Text eines Volksepos oder Zaubermärchens lesen. Wenn wir indessen mit denselben strukturellen Besonderheiten in irgendeinem zeitgenössischen Roman aus dem Kolchosleben konfrontiert werden, entsteht in uns ein bestimmter Eindruck des Antikünstlerischen, der Zerstörung der Lebenswahrheit. Die Formel: »Ich habe die ganze Struktur zuvor vorhergesehen«, tödlich für Werke des zweiten Typus, wirkt auf die qualitative Bewertung des ersten nicht ein.

Dieses Phänomen erklärt sich folgendermaßen: der Leser stellt sich in einer bestimmten Weise auf die Rezeption ein, und in diese Einstimmung geht auch das Gefühl der Zugehörigkeit des Werkes zur Klasse der Ästhetik der Identität oder der Opposition ein. Als Signal für die Zugehörigkeit des Textes zu der einen oder der anderen Klasse kann beispielsweise die Einleitung, die Bezeichnung, die Gattungscharakteristik im Titel bis hin zur Reputation des Theaters oder der Ausgabe dienen, die das Werk dem Auditorium vorlegt. Wenn der Zuschauer weiß, daß ihm bevorsteht, eine Commedia dell'arte und nicht ein Stück von Čechov zu sehen, wird das gesamte Bewertungssystem anders sein. Wenn wir es hingegen mit einem schablonenhaften Roman zu tun haben, geschieht folgendes: während der Autor sagt, daß vor uns ein Roman in dem spezifischen Verständnis dieses Terminus liegt, das in den dreißiger Jahren des 19. Jahrhunderts auszuarbeiten begonnen wurde, veranlaßt uns der Autor, eine neue Erklärung der Wirklichkeit zu erwarten. Indessen ist das Werk in Wirklichkeit auf der Ästhetik der Identität, auf der Realisation von Schablonen aufgebaut. Das bewirkt auch das Gefühl des niederen Kunstcharakters. Folglich können wir, während die maschinelle Herstellung guter Poesie der Klasse der Ästhetik der Opposition besonders problematisch ist, ein schlechtes Werk dieses Typus wahrscheinlich sehr bald herstellen. Die Möglichkeit der künstlichen Modellierung eines Gedichts, das sich auf die gerade herrschende ästhetische Klasse bezieht, und der Grad der Leichtigkeit, mit dem diese Modellierung verwirklicht wird, können zu einem objektiven – negativen! – Kriterium seines künstlerischen Wertes werden. Man kann fragen: wozu soll man künstlich schlechte Werke schaffen, wo sich ein Mangel an ihnen sowieso nicht bemerkbar macht? Aber dem weiter denkenden Leser wird klar, daß die Möglichkeit, schablonenhafte schlechte Verse und Artikel auf maschinellem Wege zu modellieren, der menschlichen Kultur einen großen Dienst erweisen kann. Kunstcharakter und Antikunstcharakter sind Komplementärbegriffe. Durch die Einführung exakter Kriterien und dadurch, daß Forscher und Kritiker es lernen, antikünstlerische Phänomene zu modulieren, erhalten sie ein Instrument für die Bestimmung des authentischen Kunstcharakters. Für eine bestimmte Entwicklungsstufe der Wissenschaft sind die Kriterien des Kunstcharakters der modernen Kunst möglicherweise folgendermaßen zu formulieren: »Ein System, das sich nicht mechanischer Modellierung unterziehen läßt.« Für viele tatsächlich vorhandene und erfolgreiche Texte wird dies sich natürlich bald als verhängnisvoll erweisen.

Der vom Autor geschaffene Text erweist sich als integriert in ein komplexes System textexterner Beziehungen, die mit ihrer Hierarchie unkünstlerische und künstlerischer Normen der verschiedenen, durch die Erfahrung des vorhergehenden Kunstwerks verallgemeinerten zusammengefaßten Ebenen einen komplexen Code schaffen, der es ermöglicht, die in den Text eingeschlossene Information zu dechiffrieren.

Die Spezifik künstlerischer Kommunikationen besteht jedoch insbesondere darin, daß der Code des Empfängers sich immer in dem einen oder anderen Grade vom Code des Senders unterscheidet. Das können verhältnismäßig kleine, durch die persönliche kulturelle Erfahrung, durch die Spezifik der psychologischen Struktur bestimmte Unterschiede sein, aber es können auch fundamentale sozialgeschichtliche Charakteristika der Kultur sein, die entweder die künstlerische Rezeption des Textes verhindern oder sie fundamental umdeuten. Der Leser bemüht sich, den Text in die gewohnten Vorstellungen hineinzupressen, indem er aus der ihm bereits verfügbaren künstlerischen Erfahrung diejenigen textexternen Strukturen auswählt, die, wie es ihm scheint, am besten zu dem betreffenden Fall passen.

Die Besonderheiten textexterner Strukturen sind durch die sozialgeschichtlichen nationalen und psychologisch-anthropologischen Ursachen bestimmt, die das künstlerische Modell von der Welt formieren. Es ist jedoch nicht zu übersehen, daß die kommunikative Natur der Kunst sie bestimmend prägt und daß in diesen, die Formen der Kunst bestimmenden textlichen und textexternen Strukturen die einen in hohem Maße den »Interessen« des Hörers, seiner Position im Kommunikationsakt, andere denen des Autors entsprechen[4].

4 Dieser Gedanke wurde erstmals von B. A. Uspenskij in einer dem Pro-

Man kann a priori sagen, daß diejenigen Aufbauprinzipien des künstlerischen Codes, die den Strukturprinzipien der natürlichen Sprache näher stehen, für den Hörer, die entgegengesetzten für den Autor »bequemer« sind. Der Autor baut den Text so auf, daß er gleichzeitig in mehreren codierten Systemen funktioniert. Jeder neue Teil des Textes muß im Gedächtnis bereits bekannte Codes aktivieren, auf sie projiziert werden, daraus neue Bedeutungen beziehen und schon bekannten und scheinbar verständlichen Textteilen neue Bedeutungen verleihen. Der Leser ist geneigt, den Text als eine gewöhnliche sprachliche Mitteilung zu betrachten, zieht aus jeder Episode eine einzelne Information heraus und reduziert den kompositionellen Aufbau auf die chronologische Folgerichtigkeit einzelner Ereignisse. Der sujethaltige Text tendiert natürlich zur Position des »Lesers«, der sujetlose zu der des Autors.

Der Leser ist daran interessiert, die notwendige Information mit dem geringsten Kräfteaufwand zu erlangen (der Genuß an der Verlängerung der Anstrengung ist eine typische Autorenposition)[5]. Während der Autor also zur Erhöhung der Zahl und zur Erschwerung der Struktur der codierten Systeme neigt, ist der Leser geneigt, ihre Zahl zu vermindern, sie auf ein, wie es ihm scheint, hinreichendes Minimum zu reduzieren. Die Tendenz, die Charaktere komplexer zu gestalten, ist eine Autorentendenz, die schwarz-weiße Kontraststruktur die der Leser.

Schließlich ist der Autor geneigt, die Komplexität der textexternen Strukturen durch Vereinfachung des Textes zu erhöhen, Werke zu schaffen, deren scheinbare Einfachheit zur adäquaten Dechiffrierung komplexer Implikate, eines Reichtums an textexternen kulturellen Strukturen bedarf. Dem Leser wäre es angenehm, wenn ein möglichst großer Teil der Struktur im Text selbst erschiene. Es ist nicht zu übersehen, daß die Tendenzen des »Lesers« in den Textarten sich durchsetzen, die am stärk-

blem des »Blickpunktes« in der Kunst gewidmeten Vorlesungsreihe, die im Jahre 1966 an der Tartuer Staatsuniversität gehalten wurde, ausgesprochen und detailliert begründet.
5 Dabei ist zu berücksichtigen, daß »Autor-« und »Leser-« Position aus der Analyse des Kommunikationsaktes entnommene Schemata sind. Im wirklichen treten sie nur als mehr oder weniger spontane Tendenzen auf. In jedem realen Autor und in jedem realen Leser sind in unterschiedlichen Proportionen sowohl »Autor« als auch »Leser«, um die es sich hier handelt, vertreten.

sten sujethaltig sind und einen deutlich kontrastiven, bloßgelegten Aufbau aufweisen. Diese Eigenschaften haben beispielsweise zur Folklore, zur mittelalterlichen Kunst, zum Schelmenroman, zum romantischen Poem gehörende Texte. Man muß zugeben, daß – nicht in der Regel, aber tendenziell – die Position des »Hörers« mehr den Arten der Massenkunst und besonders der sogenannten »Massenkultur« eignet.

Schluß

Einen künstlerischen Text kann man, wie wir uns überzeugen konnten, als einen auf besondere Weise aufgebauten Mechanismus betrachten, der über die Möglichkeit verfügt, außerordentlich hochkonzentrierte Information in sich aufzunehmen. Wenn wir einen Satz aus der Umgangssprache und ein Gedicht zum Vergleich einander gegenüberstellen, oder einen Satz Farben und ein Bild, eine Tonleiter und eine Fuge, so werden wir uns leicht davon überzeugen, daß der grundlegende Unterschied der zweiten gegenüber der ersten in der Fähigkeit besteht, das aufzunehmen, zu speichern und zu übermitteln, was für die ersten außerhalb der Grenze des Möglichen liegt. Die von uns erhaltenen Schlußfolgerungen stimmen mit der Grundidee der Informationstheorie überein, derzufolge der Informationsumfang in einer Nachricht als eine Funktion der Zahl möglicher alternativer Nachrichten zu betrachten ist. Die Struktur des künstlerischen Textes ist von einer praktisch unbegrenzten Zahl von Grenzen durchdrungen, die diesen Text in verschiedener Hinsicht in äquivalente und folglich auch alternative Teile segmentieren.

Dabei hat der Schriftsteller nicht nur die Möglichkeit, zwischen diesen oder jenen alternativen Segmenten, sondern auch zwischen den Organisationstypen der Alternation auszuwählen, das heißt, nicht nur zwischen äquivalenten Elementen seiner künstlerischen Sprache, sondern auch zwischen den Typen der künstlerischen Sprachen. Dort, wo die Auswahl für den Schriftsteller getroffen worden ist – durch die natürliche Sprache, in der er schreibt, durch die Epoche, die die Auswahl dieser oder jener künstlerischen Mittel schon mit Strenge festgelegt hat und keine alternativen Lösungen zuläßt, durch die Umstände seiner Biographie, – in allen diesen Fällen, da der Text nicht eine von wenigstens zwei Möglichkeiten realisiert, sondern automatisch der einzigen folgt, verliert er die Fähigkeit, Information zu übertragen. Deshalb ist die *Erhöhung der Auswahlmöglichkeiten* das Gesetz der Organisation des künstlerischen Textes. Alles, was sich in der natürlichen Sprache automatisch als Notwendigkeit ergibt, wird im künstlerischen Text als Auswahl

einer aus mehreren einander äquivalenten Möglichkeiten realisiert. In analoger Beziehung zum künstlerischen Text befindet
sich auch das außerhalb von ihm gelegene Material des Lebens:
das, was in Wirklichkeit als *einzige* Möglichkeit realisiert wird,
erscheint, indem es ein Element des Sujets wird, als Resultat
einer Auswahl (der Schriftsteller konnte auch ein anderes Sujet
oder eine andere Variante auswählen).

Wir haben aber gesehen, daß das Verhältnis »Schriftsteller –
Leser« zusätzliche alternative Möglichkeiten eröffnet. Beim
Übergang vom Schriftsteller zum Leser wächst das Maß der
Unbestimmtheit (wenn auch einige rein persönliche Alternati-
ven unwiederbringlich verlorengehen) und folglich wächst auch
der Informationsumfang des Textes.

Ein nicht systembildendes, strukturell unorganisiertes Material
kann nicht Mittel der Speicherung und Übermittlung von Information sein. Deshalb ist der erste Schritt zur Schaffung eines
Textes die Schaffung eines *Systems*. Dort, wo die Elemente
nicht durch wechselseitigen Bezug organisiert sind und das Auftreten jedes beliebigen Elementes von gleicher Wahrscheinlichkeit ist, das heißt, dort, wo es keine Struktur gibt und an ihrer
Stelle eine amorphe entropische Masse vorliegt, ist Information nicht möglich. Deshalb müssen wir, wenn dieser oder jener
Schriftsteller, vom literarischen Kampf mitgerissen, die vorhergehende Kunst wegen der Beschränktheit ihrer Möglichkeiten
und der Konventionalität ihrer Sprache verurteilt und eine
neue – fakultativ *unbegrenzte* hervorbringt, uns vor Augen
halten, daß es sich um eine rhetorische Wendung oder einen
durchaus aufrichtigen Irrtum handelt. Die Unbegrenztheit der
Möglichkeiten, das Fehlen von Regeln, die völlige Freiheit von
durch das System auferlegten Restriktionen ist nicht das Ideal
der Kommunikation, sondern ihr Tod. Wie wir sahen, sind wir
gerade, je komplizierter das Regelsystem ist, um so freier in
der Übermittlung eines bestimmten Inhalts: die Grammatik
und das Wörterbuch der Verkehrsampel sind einfacher als die
der natürlichen Sprache und das ruft beträchtliche Schwierigkeiten bei der Übertragung eines Inhalts hervor, der komplexer ist als ein Kommando im Straßenverkehr. Wenn wir annehmen, daß Freiheit und Vielfalt der Information in einem
realistischen Text mit dem Fehlen von Regeln in seiner Sprache
verknüpft ist (»der Schriftsteller ist frei von Konventionalitä-

ten«, »an nichts gebunden«, »schöpft nicht nur den Inhalt, sondern auch die Form aus dem Leben«), so begehen wir den für den naiven Realismus allgemeinen Fehler, der sowohl durch die Geschichte der Literatur als auch durch die Informationstheorie widerlegt wird.

Die Schaffung einer Struktur ist jedoch noch kein Kommunikationsakt, sondern nur seine Bedingung. In nichtkünstlerischen Texten ist nicht die Sprache, sondern die in ihr enthaltene Nachricht informativ. Dieser Aspekt der Information ändert sich natürlich auch in der Kunst nicht, aber das ganze Beziehungssystem nimmt dabei einen bedeutend komplexeren Charakter an.

Die einheitlichen Konstruktionsregeln unterworfene Struktur ist uninformativ, da alle ihre Knoten durch das System des Aufbaus eindeutig vorherbestimmt sind. Das hängt mit der bekannten These Wittgensteins zusammen, daß es in der Logik keine Überraschung gibt. Im Rahmen des künstlerischen Textes wird die Sprache jedoch auch zu einem Informationsträger. Das wird auf folgende Weise erreicht:

1. Der Autor des Textes verfügt über die Möglichkeit, *die Sprache auszuwählen,* in der er den Text aufbaut, wobei der Charakter dieser Auswahl dem Leser keineswegs mit einem Mal klar wird. In der Kunst wirken dergestalt gleichzeitig zwei Tendenzen – die zur Abgrenzung der Sprachen (der Sprache der Poesie und der Sprache der Prosa, der Sprache einzelner Gattungen u. dgl.) und die zur Überwindung dieser Abgrenzungen. In verschiedenen historisch gegebenen Texten kann die eine oder die andere Tendenz Oberhand gewinnen. Wenn sie aber Oberhand gewinnt, bedeutet das nicht, daß die entgegengesetzte zunichte gemacht wird. Ein Sieg ist in diesem Sinne in der Struktur des künstlerischen Textes gleichbedeutend mit einer Niederlage, da sie die Alternative der vorgelegten Lösung ausstreicht. Das Eindringen von ihr oppositionellen Strukturelementen in das System läßt den Leser zwischen der Selektion dieses oder jenes Dechiffriercodes schwanken. Und je komplexer (auch emotional) die Auswahl ist, desto mehr Information enthält sie. Die These Wittgensteins, daß nur *eine* Logik möglich ist, ist nicht zu bestreiten. Wenn man jedoch einige äquivalente Systeme dieses Typus zuläßt, so wird jedes von ihnen, obgleich in sich selbst völlig vorherstimmbar,

im Verhältnis zu den Knoten der parallelen Strukturen die Möglichkeit der Selektion schaffen. Die Struktur erlangt wieder Informativität.

2. Der Text gehört zu *zwei* (oder mehr) Sprachen gleichzeitig. Dabei erhalten nicht nur die Textelemente eine doppelte (oder mehrfache) Bedeutung, sondern auch die ganze Struktur wird zum Informationsträger, da sie funktioniert, indem sie auf die Normen der anderen Struktur projiziert wird.

3. Ein wichtiges Mittel zur Aktivierung von Information der Struktur ist *ihre Zerstörung.* Ein künstlerischer Text besteht nicht einfach aus der Realisierung struktureller Normen, sondern auch aus ihrer Zerstörung. Er funktioniert in einem doppelten Strukturfeld, das sich aus den Tendenzen zur Verwirklichung von Gesetzmäßigkeiten und zu ihrer Zerstörung zusammensetzt. Und wenn auch jede dieser Tendenzen zu monopolistischer Herrschaft und zur Vernichtung der ihr gegenübergesetzten strebt, ist der Sieg irgendeiner von ihnen doch der Untergang der Kunst. Das Leben des künstlerischen Textes besteht in ihrer wechselseitigen Spannung.

a) Die Struktur des künstlerischen Textes kann im Text auf dem Wege einer unvollständigen Realisierung – einer Imitation der Unvollkommenheit, Zerrissenheit (ausgelassene Strophen des *Evgenij Onegin*) zerstört werden. Ein Portrait, in dem das Gesicht sorgfältig ausgemalt und die Hände nur flüchtig skizziert sind, ist ein Text mit einem unterschiedlichen Grad an Konventionalität im Zentrum und an der Peripherie der Leinwand. Es sind jedoch Fälle gut bekannt, in denen die Unvollendetheit des Textes zu einem Mittel wird, seine Struktur künstlerisch zu aktivieren. Dieses Gefühl ist so stark, daß es uns veranlaßt, die Texte nicht als zufällig beendet, sondern als bewußt auf besondere Weise organisiert wahrzunehmen.

b) Ein verbreiteter Fall der Zerstörung einer Struktur mit dem Ziel, sie zu aktivieren, ist die Einführung eines strukturexternen Elements in die Struktur. Dieses strukturexterne Element kann einer anderen Struktur angehören; dann handelt es sich um den in Punkt 2 genannten Fall. Es kann dies jedoch auch ein Element aus einer uns unbekannten Struktur sein. In diesem Fall haben wir noch das ihm entsprechende codierende System auszuarbeiten.

4. Jeder kulturelle Typus wird durch ein bestimmtes Inventar

von Funktionen charakterisiert, die durch ihnen entsprechende Gegenstände der materiellen Kultur, durch gedankliche Regeln, durch Texte u. dgl. bedient werden. Bestimmte Inventare von Funktionen sind auch den Künsten verschiedener Epochen eigen. Als solche Funktionen verschiedener Ebenen kann man aufführen: »Belletristik sein«, »Poesie sein«, »hohe Kunst sein«, »komisch sein« u. dgl. Soziale Funktionen werden durch ihnen entsprechende Mechanismen bedient. Für die literarischen Funktionen bildet einen derartigen Mechanismus der Text.

Es ist jedoch nicht uninteressant, daß, während in der normalen Situation für eine bestimmte Funktion die Ausnutzung eines für sie vorherbestimmten Mechanismus und Textes als am effektivsten gilt, in bestimmten Momenten der kulturellen Entwicklung sich die Tendenz herausbildet, nicht fertige Mechanismen zu benutzen. So siegt der Recke Il'ja Muromec nicht mit einer Waffe: *Il'ja Muromec*

I uchvatil-to bogatyrja za nogi
Da i načal on bogatyrja pomachivati [...]

[Und da hat er den Recken an den Beinen gepackt
Und er hat den Recken herumgeschwenkt [...]]

Samson hat die Philister mit einem Eselskiefer besiegt. Natürlich ist das Bild des Knüppels – einer »Nicht-Waffe« vom Standpunkt der militärischen Ausrüstung zum Beginn des 19. Jahrhunderts – den Lev Tolstoj mit dem Volkskrieg vergleicht, nicht zufällig.

In bestimmten historischen literarischen Situationen entwickelt sich die Tendenz, Texte »nicht ihrer Bestimmung gemäß« zu verwenden, damit Funktion und Text in Widerspruch zueinander treten. So kann ein poetischer Text in der Funktion eines prosaischen verwendet werden und umgekehrt ein Krimi in der Funktion eines psychologischen Romans (Dostojewski), und nichtkünstlerische Texte (Texte, die ihrer inneren Struktur nach zu künstlerischen in Opposition stehen) in der Funktion von Kunstwerken.

Der Widerspruch zwischen dem Text und seiner Funktion in der ihm textexternen Struktur der Kunst macht die Struktur der künstlerischen Sprache zum Informationsträger.

Die gleichzeitige Integration des künstlerischen Textes in viele einander überschneidende textexterne Strukturen, die gleichzeitige Einbeziehung jedes Textelements in viele Segmente der innertextlichen Struktur – all dies macht das Kunstwerk zum Träger vieler außerordentlich komplex miteinander korrelierenden Bedeutungen. Der hohe Informationsgehalt des künstlerischen Textes steht vor allem mit solchen Besonderheiten seiner Konstruktion im Zusammenhang wie dem Wechsel der Strukturdominanten: in dem Moment, da irgendein Strukturelement Züge automatischer Vorhersagbarkeit annimmt, tritt es in den Hintergrund, und die Strukturdominante geht auf eine andere, noch nicht automatisierte Ebene über. Nicht zufällig erscheint gerade am Zeilenende, d. h. in der Position der Konstruktion mit dem größten Anwachsen der Entropie des Rhythmus, der Reim (in eben dieser Hinsicht ist es bezeichnend, daß die Anforderungen an den Reim um so strenger sind, je freier sie gegenüber dem Versmaß sind und umgekehrt). Man könnte nachweisen, daß in bestimmten Verstypen die Metapher zum Versende tendiert.

Die Betrachtung des künstlerischen Textes als eines strukturellen Ganzen überzeugt uns davon, daß einerseits das Individuelle, Unwiederholbare nicht etwas an keiner Struktur partizipierendes und demnach nur impressionistischer »Einfühlung«, nicht aber exakter Analyse Zugängliches ist. Vielmehr entsteht es im Gegenteil in der Überschneidung vieler Strukturen und gehört, mit dem ganzen Reichtum der dabei entstehenden Bedeutungen spielend, zu ihnen.

Andererseits bringt jede Beschreibung irgendeiner Schicht der Struktur unausweichlich einen Verlust an semantischem Reichtum des Textes mit sich. Deshalb sind derartige Beschreibungen als rein heuristische Entwicklungsstufe in der Geschichte der Erforschung des Textes, hervorgerufen durch das völlig legitime Bestreben, zuerst Methoden der exakten Lösung einfacher Aufgaben zu erarbeiten und dann erst zu komplexeren Strukturbeschreibungen überzugehen, zu unterscheiden von einer solchen Reduktion des künstlerischen Textes auf eindeutige Systeme, die den Anspruch letztgültiger Interpretation des Kunstwerks erhebt.

Schon vor langer Zeit ist der Vergleich der Kunst mit dem Leben gebräuchlich geworden. Erst jetzt aber wird deutlich, wieviel Wahrheit in dieser, irgendwann als Metapher aufgeklungenen Gleichsetzung enthalten ist. Man kann mit Gewißheit sagen, daß von allem, was der Mensch mit seinen Händen geschaffen hat, der künstlerische Text diejenigen Eigenschaften im höchsten Maße aufweist, die das Interesse des Kybernetikers auf die Struktur des lebenden Gewebes lenkt.

Das macht die Erforschung der Struktur des künstlerischen Textes zu einer Aufgabe von allgemeinwissenschaftlicher Bedeutung.

Nachwort des Herausgebers

> Kunst ist Erkenntnis sui generis; in Dichtung gerade
> ist emphatisch, worauf Wittgensteins Wissenschafts-
> lehre ihren Nachdruck legt, Sprache.
>
> *Th. W. Adorno*[1]

Lotmans Kunsttheorie, die hier ihre bislang eindringlichste
Darstellung gefunden hat, ist als *Regeneration des Formalismus* inkriminiert[2] und als *Begründung einer materialistischen
Ästhetik* absolutiert[3] worden. Andererseits kann man noch
heute in Deutschland von *Strukturalismus als interpretativem
Verfahren* handeln[4], ohne die sowjetischen semiotischen An-
sätze, ohne auch Lotman nur zu erwähnen. Rezeption und
Kritik des Entwurfs von Lotman zu erleichtern, Legendenbil-
dung und Ignoranz zu erschweren, ist das Ziel dieser Edition.

Es kann nicht Aufgabe eines Nachwortes sein, Lotmans Kunsttheorie ihrer Genese, ihrem System und ihrer Wirkung nach
kritisch zu würdigen. Zur Genese geben Vorwort, gelegentliche
Hinweise des Autors und einige Aufsätze[5] Anhaltspunkte. Da

---

1 Th. W. Adorno u. a., *Der Positivismusstreit in der deutschen Soziologie,*
Berlin und Neuwied 1971, S. 64.
2 L. I. Timofeev, *Teorija i iskusstvo.* In: *Russkaja literatura,* 1969, 4,
S. 20 ff.
3 J. Ihwe, *Linguistik und Literaturwissenschaft,* München 1972, S. 376, 380.
4 H. Gallas, *Strukturalismus als interpretatives Verfahren,* Darmstadt und
Neuwied 1972, S. VII-XXXI.
5 K. Eimermacher, *Entwicklung, Charakter und Probleme des sowjetischen
Strukturalismus in der Literaturwissenschaft.* In: *Sprache im technischen
Zeitalter,* 30, 1969, 126-157. H. Günther, *Zur Strukturalismus-Diskussion
in der sowjetischen Literaturwissenschaft.* In: *Welt der Slawen,* 1969, 1,
S. 1-21. E. Meletinsky [Meletinskij] and D. Segal, *Structuralism and Semio-
tics in the USSR.* In: *Diogenes* 73, 1971, S. 88-115. *I sistemi di segni. E lo
strutturalismo sovietico.* A cura di Remo Faccani e Umberto Eco. (= Idee
nuove, Bd. L) Mailand 1969. Die wichtigste strukturalistische Alternative
in der sowjetischen Literaturwissenschaft, der Ansatz einer »generativen
Poetik« von K. Žolkovskij und J. Ščeglov ist im Zusammenhang mit Er-
fahrungen im Bereich der maschinellen Übersetzung entstanden. Da ihr
deklarativer Aufsatz, *Die strukturelle Poetik ist eine generative Poetik*
inzwischen auch in deutscher Übersetzung erschienen ist (*Literaturwissenschaft und Linguistik.* Ed. J. Ihwe, Bd. III, Frankfurt 1972, S. 239-264)
erübrigt sich hier eine vergleichende Gegenüberstellung.

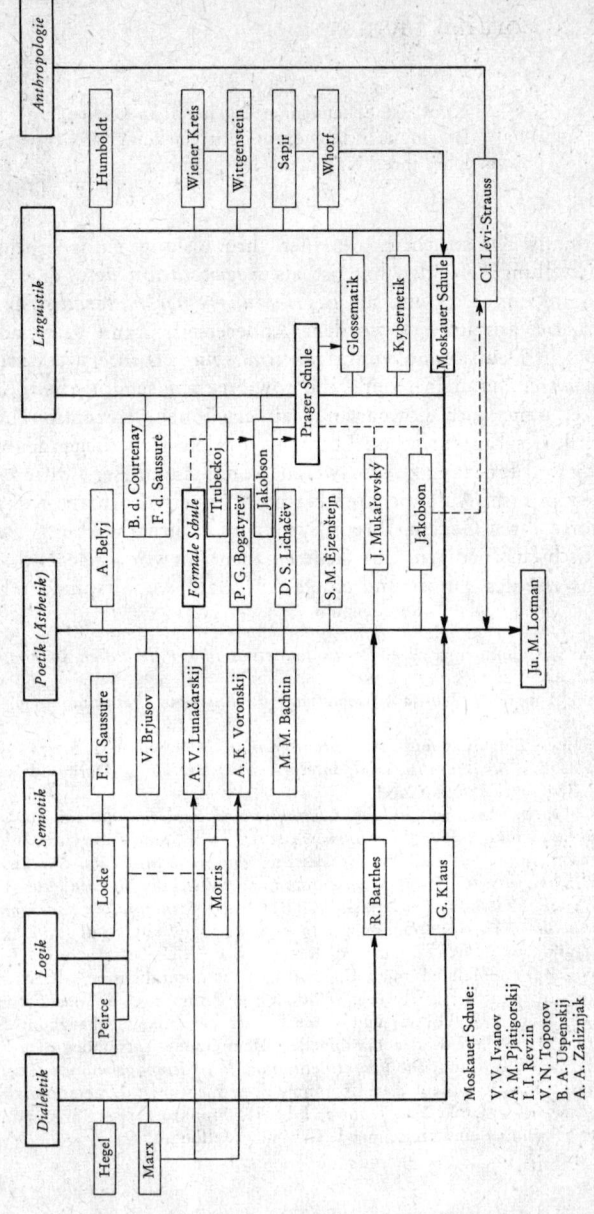

Moskauer Schule:

V. V. Ivanov
A. M. Pjatigorskij
I. I. Revzin
V. N. Toporov
B. A. Uspenskij
A. A. Zaliznjak

die Entfaltung dieses Aspekts die Entfaltung der gesamten Theorie implizierte, sei hier lediglich ein Stemma beigefügt, das bei aller wegen der topographischen Bedingungen und der Erfordernis der Übersichtlichkeit unvermeidlichen schematisierenden Abstraktion wenigstens einen Eindruck seiner Komplexität vermittelt, ohne freilich Vollständigkeit zu beanspruchen. Hingewiesen wird auf einige bislang wenig oder gar nicht beachtete Zusammenhänge. Die Geschichte der Formalen Schule ist noch nicht geschrieben.[6] Der sowjetische Strukturalismus ist ein Versuch, sie kritisch zu erarbeiten.

Teil der Wirkung sind Übersetzung, Herausgabe und Lektüre dieses Bandes. Auch hier sind nur Akzente zu setzen, verstehen die sowjetischen Strukturalisten ihre Methode doch als eine Bewegung, die nicht nur im Gang der konkreten Untersuchung, nicht nur in der fortschreitenden Gewinnung von Erkenntnissen, sondern gerade auch in der Evolution der Wissenschaft ihren Ausdruck findet.

Der Titel des Bandes bedeutet also Bilanz und Programm. Scheinen in ihm Gegenstand und Methode gleichsam in geronnenem Zustand auf, so entstehen sie doch erst aus ihrer wechselseitigen Bestimmung: Nicht die Struktur von Kunstwerken, von Schöpfungen wird erhoben, sondern die von *künstlerischen Texten*. Solchen Texten wiederum eignet nicht ein Gefüge[7], ein Stil[8], sondern eine Struktur: die Menge von Relationen und Funktionen, die seine Elemente bestimmen. Der Text gilt dann als die (fixierte) Größe, an der die textinternen und die texttranszendierenden Untersuchungen ihren Gegenstand, ihren Bezug, ihre Orientierung finden.

Für Lotman ist Kunst ein Medium, das Erkenntnis dadurch ermöglicht[9], daß deren Produzenten ihre mit Hilfe von Zei-

---

6 So ist bislang der Beitrag G. O. Vinokurs ungenügend berücksichtigt worden. Vinokur hat bereits 1923 in seinem Aufsatz *Poètika, linguistika, sociologija* (*LEF* 1923, Nr. 3 S. 104-113), der demnächst in deutscher Übersetzung in dem von V. Žmegač und A. Flaker herausgegebenen Sammelband *Formalismus, Strukturalismus und Marxismus* (Athenäum) erscheinen wird, die Deskription von Textstrukturen als Aufgabe der Literaturwissenschaft und als Poetik eine *Strukturkritik* gefordert.

7 W. Kayser, *Das sprachliche Kunstwerk*, [10]Bern 1964, S. 13.

8 E. Staiger, Die Kunst der Interpretation. [3]Zürich 1961, S. 14 f.

9 Das Verständnis von Kunst als Erkenntnis geht in der sowjetischen Literaturkritik auf den Literaturkritiker A. K. Voronskij (1848-1942) zurück.

chensystemen, die entweder sprachliche Zeichen (verbale Künste) oder Zeichen sprachanaloger Systeme (nichtverbale Künste) auf der Ausdrucksebene durch Zuordnung neuer Bedeutungen zur Ausbildung ästhetischer Zeichen verwenden, codierten Texte als Kommunikate kulturspezifischen Wertes zur Decodierung anbieten. Der von Lotman zur Bezeichnung dieser Kommunikationssysteme eingeführte Begriff der *sekundären modellierenden Systeme* findet nicht nur bei M. Bierwisch[10], sondern auch schon bei Ch. W. Morris in dem Aufsatz *Esthetics and the Theory of Sign*s (1935)[11] seine Entsprechung. Morris, für den gleich Lotman das Kunstwerk ein aus Zeichen zusammengesetztes Superzeichen bildet, das, weitgehend nach dem Prinzip des *Verweises* (vgl. *Rückwendung* bei Lotman) aufgebaut, mit bestimmten Werteigenschaften des Zeichenträgers (literarische Reihe) arbeitet, unterscheidet bereits (nicht nur Gegenstände mit ihnen entsprechenden Eigenschaften, sondern auch den Zeichenträger denotierende) *ikonische* Zeichen von nichtikonischen Zeichen[12] und fordert für den Bereich der Pragmatik eine Rezeptionsästhetik.

Die bei Morris in dem vom Künstler geschaffenen Modell, dem Gesamtikon inkorporierten Überbauphänomene, die *Wertstrukturen der Gruppe oder der Epoche*, vertreten etwa auch

10 Bei diesem Theorem scheint sich Lotman auf A. A. Zaliznjak, V. V. Ivanov und V. N. Toporov (*O vozmožnosti strukturno-tipologičeskogo izučenija nekotorych modelirujuščich sistem*. In: *Strukturno-tipologičeski issledovanija*, M. 1962, S. 136, jetzt auch in *Teksty sovetskogo literaturovedčeskogo strukturalizma*. Ed. K. Eimermacher, München 1971, S. 70) zu stützen, mit denen zwar Lotmans Definition des Zeichensystems verbaler Künste übereinstimmt, die als Alternative jedoch eher die Definition eines Systems ikonischer Zeichen (Orientiertheit des Zeichens auf sich selbst) geben. Dazu auch: M. R. Mayenowa, *Poètika v rabotach tartuskogo universiteta*. In: *Russian literature*, 2, 1972, S. 152-165. Bierwisch: »Poetische Strukturen [...] sind demnach parasitäre Strukturen, die nur auf der Grundlage linguistischer Primärstrukturen möglich sind.« (B., *Poetik und Linguistik*. In: *Mathematik und Dichtung*, edd. H. Kreuzer und R. Gunzenhäuser, ²München 1967, S. 54).

11 Dt. Übersetzung: Ch. W. Morris, *Grundlagen der Zeichentheorie. Ästhetik und Zeichentheorie*. München 1972, S. 91-118.

12 Hierdurch beantwortet sich auch die Frage Gurvičs nach der Bedeutung des Begriffs *ikonisches Zeichen* (*Čto že daet novyj podchod?* In: *Russkaja literatura*, 1972, 4, S. 194-199); Lotman hat den Begriff wahrscheinlich von R. Barthes (*Rhétorique de l'image*. In: *Communications*, 4, 1964, S. 40-51) übernommen.

in R. Barthes' *ideolectes* oder L. Goldmans *vision du monde*[13] finden in der jüngsten Phase des sowjetischen Strukturalismus ihr kritisches pendant in der Erforschung intersubjektiver Merkmale der Textrezeption, die an Hand von Kulturtypologien versucht, intersubjektive codes zu erarbeiten[14].

H. Lefèbvres pauschale Kritik, *der* Strukturalismus verfahre antihistorisch[14a], von A. Schmidt, der sich im Wesentlichen mit Althusser und Lévi-Strauss auseinandersetzt, wiederholt[15], beruht partiell auf einem Mißverständnis der Synchronie oder auf dem Mißbrauch von Synchronie. Lotman differenziert ausdrücklich zwischen statischen Schnitten, die er nur als vorläufiges Stadium der Textanalyse zuläßt und synchronen, durchaus dynamischen Strukturen.[16] Für ihn besteht die adäquate Beschreibung von Textstrukturen im Auflösen einheitlicher Systeme in widersprüchliche Subsysteme und im Aufheben widersprüchlicher Subsysteme in einheitliche Systeme. Ein solches dynamisches, ja dialektisches Moment liegt auch in der gleichzeitigen Affirmation und Destruktion der Strukturen der

13 Schon F. de Saussure hatte die von ihm geforderte Semiologie als eine *Wissenschaft, welche das Leben der Zeichen im Rahmen des sozialen Lebens* untersucht, in die Sozialpsychologie eingebettet. (F. d. S., *Grundfragen der allgemeinen Sprachwissenschaft,* ²Berlin 1967, S. 19).

14 Ju. M. Lotman, *Problèmes de la typologie des cultures.* In: *Informations sur les Sciences Sociales,* IV 1967, 2-3, S. 29-38. Ders., *Stat'i po tipologii kul'tury.* Tartu 1970. Lotman beruft sich hier vor allem auf Mukařovský (vgl. A. d. Ü. S. 233).

14a H. L. , *Claude Lévi-Strauss ou le nouvel éléatisme.* In: *Les Temps Modernes,* Januar 1967, S. 1299-1319. Auch F. de Saussure hat allerdings die Gültigkeit panchronischer Grundwahrheiten für konkrete Sachverhalte bestritten! A.a.O., S. 113 f.

15 A. S., *Der strukturalistische Angriff auf die Geschichte.* In: *Beiträge zur marxistischen Erkenntnistheorie.* Ed. A. Schmidt, ³Frankfurt 1971, S. 194-265. Obgleich H. Gallas mit A. Schmidt polemisiert, trifft sie sich doch, wenn sie von der *Verwertbarkeit im Rahmen einer marxistischen Analyse* handelt (a.a.O., S. VII, vgl. auch XXIII, XXV) mit A. Schmidt, der immerhin von einem *heuristisch brauchbaren Verfahren* (a.a.O., S. 212) spricht.

16 Ju. M. Lotman, *O nekotorych principial'nych trudnostjach v strukturnom opisanii teksta.* In: *Teksty . . .* a.a.O., S. 640-644. Die Lotmansche Strukturstrategie ist als spezifische Interpretation der *textlevels* und damit auch der im Anschluß an Greimas beobachteten *Isotopieebene* zu werten, wie sie S. J. Schmidt (›Text‹ *und Geschichte als Fundierungskategorien.* In: *Beiträge zur Textlinguistik,* ed. W.-D. Stempel, München 1971, S. 32-52) entwickelt. Sie differenziert auch den Lotmanschen Begriff des Zusammenhanges (*svjazannost'*) gegenüber Goldmans *cohérence.*

Lesererwartung durch Textstrukturen. Der Kampf, von Tynjanov schon zu Beginn der 20er Jahre als ein Charakteristikum literarischer Evolution erkannt[17], ist nicht nur movens und Ausdruck des literarischen Prozesses, sondern auch treibendes Moment der Werkstruktur. Dabei implizierte der totale Sieg der einen Seite auch ihre totale Niederlage: der Herr, der den Knecht erschlägt, ist kein Herr mehr und vice versa. Ja, die Kraft des novatorischen Systems leitet sich auch aus der Kraft des widerlegten Systems her, der Kraft der Negation, die durchaus historisch gedacht wird. Die Untersuchung von Kulturtypen und die Ausarbeitung typenspezifischer axiologischer Hierarchien lassen, wie Lotman meint, die Differenz widersprüchlicher Strukturreihen quantifizieren.

Die Textstruktur ist für Lotman nun insofern geschichtliches, gesellschaftliches Produkt, als der Produzent in ihr sein historisch bestimmtes Weltbild durch Differenzierung des seinerseits (sozial-)konventionalen Mediums als Subjekt-Objekt-Relation modelliert, der Leser den Text mit seinem kulturhistorisch bestimmten Bewußtsein als Kanoninnovation (bzw. Kanonrestauration!) rezipiert und das Bewußtsein des Lesers, vorausgesetzt, daß Kommunikation zustande kommt, sich verändert (bzw. affirmiert wird).

Nicht nur bei der Bestimmung textexterner Relationen, bei der textinternen Strategie der Ebenenaxiomatik, sondern auch bei der ebeneninternen Mikroanalyse bemüht Lotman sich um ein dialektisches Vorgehen. Der Zentralbegriff der Analyse, die aus Trubeckojs Oppositionsbegriff entwickelte *Gleich- und Gegenüberstellung*[18] [so-protivopostavlenie], die bei V. M. Žirmunskij vorgeprägt zu sein scheint[19], bezeichnet im Erkennen von Juxtapositionen als gleichzeitiger Identifikation und Kontraposition, die im Identifizierten das Kontraponierte und im Kontraponierten das Identische bloßlegen, ein dialektisches Verfahren. »Indem vergessen wird, daß Identität und Entgegensetzung selbst entgegengesetzt sind, wird der Satz der

17 Ju. N. Tynjanov, *Dostoevskij i Gogol'*. Petrograd 1923 (deutsche Übersetzung in: Ju. Tynjanov, *Die literarischen Kunstmittel und die Evolution in der Literatur*. Frankfurt 1967, S. 78-133).
18 Diese Wendung scheint uns am ehesten als adäquates Korrelat des zweigliedrigen russischen Ausdrucks mit den drei Bedeutungseinheiten des Nebeneinander-, Gleich- und Gegenüberstellens dienen zu können.
19 V. M. Žirmunskij, *Rifma, ee teorija i istorija*. Petrograd 1923, S. 79.

Entgegensetzung auch für den der Identität in der Form des Satzes des Widerspruchs genommen, und ein *Begriff*, dem von zwei einander widersprechenden Merkmalen keines [...] oder alle beide zukommen, für logisch falsch erklärt [...]«[20] wehrt Hegel Einwände ab.

Am Beispiel des Reims als der phonisch-rhythmischen Assimilation bei semantischer Dissimilation, die Lotman zufolge nicht zufällig im Zeitalter der mittelalterlichen scholastischen Dialektik sich durchgesetzt haben, demonstriert Lotman, daß Kunst, die intendierte Aufhebung von Redundanz, selbst dialektisch verfahren kann, nämlich (Lotman verwendet diese Formulierung allerdings selbst nicht) als Negation des Parmenidesschen Satzes vom ausgeschlossenen Dritten – Hegel hat ihn als *Satz des abstrakten Verstandes*[21] indiziert. Lotmanns funktional-dynamischer semiotischer Strukturalismus erweist: tertium datur![22]

Zur Übersetzung

Am Beispiel des Reims ist vor einer eilfertigen Übertragung der Ergebnisse von Lotmans Untersuchungen etwa auf Phänomene der deutschen Literatur zu warnen. Reicher Reim, auch in der französischen Literatur weit verbreitet, ist, ganz zu schweigen vom homophonen Reim, in der neuhochdeutschen Literatur relativ selten. Noch in den jüngsten »Verslehren« wird er nur als Ausnahme zugelassen, der homophone Reim untersagt. Dieses Phänomen scheint nicht hinreichend untersucht zu sein; vielleicht haben die Kalauer ihn in Mißkredit gebracht. Daher ist auch bei unseren Beispielen zum homophonen Reim die Evidenz der Lotmanschen gefährdet. Sie zählen zu den wenigen Beispielen der Demonstration phonischer Phänomene, bei denen wir uns genötigt sahen, die russischen Beispiele an den durch Auslassungszeichen markierten Stellen

20 G. W. Hegel, *Enzyklopädie der philosophischen Wissenschaften im Grundrisse. Sämtliche Werke*, Bd. 6, ²Leipzig 1920, S. 133.
21 A.a.O., S. 129 f.
22 Man denke auch daran, wie die Russelsche Mengenautonomie (A ε A äqu A ε A, wenn x ε x, aber x ε A äqu x ε A) die Erkenntnistheorie befruchtet hat.

durch deutsche zu ersetzen. Der Verfasser hat diesen Ersetzungen zugestimmt.

Wir haben uns bemüht, eine *Textübersetzung* vorzulegen, in der Regel wurde terminologische Strenge dort und nur dort gewahrt, wo sie auch im Original erkennbar war. Da Lotman beispielsweise *smysl'* und *značenie* als Synonyme verwendet, sind auch *Sinn* und *Bedeutung* im deutschen Text bedeutungsgleich, also nicht wie bei Frege oder Klaus differenziert. Durchgehend haben wir allerdings die Unterscheidung zwischen *strukturell* als der Prädikation einer Texteigenschaft und *struktural* als der des wissenschaftlichen Verfahrens beachtet. Den Begriff »priëm« haben wir beizubehalten für nötig erachtet, da kein deutsches Korrelat seine Bedeutungsgeschichte repräsentieren kann; sie ist dem vorliegenden Text durchaus zu entnehmen. Da Lotman sich im Bereich der Semiotik besonders auf G. Klaus stützt, haben wir nach Möglichkeit dessen Terminologie verwendet[23].

Was bei den *Vorlesungen zur strukturalen Poetik* noch aus dem Titel zu erkennen war, gilt auch für *Die Struktur des künstlerischen Textes;* beide sind, wie die Originale zu erkennen geben, aus Vorlesungs- und Vortragsskripten sowie Aufsätzen redigiert. Alle Spuren, die von diesem Sachverhalt Zeugnis ablegen, zu tilgen, konnten wir uns nicht entschließen.

Die Übersetzungen der poetischen Texte sind, wenn nicht anders gekennzeichnet, von uns angefertigt worden; es sind dies in aller Regel Prosaübertragungen, selten, zumal wenn rhythmische Phänomene zu demonstrieren waren, haben wir uns der gebundenen Rede bedient. Zusammenhänge, Namen und Begriffe, über die deutschsprachige Konversationslexika bzw. greifbare Fachwörterbücher keine Auskunft geben, sind in durch eckige Klammern gekennzeichneten Einschüben bzw. Anmerkungen erklärt. Die kapitelweise durchlaufende Numerierung der Anmerkungen des Originals wurde beibehalten. Neu ist lediglich die der Übersichtlichkeit wegen eingeführte dekadische Zählung der Abschnitte innerhalb der Kapitel.

Schließlich sei allen gedankt, die dazu beigetragen haben, daß die Übersetzung trotz mancher Schwierigkeiten und einer bedauerlichen Verzögerung erscheinen kann, vor allem Hans-

23 vgl. A. d. Ü. S. 14.

Eberhard Seidel, der sowohl zur Konzeption als auch zur wissenschaftlichen Terminologie, vornehmlich im Bereich der Linguistik, Entscheidendes beigetragen hat.
Zu besonderem Dank aber bin ich Valmar Adams verpflichtet, da er für den erkrankten Verfasser die Durchsicht des Manuskripts übernommen hat und Jurij M. Lotman, der trotz einer Erkrankung der deutschen Übersetzung ein besonderes Vorwort beigegeben hat.

Göttingen, im Januar 1973   Rainer Grübel

Sachregister

Namen- und Werkregister

Bibliothek Suhrkamp

edition suhrkamp

Alphabetisches Verzeichnis der edition suhrkamp